RECUEIL
DES
INSTRUCTIONS
DONNÉES

AUX AMBASSADEURS ET MINISTRES DE FRANCE

DEPUIS LES TRAITÉS DE WESTPHALIE
JUSQU'À LA RÉVOLUTION FRANÇAISE

PUBLIÉ
SOUS LES AUSPICES DE LA COMMISSION DES ARCHIVES DIPLOMATIQUES
AU MINISTÈRE DES AFFAIRES ÉTRANGÈRES

AUTRICHE

AVEC UNE INTRODUCTION ET DES NOTES

PAR ALBERT SOREL

PARIS

ANCIENNE LIBRAIRIE GERMER BAILLIÈRE ET Cⁱᵉ

FÉLIX ALCAN, ÉDITEUR

108, BOULEVARD SAINT-GERMAIN, 108

1884

RECUEIL

DES

INSTRUCTIONS

DONNÉES

AUX AMBASSADEURS ET MINISTRES DE FRANCE

DEPUIS LES TRAITÉS DE WESTPHALIE
JUSQU'A LA RÉVOLUTION FRANÇAISE

I

COMMISSION DES ARCHIVES DIPLOMATIQUES

« ... *Les conclusions du rapport de* M. Monod, *tendant à charger* M. Albert Sorel *de la publication des Instructions pour l'Autriche et à nommer Commissaire* M. Camille Rousset, *sont mises aux voix et adoptées...* »

(Extrait du procès-verbal de la séance du 30 juin 1880.)

Vu par le Commissaire délégué,

Paris, 9 juillet 1883.

SIGNÉ :

CAMILLE ROUSSET.

RECUEIL

DES

INSTRUCTIONS

DONNÉES

AUX AMBASSADEURS ET MINISTRES DE FRANCE

DEPUIS LES TRAITÉS DE WESTPHALIE
JUSQU'A LA RÉVOLUTION FRANÇAISE

PUBLIÉ
SOUS LES AUSPICES DE LA COMMISSION DES ARCHIVES DIPLOMATIQUES
AU MINISTÈRE DES AFFAIRES ÉTRANGÈRES

AUTRICHE

AVEC UNE INTRODUCTION ET DES NOTES

PAR ALBERT SOREL

PARIS

ANCIENNE LIBRAIRIE GERMER BAILLIÈRE ET Cie

FÉLIX ALCAN, ÉDITEUR

108, BOULEVARD SAINT-GERMAIN, 108

1884

Tous droits réservés

AVANT-PROPOS

L'objet et le caractère du recueil dont ce volume forme le tome I, ont été définis par M. le Président de la commission des archives diplomatiques, dans un rapport adressé à M. le ministre des affaires étrangères, le 15 décembre 1882[1] :

Au moment où les mesures si libérales prises par vos prédécesseurs et par vous, Monsieur le Président du conseil, rendaient accessibles aux travailleurs les archives des affaires étrangères, la commission a pensé qu'il était du devoir du département de ne pas laisser à d'autres le soin de tirer de ces archives quelques-unes de ces publications qui, par leurs dimensions importantes et par le but élevé qu'elles se proposent, semblent appartenir, en particulier, à l'initiative du gouvernement.

Mais, d'autre part, elle n'a pas jugé opportun pour le ministère des affaires étrangères d'en prendre à lui seul toute la charge et la responsabilité. Il a semblé qu'il serait facile de rencontrer dans la science des collaborateurs, et dans l'industrie privée des éditeurs, qui acceptassent de concourir à une collection simplement entreprise sous la surveillance et sous les auspices de la commission.

Ces principes une fois posés, la commission ne devait pas oublier qu'avant tout elle faisait partie de votre département et que son but devait être de concourir, autant qu'il était en elle, à la préparation des affaires par le souvenir des traditions, à l'instruction du personnel par l'étude des points les plus intéressants de notre histoire extérieure.

C'est dans ces vues que la commission, sur un rapport de M. Albert Sorel, et par une délibération en date du 6 avril 1880, a émis le vœu que le ministère des affaires étrangères autorisât et subventionnât la publication du recueil des Instructions données par les rois de France à leurs ambassadeurs depuis les traités de Westphalie jusqu'à la Révolution française.

---

1. Rapport adressé à M. Duclerc, ministre des affaires étrangères, par MM. Henri Martin, président, de Rozière et Spuller, vice-présidents de la commission des archives diplomatiques. *Journal officiel* du 24 janvier 1883.

Aucun ensemble de documents ne nous paraît mieux répondre au but élevé et patriotique que nous nous étions assigné. En effet, une tradition de tous temps respectée avait peu à peu développé dans notre dépôt les éléments de cette belle publication. Il était de coutume autrefois, lors du départ de chaque ambassadeur, de rédiger une instruction étendue qui contenait l'exposé des relations antérieures de la France avec la cour auprès de laquelle le ministre était accrédité, l'état des questions pendantes entre les deux cabinets enfin le tracé de la ligne de conduite jugée la plus avantageuse pour l'avenir.

Ces instructions, reliées l'une à l'autre par le fil invisible, mais toujours présent, de l'intérêt d'État et de la tradition nationale, forment aujourd'hui un ensemble tellement précieux qu'on peut dire qu'il n'en existe peut-être aucun de plus complet, de plus intéressant, de plus autorisé et qui puisse mieux servir à l'étude des questions diplomatiques.

Notre recueil aura le mérite de servir d'explication et de commentaire à la conduite politique qui donna à la France une si grande place dans la politique européenne. Il aura en outre l'avantage d'être un objet plein d'enseignement et un digne modèle offert à l'étude des jeunes gens qui désirent consacrer leurs efforts à la défense des intérêts extérieurs de notre pays.

Ne perdant pas de vue ce but éminemment pratique, la commission a décidé que chaque volume du recueil des instructions contiendrait, sous forme d'introduction générale, un morceau historique qui résumerait l'ensemble des traditions politiques dominant les relations de notre pays avec chacun des gouvernements étrangers...

Le recueil des instructions données par les rois de France à leurs ambassadeurs en Autriche a été confié à M. Albert Sorel.

Le recueil des instructions :

En Angleterre, à M. Armand Baschet.
En Prusse, à M. Lavisse.
En Russie, à M. Rambaud.
En Turquie, à M. Girard de Rialle.
A Rome, à M. Hanotaux.
En Hollande, à M. Maze.
En Espagne, à M. Morel-Fatio.
Dans les États scandinaves, à M. Geffroy.
En Sardaigne, à M. Armingaud.

La nature même du Dépôt des archives diplomatiques et le caractère des instructions ont déterminé le cadre dans lequel le recueil devait se renfermer [1].

Le Dépôt n'est régulièrement constitué que depuis le ministère du cardinal de Richelieu. Mais pendant ce ministère les guerres ont été fréquentes, et les relations diplomatiques n'ont pris un caractère

---

1. Rapport fait à la commission des archives le 6 avril 1880.

suivi et régulier que depuis la paix de Westphalie. D'autre part, la période qui s'étend de 1789 à 1814 est une période de guerres continuelles : les relations diplomatiques y ont été constamment interrompues. On ne pourrait publier les instructions données aux agents sans entrer dans le détail des négociations d'alliance et de paix. A partir de 1814 le Dépôt est fermé, en règle générale.

C'est par ces considérations que la commission a été amenée à commencer le recueil à la paix de Westphalie et à l'arrêter en 1789. C'est une période de près d'un siècle et demi. Le recueil présentera ainsi, dans son ensemble et dans ses lignes essentielles, la politique traditionnelle de la France avant la Révolution française.

Dans cette période même, il a paru nécessaire de distinguer deux sortes d'instructions : celles qui ont été données en vue d'une négociation spéciale et déterminée, comme un traité de paix, et celles qui ont été données en vue des relations permanentes. Les premières ne peuvent se séparer des négociations dont elles ont été la préface; les secondes seules résument les rapports politiques réguliers entre la France et les États de l'Europe. Le recueil ne comprend que cette dernière classe d'instructions. Il présente la suite des ambassades envoyées par le gouvernement français et l'enchaînement des idées qui ont formé le système politique de la France.

Dans plusieurs instructions, des affaires de détail, des affaires personnelles et tout épisodiques se mêlent aux grandes négociations et en interrompent la suite. Il en résulte quelques longueurs dans le texte. Il se rencontre aussi çà et là des expressions un peu vives qui tranchent sur le ton grave et mesuré de la plupart des instructions et se ressentent des passions sous l'impression desquelles se trouvait l'écrivain. On a pensé que l'éditeur n'a le droit ni d'abréger, ni de corriger en quoi que ce soit les documents qu'il publie. Ce sont des pièces purement historiques : elles appartiennent à l'histoire et doivent être livrées aux historiens avec leur caractère original. Ce qui fait longueur pour nous, avait son intérêt pour les contemporains; les expressions colorées peignent des passions qui, à la distance où nous sommes placés et après les révolutions qui ont si profondément modifié le système de l'Europe, ne sont plus elles-mêmes qu'un sujet d'études.

La commission a défini le caractère du recueil en décidant qu'il serait une œuvre d'enseignement politique plutôt qu'une œuvre d'érudition. Elle s'est proposé, non d'éditer des textes avec l'appareil scientifique dont la Colletion des Documents inédits fournit des modèles achevés, mais de mettre à la dispositon de nos agents et de nos historiens une sorte de manuel des traditions politiques de la France.

C'est d'après cette donnée que le recueil a été préparé. Les différentes ambassades en forment les divisions naturelles. Il a autant de chapitres qu'il y a d'instructions différentes.

Les instructions sont explicites. Elles commencent en général par un précis rétrospectif des relations entre les deux États jusqu'à l'époque où les instructions sont données. Il en résulte que très souvent elles se suffisent à elles-mêmes, contiennent leur propre introduction et se relient directement les unes aux autres.

Il arrive cependant que des affaires nouvelles surgissant, les instructions écrites succédant à des instructions verbales ou des intervalles de guerre ayant rompu les relations, il est nécessaire de combler une lacune entre deux textes et de préparer le lecteur à l'intelligence de certains faits sur lesquels les contemporains jugeaient superflu de s'expliquer, parce qu'ils les connaissaient d'ailleurs parfaitement. De là la nécessité de notices reliant chaque instruction à celle qui précède et résumant les données nécessaires à l'intelligence du document qui suit la notice.

La commission a jugé que ces commentaires devaient être courts et rester rigoureusement limités aux sujets qui sont traités dans les instructions qu'ils précèdent.

Les auteurs du recueil ont trouvé dans les archives même des affaires étrangères non seulement la matière, mais souvent même le texte de leurs commentaires et de leurs notes. Les commis des affaires étrangères ont écrit des *Mémoires* destinés précisément à résumer, pour les ministres et les négociateurs, la suite des grandes affaires. Composés sur les documents originaux par des contemporains très éclairés, très informés, très pénétrés de la tradition, beaucoup de ces *Mémoires* comptent parmi les meilleurs ouvrages de cette ancienne école française qui, pour être quelque peu lourde et lente dans ses allures, n'en a pas moins fourni des modèles excellents de science historique appliquée aux intérêts de l'État. C'est une bonne fortune de réveiller le souvenir de ces graves et respectables serviteurs de la France, de replacer leurs noms, trop oubliés, à côté de ceux des négociateurs qu'ils avaient instruits, et de retrouver ainsi, pour les grands tableaux historiques que l'on reproduit dans ces volumes, le cadre même dans lequel les contemporains les avaient exposés.

TABLE DES CHAPITRES

INTRODUCTION

I. — Causes et raison d'être de la rivalité des maisons de France et d'Autriche au xviie siècle, 1. — Origines et accroissements de la maison d'Autriche, 2. — Charles-Quint, séparation des deux branches de la maison d'Autriche : Espagne et Allemagne, 3. — Les traités de Westphalie : acquisition de l'Alsace, garantie des libertés du corps germanique, 4. — Luttes contre l'Espagne, paix des Pyrénées, 6. — Mission du président Colbert en 1660, caractère des instructions qui lui sont données, étendue de ses pouvoirs, 6.

II. — Période de lutte entre la France et l'Autriche : la succession d'Espagne, mission de Grémonville, paix de Nimègue, 9. — La rivalité se poursuit pendant la paix. La trêve de Ratisbonne, 1684, 10. — Révocation de l'édit de Nantes, velléités d'entente, essai d'un système de politique catholique, 11. — L'Autriche s'y refuse et profite des fautes de Louis XIV, 12. — Guerre de succession d'Espagne, 13.

III. — Traités d'Utrecht, de Rastadt et de Bade, 1713-1714. Les Bourbons en Espagne, affaiblissement de la maison d'Autriche, 14. — Les causes de la rivalité tendent à disparaître, essai de rapprochement, mission du comte de Luc, 1715, 16. — L'Autriche s'y refuse, 18. — Politique classique à l'égard des États secondaires de l'Allemagne, 19. — Guerre de succession de Pologne, 19. — La Pragmatique-sanction de Charles VI, 20. — Projet de démembrement des États autrichiens, comment le France s'y associe, 20. — Échec de la coalition, danger qui résulte pour la France de l'accroissement de la Prusse et de la Sardaigne, 21.

IV. — Comment la France et l'Autriche passent de la rivalité à l'alliance, 22. — L'équilibre européen, 22. — Les alliances nécessaires à la France, 23. — Défection du roi de Prusse, 23. — Alliance de la France et de l'Autriche en 1756, 23. — Caractère de ce traité, comment on entendait le concilier avec la tradition, 23. — Comment l'alliance perd son caractère primitif et tourne au détriment de la France, guerre de Sept ans, 24. — Joseph II se rapproche de la Prusse, partage de la Pologne, 26.

V. — Louis XVI et Vergennes essaient de ramener l'alliance à son principe, 26. — Mission du baron de Breteuil en 1774, caractère de ses instructions, étendue des objets qu'elles embrassent, 26. — Comparaison entre les instructions de Breteuil et celles de Colbert, 27. — La France ne parvient pas à contenir l'Autriche, opposition des vues de Louis XVI et de celles de Joseph II, 28. — Mission de M. de Noailles, 1783, 30. — Crise de l'alliance en 1789, 30.

I

LE PRÉSIDENT COLBERT, PLÉNIPOTENTIAIRE, 1660

Notice préliminaire. — Motifs qui s'opposent à la reprise des relations diplomatiques après la paix de Westphalie, 33. — Projet de mariage entre l'Empereur et Mademoiselle, 33. — Mission, instructions et négociations de Saujon en 1650, 34. — Négociations de Ratisbonne, mort de Ferdinand III, 1657; l'élection impériale, la *Ligue du Rhin*, 38. — La *Guerre du Nord*, 39. — Paix des Pyrénées, 40. — Désir de la France de rétablir la paix générale, mission du président Colbert à cet effet, 40.

Instructions de Colbert. — Titres de Colbert, 41. — Objet principal de la mission, 42. — Affaire de la reconnaissance de l'Empereur, 42. — La Suède réclame la garantie du traité de Munster, 43. — Le Roi soutiendra la Suède, 44. — Conduite de l'électeur de Brandebourg, 45. — Conditions de la paix, 47. — Intervention de l'Espagne dans la négociation, 47. — Le Roi interviendra par les armes si ses propositions sont rejetées, 48. — Vues de l'Autriche sur la Pologne, 49. — Comment Colbert doit se conduire à Vienne envers l'Empereur et les ministres, 51. — Réponse à leur donner au sujet de la Suède, 51. — Question du lieu où serait négocié le traité, 53. — Délai posé par le Roi pour obtenir une réponse, 54. — Conditions auxquelles il consentirait à une trêve, 54. — Puissances qui devront prendre part à la négociation, 56. — Conditions du traité : la Suède, 57. — Conduite à tenir en cas de refus de la cour de Vienne, 58. — Conduite à tenir en cas d'acceptation, mission de Colbert dans le Nord. 59. — Correspondances à entretenir, 59.

Supplément aux instructions. — Conduite à tenir envers l'ambassadeur d'Espagne, 61. — Désir sincère d'entente entre les cours de Madrid et de Paris, 62. — Les Turcs, leur marche sur Belgrade, conséquences pour l'Autriche, 64.

II

LE CHEVALIER DE GRÉMONVILLE, ENVOYÉ RÉSIDENT, 1664

Notice, 65.

Instructions. — Mesures à prendre au sujet des troupes commandées par Coligny, 66. — Note sur la suite de la mission de Grémonville, 67.

III

LE MARQUIS DE VITRY, ENVOYÉ EXTRAORDINAIRE, 1679

Notice, 69.

Instructions. — Reprise des relations entre les deux cours, 70. — Leur rivalité, 71. — Mécontentement de l'Autriche contre l'Espagne, 71. — Affaire du prince Guillaume de Fürstemberg, 71. — Élection du roi des Romains, 72. — Affaires de Lorraine, 72. — Désir de l'Empereur de marier l'archiduchesse avec le dauphin, 73. — Vues de l'Autriche sur l'Empire ; maintien des traités de Westphalie, 74. — Affaires de Hongrie, 74. — Les villes d'Alsace, 75. — Traité entre le Roi et le duc de Mantoue, 75. — Affaires de Pologne, 76. — Conduite à tenir à la cour de Vienne, 76. — Devoirs des ambassadeurs ; relations à faire de leurs ambassades, 77.

IV

LE MARQUIS DE SEBEVILLE, ENVOYÉ EXTRAORDINAIRE, 1680

Notice, 79.

Instructions. — Dispositions du Roi envers la cour de Vienne, 80. — Irritation des Impériaux contre la France, 81. — Ils excitent l'Allemagne contre le Roi, 81.— Changements à la cour de Madrid, influence qu'y reprend l'Autriche, 82. — Peu de probabilité d'une entente entre la France et l'Autriche, 82. — Langage que tiendra Sebeville, 82. — Conduite à tenir à la cour, 83. — Personnages de la cour, 84. — Les Chambres de réunion, réclamations de l'Autriche, réponse à donner, 85. — Affaires de Lorraine, 87. — Affaires de Hongrie, 87. — Le prince de Transylvanie, 88. — Correspondances que doit entretenir Sebeville, 88. — Relation de son ambassade, 89.

V

LE COMTE DE CHEVERNY, ENVOYÉ EXTRAORDINAIRE, 1685

Notice, 91. — Lettre de Louis XIV au sujet de la réunion de Strasbourg, 91.

Instructions. — Guerre des Turcs, 93. — Exécution du traité de Nimègue, affaires de Lorraine et d'Alsace, 94. — Négociations avec les États de l'Empire, 95. — Conduite à tenir à Vienne, 97. — Les personnages de la cour de Vienne, 98. — Affaires de Lorraine, 100. — Guerre des Turcs, 100. — Réponse à faire à des ouvertures en vue d'une trêve, 101. — Élection du roi des Romains, 101. — Correspondances à suivre, 102. — Relation de l'ambassade, 102.

VI

LE COMTE DE LA VAUGUYON, ENVOYÉ EXTRAORDINAIRE, 1685

Notice, 105.

Instructions. — Traité de trêve, 105. — Personnages de la cour de Vienne, 106. — Langage à tenir à Vienne, 107. — Exécution du traité de trêve, 109. — Affaires de Lorraine, 109. — Guerre des Turcs, 110. — Devoirs des ambassadeurs, 112.

Mission extraordinaire de Villars à Vienne, en 1687, par suite de la mort de l'impératrice douairière, 113.

Instructions de Villars. — Langage à tenir à Vienne, 114.

VII

LE COMTE DE LUSIGNAN, ENVOYÉ EXTRAORDINAIRE, 1687

Notice, 117.

Instructions. — Langage à tenir à la cour de Vienne, 117. — Personnages de la cour, 119. — Affaires d'Orient, guerre des Turcs, 120. — Affaires de Lorraine, 121. — Devoirs des ambassadeurs, 122.

VIII

LE MARQUIS DE VILLARS, ENVOYÉ EXTRAORDINAIRE, 1698

Notice, 125. — Guerre et traité de Ryswick, 125. — La succession d'Espagne, 126. Instructions. — Rétablissement des relations, 128. — Objet principal de la mission : la succession d'Espagne, 129. — Probabilité de l'ouverture de cette succession, 130. — Droits du Dauphin, 131. — Testament de Philippe IV, 131. — Prétentions de l'Empereur et du prince de Bavière, 131. — Testament de Charles II en 1696, 132. — Efforts de l'Empereur pour s'assurer la succession, 133. — Motifs qui font repousser l'idée d'un partage, 135. — Vues de l'Empereur sur l'Italie, 136. — Conduite à tenir envers les États secondaires de l'Allemagne, 137. — Armements de l'Empire, 138. — Création de l'électorat de Hanovre, 139. — La France et les princes protestants d'Allemagne, 141. — Guerre des Turcs, 143. — L'Empereur et les personnages de la cour de Vienne, 143. — Langage à tenir, 145. — Cérémonial, 146. — Le prince Louis de Bade, 147. — Affaires de Turquie, 149.

IX

LE COMTE DU LUC, AMBASSADEUR, 1715

Notice, 151. — Guerre de succession d'Espagne, traités d'Utrecht, de Rastadt et de Bade, 152. — Affaires d'Angleterre et de Hollande, traité de barrière, 152. — Négociations avec les cantons catholiques de la Suisse, 153. Instructions. — Désir d'établir une entente durable, 154. — Raisons de mettre fin à la rivalité, 154. — Les Anglais et les Hollandais, 155. — Situation du roi d'Angleterre dans l'Empire, 156. — Le roi de Prusse, 157. — Le parti protestant et le parti catholique dans l'Empire, 157. — Les conjonctures favorisent une entente entre la France et l'Autriche, 159. — Intérêt de la religion qui la conseille, 159. — Langage tenu à cet égard par le prince Eugène, 159. — Caractère de l'Empereur, 161. — Les membres de son conseil, 161. — Les Espagnols, les Italiens, les Allemands, 162. — Le prince Eugène, 163. — Les ministres de la Conférence, 164. — Langage à tenir, 166. — L'Angleterre, instabilité de ses maximes, 166. — Efforts des Anglais pour discréditer la France, 167. — Stanhope à Vienne, 167. — Nouveaux ennemis de l'Autriche, 168. — Conditions de l'entente entre l'Autriche et la France, 169. — Exécution des traités, 169. — La maison de Bavière, 169. — Projet d'échange des Pays-Bas contre la Bavière 171. — Prétendants à la main de la fille aînée de Joseph Ier, 171. — Limites des Pays-Bas, 173. — Protection accordée à des particuliers, 173. — Médiation entre l'Empereur et l'Espagne, 175. — Les princes d'Italie, inquiétudes que leur cause l'Autriche, 177. — Le Piémont, 177. — Affaires du Nord, 177. — Le chevalier de Saint-George, 179. — Le prince Rakoczy, 179. — Langage à tenir aux diplomates allemands, 180. — Cérémonial, 180. — Renseignements à rechercher sur la cour de Vienne, 182.

X

M. MANDAT, CHARGÉ D'AFFAIRES, 1715

Notice, 185. Instructions. — Causes qui retardent l'arrivée du comte du Luc, 185. — Mission de Mandat, 186. — Négociations entre l'Autriche et l'Angleterre, 186. — Opinion du prince Eugène, 187. — Désir du roi de s'entendre avec l'Empereur, 187. — Affaires de Venise et de Turquie, 188.

TABLE DES CHAPITRES.

XI

M. DU BOURG, CHARGÉ D'AFFAIRES, 1717

Notice, 191.

Instructions.— Conduite à tenir à Vienne, personnages à fréquenter, 192.— Manière de conférer avec les Allemands, 193. — Agents secrets, 194. — Correspondances à suivre, 194. — Train de maison d'un chargé d'affaires, 195. — Négociations prétendues entre l'Espagne et l'Empereur, 195. — Affaires de Turquie et Suède, 196.

XII

LE DUC DE RICHELIEU, AMBASSADEUR, 1725

Notice, 199.

Instructions. — Désir du maintien de la paix, 200. — Le traité de la triple alliance, 201. — Le traité de la quadruple alliance, 202. — Accession du roi d'Espagne, 203. — Congrès de Cambrai, 203. — Mission de Richelieu, 203. — Déclarations qu'il fera des intentions du Roi, 204. — Vues de l'Autriche : alliances du Roi, 205. — Investiture de don Carlos en Italie, 205. — Le roi de Prusse, 206. — La Pragmatique Sanction, 207. — Le prince de Lorraine appelé à Vienne, 207. — Épuisement des finances de l'Autriche, 208. — Les affaires religieuses en Allemagne, 208. — Efforts de l'Autriche pour détruire les traités de Westphalie, 208. — Résistance des protestants, 209. — L'Autriche et l'Angleterre, 210. — Affaire d'Ostende, 211. — Affaire du Nord, 212. — Vues de la France : alliance avec l'Angleterre, la Hollande et la Prusse, 213. — Affaires d'Espagne, 213. — Affaires de Parme, 215. — Congrès de Cambrai, 216. — Affaire de Sienne, 217. — Dissolution possible du congrès de Cambrai, 218. — Dispositions du Roi à l'égard de la Pragmatique Sanction, 219. — La Maison de Lorraine, 219. — Vues du Roi au sujet de la religion catholique en Allemagne, 220. — Vues au sujet des traités de Westphalie, 220. — Des négociations avec les États secondaires de l'Allemagne, 221. — Affaire d'Ostende, 222. — Affaires du Nord, 222. — Affaires des duchés de Slesvig et de Holstein, 223. — La Russie, 223. — Affaires pendantes : limites d'Alsace, 224. — Limites de Flandres, 226. — De la manière de négocier avec les Allemands, 227. — Le prince Eugène, 228. — Personnages de la cour de Vienne, 230.

Supplément aux instructions. — Mariage de Louis XV, 232.

XIII

M. DE BUSSY, CHARGÉ D'AFFAIRES, 1728

Notice, 237.

Instructions. — Départ du duc de Richelieu, 238. — Alliance de la France et de l'Angleterre, 238. — Entente avec la Hollande et le Danemark, 238. — Conduite à tenir à l'égard du ministère de Vienne, 239. — Projet de ligue entre la Pologne et la Prusse, 240. — Correspondances à suivre, 241.

XIV

LE MARQUIS DE MIREPOIX, AMBASSADEUR, 1737

Notice, 243.

Instructions. — Rétablissement de la paix entre la France et l'Autriche, 245. — Désir de maintenir la paix générale, 246. — La succession d'Autriche et la Pragmatique Sanction, 246. — Puissance de la maison de Bourbon, 246. — La cour de Turin, 247. — Affaires d'Italie, 249. — L'ambassadeur d'Espagne à Vienne, 251. — Renseignements à demander à M. de l'Estang, 253. — Traité de Vienne du 2 mai 1737, 254. — Accession de la Sardaigne, 254. — Accession de l'Espagne et de Naples, 254. — Le roi de Pologne, Stanislas Ier, 255. — L'Espagne et l'Autriche, 255. — Le grand-duc de Toscane, 257. — Préséances, 257. — Affaires de Lorraine, 258. — Succession de Berg et Juliers, 261. — La maison de Bavière, 261. — Les électeurs ecclésiastiques, 264. — Le roi de Prusse, 266. — Le roi d'Angleterre, 267. — La république des Provinces-Unies, 267. — Les ministres d'Angleterre et de Hollande à Vienne, 268. — La Suède, 269. — Les envoyés de Pologne et de Russie, 270. — Alliance de l'Autriche et de la Russie, 271. — Le Saint-Siège, 272. — Venise, 272. — Correspondances à suivre, 273. — Le Portugal, 274. — Affaire de Montbéliard, 275. — Relation de l'ambassade, 276. — Voyage de M. de Mirepoix, 276. — Son passage à Munich, 277.

XV

M. BLONDEL, MINISTRE CHARGÉ DES AFFAIRES, 1749

Notice, 279.

Instructions.— Le traité d'Aix-la-Chapelle, 281. — Mission de M. Blondel, 281. — Désir du maintien de la paix, 282. — Conduite à tenir à la cour de Vienne, 283. — Personnages de cette cour, 284. — Diplomates étrangers, 286. — Affaires du Nord, 286. — Élection d'un roi des Romains, 288. — Exécution des traités, 288. — L'abbaye de Saint-Hubert, 289. — Limites des Pays-Bas, 290. — Limites de Lorraine, 292. — Prétentions du roi d'Angleterre à l'égard de l'Espagne, 293. — Satisfaction à accorder à l'électeur palatin, 293. — Le roi de Prusse, 294. — Les ministres d'Angleterre et de Sardaigne à Vienne, 295. — La Russie, 296. — Conduite à tenir envers les ministres du Pape et de Venise, 296. — Correspondances à suivre en Allemagne, 297. — Alliance de l'Autriche et de la Russie, 298. — Affaires diverses, 299. — Affaires de Toscane, 301. — Cérémonial, 303. — Conflit d'étiquette avec la Russie, 304. — Relation de la mission, 307.

XVI

LE MARQUIS D'HAUTEFORT, AMBASSADEUR, 1750

Notice, 309.

Instructions. — Désir du maintien de la paix, 309. — Crainte que les puissances ne s'y prêtent pas, 310. — Ce que l'on entend en Europe par l'équilibre européen, 310. — Alliance de l'Angleterre et de l'Autriche, 311. — Mission du marquis d'Hautefort, 312. — Conduite à tenir à son arrivée à Vienne, 312. — Vues pacifiques de la France, 313. — Vues d'alliance à l'égard de l'Autriche, 314. — Exécution des traités, 315. — Relations de la France et de la Prusse,

315. — L'Autriche et la Hollande, 317. — La Russie et la Suède, 317. — Affaire d'Aquilée, 319. — Élection d'un roi des Romains, 321. — Affaires diverses : l'abbaye de Saint-Hubert, 323. — Affaires de Toscane, 324. — Le Saint-Siège, 325. — Conduite à tenir avec les diplomates étrangers, 326. — Correspondances à suivre, relation de l'ambassade, 327.

XVII

LE MARQUIS D'AUBETERRE, MINISTRE PLÉNIPOTENTIAIRE, 1753

Notice, 329.
Instructions. — La France, les puissances, l'équilibre européen, 329. — Alliance de l'Autriche et de l'Angleterre, 331. — Conduite à tenir à Vienne, 332. — Le Saint-Siège, 333. — Affaires diverses, 333. — Les diplomates étrangers, 335. — Correspondances et relation de la mission, 336.

XVIII

LE COMTE D'ESTRÉES, MINISTRE PLÉNIPOTENTIAIRE, 1756

Notice. — Le traité du 1er mai 1756, articles secrets, 337. — Commencement de la guerre entre la Prusse et l'Autriche, 338.
Instructions. — Le traité de Versailles, 338. — Comment il convient d'en appliquer et d'en développer le principe, 339. — Défection du roi de Prusse, invasion de la Saxe, conduite de l'Angleterre, 339. — Motifs qui ont dirigé le roi de Prusse, 340. — Volonté sincère du Roi d'exécuter ses engagements, 340. — Nécessité de convenir des mesures à prendre en commun contre la Prusse, 341. — Mission de M. d'Estrées, 342. — Déclarations qu'il fera, 342. — Les traités de Westphalie et le traité de Versailles, 343. — Cérémonial, 344. — Conduite à tenir avec les diplomates étrangers, 344. — Accession probable de la Russie au traité de Versailles, 345. — L'Empereur, 345. — Opérations militaires et relations diplomatiques, 346. — L'Impératrice, 347. — La Saxe et la Pologne, 348. — L'Espagne, 348. — Le comte de Kaunitz, 349. — Guerre entre la France et l'Angleterre, 349. — Ce que la France attend de l'Autriche, ce qu'elle fera pour l'Autriche, 349. — Plans de guerre, 350. — Correspondances à suivre, 352.

XIX

LE COMTE DE STAINVILLE, AMBASSADEUR, 1757

Notice, 355.
Instructions. — L'alliance de 1756 a changé le système politique de l'Europe, mais non celui de la France, 356. — Système de la France envers la maison d'Autriche, de François Ier à Louis XIV, 357. — Guerre de succession d'Autriche, 357. — Affaiblissement de la maison d'Autriche et accroissement de la maison de France, 357. — Danger d'accroître les maisons de Prusse et de Sardaigne, 358. — Causes du changement survenu dans les alliances de la France : conduite du roi de Prusse, 358. — Rupture entre la France et l'Angleterre, 361. — Défection du roi de Prusse, 361. — Ouvertures d'alliance de la part de l'Autriche, 361. — Conduite du roi envers la Prusse, 363. — Comment se conclut le traité de Versailles du 1er mai 1756, 364. — Négociations au sujet de la Saxe et des Pays-Bas, 365. — Clauses du traité de 1757, 365. — Notification du traité à la Prusse, 366. — Invasion de la Saxe et de la Bohême, 367.

— Garantie des traités de Westphalie, 367. — Accession de la Russie à l'alliance, 367. — Opérations de guerre, secours et subsides fournis par la France, 368. — Traité du 1er mai 1757, 369. — Nouveaux secours fournis par la France, 369. — Vues sur la continuation de la guerre, 370. — Conduite à tenir à Vienne, 371. — Correspondances à suivre, 372. — La Russie, 372. — Exécution du traité de 1757, 372. — Gênes, 374. — Venise, 375. — Parme, 375. — La cour de Vienne, 376. — Résumé des instructions, points essentiels, 377.

XX

LE COMTE DE CHOISEUL, AMBASSADEUR, 1759

Notice, 381.

Instructions. — Origines et caractères de l'alliance de la France et de l'Autriche, 382. — Ancienne rivalité des deux maisons, 382. — Guerre de succession d'Autriche, 382. — Traité d'Aix-la-Chapelle, 383. — Hostilité de l'Angleterre, défection du roi de Prusse, 383. — Ouvertures d'alliance de l'Autriche, 384. — Conclusion du traité de 1er mai 1756, 284. — Traité du 1er mai 1757, 385. — Insuccès des opérations de guerre, 386. — Double guerre soutenue par la France contre l'Angleterre et contre la Prusse, 386. — Que la guerre contre l'Angleterre est personnelle à la France, 386. — Que la guerre contre la Prusse se fait surtout pour l'avantage des alliés, 386. — Devoirs qui en résultent pour le Roi, 387. — L'objet principal doit être de porter des coups directs à l'Angleterre, 387. — Traités de décembre 1758 conclus sur ce principe, 388. — Mission de M. de Choiseul, 389. — Maintien des traités de Westphalie, 389. — Correspondances et relation de l'ambassade, 390.

XXI

LE COMTE DU CHATELET, MINISTRE PLÉNIPOTENTIAIRE, 1761

Notice, 393.

Instructions. — Origines et caractères de l'alliance de la France et de l'Autriche, 394. — Ancienne rivalité des deux maisons, 394. — Guerre de succession d'Autriche, 394. — Traité d'Aix-la-Chapelle, 395. — Hostilité de l'Angleterre, défection du roi de Prusse, 395. — Ouvertures d'alliance de l'Autriche, 395. — Conclusion du traité du 1er mai 1756, 396. — Traité du 1er mai 1757, 396. — Insuccès des opérations de guerre, 397. — Double guerre soutenue par la France : guerre directe et personnelle contre l'Angleterre, indirecte contre la Prusse, 398. — Devoirs qui en résultent pour le Roi, 398. — L'objet principal devait être de porter des coups directs contre l'Angleterre, 399. — Traités de décembre 1758, 399. — Accession de la Russie, 400. — Nouveaux échecs dans les opérations de guerre, perte des colonies françaises, 400. — Guerre en Allemagne, 401. — La France propose des négociations de paix, 401. — Refus de l'Autriche, 402. — Déclaration commune à l'Angleterre et à la Prusse, 402. — Vues du Roi sur la paix avec l'Angleterre, 402. — Vues de l'Autriche, de la Russie, de la Suède, de la Saxe sur la paix, 403. — L'Empire et la paix, 404. Mission de M. du Châtelet, 405. — Maintien des traités de Westphalie, 405. — Correspondances et relation de l'ambassade, 407.

XXII

LE MARQUIS DE DURFORT, AMBASSADEUR, 1766

Notice, 409.

Instructions. — Origines et caractère de l'alliance de la France et de l'Autriche, 411. — Ancienne rivalité des deux maisons, 411. — Guerre de succession d'Autriche, 411. — Traité d'Aix-la-Chapelle, 412. — Hostilité de l'Angleterre, défection du roi de Prusse, 412. — Ouvertures d'alliance de l'Autriche, 412. — Traité du 1er mai 1756, 413. — Traité du 1er mai 1757, 413. — Insuccès des opérations de guerre, 414. — Double guerre soutenue par la France : guerre directe et personnelle contre l'Angleterre, indirecte contre la Prusse, 414. — Devoirs qui en résultaient pour le Roi, 415. — L'objet principal était de porter des coups directs à l'Angleterre, 415. — Traités de décembre 1758, 415. — Perte des colonies, 416. — Échecs en Allemagne, 416. — La France propose des négociations de paix, 416. — L'Autriche s'y refuse, 417. — Échec des négociations, 418. — Avènement et mort de Pierre III, 418. — La Russie se retire de l'alliance, 418. — Préliminaires de paix entre la France et l'Angleterre, 419. — Paix d'Allemagne, 419. — Paix définitive entre la France et l'Angleterre, 319. — Que la guerre a été plus désastreuse pour la France que pour l'Autriche, 419. — Sacrifices faits par la France à ses alliés, 419. — Résolution du Roi de maintenir l'alliance, 420. — Mission de M. de Durfort, 420. — Maintien des traités de Westphalie, 421. — Affaires de limites, 423. — Affaires de Parme, 425. — Affaire de San Remo, 425. — Cérémonial et préséances, 426. — Le pacte de famille, 428. — Relation de l'ambassade, 430.

Supplément aux instructions. — Sur le projet du roi de Prusse de réunir à sa couronne les margraviats d'Anspach et de Baireuth, 430. — Historique de la question, 431. — Vues de la France à ce sujet, 434.

XXIII

M. DURAND, MINISTRE PLÉNIPOTENTIAIRE, 1770

Notice, 439.

Instructions. — L'alliance des deux cours forme le fond des instructions de M. Durand, 440. — Affaires de Pologne, 440. — Vues de la France à ce sujet, 441. — Rapports à entretenir avec les Confédérés polonais, 442. — Correspondance à suivre avec Constantinople, 443.

Supplément aux instructions. — La Porte propose à l'Autriche et à la France de se déclarer contre la Russie, 444. — Réponse de l'Autriche, 444. — Vues de la France, 445.

XXIV

LE PRINCE DE ROHAN, AMBASSADEUR, 1772

Notice, 447.

Instructions. — Rôle passif de la France dans les affaires d'Orient et de Pologne, 449. — Maintien de l'alliance avec l'Autriche, 450. — L'Angleterre et la Russie en Orient, 451.

XXV

LE BARON DE BRETEUIL, AMBASSADEUR, 1774

Notice 453.

Instructions. — L'alliance avec l'Autriche fait de cette cour le centre des calculs politiques de la France, 454.

1º *Du système politique de la cour de Vienne relativement aux principales puissances de l'Europe*, 455. — Russie, 456. — Alliance momentanée de l'Autriche et de la Turquie, 456. — Retour à l'alliance russe, partage de la Pologne, 457. — La Porte, 459. — Traité de Kaïnardji, 461. — La Prusse, 462. — L'Angleterre, 463. — Danemark, Suède, Hollande, 464. — Italie, 466. — Grisons, 466. — Gênes, 467. — Naples, 467. — Rome, 468. — Espagne, 468. — Empire d'Allemagne, 470. — Les traités de Westphalie et les prétentions de l'Autriche, 470. — Le Hanovre, 471. — Affaire des fiefs de la couronne de Bohême, 472. — Les tribunaux de l'Empire, 472. — Succession de Juliers et de Berg, 473. — Recrutement dans l'Empire, 474. — La Suisse, 476.

2º *Des alliances du Roi et particulièrement de celle avec la maison d'Autriche*, 477. Alliance avec l'Espagne, le Pacte de famille, 477. — Alliance avec la Suède, 479. — Alliances dans l'empire d'Allemagne, les traités de Westphalie, 480. — Gênes, 481. — Alliance de la France avec la maison d'Autriche, 481. — Comment elle a été conclue, 481. — Conditions de cette alliance après la guerre de Sept Ans, 483.

3º *Des avantages respectifs de notre alliance avec la cour de Vienne et de la conduite politique du Roi à cet égard.* — Avantages de l'alliance pour l'Autriche, 484. — Avantages pour la France, 484. — Supériorité des avantages de l'Autriche, 484. — La guerre des Turcs et le partage de la Pologne ont altéré l'esprit de l'alliance, 485. — Conduite de Louis XV, 486. — Comment Louis XVI considère l'alliance et ce qu'il attend de l'Autriche, 486. — Vues de la France au sujet de la Prusse, 487. — Que la France ne vise point aux conquêtes, 487. — Que sa politique est de maintenir la paix générale, 488. — Nécessité, pour le maintien de l'alliance, que l'Autriche entre dans ces vues, 488.

4º *Du système politique du Roi vis-à-vis des autres puissances de l'Europe.* — L'Espagne, 489. — Naples, 490. — Le roi de Sardaigne, 490. — Venise, 491. — Gênes, 491. — Parme, 491. — La Suède, 492. — L'Angleterre, 493. — La Porte ottomane, 493. — La Prusse, 494. — La Russie, 496. — Le Danemark, 497. — L'empire d'Allemagne, 497.

5º *Des affaires particulières à traiter avec la cour de Vienne*, 498. — Affaires de limites, 498. — Cérémonial, 499. — Relation de l'ambassade, 499.

XXVI

LE BARON DE BRETEUIL, AMBASSADEUR, 1777

Notice, 501.

Instructions. — Comment s'est maintenue l'alliance entre les deux cours, 501. — Que l'Autriche a séparé ses intérêts de ceux de la France, 502. — Crise dans les affaires d'Orient; occupation de la Crimée par les Russes, 502. — Ouvertures de l'Autriche, 503. — Résumé de ces ouvertures : de la Prusse, 503 ; — de la Russie, 503; — de la Porte ottomane, 504; — des successions palatine et de Bavière, 504. — Vues de la France sur ces questions, 505. — Modération du Roi, 505. — La politique des partages, 506. — Danger de cette politique pour l'Autriche, 506. — Langage à tenir à Vienne au sujet de la Porte ottomane, 508; — de la Russie, 511; — de la Prusse, 513; — des successions palatine et de Bavière, 515. — Réflexions au sujet de la Suède, 519. — Sur les ouvertures de la cour de Vienne, 519.

Suppléments aux instructions. — La Turquie et Venise, 520.

XXVII

LE MARQUIS DE NOAILLES, AMBASSADEUR, 1783

Notice, 523.

Instructions. — Alliance de la Russie et de l'Autriche, 524. — Conséquences qui en résultent dans les rapports de ces deux cours avec la Prusse, 525. — Annexion de la Crimée par Catherine II, 525. — Conduite de la France, 526. — Efforts de la France pour détourner l'Autriche de ses desseins contre la Turquie, 526. — Réponse de la Russie aux observations de la France, 527. — Rôle de l'Angleterre, 528. — Que le Roi ne saurait sacrifier sa dignité et les intérêts de sa couronne à son alliance avec l'Autriche, 529. — Conditions du maintien de cette alliance, 529. — Bases du système de la France, 529. — Langage à tenir à Vienne, 530. — Langage tenu à Constantinople, 530. — Vues de l'Autriche au sujet de la Prusse, 531; — de l'Angleterre, 531; — de la Suède, du Danemark et de la Hollande, 532; — de l'Italie et de l'Espagne, 532; — de Rome, 533; — de l'Empire d'Allemagne, 533. — Résumé de l'état des choses, 534. — Crise dont est menacée l'alliance, 534. — Vues de la France sur les affaires d'Orient, 535.

FIN DE LA TABLE DES CHAPITRES.

INTRODUCTION

I

La rivalité de la France et de l'Autriche au xviie siècle avait sa cause et sa raison d'être dans les origines des deux États.

En France, dès que le royaume fut délivré des Anglais et que la monarchie fut constituée, les rois cherchèrent à étendre, en les assurant, les limites de l'État. La nature des choses et les traditions historiques les poussaient à chercher cette extension du côté du nord et du côté de l'est.

Dans les Flandres et en Franche-Comté, la France rencontrait la maison de Bourgogne; dans les territoires intermédiaires, la maison de Lorraine, qui, l'une et l'autre, étaient liées à l'empire d'Allemagne par plusieurs de leurs possessions; elle rencontrait ailleurs l'Empire même et, en Alsace, l'une de ses maisons les plus puissantes, celle de Habsbourg. D'autre part, la monarchie espagnole, voisine et rivale de la France, redoutait tout accroissement de la puissance française et s'y opposait. Rivalité avec l'Espagne, conflits avec l'Empire, prétentions sur les terres de Bourgogne, ces trois causes d'hostilité et de lutte concoururent pour mettre la monarchie française en opposition directe avec la maison d'Autriche qui réunit en elle la monarchie espagnole, l'empire d'Allemagne et l'héritage de Bourgogne.

Originaires de la vallée supérieure du Rhin[1], les comtes de

---

1. Voir : Himly, *Histoire de la formation territoriale des États de l'Europe centrale*, t. I, liv. III : la Monarchie autrichienne. Paris, 1876.

Habsbourg étaient devenus, au xii° siècle, landgraves héréditaires de la Haute-Alsace. En 1273, l'un d'eux, Rodolphe, fut élu roi de Germanie, et, sans abandonner ses possessions rhénanes, acquit pour sa famille un vaste établissement à l'autre extrémité de l'Empire : les États autrichiens proprement dits. Lorsqu'en 1493 un de ses descendants, Maximilien Ier, fut élu empereur, il était un des plus puissants princes de l'Allemagne, possédant l'Autriche, la Styrie, la Carinthie, la Carniole, Gorice et Gradisca, l'Istrie, le Frioul, le Tyrol, la Haute-Alsace et des terres dans la Forêt Noire. A ces territoires héréditaires de la maison d'Autriche, il avait ajouté en 1477, par son mariage avec la duchesse Marie, héritière de Bourgogne, ceux de cette puissante maison. Sauf le duché qui, en qualité de fief mâle, fit retour à la couronne de France, le reste de l'héritage, les Pays-Bas et la Franche-Comté, passèrent à la maison d'Autriche. C'est le point de départ de la lutte entre les deux dynasties et entre les deux États.

« Ce mariage, écrivait Bayle dans les dernières années du xvii° siècle [1], ce mariage fut la naissance d'une guerre qui a duré plus de deux cents ans, et qui a la mine de durer encore beaucoup. Elle a été quelquefois interrompue par l'épuisement des combattants ; mais ce n'a été que pour revenir, à la manière des fièvres intermittentes, dès que la matière dissipée a pu se renouveler. De là sont sortis des fleuves de sang, et une infinité de brûlements, de saccagements et de misères... La France et la maison d'Autriche, les principales parties qui ont disputé ce morceau de terre, ont engagé à cette dispute la plupart des princes chrétiens. Car lorsque la dernière a été trop en état de se maintenir, on a secondé la première dans ses attaques ; et lorsque celle-ci a été trop en état de conquérir, on a secouru l'autre vigoureusement... Tant qu'il restera un pouce de terre à gagner,... ce sera un levain et un ferment infaillible de nouvelles guerres. »

La lutte contre la maison d'Autriche devenait ainsi une condition nécessaire de la formation territoriale de la France ; les événements en firent très promptement une condition néces-

---

[1]. *Dictionnaire historique*, article Louis XI.

saire de l'existence même de l'État français. Philippe le Beau, fils de Maximilien et de Marie de Bourgogne, épousa, en 1496, Jeanne la Folle, héritière des couronnes d'Espagne, et leur fils Charles, qui leur succéda, réunit en ses mains l'Espagne, Naples et la Sicile, les Pays-Bas, la Franche-Comté, les Indes. Il y joignit la couronne impériale. Charles-Quint possédait une partie de l'Europe, et visait à la monarchie universelle. Non seulement il arrêtait la France, mais il l'étreignait de toutes parts, et prétendait la ruiner. La France chercha partout des alliés. Elle en trouva dans l'empire d'Allemagne, où les princes, menacés dans leur indépendance, se liguèrent contre Charles-Quint. Les luttes religieuses s'ajoutèrent aux luttes politiques. Charles-Quint, qui prétendait établir son autorité sur l'Empire, prétendait y maintenir l'unité de la foi. Les princes qui adoptèrent la Réforme défendaient à la fois contre lui leur indépendance religieuse et leur indépendance politique. La France les soutint. Elle soutint les habitants des Pays-Bas qui se révoltaient pour les mêmes motifs. Une nouvelle extension de la maison d'Autriche, qui se fit à cette époque, fournit à la France un nouveau moyen d'attaque contre cette maison et un nouvel allié.

Le frère de Charles-Quint, Ferdinand, régnait sur les États héréditaires de sa maison en Allemagne. En 1526, il se fit élire roi de Bohême et roi de Hongrie. Par la Hongrie, il touchait aux Turcs, alors dans tout l'éclat de leur puissance et dans toute la force de leur offensive contre l'Europe chrétienne. Ils parurent devant Vienne en 1529 et en 1532; forcés de reculer, ils s'arrêtèrent en Hongrie, et devinrent pour l'Autriche une menace constante, pour la France un auxiliaire toujours prêt aux diversions.

Charles-Quint échoua dans ses desseins. Il laissa l'Empire divisé, une ligue redoutable formée contre lui, les Pays-Bas mécontents, l'Espagne affaiblie, la France menaçante et accrue des trois évêchés de Lorraine, acquis par elle pour avoir soutenu contre l'empereur l'indépendance des princes d'Allemagne. Il abdiqua en 1556. La maison d'Autriche eut dès lors deux branches : l'espagnole, avec l'Espagne, Naples et la Sicile, les possessions italiennes, les Indes, la Franche-Comté, les Pays-Bas ; l'allemande ou l'autrichienne proprement dite, avec l'Alsace, les pays héréditaires, la Bohême, la Hongrie et la couronne impériale que des élections successives rendirent quasi héréditaire. Ces deux branches demeurant unies, elles menaçaient la France d'une ligue formidable. La politique française se proposa naturellement de les diviser et de les affaiblir.

La branche espagnole était celle qui menaçait le plus directement la France ; c'était celle aussi contre laquelle la France avait le plus à prétendre. Poursuivie sous Henri IV, la lutte se continua sous Louis XIII. Philippe II laissa l'Espagne très affaiblie ; Philippe III la vit constamment déchoir. Lorsque Philippe IV lui succéda en 1621, l'Espagne ne semblait plus vraiment redoutable que par ses alliances. Ce fut de ce côté que Richelieu l'attaqua. La branche espagnole étant contenue et repoussée, il se tourna vers l'allemande. Il intervint dans la guerre intestine de l'Allemagne, et commença la grande lutte que Mazarin continua après lui contre les deux branches coalisées de la maison d'Autriche.

L'allemande céda la première. Les traités signés en 1648 à Munster et à Osnabrück, et connus sous le nom de traités de Westphalie, consacrèrent les principes de la politique française à l'égard de l'Autriche et de l'Empire. Il se dégage de ces traités deux faits essentiels, dont les conséquences se déroulent pendant toute la période historique qu'embrasse ce recueil.

Les traités de Westphalie conféraient à la France les trois évêchés, Metz, Toul et Verdun, les landgraviats de Haute et de Basse-Alsace, l'avouerie de Basse-Alsace ou préfecture de Haguenau. Les termes des traités laissaient dans une certaine confusion les droits de souveraineté de la France sur ceux des territoires d'Alsace qui n'appartenaient pas à la maison d'Autriche. De là pour la France un moyen dont elle usera pour étendre sa souveraineté sur tous les territoires, seigneuries et villes du pays cédé ; de là aussi pour l'Autriche, qui, la cession faite, vise aussitôt à la reprendre, un moyen de contester les droits du Roi, d'ébranler son autorité et d'attirer l'Empire dans sa cause, en soutenant contre la France les prétentions des princes allemands qui sont établis en Alsace ou y possèdent des terres. La France, avec une ténacité extrême, poursuivra la réunion totale et l'assimilation de ce pays. Les réclamations des princes de l'Empire contre l'abolition des droits féodaux, qui furent un des prétextes de la guerre de 1792, ne seront que le dernier épisode de ce procès séculaire.

Les traités de 1648 règlent l'organisation de l'Allemagne. Ils posent le principe de la supériorité territoriale ou quasi souveraineté des princes, ils leur confèrent le droit d'alliance, ils mettent fin ainsi aux vues ambitieuses de l'Autriche qui tendaient à unifier l'Empire comme les Capétiens avaient unifié la France. La France est garante de ces traités, et cette garantie devient un des fondements de sa politique. Il en résulte avec l'Autriche une nouvelle série de conflits. On lit dans une instruction du commencement du XVIIIe siècle [1] :

Lors de la conclusion des traités de Westphalie, ceux qui y eurent la principale part regardèrent comme un point essentiel à l'équilibre et à la balance en Europe, les privilèges et les droits que l'on procura aux Princes et États de l'Empire, et qui, fixant les droits de la cour de Vienne, empêcheroient à jamais que le corps germanique et cette cour, qui ne pourroient agir que sur des principes et des intérêts communs, ne formassent un seul et même corps, qui seroit en effet devenu formidable à toutes les puissances de l'Europe. C'est aussi par cette raison que le feu Roi fit depuis avec plusieurs Princes de l'Empire un grand nombre de traités fondés principalement sur la garantie et la manutention des traités de Westphalie, et que dans ceux que l'on conclut même à présent, on y rappelle toujours les mêmes traités comme une base nécessaire à la tranquillité publique.

D'un autre côté la cour de Vienne, gênée par les bornes étroites que ce traité avoit mises à son autorité, a toujours cherché les moyens d'en éluder l'effet, en altérant l'esprit de ses stipulations par des interprétations conformes à ses vues ; elle a profité de toutes les occasions pour parvenir à ce but, et, obligée pendant les temps de guerre à des ménagements pour les Princes de l'Empire, qu'il lui importe alors de tenir attachés à ses intérêts, elle sait se rédimer de quelque légère complaisance en donnant aux traités, aux constitutions de l'Empire et même aux capitulations impériales les atteintes les plus contraires aux droits du corps germanique.

---

1. Instruction du duc de Richelieu, 1725.

Rien, en 1648, n'était stipulé au sujet de la Lorraine. La France l'avait conquise et entendait la garder. Le duc servait l'Espagne, l'Autriche le protégeait. Il s'ensuivit des difficultés qui tiennent une place considérable dans les relations des deux cours, et qui ne furent terminées qu'en 1738, par la cession de la Lorraine à la France. A l'époque où commence ce recueil, les affaires de Lorraine se rattachent à celles d'Espagne et par là à toutes celles de l'Europe.

Malgré les engagements qu'elle a pris, l'Autriche continue de soutenir l'Espagne dans les guerres que celle-ci poursuit encore contre la France. L'idée de réunir les deux monarchies et de reprendre les traditions de Charles-Quint existe toujours à Vienne. La France en voit un signe dans les prétentions qu'a l'Empereur « du mariage du roi de Hongrie, son fils, avec l'infante d'Espagne, par le moyen duquel il espère un jour joindre en sa personne ce qu'on a vu autrefois en celle de Charles-Quint, empereur et roi d'Espagne [1] ». Les procédés de l'Empereur font que jusqu'à la paix des Pyrénées, en 1659, la France ne renoue point les relations avec lui ; et même après cette paix, comme il a négligé de notifier au Roi son élection à l'Empire, la France ne le reconnaît point et ne lui envoie point de ministre.

Le premier qui paraît à Vienne, le président Colbert, en 1660, n'a qu'une mission temporaire. Les États du nord de l'Europe sont en guerre. La Pologne, le Danemark, le Brandebourg sont ligués contre la Suède ; la Suède est alliée de la France : elle invoque la garantie des traités de Westphalie. La France se demande ce que fera l'Empereur, et elle déclare que si avant le mois de février, il n'a pas fait connaître ses intentions pacifiques, les troupes du Roi entreront en Allemagne. Le président Colbert est chargé de s'enquérir des intentions de l'Empereur, et, s'il y a lieu, de négocier la paix du Nord. L'instruction qui lui est donnée est remarquable par l'étendue des objets qu'elle embrasse. Toutes les questions européennes y sont traitées. Elles le sont sous une forme toute technique, sans aucun appareil de composition, sans aucun effort de style, sans aucune rhétorique de chancellerie.

1. Instruction du baron de Saujon, 1650.

L'instruction va droit au fait : les numéros des paragraphes tiennent lieu de transitions. Le lien est dans la pensée, qui est forte, précise et claire, se suit et embrasse sans peine tant d'objets divers parce qu'elle les rapporte toutes à un objet supérieur et parfaitement déterminé : l'intérêt bien entendu de la France en toutes ces affaires. C'est là tout le système, et comme il est évident de soi, très fermement conçu dans l'esprit des gouvernants, ils jugent superflu de l'établir et de le développer dans une dissertation savante. C'est le document le plus concret et le plus nourri des faits qui se trouve dans ce recueil ; en le comparant avec ceux qui en forment la fin, on verra tout ce que l'esprit de système et le goût de la dissertation ont gagné en un siècle et demi. Cette étude est une des plus intéressantes parmi celles que peuvent suggérer les pièces contenues dans ce volume.

Si l'instruction de Colbert est précise, elle est aussi très explicite ; on ne craint pas de dire les choses par le menu et même de les répéter. Le rédacteur ne se soucie point de cet art subtil et dangereux, qui, sous prétexte d'élégance et de belle littérature, raffine aux dépens de la précision et subtilise au détriment de la clarté. Comme il sait ce qu'il veut, il juge expédient de l'exposer, de façon que nul ne puisse s'y méprendre. Il ne joue pas au plus fin avec l'agent qui reçoit l'instruction, il ne négocie pas avec son propre négociateur, et ne lui dissimule pas sa propre pensée sous le prétexte spécieux que l'agent, averti de la sorte, la laissera plus difficilement deviner aux autres. Voici, par exemple, le passage de l'instruction relatif à la reconnaissance de l'Empereur. Colbert n'a point de caractère, il n'est qu'un agent officieux ; dans quelle mesure peut-il voir l'Empereur et ses ministres ? On lui explique d'abord où en sont les choses :

L'Empereur fut conseillé à Francfort par ses ministres, sans doute pour plaire alors à ceux d'Espagne, d'omettre de donner part au Roi par une lettre de son élévation à l'Empire, selon la coutume observée de tout temps, à laquelle aucun de ses prédécesseurs n'avoit encore manqué, et cette considération a été cause que jusqu'ici on n'a eu aucun commerce avec ledit Empereur, ni avec ses ministres, la dignité du Roi ne l'ayant pu permettre. Voire même que, dans les écrits publiés, Sa Majesté a évité de le qualifier Empereur, comme si elle ne savoit pas qu'il y en eût un au monde, et quand il a fallu nécessairement en parler, elle a toujours usé de ces termes : la cour de Vienne...

Ce n'est pas que ni l'une ni l'autre de ces raisons doive retenir ledit sieur Colbert... de parler et traiter avec les ministres de l'Empereur... Au contraire, on croit important qu'il dispose les choses adroitement à ces sortes d'entrevues, avec la dignité du Roi...; afin que lesdits ministres ne puissent pas publier un jour dans l'Allemagne qu'on ne les a informés de rien et que si on leur eût parlé et fait des propositions équitables, la paix auroit été indubitablement conclue; comme, d'autre côté, il nous sera avantageux, quoi qu'il arrive, de pouvoir dire avec fondement de vérité que l'on n'a rien omis pour porter les Impériaux à un bon accommodement. Ledit sieur Colbert pourroit aussi, en un besoin, voir l'Empereur même, présupposé qu'on lui eût auparavant mis en main la lettre qu'il doit écrire à Sa Majesté ou qu'il eût certitude, par un duplicata qu'on lui pourroit donner, qu'elle eût été envoyée, et le prétexte de ce duplicata seroit le doute que la première ne se fût égarée.

Toutes les nuances sont ici marquées avec un soin extrême; cependant, à côté de ces prescriptions minutieuses, l'ambassadeur reçoit les pouvoirs les plus étendus qui se puissent concevoir. C'est encore un caractère de la diplomatie du temps, une conséquence de la fermeté et de la clarté des vues : on laisse d'autant plus d'initiative aux négociateurs que les principes de la négociation ont été mieux posés et plus fortement établis.

Le Roi attendra avec impatience de savoir quelle dernière réponse ledit sieur Colbert aura pu tirer des Impériaux; si elle est tout à fait négative et qu'il ne voie nulle apparence d'espérer la paix, il pourra la rapporter lui-même à Sa Majesté en la plus grande diligence qu'il lui sera possible, car, en ce cas-là, le temps nous sera cher et il nous importe d'être tôt avertis; mais si ladite réponse est telle qu'on la peut souhaiter, et que ledit sieur Colbert voie jour à un bon et prompt accommodement, Sa Majesté laisse à sa prudence et à sa discrétion de résoudre de concert avec ledit marquis de la Fuente[1], ce qu'il devra faire pour avancer cet ouvrage, soit d'aller lui-même trouver le roi de Suède pour l'informer de ce qui s'est passé et tirer de lui les choses et les ordres dont on aura besoin, soit d'aller en Prusse...

---

1. Ambassadeur d'Espagne à Vienne.

et pour cet effet on lui adresse des lettres de créance de Sa Majesté aux rois de Suède et de Pologne, à la reine de Pologne, à l'électeur de Brandebourg... Cependant, quelque résolution qu'il ait jugé à propos de prendre, il la fera savoir par courrier exprès à Sa Majesté avec les motifs qui l'auront obligé à la prendre, et enfin tout ce qui se sera passé à Vienne en ses négociations.

II

Les relations régulières entre la France et l'Autriche ne se renouèrent qu'en 1664 par la mission de Grémonville, qui demeura à Vienne jusqu'en 1672. Mais ce rapprochement n'était en réalité qu'une phase nouvelle de la rivalité des deux maisons. La puissance espagnole tombait. Le roi Charles II était débile. On avait lieu de croire qu'il mourrait jeune et n'aurait point d'enfants. La France convoitait une partie de la succession de la branche espagnole : elle chercha à s'entendre, sur les moyens de la partager, avec la branche allemande. Louis XIV se saisit de la Flandre et du Hainaut qu'il garda par le traité d'Aix-la-Chapelle, en 1668. La même année, il concluait avec l'empereur Léopold un traité secret pour le partage éventuel de la monarchie espagnole. L'entente fut de courte durée. Louis XIV, par sa puissance, par ses prétentions et par ses entreprises, effraya l'Allemagne et l'Europe. Les rôles changèrent. En même temps que les grandes ambitions venaient à la maison de France, le secours des grandes coalitions vint à la maison d'Autriche. « L'entrée de Louis XIV dans les Pays-Bas espagnols avait alarmé les Provinces-Unies ; l'invasion des Provinces-Unies alarma l'Allemagne[1]. » Se sentant menacés, les princes allemands, ligués naguère avec la France contre l'Empereur, revenaient à l'Empereur et lui demandaient de les défendre contre le Roi. Cependant Louis XIV vainquit encore. Il dicta la paix à Nimègue en 1678 : il garda la Franche-Comté et quatorze villes des Pays-Bas.

Les relations se renouent avec Vienne. En neuf ans, on y

---

[1]. MIGNET. *Introduction à l'Histoire de la succession d'Espagne.*

voit se succéder cinq envoyés du Roi : le marquis de Vitry en 1679; le marquis de Sebeville en 1680; le comte de Cheverny en 1684; le comte de La Vauguyon en 1685; le comte de Lusignan en 1687. Ces dix années de paix ne sont, en vérité, qu'une suspension d'armes. La rivalité est flagrante, elle est avouée ; c'est, selon l'expression du temps, une raison d'État. Le marquis de Vitry, qui part le premier, en est dûment averti. « Il trouvera, porte son instruction[1], il trouvera l'opposition si naturelle et si héréditaire de la maison d'Autriche pour la France, augmentée vraisemblablement par le déplaisir que l'on y a eu de la paix. Bien qu'on l'ait acceptée avec joie parce qu'il n'étoit pas au pouvoir de l'Empereur de continuer la guerre, l'on y a senti avec peine la gloire et la supériorité avec laquelle Sa Majesté en a prescrit les conditions, et la cour de l'Empereur en général et les ministres en particulier ne font point de difficulté de la qualifier publiquement de honteuse. »

Le conflit des intérêts et des prétentions est tel qu'on ne songe plus même à conclure des traités de paix; on négocie des *trêves*, on traite comme on le fait avec les Turcs. On se sent impuissant à régler les différends par la négociation; l'épuisement où l'on est, fait que l'on redoute de les trancher par la guerre. Le prétexte que l'on invoque pour proposer une trêve de ce genre, ce sont précisément les Turcs qui marchent sur Vienne et la menacent. On lit dans l'instruction de M. de Cheverny[2] : « Sa Majesté voulut bien au mois de juillet dernier offrir une suspension de toutes voies de fait pendant trente ans ou au moins vingt-cinq ans, afin que, tous les différends étant sursis pendant un temps assez considérable pour ne laisser de part et d'autre aucune inquiétude de nouvelles entreprises, la plus grande partie de la chrétienté pût employer ses armes à repousser l'ennemi commun. » Il ne faut point s'y tromper; l'esprit des croisades n'entre ici pour aucun appoint. Il s'agit pour Louis XIV d'obtenir la ratification de l'annexion de Strasbourg et des annexions opérées par les chambres de réunion. Le Turc arrive fort à propos pour obliger les Allemands à céder

---

1. Instruction du marquis de Vitry, 1679.
2. 10 Janvier 1684.

aux prétentions du Roi ; Louis XIV compte que les ministres de l'Empereur se montreront dociles et feront eux-mêmes à son envoyé des propositions d'accommodement.

Il témoignera [1], en ce cas, n'en pouvoir écouter d'autres que l'acceptation pure et simple de la trêve pendant vingt ans, en laissant toutes choses de part et d'autre dans l'état où elles sont à présent...; mais si on lui demandoit que Sa Majesté voulût bien déclarer quel secours elle voudroit donner à l'Empereur contre le Turc, il fera connoître qu'il ne peut entrer en rien sur ce point que l'accommodement entre l'Empereur et l'Empire ne soit signé et ratifié de toutes parts, en sorte qu'il ne reste plus aucun sujet d'ombrage et de défiance, et se gardera bien de rien donner par écrit ni dire de bouche qui puisse faciliter à la cour de Vienne les moyens de faire la paix avec les Turcs, ce qui fait jusqu'à présent le plus pressant désir de la cour de Vienne.

La trêve se conclut à Ratisbonne en 1684, et il s'ensuit une apparence d'apaisement. On peut croire même que de nouvelles relations vont s'engager et que le ton des instructions va se modifier. La politique qui a conduit Louis XIV à révoquer en France l'édit de Nantes semble devoir le conduire à changer ses alliances et à retourner son jeu en Allemagne. On lit dans l'instruction donnée au comte de La Vauguyon en 1685 :

Après avoir remis entre les mains de ce Prince [l'Empereur] la lettre que Sa Majesté écrit de sa propre main en créance sur ledit sieur de La Vauguyon, il l'assurera du sincère désir qu'elle a d'affermir la bonne intelligence et amitié que les derniers traités de trêve ont rétablie entre Leurs Majestés ; que le Roi apprend avec bien de la joie la continuation des heureux succès des armées impériales en Hongrie ; que Sa Majesté ne doute point que ce prince ne remporte encore dans la suite des temps de plus grands avantages ; que pour lui en faciliter les moyens, elle sera bien aise d'éloigner toute occasion de nouveaux troubles et qu'elle verra toujours avec plaisir que, dans le temps que Dieu favorise de ses grâces et bénédictions les soins qu'elle prend pour la réunion de tous ses sujets à la religion catholique, apostolique et romaine, il plaise à la divine Providence faire prospérer les armes chrétiennes contre les Infidèles.

1. Instruction du comte de Cheverny, 10 janvier 1684.

Louis XIV se trompait. Les conséquences que cette grande aberration de sa politique porta au dehors, loin de compenser les maux qu'elle causait au dedans, les augmentèrent au contraire.

« La révocation de l'édit de Nantes, dit Saint-Simon [1]..., dépeupla le royaume et transporta nos manufactures et presque tout notre commerce chez nos voisins et plus loin encore; fit fleurir leurs États aux dépens du nôtre, remplit leur pays de nouvelles villes et d'autres habitations... » Elle eut cet autre effet, non moins grave et non moins funeste, « d'unir l'Empire avec l'Empereur ». Les catholiques d'Allemagne demeurèrent unis à la maison d'Autriche, et les protestants se joignirent à eux. La terrible guerre qui désola l'Europe de 1688 à 1697 vit l'Empire coalisé et l'Europe liguée contre la France. Louis XIV y perdit la Lorraine, que la France détenait depuis si longtemps et qu'il fallut rendre par le traité de Ryswick. Il y perdit aussi les alliés de la France en Allemagne; ses violences avaient profondément ébranlé, sinon détruit, l'admirable édifice des traités de Westphalie. Il cherche à regagner les Allemands [2] :

> La défiance perpétuelle entre l'Empereur et les princes de l'Empire produit souvent des évènements dont on peut utilement profiter; on a vu pendant la dernière guerre les forces considérables que leur union donnoit à la ligue; mais ils ont dû connoître en même temps que leur soumission aux volontés de l'Empereur le rendoit, de leur propre consentement, absolu dans l'Empire, et que son autorité deviendroit enfin assez grande pour en renverser les constitutions et pour leur ôter à eux-mêmes leurs droits les plus considérables. La paix peut éloigner le péril dont ils étoient menacés s'ils savent profiter du retour de la tranquillité générale et prendre de nouvelles mesures pour maintenir leur liberté contre les entreprises de l'Empereur; ils ne le peuvent faire qu'en renouvelant avec Sa Majesté les mêmes liaisons dont ils ont souvent reconnu l'utilité... L'intention du Roi est de maintenir la paix que Sa Majesté a rendue à l'Europe; la cession des places qu'elle possédoit au delà du Rhin est une assurance certaine que Sa Majesté ne veut plus porter la guerre en Allemagne; elle n'a désormais rien à démêler avec l'Empire;... il est seulement à sou-

---

1. *Parallèle des trois premiers Rois Bourbons*, p. 224, publié par M. Faugère. Paris, 1880.
2. Instruction de Villars, 1698.

haiter que les Princes d'Allemagne, en connoissant le solide fondement et la sincérité des intentions de Sa Majesté, ne se laissent point alarmer par les vaines défiances qu'on prétend leur inspirer de ses desseins.

Ces défiances, l'Autriche les excite et les entretient ; et l'on voit le spectacle singulier du chef du parti catholique en Allemagne se faisant contre la France le défenseur des protestants. Loin de rapprocher la France de l'Autriche, la politique religieuse de Louis XIV fournit à l'Autriche une arme contre lui. Le Roi avait stipulé à Ryswick que dans les territoires restitués par la France à l'Allemagne « les choses demeureroient à l'égard de la religion au même état qu'elles se trouvoient lors de la restitution ». Les protestants s'en inquiètent ; Louis XIV les rassure : il n'entend point leur faire la guerre. Mais il apprend « que les ministres de l'Empereur dans les cours d'Allemagne et à la diète de Ratisbonne excitent continuellement par leurs discours l'inquiétude des princes protestants sur ce sujet. Ils disent que l'Empereur n'a eu nulle part à cet article ; qu'il fait voir clairement les desseins du Roi contre la religion protestante en Allemagne, et par conséquent le peu de fondement que les princes de cette religion doivent faire sur les assurances qui leur sont données de l'affection de Sa Majesté[1]. »

Louis XIV avait le plus grand intérêt à renouer les anciennes alliances de la France en Allemagne, car il se préparait contre la maison d'Autriche à une lutte dans laquelle la France n'aurait pas trop de toutes ses forces. Ses pensées, à partir de la paix de Ryswick, sont concentrées sur la succession d'Espagne, et l'instruction qui est donnée au marquis de Villars, envoyé à Vienne en 1698, contient sous ce rapport les données les plus complètes. En 1700, les efforts de la diplomatie de Louis XIV avaient réussi. Le roi d'Espagne, Charles II, institua le petit-fils du Roi, Philippe d'Anjou, pour son héritier universel. L'Europe entière se ligua contre la France. Redoutant la toute-puissance des Bourbons, elle soutenait, pour l'éviter, les prétentions de la

---

1. Instruction de Villars, 1698.

maison d'Autriche sur l'Espagne. Il parut moins redoutable d'établir à Madrid un archiduc qu'un prince de la maison de France. La mort de l'empereur Joseph Ier en 1711 changea toutes les conditions de la guerre. Ce prince ne laissait point de fils. Sa succession passait à son frère Charles dont la coalition entendait faire un roi d'Espagne. Le danger de reconstituer l'Empire de Charles-Quint parut alors d'autant plus redoutable, que la France était plus épuisée et plus disposée à accepter les conditions de l'Europe, c'est-à-dire la séparation éternelle des couronnes de France et d'Espagne. La paix fut signée sur ce principe, à Utrecht, en 1713, entre la France et l'Angleterre, à Rastadt et à Bade, en 1714, entre la France, l'Empereur et l'Empire.

III

Les rapports entre les puissances de l'Europe et, en particulier, les rapports entre la France et l'Autriche subissent par l'effet de ces traités des modifications profondes.

Les Bourbons règnent désormais en Espagne et aux Indes. Jusqu'à la mort de Charles II, le sang autrichien coulait en Espagne; désormais c'est le sang français. Les deux branches de la maison d'Autriche étaient alliées, elles pouvaient se confondre. Ce danger n'est plus à craindre. L'Autriche sans doute faisait d'importantes acquisitions : les Pays-Bas espagnols, le Milanais, le royaume de Naples auquel elle joint la Sicile en 1718. La même année elle dicte aux Turcs la paix de Passarovitz qui lui donne Belgrade, le banat de Temesvar, la Serbie du nord. C'est l'apogée de l'extension territoriale de la maison d'Autriche. Elle présente, en apparence, une puissance formidable. Le prince qui en dispose paraît porté aux grandes ambitions. « Il regarde, dit un document contemporain [1], il regarde comme autant d'usurpations faites sur lui les États dont il n'est pas le maître, et la privation de l'Espagne et des Indes lui cause

---

1. Instruction du comte du Luc, 1715.

encore plus de peine qu'il n'a de satisfaction d'avoir ajouté la possession du royaume de Naples, celle du Milanais et celle des Pays-Bas à la succession qu'il a recueillie de ses pères. » Il ne faut point s'en tenir aux apparences. Considéré de plus près, le colosse semble infiniment moins redoutable. Les Pays-Bas sont séparés du corps de la monarchie et sans cesse exposés aux entreprises de la France. L'Italie détourne l'Autriche de ses traditions politiques en Allemagne. La France y peut toujours créer des ligues. Elle y trouve la maison de Savoie qui est disposée à y prendre le rôle que la maison de Bavière a joué et que la maison de Hohenzollern commence à jouer en Allemagne. Les finances de l'Autriche sont épuisées. « A quelque degré de puissance que l'Empereur soit parvenu par les grandes acquisitions qu'il a faites, écrit-on en 1725[1], l'on n'ignore pas que nonobstant les secours qu'il a eus de plusieurs princes au dedans et au dehors de l'Empire, les dépenses de la guerre ont mis un grand dérangement dans ses finances, et que d'ailleurs ceux qu'il retire des revenus des Pays-Bas, de la Hongrie, du royaume de Naples et de Sicile et du Milanais suffisent à peine à l'entretien des places et des troupes nécessaires pour la garde de chacun de ces pays; en sorte qu'indépendamment de ce que chaque partie de ses nouvelles acquisitions lui est même à charge pendant la paix, il ne seroit pas en état de soutenir les dépenses de la guerre, surtout lorsqu'il ne trouveroit pas les même ressources que l'Angleterre, la Hollande et plusieurs princes de l'Empire lui ont fournies pendant le cours de la dernière. »

Ce sont des territoires, ce n'est pas un État. L'Autriche reste une *Maison*, et cette maison menace ruine. L'empereur Charles VI n'a point de fils. Il doit compter avec les convoitises des autres maisons souveraines.

Il est vraisemblable[2] que si ce Prince avoit quelque projet en vue, il seroit personnellement retenu par la réflexion de l'état où se

---

1. Instruction du duc de Richelieu, 1725.
2. Instruction de Richelieu.

trouve sa maison. L'on ne peut pas ignorer l'inquiétude où il est sur les suites qu'auroit sa mort, si elle arrivoit sans qu'il eût d'enfants mâles capables de soutenir la grandeur de sa maison, puisque, prévoyant que cet événement seroit suivi du partage des grands États qu'il a acquis, non seulement il a fait reconnaître par les États des royaumes de Hongrie et par la plus grande partie des autres États qu'il possède, l'ordre de succession qu'il a établi [1], mais que même dans la crainte que les puissances étrangères ne contribuassent dans le temps à faire annuler les dispositions qu'il avoit faites, il a fait demander par ses ministres... que le Roi, le roi d'Angleterre et le roi d'Espagne voulussent bien garantir cette disposition...; en sorte qu'il est aisé de juger... que ce Prince, occupé de réflexions sur l'état de sa maison, ne croira pas que ses intérêts... puissent lui permettre de former aucuns projets qui pourroient avoir des suites longues et contraires à son repos et à celui de sa maison.

On se demande dès lors en France si le temps des luttes systématiques et des rivalités acharnées n'est point passé; si elles n'ont point perdu leur raison d'être principale, et s'il ne serait pas plus sage de chercher à s'entendre sur l'intérêt commun que l'on a désormais, de part et d'autre, à conserver ce que l'on a conquis. Il se manifeste, au lendemain des traités d'Utrecht et de Bade, certains signes de rapprochement, et l'on voit se dessiner les idées qui, après deux grandes crises de lutte, finiront par triompher définitivement en 1756 et conduiront les maisons de France et d'Autriche à conclure entre elles un traité d'alliance. Il est intéressant de suivre ces transitions à travers les instructions des ambassadeurs. Ces dispositions nouvelles sont indiquées et motivées pour la première fois dans l'instruction qui est dressée, le 3 janvier 1715, pour le comte du Luc.

Jamais il ne s'est trouvé de conjoncture où les desseins du Roi et les intérêts de l'Empereur aient été aussi conformes qu'ils le sont aujourd'hui. Le Roi désire le maintien de la paix pour le soulagement de ses peuples, pour le bien de la maison royale et pour sa propre tranquillité. Il est de l'intérêt de l'Empereur de la désirer et d'y contribuer pour empêcher la trop grande puissance des ennemis

---

1. La *Pragmatique sanction*, qui, à défaut d'héritiers mâles, instituait la fille aînée de l'Empereur son héritière universelle.

de sa maison dans l'Empire... Enfin l'intérêt de la religion s'accorde en cette occasion avec les intérêts temporels... Un des premiers soins du comte du Luc sera de porter l'Empereur à désirer la paix avec l'Espagne comme nécessaire à l'établissement de la parfaite intelligence que ce prince semble et doit souhaiter de former avec le Roi, car immédiatement après que cette paix sera faite, toute cause de jalousie cesse entre la maison de France et celle d'Autriche, et les sujets de défiance et de séparation cèdent non seulement aux liaisons du sang, mais encore aux véritables intérêts de la religion, qui doivent plus que tout autre motif réunir le Roi et l'Empereur pour la défendre contre ses ennemis au dedans et au dehors de l'Empire.

Sur ce principe, qui entraînerait toute une révolution dans les alliances de la France en Allemagne et dans le Nord, substituerait aux alliances protestantes de la Suède, du Danemark et du *Corps évangélique* dans l'Empire, celles de l'Autriche et des princes catholiques, les deux cours pourraient établir une entente qui leur assurerait le gouvernement de l'Empire et de l'Europe. Après se l'être si longtemps disputé, elles le partageaient. « Leurs divisions, sources de tant de guerres, ont servi jusqu'à présent de contre-poids à leur grandeur naturelle, et ce sera par une intelligence parfaite qu'elles maintiendront désormais la supériorité qui leur appartient au-dessus de tant de puissances qui prétendoient s'égaler à la maison de France et à celle d'Autriche par la seule raison qu'elles faisoient la guerre à l'une et que l'autre les ménageoit pour en recevoir des secours. » C'est ainsi qu'ont grandi les maisons de Prusse, de Savoie, de Hanovre, de Bavière : il est temps peut-être de les redouter après s'en être servi. L'Autriche d'ailleurs trouverait ses avantages et ses convenances d'ambition dans le parti qu'on lui propose, et l'objet que l'on suggère à sa politique est celui que lui suggéreront dorénavant tous ceux qui voudront l'affaiblir en Italie et en Allemagne, ou même l'en écarter complètement. L'auteur de l'instruction du comte du Luc, M. de Torcy, constate que les idées du Roi s'accordent avec celles du prince Eugène de Savoie, qui est en Autriche le personnage principal, dans le conseil aussi bien qu'à l'armée : « Il paroît persuadé que le maintien d'une bonne paix avec le Roi convient également aux intérêts de la maison d'Autriche et à ceux de la religion en Allemagne. Que si l'Empereur veut s'agrandir et ne pas laisser ses troupes oisives, il doit les occuper à faire la guerre contre les Turcs; que c'est sur ces infidèles qu'il faut conquérir, exercer à leurs dépens les officiers et les soldats qui désirent cette guerre avec ardeur, enfin soulager les pays héréditaires en faisant vivre les troupes impériales dans les provinces de l'Empire ottoman. »

Telles sont les dernières vues de Louis XIV. Le gouvernement de la Régence les partage. Mais il reconnaît qu'il est nécessaire d'y apporter quelque mesure : en prétendant substituer un système à un autre, on fera métier de dupe tant que l'Autriche ne modifiera ni ses desseins ni ses habitudes. C'est ce qui est advenu, en effet, à la suite des propositions de Louis XIV au sujet de la religion. L'Autriche en a pris acte, non pour y adhérer, mais pour exciter contre la France les méfiances des princes protestants et les attirer dans son jeu. On recommande, en 1725, au duc de Richelieu qui se rend à Vienne, d'observer à cet égard de grands ménagements :

Sa Majesté, toujours également disposée à protéger la religion catholique, souhaiteroit que, sans contrevenir à ses engagements comme garante des traités de Westphalie, il lui fût possible d'agir dans cette vue de concert avec l'Empereur. Ce devroit être même un des principaux fruits de l'union si heureusement établie entre elle et ce Prince; mais l'expérience a fait connoître dans plusieurs occasions que la cour de Vienne, employant le spécieux prétexte de la religion pour le succès de ses vues, abuse aisément de ce qu'on lui confie qui peut regarder l'avantage de la religion catholique, et qu'elle profite des ouvertures qu'on lui fait pour inspirer aux Protestants des défiances des intentions du Roi [1].

C'est une matière extrêmement subtile et délicate que celle de ces alliances d'Allemagne. On est loin d'ailleurs des traités de Westphalie. Les souvenirs des guerres du Palatinat sont tout vivants dans les âmes. Les Allemands craignent l'occupation

---

1. Instruction du duc de Richelieu, 1725.

et redoutent la conquête. S'ils se sont alliés à la France, c'est parce qu'ils se sentaient menacés par l'Autriche ; dès que la France les a menacés, ils sont revenus à l'Empereur. Ce n'est plus le temps de la Ligue du Rhin ; on est au lendemain de ces guerres formidables où l'on avait vu, selon l'expression de Fléchier[1], « l'Allemagne, ce vaste et grand corps composé de tant de peuples et de nations différents, déployer tous ses étendards et marcher sur nos frontières pour nous accabler par la force après nous avoir effrayés par la multitude ». Le seul moyen de ne les point rassembler, c'est de ne les point effrayer, en se mêlant de leurs affaires et en prétendant annexer leurs territoires. L'instruction de Richelieu marque très nettement ces nuances et indique la conduite à tenir à ce sujet dans des conditions qui ne sont pas sans analogie avec celles où la France se trouva après les traités de 1815.

Le sieur duc de Richelieu ne doit pas ignorer que, même par rapport aux Princes de l'Empire en général, il seroit dangereux de témoigner trop d'empressement à soutenir leurs intérêts. Encore imbus des préjugés que la cour de Vienne a su leur inspirer dans tous les temps, ils se porteroient à regarder cet empressement comme un effet de l'envie que le Roi auroit de prendre une part principale aux affaires intérieures de l'Empire et d'y fomenter la division pour ses intérêts particuliers, et c'est par cette raison principalement qu'il faut, en se bornant à des expressions générales, laisser aux Princes de l'Empire, sans les y inviter, la liberté de recourir de leurs propres mouvements aux bons offices du Roi, et se contenter de leur faire connoître que Sa Majesté sera toujours prête, comme garante des traités de Westphalie, à leur donner des marques de sa protection.

L'Autriche est donc loin d'abdiquer ; la France même n'avait paru si disposée à l'entente que parce qu'elle avait atteint son grand objet, la succession d'Espagne, et qu'il lui importait de rassurer ses adversaires après qu'elle s'était épuisée à les combattre. L'opposition des desseins et le conflit des ambitions les remet aux prises dans la guerre de succession de Pologne. Cette guerre se termine au grand avantage de la France par le traité

---

1. Oraison funèbre de Turenne.

de Vienne en 1738. La France obtient la réversion de la Lorraine, qui est attribuée viagèrement à Stanislas Leczinski. L'Autriche cède Naples et la Sicile à un Bourbon, l'infant don Carlos, fils du roi d'Espagne : elle n'obtient en échange que Parme, Plaisance et Guastalla. En même temps, elle recule du côté de l'Orient. La paix qu'elle signe à Belgrade avec le Turc, en 1739, lui fait perdre ses conquêtes du traité de Passarovitz. Ces grandes concessions sont imposées à Charles VI, moins par les défaites qu'il a subies que par la nécessité où il est, pour assurer à sa fille, Marie-Thérèse, l'héritage de sa monarchie, d'acheter aux puissances la reconnaissance de la *Pragmatique sanction*. Tous ces motifs sembleraient conseiller la réconciliation. Si elle paraissait possible après la paix d'Utrecht, elle doit sembler naturelle après la paix de Vienne. C'est en effet ce qui ressort de l'instruction donnée à M. de Mirepoix lorsqu'il se rend en Autriche en 1737, pour parachever le traité. Ces propositions qui paraissent si justes et si sages, ne tinrent pas cependant contre l'esprit de jalousie et les traditions d'inimitié.

L'empereur Charles VI mourut en 1740. Les souverains de l'Europe qui avaient garanti son testament ou renoncé solennellement à toutes prétentions sur son héritage, déchirèrent leur signature, renièrent leur parole et se liguèrent pour déposséder Marie-Thérèse. La France entra dans la coalition. On lit dans une instruction dressée quelques années après[1] :

> Les deux maisons de France et d'Autriche, rivales et ennemies depuis près de trois cents ans, s'étoient fait de leur inimitié un système politique que les puissances subalternes n'avoient pas manqué d'entretenir soigneusement pour leur propre avantage. En vain avoit-on tenté en différents temps de les réunir. La force du préjugé avoit surtout rendu la maison d'Autriche inaccessible à toute idée de réconciliation, et chacune continuoit à travailler à l'affaiblissement de la puissance de l'autre.
>
> La mort de l'empereur Charles VI fit croire que le moment de l'anéantissement de cette maison étoit arrivé. La jalousie et les alarmes qu'avoit inspirées à toute l'Europe cette prodigieuse masse d'États que le feu Empereur avoit tâché de réunir sur la tête de sa

---

1. Instruction du comte de Choiseul-Praslin. Juin 1759.

fille aînée, les dispositions de plusieurs princes considérables qui prétendoient avoir des droits à cette succession, la couronne impériale qui avoit fait le lien de tant d'États dispersés, sortie de cette maison par la mort du dernier prince d'Autriche qui la possédoit, tout sembloit favoriser le dessein d'anéantir cette puissance en la partageant, et c'est d'après ce tableau que la France adopta le système de diviser les États de la succession de la maison d'Autriche conformément aux droits des prétendants, et d'entremêler si bien les différents partages que les nouveaux possesseurs fussent continuellement attentifs à s'opposer à l'agrandissement les uns des autres et à empêcher qu'il ne s'élevât une nouvelle puissance aussi redoutable à la France et aussi ennemie de son repos que l'avoit été la dernière maison d'Autriche, de façon que par ce moyen la tranquillité publique pût être rendue à l'avenir solide et durable.

La coalition ne réussit point à détruire la maison d'Autriche, mais seulement à l'affaiblir, et l'entreprise, sous ce rapport, tourna au détriment de la France. Elle conduisit précisément à préparer le résultat que voulaient éviter les auteurs de la guerre, c'est-à-dire à « élever une nouvelle puissance aussi redoutable à la France » que l'avait été la maison d'Autriche. La Prusse conquit et garda la Silésie, ce qui fit d'elle, grâce au génie de son roi et à la force de son armée, un État avec lequel il fallut désormais compter en Europe. La France s'aperçut promptement de la différence qui séparait le traité conclu à Aix-la-Chapelle en 1748 de celui qui avait été signé à Munster un siècle auparavant. L'établissement d'un cadet d'Espagne à Parme n'était point une compensation suffisante à l'accroissement de puissance qu'obtenaient les redoutables alliés de Louis XV.

Sa Majesté, dit une instruction de 1756[1], Sa Majesté se servit en 1733 du roi de Sardaigne et en 1741 du roi de Prusse, comme le cardinal de Richelieu s'étoit servi autrefois de la couronne de Suède et de plusieurs princes de l'Empire, avec cette différence cependant que les Suédois payés assez foiblement par la France lui sont demeurés fidèles, et qu'en rendant trop puissants les rois de Sardaigne et de Prusse, nous n'avons fait de ces deux princes que des ingrats et des rivaux, grande et importante leçon qui doit nous

---

1. Instruction du comte de Stainville, 1756.

avertir pour toujours de gouverner l'un et l'autre monarque plutôt par la crainte et l'espérance que par des augmentations de territoire. Il nous importe de même de conserver les princes de l'Empire dans notre système plutôt par des recours de protection que par des subsides ; en général, il faudroit que les uns et les autres dépendissent de nous par leurs besoins ; mais il sera toujours bien dangereux de faire dépendre notre système de leur reconnoissance.

Ces considérations qui devaient conduire au traité de 1756, se font jour dès le lendemain des traités d'Aix-la-Chapelle. La rivalité tend décidément à s'apaiser entre la France et l'Autriche. L'une et l'autre se trouvent instruites et averties, et elles s'acheminent vers l'alliance.

IV

Les vues qui n'étaient qu'esquissées dans l'instruction de M. du Luc en 1715, qui se dessinaient davantage dans celle de M. de Mirepoix en 1737, s'accentuent d'une manière très marquée dans celles qui sont données en 1749 à M. Blondel, en 1750 à M. d'Hautefort, en 1752 à M. d'Aubeterre. « Le Roi n'est nullement affecté des anciennes défiances qui, depuis le règne de Charles-Quint, avoient fait regarder la maison d'Autriche comme une rivale dangereuse et implacable de la maison de France ; l'inimitié entre ces deux principales puissances ne doit plus être une raison d'État[1]. » A ces intentions conciliantes de la France, il y a un obstacle, c'est l'Angleterre, qui est désormais la seule rivale, « l'ennemie naturelle » de la France, et qui demeure alliée à l'Autriche. Le prétexte de cette alliance, c'est l'*équilibre européen*. Le ministère français critique vivement la portée que l'on donne à cette expression et le système politique que l'on prétend en déduire. « L'équilibre de pouvoir en Europe est le mot de ralliement qui réunit dans un même concert de mesures, quoique par des motifs fort différents, les cours de Vienne et de Londres, les États généraux des Provinces-Unies et la plupart des Princes

---

1. Instruction du marquis d'Hautefort, 1750.

d'Allemagne. Quoique cet équilibre soit, à dire vrai, une chose de pure opinion que chacun interprète suivant ses vues et ses intérêts particuliers, il a cependant toujours servi de prétexte et de mobile aux ligues qui depuis près de quatre-vingts ans se sont formées et renouvelées contre la France[1]. » En réalité, ces puissances ne songent qu'à s'agrandir. « Elles cherchent à voiler leur ambition sous le prétexte spécieux du maintien de l'équilibre de l'Europe. Ce système pouvoit avoir quelque apparence de réalité dans ces temps où la rivalité des maisons de France et d'Autriche faisoit l'objet des attentions et des inquiétudes de toutes les autres puissances, mais il n'est plus question aujourd'hui de ces fameux démêlés de François Ier et de Charles-Quint ; les circonstances ont bien changé. Le Roi ne songe qu'à vivre dans la meilleure intelligence avec l'Impératrice-Reine[2]. »

Tant que l'Autriche restait unie à l'Angleterre, la France avait besoin d'un allié contre l'Autriche, et elle avait la Prusse. La Prusse, encore que liée pour plusieurs mois par le traité de 1741, fit défection en 1755 : au moment où la guerre maritime recommençait entre la France et l'Angleterre, elle signa avec cette dernière un traité d'alliance. C'est alors que l'impératrice Marie-Thérèse, qui désirait très vivement non seulement la réconciliation, mais l'alliance intime avec la France, offrit de la conclure. Elle fut signée à Versailles le 1er mai 1756. « Si jamais évènement a eu des droits à l'étonnement public, dit une instruction du temps, c'est celui de l'union du Roi avec l'Impératrice-Reine[3], conclue en 1756. » L'étonnement diminue quand on considère comment les évènements l'avaient préparée, et quels en étaient les antécédents depuis le commencement du siècle. On s'explique alors comment elle se fit si aisément lorsque la défection du roi de Prusse la rendit nécessaire.

Ceux qui conclurent ce fameux traité de 1756 n'entendaient point d'ailleurs faire une révolution dans la politique traditionnelle de la France, mais tout simplement adapter cette tradition aux conditions nouvelles qui rendaient l'Europe de 1756 si diffé-

---

1. Instruction du marquis d'Hautefort, 1750.
2. Instruction du marquis d'Aubeterre, 1753.
3. Instruction du comte de Choiseul, 1759.

rente de celle qu'avaient connue Richelieu et Mazarin. C'est là un point très important. Le ministère français le jugeait d'une telle conséquence, que les considérations destinées à définir l'alliance de 1756 et à en préciser le caractère se trouvent reproduites dans les instructions données à MM. de Stainville en 1757, Choiseul-Praslin en 1759, du Châtelet en 1761, de Durfort en 1766.

En s'unissant étroitement à la cour de Vienne, on peut dire que le Roi a changé le système politique de l'Europe, mais on auroit tort de penser qu'il eût altéré le système de la France. L'objet politique de cette couronne a été et sera toujours de jouer en Europe le rôle supérieur qui convient à son ancienneté, à sa dignité et à sa grandeur ; d'abaisser toute puissance qui tenteroit de s'élever au-dessus de la sienne, soit en voulant usurper ses possessions, soit en s'arrogeant une injuste prééminence, soit enfin en cherchant à lui enlever son influence et son crédit dans les affaires générales [1].

En s'alliant avec l'Autriche, en recherchant par cette alliance à refréner les ambitions de la Prusse, « à remettre tous les princes dans la place qu'il leur convient d'occuper », et à restituer « aux grandes couronnes la supériorité et la prééminence qui leur appartiennent », la France n'entend point abdiquer sa politique traditionnelle en Allemagne. Les traités de Westphalie forment la base du nouveau système comme ils formaient celle de l'ancien [2].

L'alliance ainsi conçue était aussi sage qu'elle avait été nécessaire. Elle perdit promptement son caractère légitime et sa raison d'être. La France demandait à l'Autriche de paralyser les alliés de l'Angleterre sur le continent ; l'Autriche demandait à la France d'écraser la Prusse. L'intérêt de l'Autriche l'emporta sur l'intérêt de la France. Non seulement l'Autriche ne fournit point le secours nécessaire pour que la France, tranquille sur le continent, pût se consacrer à sa guerre coloniale et maritime, mais elle sut obtenir que la France négligeât cette guerre pour se consacrer à celle que l'Autriche dirigeait contre la Prusse. Il en

---

1. Instruction du comte de Stainville, 1757.
2. Instruction du comte de Stainville, 1757.

résulta que, pour tenter de rendre la Silésie à l'Autriche, la France se fit battre par l'Angleterre et perdit ses colonies. Les instructions du comte de Choiseul en 1757, de M. du Châtelet en 1761, permettent de suivre les aberrations successives qui firent dévier la politique française dans cette déplorable guerre de Sept ans. On y voit comment, en 1757, elle se laissa entraîner par l'espérance de réunir une partie des Pays-Bas; comment cet espoir fut déçu et comment Louis XV, lié à l'Autriche au moins autant par ses passions que par ses traités, subordonna la cause de la France à celle de Marie-Thérèse, sans avoir même l'avantage d'obtenir le résultat auquel il avait tout sacrifié : l'abaissement du roi de Prusse. Frédéric garda la Silésie, la France perdit le Canada, la Louisiane et les Indes; c'est ainsi que se termina la guerre en 1763.

« L'état où elle laissoit la France et celui où elle laissoit la cour de Vienne différoient infiniment, dit une instruction du temps[1]. La cour de Vienne n'avoit pas rempli son objet, à la vérité, mais les secours multipliés de la France l'avoient mise en état de ménager ses ressources, et ses possessions n'avoient point été entamées. La France, au contraire, après des efforts prodigieux en tout genre, employés tant pour sa propre cause que pour celle de ses alliés, avoit perdu plusieurs de ses colonies et avoit une infinité de maux à réparer : l'épuisement des finances surtout se faisoit sentir d'autant plus vivement que le retour de la paix découvrit toutes les plaies que la guerre avoit faites à l'État..... »

Cependant Louis XV demeure fidèle à l'alliance autrichienne; il y subordonne sa politique dans la paix, comme il l'y avait subordonnée dans la guerre. Une nouvelle crise est sur le point d'éclater : la Prusse et la Russie coalisées menacent la Pologne et la Turquie. « L'intérêt de la France et de l'Autriche est essentiellement le même à cet égard, écrit-on à Versailles[2] : maintenir l'indépendance de la Pologne et contenir l'ambition de la Russie et le débordement de sa puissance, sont deux points dont les

---

1. Instruction de M. de Durfort, 1766.
2. Instruction de M. Durand, 1770.

deux cours ont depuis longtemps reconnu l'utilité et la nécessité. » C'est l'occasion de voir à l'œuvre et d'éprouver le nouveau système. « Cet ouvrage, écrivait Bernis en 1757[1], cet ouvrage ne pouvoit s'achever que par la bonne foi qui l'avoit commencé; il ne sauroit subsister longtemps si la bonne foi ne le conserve. » La France observa, jusqu'à compromettre ses plus essentiels intérêts, ce principe de l'alliance; l'Autriche ne l'observa point, et c'est ainsi que le système dévia, pour le plus grand détriment de la France.

Joseph II, qui était empereur depuis 1765 et que sa mère avait associé au gouvernement des États autrichiens, eut, en 1769 et en 1770, deux entrevues avec Frédéric; ils convinrent d'une politique de neutralité commune dans les différends entre l'Angleterre et la France. L'Autriche abandonna les Polonais et les Turcs, laissa faire les Prussiens et les Russes, et scella son entente avec eux par le premier traité de partage de la Pologne en 1772. La France fut tenue à l'écart de ces négociations. Elle avait essayé de soutenir les Polonais et de protéger les Turcs. L'alliance qui, pendant la guerre, n'avait été dommageable qu'à la France, tourna, après la guerre, au préjudice des alliés traditionnels de la France : la Pologne et la Turquie. La France avait sacrifié ses colonies à l'inimitié de l'Autriche contre la Prusse; l'Autriche, qui n'avait pas pu ruiner la Prusse dans la guerre, s'empressa de se réconcilier avec elle après la paix. On vit s'apaiser tout à coup cette rivalité que la France avait prise si fort au sérieux qu'elle en avait oublié sa propre rivalité contre l'Angleterre, et le résultat de la réconciliation fut de dépouiller sous les yeux de la France exploitée, jouée, humiliée, un des plus anciens et des plus fidèles soutiens de sa politique en Europe.

V

Louis XVI et M. de Vergennes essayèrent de faire rentrer les relations de la France et de l'Autriche dans le véritable esprit

---

1. Instruction du comte de Stainville.

du traité de 1756. L'abus qu'en avait fait la cour de Vienne avait fort compromis l'alliance ; le seul moyen de la soutenir et de la conserver, c'était de la ramener à son objet naturel et à son principe. C'est le fond des instructions qui furent données, le 28 décembre 1774, au baron de Breteuil. Comme le système général de la politique française avait été faussé dans les dernières années par l'interprétation donnée à l'alliance autrichienne, comme cette alliance demeurait cependant la base du système, l'examen qu'il importait d'en faire embrassait la politique générale de l'Autriche et de la France en Europe. L'instruction du baron de Breteuil est un véritable traité de politique. Pour la forme comme pour le fond, il est intéressant de la rapprocher de celle qui avait été dressée en 1660 pour le président Colbert. Elles donnent le premier et le dernier mot de la politique française avec l'Autriche sous l'ancien régime. L'une et l'autre sont remarquables par leur ampleur et par l'étendue des objets qu'elles embrassent. Elles résument, la première, les conditions de la politique de rivalité ; la seconde, les conditions de la politique d'alliance : dans l'une et dans l'autre, on voit exposés les grands intérêts de la France en Europe, et la permanence de ces intérêts en ressort avec d'autant plus d'évidence que la façon de les concevoir semble plus opposée. La forme et le style ne présentent pas un contraste moins instructif que celui que l'on relève entre les idées. L'instruction de Colbert est absolument concrète, toute en faits précis et en propositions positives ; l'instruction de Breteuil incline vers l'abstraction ; les vues générales et l'esprit de système y priment les faits ; on y discute plus qu'on n'y prescrit. L'auteur de l'instruction de Colbert, Mazarin, ne se préoccupe pas de composer un écrit bien ordonné ; l'auteur de l'instruction de Breteuil, Vergennes, divise savamment son ouvrage en chapitres et en paragraphes. Le premier s'attache à rapporter toutes les directions qu'il donne à un certain acte politique qu'il a en vue et qu'il s'agit d'exécuter ; le second s'efforce de les ramener à une conception générale de l'Europe.

Ce n'est pas seulement la grande différence de l'esprit du xviie siècle et de celui du xviiie qui s'accuse dans ces oppositions ; la différence des conditions politiques où l'on se trouve commande des plans et des moyens dissemblables. Au xvıı° siècle, la France était encore dans sa période de formation territoriale, il fallait opérer des réunions nécessaires : la politique était toute d'action ; au xvııı°, la France est formée, et l'on songe désormais autant à conserver qu'à conquérir : il importe de raisonner. Du temps de Mazarin, la France, étreinte par la maison d'Autriche, formait contre elle des coalitions ; du temps de Louis XVI, la France, liée à l'Espagne par le Pacte de famille, ne redoute plus la maison d'Autriche ; c'est elle que l'on craindra si elle relève ses forces et veut agir, c'est contre elle que se formeront les coalitions. Si la France veut conquérir, elle ne le peut désormais qu'en s'alliant aux conquérants. Elle se demande si une Europe où les divisions territoriales lui assurent encore la prépondérance ne vaut pas mieux pour elle qu'une Europe où la France ne se serait accrue qu'en partageant la suprématie avec des voisins qui se seraient accrus comme elle. Son intérêt paraît être désormais moins d'étendre ses frontières que de maintenir autour d'elle des États faibles, qui seront ses clients, et d'empêcher les grandes puissances de s'accroître ailleurs au détriment des petites qu'elle a tout intérêt à conserver. Ces considérations s'imposent au gouvernement français dans ses relations avec la cour de Vienne. Joseph II est un prince remuant et ambitieux. Il vise à subjuguer les petits États en Allemagne, il convoite la Bavière, il a des vues sur la Turquie. Après les expériences qu'elle a faites sous Louis XV, la France est tenue de définir avec netteté les conditions auxquelles elle peut et doit rester alliée de l'Autriche.

L'alliance permet à la France de tourner toutes ses forces contre l'Angleterre, à l'Autriche de tourner les siennes contre la Prusse et contre la Porte. Ces avantages sont plus grands pour l'Autriche que pour la France, car l'Autriche peut s'agrandir aux dépens de ses adversaires, tandis que la France ne le pouvant faire qu'aux dépens de son alliée, est contrainte d'y renoncer. L'Autriche le sait, et elle en a abusé lors du partage de la Pologne. « Une dernière objection contre l'alliance, écrit Vergennes[1],

---

1. Instruction de M. de Breteuil, 1774.

c'est qu'en supposant qu'elle subsiste pendant les guerres qui pourroient survenir, la France n'aura point comme ci-devant des objets directs pour l'emploi de ses forces de terre, et qu'elle ne pourra faire de conquêtes que sur son alliée ou sur le corps germanique[1], dont la conservation l'intéresse; au lieu qu'en s'alliant au roi de Prusse, elle pourroit former les vues d'agrandissement les plus utiles. » Tels ne sont pas les desseins de Louis XVI : « Un roi conquérant auroit sans doute à regretter cette position; mais un roi citoyen s'applaudit de se trouver placé dans des conjonctures aussi favorables à ses vues pacifiques et bienfaisantes. » Il entend maintenir l'alliance; mais, comme il la remplacerait aisément par une autre, il entend que les avantages en soient réciproques. « Sa Majesté est bien éloignée de vouloir acheter la persévérance de la cour de Vienne par tous les sacrifices qu'on a souvent supposé que la France lui faisoit. Il faut que la cour de Vienne n'attribue pas à défaut de lumière ni à pusillanimité si le Roi demeure ferme dans l'alliance malgré l'inégalité démontrée de ses avantages. » Le maintien des traités de Westphalie en est une des stipulations; il doit en être un des effets. La France continuera de défendre les petits États contre les convoitises des grands. On peut craindre, après l'exemple qui s'est passé en Pologne, que la Prusse et l'Autriche, au lieu de se disputer l'Empire, ne s'associent pour en partager le territoire. La France s'y opposera. Elle s'opposera également au partage de la Turquie. M. de Breteuil ne doit laisser et ne laisse aucun doute à l'Autriche sur ce point.

La France ne parvint pas à détourner l'Autriche de ses desseins sur la Bavière; mais elle l'empêcha de les accomplir. Elle s'efforça de l'arrêter dans ceux qu'elle conçut contre l'Empire turc, elle n'y réussit point. Joseph II conclut une alliance étroite avec la Russie; le partage de l'Empire ottoman en était l'objet principal. Cette politique de conquête modifiait profondément les conditions de l'alliance, telle que Louis XVI et Vergennes l'avaient conçue. Le mécontentement qu'ils en éprouvèrent et

---

1. Sur son alliée, en Belgique; sur le corps germanique, dans les territoires de la rive gauche du Rhin.

l'ébranlement profond qui en résulta dans l'alliance, sont marqués dans l'instruction donnée en 1783 à M. de Noailles ; c'est le dernier document de ce recueil et le dernier témoignage des vues de l'ancienne monarchie sur les relations de la France et de l'Autriche avant la Révolution française. La France use de toute son influence pour prévenir la guerre qui se prépare.

Il y a lieu de croire, écrit Vergennes [1], que Sa Majesté déplaît à l'Empereur parce que ses démarches tendent directement à détruire ou au moins à ébranler l'échafaudage du plan d'agrandissement qui, selon toutes les apparences, est l'unique objet des vues et des démonstrations de S. M. Impériale. Mais quelque attaché que le Roi soit à son alliance avec la maison d'Autriche, et quelque sincères que soient son amitié pour Joseph II et son désir de lui complaire, sa justice, sa dignité et l'intérêt de sa couronne doivent emporter la balance, et le Roi, entraîné par des motifs si impérieux, n'hésiteroit pas, quoique à regret, à renoncer à ses liens politiques avec la cour de Vienne lorsqu'il aura perdu l'espoir d'en maintenir le principe et lorsqu'il sera convaincu que son allié, sans égards à ses exhortations, est déterminé à se livrer à des entreprises auxquelles Sa Majesté ne sauroit conniver sans perdre la considération qu'elle a acquise par dix années de sagesse et sans faire un préjudice irréparable aux intérêts essentiels de son royaume.

Le sieur marquis de Noailles jugera par ces détails que rien n'est plus vacillant que l'alliance actuellement subsistante entre les deux cours de Versailles et de Vienne...

L'alliance subsistante entre la France et la maison d'Autriche est menacée d'une révolution plus ou moins prochaine.

Cette crise éclata en 1788 par la guerre que l'Autriche et la Russie entreprirent contre les Turcs, et c'est au milieu des complications de cette guerre que commença la révolution de 1789. Les deux maisons étaient unies par une alliance de famille, les deux États l'étaient par un traité ; les causes directes de rivalité avaient disparu, mais l'antagonisme des desseins subsistait, et il résultait de l'opposition des intérêts respectifs en Allemagne, en Pologne, en Italie, en Orient. Il aurait fallu, pour que l'alliance politique se soutînt, que l'Autriche sacrifiât ses ambitions

---

[1]. Instruction de M. de Noailles, 1783.

ou que la France sacrifiât ses traditions politiques. Elle ne le pouvait pas.

Ces traditions s'étaient maintenues malgré tous les revirements de la politique française. Elles avaient survécu aux excès de Louis XIV et aux faiblesses de Louis XV; on les retrouvait dans la période de l'alliance telles qu'elles avaient été dans la période de la rivalité. C'est que, par la rivalité comme par l'alliance, la France poursuivait l'exécution d'un même dessein : la formation territoriale de l'État et la sécurité de ses frontières.

I

LE PRÉSIDENT COLBERT

1660

Les traités de Westphalie, qui avaient rétabli la paix entre la France et l'Empire, ne furent point suivis d'une reprise des relations diplomatiques entre le roi de France et l'Empereur. Il n'y eut point de représentant du Roi à la cour de Vienne jusqu'à l'année 1664, époque à laquelle le chevalier de Grémonville y fut envoyé. Dans l'intervalle, en 1660, le président Colbert reçut une mission pour l'Autriche. Bien qu'il n'ait séjourné à Vienne que quelques semaines, les motifs de son voyage et l'instruction qui lui fut donnée ont trop d'importance pour qu'on ne les fasse pas connaître au début de ce recueil.

Les causes qui avaient empêché la reprise des relations diplomatiques entre le Roi et l'Empereur, remontaient aux traités mêmes qui avaient rétabli la paix entre eux. Par le traité de Munster, l'empereur Ferdinand III s'était engagé à ne point assister les Espagnols dans la guerre qu'ils continuaient de faire à la France. Ferdinand III n'observa point cette clause. Au mois de mai 1650, tandis que les commissaires du Roi et de l'Empereur négociaient encore sur l'exécution du traité de paix, Ferdinand permit à 4,000 hommes de cavalerie, licenciés par lui et enrôlés par l'Espagne, de traverser le territoire de l'Empire pour se rendre aux Pays-Bas espagnols. Les commissaires du Roi réclamèrent.

A cette époque, un agent de la cour de France, le baron de Saujon, gentilhomme de la chambre du Roi[1], se rendit à Vienne. L'objet

---

1. Voir les *Mémoires de Mlle de Montpensier*, édition Chéruel, I, ch. IV, p. 139-142 ; — ch. VI, p. 228-232 ; — ch. VII, p. 249 ; — ch. IX, p. 305.

apparent de son voyage[1] était de rendre compte au duc François de Lorraine[2], de la part de sa sœur, la duchesse d'Orléans, des négociations engagées entre la France et le duc Charles IV. La véritable mission de Saujon se rattachait au projet de mariage dont il était question depuis plusieurs années, entre Mademoiselle de Montpensier et l'Empereur. Ce prince avait perdu, en 1649, sa seconde femme, Marie-Léopoldine d'Autriche. Mademoiselle, qui souhaitait fort ce mariage, approuva la proposition que fit Mazarin de charger Saujon de le négocier. « On lui donna, dit Mademoiselle dans ses Mémoires, les plus belles et les plus amples instructions du monde ; il me les montra ; je les trouvai admirables et je ne doutai point qu'avec cela et sa capacité, dont j'étais persuadée, l'affaire ne réussît. »

Cette partie, la plus importante du mémoire remis à Saujon, était ainsi conçue[3] :

« Le véritable sujet maintenant du voyage qu'on a jugé à propos
« de lui faire faire en cette cour-là, est pour y reconnoître avec adresse
« ce qui se peut attendre en effet du mariage dont il avoit été parlé
« de Mademoiselle avec l'Empereur. Les considérations qui doivent
« faire souhaiter avec passion à l'Empereur cette alliance préférable-
« ment à toutes les autres où il peut songer dans l'étendue de la
« chrétienté, sont si puissantes qu'à moins d'être dans une dépen-
« dance entière ou pour mieux dire dans un esclavage formel du
« Conseil de Madrid, il est indubitable qu'on auroit vu déjà ses ambas-
« sadeurs en cette cour solliciter de sa part la conclusion de l'affaire.

« Tout l'obstacle qui s'y rencontre jusqu'à présent n'est autre que
« la crainte qu'il a d'offenser le roi d'Espagne, prenant une alliance
« à laquelle il ne donnera pas son consentement, et de nuire aux
« prétentions qu'il a du mariage du roi de Hongrie son fils[4] avec
« l'Infante d'Espagne, par le moyen duquel il espère un jour joindre
« en sa personne ce qu'on a vu autrefois en celle de Charles-Quint,
« empereur et roi d'Espagne ; c'est la même considération qui lui a
« fait déjà digérer sans une seule plainte tous les dégoûts que le duc
« de Magueda donna dernièrement audit roi de Hongrie, quand il
« accompagnoit en Espagne la reine sa sœur, et l'affront qu'on lui
« fit de rebrousser chemin, étant déjà arrivé à Milan.

1. *Mémoire au sieur de Saujon s'en allant à Vienne,* 20 mai 1650. — Correspondance de Vienne 1648-1659, t. XVII.

2. Le duc François, frère de Charles IV, avait épousé, en 1630, sa cousine Claude. Il était, avec elle, réfugié à Vienne. Charles IV faisait la guerre à la France avec les Espagnols, et le duché était occupé par les Français.

3. L'instruction est signée par Mazarin.

4. Ferdinand, né en 1633 du premier mariage de l'Empereur ; roi des Romains en 1653, meurt en 1654.

« Il semble donc que le principal but que se doit proposer le sieur
« de Saujon dans son voyage, ayant occasion de traiter avec quelque
« ministre ou personne qui le puisse faire entendre fidèlement à
« l'Empereur, est de dissiper l'appréhension qu'il a de préjudicier au
« mariage de son fils, ce qui se peut par deux considérations qui
« paroissent bien puissantes.

« La première, que quelque résolution que puisse jamais prendre
« l'Empereur, le roi d'Espagne sera toujours nécessité pour le choix
« d'un gendre d'en venir enfin au roi de Hongrie par toute sorte
« de raisons et politiques et de bienséance, et de prudence, puisqu'il
« perpétue par ce moyen sa succession dans sa famille même, et
« qu'il conjoint par un nouveau lien presque indissoluble les bran-
« ches de la maison d'Autriche, d'Espagne et d'Allemagne et par con-
« séquent leur puissance, laquelle recevroit un grand préjudice d'être
« séparée après tant de pertes que chacune a faites de son côté. On a
« vu depuis plus d'un siècle que le Conseil d'Espagne a toujours tenu
« cette maxime, et, comme il se pique de les avoir éternelles, il est
« d'autant moins à présumer qu'il s'en départît quand le besoin en
« est devenu plus pressant et que l'union des deux branches est
« plus nécessaire.

« En second lieu, tant s'en faut, à le bien prendre, que l'Empe-
« reur, s'alliant à la maison royale de France, nuisît en rien aux
« prétentions qu'il a pour son fils d'avoir l'Infante d'Espagne; qu'il
« est indubitable que les Espagnols ne sauroient avoir un aiguillon
« plus pressant que ce mariage de Mademoiselle pour avancer l'autre
« et le conclure sans délai et sans amuser le roi de Hongrie, comme
« il est certain qu'ils feront autrement. La raison en est bien évidente
« et presque sans réplique, car comme ils appréhenderoient et qu'en
« effet ils auroient grand sujet de le craindre, que le pouvoir que
« prendroit Mademoiselle sur l'esprit de l'Empereur ne le portât en
« toutes occasions à favoriser cette couronne au préjudice de celle
« d'Espagne, ils n'auroient pas plus de hâte que de mettre un contre-
« poids à ce pouvoir, et ils n'en sauroient jamais trouver d'autre que
« le mariage de l'Infante avec le roi de Hongrie, lequel rendroit tous
« les intérêts de l'Espagne communs avec ceux de son propre fils, ou
« pour mieux dire les mêmes, puisqu'il seroit le vrai successeur de
« la couronne.

« Il y a encore une considération puissante à faire insinuer à
« l'Empereur et qui lui serviroit même après de décharge envers le
« Roi Catholique, qui est celle de la paix générale dont il se seroit
« rendu comme arbitre par le crédit que le mariage de Mademoiselle
« lui auroit acquis en France et qu'il auroit joint à celui que la proxi-
« mité et d'autres considérations lui donnent en Espagne.

« On a cru devoir un peu s'étendre sur les réflexions ci-dessus

« qui ne pouvoient pas être de la connoissance du sieur de Saujon,
« afin qu'il partît bien instruit de tout ce qui peut tant soit peu servir
« au bon succès de sa négociation.

« Pour les autres raisons qui doivent faire souhaiter la chose à
« l'Empereur, il ne sera pas si nécessaire de les déduire au long au
« sieur de Saujon qu'il l'auroit été à une autre personne moins
« informée qu'il n'est.

« Elles se peuvent toutes réduire à trois chefs : à la considéra-
« tion de S. A. R.[1]; aux qualités personnelles de Mademoiselle, et à
« son bien.

« Pour le premier point, il n'y a point de lieu si reculé, pour ne
« pas parler seulement de Vienne, qui en a si souvent ressenti de
« rudes contrecoups, où l'on ne sache pas que S. A. R. tient le plus
« grand poste que puisse jamais occuper un prince, et par sa propre
« considération, et par les charges et les établissements qu'il a, et par
« l'amour et la tendresse de Leurs Majestés, et par la reconnoissance
« qu'elles ont des services qu'il a rendus et continue tous les jours
« de rendre à l'État, et par la gloire qu'il a acquise dans les armes,
« qui ont sous son commandement étendu les limites du royaume
« par des conquêtes considérables, et par les grandes qualités et
« connoissances qu'il possède, et enfin par son affabilité et la dou-
« ceur de son naturel qui lui a de longue main acquis l'affection de
« tous les peuples.

« Pour ce qui regarde Mademoiselle, c'est un champ où le sieur
« de Saujon aura aussi belle manière de s'étendre, étant constant
« qu'on n'a guère vu en une même personne et particulièrement de
« sa naissance, tant de bonnes qualités assemblées, qui la rendent
« certainement accomplie au delà de ce qui se peut exprimer, soit
« pour l'esprit, soit pour le corps, ne se pouvant rien désirer de plus
« ni en la beauté de l'un, ni en la bonté et vivacité de l'autre, ni enfin
« dans toutes les vertus et les perfections qui peuvent rendre recom-
« mandable une grande princesse.

« Pour l'avantage du bien, il sera aisé au sieur de Saujon, par le
« dénombrement qu'il en fera s'il est besoin, de faire voir que c'est
« le premier et le plus considérable parti sans exception qui soit dans
« toute la chrétienté.

« Il sera de la prudence et de la dextérité du sieur de Saujon de
« bien ménager et faire valoir les considérations ci-dessus, et d'au-
« tant que l'obstacle qu'il doit le plus appréhender est celui des
« Espagnols et qu'on ne peut quasi s'assurer qu'il n'y ait aucun
« ministre de l'Empereur qui ne soit à leur dévotion et qui ne fût
« ravi d'avoir le bonheur d'être le premier à leur découvrir ce qu'il

1. Gaston d'Orléans, frère de Louis XIII et père de Mademoiselle.

« auroit pénétré de cette affaire. Il semble que la direction principale
« de sa conduite doit être confiée à Mgr le Duc François, qu'on pré-
« suppose marcher en cela de bon pied, à la prière que lui en a sou-
« vent faite Madame, et que S. A. R. lui renouvelle encore en cette
« occasion. C'est pourquoi après les premiers compliments et l'expo-
« sition de sa créance sur les affaires de Mgr le Duc de Lorraine, il
« semble que le sieur de Saujon pourra s'ouvrir franchement audit
« seigneur Duc François, qu'un des sujets principaux de son voyage
« est pour le mariage de Mademoiselle avec l'Empereur, et qu'il le
« conjure de lui prescrire de quelle façon il aura à agir et se gou-
« verner pour le bon succès de cette affaire, par quel biais il devra
« s'introduire, de qui il aura le plus à se méfier et en qui aussi
« il pourra prendre confiance pour faire insinuer à l'Empereur les
« considérations qui le doivent porter à souhaiter la chose.

« Cependant, à toutes fins, je lui baille une lettre de compliments
« et de créance à l'ambassadeur de Venise qui est en cette cour-là,
« qui servira pour pouvoir l'y introduire, en cas que Mgr le Duc
« François, à qui la principale conduite doit être remise, le juge à
« propos. J'écris aussi à M. Contarini que ledit sieur de Saujon trou-
« vera entre ici et Lyon, le priant de donner pour le même effet une
« de ses lettres audit ambassadeur. »

Arrivé à Vienne au mois de juin 1650, Saujon reconnut bientôt qu'il n'y pourrait suivre les affaires dont il était chargé sans être revêtu d'un caractère public. Il ne pouvait autrement être reçu par l'Empereur, ni négocier avec les ministres. Il eut une lettre du Roi à l'Empereur, datée du 25 octobre 1650, qui lui donnait une sorte de créance pour préparer la reprise des relations officielles entre les deux cours. Cependant la négociation du mariage n'avançait point. Les Espagnols y faisaient obstacle. Les Allemands élevèrent en outre une prétention qui amena la rupture : c'était que « la France échangeroit Brisach et l'Alsace avec les biens de Mademoiselle, pour les remettre entre les mains de l'Empereur [1]. »

L'Empereur fit un autre choix et décida d'épouser la princesse Éléonore de Gonzague, fille de Charles II, duc de Mantoue. Il en annonça la nouvelle le 23 novembre 1650 et le 25 il reçut Saujon. « Je l'assurai, rapporte ce dernier, que Sa Majesté, mon maître, étoit résolu de lui envoyer une ambassade solennelle, s'assurant aussi que l'Empereur, de son côté, ne manqueroit pas d'y correspondre par une pareille ambassade réciproque ; qu'au surplus le Roi m'avoit commandé de demeurer auprès de Sa Majesté Impériale pour y traiter l'entière exécution de la paix. » L'Empereur répondit que, pour l'am-

[1]. Rapport de Saujon, du 6 décembre 1650.

bassade, il en enverrait une semblable à celle qu'il recevrait et que, pour la paix, il écouterait Saujon. Mais celui-ci, ne recevant point d'instruction, demanda son congé, qu'il obtint.

La diète, qui devait s'assembler pour régler les articles indécis des traités de 1648, ne se réunit qu'au mois de décembre 1652 à Ratisbonne. L'Empereur y vint en personne et Louis XIV y envoya M. de Vautorte pour y traiter de l'exécution et de l'affermissement de la paix. Le recès rendu à la suite de cette diète, le 17 mai 1654, confirma les traités de 1648; mais l'Empereur continua d'y contrevenir en assistant les Espagnols. Louis XIV lui fit adresser des représentations par le comte de Vignacourt, qu'il lui envoya à cet effet. Ces représentations furent inutiles. La députation de la diète, chargée de suivre les affaires relatives à l'exécution de la paix, s'étant réunie à Francfort, le Roi chargea le sieur de Gravel, son ministre près de la diète, d'y porter plainte en son nom et de représenter « qu'il étoit vraisemblable que ce Prince (l'Empereur) ne se portoit à de pareilles infractions en faveur des Espagnols que pour assurer le mariage de Léopold [1] son fils avec l'infante héritière de la couronne d'Espagne [2] et faire revivre ainsi en la personne de ce jeune prince toute la puissance de Charles-Quint par la réunion de tous les États de la maison d'Autriche, de sorte que les Princes de l'Empire ne pouvoient prendre trop de justes mesures pour prévenir un événement qui serait immanquablement suivi de la perte de leur liberté. »

La France et l'Autriche étaient donc, sinon en état de guerre, au moins en état d'hostilité, lorsque Ferdinand III mourut le 2 avril 1657. Mazarin songea à profiter de cette circonstance pour agir sur les électeurs et faire sortir la couronne impériale de la maison d'Autriche. Tel fut l'objet de la mission donnée au maréchal de Gramont et à M. de Lionne près de la diète électorale qui s'ouvrit au mois d'août 1657 [3]. Ils ne réussirent point à faire écarter l'archiduc Léopold. Il fut élu Empereur sous le nom de Léopold Ier, le 18 juillet 1858; mais les Électeurs, sous l'influence des ambassadeurs français, lui imposèrent une capitulation par laquelle il promettait de maintenir les traités de 1648, de s'abstenir de tout secours aux Espagnols et de favoriser le rétablissement de la paix entre la France et l'Espagne. En même temps, les envoyés de Louis XIV signèrent le 15 août 1658 avec les électeurs de Mayence, de Cologne et de Bavière, le roi de Suède, le duc de Brunswick et le landgrave de Hesse-Cassel, le traité qui constituait la célèbre alliance de la *Ligue du Rhin*.

Malgré les engagements qu'il avait contractés, le nouvel Empe-

---

1. Léopold, né en 1640, du second mariage de Ferdinand. Empereur en 1658.
2. Marie-Thérèse, fille de Philippe IV roi d'Espagne; elle épousa Louis XIV.
3. Voir VALFREY: *Hugues de Lionne*, t. II, liv. II. Paris, 1881.

reur ne changea rien à la conduite de son prédécesseur. Il ne notifia point au roi de France son élévation à l'Empire. Il en résulta que le Roi ne le reconnut point, n'entretint avec lui aucune relation, et évita même « dans les écrits publics de le qualifier Empereur, comme s'il eût ignoré qu'il y en eût un au monde [1] ». L'Empereur continua d'enfreindre la paix, et il se disposait à envoyer un corps d'armée au secours de l'Espagne lorsqu'il apprit la nouvelle de la trêve qui précéda la paix des Pyrénées.

En même temps, il avait pris parti contre un allié de Louis XIV, la Suède, alors engagée dans la lutte connue sous le nom de la *Grande Guerre du Nord*. Charles X-Gustave, duc des Deux-Ponts, cousin de Christine de Suède, avait été choisi par les États de Suède pour succéder à cette princesse. « Charles-Gustave, dit Voltaire [2], ne connaissoit que la guerre. Il marcha sur la Pologne et la vainquit avec la même rapidité que nous avons vu son petit-fils la subjuguer, et il la perdit de même. Les Danois, alors défenseurs de la Pologne, parce qu'ils étoient toujours ennemis de la Suède, tombèrent sur elle; mais Charles X, quoique chassé de la Pologne, marcha sur la mer glacée, d'île en île, jusqu'à Copenhague. » Le Danemark fut contraint à la paix et la signa le 26 février 1658 à Rœskilde. L'intervention de la France et de l'Angleterre rendit cette paix moins onéreuse. Mais le roi de Suède recommença la guerre cinq mois après. Les Hollandais vinrent au secours des Danois et forcèrent Charles-Gustave à évacuer le Danemark, au mois de novembre 1659. D'autre part, il était attaqué par l'électeur de Brandebourg : après s'être allié avec la Suède contre la Pologne pour obtenir la souveraineté de la Prusse ducale, cet électeur s'alliait maintenant à la Pologne contre la Suède afin de la conserver [3]. Il comptait en même temps profiter de la détresse des Suédois pour leur prendre la Poméranie qui leur avait été cédée par les traités de 1648. Pour cette entreprise, qui consistait à chasser les Suédois de l'Allemagne et à anéantir une des clauses des traités de Westphalie, il avait obtenu l'alliance de l'Autriche, et signé à cet effet avec elle un traité, le 9 février 1658. Léopold convoitait pour lui-même ou pour son frère la couronne de Pologne, et il espérait, en secourant les Polonais, les contraindre à la lui attribuer. C'était encore une contravention à ces traités qu'il avait, par la capitulation de Francfort, promis de respecter. Quant à l'électeur de Brandebourg, il convient d'observer qu'il avait conclu le 24 février 1656 une alliance défensive de six ans avec la France, et qu'en attaquant la Suède il ne manquait pas seulement à des enga-

---

1. Instruction de Colbert.
2. *Essai sur les Mœurs*, ch. CLXXXVIII.
3. Voir HIMLY, *Histoire de la formation territoriale des États de l'Europe centrale*, II, p. 43. Paris, 1876.

gements solennels, mais il faisait en outre la guerre à un allié de son allié.

Les choses en étaient à ce point lorsque la paix fut conclue le 7 novembre 1659 entre la France et l'Espagne [1]. Le contrat de mariage de Louis XIV avec l'infante Marie-Thérèse, fille aînée du roi d'Espagne, fut signé le même jour. Par un article de leur traité, les deux rois avaient décidé « d'employer sincèrement et efficacement leurs offices, leurs interpositions et leur crédit pour la prompte pacification de tous les troubles de l'Empire et du Nord. »

La Suède en avait appelé à Louis XIV contre l'Empereur, invoquant la garantie des traités de Westphalie. Le Roi le notifia à la députation de la Diète de l'Empire et déclara que si, avant la fin du mois de février 1660, l'Empereur n'avait point donné sur ses intentions des explications satisfaisantes, il ferait entrer ses troupes en Allemagne avec l'appui des alliés qu'il y avait.

Comme il n'y avait pas de ministre de France à Vienne, ce fut l'ambassadeur d'Espagne en cette cour, le marquis de La Fuente, qui fut chargé d'y engager la négociation. Le ministre dirigeant en Espagne, don Louis de Haro, qui depuis la négociation des Pyrénées était en grande confiance avec Mazarin, envoya des instructions à cet effet au marquis de La Fuente. L'une des principales était de rétablir les relations entre le roi de France et l'Empereur. L'électeur de Mayence y travaillait de son côté, ainsi que son chancelier le baron de Boinebourg et le prince Guillaume de Fürstenberg, frère de l'évêque de Strasbourg et l'un des principaux conseillers de l'électeur de Cologne.

Cependant, comme le temps pressait et que les « consultations des États de l'Empire n'avoient pas accoutumé d'être courtes, de quelque importance qu'en fût la brièveté », Mazarin résolut d'envoyer un agent à Vienne pour s'entendre avec le marquis de La Fuente et s'éclairer sur les intentions de l'Empereur. Il choisit le sieur Charles Colbert, intendant d'Alsace et président du conseil souverain de cette province. Il était frère cadet de Jean-Baptiste Colbert, qui fut contrôleur des finances, et il devint lui-même, en 1679, secrétaire d'État des affaires étrangères sous le nom de marquis de Croissy. Il était autorisé à voir au besoin l'Empereur et ses ministres, pourvu toutefois que l'Empereur eût au préalable notifié son avènement au Roi et que Colbert en eût entre les mains la preuve écrite.

A ses instructions, qui embrassaient toutes les affaires du temps, était jointe une lettre particulière de Mazarin, qui contenait, dans ses dernières lignes, une insinuation faite pour donner à réfléchir à la cour de Vienne. Il s'agissait de la marche du grand-vizir Kupruli-

---

1. VALFREY, *id.*, liv. III.

Mohammed contre la Transylvanie. Le prince de Transylvanie, Georges Rakoczy II, s'était ligué avec les Suédois contre les Polonais. La Porte le destitua ; il prit les armes, fut battu et, au commencement de l'année 1660, le grand-vizir menaçait sa principauté avec une armée que l'on estimait de 140,000 hommes.

Les instructions de Colbert sont datées du 12 février 1660, Mazarin étant premier ministre et Loménie de Brienne secrétaire d'État des affaires étrangères.

MÉMOIRE POUR SERVIR D'INSTRUCTION AU SIEUR COLBERT DE VANDIÈRES, PRÉSIDENT AU CONSEIL SOUVERAIN D'ALSACE, S'EN ALLANT DE LA PART DU ROI EN LA COUR DE VIENNE, 12 FÉVRIER 1660[1].

Sa Majesté a tant de satisfaction des services que lui a rendus depuis plusieurs années en toutes occasions le sieur Colbert, président en son conseil souverain d'Alsace, et prend d'ailleurs tant de confiance en sa suffisance, en son affection et en son application aux affaires qui lui sont commises, de quelque nature et considération qu'elles soient, que s'agissant aujourd'hui d'une négociation d'une grande importance et dans laquelle la fidélité n'est pas moins nécessaire que la dextérité pour les grandes conséquences qui peuvent s'en ensuivre, dans lesquelles non seulement cette couronne, mais presque tous les autres États de la chrétienté se trouveront intéressés, Sa Majesté a jeté les yeux sur la personne dudit président pour lui confier cet emploi, s'assurant ne pouvoir faire un meilleur choix et qu'il s'en acquittera comme il a fait en toute autre rencontre à son entier contentement.

Sa Majesté désire qu'aussitôt que ledit sieur Colbert aura reçu cette dépêche, après avoir passé par Francfort et Mayence par le

---

1. Vienne, 1660-1664. Supplément, t. XVIII.

sujet et les raisons qui se diront ci-après, il se rende en la cour de Vienne en Autriche, en la plus grande diligence qu'il lui sera possible, pour tâcher de tirer par le moyen du marquis de La Fuente, ambassadeur d'Espagne, une résolution précise de l'Empereur qui puisse suffisamment éclaircir le Roi de ses intentions sur ce qui se passe présentement dans l'Empire et dans les trois royaumes du Nord. C'est-à-dire savoir si on peut espérer sans délai que, comme Sa Majesté a déjà tiré les assurances du roi de Suède de son entière disposition à rétablir en toutes parts un repos général à des conditions fort honnêtes et raisonnables, l'Empereur aussi de son côté se trouve avoir la même disposition, ou s'il faut se résoudre à voir continuer plus longtemps toutes ces guerres, et nommément celle qui s'est commencée depuis sept ou huit mois dans l'Empire, en laquelle la France ne peut s'empêcher de prendre part, et par obligation et par intérêt, comme étant formellement obligée à la garantie de la paix de Munster qui se trouve notoirement violée par la susdite invasion.

Pour donner audit sieur président une information fort exacte qui puisse servir de règle à toute la conduite qu'il doit tenir en cette négociation, il est besoin de reprendre l'affaire de plus haut, présupposant pourtant certaines choses dont on ne lui parlera point parce qu'il les sait déjà comme on les lui pourroit dire, ayant longtemps assisté à la dernière diète de Francfort, et l'instruisant seulement sur celles qui pourroient n'être pas venues à sa connoissance.

Celles que l'on présuppose qu'il sait sont la teneur du traité de Munster et la nécessité qui fut imposée alors à l'Empereur défunt et à ses successeurs de ne pouvoir assister l'Espagne dans la guerre qui étoit entre les deux couronnes; les infractions notoires que le défunt Empereur fit à cet article du traité avec plusieurs autres; les plaintes qu'en ont si souvent portées dans l'Empire les ministres de Sa Majesté; le peu de raison qu'il lui en fut fait; le renouvellement de la même obligation et nécessité qui fut imposée à Francfort à l'Empereur d'aujourd'hui, par la capitulation[1] qui lui a mis la couronne impériale sur la tête et qu'à

---

1. Acte des conditions auxquelles la couronne était donnée à l'Empereur.

moins de jurer solennellement comme il fit ladite capitulation, il n'auroit point été élevé à cette dignité, et enfin que nonobstant le traité de Munster et la foi de cette capitulation, ledit Empereur, six mois après, s'étoit mis en devoir et avoit déjà fait tous les apprêts pour envoyer un corps d'armée entier dans les Pays-Bas au secours de l'Espagne, si la trêve qui se conclut au mois de mai dernier entre les deux couronnes, qui a été suivie de la paix même, n'eût fait arrêter ledit corps en Bohême et dans les États héréditaires.

Celles dont ledit sieur président peut n'avoir pas une si entière connoissance et qu'il importe néanmoins qu'il n'ignore pas, sont, en premier lieu, que l'Empereur fut conseillé à Francfort par ses ministres, sans doute pour plaire alors à ceux d'Espagne, d'omettre de donner part au Roi par une lettre de son élévation à l'Empire, selon la coutume observée de tout temps à laquelle aucun de ses prédécesseurs n'avoit encore manqué, et que cette considération a été cause que jusqu'ici on n'a eu aucun commerce avec ledit Empereur, ni avec ses ministres, la dignité du Roi ne l'ayant pu permettre. Voire même que dans les écrits publiés, Sa Majesté a évité de le qualifier Empereur comme si elle ne savoit pas qu'il y en eût un au monde, et quand il a fallu nécessairement en parler, elle a toujours usé de ces termes, la cour de Vienne. Le sieur Colbert apprendra plus bas pour quelle raison on a cru devoir l'informer de cette particularité.

En second lieu, ledit sieur Colbert saura que pour les raisons qui sont exprimées dans l'article même du traité de paix fait aux Pyrénées, duquel on lui adresse une copie, les deux rois ont jugé à propos et sont demeurés d'accord ensemble d'employer sincèrement et efficacement leurs offices, leur interposition et leur crédit pour la prompte pacification de tous les troubles de l'Empire et du Nord.

Il saura, en troisième lieu, que depuis l'invasion de la Poméranie par les armes de l'Empereur et de l'électeur de Brandebourg, le roi de Suède a envoyé ici le président Bierneklou, son ambassadeur, pour représenter à Sa Majesté que cette nouveauté viole évidemment un des principaux articles du traité de Munster, duquel le Roi est garant aussi bien que les autres princes de l'Empire, et en conséquence pour sommer Sa Majesté de lui prêter et tenir cette garantie.

En quatrième lieu, que la réponse que Sa Majesté a donnée audit ambassadeur de Suède est en substance que le Roi se croit et se tient obligé à la garantie que demande son maître et la lui prêtera et tiendra par tous les meilleurs moyens qui seront en son pouvoir, en cas que l'on perde toute espérance de faire son accommodement avec l'Empereur, auquel Sa Majesté et le Roi Catholique se sont obligés de travailler avec efficace; et afin que ledit sieur Colbert ait encore une plus exacte information sur cette matière qui doit être le principal fondement de toutes ses négociations, on lui adresse une copie de cette réponse qui a été donnée par écrit audit ambassadeur, mais qu'il ne fera point voir dans la cour de Vienne à cause qu'elle contient d'autres choses.

En cinquième lieu, il saura qu'en même temps qu'on mit ce papier entre les mains du président Bierneklou, le Roi écrivit une longue lettre à la députation ordinaire de l'Empire à Francfort, pour lui donner part, et par son moyen à tous les électeurs, princes et États de l'Empire des bonnes intentions de Sa Majesté pour le rétablissement du repos dans ledit Empire, auquel Sa Majesté et le Roi Catholique avaient résolu et stipulé entre eux de s'appliquer vigoureusement; mais que si on perdoit toute espérance d'y réussir, Sa Majesté étoit indispensablement obligée et résolue de faire entrer ses armes dans l'Allemagne pour le soutien d'un roi son allié attaqué aujourd'hui dans les États qu'il doit posséder en vertu du traité de Munster, par une violence et nouveauté qui bouleverse toute la teneur dudit traité dont le Roi est garant. On n'envoie pas audit sieur Colbert cette lettre du Roi parce qu'elle sera maintenant publique dans toute l'Allemagne, et qu'en tout cas il la pourra avoir à Francfort du sieur Gravel, avec les autres que Sa Majesté écrivit en même temps aux électeurs et princes ses alliés. On lui recommande seulement de les bien étudier et considérer parce qu'elles contiennent diverses autres choses dont il se pourra servir utilement pour le bon succès de sa négociation. Il remarquera seulement que, comme le temps auquel le Roi demande d'être éclairci des intentions de l'Empereur a été pris un peu court, n'ayant été donné que jusqu'à la fin de février, il pourra l'étendre jusqu'au jour que la réponse dudit Empereur lui pourra être donnée à Vienne, pourvu qu'on ne prît point le chemin de l'y amuser pour pousser cependant leurs desseins en Poméranie; et on ne fera de ce côté-ci aucune nouveauté par la voie des armes, jusqu'à ce qu'on ait eu cette réponse qu'il fera savoir en toute diligence, en sorte que s'il est possible Sa Majesté la puisse avoir avant la fin de mars.

En sixième lieu, ledit sieur président saura que l'Empereur et l'électeur de Brandebourg connoissent si bien l'injustice de leur entreprise en Poméranie et le tort qu'elle leur fait auprès de tous les princes de l'Empire et de tous les Allemands bien intentionnés pour le repos et le bien de leur patrie, qui voient rompre de cette sorte, sans sujet, une paix qui a tant coûté de sang et de travaux à acquérir, que jusqu'ici ni l'un ni l'autre n'en ont osé publier le véritable motif, qui est sans doute de rechasser, s'ils pouvoient, comme a accoutumé de dire Volmar[1], les Suédois dans leurs rochers; mais ils ont tâché dans tous leurs discours et leurs écrits de colorer cet injuste attentat par une protestation qu'ils n'ont autre but que de nécessiter le roi de Suède à prendre des pensées plus pacifiques. C'est en ces termes que l'Empereur a répondu par écrit au premier office que l'ambassadeur d'Espagne lui a fait pour la paix, duquel écrit on adresse une copie audit sieur président. C'est aussi aux mêmes termes que l'électeur de Brandebourg a écrit à M. l'Électeur de Cologne et à d'autres princes; et, à dire vrai, il ne peut guère parler d'autre manière sur l'attaque d'une province dont il a déjà reçu à Munster des récompenses au delà de sa juste valeur; et néanmoins on a depuis peu recouvré une pièce qui noircit bien toutes les belles couleurs qu'ils emploient pour déguiser cette action : c'est un mémorial présenté par les ministres de Brandebourg aux États des Provinces-Unies à La Haye, le 9 du mois de janvier de cette année, dont on adresse une copie audit sieur président qui verra que la troisième instance desdits ministres est que l'accommodement entre le roi de Suède et leur maître ne se fasse point qu'à condition que la Poméranie soit restituée à Son Altesse

---

1. Plénipotentiaire de l'Empereur à Munster.

Électorale, qu'ils osent dire que ledit Roi lui a prise contre toute raison et justice. Il est bon d'avoir eu cette connoissance et cette conviction de leur véritable dessein, mais on n'estime pas pourtant que ce soit présentement la conjoncture de les confondre là-dessus, et qu'au contraire il faut tâcher de les engager, s'il est possible, encore davantage à protester qu'ils ne prétendent rien en Poméranie que d'obliger le roi de Suède à la paix de Pologne, afin qu'ils se trouvent nécessités ou de tenir cette parole ou qu'ils soient mis encore plus avant dans un tort inexcusable à la face de toute la chrétienté s'ils y manquent, ce qu'on ne croit pas pourtant pouvoir tomber en l'esprit de qui que ce soit.

En septième lieu, ledit sieur président, pour son information particulière dont il ne témoignera jamais rien à personne, si ce n'est aux seuls ministres de Suède pour leur faire valoir davantage cette obligation quand il aura occasion de traiter avec eux, saura que le Roi n'étoit pas si clairement obligé envers la Suède à la garantie qu'il lui a promise de bon cœur et que Sa Majesté lui tiendra, le cas du besoin absolu en arrivant, que si Sa Majesté eût voulu s'en dispenser, elle n'eût bien pu le faire par les mêmes raisons et excuses qui ont été alléguées à Sa Majesté même et par la Suède et par les autres princes de l'Empire lorsqu'elle s'est plainte ci-devant de pareilles infractions commises à son égard : ils ont toujours répondu à Sa Majesté que le corps de l'Empire seul étoit obligé à cette garantie par les termes du traité et non pas chaque prince en particulier. Mais Sa Majesté en a voulu user sans chicane et d'une manière plus convenable à la grandeur de son âme royale, puisque, sans y être précisément obligée, elle ne doit pas laisser opprimer injustement un Roi son ami et allié, ni permettre qu'il soit fait de si grands préjudices à une couronne avec laquelle la France a couru depuis tant d'années une si belle et glorieuse carrière : toujours dans les mêmes intérêts et les mêmes maximes de ne souffrir pas un agrandissement de la maison d'Autriche qui fût capable de lui donner moyen de mettre en servitude toute l'Allemagne et d'y exercer un empire despotique, tel qu'avait commencé de l'établir l'empereur Ferdinand II.

En huitième lieu, il saura que le doute qu'avoient les Suédois qu'on ne les payât ici en cette conjoncture des mêmes excuses qui nous avoient autrefois été alléguées à nous-mêmes en pareil cas d'infraction du traité de Munster, a donné lieu au Roi, avant que de s'engager à cette garantie, d'obliger aussi le roi de Suède de sa part, à promettre de s'accommoder avec généralement tous ses ennemis aux conditions que Sa Majesté elle-même a jugées justes, honnêtes et tolérables à tous les partis, à savoir : pour le Danemark, qu'il s'en tiendra au dernier traité de Rœskild sans pouvoir rien prétendre au delà ; pour l'Empereur et l'Électeur de Brandebourg, qu'il ne prétendra aucune satisfaction ni réparation des dommages que l'un et l'autre peuvent lui avoir faits par le passé, soit au dedans, soit au dehors de l'Empire ; mais seulement qu'en retirant leurs armes de la Poméranie et des postes qu'ils y ont occupés, toutes choses soient rétablies dans l'Empire suivant l'expresse teneur du traité de Munster ; et pour la Pologne, que, pour la restitution de la Prusse à laquelle il a consenti, il se contentera d'une somme d'argent modérée et tolérable aux Polonois.

En neuvième lieu, on adresse audit sieur président la copie de l'article d'une lettre du 17 janvier que M. le cardinal Mazarini a reçue du seigneur don Louis de Haro, dont on ne fait pas la traduction parce qu'on sait que ledit président entend la langue espagnole ; et il verra par cet extrait que les Espagnols prennent sur eux et croient avoir ce crédit de faire faire à l'Empereur tout ce qui sera estimé raisonnable pour parvenir promptement à un accommodement général ; et c'est une pièce de laquelle il se pourra servir fort utilement avec le marquis de La Fuente dans le progrès de sa négociation ; lequel marquis n'a pas seulement la déférence qu'il doit envers don Louis de Haro comme premier ministre d'État d'Espagne, mais aussi comme étant de ses amis jusqu'au point de se dire sa créature. Il verra aussi par le même extrait la proposition que fait don Louis de Haro que, pour mieux disposer le roi de Suède à cet accommodement, la France veuille bien lui déclarer qu'en cas qu'il se départe de ce qui sera estimé juste et honnête et que l'Empereur de sa part y condescende, Sa Majesté n'assistera point ledit Roi ; sur quoi il a été répondu à don Louis (ce que le sieur Colbert pourra aussi confirmer au marquis de La Fuente) que, sans avoir fait précisément cette déclaration audit roi en des termes qui pourroient le choquer à cause de la garantie promise à Munster, nous avons fait par avance la même chose et l'exécuterons en effet, puisque nous avons déjà, pour ce qui le regarde, ajusté avec lui les conditions principales dudit accommodement, en la manière que nous l'avons cru raisonnable, dont l'Empereur ne pourra pas disconvenir, si ce n'est que pour d'autres raisons d'ambition ou d'intérêt, il ait formé un dessein de perpétuer la guerre.

En dixième lieu, il saura que Sa Majesté juge toutes ces affaires-ci de telle importance, et en a le bon succès si fort à cœur, qu'en cas que, par la réponse qui sera donnée à Vienne audit sieur Colbert, elle ne voie pas jour d'espérer bientôt avec certitude le rétablissement de la paix dans l'Empire, elle n'a pas seulement résolu de faire passer des forces en Allemagne, capables de faire une telle diversion que les armes impériales et celles de Brandebourg soient forcées d'abandonner leur dessein de Poméranie ; mais que Sa Majesté, aussitôt après son mariage, qui sera infailliblement consommé dans tout le mois d'avril, se pourra transporter en personne à Brisach pour donner chaleur à l'action de ses armées, et faire agir aussi les troupes des princes ses alliés, qui ne lui manqueront pas en cette occurrence, particulièrement la voyant elle-même embrasser avec la vigueur qu'elle fera le propre intérêt de l'Empire, puisque son objet n'est que d'y rétablir pleinement le repos que d'autres veulent troubler pour leurs fins particulières.

Il saura, en onzième lieu, qu'on estime ici que les Espagnols procèdent avec toute sorte de sincérité en cette affaire de la pacification (au moins de l'Empire) et de désir de voir réussir principalement l'effet de nos offices et de notre interposition commune. On fait ce jugement, entre autres raisons qui seroient longues et superflues à dire, sur ce principalement que ladite pacification convient à leurs intérêts et à leur maison. Ils peuvent considérer d'un côté que le Roi, qui n'a pas jugé à propos de réduire ses armées par une réforme, voulant auparavant savoir quelle apparence il y avoit d'espérer le rétablissement du repos dans l'Empire, se trouve aujourd'hui dégagé de toute autre occupation avec des forces nombreuses et des troupes aguerries et victorieuses qui sont aux portes de l'Allemagne, ayant même une ligue toute formée de plusieurs princes de l'Empire, et que si la guerre s'y rallume, il pourra arriver que l'Empereur n'en sortira pas à si bon marché qu'il fit à Munster, où les Couronnes alliées ne laissèrent pas de tirer des avantages très considérables, quoique celle-ci fût alors chargée en même temps d'une autre pesante guerre; ils savent, d'autre part, qu'ils n'ont pas la même commodité d'appuyer l'Empereur que nous la Suède, à cause de la grande distance de leurs États, et qu'ils ne peuvent, en tout cas, que lui donner des assistances d'argent dont ils sont assez épuisés et en ont besoin pour eux-mêmes, se trouvant encore sur les bras les guerres d'Angleterre et de Portugal; de sorte que si l'intérêt est la règle la plus certaine pour juger de la vérité des intentions des princes, on ne peut presque pas douter que le roi Catholique ne s'emploie de bonne foi et avec franchise en ce rétablissement de la paix, au moins dans l'Empire; car pour celle de Pologne, on y pourroit considérer une réserve, vu même le procédé qu'ont tenu jusqu'ici les ministres autrichiens aux traités de Prusse dont ils n'ont cessé de traverser l'avancement par toutes sortes de moyens et de chicanes, et cela pour parvenir plus sûrement et avec plus de facilité à la succession de la couronne de Pologne : connoissant bien que si une fois l'Empereur est désarmé et hors de ce royaume-là, il ne lui sera pas si aisé de porter les Polonois à l'élire, ou l'archiduc son frère, pour leur Roi, que quand il les tiendra comme dans sa dépendance et sous le joug par la nécessité qu'ils ont de son appui contre la Suède; et ainsi il pourroit être que l'acquisition dans leur maison d'une couronne si puissante donneroit les mêmes sentiments au Roi Catholique et l'obligeroit, en ce fait-là particulier, à régler sa conduite et celle de ses ministres sur celle qu'a tenue jusqu'à présent l'Empereur.

En douzième lieu, ledit sieur Colbert saura que M. l'Électeur de Mayence ayant pénétré que les ministres de l'Empereur étoient fâchés aujourd'hui du conseil qu'ils donnèrent à Francfort à leur maître de ne pas donner part au Roi de son élection, parce qu'il a rompu toutes mesures et commerce avec cette couronne, et que s'ils croyoient qu'il fût encore temps de faire cette notification à Sa Majesté par une lettre que lui écriroit l'Empereur et que Sa Majesté y voulût répondre de sa part à l'accoutumée, l'Empereur y seroit tout disposé, ledit sieur Électeur fit, il y a environ six semaines, savoir ici cette particularité sur laquelle il lui fut mandé que l'Empereur, écrivant ladite lettre, Sa Majesté y répondroit fort honnêtement; et ledit sieur électeur nous a, depuis, fait savoir qu'étant maintenant assuré de cette réponse, il ne doutoit pas que la lettre ne lui fût bientôt envoyée pour la faire tenir au Roi.

Après toutes ces lumières qu'on donne audit sieur Colbert dont il pourra se prévaloir avantageusement pour le bon succès de ses négociations, il reste maintenant à l'informer de deux choses, l'une du sujet de son voyage, et l'autre de ce qu'il doit faire de sa part pour parvenir au but que se propose Sa Majesté en son envoi.

Le sujet de sa mission est que, comme le mois de février court déjà (dont la fin a été désignée pour exécuter la résolution et la garantie due et promise au roi de Suède), Sa Majesté, considérant d'ailleurs que les consultations des États de l'Empire n'ont pas accoutumé d'être courtes, de quelque importance qu'en fût la brièveté, elle a résolu d'envoyer une personne expresse à Vienne pour s'éclaircir par l'entremise du marquis de La Fuente, si l'Empereur veut faire la paix, ou, pour mieux dire, une réconciliation avec la Suède et quand, et où, et à quelles conditions; ou bien s'il a dessein de continuer la guerre et d'attaquer de nouveau au printemps les États que la couronne de Suède possède dans l'Empire.

On prend la voie de l'ambassadeur d'Espagne pour tirer cet éclaircissement pour deux raisons : l'une en considération et en conformité de l'article CI du traité des Pyrénées, qui porte que les deux rois agiront conjointement et de concert en cette affaire; l'autre, parce que la dignité du Roi n'auroit pu permettre d'envoyer une personne de sa part à l'Empereur même, tant qu'il n'aura point satisfait à la coutume de notifier son élection à Sa Majesté.

Ce n'est pas que l'une ni l'autre de ces raisons doive retenir ledit sieur Colbert (le marquis de La Fuente le jugeant à propos) de parler et traiter avec les ministres de l'Empereur chez ledit marquis ou en autre lieu tiers ; au contraire, on croit important qu'il dispose les choses adroitement à ces sortes d'entrevues, avec la dignité du Roi, quand même il verroit par le rapport du marquis de La Fuente qu'il n'en peut rien réussir de bon ; afin que lesdits ministres ne puissent pas publier un jour dans l'Allemagne, qu'on ne les a informés de rien et que si on leur eût parlé et fait des propositions équitables, la paix auroit été indubitablement conclue ; comme, d'autre côté, il nous sera avantageux, quoi qu'il arrive, de pouvoir dire avec fondement de vérité que l'on n'a rien omis pour porter les Impériaux à un bon accommodement. Ledit sieur Colbert pourroit aussi, en un besoin, voir l'Empereur même, présupposé qu'on lui eût auparavant mis en main la lettre qu'il doit écrire à Sa Majesté ou qu'il eût certitude, par un duplicata qu'on lui pourroit donner, qu'elle eût été envoyée, et le prétexte de ce duplicata seroit le doute que la première ne se fût égarée.

Il ne doit donc s'adresser, arrivant à Vienne, qu'au seul marquis de La Fuente, chez lequel pourtant il s'excusera de loger s'il en étoit pressé, afin de ne lui pas donner cette incommodité, et lui présentera la lettre de M. le Cardinal, laquelle étant laissée à cachet volant, afin qu'il la voie, lui donnera matière et information suffisante pour bien introduire sa négociation avec ledit marquis.

Il ne faut pas douter que dans la suite les ministres impériaux, ou eux-mêmes ou par la bouche dudit marquis, soit que l'Empereur veuille la paix ou la continuation de la guerre, ne fassent, en cette occasion, audit président de grandes plaintes et leurs accusations accoutumées contre la Suède, c'est-à-dire des guerres injustes qu'ils diront que ce Roi-là a entreprises contre tous ses voisins et auxquelles il ne veut jamais mettre fin. C'est pourquoi, bien qu'à tous les discours de cette nature ledit sieur Colbert, jusqu'à ce qu'il soit éclairci de ce qu'on peut espérer de la paix, ne doive répondre que comme étant là de la part d'un Roi qui offre sa médiation pour un bon accommodement entre l'Empereur et ledit Roi, c'est-à-dire avec grande retenue et sans témoigner de passion, il est important néanmoins qu'en passant à Francfort il ramasse tous les manifestes, mémoriaux, ou écrits présentés ou publiés dans cette ville-là par le président Bierneklou pour la justification des armes de Suède dans les guerres de Pologne et de Danemark, et que dans son chemin il les lise exactement pour posséder le plus qu'il pourra la matière et ne demeurer pas court aux objections que lui pourront faire les Impériaux, observant néanmoins, quand il sera obligé d'y répliquer, de le faire comme de la part et selon l'esprit des Suédois pour l'avoir ouï dire de la sorte à leurs ministres.

Quant à l'autre accusation que la Suède ne veut point mettre fin à toutes ces guerres, il faut quasi la traiter plutôt de moquerie et la recevoir avec risée qu'autrement, parce que les Impériaux savent bien en leur conscience, particulièrement pour la paix de Pologne, qu'il n'est rien que le roi de Suède n'ait fait depuis longtemps pour la pouvoir avoir, et qu'eux seuls sont la cause, par les traverses qu'ils y ont données, et ouvertement et sous main, que jusqu'à présent elle n'a pu se conclure, non pas même se traiter, si ce n'est depuis un mois. Après cela ledit sieur Colbert leur pourra sérieusement remontrer que quand même la Suède n'auroit jamais fait aucune protestation de sa disposition à la paix, comme elle ne cesse d'en faire tous les jours; quand elle n'auroit pas donné parole au Roi de se porter à toutes conditions justes et honnêtes, comme Sa Majesté répond qu'elle fera, la présomption néanmoins de sa propension à la paix seroit en sa faveur, n'étant pas à croire qu'un roi prudent, attaqué et comme assiégé de tous côtés par tant de puissants ennemis, veuille, de sa propre volonté, demeurer longtemps en un état pareil, mais plutôt mettre toute pierre en œuvre pour obvier à de plus grands dangers par sa prompte réconciliation ou avec tous ou au moins avec une partie de ses ennemis; et comme l'Empereur est sans doute le plus puissant de tous et le plus à craindre pour lui, puisqu'il peut même donner le branle qu'il voudra à la Pologne et à l'électeur de Brandebourg, il est bien vraisemblable que le roi de Suède n'est pas si aveugle à des vérités si évidentes qu'il ne souhaite principalement et avec passion de pouvoir se pacifier avec l'Empereur et par même moyen sortir aussi de la guerre avec la Pologne.

Après la discussion de ce point, il est vraisemblable qu'il sera aussitôt parlé du lieu du traité, et que l'Empereur probablement voudra que ce soit en Prusse, comme l'écrit qu'il a donné au marquis de La Fuente le désigne assez; les raisons qu'on considère qu'il a pour le désirer de la sorte sont, premièrement, afin que les plénipotentiaires ayant là comme sous leur main les grands du royaume de Pologne qui sont affectionnés à l'Autriche et qui favorisent ses intentions secrètes pour la succession à la couronne, puissent d'autant mieux se prévaloir des personnes, des affaires et du temps pour promouvoir cet intérêt si considérable de sa maison.

La seconde, afin que les États de l'Empire (que l'Empereur a offensés et pour avoir pris les armes sans leur avis et leur consentement et pour divers autres attentats contre leurs libertés et leurs privilèges) n'aient point de part à ce traité, de crainte qu'ils ne se veuillent servir de cette occasion pour y faire insérer des choses contraires à l'autorité impériale et à ses prétendus droits, ainsi qu'il arriva à Munster; et ce fut aussi ce que le défunt Empereur eut plus de peine à y supporter; et, à dire vrai, il n'y a nul doute que si les États de l'Empire étoient entendus et avoient part en cette affaire, ils ne pressassent extraordinairement l'Empereur par de continuelles remontrances et protestations à donner le repos à leur patrie.

Quand on a demandé ici l'avis du président Bierneklou sur ce point du lieu du traité, qu'il croit aussi bien que nous que l'Empereur voudra être en Prusse, il a dit qu'il ne jugeoit pas qu'il fût nécessaire que ledit sieur Colbert résistât à cette intention de l'Empereur, puisque déjà on en est demeuré d'accord par un consentement mutuel de tous les intéressés; mais seulement que ledit sieur Colbert tâchât de bien observer par tous les discours qu'on lui tiendra quel est le véritable dessein des Impériaux. Si l'Empereur incline sincèrement à faire la paix sans délai, on pourra se contenter du lieu qui a déjà été choisi dans la Prusse, demeurant pourtant à la volonté des États de l'Empire, selon la constitution de leurs affaires, ou d'envoyer quelqu'un de leur corps en Prusse pour y assister à leur nom, ou de tenir correspondance du lieu de leur assemblée à Francfort avec ceux qui seront en Prusse pour ménager dans ledit traité les intérêts de l'Empire.

Mais en cas que ledit sieur Colbert s'aperçoive que l'intention des Impériaux soit d'amuser seulement le tapis par de belles apparences et de vouloir en effet continuer la guerre, ou bien qu'il apprît, avant qu'arriver à Vienne ou lorsqu'il y sera, que les Polonois eussent conclu un accommodement avec la Suède dans lequel l'Empereur n'eût pas été compris, comme cela pourroit être arrivé, l'assemblée ayant dû commencer le 2 janvier, en ces deux cas-là, il faudra réserver au Roi et au roi de Suède et à tous les États de l'Empire la faculté de consulter en commun sur le choix et la commodité du lieu du traité.

L'embarras et la difficulté sera bien plus grande sur le temps que sur le lieu, car nous ne pouvons pas suspendre, à notre bon plaisir et commodité, l'effet de la garantie qui a été promise, et que le Roi est, en toutes façons, résolu de tenir et de prêter au roi de Suède. Il n'y a que la paix ou une assurance certaine qu'elle ne peut manquer de se faire et, cependant, une cessation de la part de l'Empereur de toutes hostilités dans l'Empire, qui puisse ou doive retenir le Roi de faire entrer ses armées en Allemagne au printemps, s'il voit que l'Empereur et M. l'électeur de Brandebourg prétendent alors pousser de nouveau leur progrès dans la Poméranie ou ailleurs contre les États que la Suède possède dans l'Empire en vertu du traité de Munster. On n'est pas résolu ici de leur laisser impunément prendre cet avantage sans les obliger par une puissante diversion à songer plutôt de se défendre eux-mêmes qu'à inquiéter autrui. Ce point-ci est, ce semble, le plus important et le plus délicat que le sieur Colbert ait à traiter et à bien assurer, parce qu'il est le plus pressé et celui qui souffre le moins de délais pour éviter de part et d'autre les nouveautés que l'action des armes des deux côtés peut produire, et qui rendroient, après, la conclusion d'un accommodement plus épineuse et plus malaisée; et là-dessus ledit sieur

Colbert se doit proposer pour objet de rapporter quelque chose de Vienne qui vaille l'effet d'une trêve, puisque le défaut de pouvoir des parties intéressées ne permet pas de faire sitôt un traité formel de paix ou de trêve. On entend par là que l'Empereur et l'électeur de Brandebourg ne continueront pas à faire agir leurs armes dans l'Empire contre aucun État qu'y possède la Suède, jusqu'à ce qu'il y ait eu lieu et temps de s'assembler pour faire la paix et de la conclure ou de s'y détromper qu'elle ne se peut faire. Il prendra pourtant garde de porter cette proposition avec délicatesse et avec dignité, parce qu'il semble pour l'ordinaire que celui qui fait instance d'une suspension a mauvaise opinion de ses affaires, et il ne faut pas qu'il courre risque de laisser prendre cette croyance à l'égard du Roi et de son parti : faisant remarquer que Sa Majesté ne parle de la sorte que comme un bon et sincère médiateur qui n'est pas encore entré en jeu et qui veut éviter, s'il est possible, les maux où l'Allemagne se trouveroit replongée en cas que l'Empereur n'arrêtant pas l'action de ses armes, Sa Majesté soit obligée de ne tarder pas aussi à faire agir les siennes. Et ledit sieur Colbert n'aura pas grand'peine à insinuer tout doucement que le Roi, exécutant la résolution qu'il a prise d'assister le roi de Suède pour la manutention du traité de Munster, il le peut et le voudra faire de telle sorte que, suivant toutes les apparences, on ne puisse pas douter que le succès n'en soit heureux. Il pourra même faire remarquer que l'on ne se résoudroit pas aisément à parler de trêve ou de suspension, si on se pouvoit imaginer que l'on dût imputer cela à la moindre appréhension des armes de l'Empereur; mais que le seul motif que l'on a en cela est l'envie que le Roi a de voir la chrétienté jouir d'une pleine paix, et satisfaire à l'engagement dans lequel il est entré avec le Roi Catholique par le moyen de ce qui a été arrêté entre leurs deux principaux ministres. Il informera cependant bien particulièrement M. l'électeur de Mayence et les ministres de Cologne du contenu en cet article, afin qu'ils agissent uniformément de leur côté par les moyens qu'ils peuvent avoir pour retenir l'Empereur d'attenter ci-après aucune nouveauté, jusqu'à ce qu'on ait pu voir si la paix se peut faire, et si les Espagnols procèdent sincèrement, M. le marquis de La Fuente ne s'y emploiera pas moins que lesdits seigneurs électeurs, comme il y a lieu de le croire et que ledit sieur Colbert doit témoigner avec affection au marquis de La Fuente qu'il est incapable d'en douter ; voire ce sera là une véritable pierre de touche pour bien juger de quel pied l'Espagne marche pour l'exécution de ce qui a été promis et arrêté en notre traité de paix.

En cas qu'il soit parlé audit sieur Colbert et qu'on mette sur le tapis la question quels sont ceux, ou tous ensemble ou chacun en particulier, qui doivent avoir part à ce traité et y être compris, il doit savoir deux choses qu'il fera remarquer : l'une que le roi de Suède a souvent fait des déclarations publiques, qu'il a confirmées en particulier au Roi, que son intention est de traiter ensemble et tout à la fois avec l'Empereur, les rois de Pologne et de Danemark et l'électeur de Brandebourg ; la seconde, que le roi de Danemark, à l'instigation principalement de l'Angleterre et de la Hollande, a choisi de faire un traité séparé auquel on travaille présentement en Danemark ; que si aujourd'hui l'Empereur, le roi de Pologne et l'électeur de Brandebourg (qu'on dit avoir ou persuadé ou au moins consenti que ledit roi de Danemark traitât son affaire séparément) veulent la rappeler à l'autre traité commun, il est indubitable que cela apportera un grand retardement et à la négociation et à sa conclusion, et ce sera même une preuve que les Impériaux ont plus la guerre en tête qu'un bon accommodement. Sur quoi cependant ledit sieur Colbert leur pourra remontrer que depuis la défaite des troupes suédoises dans l'île de Fionie, le roi de Danemark a plus de forces qu'il ne lui faut pour se défendre et en a même assez pour attaquer ; qu'outre cela il a l'assistance des Hollandois et beaucoup d'autres commodités pour la continuation de la guerre s'il y est obligé ; à quoi il pourra encore ajouter que l'ambassadeur de Suède en cette cour a parlé au Roi d'une manière touchant ce traité de Danemark et les conditions auxquelles son maître étoit disposé et résolu de condescendre, que Sa Majesté ne peut douter que ce différend ne soit très aisé à assoupir et à pacifier, pourvu que les Danois, enflés du dernier succès de leurs armes, ne prétendent maintenant que des choses qu'ils eussent infiniment estimé de pouvoir obtenir avant cet accident.

Pour ce qui regarde la sûreté du duché de Holstein, membre de l'Empire, et qui pourroit servir de prétexte aux Impériaux de demander toujours que l'affaire de Danemark soit portée à l'autre traité commun, il ne sera pas malaisé de trouver, en celui-ci, des moyens et des tempéraments pour assurer ledit duché, à l'avenir, contre les attaques et insultes des Suédois, sans que pour cela il soit nécessaire que les autres différends de Danemark y soient portés.

Pour ce qui concerne maintenant la matière du traité et les conditions de la paix, si ledit sieur Colbert est interrogé là-dessus, il pourra d'abord répondre que cette matière et ces conditions ne se prennent pas seulement sur les premiers différends qui ont donné sujet et occasion à la guerre, mais qu'elles naissent souvent aussi de divers accidents qui arrivent pendant l'action des armes, et même peuvent encore venir et être fournis par d'autres princes qui, n'étant pas ennemis d'aucun des deux partis, mais s'étant trouvés au milieu de leurs armes, en ont souffert divers dommages et préjudices qu'il convient réparer ; que la Suède n'est pas seule qui se plaint depuis plusieurs années ; qu'on entend encore les clameurs et les griefs de divers autres États de l'Empire ; et si on presse là-dessus ledit sieur Colbert de les nommer, il s'en excusera, se remettant à la notoriété publique et ajoutant néanmoins de soi, comme un argument pour avancer le traité, que si l'Empereur veut faire sans délai un bon accommodement, il ne se trouvera quasi aucune difficulté considérable à le conclure, au lieu que s'il prétend le prolonger et continuer la guerre, il pourra arriver qu'il naîtra des différends insurmontables du lieu d'où peut-être il auroit moins cru qu'il en pût venir.

Quant aux différends particuliers qui peuvent être présentement entre l'Empereur et la Suède (autre nouveauté n'arrivant) ledit sieur Colbert pourra assurer, comme le sachant de science certaine, qu'en cas que l'Empereur laisse, en son entier et inviolable, l'instrument de la paix de Westphalie, et par conséquent que la Suède non seulement puisse jouir en repos et sans trouble des États qui lui appartiennent en vertu de ladite paix, mais aussi qu'on lui donne satisfaction dans toutes les choses et conditions dudit traité qui ont été clairement déterminées par l'instrument de paix, mais qui ont depuis été éludées ou tournées en un sens contraire et préjudiciable à la Suède, lorsqu'il en a été parlé dans la diète de Ratisbonne de l'année 1654 ou dans le Conseil aulique de l'Empereur, il n'en faudra pas davantage pour conclure bientôt un bon accommodement et rétablir pleinement le repos dans l'Empire ; c'est-à-dire en un mot que si le roi de Suède ne prétendra rien (comme il le pourroit peut-être en justice) pour la satisfaction et réparation de tant de dommages, d'injures et de préjudices qu'il a soufferts ; et comme pour parvenir à cette pacification le roi de Suède ne demande qu'une chose que les Impériaux mêmes n'oseroient dire dans l'Empire qu'ils lui veulent refuser, qui est la pure exécution du traité de Munster laquelle doit être le fondement du nouveau traité, ledit sieur Colbert, en cas que les Impériaux en fassent difficulté, aura belle matière de les mettre entièrement dans leur tort par diverses raisons si pressantes qu'ils ne sauroient jamais y donner aucune réplique tant soit peu soutenable ; et ce seroit alors qu'il devroit principalement s'adresser au marquis de La Fuente et l'interpeller sur le mot de la lettre de don Louis de Haro qui assure que l'Empereur fera tout ce que Sa Majesté Catholique voudra et estimera raisonnable, le faisant juge lui-même s'il y a rien de plus honnête et de plus juste que, pour épargner une nouvelle guerre dans l'Empire, dans laquelle les couronnes ne pourront s'empêcher de se mêler bien avant avec grand danger, qu'avec le temps leur amitié et l'union étroite qu'on vient d'établir entre elles n'en soit altérée ; et s'il y a rien même de plus facile que de faire un traité où pour toutes conditions et difficultés il n'y ait qu'à renouveler et bien assurer pour l'avenir celui de Munster, auquel l'Empereur se trouve d'ailleurs déjà lié par sa foi et par son honneur, voire même par un serment sur les saints Évangiles lorsqu'il jura sa capitulation.

Le Roi attendra avec impatience de savoir quelle dernière réponse ledit sieur Colbert aura pu tirer des Impériaux ; si elle est tout à fait négative et qu'il ne voie nulle apparence d'espérer la paix, il pourra la rapporter lui-même à Sa Majesté en la plus grande diligence qu'il lui sera possible, car en ce cas-là le temps nous sera cher et il nous importe d'être tôt avertis ; mais si ladite réponse est telle qu'on la peut souhaiter, et que ledit sieur Colbert voie jour à un bon et prompt accommodement, Sa Majesté laisse à sa prudence et à sa discrétion de résoudre, de concert avec ledit marquis de La Fuente, ce qu'il devra faire pour avancer cet ouvrage, soit d'aller lui-même trouver le roi de Suède pour l'informer de ce qui s'est passé et tirer de lui les choses et les ordres dont on aura besoin, soit d'aller en Prusse au lieu des traités ; et, pour cet effet, on lui adresse des lettres de créance de Sa Majesté aux rois de Suède et de Pologne, à la reine de Pologne, à l'électeur de Brandebourg, en cas qu'il soit jugé nécessaire qu'il le voie en son passage, et aux sieurs chevaliers de Trelon et de Lumbre, ambassadeurs de Sa Majesté auprès desdits rois. Cependant, quelque résolution qu'il ait jugé à propos de prendre, il la fera savoir par courrier exprès à Sa Majesté avec les motifs qui l'auront obligé à la prendre, et enfin tout ce qui se sera passé à Vienne en ses négociations.

Il trouvera aussi dans sa dépêche une lettre de M. le Cardinal pour MM. les électeurs de Mayence et de Cologne, qu'on a laissée à cachet volant afin qu'il en sache le contenu ; en conformité duquel il parlera audit sieur électeur de Mayence et aux ministres de l'autre ; et il sera bien à propos qu'aussitôt qu'il aura reçu ce courrier, il le dépêche à Francfort avec une lettre pour le comte Guillaume de Furstemberg par laquelle il prie ledit comte que s'il n'est pas audit Francfort ou auprès de M. de Mayence, il prenne la peine de s'y rendre pour y consulter toutes choses sur le sujet de son envoi à Vienne, parce que le premier ordre qu'il a de Sa Majesté est de prendre ses principales instructions de Leurs Altesses Électorales.

Il conférera aussi au long avec le sieur Gravel pour se bien éclaircir et informer de l'état présent de toutes choses et surtout des diligences qui auront été faites par lesdits sieurs Électeurs depuis le retour du baron de Boinebourg et du comte Guillaume auprès de l'Empereur pour le même sujet qui donne aujourd'hui lieu à son envoi à Vienne, afin qu'il ne coure pas risque de rien dire ou faire qui contrariât à ce que lesdits Électeurs auroient déjà avancé, si ce n'est que ce fût de concert avec eux et par leur approbation, après avoir mieux digéré et consulté les matières.

On mande au sieur Gravel de lui fournir tous les écrits, mémoires et instructions des choses qui ont passé par ses mains et qui pourront le plus servir à ne lui laisser rien ignorer de tout ce qui peut contribuer au bon succès de sa mission. Il aura surtout une singulière confiance aux conseils particuliers que lui donneront le baron de Boinebourg et le comte Guillaume que Sa Majesté ne trouve pas moins affectionnés à ses intérêts que ses propres sujets, et aura soin même de les assurer qu'on les considère ici de cette sorte et qu'il a ordre précis de Sa Majesté d'avoir en eux la dernière confiance.

Et il se souviendra de tenir une correspondance bien exacte et bien régulière avec le sieur Gravel, tant parce que celui-ci pourra directement donner part à M. l'électeur de Mayence de ce qui se passera et le faire savoir aussi à M. l'électeur de Cologne par le moyen du comte Guillaume de Furstemberg, que parce qu'il écrira audit sieur Colbert à Vienne les sentiments desdits sieurs Électeurs sur les occurrences dans le progrès de sa négociation.

De plus, il est bon que ledit sieur Colbert dise au marquis de La Fuente, qu'il y a grand sujet de craindre que la jalousie où l'on est, que les troupes que l'Empereur fait passer dans la Westphalie, ou pour assister tout de bon l'évêque de Munster, ou pour quelque autre dessein que l'on prétexte de cette assistance, n'engage les uns ou les autres à quelque résolution qui rende plus difficile la paix que les deux couronnes ont résolu de poursuivre en Allemagne ; car si c'est pour assister véritablement ledit sieur évêque, il est impossible que les États des Provinces-Unies et d'autres princes ne se déclarent pour la ville de Munster et n'envoient des troupes dans ce cercle contre celles de l'Empereur ; et si la véritable fin de l'Empereur est de prendre des quartiers d'hiver dans le pays, et y former insensiblement un corps d'armée qui tienne en sujétion toute la Westphalie et s'oppose aux troupes qu'on pourroit envoyer par ce chemin-là au secours du roi de Suède pour la manutention du traité de

Munster, il est certain que la France, avec tous ceux qui sont intéressés avec elle, sera contrainte (quelque passion qu'elle ait de voir toutes choses pacifiées) de prendre les résolutions nécessaires pour l'empêcher. Ce que ledit sieur Colbert expliquera fortement au marquis de La Fuente, afin qu'il travaille de son côté à apporter les remèdes et les préventions convenables à ce mal, et que nous ne nous engagions pas de plus en plus dans la guerre en Allemagne lorsque toutes nos pensées vont à la faire cesser.

Ledit sieur Colbert insinuera aussi avec adresse audit sieur marquis de La Fuente que le Roi et une grande partie des princes d'Allemagne ne consentiroient jamais que la succession de la Pologne tombât dans la Maison d'Autriche.

Fait à Toulon, le 12° jour de février 1660.

A MONSIEUR LE PRÉSIDENT COLBERT, A TOULON,
CE 10 FÉVRIER 1660[1].

Comme il y a plusieurs choses qu'on n'a pas jugé à propos d'insérer dans votre instruction, et dont la connoissance, néanmoins, vous peut donner facilité de vous acquitter d'autant mieux de l'emploi que Sa Majesté vous confie, je vous en informerai par cette lettre à part.

Il est bon, premièrement, de faire valoir dans la cour de l'Empereur la résolution que le Roi a prise d'envoyer exprès à Vienne pour travailler conjointement avec l'ambassadeur d'Espagne au repos de tout l'Empire, ce qui est une marque bien claire de la sincérité avec laquelle Sa Majesté souhaite le bon succès de cette négociation, puisqu'elle enchérit même sur les soins du Roi Catholique pour le même effet.

Il ne faut pas oublier aussi de faire valoir au marquis de La Fuente les conditions auxquelles le Roi a disposé le roi de

1. Vienne, 1660-1664. Supplément, t. XVIII.

Suède de donner les mains, le faisant relâcher généralement de tous les dommages qu'il a soufferts dans l'invasion de la Poméranie.

Vous direz de plus audit seigneur marquis que vous avez ordre du Roi et que je vous ai recommandé aussi en mon particulier, de traiter avec lui avec une entière confiance, parce que je suis persuadé que les intentions du seigneur don Louis de Haro sont de contribuer tout de bon et sans artifice au rétablissement d'une parfaite tranquillité en Allemagne, et, par conséquent, je ne puis douter que celles dudit sieur marquis ne tendent à la même chose, de sorte que je ne vois pas lieu de craindre qu'on puisse avoir aucune contestation avec lui. Mais au contraire j'ai tout sujet de croire qu'il s'appliquera entièrement et de concert avec vous, à chercher tous les moyens d'achever heureusement et sans aucun délai la conclusion de cette paix.

Il y a d'ailleurs grande apparence que vous serez écouté favorablement de delà, après ce que le seigneur don Louis y a écrit de la part du Roi son maître en suite de nos conférences, ayant mandé au marquis de La Fuente pour le déclarer à l'Empereur, qu'outre que le Roi Catholique croyoit qu'il étoit non seulement de l'intérêt et du repos de la chrétienté, mais aussi du bien et de l'avantage de toute la maison d'Autriche de pacifier l'Allemagne, il lui seroit impossible, quand il le voudroit faire, de donner aucune assistance d'hommes ni d'argent à l'Empereur, se trouvant engagé dans la guerre contre les Anglois et étant sur le point d'en entreprendre une autre d'une grande dépense et de la dernière importance contre le Portugal, où il étoit obligé de faire venir toutes ses troupes d'Italie ou de Flandre, tandis que la France, paisible partout, seroit en état d'assister puissamment le roi de Suède.

Enfin, vous témoignerez audit sieur marquis que, de mon côté, je ne suis pas moins religieux que le seigneur don Louis à satisfaire à la parole que nous nous sommes donnée de faire tous nos efforts conjointement et de concert entre nous, pour promouvoir et conclure la paix en Allemagne, afin que les rois, nos maîtres, aient non seulement la satisfaction de l'avoir donnée à leurs royaumes, mais qu'ils aient aussi la gloire de l'avoir établie, par leurs soins et par leurs offices, dans tout l'Empire et dans tout le Nord, à quoi je ne doute nullement que ledit sieur marquis n'ait déjà préparé toutes choses conformément aux lettres particulières qu'il aura reçues dudit seigneur don Louis.

Vous ne devez perdre aucune occasion d'exagérer au même sieur marquis de La Fuente l'étroite amitié que nous avons contractée ensemble, le seigneur don Louis et moi, pour le plus grand service des rois nos maîtres, lui insinuant que j'irai toujours au-devant des choses que je croirai capables de l'étreindre et de l'affermir de plus en plus, relevant aussi les grandes qualités dudit seigneur don Louis qui auroient suffi toutes seules pour m'acquérir à lui; à quoi vous ajouterez que vous avez ordre précis de l'entretenir de ces choses-là, parce que je sais qu'il prendra plaisir à entendre les éloges de ce grand ministre pour qui il a tous les sentiments de respect et de vénération qui sont dus à un mérite aussi extraordinaire que le sien. Je me remets du surplus à l'instruction ici jointe, et outre le chiffre que vous recevrez de la part de M. de Brienne, je vous en envoie un particulier pour vous en servir avec moi.

J'ai dit à votre frère, qui s'en est déjà retourné à Paris, ce que je croyois que vous devez faire en ce voyage et les personnes que vous devez mener avec vous; c'est pourquoi je me remets à ce qu'il vous en mandera, et je pourvoirai par son moyen à votre subsistance. Je ne vous fais pas valoir l'honneur que le Roi vous fait de vous avoir choisi pour une négociation de cette importance, car la chose parle assez d'elle-même, et je ne doute pas que vous n'infériez de là que j'ai beaucoup d'estime pour vous et de satisfaction de votre conduite.

Je vous prie de gagner des moments dans ce voyage, parce qu'il importe au dernier point que vous vous rendiez au plus tôt à Vienne et que vous nous donniez de vos nouvelles sans aucun retardement.

Comme le marquis de La Fuente est une personne de mérite, estimée du roi d'Espagne et attachée sans aucune réserve au seigneur don Louis de Haro, et qui, en outre, a servi longtemps dans la cour d'Espagne avec éclat et ensuite en des emplois considérables qu'on lui a confiés, vous ne sauriez pas faillir, lorsque vous profiterez de toutes les occasions de lui faire connoître la bonne opinion que j'ai de ses grandes qualités et la passion que j'aurois de lui donner des marques de ma partialité pour ce qui le regarde ; et enfin vous devez être persuadé que tant s'en faut que les louanges que vous lui donnerez ne soient pas bien reçues, qu'au contraire elles vous aplaniront le chemin pour imprimer dans son esprit les choses que vous avez ordre de négocier et conclure avec lui.

Le voyage du Grand Seigneur à Andrinople et la marche du grand vizir avec une puissante armée vers Belgrade, menaçant d'un côté les États de la république de Venise et de l'autre déclarant de se vouloir saisir de la Transylvanie et chasser le Rakoczy, ce qui ne peut être entrepris sans faire fort appréhender à la Hongrie les armes ottomanes et ensuite à tout l'Empire, en quoi l'Empereur, soit pour sa personne ou pour ses États héréditaires, doit prendre plus d'intérêt; ce voyage, dis-je, doit donner une belle occasion au marquis de La Fuente d'obliger l'Empereur de profiter sans perte de temps des propositions qu'on fait pour pacifier l'Allemagne, afin de se servir utilement des grandes forces qu'il a sur pied pour s'opposer avec beaucoup de gloire, et au grand avantage de la république de Venise et de toute la Chrétienté, aux desseins que le Turc peut avoir.

Si vous entrez sur cette matière, comme vous pouvez faire avec le marquis de La Fuente, vous lui direz de ma part que la France non seulement souhaitera sincèrement la prospérité des armées de l'Empereur employées en une telle conjoncture, mais de plus elle s'y intéressera, gardant seulement certaines apparences dont elle ne se peut pas départir sans s'exposer à des préjudices de grande conséquence que cette couronne pourroit souffrir si l'on en usoit autrement.

II

LE CHEVALIER DE GRÉMONVILLE.

1664.

La paix du Nord fut rétablie en 1660 par le traité d'Oliva conclu, le 3 mai, sous la médiation de la France, entre la Suède, la Pologne, l'Empereur et l'électeur de Brandebourg, et par le traité de Copenhague conclu le 27 mai, également sous la médiation de la France, entre la Suède et le Danemark. Quant aux relations du Roi avec la cour de Vienne, il n'y fut rien changé. Colbert avait quitté Vienne au mois d'avril 1660, n'y trouvant pas, disait-il, de dispositions pour un accommodement entre le Roi et l'Empereur.

Il n'y en eut pas jusqu'en 1664, et ce fut alors la force des choses qui amena les deux cours à se rapprocher. Les Turcs, ayant continué leur marche, menaçaient Vienne avec 90,000 hommes. L'Empereur appela l'Europe chrétienne à son secours et demanda même l'appui de Louis XIV. Les cercles de l'Empire décidèrent d'envoyer des troupes. Louis XIV s'était engagé par les traités de la Ligue du Rhin à défendre l'Empire, et c'est à ce titre qu'il envoya 4,000 fantassins et 2,000 cavaliers sous les ordres de Coligny. Cette résolution ne pouvait manquer de mettre fin aux froissements qui subsistaient entre Louis XIV et Léopold. Le Roi fit partir pour Vienne le chevalier Jacques Brethel de Grémonville, commandeur de l'ordre de Jérusalem et lieutenant général, qui avait été auparavant ambassadeur à Venise. Il devait se présenter à Vienne « en qualité de gentilhomme du Roi, envoyé résident en la cour de l'Empereur. » Les instructions qui lui furent données le 15 août 1664, M. de Lionne étant ministre des affaires étrangères, n'avaient rien de général, non plus que l'addition qui y fut faite le 24 août. On verra d'ailleurs qu'elles ont été sans objet.

MÉMOIRE DU ROI POUR SERVIR D'INSTRUCTION AU SIEUR CHEVALIER DE GRÉMONVILLE S'EN ALLANT EN QUALITÉ DE SON GENTILHOMME, ENVOYÉ RÉSIDENT EN LA COUR DE L'EMPEREUR. 15 AOUT 1664[1].

Le Roi, ayant envoyé un corps de troupes considérable en Hongrie au secours de l'Empereur contre les Turcs, choisit M. le chevalier de Grémonville pour résider de sa part à la cour de Sa Majesté Impériale, et faire auprès d'elle et de ses ministres toutes les instances convenables pour le maintien et la conservation du dit corps.

Ledit sieur chevalier, en passant à Ratisbonne, conférera avec le sieur Gravel, et aura dans la suite une continuelle correspondance avec lui sur tout ce qu'ils croiront importer à son service, à la sûreté et à l'avantage des troupes que Sa Majesté et les princes ses alliés ont fait marcher en Hongrie pour la défense de la chrétienté.

Aussitôt qu'il sera arrivé à la cour de l'Empereur, il fera avertir celui qui a charge d'introduire les ambassadeurs ministres étrangers, afin qu'il puisse être admis à l'audience de Sa Majesté Impériale avec les mêmes cérémonies et de la même manière que l'Empereur a traité, à la Diète, ledit sieur Gravel.

Il fera savoir son arrivée au comte de Coligny qui commande les troupes du Roi en Hongrie, et lui adressera la lettre de Sa Majesté, par laquelle elle lui ordonne un continuel commerce de lettres avec ledit sieur chevalier et de l'informer de l'état de toutes choses, afin qu'il puisse faire trouver bon à l'Empereur toutes les mesures qu'il sera nécessaire de prendre pour le maintien des troupes de Sa Majesté. Il faudra surtout tâcher d'éviter que ces troupes soient postées en lieu où elles manquent entièrement de vivres, et pour engager les ministres de l'Empereur à

---

1. Vienne, 1664. Supplément, tome XIX.

avoir soin qu'elles soient bien traitées, ledit sieur chevalier ne leur manquera pas de faire entendre que du bon ou du mauvais traitement qu'elles recevront cette campagne, dépendra la résolution de Sa Majesté de continuer cette assistance ou de la faire cesser en les rappelant.

ADDITION A L'INSTRUCTION. 24 AOUT 1664.

Le comte de Coligny ayant envoyé au Roi, par le même courrier qui lui avoit apporté la nouvelle de la victoire remportée au Saint-Gothard par la valeur des troupes françoises, les drapeaux que les mêmes troupes avoient pris sur les Infidèles dans cette action, Sa Majesté a pris la résolution de les renvoyer à l'Empereur, et a ordonné qu'ils fussent remis entre les mains du sieur chevalier de Grémonville, pour les lui présenter de sa part à sa première audience.

Comme suivant les dernières lettres du comte de Coligny, il y avoit tout lieu de craindre que ces troupes victorieuses ne périssent elles-mêmes entièrement par toutes les misères qu'elles souffroient, et surtout par le manquement de vivres, ledit sieur chevalier fera toutes les instances possibles auprès de l'Empereur et de ses ministres pour qu'on les envoie au plus tôt en des quartiers de rafraîchissement.

Il ne laissera jamais aux ministres de l'Empereur aucun mémoire par écrit des choses qu'il négociera avec eux, et s'ils lui en demandoient sous prétexte de soulager leur mémoire, il s'en excusera honnêtement sur ce qu'il n'a pas charge d'en user de la sorte, n'étant pas coutume de France de négocier par écrit.

Grémonville apprit, en arrivant à Ratisbonne, la nouvelle de la paix conclue entre l'Empereur et les Turcs ; cette nouvelle changeait toutes les mesures de ses instructions, et il écrivit le 7 octobre 1664 pour en demander de nouvelles. Il ne reçut point de *Mémoire* pour le diriger dans l'ensemble des négociations, mais une série de dépêches relatives aux affaires qu'il fut chargé de suivre. Ce sont les plus considérables du temps : elles se rattachent à la guerre de dévolution, à la succession d'Espagne et aux affaires de Hollande qui amenèrent en 1672 la guerre entre Louis XIV et l'Empereur. Elles ont été exposées par M. Mignet dans son *Histoire des négociations relatives à la succession d'Espagne*.

III

LE MARQUIS DE VITRY

1679

La paix fut rétablie entre la France et l'Empereur par le traité de Nimègue, le 5 février 1679. Les négociations avaient porté particulièrement sur trois points : l'affaire du prince Guillaume de Fürstenberg, celle du duc de Lorraine et celles de l'Alsace.

Le prince Guillaume de Fürstenberg siégeait en qualité de plénipotentiaire de l'électeur de Cologne au congrès qui s'était réuni dans cette ville en 1673 sous la médiation du roi de Suède. Le prince Guillaume, dévoué depuis longtemps à la France, travaillait en sa faveur. Bien qu'il se trouvât dans une ville neutre, sous la sauvegarde de son titre et du droit des gens, les Autrichiens le firent enlever le 14 février 1674 et conduire à Vienne où il fut retenu prisonnier. Sa mise en liberté fut un des principaux objets du roi de France lors du congrès de la paix, et elle fut stipulée dans l'un des articles du traité.

L'Empereur demanda en retour que le Roi restituât dans ses États le duc de Lorraine. Louis XIV y mit pour conditions qu'il conserverait Nancy et Longwy en échange de Toul et d'une prévôté quelconque, qu'on lui céderait quatre routes stratégiques d'une demi-lieue de largeur, destinées à relier Nancy, la Champagne, les Évêchés, l'Alsace et la Franche-Comté. Le duc de Lorraine ayant refusé, Louis XIV continua d'occuper le duché.

L'Empereur avait soulevé en outre la prétention de soumettre à des arbitres les réclamations du Roi sur les dix villes impériales qui formaient la préfecture d'Haguenau : Haguenau, Rosheim, Obernai, Landau, Wissembourg, Schlestadt, Colmar, Kayserberg, Turckheim, Munster. Les plénipotentiaires français refusèrent, répondant que les droits de la France étaient garantis par la paix de Westphalie, qui était formellement confirmée par le présent traité.

Cependant la paix avait été conclue, également à Nimègue, entre la France et l'Espagne, le 17 septembre 1678. La France y gagnait la Franche-Comté et quatorze villes des Pays-Bas. Une révolution de cour qui s'était accomplie en Espagne avait beaucoup contribué à faciliter ce traité. Le roi Charles II, fils et successeur de Philippe IV, avait atteint sa majorité de quatorze ans avec le 6 novembre 1675. Sa mère, la Reine-Régente, était archiduchesse d'Autriche et sœur de l'empereur Léopold[1]. Elle avait été écartée des affaires en 1676 et le gouvernement était passé aux mains du frère naturel du Roi, don Juan d'Autriche, fils bâtard de Philippe IV. Don Juan quitta l'alliance autrichienne pour faire la paix avec la France et fit rompre le mariage projeté de l'archiduchesse fille aînée de l'Empereur avec le jeune Roi, pour favoriser le projet d'un mariage entre ce prince et la princesse Marie-Louise, fille du duc d'Orléans.

Il était nécessaire de connaître ces détails pour se rendre compte des instructions qui furent données au marquis de Vitry, envoyé à Vienne après la paix. Elles sont datées du 8 septembre 1679, M. de Pomponne étant ministre des affaires étrangères.

MÉMOIRE POUR SERVIR D'INSTRUCTION AU SIEUR MARQUIS DE VITRY ALLANT DE LA PART DE SA MAJESTÉ, ENVOYÉ EXTRAORDINAIRE VERS L'EMPEREUR. 8 SEPTEMBRE 1679[2].

Sa Majesté avoit toujours cru de son service d'avoir un ministre à Vienne, avant que la dernière guerre eût rompu la bonne intelligence qu'elle avoit fidèlement observée jusqu'alors avec l'Empereur ; aujourd'hui que la paix générale qu'elle a donnée à la plus grande partie de l'Europe et particulièrement à l'Empire, la met en état de reprendre la même correspondance et le même

---

1. Marie-Anne, née en 1634, mariée en 1649 à Philippe IV, morte en 1696.
2. Vienne, 1674-1679. Supplément, t. XLVIII.

commerce d'amitié, elle a jugé important de remplir cette place d'une personne capable de veiller à son service et à ses intérêts dans une cour si considérable. C'est pour ce sujet qu'elle a fait choix du sieur marquis de Vitry, en qui elle sait qu'elle trouvera, outre le zèle et la fidélité, toute l'expérience et l'adresse nécessaires pour se bien acquitter de l'emploi qu'elle lui confie.

L'intention de Sa Majesté est qu'il se mette au plus tôt en chemin pour se rendre à Vienne. Mais avant que de lui prescrire ce qu'il aura à y faire après son arrivée, elle a jugé à propos de lui faire connoître la manière dont elle désire qu'il se conduise dans cette cour et les affaires qui pourront vraisemblablement s'y offrir pour son service.

Il y trouvera l'opposition si naturelle et comme héréditaire de la maison d'Autriche pour la France, augmentée vraisemblablement par le déplaisir que l'on y a eu de la paix. Bien qu'on l'ait acceptée avec joie, parce qu'il n'étoit pas au pouvoir de l'Empereur de continuer la guerre, l'on y a senti avec peine la gloire et la supériorité avec laquelle Sa Majesté en a prescrit les conditions, et la cour de l'Empereur en général et ses ministres en particulier ne font point de difficulté de la traiter publiquement de honteuse.

Mais, bien qu'ils témoignent ouvertement ce chagrin, ils en ont un autre qui semble les rapprocher de la France lorsqu'il les éloigne de l'Espagne. L'Empereur et ses ministres ont été touchés sensiblement de l'injure qu'ils croient avoir reçue du Roi Catholique, lors qu'après avoir conclu son mariage avec l'archiduchesse, fille aînée de l'Empereur, il a rompu cet engagement pour rechercher Mademoiselle. Comme ce changement a été attribué à don Juan de qui l'Empereur étoit déjà mécontent, depuis que la Reine, sa sœur, a été éloignée des affaires, il a encore augmenté le mécontentement de la cour de Vienne pour celle de Madrid.

C'est ce qui fait que l'Empereur a témoigné en diverses rencontres, mais particulièrement au prince Guillaume de Fürstenberg, lorsqu'il le vit sorti de sa prison, qu'il auroit un extrême désir de se lier d'une amitié sincère et véritable avec le Roi ; mais, quelles que soient ces assurances, il ne faut guère attendre que deux princes aussi unis que le sont l'Empereur et le Roi Catholique, par le sang et par les intérêts de leurs maisons, puissent prendre des mesures opposées à celles qui les ont toujours unis si étroitement contre la France.

Aussi, il y a lieu d'attribuer à d'autres causes ces désirs apparents d'entrer en alliance avec Sa Majesté. Il s'en présente trois qui peuvent toucher sensiblement l'Empereur et qui dépendent en partie de Sa Majesté. L'une seroit le désir de l'Empereur de faire élire son fils roi des Romains ; l'autre d'obtenir quelques conditions favorables de Sa Majesté pour le rétablissement du prince Charles au duché de Lorraine, et la troisième la vue du mariage de l'archiduchesse avec Mgr le Dauphin.

Pour ce qui touche le premier de ces points, Sa Majesté a su que déjà l'Empereur fait pressentir les sentiments des électeurs. Pour y réussir, l'on allègue l'exemple qui se trouve dans l'histoire d'Allemagne, d'un enfant qui fut élu à cette dignité, et pour adoucir l'opposition qui se devroit trouver si naturelle à la conférer à un prince qui est encore au berceau, l'on propose de lui former comme un conseil nécessaire de quelques électeurs et princes qui pourroient gouverner l'Empire, si l'Empereur mouroit avant qu'il fût en âge de l'administrer par lui-même. Comme ces tentatives se font secrètement dans les cours des électeurs, dont on tâche de s'assurer les suffrages, le sieur marquis de Vitry s'appliquera à pénétrer si les avis que le Roi en a eus sont bien véritables, et quel sera le progrès des soins de l'Empereur pour ce dessein. S'il se trouve en état d'en bien espérer, il y a assez d'apparences ou qu'il en feroit donner part à Sa Majesté, ou qu'il n'oublieroit rien par offre ou par avances auprès d'elle pour l'obliger à n'y être point contraire.

Mais comme cette affaire se conduit jusqu'ici sourdement, le sieur marquis de Vitry prendra soin d'en observer la négociation et les suites; que si l'on lui en faisoit quelque ouverture de la part de l'Empereur, il se chargeroit seulement d'en rendre compte à Sa Majesté, comme ne pouvant avoir d'instruction sur une chose qui ne lui étoit pas connue avant son départ.

Selon les apparences, il ne sera pas longtemps à Vienne sans que l'on lui parle touchant la Lorraine. Quand même l'Empereur et ses ministres ne le feroient pas, l'Impératrice douairière[1], que cette affaire touche plus que toute autre, ne manquera pas sans doute de le mettre sur ce sujet.

Le sieur marquis de Vitry est instruit de tout ce qui s'est passé dans cette affaire, des deux alternatives que le Roi avoit offertes à ce prince touchant la restitution de ses États et de celle dont il avoit fait le choix et qui fut comprise dans le traité de Nimègue.

N'ayant pas voulu ratifier les articles qui le regardoient, Sa Majesté s'est trouvée dégagée de rien relâcher à un prince qui n'avoit pas su profiter des conditions qu'elle avoit bien voulu lui accorder, et qui a voulu seul être excepté des traités que Sa Majesté a faits avec le reste de l'Europe.

Soit que l'Empereur ou l'Impératrice douairière parlent de cette affaire au sieur marquis de Vitry, il ne leur répondra qu'en termes généraux, et en leur faisant voir qu'il a été entre les mains du duc de Lorraine de profiter du soin que l'Empereur avoit pris de joindre ses intérêts aux siens dans le traité de Nimègue. Il ne s'expliquera point si Sa Majesté seroit encore dans le sentiment de lui accorder les conditions qu'il n'a pas acceptées, ou si elle croiroit ne devoir plus admettre aucune proposition de la part de ce prince, et ne leur ôtera en cette sorte ni ne leur donnera aucune espérance. Il rendra compte seulement à Sa Majesté de ce qui lui aura été dit, et, témoignant n'avoir aucun ordre sur cette affaire, il n'entrera point dans les propositions qui pourroient lui être faites, sans en avoir reçu auparavant les ordres de Sa Majesté.

Pour ce qui regarde le désir qu'auroit l'Empereur du mariage de l'archiduchesse sa fille avec Mgr le Dauphin, comme il peut être une des principales [raisons] qui le porteront à rechercher l'amitié de Sa Majesté, on prendra soin apparemment d'en insinuer la vue au sieur marquis de Vitry, mais à moins qu'on

---

1. Éléonore de Gonzague, qui avait épousé en 1651 l'empereur Ferdinand III. Charles IV de Lorraine étant mort en 1675, ses droits passèrent à son neveu Charles V. La mère de ce prince était fille de Henri II de Lorraine et de Marguerite de Gonzague. De là l'intérêt que lui portait l'Impératrice douairière, qui lui fit épouser sa fille Éléonore-Marie, veuve du roi de Pologne, Michel Koributh, mort en 1673.

s'en déclarât ouvertement à lui, il ne témoignera point s'en apercevoir et ne donnera pas lieu de croire qu'il connoisse que l'on ait cette pensée à Vienne.

Cette disposition qu'il trouvera à rechercher l'amitié de Sa Majesté, lui ouvrira plus de facilité pour le commerce avec les ministres de l'Empereur et pour pénétrer leurs intentions. Selon les apparences, elles doivent d'être d'entretenir la paix, lorsqu'ils sont dans l'impuissance de faire la guerre. Mais, comme les derniers troubles leur ont donné l'occasion de fort élever l'autorité de l'Empereur, au préjudice des princes et États de l'Empire, tant par les quartiers que ce prince a pris pour ses troupes que par ceux qu'il a assignés de sa propre autorité à ses alliés, il y a apparence que sa principale application sera de maintenir dans la paix un avantage qu'il s'est acquis dans la guerre. Les occasions n'étant plus les mêmes, il pourra peut-être, sous prétexte de la défense de l'Empire, proposer dans la Diète des ligues et l'entretien d'un corps de troupes, qui seroit toujours sur pied. Il y a peu d'apparences que les États épuisés voulussent donner les mains à cette dépense inutile, et qui donneroit trop de puissance à l'Empereur, dans un temps principalement que le soin que le Roi a pris de faire rétablir les traités de Westphalie dans toute leur force, fait assez connoître que l'intention de Sa Majesté est de conserver la paix et le repos en Allemagne. Le sieur marquis de Vitry aura soin toutefois de pénétrer les mesures qui se prendroient à Vienne pour ce dessein, et comme presque tous les princes de l'Empire ont leurs ministres dans cette ville, il travaillera, dans le commerce qu'il aura avec eux, à leur bien faire connoître que l'intention de Sa Majesté n'est autre chose que d'entretenir la paix, et travaillera à leur insinuer, dans ces rencontres, la juste jalousie qu'ils devroient concevoir de la trop grande puissance de l'Empereur, s'ils lui donnoient quelque autorité au delà des traités de Westphalie.

Les mêmes soins qu'il apportera pour découvrir ce qui regardera les desseins de l'Empereur au dedans de l'Empire, il les portera aux affaires de dehors. Celles qui touchent toujours davantage cette cour sont celles de Hongrie, non seulement par le voisinage du Turc, mais encore par le parti qui y subsiste des mécontents. L'assistance et les secours qu'il reçut de Sa Majesté durant ces années dernières n'avoient pas causé des diversions peu considérables à Vienne[1]. Sa Majesté, par la paix, a cessé de le soutenir, mais comme il est en état de se maintenir par lui-même, et que difficilement ces peuples prendront jamais créance aux paroles qui leur seront données par l'Empereur, le sieur marquis de Vitry observera ce qui se passera avec eux, soit qu'ils s'accommodent, soit qu'ils ne s'accommodent pas, et en rendra compte exactement à Sa Majesté ; que si quelques-uns des principaux des Hongrois s'adressaient à lui pour s'assurer la continuation de la protection de Sa Majesté qu'ils ont déjà éprouvée, le sieur marquis de Vitry se contentera de les assurer en paroles générales de l'affection du Roi, mais n'entrera point en aucun détail avec eux, qui peut être contraire aux assurances que Sa Majesté a données à l'Empereur, dans la paix, de ne point assister ses ennemis.

On ne doit pas croire que l'on parle au sieur marquis de Vitry pour demander que Sa Majesté abandonne la possession des dix villes d'Alsace, ou que l'on lui fasse des plaintes de la fortification de Schelestadt. Ces propositions avoient été faites par les ministres de l'Empereur à Nimègue, et y avoient été tellement rejetées par les ambassadeurs de Sa Majesté, que l'on doit juger que l'on ne voudra pas les retoucher inutilement.

Si toutefois l'on remettoit le seigneur marquis de Vitry sur ce sujet, il en rejettera d'abord toute négociation et fera voir que sur ce qui regarde les dix villes, Sa Majesté se renferme dans tout ce qu'elle fait, au droit qui lui est acquis par la paix de Munster.

Le traité que M. le duc de Mantoue a conclu l'année dernière avec Sa Majesté[2] a fait tant de bruit en Italie et causé tant de

1. Après avoir fait la paix avec les Turcs, Léopold essaya de supprimer la diète de Hongrie. Ces essais rencontrèrent une vive résistance ; les tentatives de révolte furent réprimées avec violence. Les mécontents entrèrent en relations avec Louis XIV qui leur fit parvenir des secours par l'entremise de l'ambassadeur de France en Pologne, le marquis de Béthune. — Voir MIGNET, t. IV, p. 677 ; — FLASSAN, t. III, p. 402.

2. Il s'agit ici du traité négocié et conclu, au mois de décembre 1678, à Versailles, entre Mattioli et Louvois. Il devait assurer à Louis XIV la possession de Casal et du Montferrat. Il ne fut jamais ratifié.

jalousie à Vienne, principalement à l'Impératrice douairière par l'intérêt qu'elle a à Casal et au Montferrat, qu'il se pourra faire aisément que l'on voudra tirer du sieur marquis de Vitry quelque éclaircissement sur cette affaire. En cas que les ministres de l'Empereur ou l'Impératrice elle-même lui en parlent, il se contentera d'y répondre que, sans être précisément informé du détail, il sait que M. le duc de Mantoue avoit fait proposer quelque négociation à Sa Majesté, et qu'il ne doute point qu'il ne tienne les engagements qu'il auroit pris avec elle, mais il évitera d'entrer sur cette affaire, à moins que l'on ne lui en parle.

La Pologne a tant de rapports à la cour de Vienne, à cause du voisinage que, comme le sieur marquis de Vitry aura soin de s'instruire exactement de ce qui regardera cette couronne, il aura soin d'entretenir un commerce exact avec le sieur marquis de Béthune, qui y est ambassadeur extraordinaire de Sa Majesté, et il gardera de même une correspondance exacte de lettres avec les ministres de Sa Majesté qui sont dans les diverses cours de l'Empire et du Nord, et particulièrement avec le sieur de la Haye, en Bavière.

Après l'avoir instruit sur les affaires qui peuvent regarder le service de Sa Majesté dans l'emploi qu'elle lui confie, il reste à lui faire connoître la conduite qu'elle désire qu'il tienne à son arrivée à Vienne.

Son premier soin, lorsqu'il sera en cette ville, sera d'en faire avertir l'introducteur des ambassadeurs ou maître des cérémonies. Il lui donnera part de la qualité avec laquelle il est envoyé par Sa Majesté, et lui demandera de le faire admettre à l'audience de l'Empereur. Comme elle lui sera bientôt après accordée, il remettra à ce prince la lettre du Roi, dont il est chargé et l'accompagnera des assurances les plus particulières de l'amitié de Sa Majesté. Il lui témoignera qu'autant qu'elle avoit vu avec peine que leur ancienne amitié eût été altérée par ces derniers troubles, autant elle voit avec plaisir que la paix la remet en état de reprendre sa première force; qu'elle a voulu qu'il passât auprès de lui pour lui en donner les assurances, et que comme elle ne veut pas douter qu'il ne soit dans les mêmes sentiments, elle a une confiance entière que leur bonne intelligence sera toujours ferme et durable à l'avenir. Il donnera les mêmes témoignages d'amitié aux Impératrices[1] dans les audiences qu'il prendra d'elles, mais afin de leur rendre le devoir dans leur rang, il saura du maître des cérémonies laquelle des deux ou de l'Impératrice douairière ou de l'Impératrice régnante doit être visitée la première.

Il verra ensuite les principaux ministres de cette cour, particulièrement le chancelier Hocher[2] qui a la plus grande part aux affaires et avec qui ont été négociées toutes les liaisons de Sa Majesté avec l'Empereur, dans le temps que le chevalier de Grémonville a été, de la part de Sa Majesté, à Vienne, et qui en a seul aujourd'hui le véritable secret.

Il établira le même commerce de civilité et de visites avec le comte de Schwartzenberg, le comte Montecuculi[3], le comte de Kœnigseck, qui tous ont part dans le conseil de l'Empereur, et travaillera à s'acquérir la familiarité toujours si utile dans les cours aux ministres étrangers pour les affaires qu'ils ont à y négocier.

Il verra encore le Père Émeric, capucin, en qui l'Empereur a une confiance particulière, et de qui il prend souvent les avis sur les affaires. Mais, dans tous les entretiens qu'il aura avec ces ministres, son principal soin sera toujours de leur faire connoître la sincérité des intentions de Sa Majesté pour la paix et son désir de s'unir avec l'Empereur dans une amitié véritable.

L'intention de Sa Majesté est que tous ses ambassadeurs et ministres au dehors lui apportent au retour de leurs emplois une relation exacte de ce qui se sera passé de plus important dans les négociations qu'ils auront conduites; de l'état des cours et des pays où ils auront servi, des cérémonies qui s'y observent, soit dans les entrées, soit dans les audiences, ou dans toute autre rencontre;

---

1. L'Impératrice douairière : Éléonore de Gonzague, troisième femme de Ferdinand III et belle-mère de Léopold, qui était fils de la seconde femme; l'Impératrice régnante : Éléonore de Neubourg, fille de l'Électeur palatin, troisième femme de Léopold, qu'elle avait épousé en 1676.

2. Le chancelier Hocher. Voir Mignet, IV, 196.

3. Montecuculli, né en 1608 dans l'État de Modène, vainqueur des Turcs dans la bataille de Saint-Gothard en 1664, combat la France en 1673. Il mourut en 1681.

du génie et des inclinations des princes et de leurs ministres, et enfin de tout ce qui peut donner une connoissance particulière des lieux où ils auront été employés et des personnes avec lesquelles ils auront négocié. Ainsi ledit sieur marquis de Vitry aura soin de préparer un mémoire de cette sorte en forme de relation de l'emploi que Sa Majesté lui confie pour le mettre à son retour entre les mains de Sa Majesté.

Fait à Fontainebleau, le 8 septembre 1679.

IV

LE MARQUIS DE SEBEVILLE

1680

Au mois de mai 1680, Louis XIV fit connaître au marquis de Vitry qu'il l'envoyait en Pologne ; le marquis de Sebeville fut désigné pour le remplacer à Vienne, en qualité d'envoyé extraordinaire. Il était officier général et avait déjà rempli plusieurs missions diplomatiques. L'instruction qui lui fut donnée le 6 octobre 1680, Colbert de Croissy étant ministre des affaires étrangères, reproduisait en partie celle de Vitry. On y ajoutait des développements relatifs à l'exécution des traités de Westphalie et de Nimègue. La nature et l'étendue des droits de la France sur l'Alsace étaient toujours l'objet de discussions entre la cour de France et l'Empire. Ces démêlés prirent un caractère plus grave à la suite de l'organisation à Metz et à Brisach des *Chambres de réunion.* Ces chambres ordonnèrent que le Roi entrerait en pleine possession de souveraineté des fiefs sur lesquels l'Empire élevait des prétentions, et notamment des dix villes de la préfecture d'Haguenau. La diète de Ratisbonne éleva des réclamations. Le ministre du Roi près de cette diète, M. de Verjus, eut ordre de n'y point répondre. L'envoyé de l'Empereur, M. de Mansfeld les renouvela en France, et il s'ensuivit de nouvelles difficultés entre les deux cours.

D'autre part, bien que le roi d'Espagne eût épousé la princesse Marie-Louise d'Orléans, nièce de Louis XIV, la politique espagnole s'éloignait de nouveau de la politique française. Don Juan d'Autriche était mort au mois de septembre 1679. La Reine mère, sœur de l'Empereur, était revenue à la cour. Le parti autrichien l'emportait. La Maison d'Autriche tendait à se réunir contre la France, et des négociations en vue d'une coalition se nouaient entre l'Espagne, l'Empereur et la Hollande. On cherchait à y entraîner les États de l'Empire et le roi d'Angleterre. C'est dans ces conditions que le marquis de Sebeville reçut les instructions qui suivent.

MÉMOIRE POUR SERVIR D'INSTRUCTION AU SIEUR MARQUIS DE SEBEVILLE, ALLANT DE LA PART DU ROI, ENVOYÉ EXTRAORDINAIRE VERS L'EMPEREUR. 6 OCTOBRE 1681[1].

Sa Majesté ayant fait passer en la cour de Pologne le sieur marquis de Vitry pour y demeurer en qualité de son ambassadeur extraordinaire, Elle a cru de son service de remplir la place qu'il occupoit d'envoyé extraordinaire auprès de l'Empereur, d'une personne capable de veiller à tout ce qui peut toucher les intérêts de Sa Majesté dans une cour si considérable. C'est pour ce sujet qu'elle a fait choix du sieur marquis de Sebeville, en qui elle sait qu'elle trouvera, outre le zèle et la fidélité, toute l'adresse et toutes les qualités nécessaires pour se bien acquitter de l'emploi qu'elle lui confie. L'intention de Sa Majesté est qu'il se mette au plus tôt en chemin pour se rendre à Lintz ou en tel autre lieu qu'il apprendra que l'Empereur ait choisi pour y établir son séjour jusques à ce qu'il puisse avec sûreté retourner à Vienne.

Avant que de prescrire audit sieur de Sebeville la conduite qu'il a à tenir dans cette cour, le Roi a jugé à propos de lui faire connoître en quelles dispositions il peut être à présent.

Sa Majesté avoit toujours eu un ministre à Vienne avant que la dernière guerre eût rompu la bonne intelligence qu'elle avoit fidèlement observée jusqu'alors avec l'Empereur, et aussitôt que la paix générale qu'elle a donnée à la plus grande partie de l'Eu-

---

1. Vienne, 1681. T. L.

rope et particulièrement à l'Empire, l'a mise en état de reprendre la même correspondance et le même commerce d'amitié, elle n'a pas manqué de le rétablir avec l'Empereur par l'envoi dudit sieur marquis de Vitry et par les assurances qu'il a souvent données dans cette cour des bonnes intentions de Sa Majesté.

Le comte de Mansfeld est venu aussi depuis peu de la part de l'Empereur, son maître, témoigner à Sa Majesté le désir qu'a ce prince de se lier avec elle d'une amitié sincère et véritable; il paroît néanmoins que l'opposition si naturelle et comme héréditaire de la Maison d'Autriche aux intérêts de la France est fort augmentée par le déplaisir qu'on a eu à Vienne de la paix, et bien qu'on l'ait acceptée avec joie parce qu'il n'étoit pas au pouvoir de l'Empereur de continuer la guerre, l'on y a vu avec peine la gloire et la supériorité avec laquelle Sa Majesté en a prescrit les conditions ; il est même constant que les ministres impériaux ne sont appliqués qu'à y faire donner des interprétations par la diète de Ratisbonne, contraires aux droits acquis à la France par le traité de Munster et continués par celui de Nimègue.

L'humeur turbulente et emportée de l'Électeur palatin a été le principal instrument dont ils se sont servis, tant qu'il a vécu, pour donner atteinte à ce que ces traités contiennent de plus avantageux pour Sa Majesté, même par une interprétation captieuse, renouveler la guerre dans l'Empire ; et afin de la pouvoir soutenir aux dépens de tous les États qui le composent, ils ont fait valoir dans toutes les cours des principaux princes d'Allemagne le spécieux prétexte de la sûreté de l'Empire pour les engager dans un armement général, d'autant plus avantageux à l'Empereur qu'il lui serviroit à relever son autorité au préjudice des droits et libertés des princes d'Allemagne, qu'il lui donneroit moyen d'entretenir une armée considérable, d'affoiblir ses voisins par les quartiers qu'il prendroit chez eux et de se mettre en état de leur donner la loi.

Enfin quelque grandes que soient les pertes que l'Empire pouvoit faire dans une guerre qu'il entreprendroit contre la France, les ministres impériaux comptent qu'ils y trouveront toujours leur profit particulier et celui de l'Empereur.

Ces considérations pouvoient être, ci-devant en quelque façon, combattues par le ressentiment que l'Empereur et ses ministres avoient de l'injure qu'ils croyoient avoir reçue par le mariage du Roi Catholique, et ce chagrin pouvoit être capable de rapprocher la cour de Vienne de la France dans le temps qu'il l'éloignoit de l'Espagne.

Mais la mort de don Juan, qui étoit regardé comme le principal auteur de ce mécontentement, et le retour de la Reine mère ayant fait cesser la cause de cette mésintelligence, il ne faut pas douter que toute la Maison d'Autriche ne soit à présent réunie dans un même intérêt, qui est de susciter de nouveaux ennemis à Sa Majesté et de former des ligues contre la France assez fortes ou pour l'affaiblir ou pour en empêcher l'agrandissement.

C'est dans cette vue que le roi d'Espagne sollicite l'Empereur avec beaucoup d'empressement d'entrer dans la ligue nouvellement faite avec l'Angleterre; et il y a bien de l'apparence que ce prince ne diffère de s'y engager que parce qu'il ne la croiroit pas assez forte sans la jonction d'autres puissances et surtout des Hollandois pour s'opposer à celle de Sa Majesté.

Elle est aussi avertie qu'encore que les finances de l'Empereur soient assez épuisées pour ne lui pas laisser lieu de faire des dépenses extraordinaires, néanmoins il a résolu de faire une nouvelle levée de 15,000 hommes, tant infanterie que cavalerie, dans l'espérance qu'il a de porter l'Empire à un armement général, et que plus le corps de troupes qu'il aura sur pied sera supérieur aux autres, plus il lui sera facile de l'entretenir aux dépens de toute l'Allemagne, de fortifier son parti ou par les promesses ou par les menaces, ou par l'appréhension qu'on a déjà de la puissance de Sa Majesté, de relever la sienne par ces moyens, et enfin de réussir dans le dessein qu'il a de faire élire l'archiduc son fils, quoique enfant, pour Roi des Romains.

Tant de grands intérêts joints ensemble ne donnent pas lieu de croire qu'on lui en puisse faire voir un dans le maintien d'une bonne intelligence avec Sa Majesté, assez considérable pour le détacher de ces premiers.

Ainsi toute la négociation dudit sieur de Sebeville doit se réduire, quant à présent, à persuader cette cour du désir qu'a Sa Majesté d'entretenir avec l'Empereur toute la bonne correspondance, paix et amitié qu'ils se sont réciproquement promis par le traité de Nimègue ; assurer qu'il sera toujours observé ponctuellement de la part de Sa Majesté aussi bien que celui de Munster ; et, au surplus, employer tous ses soins à pénétrer toutes les résolutions qui se prendront dans la cour de Vienne pour l'avancement des desseins dont il est informé par cette instruction ; être bien averti de toutes les diligences qui se feront dans les pays héréditaires et ailleurs pour la nouvelle levée de troupes ; faire connoître adroitement aux ministres des électeurs-princes qui seront auprès de l'Empereur, quelle est la fin qu'il se propose dans cet armement, en sorte que ce qu'ils en écriront à leur maître fasse voir la nécessité de s'y opposer ; et enfin il doit s'appliquer à détruire par l'exactitude de ses avis tant à Sa Majesté qu'aux ministres qu'elle a en Allemagne et surtout au sieur Verjus, tout le mal que les ministres autrichiens s'efforcent à présent de faire à la France.

Le premier soin qu'aura ledit sieur marquis de Sebeville, étant arrivé à la cour de l'Empereur, sera de demander son audience, et comme il n'y a point de maître des cérémonies ni d'introducteur, il doit, selon la coutume, visiter le grand chambellan et le grand maître de la maison de ce prince.

Le premier s'appelle le comte de Dietrichstein et l'autre le comte de Lambert. C'est par eux qu'il doit savoir le jour que l'Empereur aura destiné pour son audience, et après qu'il aura présenté sa lettre de créance, il l'accompagnera des assurances les plus particulières de l'amitié du Roi, et lui témoignera que celles qui ont été données à Sa Majesté par le comte de Mansfeld, du désir qu'a l'Empereur d'entretenir avec elle une bonne intelligence, lui ont été d'autant plus agréables, qu'elle l'a toujours souhaité de sa part, et qu'elle n'a rien de plus à cœur que de la rendre ferme et durable à l'avenir par l'observation ponctuelle et réciproque des traités qui l'ont rétablie.

Il donnera les mêmes témoignages d'amitié aux impératrices et archiduchesses dans les audiences qu'il prendra d'elles, dans lesquelles il observera que l'impératrice régnante doit être visitée la première, suivant l'usage de cette cour, la douairière après, et en troisième lieu l'archiduchesse.

Il rendra ensuite ses civilités aux ministres de l'Empereur que l'on nomme les conseillers de la Conférence. Le portrait que l'on a fait à Sa Majesté de tous ces ministres et dont elle veut bien informer ledit marquis de Sebeville, afin qu'il le rectifie par les connoissances qu'il prendra sur les lieux, est que, le premier, qui est le comte Lambert, grand maître de la maison, est un assez bon homme et de peu d'habileté. Le prince de Schwartzenberg, qui est le second, a de l'esprit et de l'expérience, mais fort irrésolu et ne décidant rien.

Le comte de Montecuculi, qui est le troisième, plus propre qu'aucun autre pour le conseil et pour la guerre, mais envié de tous les autres, comme étranger, et comme ayant plus d'élévation et de génie.

Le comte de Kœnigseck, homme d'esprit et fort intéressé[1].

Le comte Dietrichstein[2], plus homme de plaisir et de jeu que capable d'affaires.

Le baron Abel a succédé au comte de Zinzendorf, qui étoit avant sa disgrâce président de la chambre, dont les fonctions sont presque semblables à celle de surintendant des finances.

Le chancelier Hocher a la principale part à la confiance de l'Empereur ; fort ambitieux, quoiqu'il affecte une grande modestie ; est porté à des conseils extrêmes et à préférer la guerre à la paix ; a de l'esprit et est ennemi déclaré de Montecuculi.

Outre ceux-là, quoique le Père Émeric, capucin, ne soit pas ministre, il a plus de crédit sur l'esprit de l'Empereur qu'aucun des autres.

---

1. Le comte de Kœnigseck, « homme autant capable qu'aucun ministre de l'Empereur ; il est perclus des deux jambes, mais du reste l'esprit bon et la santé ; il s'est rendu si nécessaire auprès de l'Empereur par toutes les connaissances qu'il a des affaires de l'Empire, que Sa Majesté est obligée de lui faire part de ce qui est le plus important, quoiqu'elle n'ait pas beaucoup de confiance en sa probité, le croyant fort intéressé ; il est homme poli, d'agréable et facile accès. » — *Relation de La Vauguyon.*

2. « Le grand maître, prince de Dietrichstein, est un homme fort doux et fort honnête, de très facile accès, disant assez librement ce qu'il sait pour marquer qu'il a part aux affaires ; il ne laisse pas d'avoir assez de capacité pour mieux gouverner les siennes que celles de l'Empereur. » — *Mémoire que le comte de La Vauguyon a présenté à Sa Majesté à son retour de Vienne,* 1687. Le comte de Dietrichstein, « cousin du grand maître... et grand chambellan... qui auroit quelque capacité s'il vouloit s'appliquer, mais il préfère le plaisir et le jeu à toutes choses. » — *Relation de La Vauguyon.*

Ledit sieur de Sebeville s'appliquera à mieux reconnoître quelles sont les véritables inclinations et talents de ces ministres pour en bien informer Sa Majesté et se rendre aussi plus capable d'exécuter les ordres qu'elle jugera à propos de lui donner pour le bien de son service.

Et comme les premières affaires dont, selon toutes les apparences, on lui parlera à la cour de l'Empereur seront celles dont le comte de Mansfeld s'est expliqué depuis peu de jours, il saura que ce ministre, ayant renouvelé ses protestations du désir qu'a l'Empereur d'entretenir une bonne intelligence avec Sa Majesté, il fit entendre que, comme l'observation des traités de Munster et de Nimègue en doit être le plus fort lien, il espéroit que Sa Majesté en voudroit bien faire réparer toutes les contraventions qu'il prétend y avoir été faites en vertu des arrêts rendus par les chambres de Metz et d'Alsace, et qu'elle laisseroit les villes d'Alsace, la noblesse et autres États dudit pays dans les mêmes libertés, immédiatetés et droits dont ils jouissoient avant la dernière guerre. Il s'est plaint ensuite des contributions exigées depuis la paix dans les lieux et pays du Brisgau qu'il prétend n'y être pas soumis.

Il a ajouté que l'Empereur ayant nommé pour commissaires de sa part, en conséquence de l'article VIII du traité de Nimègue, le sieur Pader, son vice-chancelier, Sa Majesté n'y a point pourvu de son côté. Il s'est encore plaint que, jusqu'à présent, ce ministre n'a pu obtenir la restitution des titres concernant les villes et pays qui doivent demeurer à l'Empereur; qu'on continue à couper les bois dans les dépendances de l'Empereur, et d'en enlever les pierres et matériaux servant au revêtissement des places de Brisach et Fribourg. Et finalement, il a demandé qu'il soit envoyé au sieur Verjus des lettres de créance en la forme ordinaire, et qu'il fasse cesser les difficultés qu'il y a eues jusqu'à présent à son admission.

Sur le premier point, il lui a été répondu de la part de Sa Majesté qu'après qu'il auroit donné un mémoire par écrit de sa demande, elle aviseroit ce qu'elle auroit à y répondre, et sur ce point le sieur marquis de Sebeville n'entrera point en matière à la cour de l'Empereur, jusqu'à ce que la réponse que Sa Majesté fait à la lettre de la diète de Ratisbonne soit devenue publique, et cependant pour l'instruction particulière du sieur marquis de Sebeville, elle veut bien lui faire remettre une copie de cette réponse afin qu'il soit préparé de bonne heure à ne rien dire sur cette affaire qui ne soit conforme à ce que Sa Majesté donnera à connoître dans peu de ses sentiments.

Sur le second point, Sa Majesté a fait répondre que le traité même conclu par ses officiers avec ceux du Brisgau fait assez voir que ceux-ci conviennent d'être redevables des contributions demandées, et être obligés à Sa Majesté du délai qu'elle a bien voulu leur accorder. Elle fait aussi remettre entre les mains dudit sieur de Sebeville une copie de ce traité qui justifie cette réponse.

Sur le troisième, Sa Majesté fera déclarer au comte de Mansfeld qu'elle est prête de nommer un commissaire de sa part après qu'on sera convenu du lieu où il s'assemblera avec celui de l'Empereur pour entrer dans la discussion de ce qui reste à faire de part et d'autre pour l'entière exécution du traité de Nimègue.

Sur le quatrième, que Sa Majesté a encore plus d'intérêt que l'Empereur à la restitution réciproque des titres concernant les villes et pays demeurés à l'un et à l'autre par les derniers traités de Munster et de Nimègue, ceux qu'elle a à prétendre lui étant d'une bien plus grande conséquence que ne peuvent être à l'Empereur ceux qu'il demande en vertu du traité de Nimègue.

Sur le cinquième, que le transport de pierres et matériaux ne se fait que de gré à gré avec les propriétaires des lieux où elles se tirent et de la manière qu'il en a été usé avant la dernière guerre. Quant à la coupe de bois, elle ne s'est faite que dans les lieux nécessaires pour ouvrir le chemin de Brisach à Fribourg, suivant la teneur de l'article du traité de Nimègue commençant par ce mot : *Pateat*, etc.

Et finalement qu'à l'égard de la légitimation du sieur Verjus, Sa Majesté a fait tout ce qui pouvoit dépendre d'elle, et que les difficultés qu'on fait sur sa lettre de créance sont sans fondement.

C'est dans ce sens que ledit sieur marquis de Sebeville pourra répondre aux plaintes qui lui pourroient être faites sur tous ces points.

Quoique les intérêts du duc de Lorraine soient toujours appuyés de l'Impératrice douairière, néanmoins, comme il n'en a point été parlé au marquis de Vitry pendant tout le séjour qu'il a fait à la cour de l'Empereur, et que d'ailleurs ce duc y est à présent très peu considéré, et n'a même aucun ami parmi les ministres, il n'y a pas d'apparence qu'on fasse aucune instance en sa faveur audit marquis de Sebeville.

Il sait que ce prince n'a pas voulu ratifier les articles qui le regardoient au traité de Nimègue, et qu'ainsi n'ayant pas su profiter des conditions que Sa Majesté lui avoit accordées, et ayant voulu être seul excepté des traités qu'elle a faits avec tout le reste de l'Europe, elle se trouve dégagée de lui rien relâcher; mais si, contre l'opinion de Sa Majesté, l'Empereur ou l'Impératrice douairière parlent de cette affaire audit sieur marquis de Sebeville, il ne leur répondra qu'en termes généraux, et en leur faisant voir qu'il a été au pouvoir du duc de Lorraine de profiter du soin que l'Empereur avoit pris de joindre ses intérêts aux siens dans le traité de Nimègue; mais il ne s'expliquera point des sentiments que Sa Majesté peut avoir : il rendra compte seulement de ce qui lui aura été dit et, témoignant n'avoir aucune instruction sur cette affaire, il n'entrera point dans les propositions qui lui pourroient être faites sans en avoir reçu auparavant les ordres de Sa Majesté.

Les affaires de Hongrie[1] sont beaucoup plus à cœur à l'Em-

---

1. « Louis XIV, pour consommer son projet de réunion de terres qu'il prétendait être immédiates de l'Empire, cherchait à occasionner à l'Empereur des diversions de la part des Turcs et des révoltes en Hongrie, où l'on n'aimait point la Maison d'Autriche. » — FLASSAN, IV, p. 57. — « Le gouvernement autrichien aimait mieux employer les troupes allemandes qu'il avait introduites dans le pays (la Hongrie) à persécuter les protestants et à établir l'autorité absolue qu'à entreprendre sérieusement l'expulsion des Infidèles. De là un profond mécontentement, des conspirations, des intrigues avec la Transylvanie, la Porte, la France, finalement une prise d'armes de la noblesse magyare (1670). Elle fut étouffée facilement... Une nouvelle révolte plus redoutable que la première éclata en 1678 sous la direction d'Éméric Tekély. » — HIMLY, I, p. 408. — Tékély avait épousé la veuve du prince de Transylvanie, Georges Rakoczy II ; il était en relations avec M. Akakia, ancien secrétaire du comte d'Avaux, à Munster, qui, en 1675, avait été envoyé en Hongrie et en Transylvanie où il résidait. — MIGNET, IV, p. 679.

pereur qu'aucunes autres, non seulement par le voisinage du Turc, mais encore par le parti qui y subsiste des mécontents, et rien n'est plus capable de faire souhaiter à la cour de Vienne une bonne correspondance avec Sa Majesté que l'appréhension qu'elle a de toutes les pertes et dommages qu'elle pourroit recevoir de ce côté-là, si la France donnoit aux mécontents l'assistance nécessaire pour faire de plus grands progrès qu'ils n'ont faits jusqu'à présent. Ainsi il n'y a pas lieu de douter que le séjour d'un ministre de Sa Majesté auprès du prince de Transylvanie ne donne beaucoup d'inquiétudes aux ministres impériaux. S'ils la témoignent audit sieur marquis de Sebeville, il pourra les assurer que tant que l'Empereur entretiendra une bonne intelligence avec Sa Majesté, il ne doit appréhender aucun préjudice de la négociation d'un ministre français auprès dudit prince de Transylvanie, mais il leur fera entendre aussi que quand on voudra contrevenir aux traités de paix et rompre toutes mesures avec Sa Majesté, elle pourra bien aussi se servir des moyens qu'elle a en mains pour faire repentir ceux qui auront suscité une nouvelle guerre.

Aussitôt que le sieur de Sebeville sera arrivé à la cour de l'Empereur, il en donnera avis au sieur Akakia, envoyé de Sa Majesté vers le prince de Transylvanie, et établira avec lui un commerce de lettres, le plus sûr et le plus réglé qu'il lui sera possible, pour s'entre-communiquer réciproquement tout ce qu'ils apprendront concernant les affaires de Hongrie, dont ledit sieur de Sebeville informera Sa Majesté le plus exactement que faire se pourra.

Il entretiendra aussi la même correspondance avec l'évêque de Beauvais et le marquis de Vitry, et les avertira de tout ce qui pourra être négocié à la cour de l'Empereur avec les envoyés et ministres de Pologne.

Il donnera aussi les mêmes soins à pénétrer quelles mesures on prend à la cour de l'Empereur pour faire élire l'archiduc Roi des Romains, et il informera Sa Majesté de tout ce qu'il en apprendra.

Il tâchera sur toutes choses d'être bien averti de tout ce qui regarde les nouvelles levées, du temps que les commissions ont été expédiées, des noms des colonels et capitaines, quelles sommes ils reçoivent, en quel temps les paiements en doivent être faits, quels quartiers d'assemblée on leur donne, et généralement de toutes les particularités concernant cette augmentation de troupes, pour en rendre compte chaque semaine à Sa Majesté.

Après cet éclaircissement général sur tout ce qui regarde l'emploi que Sa Majesté confie audit sieur marquis de Sebeville, il doit attendre ses instructions particulières des réponses que Sa Majesté fera à toutes ses dépêches.

Et comme c'est à elle seule qu'il doit rendre compte directement de l'exécution de ses ordres, et que les informations qu'elle reçoit de ses ministres dans les pays étrangers doivent servir de fondement aux résolutions les plus importantes qu'elle prend, la principale partie de leur devoir, et la preuve la plus essentielle de leur fidélité, est de ne rien ajouter à la vérité, de l'informer mot pour mot de tout ce qui a été dit de part et d'autre dans les conférences qu'ils ont avec le prince, ou avec ses ministres et tous autres avec lesquels ils traitent, en sorte que s'il échappe quelque terme à leur mémoire, au moins elle ne change rien à la substance; ils doivent bien peser aussi les avis qui leur sont donnés, pénétrer quelles peuvent être les vues et les intérêts de ceux dont ils les tiennent, les nommer à Sa Majesté; et enfin, au lieu de se flatter d'une vaine espérance d'acquérir du mérite auprès d'elle en embellissant leur récit ou leurs avis aux dépens de la vérité, ils doivent être persuadés que ce n'est qu'en s'y attachant exactement qu'ils peuvent mériter l'honneur de son estime; ainsi elle se promet que ledit sieur marquis de Sebeville ne se départira jamais de cette règle qu'elle lui prescrit comme la plus inviolable.

Outre ce qui est contenu dans la présente instruction des avis ordinaires, que le Roi veut que ledit sieur marquis de Sebeville lui donne de tout ce qui se passera dans ladite cour de Vienne, l'intention de Sa Majesté est que tous les ambassadeurs et ministres au dehors lui apportent au retour de leurs emplois une relation exacte de ce qui se sera passé de plus important dans les négociations qu'ils auront conduites; de l'état des cours et des pays où ils auront servi; des cérémonies qui s'y observent soit dans les entrées, soit dans les audiences, ou dans toute autre rencontre ; du génie et des inclinations des princes et de leurs ministres ; et enfin de tout ce qui peut donner une connoissance particulière des lieux où ils auront été employés, et des personnes avec lesquelles ils auront négocié. Ainsi, ledit sieur de Sebeville aura soin de préparer un mémoire de cette sorte en forme de relation de l'emploi que Sa Majesté lui confie pour le mettre à son retour entre les mains de Sa Majesté.

Fait à Versailles, le 6 octobre 1681.

V

LE COMTE DE CHEVERNY

1684

A la fin de l'année 1683, le marquis de Sebeville demanda à être relevé de son poste. On fit choix pour le remplacer du comte de Cheverny, qui avait été placé en qualité de menin auprès du duc de Bourgogne. Les instructions qui lui furent données, M. de Croissy étant ministre des affaires étrangères, sont très explicites, notamment en ce qui concerne les affaires entre la France et l'Empire. Ces affaires provenaient des arrêts des Chambres de réunion. Elles furent singulièrement compliquées par la réunion de Strasbourg, qui eut lieu au mois de septembre 1681. Louis XIV l'annonça en ces termes au marquis de Sebeville :

« A Schelestadt, le 14 octobre 1681.

« La ville de Strasbourg s'est soumise à l'obéissance qu'elle me
« doit et le même jour, 30me de septembre, mes troupes sont en-
« trées dans la citadelle de Casal, en exécution du traité que j'ai fait
« avec le duc de Mantoue ; et comme ces deux nouvelles ne font
« qu'augmenter le désir sincère que j'ai de maintenir la paix et les
« moyens de faire repentir ceux qui la voudroient troubler, j'ai lieu
« de croire aussi que l'offre que j'ai faite de rendre Fribourg à l'Em-
« pereur, après que les fortifications en seront démolies, pourvu
« qu'il fasse aussi raser Philisbourg et qu'il soit restitué à l'évêque
« de Spire, pourra contenter les ministres de la cour où vous êtes...
« Et que, comme je ne veux rien prétendre au delà du Rhin, on ne
« voulût pas aussi troubler la possession dans laquelle je suis à pré-
« sent de ce qui m'appartient en deçà.

« Vous pourrez vous servir de ces insinuations avec adresse, soit

« que vous ayez quelque commerce avec le chancelier Hocher et
« les autres ministres qui ont leurs biens et établissements audit
« pays, soit que vous ayez des entretiens avec quelques particuliers,
« amis et confidents desdits ministres sur ce sujet. »

Des conférences devaient se réunir à Francfort-sur-le-Mein pour terminer ces contestations qui menaçaient de faire recommencer la guerre. On verra, par le texte de l'instruction du comte de Cheverny, la suite de ces conférences, leur rupture à Francfort, le renvoi de l'affaire à la diète de Ratisbonne et la proposition d'une trêve de vingt ans entre la France et l'Empire, moyennant la confirmation par l'Empire des traités de Westphalie et de Nimègue et la reconnaissance des réunions opérées par les Chambres jusqu'au 1er août 1681, ainsi que celle de Strasbourg. La révolte des Hongrois et l'invasion des Turcs furent mises à profit par la diplomatie française en ces circonstances. Louis XIV était convaincu que, s'il ne profitait pas des embarras de l'Empereur, ce prince, dès qu'il en serait délivré, se jetterait sur lui. Il écrivait à Sebeville, le 26 septembre 1681 : « Vous jugez bien vous-même que l'Empereur ne sera pas plus tôt débarrassé des affaires qui retiennent ses principales forces du côté de la Hongrie, qu'il ne songera plus qu'à porter la guerre sur le Rhin. »

Pendant que l'on discutait sur la trêve proposée par Louis XIV afin, disait-il, que « la plus grande partie de la chrétienté pût employer ses armes à repousser l'ennemi commun », cet ennemi mettait le siège devant Vienne. Ce furent le roi de Pologne, Jean Sobieski, et le duc de Lorraine, Charles V, qui forcèrent, au mois de septembre 1683, les Turcs à lever le siège ; mais, bien que rejetés en Hongrie, ceux-ci se proposaient de recommencer la campagne.

Dans le même temps que les Turcs assiégeaient Vienne, Louis XIV envahissait les Pays-Bas espagnols pour soutenir ses prétentions sur la place de Luxembourg. L'Espagne refusa d'y souscrire, et, au mois d'octobre 1683, déclara la guerre à la France.

C'est dans ces circonstances que le comte de Cheverny partit pour Vienne avec l'instruction suivante.

MÉMOIRE POUR SERVIR D'INSTRUCTION AU SIEUR COMTE DE CHEVERNY, ALLANT EN QUALITÉ D'ENVOYÉ EXTRAORDINAIRE DU ROI VERS L'EMPEREUR. 10 JANVIER 1684[1].

Le marquis de Sebeville qui sert Sa Majesté dans le susdit emploi depuis le mois d'octobre 1680, lui ayant demandé la permission de revenir auprès d'elle, Sa Majesté le lui a accordé, et elle a estimé en même temps qu'il seroit du bien de la chrétienté de ne pas interrompre la correspondance qu'elle a toujours entretenue avec l'Empereur, depuis qu'elle a été rétablie par le traité de Nimègue, et que même elle ne pouvoit trop témoigner à ce prince la sincérité de ses intentions pour l'affermissement de la paix dans le temps que les grands préparatifs que les Turcs font pour la campagne prochaine, doivent faire souhaiter à la cour de Vienne de pouvoir réunir toutes les forces de l'Allemagne pour la défense de la Hongrie; et comme la bonne et sage conduite que le comte de Cheverny a tenue depuis que Sa Majesté l'a choisi pour demeurer auprès de la personne de Mgr le Dauphin, a beaucoup augmenté les sujets qu'elle avoit d'y prendre confiance et qu'elle trouve en lui, outre les qualités de la naissance et de l'esprit, toute la prudence, le zèle et la fidélité qu'elle peut désirer pour soutenir cet emploi avec dignité et pour exécuter à l'entière satisfaction de Sa Majesté les ordres qu'il lui donnera, elle a nommé ledit comte de Cheverny pour son envoyé extraordinaire auprès de l'Empereur; et l'intention de Sa Majesté est qu'il se mette au plus tôt en chemin pour se rendre à Lintz, ou en tel autre lieu où la cour impériale se trouvera, et y régler sa conduite en la manière que Sa Majesté lui prescrira par la présente instruction.

Quoique les différends qui durent encore entre Sa Majesté et quelques princes et États de l'Empire doivent être terminés à la diète de Ratisbonne, néanmoins comme ils feront infailliblement

1. Vienne, 1684-1685. T. LVIII.

la principale matière des entretiens et même des contestations que ledit comte de Cheverny pourra bien avoir avec les ministres de la cour impériale et qu'il pourroit aussi arriver que les Espagnols, se trouvant pressés par les armes de Sa Majesté, solliciteroient eux-mêmes l'Empereur de les tirer, par l'acceptation des offres de Sa Majesté, du méchant pas où ils se sont engagés, elle a jugé à propos d'informer succinctement ledit comte de Cheverny de ce qui s'est passé sur ce sujet depuis la paix de Nimègue.

Sa Majesté ayant, en conséquence dudit traité, fait prendre possession par ses officiers de tous les droits de souveraineté qui lui doivent appartenir dans toute l'étendue de la Haute et Basse Alsace et dans les fiefs dépendant des évêchés de Metz, Toul et Verdun, quelques-uns des vassaux et principalement les électeurs de Trèves, Mayence et Heidelberg, qui avoient peine à consentir que les terres qui relevoient ci-devant de la souveraineté de l'Empire en fussent démembrées et réunies à celles de Sa Majesté, en portèrent leurs plaintes à la diète de Ratisbonne, qui écrivit sur ce sujet à Sa Majesté le 27 juillet de l'année 1681 ; et ledit comte de Cheverny verra, tant par la réponse de Sa Majesté en date du 10 octobre, que par un écrit en forme de relation de tout ce qui s'est passé à Nimègue, que les ministres impériaux y avoient déjà formé les mêmes contestations au sujet de la souveraineté de Sa Majesté sur toute l'étendue de la Haute et Basse Alsace et sur tous les fiefs relevant des évêchés de Metz, Toul et Verdun, qu'ils y avoient fait plusieurs demandes, de bouche et par écrit, pour soustraire de la souveraineté de Sa Majesté ces mêmes pays qui veulent encore s'en exempter ; et qu'après de longues contestations et des déclarations formelles faites par les ambassadeurs de Sa Majesté, qu'elle prétendoit exercer sa souveraineté dans tous ces lieux et qu'il ne falloit pas espérer de paix, si l'on ne supprimoit tout ce qui pouvoit faire le moindre préjudice à ses droits, enfin les ministres impériaux s'en étoient désistés, en sorte que les articles qu'ils en avoient dressés avoient été retranchés du traité, et qu'ainsi on pouvoit dire avec raison que quand même il y auroit eu quelque difficulté dans le sens du traité de Munster en ce qui regarde les cessions faites à Sa Majesté, les conférences de

Nimègue l'avoient entièrement éclaircie et terminée en sa faveur.

Néanmoins Sa Majesté ne voulant rien omettre pour témoigner à l'Empereur et aux électeurs, princes et États de l'Empire, le désir qu'elle a de conserver la paix et d'entretenir toujours avec eux une bonne et parfaite correspondance, Elle consentit, au mois d'août 1681, à la proposition qui avoit été faite d'une conférence à Francfort et nomma pour cet effet les sieurs de Saint-Romain et de Harlay ses plénipotentiaires, qui se rendirent à Mayence le 20 du mois d'août de ladite année; mais le retardement des ministres impériaux et les difficultés qu'ils formèrent dans le commencement, pour exclure des conférences ceux des électeurs et se réserver toute l'autorité des délibérations, furent cause que cette assemblée ne commença qu'au mois de décembre ensuivant; et sans entrer dans toutes les contestations que fit naître la communication des pleins pouvoirs, il suffit que ledit sieur de Cheverny sache que lesdits sieurs ambassadeurs et plénipotentiaires firent, le 14 dudit mois de décembre, la proposition dont on joint la copie à cette instruction sous la cote A, par laquelle Sa Majesté se contente de la ville de Strasbourg avec les forts qui en dépendent et de tous les autres lieux dont elle est en possession, en conséquence du traité de Nimègue, à la réserve de ceux qui se trouveroient avoir été réunis depuis le 1er jour d'août 1681, et elle offroit même de rendre Fribourg à l'Empereur après que les fortifications en seroient démolies, pourvu que la place de Philipsbourg fut restituée dans le même état à l'évêque de Spire, et à condition aussi que cette dernière offre seroit promptement acceptée; mais comme tout le temps qui s'est passé depuis ledit jour 14me de décembre jusqu'à la fin du mois d'août 1682, n'a été employé qu'en contestations inutiles entre les ministres électoraux et ceux des princes, et qu'il a paru clairement que les Impériaux ne les avoient fait naître que pour éloigner l'accommodement, faire achever l'armement général de tout l'Empire, qu'ils ont toujours poursuivi avec chaleur à la diète de Ratisbonne et renouveler en même temps la trêve avec les Turcs, pour commencer la guerre vers le Rhin, Sa Majesté jugea à propos de terminer les conférences de Francfort d'une manière ou d'autre, et pour cet effet elle ordonna, au commencement du mois de septembre 1682, auxdits sieurs de Saint-Romain et de Harlay, de donner par écrit aux députés de ladite assemblée la déclaration dont elle fait remettre aussi une copie sous la cote B, entre les mains dudit sieur de Cheverny, par laquelle il verra que Sa Majesté borne le temps de ses offres au dernier jour du mois de novembre ensuivant; et qu'en effet, lesdits ambassadeurs se retirèrent de Francfort au commencement de décembre, après y avoir présenté à ladite assemblée le mémoire sous la cote C, qui dégage entièrement Sa Majesté de ses offres et déclare qu'elle laisse seulement au sieur Verjus, son plénipotentiaire à Ratisbonne, le pouvoir d'écouter jusqu'au 1er février ensuivant toutes les propositions qui lui pourroient être faites pour l'affermissement de la paix.

Sa Majesté a depuis reconnu qu'elle ne s'est pas trompée dans le jugement qu'elle a fait qu'une affaire si importante au bien général de tout l'Empire étant tirée d'une assemblée gouvernée si absolument par les ministres autrichiens que l'étoit celle de Francfort, seroit examinée avec moins de passion dans la diète de Ratisbonne, et que ceux qui désirent effectivement l'affermissement de la paix auroient la liberté de le déclarer. C'est aussi ce qu'ont fait, dès le commencement de l'année dernière, les électeurs de Cologne, Trèves, Mayence, Brandebourg et Heidelberg qui sont, ainsi qu'il a été dit, les plus intéressés aux réunions faites en conséquence du traité de Nimègue; et par leur dernière conclusion ils ont déclaré qu'il valoit mieux accepter les offres de Sa Majesté que d'exposer l'Empire aux malheurs de la guerre. C'est aussi ce qui a porté Sa Majesté à renouveler de temps en temps les délais qu'elle avoit prescrits pour l'acceptation de ses offres; et qu'enfin pour donner moyen à l'Empereur de réunir toutes les forces d'Allemagne pour la défense d'Hongrie, Sa Majesté voulut bien, au mois de juillet dernier, offrir une suspension de toutes voies de fait, pendant trente ou au moins vingt-cinq ans, afin que tous les différends étant sursis pendant un temps assez considérable pour ne laisser de part et d'autre aucune inquiétude de nouvelles entreprises, la plus grande partie de la chrétienté pût employer ses armes à repousser l'ennemi commun.

Sa Majesté a encore confirmé les mêmes offres par la déclaration que le comte d'Avaux a faite en son nom à La Haye au mois d'octobre dernier, et même elle a réduit à vingt années seulement le temps de la suspension; elle a encore prorogé le temps desdites offres jusqu'à la fin du présent mois par la dernière déclaration que ledit comte d'Avaux a donnée aux États généraux des Provinces-Unies; et voilà le dernier état de cette affaire sur laquelle ledit sieur de Cheverny doit observer que l'offre de raser Fribourg et de le rendre à l'Empereur ne subsiste plus, tant parce qu'elle n'a été faite d'abord qu'à condition qu'elle seroit promptement acceptée et que les grandes dépenses qui ont été faites depuis pour l'achèvement de cette place obligent Sa Majesté de la garder, qu'à cause aussi qu'il ne s'agit plus d'un accommodement définitif, mais seulement d'une trêve par laquelle toutes choses doivent demeurer dans l'état où elles sont à présent. C'est pourquoi si, dans la suite du temps, la cour de Vienne vouloit pressentir ledit sieur de Cheverny sur cette restitution, il ne doit pas manquer de la rejeter par les raisons qui viennent de lui être expliquées, et cependant il ne se servira de cette connoissance générale que Sa Majesté lui donne de ce qui s'est passé jusqu'à présent dans les assemblées de Francfort et de Ratisbonne, qu'au cas que la cour de Vienne, pressée par le mauvais état où se peuvent trouver les affaires des Espagnols, ou par l'appréhension qu'elle aura elle-même des nouveaux efforts que les Turcs se disposent à faire la campagne prochaine, fasse audit sieur de Cheverny des propositions d'accommodement conformes à ce qui vient de lui être dit; mais il se gardera bien de faire aucune avance hors celles que Sa Majesté lui ordonnera par cette instruction de faire tant à l'Empereur qu'aux Impératrices, qui se réduisent aux compliments ordinaires dans les premières audiences.

Le premier soin qu'aura ledit comte de Cheverny étant arrivé à la cour de l'Empereur, et après qu'il aura été informé par le marquis de Sebeville de l'état présent de cette cour, sera de demander son audience; et comme il n'y a point de maître des cérémonies ni d'introducteur, il doit, selon la coutume, visiter le grand-maître et le grand chambellan. L'un et l'autre s'appellent le prince de Dietrichstein, le premier étant depuis longtemps fait prince, et l'autre depuis peu. C'est par eux qu'il doit savoir le jour que l'Empereur aura destiné pour son audience; et après qu'il aura présenté sa lettre de créance, il témoignera à ce prince que Sa Majesté a toujours souhaité d'entretenir avec lui une bonne intelligence et une parfaite amitié; que tout ce qui est arrivé depuis quelque temps n'apporte aucun changement au désir qu'a Sa Majesté de lui en donner des preuves effectives; que c'est aussi pour lui confirmer ces assurances que dans le même temps qu'elle a permis au marquis de Sebeville de revenir en France, elle a dépêché lui, comte de Cheverny, pour demeurer auprès de la personne de l'Empereur et y contribuer, par ses soins et par son application, à raffermir tous ces liens d'amitié et de bonne correspondance qui sont si nécessaires pour le bien de toute la chrétienté.

Il donnera aussi les mêmes témoignages d'estime et d'amitié aux Impératrices et à l'archiduchesse dans les audiences qu'il prendra d'elles, dans lesquelles il observera que l'Impératrice régnante doit être visitée la première, la douairière après, et en troisième lieu l'archiduchesse.

Il rendra ensuite ses civilités aux ministres de l'Empereur que l'on nomme les conseillers de la Conférence[1], et comme il apprendra dudit sieur de Sebeville quelles en sont les qualités, le génie et les intérêts, Sa Majesté l'informera seulement du nom de ceux qui ont à présent le principal crédit dans les conseils de l'Empereur.

L'évêque de Vienne, qui était capucin et qu'on appelait autrefois le Père Émeric, est devenu chef de ce conseil et a plus de crédit sur l'esprit de l'Empereur qu'aucun des autres ministres. Il l'emploie aussi tout en faveur de l'Espagne et n'omet rien pour obtenir la paix des Turcs et faire marcher toutes les forces de l'Empereur vers le Rhin.

Le prince de Dietrichstein, qui est à présent grand-maître, avoit depuis longtemps de grands ressentiments contre cet évê-

---

1. « Toutes les affaires de quelque nature qu'elles soient sont résolues en dernier lieu dans ce qu'on nomme Conseil de la conférence, qui prend indifféremment connoissance de toutes les matières. » — *Relation de La Vauguyon*.

que dont il prétend avoir été offensé ; mais comme il croit à présent lui avoir obligation de la charge à laquelle il vient d'être élevé, il y a bien de l'apparence qu'elle les aura rendus amis, et c'est ce que ledit comte de Cheverny n'aura pas de peine à reconnoître : en sorte que s'il s'aperçoit de quelque reste de mécontentement dans l'esprit de ce grand-maître, il s'en puisse servir adroitement dans les occasions qui s'en présenteront.

Le grand chambellan[1] est un homme fort adonné à son plaisir et au jeu, et par conséquent peu capable d'affaires.

Le chancelier Stratmann[2] a été longtemps au service du duc de Neubourg en qualité de vice-chancelier, est habile jurisconsulte, et à présent fort dévoué aux intérêts de l'Espagne, ayant obligation à l'ambassadeur de cette couronne et à l'évêque de Vienne de la charge qu'il exerce présentement.

Le comte de Rosemberg[3], qui est président de la Chambre et dont les fonctions sont presque semblables à celles de contrôleur général des finances, a été ci-devant premier ambassadeur de l'Empereur à Francfort, et il y a tenu une conduite qui a paru assez sage aux ambassadeurs de Sa Majesté.

Ledit sieur de Cheverny s'appliquera à mieux connoître quelles sont les véritables inclinations et talents de ces ministres pour en bien informer Sa Majesté et pouvoir ménager, dans la

1. Comte de Dietrichstein. Voir l'instruction de Sebeville.
2. « Le comte de Stratmann qui est fort dans la confidence de l'Empereur et créature de l'Impératrice ; il est de plus sujet de l'électeur de Neubourg, et le commencement de son avancement a été par le plus considérable des gouvernements des affaires de la maison de Neubourg. Il s'est trouvé dans plusieurs négociations importantes ; la dernière a été au traité de la paix de Nimègue, où il étoit plénipotentiaire de l'Empereur. S'il avoit moins de modération, il ne lui seroit pas difficile d'occuper le rang de premier ministre, et il seroit plus laborieux et éclairé qu'aucun ; mais il est sujet au vin et à la bonne chère. Depuis peu de temps il commence à se corriger, en ce qu'il connoit que cela est très préjudiciable à sa santé et au maintien de sa fortune. Sa charge est des plus lucratives. Il a fait plusieurs voyages en France de la part de M. le duc de Neubourg. » — *Relation de La Vauguyon.*
3. « Le comte de Rosemberg s'acquitte assez dignement de sa charge, en se contentant de 20,000 florins que l'Empereur lui donne d'appointements, qui font à peu près 40,000 francs de France. Il est homme d'esprit et affecte quelquefois trop de zèle pour les intérêts de son prince, quand il parle à des ministres étrangers. Aussi s'expose-t-il à des réponses sèches, qui ne lui plaisent pas, en ce que les contestations que l'on a avec lui sont soutenues par de meilleures raisons que les siennes. Il ne laisse pas d'être homme d'un assez bon commerce et aime assez les divertissements. » — *Relation de La Vauguyon.*

suite du temps, ceux qui seront les moins dévoués à l'Espagne et qui auront conservé quelques bons sentiments pour le bien de leur patrie.

Quoiqu'il n'y ait pas d'apparence que les intérêts du duc de Lorraine soient fort à cœur aux principaux ministres de la cour de Vienne, néanmoins, comme le comte d'Altheim a renouvelé des instances au nom de l'Empereur dans les audiences qu'il a eues de Sa Majesté, et que d'ailleurs ce duc, étant à la tête des armées impériales, obtiendra facilement de ladite cour qu'on parle de son affaire au comte de Cheverny, il doit savoir que ce prince n'a pas voulu ratifier les articles qui le regardoient au traité de Nimègue et qu'ainsi n'ayant pas su profiter des conditions que Sa Majesté lui avoit accordées et ayant voulu être seul excepté des traités qu'elle a faits, elle se trouve dégagée de lui rien relâcher. C'est pourquoi, soit que l'Empereur ou l'Impératrice douairière parlent de cette affaire audit sieur comte de Cheverny, il ne leur répondra qu'en termes généraux et en leur faisant voir qu'il a été entre les mains de ce prince de profiter du soin que l'Empereur avoit pris de joindre ses intérêts aux siens dans le traité de Nimègue, mais il ne s'expliquera point des sentiments que Sa Majesté peut avoir, et, témoignant n'avoir aucune instruction sur cette affaire, il n'entrera point dans les propositions qui lui pourroient être faites sans en avoir reçu auparavant les ordres de Sa Majesté.

Comme il n'y a rien qui éloigne davantage la cour de Vienne de l'acceptation des offres de Sa Majesté que l'espérance qu'elle a de pouvoir faire la paix avec le Turc avant la campagne prochaine, elle pourroit bien s'en désabuser par les nouveaux incidents qui viennent d'arriver de la retraite du roi de Pologne avec toutes ses troupes sans la participation de la cour de Vienne[1]; et quoiqu'un mécontentement si éclatant puisse fournir à l'Empereur un prétexte pour faire son accommodement avec le Grand-Seigneur sans le consentement dudit Roi, en sorte que ce soit

---

1. Sobieski, froissé par l'ingratitude de l'Empereur, avait cependant continué, avec Charles de Lorraine, la guerre contre les Turcs. Après avoir pris Gran le 27 octobre 1683 et infligé une sérieuse défaite aux Turcs, il était reparti pour la Pologne.

en quelque façon un obstacle levé au dessein des Espagnols, néanmoins il y a bien de l'apparence aussi que cet incident donnera de grandes espérances au Turc et des prétentions beaucoup plus déraisonnables qu'ils n'en auroient eu si le roi de Pologne n'eût pas abandonné ses quartiers et témoigné si ouvertement son ressentiment contre la cour de Vienne.

D'ailleurs Sa Majesté est informée par les dernières lettres du sieur de Sebeville que les troupes impériales sont fort dépéries par les maladies contagieuses, qu'elles sont réduites à un très petit nombre, et qu'on ne fait pas beaucoup de diligence à Vienne ni pour les recrues de l'infanterie, ni pour la remonte de la cavalerie; que d'autre côté les Turcs n'omettent rien pour se rendre plus puissants, la campagne prochaine, qu'ils n'ont été la dernière; que le bacha de Bude fait même des préparatifs pour assiéger une place de bonne heure, et qu'ainsi la cour de Vienne ne peut avoir d'autre ressource si les Turcs refusent la paix qu'elle leur demande, que de réunir, par un prompt accommodement, toutes les forces de l'Allemagne et de s'en servir à la défense de la Hongrie. C'est ce qui peut donner lieu de croire que, dans cette conjoncture, les ministres impériaux pourroient bien avoir recours au comte de Cheverny et lui faire des propositions.

Il témoignera en ce cas n'en pouvoir écouter d'autres que l'acceptation pure et simple de la trêve pendant vingt ans, en laissant toutes choses de part et d'autre en l'état où elles sont à présent et suivant les offres qui en ont été faites à Ratisbonne par le sieur Verjus; mais si on lui demandoit que Sa Majesté voulût bien déclarer quel secours elle voudroit donner à l'Empereur contre le Turc, il fera connoître qu'il ne peut entrer en rien sur ce point que l'accommodement avec l'Empereur et l'Empire ne soit signé et ratifié de toutes parts, en sorte qu'il ne reste plus aucun sujet d'ombrage et de défiance; et se gardera bien de rien donner par écrit ni dire de bouche qui puisse faciliter à la cour de Vienne les moyens de faire la paix avec les Turcs, ce qui fait jusqu'à présent le plus pressant désir de la cour de Vienne.

Comme elle ne souhaite pas moins de faire élire l'archiduc roi des Romains, ledit sieur de Cheverny tâchera de pénétrer les mesures qu'elle prend pour y réussir et de découvrir dans les entretiens qu'il aura avec les ministres des électeurs si on leur a déjà fait quelque proposition sur ce sujet.

Il observera bien soigneusement aussi toutes les diligences qui se feront pour rétablir et augmenter les troupes de l'Empereur, la destination qui s'en fera pour la campagne prochaine soit pour la Hongrie, soit vers le Rhin, leurs marches et mouvements; et il rendra un compte exact à Sa Majesté de tout ce qu'il apprendra concernant les desseins de la cour de Vienne, tous les autres points contenus dans cette instruction et généralement de tout ce qui peut avoir quelque rapport au service et aux intérêts de Sa Majesté.

Il entretiendra aussi une bonne correspondance avec tous les ministres qu'a Sa Majesté dans les pays étrangers et principalement avec les sieurs Verjus et de Rebenac[1], et se servira pour cet effet, aussi bien que pour les lettres qu'il écrira à Sa Majesté ou qu'il en recevra, des voies les plus sûres qu'il pourra trouver, soit sous l'enveloppe de marchand ou de telle autre manière qu'il croira être la plus secrète.

Sa Majesté lui fait même remettre entre les mains deux tables de chiffres, l'une assez facile dont il se servira dans toutes les lettres qui ne demandent pas un fort grand secret, l'autre plus difficile dont il chiffrera lui-même les lettres ou articles les plus secrets, sans confier ce second chiffre à un secrétaire. Et au surplus il n'omettra rien pour rendre sa conduite agréable à la cour de Vienne et pour s'acquérir l'estime, la confiance, et même la familiarité des ministres et des principaux de cette cour, afin de pouvoir pénétrer ce qui s'y passe dans les entretiens qu'il aura avec eux.

Après cet éclaircissement général sur tout ce qui regarde l'emploi que Sa Majesté confie audit sieur comte de Cheverny, il doit attendre ses instructions particulières des réponses qu'elle fera à toutes ses dépêches.

Et comme c'est à elle seule qu'il doit rendre compte directement de l'exécution de ses ordres et que les informations qu'elle reçoit de ses ministres dans les pays étrangers doivent servir de

---

1. Le comte de Rebenac, envoyé près l'électeur de Brandebourg 1678, en Danemark 1672, en Suède 1674, puis chargé d'une mission en Allemagne.

fondement aux résolutions les plus importantes qu'elle prend, la principale partie de leur devoir et la preuve la plus essentielle de leur fidélité, c'est de ne rien ajouter à la vérité, de l'informer mot pour mot de tout ce qui a été dit de part et d'autre dans les conférences qu'ils ont avec le Prince ou avec ses ministres et tous autres avec lesquels ils traitent; en sorte que s'il échappe quelque terme à leur mémoire, au moins ils ne changent rien à la substance; ils doivent bien peser aussi les avis qui leur sont donnés, pénétrer quelles peuvent être les vues et les intérêts de ceux dont ils les tiennent, les nommer à Sa Majesté, et enfin, au lieu de se flatter d'une vaine espérance d'acquérir du mérite auprès d'elle en embellissant leur récit ou leurs avis aux dépens de la vérité, ils doivent être persuadés que ce n'est qu'en s'y attachant exactement qu'ils peuvent mériter l'honneur de son estime. Ainsi elle se promet que ledit sieur comte de Cheverny ne se départira jamais de cette règle qu'elle lui prescrit comme la plus inviolable.

Outre ce qui est contenu dans la présente instruction des avis ordinaires que le Roi veut que ledit sieur comte de Cheverny lui donne de tout ce qui se passera dans ladite cour de Vienne, l'intention de Sa Majesté est que tous ses ambassadeurs et ministres au dehors lui rapportent, au retour de leurs emplois, une relation exacte de tout ce qui se sera passé de plus important dans les négociations qu'ils auront conduites; de l'état des cours et des pays où ils auront servi; des cérémonies qui s'y observent soit dans les entrées, soit dans les audiences ou dans toute autre rencontre; du génie et des inclinations des princes et de leurs ministres, et enfin de tout ce qui peut donner une connoissance particulière des lieux où ils auront été employés et des personnes avec lesquelles ils auront négocié. Ainsi ledit sieur de Cheverny aura soin de préparer un mémoire de cette sorte en forme de relation de l'emploi que Sa Majesté lui confie pour le mettre à son retour entre les mains de Sa Majesté.

Fait à Versailles, le 10 janvier 1684.

VI

LE COMTE DE LA VAUGUYON

1685

Le 15 août 1684, une trêve de vingt ans fut signée à Ratisbonne entre la France, l'Empire et l'Espagne. Louis XIV restait en possession de la ville et du duché de Luxembourg, de Strasbourg et des territoires réunis jusqu'au 1er août 1681. Toutefois ces réunions n'étaient pas reconnues à titre définitif. C'est dans cet état de choses que M. de Cheverny, nommé à Copenhague, quitta Vienne au mois juin 1685. M. de la Baume géra les affaires de la légation. M. le comte de la Vauguyon fut désigné pour le poste d'envoyé extraordinaire, et reçut l'instruction suivante, datée du 24 octobre 1685, M. de Croissy étant ministre des affaires étrangères.

MÉMOIRE DU ROI POUR SERVIR D'INSTRUCTION AU SIEUR COMTE DE LA VAUGUYON S'EN ALLANT PRÉSENTEMENT A VIENNE EN QUALITÉ D'ENVOYÉ EXTRAORDINAIRE DE SA MAJESTÉ. 24 octobre 1685[1].

L'Empereur ayant fait partir le prince de Lobkovitz pour venir en qualité de son envoyé extraordinaire auprès du Roi,

---

1. Vienne, 1685-1686. T. LIX.

Sa Majesté, pour répondre à l'empressement que ce prince témoigne avoir par cet envoi de rétablir avec elle une bonne intelligence, a fait choix du sieur comte de la Vauguyon, ci-devant son ambassadeur auprès du Roi Catholique, pour aller à Vienne en la même qualité de son envoyé extraordinaire : Sa Majesté ne doutant point qu'après toutes les preuves qu'il a données de son zèle, de sa dextérité et de son affection au service du Roi dans tous les emplois qu'elle lui a confiés et principalement dans l'ambassade d'Espagne, il n'exécute d'autant mieux les ordres que Sa Majesté lui donne par cette instruction et ceux dont elle l'honorera par ses dépêches, que le rang qu'il a déjà tenu d'ambassadeur de Sa Majesté dans une grande cour doit bien persuader à celle de Vienne du sincère désir qu'a Sa Majesté d'entretenir la bonne correspondance et amitié que les derniers traités de trêve ont rétablies entre Elle et l'Empereur. C'est pour cet effet que Sa Majesté ordonne audit sieur de la Vauguyon de partir incessamment pour se rendre à la cour de Vienne, où il trouvera le sieur de la Baume que le comte de Cheverny y a laissé et qui est assez informé de tout ce qui s'est passé depuis dans cette cour pour en pouvoir donner une connoissance exacte audit sieur de la Vauguyon.

Il saura cependant que depuis la mort de l'évêque de Vienne[1], qui avoit le principal crédit auprès de l'Empereur, il ne paroît pas qu'aucun autre ait succédé à cette extrême confiance qu'il s'étoit acquise tant par son esprit supérieur aux autres et par beaucoup d'adresse et d'intrigues, que par son attachement aux intérêts de l'Espagne dont il était le principal promoteur en cette cour.

Le chancelier Stratmann a aussi beaucoup de part à l'administration et au secret des affaires. Il est né sujet du duc de Neubourg, a été longtemps simple avocat dans les pays de Juliers et ensuite vice-chancelier de ce prince, et, après avoir servi l'Empereur dans l'ambassade de Nimègue, dans celle de Francfort et dans plusieurs autres emplois, il est parvenu à la charge de chancelier, tant par l'appui de l'Impératrice que par celui dudit évêque de Vienne et de l'ambassadeur d'Espagne.

---

1. Émeric. Voir les instructions de Sebeville et de Cheverny.

Le prince de Bade, président du conseil de guerre, n'est pas moins attaché aux intérêts de l'Espagne ; mais il est assez peu estimé et moins suivi dans les conseils.

Les princes de Dietrichstein, dont l'un est grand-maître et l'autre grand chambellan de l'Empereur, s'étoient réunis à l'évêque de Vienne par les dernières obligations qu'ils lui avoient et par conséquent étoient aussi dans les intérêts de l'Espagne. Ledit sieur de la Vauguyon saura bientôt s'ils ont changé de sentiments depuis la mort de ce ministre et connoîtra mieux, par sa propre expérience, quel est leur talent que, par ce qu'on lui en pourroit dire présentement.

Le comte d'Harrach[1], grand écuyer de l'Empereur, a plus de génie que les précédents et autant d'inclination pour l'Espagne ; mais quoique ce parti soit le plus fort dans cette cour, ceux qui y sont opposés et à la tête desquels est le comte de Kœnigseck, ne laissent pas de se soutenir. Les premiers témoignent désirer la paix avec le Turc, et les autres croient qu'il faut profiter de la foiblesse présente de cet ennemi pour le chasser entièrement de la Hongrie et éloigner des frontières de l'Empire un si redoutable ennemi.

Après que ledit sieur comte de la Vauguyon aura pris dudit sieur de la Baume tous les éclaircissements qu'il lui pourra donner de la disposition présente de cette cour et principalement des cérémonies qui ont été observées à la première audience du comte de Cheverny qui l'a précédé dans cet emploi, il verra le grand-maître et le grand chambellan et saura d'eux le jour que l'Empereur aura résolu de lui donner audience, dans laquelle après avoir remis entre les mains de ce prince la lettre que Sa Majesté lui écrit de sa propre main en créance sur ledit sieur de la Vauguyon, il l'assurera du sincère désir qu'elle a d'affermir la bonne intelligence et amitié que les derniers traités de trêve ont rétablie

---

1. Le comte Ferdinand d'Harrach, né en 1637, envoyé en Espagne en 1668. « C'est un homme qui s'attache directement à sa charge, quoiqu'il soit conseiller d'État et très bien dans l'esprit de l'Empereur ; sa politique est de ne se mêler d'aucune affaire. Il est très bien fait de sa personne, fort civil et honnête aux François, les recevant dans sa maison et à sa table, qui est une des meilleures et des plus délicates de la cour. Il a été autrefois ambassadeur en Espagne. » — *Relation de La Vauguyon.*

entre Leurs Majestés; que le Roi apprend avec bien de la joie la continuation des heureux succès des armées impériales en Hongrie[1]; que Sa Majesté ne doute point que ce prince ne remporte encore dans la suite du temps de plus grands avantages, que, pour lui en faciliter les moyens, elle sera bien aise d'éloigner toute occasion de nouveaux troubles, et qu'elle verra toujours avec plaisir que, dans le temps que Dieu favorise de ses grâces et bénédictions les soins qu'elle prend pour la réunion de tous ses sujets à la religion catholique, apostolique et romaine, il plaise à sa divine providence faire prospérer les armes chrétiennes contre les Infidèles.

Enfin il fera connaître à l'Empereur que Sa Majesté ne lui recommande rien plus expressément que de contribuer par ses soins et par son application à renouer et étreindre plus fortement tous ces liens d'amitié et de bonne correspondance qui sont si nécessaires pour le bien de toute la chrétienté.

Il assurera ensuite les impératrices de l'estime et de l'amitié de Sa Majesté, et il témoignera encore à l'Impératrice régnante la joie que Sa Majesté a eue de son heureux accouchement.

L'état paisible où est à présent la plus grande partie de l'Europe ne donne pas lieu de croire que ledit sieur comte de la Vauguyon trouve beaucoup de matière de négociation à la cour de Vienne; celles dont on lui pourra parler regarderont apparemment l'exécution du traité de trêve. En second lieu, les intérêts du duc de Lorraine et finalement les secours que la cour de Vienne désireroit obtenir de Sa Majesté pour soutenir la guerre en Hongrie contre les Turcs.

---

1. « Charles de Lorraine mit le siège devant Vicegrade et l'emporta le 16 juin après trois semaines de tranchée; il attaqua ensuite 30,000 Turcs campés sur les hauteurs de Waast, et les en chassa. Avant la fin de l'année, il s'était emparé de Waast, de Pesth et avait mis le siège devant Bude; mais la jalousie des ministres impériaux fit manquer cette dernière entreprise. En 1685 il assiégea Neuhausel; averti que les Turcs s'étaient présentés devant Gran, il marcha droit vers eux et le défit le 16 août. Le prince Louis de Bade se distingua beaucoup dans cette affaire, ainsi que les princes de Conti, de la Roche-sur-Yon et un jeune M. de Turenne, qui étaient accourus, au grand déplaisir de Louis XIV, servir dans l'armée impériale sous le duc de Lorraine... A la fin de cette campagne, les Turcs avaient déjà commencé à parler de paix, et les progrès des Impériaux en Hongrie étaient de plus en plus considérables. » D'HAUSSONVILLE. *Histoire de la réunion de la Lorraine à la France*, III, p. 367.

Quant au premier point, il fera connoître en termes généraux que Sa Majesté fait exécuter ponctuellement le traité de trêve, et que s'il y avoit quelque difficulté sur ce sujet, elle ne peut être traitée qu'à Ratisbonne.

Il doit même entretenir pour cet effet une bonne correspondance avec le sieur Verjus, afin de pouvoir être informé par lui de tout ce qui se passe à la diète et parler en conformité de ce qu'il en apprendra.

Sur le second point, ledit seigneur de la Vauguyon dira seulement à ceux qui lui en parleront qu'il a été entre les mains de ce prince de profiter de ce qui avoit été stipulé pour lui par les ministres impériaux, et qu'il ne doit pas croire présentement que Sa Majesté donne aucun pouvoir ni instruction à ses ministres de traiter de cette affaire; mais comme dans les devoirs qu'il pourra rendre à l'Impératrice douairière, d'autant plus souvent que lorsqu'il y a eu une bonne intelligence entre Sa Majesté et la cour de Vienne les ministres du Roi ont reçu toujours un accueil favorable de cette princesse et y ont été mieux instruits qu'en aucun autre lieu de ce qui se passe de plus important, il ne faut pas douter qu'elle ne fasse de très pressantes instances audit sieur de la Vauguyon en faveur du duc de Lorraine auquel elle souhaite passionnément de pouvoir procurer un établissement plus solide tant pour lui que pour ses enfants. Sa Majesté recommande encore audit sieur de la Vauguyon, soit que cette princesse fasse elle-même quelque tentative sur cette matière, soit que le duc de Lorraine lui en fasse parler par quelque personne qui soit dans sa confidence, non seulement de leur faire connoître qu'il n'a aucun pouvoir ni instruction sur ce sujet, mais même qu'il n'y a personne en France qui ne considère la Lorraine comme un membre si inséparablement uni et attaché au corps du royaume, qu'on ne pourroit pas en proposer dorénavant le moindre détachement sans s'attirer l'indignation de tout ce qu'il y a de bons François; que c'est une partie justement réunie à son tout, tant par le droit de la guerre et de la confiscation, que par les derniers traités faits avec le défunt duc et par le refus de celui d'à-présent de souscrire aux conditions que les ministres impériaux avoient stipulées en sa faveur par le traité de Nimègue; que l'Empereur ni l'Empire ne peuvent plus dorénavant appuyer les intérêts et prétentions dudit duc, et qu'enfin rien au monde ne serait capable de porter Sa Majesté à relâcher la moindre partie de la possession où elle est de ce duché.

En un mot, sur toutes les propositions qui pourront être faites audit sieur de la Vauguyon en faveur du duc de Lorraine, il doit s'appliquer à le désabuser de toute espérance qu'il pouvoit avoir de rentrer dans quelque partie de ce duché qui doit être à présent regardé comme une province de France inséparable de la couronne.

Mais si ce prince étant bien persuadé qu'il ne pourra rien obtenir qu'en renonçant en faveur de Sa Majesté et de ses successeurs à toutes sortes de prétentions sur ledit duché de Lorraine, se remettoit entièrement à la générosité de Sa Majesté ou faisoit des propositions de quelque autre établissement tant pour lui que pour les siens, plus convenable aux intérêts du Roi, Sa Majesté veut bien que ledit sieur de la Vauguyon écoute, en ce seul cas et non autrement, les propositions qui lui seront faites et s'engage d'en rendre compte à Sa Majesté, qui l'informera ensuite de ce qu'elle voudra bien faire pour la satisfaction dudit prince et pour lui donner, et à ses enfants, les moyens de soutenir une dépense plus conforme à leur naissance que l'état où ils sont à présent.

Sa Majesté ordonne expressément audit sieur de la Vauguyon de se tenir sur cette matière dans les termes de cette instruction, sans s'étendre au delà pour quelque raison que ce puisse être.

Quant au troisième point, il n'y a guère d'apparence qu'après tous les avantages que l'armée impériale a remportés sur les Turcs, cette campagne, et les offres que font de toutes parts les princes de l'Empire d'envoyer leurs troupes en Hongrie pour en chasser entièrement les Infidèles, on fasse audit sieur de la Vauguyon une demande si fort hors de saison que seroit celle du secours de la France; et ce seroit tout ce qu'on pourroit faire si les besoins de la chrétienté étoient assez pressants pour pouvoir obliger Sa Majesté à l'assister d'une manière convenable à sa puissance. C'est aussi tout ce que ledit sieur de la Vauguyon pourra dire sur ce sujet sans même se charger d'en rendre compte à Sa Majesté.

Sa Majesté ayant bien voulu remettre à la décision du Pape le différend que fait naître la succession Palatine[1], il n'y a pas lieu de croire qu'on fasse à la cour de Vienne aucune autre proposition sur ce sujet audit sieur de la Vauguyon ; et l'on conviendra facilement que Sa Majesté ne pouvoit rien faire qui pût mieux persuader de la sincérité de ses intentions pour le maintien de la paix et du désir qu'elle a de faciliter aux princes ligués contre les Turcs les moyens de les repousser et de remporter sur eux des avantages considérables, d'autant plus que la guerre qu'elle a faite, cette campagne, aux corsaires de Barbarie[2] et qui est à présent terminée aussi glorieusement pour Sa Majesté et aussi avantageusement pour toute la chrétienté qu'on le pouvoit désirer, leur a ôté les moyens de secourir de leurs vaisseaux pendant cette année l'armée navale des Turcs et les a forcés de rendre un nombre infini d'esclaves qui servoient à leur armement.

Ledit sieur de la Vauguyon tâchera de pénétrer s'il se fait quelque négociation avec les Turcs pour un traité de paix et quel en est le succès, pour en rendre compte à Sa Majesté.

Il s'appliquera aussi à être bien informé de toutes les diligences qui se feront pour rétablir et augmenter les troupes de l'Empereur, la destination qui s'en fera pour la campagne prochaine aussi bien que de celles que les princes de l'Empire enverront en Hongrie, quel pourra être le projet de l'action des armes, et il informera soigneusement Sa Majesté de tout ce qu'il apprendra concernant les desseins de la cour de Vienne et de tout ce qui peut avoir quelque rapport au service et aux intérêts de Sa Majesté.

---

1. « En 1685 l'électeur palatin étant mort sans héritier direct, l'électorat avait été donné au duc de Neubourg, beau-père de l'empereur Léopold. Mais Louis XIV, au nom de sa belle-sœur, Madame, duchesse d'Orléans, avait réclamé, dans la succession du dernier électeur, père de Madame, les biens meubles et certains domaines allodiaux, notamment le duché de Simmeren et le comté de Sponheim. Sur le refus du duc de Neubourg, qui était soutenu par les protestations de toute l'Allemagne, Louis XIV avait déclaré qu'il prendrait volontiers le Pape pour arbitre et pour juge des prétentions de Madame. » — CAMILLE ROUSSET, *Histoire de Louvois*, III, p. 61.

2. Bombardements d'Alger par Duquesne, 30 août 1682, juin et août 1684. — Traité signé avec Alger, 25 avril 1684, Tripoli, 29 juin 1685, Tunis, 30 août 1685.

Il entretiendra une bonne correspondance avec tous les ministres de Sa Majesté dans les pays étrangers et principalement, ainsi qu'il a été dit avec le sieur Verjus, et même avec le comte de Rebenac, et se servira pour cet effet aussi bien que pour les lettres qu'il écrira à Sa Majesté ou qu'il en recevra, des voies les plus sûres qu'il pourra trouver.

Sa Majesté lui fait même remettre entre les mains deux tables de chiffres, l'une assez facile dont il se servira dans toutes les lettres qui ne demandent pas un grand secret, l'autre plus difficile dont il chiffrera lui-même les lettres ou articles les plus secrets, sans confier ce second chiffre à un secrétaire. Et au reste il n'omettra rien pour rendre sa conduite agréable à la cour de Vienne et pour s'acquérir l'estime, la confiance et même la familiarité des ministres et des principaux de cette cour afin de pouvoir découvrir ce qui s'y passe dans les entretiens qu'il aura avec eux.

Le maréchal de Schomberg[1], ayant témoigné au Roi qu'il auroit besoin de la protection de Sa Majesté pour pouvoir obtenir justice à la cour de Vienne sur les prétentions qu'il a contre plusieurs particuliers, sujets de l'Empereur, Sa Majesté désire que ledit sieur de la Vauguyon rende audit maréchal de Schomberg tous les bons offices qui dépendront de lui.

Après cet éclaircissement général sur tout ce qui regarde l'emploi que Sa Majesté confie audit sieur comte de la Vauguyon, il doit attendre ses instructions particulières des réponses que Sa Majesté fera à toutes ses dépêches; et comme c'est à elle seule qu'il doit rendre compte directement de l'exécution de ses ordres et que les informations qu'elle reçoit de ses ministres dans les pays étrangers doivent servir de fondement aux résolutions les plus importantes qu'elle prend, la principale partie de leurs devoirs et la preuve la plus essentielle de leur fidélité est de ne rien ajouter à la vérité, de l'informer mot pour mot de ce qui a été dit de part et

---

1. Armand-Frédéric de Schomberg, maréchal de France, descendait d'une ancienne maison d'Allemagne, unie à celle de Clèves dont elle portait les armes. Après s'être signalé au service de la France, il le quitta après la révocation de l'édit de Nantes et passa à celui de l'électeur de Brandebourg, puis à celui du prince d'Orange.

d'autre dans les conférences qu'ils ont avec le prince ou avec ses ministres et tous autres avec lesquels ils traitent, en sorte que s'il échappe quelque terme à leur mémoire, au moins ils ne changent rien à la substance. Ils doivent bien peser aussi les avis qui leur seront donnés, pénétrer quelles peuvent être les vues et les intérêts de ceux dont ils les tiennent, les nommer à Sa Majesté et enfin, au lieu de se flatter d'une vaine espérance d'acquérir du mérite auprès d'elle en embellissant leur récit et leurs avis aux dépens de la vérité, ils doivent être persuadés que ce n'est qu'en s'y attachant exactement qu'ils peuvent mériter l'honneur de son estime. Ainsi elle se promet que ledit sieur de la Vauguyon ne se départira jamais de cette règle qu'elle lui présente comme la plus inviolable.

Outre ce qui est contenu dans la présente instruction des avis ordinaires que le Roi veut que ledit sieur de la Vauguyon lui donne de tout ce qui se passera dans ladite cour de Vienne, l'intention de Sa Majesté est que tous ses ministres au dehors lui rapportent au retour de leurs emplois une relation exacte de tout ce qui s'y sera passé de plus important dans les négociations qu'ils auront conduites; de l'état des cours et des pays où ils auront servi; des cérémonies qui s'y observent soit dans les entrées, soit dans les audiences ou dans toute autre rencontre; du génie et des inclinations des princes ou de leurs ministres, et enfin tout ce qui peut donner une connoissance particulière des lieux où ils auront été employés et des personnes avec lesquelles ils auront négocié. Ainsi ledit sieur de la Vauguyon aura soin de préparer un mémoire de cette sorte, en forme de relation, de l'emploi que Sa Majesté lui confie pour le mettre à son retour entre les mains de Sa Majesté.

Fait à Fontainebleau, le 24 octobre 1685.

Pendant que M. de la Vauguyon était à Vienne, l'impératrice douairière, Éléonore de Gonzague, mourut (1686). Louis XIV chargea un envoyé extraordinaire de porter à l'Empereur ses compliments de condoléance. Il choisit pour cette mission le marquis de Villars, dont le père avait été ambassadeur en Espagne et qui avait pris une part brillante aux dernières campagnes. Il n'était encore que colonel.

Le principal objet de sa mission était de s'arrêter à Munich, près de l'électeur de Bavière, frère de la Dauphine, et de le détacher de l'alliance de l'Empereur pour le ramener à celle de la France. Cette dernière négociation se rattachant aux relations de la France avec la Bavière, on ne donne ici que la partie des instructions de Villars qui a trait à la cour de Vienne. Ces instructions sont du 14 janvier 1687, M. de Croissy étant ministre.

MÉMOIRE POUR SERVIR D'INSTRUCTION AU SIEUR MARQUIS DE VILLARS, S'EN ALLANT A VIENNE, EN QUALITÉ D'ENVOYÉ EXTRAORDINAIRE DE SA MAJESTÉ. 14 JANVIER 1687[1] (*Extrait*).

L'Empereur ayant donné part à Sa Majesté par le comte de Lobkovitz, son envoyé extraordinaire auprès d'elle, de la mort de l'impératrice Éléonore, sa belle-mère, Sa Majesté a voulu témoigner à ce prince combien elle s'intéresse à ce qui le regarde, par l'envoi extraordinaire d'une personne de sa cour, capable d'exécuter ses ordres à la satisfaction de Sa Majesté impériale. C'est pour cet effet qu'elle a jeté les yeux sur le sieur marquis de Villars, étant persuadée qu'il joint au zèle qu'il a pour son service et dont il a donné des preuves dans toutes les occasions qui se sont présentées, toutes les qualités nécessaires pour se bien acquitter de son emploi.

L'intention de Sa Majesté est qu'aussitôt que ledit sieur marquis de Villars sera arrivé à Vienne, il concerte avec le comte de la Vauguyon, son envoyé extraordinaire en cette cour, les mesures qu'il devra prendre pour obtenir ses audiences de l'Empereur et de l'Impératrice le plus tôt qu'il sera possible.

Il rendra à ce prince les lettres que Sa Majesté lui écrit au sujet de la mort de l'Impératrice douairière. Il l'assurera de la part que le Roi a prise à la douleur que cette mort lui a causée; que Sa Majesté sait que son affliction est d'autant plus juste qu'elle étoit informée du mérite de cette princesse, de l'affection qu'elle avoit pour l'Empereur, et de la reconnoissance qu'elle témoignoit de la manière dont il en avoit toujours usé à son

---

1. Vienne, 1687. Supplément, t. LXII.

égard; qu'il doit être persuadé que Sa Majesté sera aussi sensible aux prospérités qui lui arriveront, qu'elle l'est à ses déplaisirs; qu'elle sera bien aise de trouver des occasions de lui faire connoître la manière dont elle s'intéresse à ce qui le regarde, et de lui donner des marques du désir sincère qu'elle a d'augmenter encore la bonne intelligence qui est entre elle et ce prince.

Le marquis de Villars prendra son audience de l'Impératrice après avoir vu l'Empereur. Il lui dira que le Roi auroit souhaité qu'il se fût présenté une occasion moins triste que l'est celle de la mort de l'Impératrice douairière, de lui témoigner la part qu'il prend à ce qui la regarde; que Sa Majesté est si bien informée de son mérite, qu'elle a pour elle toute l'estime que ses bonnes qualités lui attirent avec justice, et qu'elle ne doit pas douter qu'elle ne conserve toujours avec plaisir les mêmes sentiments qu'elle a présentement pour cette princesse.

Il verra l'archiduc[1] ensuite; l'ayant envoyé exprès pour faire compliment à l'Empereur et à l'Impératrice sur la mort de l'Impératrice douairière, elle lui a aussi ordonné de témoigner audit archiduc la part qu'elle prend à ce qui le regarde, et de lui dire qu'elle apprend avec plaisir ce qui lui est rapporté de l'esprit de ce jeune prince et des marques qu'il en donne dans un âge si peu avancé; et qu'il ne doit pas douter que Sa Majesté ne soit toujours bien disposée à lui faire connoître qu'elle s'intéresse sincèrement à ce qui le pourra toucher.

Comme le marquis de Villars se trouvera à Vienne dans le temps auquel on commencera à travailler aux préparatifs nécessaires pour la campagne prochaine, il observera exactement quels seront ces préparatifs. Il s'informera du nombre des troupes dont on compte que l'armée de l'Empereur sera composée, quels princes lui en enverront d'auxiliaires; quels traités ces princes auront faits pour l'envoi desdites troupes; quels magasins sont préparés pour leur subsistance et en quels endroits.

---

1. Joseph, né en 1678, plus tard l'empereur Joseph I.

VII

LE COMTE DE LUSIGNAN

1687

M. de la Vauguyon demanda, pour des raisons de santé, à revenir de Vienne, et Louis XIV fit choix pour le remplacer du comte de Lusignan, de la branche des Lezay, qui, dit Saint-Simon, subsistait seule de toute cette grande maison. M. de Lusignan avait servi dans les régiments écossais. Ses instructions sont du 6 septembre 1687, M. de Croissy étant ministre des affaires étrangères.

MÉMOIRE POUR SERVIR D'INSTRUCTION AU SIEUR COMTE DE LUSIGNAN, S'EN ALLANT A VIENNE, EN QUALITÉ D'ENVOYÉ EXTRAORDINAIRE DE SA MAJESTÉ. 6 SEPTEMBRE 1687[1].

Le Roi ayant accordé au sieur comte de la Vauguyon, son envoyé extraordinaire à la cour de Vienne, la permission qu'il lui a demandée, de se retirer de cette cour, sa santé ne lui per-

1. Nienne, 1687. T. LXIII.

mettant pas de demeurer plus longtemps dans l'emploi qui lui a été confié, Sa Majesté a jugé qu'il était du bien de son service d'avoir un autre ministre auprès de l'Empereur, capable d'entretenir la bonne intelligence qui est présentement établie entre elle et ce prince et de veiller à tout ce qui peut arriver, dans une cour aussi considérable, qui ait rapport aux intérêts de Sa Majesté.

C'est pour ce sujet qu'elle a fait choix du sieur comte de Lusignan; et comme elle est persuadée du zèle qu'il a pour son service par les marques qu'il en a données en différentes occasions, elle ne doute pas qu'il n'ait aussi toutes les autres qualités nécessaires pour bien exécuter les ordres dont elle l'honorera.

L'intention de Sa Majesté est que le dit sieur de Lusignan parte incessamment pour se rendre à Vienne, où le sieur comte de la Vauguyon qu'il y trouvera encore, lui donnera une connoissance exacte de l'état présent de cette cour et l'instruira des cérémonies qui ont été observées à sa première audience auxquelles il se conformera entièrement.

Comme le grand chambellan fait à la cour de Vienne l'office d'introducteur des ambassadeurs, le sieur comte de Lusignan le verra après avoir rendu visite au grand maître de la maison de l'Empereur, et il saura de lui quel jour l'Empereur aura résolu de lui donner audience, dans laquelle, après avoir rendu à ce prince la lettre que Sa Majesté lui écrit de sa propre main en créance sur ledit sieur de Lusignan, il lui dira que le Roi voit avec plaisir les bonnes intentions qu'il témoigne pour affermir l'union qui est entre Leurs Majestés; que rien ne pouvant être plus avantageux au bien de la chrétienté que cette correspondance mutuelle, il ne doit pas douter que Sa Majesté ne fasse ce qui dépendra d'elle pour l'empêcher de finir; qu'elle est d'autant plus persuadée qu'il apportera aussi tous ses soins à la maintenir, que les dernières déclarations que le comte de Lobkovitz[1] a faites de la part de ce prince, lui font pleinement connoître quels sont ses sentiments, et ne lui laissent aucun éclaircissement

---

1. Ministre de l'Empereur près de Louis XIV.

à désirer; que Sa Majesté sera toujours bien aise d'y répondre par les marques les plus sincères de son amitié; qu'elle lui a expressément ordonné de contribuer, autant qu'il le pourra faire par lui-même, à fortifier encore cette bonne intelligence; et il ajoutera qu'il sait qu'il ne peut tenir dans le poste qu'il occupe une conduite qui soit plus agréable à Sa Majesté, qu'en la réglant d'une manière dont l'Empereur ait sujet d'être satisfait.

Il assurera l'Impératrice de la continuation de l'estime et de l'amitié que Sa Majesté a pour elle.

Comme l'archiduc[1] a fait depuis peu quelque difficulté de recevoir les ministres qui n'ont que le caractère d'envoyés, debout et découvert, ainsi qu'il avoit toujours été pratiqué, le sieur de Lusignan attendra les ordres de Sa Majesté avant que de prendre audience de ce prince, s'il n'est informé par le sieur de la Vauguyon que ces difficultés ne subsistent plus, lorsqu'il arrivera à Vienne.

Quoique Sa Majesté remette le sieur de Lusignan à ce qui lui sera dit par ledit sieur de la Vauguyon de l'état présent de la cour de Vienne, elle veut bien cependant qu'il sache en général ce qu'elle en a appris par différentes relations.

Le conseil de l'Empereur est partagé entre les ministres qui sont le plus dévoués aux Espagnols et qui souhaitent la conclusion d'une paix avec le Turc, et ceux qui croient qu'on ne peut trop profiter de la foiblesse de cet ennemi pour le chasser entièrement de la Hongrie.

Les ministres qui composent le premier parti sont :

Le prince et le comte de Dietrichstein : le premier, grand maître, et le second, chambellan de la maison de l'Empereur; on les a représentés à Sa Majesté comme ayant tous deux peu de capacité, celle du chambellan étant encore moindre que celle du grand maître.

Le prince Hermann de Bade[2], président du conseil de guerre,

---

1. Joseph, fils aîné de Léopold, qui lui succéda sous le nom de Joseph Iᵉʳ.
2. « Le prince Armand de Bade est un homme pesant tant par sa grosse corpulence que par son génie; il est homme de colère, et dit aisément ses sentiments sans aucuns égards ni considérations; grande difficulté à s'exprimer même en sa propre langue qu'il ne parle pas mieux que l'italienne et la françoise. Ce qu'il a de

est ennemi déclaré du duc de Lorraine. Il est peu estimé, et ses avis ne sont guère suivis.

Le comte d'Harrach, grand écuyer, est fort bien dans l'esprit de l'Empereur : il a plus de génie que les précédents, et autant d'inclination pour l'Espagne, y ayant été longtemps ambassadeur.

Le crédit qu'a l'Impératrice sur l'esprit de son mari fait que le sieur Stratmann, chancelier d'Autriche, a beaucoup de part au secret et à l'administration des affaires. Cette princesse a contribué à son élévation parce qu'il est né sujet de l'électeur palatin, son père; et après lui avoir fait obtenir les ambassades de Nimègue et de Francfort, elle lui a procuré le poste qu'il occupe présentement. En quoi il a été fort aidé par le défunt évêque de Vienne et par le marquis Borgomaneiro, alors ambassadeur d'Espagne à la cour de l'Empereur.

Le deuxième parti du conseil de l'Empereur ne subsisteroit pas si le comte de Kœnigseck, vice-chancelier de l'Empire, n'étoit à la tête. Il passe pour un des plus habiles ministres de l'Empereur, mais fort intéressé.

Le sieur de Lusignan s'appliquera à bien connoître par lui-même les différens caractères et talens de ces ministres et des autres qui composent le conseil de l'Empereur, afin d'en informer Sa Majesté et d'être plus en état d'exécuter les ordres qu'elle lui donnera.

Et comme la tranquillité dont jouit présentement la plus grande partie de l'Europe, fait croire à Sa Majesté qu'il y aura peu de matière de négociation à la cour de Vienne; que même les dernières déclarations de l'Empereur ont levé toutes les difficultés que les ministres impériaux pourroient former sur quelques articles du traité de trêve : il ne restera au comte de Lusignan qu'à rendre un bon compte à Sa Majesté des démarches que feront les armées impériales en Hongrie, des propositions de paix qu'il apprendra que les Turcs feront à l'Empereur et généralement de tout ce qui se passera à la cour de Vienne, qu'il

mieux est qu'il n'écrit pas mal et qu'il est assez laborieux, ne faisant aucune débauche. » — *Relation de La Vauguyon*.

croira pouvoir mériter la curiosité de Sa Majesté. Le sieur de la Vauguyon ayant écrit que l'Empereur s'étoit fait faire une cession par la reine de Pologne, femme du duc de Lorraine, et par la duchesse de Juliers, sa sœur, des droits que l'impératrice Éléonore, leur mère, prétendoit avoir sur quelques fiefs du Montferrat, en abandonnant à ces deux princesses les meubles de la succession de ladite Impératrice, le sieur de Lusignan s'informera en quoi ces droits peuvent consister, et il en rendra compte à Sa Majesté.

Quoique le duc de Lorraine ait perdu, en la personne de l'impératrice Éléonore, le seul appui qu'il eût à la cour de Vienne et qu'il ne soit bien avec aucun des ministres qui composent le conseil de l'Empereur, il peut arriver cependant que ce prince, touché des services que ledit duc lui rend actuellement[1], fasse parler au sieur comte de Lusignan pour écrire en sa faveur à Sa Majesté.

Il dira seulement à ceux qui l'en presseront que non seulement il n'a aucun pouvoir ni instruction sur ce qui regarde ce prince, mais même qu'il n'y a personne en France qui ne considère la Lorraine comme un membre inséparablement uni et attaché au corps du royaume, qu'on ne pourroit pas dorénavant en proposer le moindre détachement sans s'attirer l'indignation de tout ce qu'il y a de bons François ; que c'est une partie justement réunie à son tout, tant par le droit de la guerre et de confiscation, que par les derniers traités faits avec le défunt duc et par le refus de celui d'à présent de souscrire aux conditions que les ministres impériaux avoient stipulées en sa faveur par ledit traité de Nimègue ; que l'Empereur et l'Empire ne peuvent

---

1. En 1686, Charles de Lorraine prend Bude, le 2 septembre. « Il aurait voulu, dit M. d'Haussonville (III, p. 368), poursuivre à outrance l'armée ottomane, mais il en fut empêché par le duc de Bavière, qui, d'accord avec les ministres de Vienne, ne cherchait qu'à faire obstacle aux desseins du duc de Lorraine. Cependant il réussit à reprendre aux ennemis les places de Szegedin, de Cinq-Églises, de Darda et de Kaposwar. La campagne de 1687 fut plus décisive encore. Charles, prenant la direction suprême de la guerre de Hongrie, marcha sur Essek dont il fit brûler le pont, et, secondé par le duc de Bavière, il défit complètement à Mohacz, le 12 août, l'armée la plus considérable que, depuis 1683, les Turcs eussent encore mise sur pied. Peu de temps après... Charles V occupait en force presque toute la Transylvanie. »

plus dorénavant appuyer les intérêts dudit duc, et qu'enfin rien au monde ne seroit capable de porter Sa Majesté à relâcher la moindre partie de la possession où elle est de ce duché.

En un mot, sur toutes les propositions qui pourront être faites audit sieur de Lusignan en faveur du duc de Lorraine, il doit s'appliquer à le désabuser de l'espérance qu'il pourroit avoir de rentrer dans quelque partie de ce duché qui, doit être, à présent, regardé comme une province de France inséparable de la couronne.

Mais si ce prince, étant bien persuadé qu'il ne pourra rien obtenir qu'en renonçant en faveur de Sa Majesté et de ses successeurs à toute sorte de prétentions sur ledit duché de Lorraine, se remettoit entièrement à la générosité de Sa Majesté, et faisoit des propositions de quelque autre établissement tant pour lui que pour les siens, plus convenable aux intérêts du Roi, Sa Majesté veut bien que ledit sieur de Lusignan écoute, en ce seul cas et non autrement, les propositions qui lui seront faites et se charge d'en rendre compte à Sa Majesté, qui l'informera ensuite de ce qu'elle voudra bien faire pour la satisfaction dudit prince et pour lui donner, et à ses enfants, les moyens de soutenir une dépense plus conforme à leur naissance que l'état où ils sont à présent.

Sa Majesté ordonne expressément audit sieur de Lusignan de se tenir sur cette matière dans les termes de cette instruction sans s'étendre au delà pour quelque raison que ce puisse être.

Ledit sieur de Lusignan entretiendra une bonne correspondance avec tous les ministres de Sa Majesté dans les pays étrangers et principalement, ainsi qu'il a été dit, avec le sieur Verjus et même avec le comte de Rebenac, et se servira pour cet effet, aussi bien que pour les lettres qu'il écrira à Sa Majesté ou qu'il en recevra, des voies les plus sûres qu'il pourra trouver.

Sa Majesté lui fait même remettre entre les mains deux tables de chiffres, l'une assez facile dont il se servira dans toutes les lettres qui ne demandent pas un grand secret, l'autre plus difficile dont il chiffrera lui-même les lettres ou articles les plus secrets, sans confier ce second chiffre à un secrétaire.

Et au reste, il n'omettra rien pour rendre sa conduite agréable à la cour de Vienne et pour s'acquérir l'estime, la confiance et même la familiarité des ministres et des principaux de cette cour, afin de pouvoir découvrir ce qui s'y passe dans les entretiens qu'il aura avec eux.

Après cet éclaircissement général qui regarde l'emploi que Sa Majesté confie audit sieur comte de Lusignan, il doit attendre ses instructions particulières des réponses que Sa Majesté fera à toutes ses dépêches; et comme c'est à elle seule qu'il doit rendre compte directement de l'exécution de ses ordres, et que les informations qu'elle reçoit de ses ministres dans les pays étrangers doivent servir de fondement aux résolutions les plus importantes qu'elle prend, la principale partie de leur devoir et la preuve la plus essentielle de leur fidélité est de ne rien ajouter à la vérité, de l'informer mot pour mot de ce qui a esté dit de part et d'autre dans les conférences qu'ils ont avec le prince ou avec ses ministres et tous autres avec lesquels ils traitent, en sorte que s'il échappe quelque terme à leur mémoire, au moins ils ne changent rien à la substance. Ils doivent bien peser aussi les avis qui leur seront donnés, pénétrer quelles peuvent être les vues et les intérêts de ceux dont ils les tiennent, les nommer à Sa Majesté. Et enfin, au lieu de se flatter d'une vaine espérance d'acquérir du mérite auprès d'elle en embellissant leur récit et leurs avis aux dépens de la vérité, ils doivent être persuadés que ce n'est qu'en s'y attachant exactement qu'ils peuvent mériter l'honneur de son estime. Ainsi elle se promet que ledit sieur de Lusignan ne se départira jamais de cette règle qu'elle lui prescrit comme la plus inviolable.

Outre ce qui est contenu dans la présente instruction des avis ordinaires que le Roi veut que ledit sieur de Lusignan lui donne de tout ce qui se passera dans ladite cour de Vienne, l'intention de Sa Majesté est que tous ses ministres au dehors lui rapportent au retour de leurs emplois une relation exacte de tout ce qui s'y sera passé de plus important dans les négociations qu'ils auront conduites; de l'état des cours et des pays où ils auront servi; des cérémonies qui s'y observent soit dans les entrées, soit dans les audiences ou dans toute autre rencontre; du génie et des inclinations des princes et de leurs ministres, et enfin de tout ce qui peut donner une connoissance particulière des lieux où ils auront été employés et des personnes avec lesquelles ils auront négocié. Ainsi ledit sieur de Lusignan aura soin de préparer un mémoire de cette sorte en forme de relation de l'emploi que Sa Majesté lui confie pour le mettre à son retour entre les mains de Sa Majesté.

Fait à Versailles, le 6 septembre 1687.

VIII

LE MARQUIS DE VILLARS

1698

M. de la Vauguyon, revenant de Vienne en 1687, terminait ainsi la relation de son ambassade :

« Je finirai ce mémoire par assurer Votre Majesté que j'ai laissé
« à mon départ la cour de Vienne pleine d'envie de porter la guerre
« sur le bord du Rhin, aussitôt que l'entière conquête du royaume
« de Hongrie sera faite ; mais, pour peu que les plus éclairés minis-
« tres de l'Empereur fassent réflexion sur leurs forces et sur celles
« de Votre Majesté, je doute qu'ils osent mettre à exécution un si
« grand dessein, puisqu'ils n'ignorent pas avec douleur les précau-
« tions que l'on a prises, et que présentement, quand leurs troupes
« deviendroient plus nombreuses qu'elles ne sont, l'entrée de la
« France est bien moins praticable que celle de l'Empire ; outre qu'il
« est grandement à douter que la plupart des princes souverains
« voulussent donner les mains à une guerre qui, dans la suite, ne
« pourroit être qu'à la ruine de leurs États, pour l'intérêt particulier
« de l'Empereur. »

Cette dernière hypothèse n'était pas fondée. Il s'était formé en Europe une coalition, la ligue d'Augsbourg, par traité conclu le 29 juillet 1686, entre l'Empereur, le roi d'Espagne, la Suède, l'électeur de Bavière, les cercles de Bavière, de Franconie et de Souabe, la maison de Saxe et d'autres princes de l'Empire. L'objet avoué était le maintien de la trêve de Ratisbonne, mais le véritable dessein de cette ligne était de ramener la France à l'état où elle était avant les dernières réunions. Louis XIV, qui se croyait en mesure, jugea bon de prévenir les intentions de ses ennemis et déclara la guerre. Le

25 novembre 1688, M. de Lusignan eut ordre de revenir de Vienne. La France se trouva, en 1689, en guerre avec l'Autriche, l'Empire, l'Espagne, les Pays-Bas. Le stathouder de Hollande, Guillaume d'Orange, étant devenu, par la révolution de 1688, roi d'Angleterre, Louis XIV soutint contre lui les prétentions de Jacques II, ce qui entraîna l'Angleterre dans la lutte.

La guerre dura huit ans. Elle se termina en 1697 par les traités de Ryswick. Le traité entre le Roi et l'Empereur était du 30 octobre, et il était conclu sur les principes de ceux de Westphalie et de Nimègue. L'article IV portait : « Tous les lieux et endroits occupés par Sa Sacrée Majesté Très Chrétienne pendant la guerre et par voie de fait, sous le nom d'unions ou réunions, situés hors de l'Alsace ou contenus dans la liste des réunions produite par l'ambassade de France, seront restitués à Sa Sacrée Majesté Impériale, à l'Empire et à ses États et membres... etc. » Louis XIV rendait Fribourg, Brisach, Philipsbourg, la Lorraine, moins Sarrelouis et Longwy.

A partir de cette époque, toutes ses pensées se portèrent vers la succession d'Espagne, qui était sur le point de devenir vacante. Charles II s'était marié deux fois : il avait épousé Marie-Louise d'Orléans, qui était morte en 1689, puis Marie-Anne de Neubourg, belle sœur de Léopold. Il n'avait point d'enfants, et sa santé devenait de plus en plus chancelante. Déjà, en 1668, par un traité daté du 19 janvier, Louis XIV et Léopold s'étaient partagé éventuellement sa succession [1].

« La connaissance de son état à peu près désespéré et la perspective de son héritage, dit M. Mignet[2], ne furent pas étrangers à la modération que Louis XIV montra dans le traité de Ryswick. Il reprit les fils abandonnés de la trame qu'il avait si habilement ourdie de 1661 à 1668. Mais trente ans s'étaient écoulés entre les négociations qu'il avait autrefois entreprises touchant la succession d'Espagne et celles qu'il allait engager. La situation de l'Europe était changée. Le nombre des compétiteurs à cette succession s'était accru par la naissance du prince électoral de Bavière, petit-fils de l'infante Marguerite-Thérèse[3], sœur de la reine de France, Marie-Thérèse, et n'ayant pas été contrainte, comme elle, de signer un acte de renonciation à la monarchie espagnole. Les vues mêmes de l'empereur Léopold s'étaient modifiées. Lorsqu'il avait conclu le traité de partage de 1668, il n'avait point d'enfants. Depuis lors, il avait eu de l'infante

---

1. MIGNET, II, p. 441.
2. *Introduction à l'Histoire de la succession d'Espagne.*
3. Marguerite-Thérèse, fille cadette de Philippe IV, fiancée à Léopold en 1663, vint à Vienne en 1666 et mourut en 1673. Elle eut, en 1669, une fille, Marie-Antoinette, mariée en 1685 à Max-Emmanuel de Bavière, dont elle eut un fils, Ferdinand.

Marguerite-Thérèse une fille nommée Marie-Antoinette, qui avait épousé, en 1685, l'électeur de Bavière, et de la princesse Éléonore de Neubourg, deux fils, l'archiduc Joseph et l'archiduc Charles [1].

« Les changements survenus dans la famille et dans les sentiments de l'Empereur l'avaient fait changer de système. Il avait cru pouvoir devenir l'héritier universel de la monarchie espagnole. Il ne reconnut aucun droit à Louis XIV du chef d'Anne d'Autriche, et au Dauphin du chef de Marie-Thérèse. Il avait obligé sa fille, en la mariant à l'électeur de Bavière, de répudier d'avance la succession d'Espagne. De cette manière, toutes les femmes qui descendaient de Philippe IV ayant à ses yeux perdu leurs droits, il fallait remonter à celles qui descendaient de Philippe III; et Anne d'Autriche, mère de Louis XIV, ayant abandonné les siens, tandis que Marie-Anne, sa propre mère [2], lui avait transmis ceux qu'elle avait conservés, il se croyait l'héritier unique et légitime de Charles II. Il avait le projet de donner cet héritage à son second fils, l'archiduc Charles. Le roi d'Espagne n'avait pas pensé de même : n'accordant pas à la cour de Vienne le pouvoir d'imposer des renonciations qui n'avaient pas été exigées par la cour de Madrid, il regardait comme nul l'acte arraché à l'électrice Marie-Antoinette, et il adoptait le prince électoral de Bavière pour son héritier. Il avait donc fait en sa faveur un testament [3] qu'il avait déposé entre les mains du cardinal Portocarrero, archevêque de Tolède et primat du royaume. Mais l'Empereur, qui savait et pouvait tout à Madrid, avait vaincu par ses persécutions la faible volonté de Charles II, et lui avait fait révoquer le témoignage mystérieux qu'il en avait donné : le testament avait été déchiré. Après avoir fait déshériter le prince électoral de Bavière, l'Empereur, qui gouvernait Charles II par la reine, la cour de Madrid par son ambassadeur le comte d'Harrach [4], qui occupait la Catalogne par une garnison allemande... demandait avec instance que l'archiduc Charles fût appelé en Espagne comme héritier présomptif... Louis XIV... n'espérant pas tout l'héritage, travailla à se ménager l'acquisition d'une partie. Il s'adressa aux puissances mêmes qui avaient été les ennemies les plus persévérantes de sa grandeur, à la Hollande et à l'Angleterre... Guillaume III consentit, dans un intérêt de paix et d'équilibre, à diviser d'avance la monarchie espagnole entre les trois compétiteurs qui se la seraient disputée après la mort de Charles II [5]. »

1. Qui furent l'un et l'autre empereurs sous les noms de Joseph Ier et de Charles VI.
2. Fille de Philippe III, première femme de Ferdinand III, morte en 1646.
3. Septembre 1696.
4. Le comte Ferdinand de Harrach, désigné en 1696 pour l'ambassade de Madrid, n'y arriva qu'en mai 1697. Son fils avait fait l'intérim.
5. MIGNET, *Introduction à l'Histoire de la succession d'Espagne.*

Tandis qu'il poursuivait cette négociation, qui se termina par le traité du 11 octobre 1698, Louis XIV avait le plus grand intérêt à connaître les vues de Léopold. Il n'avait point encore de ministre à Vienne ; il y envoya le marquis de Villars, qui y avait paru en 1687, chargé de porter à l'Empereur des compliments de condoléance et de détacher de lui l'électeur de Bavière. « En même temps, dit un de ses biographes [1], qu'il ne perdait point de vue les intérêts du Roi et qu'il restait Français zélé à Vienne, il se conduisait à l'armée de Hongrie comme un fidèle sujet de l'Empereur, et il prit part, en y contribuant de son conseil autant que de son bras, à une grande victoire contre les Turcs. L'Empereur lui en fit faire des remerciements publics dans une santé portée en plein festin par un de ses ministres. » Dans la guerre qui suivit, Villars devint lieutenant général. L'instruction qui lui fut donnée porte la date du 16 juin 1698, M. de Torcy étant ministre des affaires étrangères.

MÉMOIRE POUR SERVIR D'INSTRUCTION AU SIEUR MARQUIS DE VILLARS, LIEUTENANT GÉNÉRAL DES ARMÉES DU ROI, COMMISSAIRE GÉNÉRAL DE LA CAVALERIE, ALLANT A VIENNE EN QUALITÉ D'ENVOYÉ EXTRAORDINAIRE DE SA MAJESTÉ. A VERSAILLES, 16 JUIN 1698 [2].

Le rétablissement de la paix, dans le temps que le Roi pouvoit se promettre les plus grands avantages de la continuation de la guerre, les places que Sa Majesté a bien voulu céder pour le procurer, sont des preuves incontestables du désir sincère qu'elle a eu de rendre un repos solide à l'Europe et des assurances certaines de l'application que Sa Majesté veut donner désormais à maintenir la tranquilité générale.

Dans l'État présent des affaires, elle paroît ne pouvoir être

---

1. SAINTE-BEUVE, *Causeries du lundi*, XIII, article VILLARS.
2. Vienne, 1698. T. LXIX.

troublée que par l'évènement de la mort du Roi d'Espagne. L'Empereur a fait connoître par avance ses desseins sur cette monarchie, et pendant la dernière guerre, et depuis la conclusion de la paix. Le Roi n'a pas jugé qu'il convînt de parler des droits légitimes de Mgr le Dauphin pendant la vie du Roi Catholique. Mais quoique Sa Majesté n'ait fait aucunes démarches pour traverser celles de l'Empereur, cet effet de sa modération n'empêche pas de croire qu'elle n'abandonneroit pas des droits dont la justice est reconnue de ceux même qui les contestent.

Ainsi l'ouverture à la succession d'Espagne étant regardée comme le point fatal dont la tranquillité de l'Europe dépend entièrement, et Sa Majesté voulant maintenir la paix, il est de sa profonde sagesse de prévenir toutes les causes d'une nouvelle guerre que cet évènement paroît devoir produire.

De toutes les mesures qu'elle peut prendre pour cet effet, l'une des principales est de découvrir les moyens que l'Empereur met en usage pour avancer le succès de ses desseins, de pénétrer le fondement des espérances de ce prince, de reconnoître quelle en est la solidité ou la foiblesse, de régler sur cette connoissance les démarches qu'il sera du service de Sa Majesté de faire, enfin d'examiner s'il conviendroit davantage à ses intérêts et au maintien de la paix, ou de traverser les vues de l'Empereur, ou d'établir avec lui une étroite intelligence et de former de nouvelles liaisons, à peu près semblables à celles qui ont autrefois été entre Sa Majesté et ce prince.

Sur ce fondement, elle a jugé que celui qu'elle enverroit à Vienne après la paix devoit être également capable de pénétrer les projets de l'Empereur et de traiter, si le service du Roi le demande, dans la suite. Elle a choisi, dans cette vue, le marquis de Villars, lieutenant général de ses armées et commissaire général de sa cavalerie : Sa Majesté étant persuadée que personne ne peut exécuter mieux que lui les ordres qu'elle lui donnera sur des affaires aussi importantes que celles qu'elle lui confie. Elle ne juge pas seulement de son zèle et de sa capacité par les preuves qu'il en a données dans les emplois de guerre dont il s'est acquitté à son entière satisfaction; Sa Majesté connoît encore sa bonne conduite dans les négociations ; il l'a fait voir pendant le temps qu'il a été chargé des ordres du Roi auprès de l'électeur de Bavière ; et comme le voyage qu'il avoit déjà fait à Vienne en qualité d'envoyé extraordinaire de Sa Majesté, et la campagne qu'il fit en Hongrie dans l'armée de l'Empereur, lui ont donné toutes les connoissances nécessaires pour la bien servir dans cette cour, elle ne doute pas que les services qu'il va lui rendre ne soient aussi agréables à Sa Majesté que ceux qu'il lui a déjà rendus dans ses armées et dans les commandements séparés qu'elle a bien voulu lui confier pendant la dernière guerre.

Quoique l'usage soit que l'Empereur nomme un envoyé auprès du Roi en même temps que Sa Majesté en choisit un pour envoyer auprès de ce prince, on n'apprend point encore qu'il ait jeté les yeux sur personne pour venir auprès de Sa Majesté.

Ce délai donne un juste lieu de croire qu'il ne seroit peut-être pas fâché de retarder l'arrivée du marquis de Villars à Vienne ; que la résidence d'un ministre de Sa Majesté dans les conjonctures présentes lui est suspecte ; qu'il croit enfin que celui qui viendra de la part de Sa Majesté donnera toute son application à pénétrer ses desseins ; c'est aussi par ces mêmes raisons que le Roi regarde comme un point de nulle importance que l'Empereur envoie présentement auprès de Sa Majesté ou qu'il diffère encore de nommer un envoyé : l'essentiel pour son service est que le marquis de Villars soit bientôt à Vienne en état d'exécuter ses ordres ; et comme il ne peut bien découvrir à l'avenir les résolutions de l'Empereur, par rapport à la succession d'Espagne, s'il n'est informé des démarches que ce prince a déjà faites, Sa Majesté juge qu'il est nécessaire de l'instruire en peu de mots des principales.

Le tempérament foible du roi d'Espagne n'a jamais laissé beaucoup d'espérance à ses sujets de voir naître des mariages de ce prince des successeurs à sa couronne. Ils paroissent même avoir perdu cette espérance par les fréquentes et dangereuses maladies dont il a été attaqué depuis quelques années ; mais en même temps qu'elles leur ont fait craindre un changement prochain de domination, elles ont donné lieu de connoître que si Dieu disposoit du roi d'Espagne, l'Empereur prétendroit réunir dans sa seule branche tous les États partagés depuis Charles-Quint entre les deux branches de la maison d'Autriche.

Si le droit de succéder à tant d'États se décidoit par les seules règles de la justice, il est certain que M#gr# le Dauphin seroit aussitôt reconnu comme le seul et le véritable héritier[1].

Les lois et les coutumes d'Espagne, confirmées par différents exemples de successions, ne peuvent être renversées par la renonciation que la feue reine fut obligée de faire, étant mineure, au préjudice des enfants qui devoient naître de son mariage; et le testament de Philippe IV[2] ne pouvoit troubler l'ordre établi dans son royaume ni disposer après sa mort de la succession à cette monarchie contre les lois observées depuis sa fondation. La plus grande partie des Espagnols en conviennent; mais quand même la renonciation de la feue reine et le testament de Philippe IV seroient valables, l'Empereur ni les princes ses enfants ne seroient pas encore appelés à la succession du Roi Catholique si ce prince venoit à mourir.

Philippe IV, supposant que la renonciation qu'il avoit fait faire à la Reine sa fille étoit bonne, institua par son testament l'infante Marguerite, sa seconde fille et ses descendans héritiers de tous ces États, si le prince son fils qui règne aujourd'hui mouroit sans enfants. L'Empereur épousa l'infante Marguerite et feu l'électrice de Bavière est la seule qu'il ait eue de ce mariage; elle a par conséquent transmis au prince électoral de Bavière, son fils, tous les droits qu'elle pouvoit avoir à la succession d'Espagne, et l'Empereur n'étant appelé à cette succession par le même testament qu'au défaut des descendans de

---

1. Dès le 20 janvier 1646, Mazarin écrivait : « L'Infante étant mariée à Sa Majesté, nous pourrions aspirer à la succession des royaumes d'Espagne, quelque renonciation qu'on lui en fît faire. » — Mignet, I, p. 33. — Le premier ambassadeur que Louis XIV envoya en Espagne après la paix des Pyrénées et son mariage, eut pour instruction principale d'obtenir la révocation de l'acte de renonciation de Marie-Thérèse. — Id., p. 71 et suiv.

2. Testament de Philippe IV, mort le 17 septembre 1662. Ce testament instituait, à défaut d'héritier direct, l'infante Marguerite, première femme de Léopold, mère de l'électrice Marie-Antoinette, grand'mère de Ferdinand-Joseph de Bavière, et excluait l'infante Marie-Thérèse.

l'infante Marguerite, il est aisé de conclure qu'il n'a nul droit d'y prétendre pendant la vie du prince électoral.

Le marquis de Villars a été informé par l'électeur de Bavière même du titre dont l'Empereur se sert pour exclure le prince électoral ; l'électrice de Bavière en se mariant fut obligée de renoncer à ses droits sur la succession d'Espagne, et l'Empereur promit alors de lui céder et à l'Électeur son mari, la souveraineté des Pays-Bas, si le Roi Catholique mouroit sans enfants. Ainsi l'Empereur prétend maintenant que tout droit à la succession d'Espagne étant ôté au prince électoral par la renonciation que l'électrice sa mère a faite, le Roi des Romains et l'archiduc Charles sont les seuls héritiers que cette succession doit regarder en vertu du testament de Philippe IV. Mais comme il a jugé que la couronne impériale et la monarchie d'Espagne, jointes ensemble et possédées par un seul prince, lui attireroient la jalousie et l'opposition de toute l'Europe, les démarches qu'il a faites à Madrid n'ont été jusqu'à présent qu'en faveur de l'archiduc.

Le parti du prince électoral de Bavière paroissoit à l'Empereur le seul capable d'apporter quelque obstacle à ses prétentions pendant la dernière guerre ; il étoit persuadé que le Roi, le soutenant contre les principales puissances de l'Europe, ne pouvoit encore employer de nouvelles armées à maintenir les droits de Monseigneur si le roi d'Espagne venoit à mourir ; la reine mère d'Espagne[1] appuyoit pendant sa vie le parti de l'électeur de Bavière ; sa tendresse pour le prince électoral, son petit-fils, joint à la jalousie qu'elle avoit contre la Reine, sa belle-fille, la portoient également à traverser les vues de l'Empereur, que la jeune Reine entreprenoit de faire réussir.

La Reine mère étant morte et le crédit de la reine d'Espagne[2] n'étant plus balancé, il sembloit que rien ne devoit s'opposer aux desseins de l'Empereur, lorsque le Roi Catholique tomba si dangereusement malade qu'à peine restoit-il quelque espérance pour sa vie ; dans cette extrémité il fit un testament ; peu de personnes

---

1. Marie-Anne, sœur de l'empereur Léopold, mère de Marie-Thérèse de France, de l'infante Marguerite première femme de Léopold et de Charles II. Elle mourut en mai 1696.

2. Marie-Anne de Neubourg, belle-sœur de Léopold.

eurent part à ce secret; mais on crut, et avec beaucoup de vraisemblance, qu'il avoit institué le prince électoral son héritier[1]. Cette nouvelle obligea l'Empereur à dépêcher le comte d'Harrach à Madrid; ses ordres étoient de porter le roi d'Espagne à révoquer son testament, d'engager ce prince à faire venir l'archiduc auprès de lui et à l'élever à sa cour comme le présomptif héritier de sa couronne.

La Reine rendit alors des services très utiles à l'Empereur, et il a paru que cette princesse lui avoit fait donner toutes les assurances qu'il pouvoit désirer au sujet du testament. Elle auroit peut-être encore obtenu que l'archiduc seroit appelé en Espagne et qu'il conduiroit avec lui, comme l'Empereur le souhaitoit, un corps de dix ou douze mille hommes sous prétexte de défendre la Catalogne si la paix générale conclue dans cette conjoncture n'avoit fait cesser ce prétexte, changé la disposition que les peuples d'Espagne avoient témoignée à recevoir et à faire subsister ces troupes et, en même temps, la résolution que les Anglois et les Hollandois sembloient avoir prise de fournir des vaisseaux pour les transporter.

Ces difficultés n'ont pas cependant empêché l'Empereur de chercher de nouveaux moyens d'avoir en Espagne un corps de troupes à sa disposition, de s'assurer, s'il lui étoit possible, de l'assistance des Anglois et des Hollandois au cas de la mort du Roi Catholique; enfin il n'a rien oublié pour approcher l'archiduc de cette succession et pour le mettre en état d'en conserver au moins une partie s'il lui étoit impossible de la recueillir tout entière.

Dans cette vue, le comte d'Harrach a représenté continuellement en Espagne la prétendue nécessité de s'armer par terre et par mer pour la défense de la monarchie; mais comme le péril a paru imaginaire, il n'a pu persuader le conseil d'Espagne de prendre des résolutions qu'il auroit été difficile d'exécuter; l'entretien des troupes auroit été à charge aux peuples, et l'Empereur en les offrant convenoit qu'il ne pouvoit fournir à leur subsistance; le Roi Catholique n'est pas plus en état d'y contri-

---

1. C'est le testament de septembre 1696. Voir ci-dessus page 127.

buer ; ainsi cette proposition n'a point eu d'effet jusqu'à cette heure ; mais l'Empereur ne s'en est point encore désisté.

Il a fait demander aussi inutilement au roi d'Espagne d'appeler l'archiduc à Madrid : il a paru que la crainte extrême de donner au Roi un aussi juste sujet de plainte et d'attirer peut-être une nouvelle guerre étoit un motif assez puissant pour détourner le Roi Catholique de prendre une pareille résolution, quand même ce prince auroit pu vaincre la répugnance qu'il a toujours témoignée à nommer son successeur et à le tenir auprès de lui en cette qualité.

Ces voies d'approcher l'archiduc du trône d'Espagne étant fermées, l'Empereur a fait demander pour lui le gouvernement du Milanois, premièrement perpétuel et indépendant ; ensuite il se seroit contenté de l'obtenir de la manière que le roi d'Espagne l'auroit voulu donner ; il considéroit avec raison ce poste comme très important pour se rendre maître des États d'Italie en cas d'un changement. Cette demande n'a pas eu plus de succès que les autres. Enfin il paroît depuis quelque temps que la manière dont la reine d'Espagne use de son autorité nuit bien plus aux intérêts de l'Empereur qu'elle ne les peut avancer ; que la conduite de cette princesse anime toute la nation contre les Allemands ; qu'elle fait voir aux Espagnols ce qu'ils auroient à craindre s'ils passoient sous la domination de l'Empereur ; qu'enfin elle lui ouvre les yeux sur les droits des légitimes héritiers ; et le parti de la France n'a jamais paru si considérable que depuis que la Reine n'a plus trouvé d'obstacles à son pouvoir et que l'on a vu qu'elle l'employoit tout entier à soutenir les intérêts de l'Empereur.

Ce prince fait en même temps de fortes instances au roi d'Angleterre et aux États généraux des Provinces-Unies pour s'assurer de leur secours si le roi d'Espagne vient à mourir ; ses ministres pressent ces deux puissances d'entrer dans une nouvelle ligue sous prétexte de maintenir la tranquillité générale et d'empêcher la trop grande puissance de la France ; l'exécution du traité fait le 12 mai 1689 entre l'Empereur, le roi d'Angleterre et les États généraux est proposée comme un des principaux articles de cette ligue ; ce traité, fait au commencement de la dernière guerre, porte que si le roi d'Espagne vient à mourir, l'Angleterre et la Hollande assisteront l'Empereur de tous les secours nécessaires pour soutenir ses prétentions sur cette succession. Mais jusqu'à présent le roi d'Angleterre ne s'explique pas précisément de ce qu'il feroit en ce cas pour les intérêts de l'Empereur, et il n'a fait encore que des réponses générales sur ce sujet tant pour lui que pour les États généraux. Il doit cependant envoyer incessamment un ministre à Vienne. Les Hollandois ont déjà fait passer le sieur Hopp à la cour de l'Empereur, et comme le projet est d'y traiter cette nouvelle alliance, le marquis de Villars peut rendre des services très considérables au Roi en découvrant ce qui se passera dans cette négociation.

S'il y avoit plus d'apparence que l'on n'en voit effectivement au succès des desseins de l'Empereur sur la monarchie d'Espagne, il conviendroit alors de chercher les moyens de traiter avec ce prince et de lui faire voir qu'il n'a point de plus grands obstacles à craindre que de la part de Sa Majesté ; qu'en s'accommodant avec elle tout lui deviendroit facile, et d'examiner ensuite quel seroit le partage que l'on pourroit proposer pour l'utilité commune.

Mais dans l'état où sont les choses, il ne convient point au Roi de prendre cette voie : l'ancienne jalousie de la maison d'Autriche contre celle de France est trop augmentée depuis que la puissance du Roi a paru avec autant d'éclat pour croire que l'Empereur consente jamais à accroître cette puissance par un partage volontaire ; s'il l'a fait autrefois, on ne doit pas en tirer la conséquence qu'il le feroit encore présentement ; il ne croyoit pas alors pouvoir allier autant de princes dont les intérêts sont différents pour les opposer à Sa Majesté ; l'expérience de la dernière ligue lui fait espérer d'en former aisément une nouvelle toutes les fois qu'il s'agira d'empêcher que le Roi n'acquière de nouveaux États. Ainsi la proposition d'un traité de partage ne pourroit que produire de mauvais effets pour le service du Roi dans les conjonctures présentes.

Premièrement, elle changeroit l'inclination que les Espagnols témoignent présentement pour un des princes de France, cette nation ne craignant rien davantage que de voir démembrer la monarchie après la mort du roi d'Espagne.

Secondement, cette conduite donneroit lieu de croire ou que Sa Majesté doute de la validité des droits de Monseigneur ou qu'elle ne veut pas employer ses forces pour les soutenir.

Toutefois, si les ministres de l'Empereur proposent au marquis de Villars de prévenir par un traité les troubles que l'ouverture à la succession d'Espagne pourroit exciter, il se chargera d'en rendre compte à Sa Majesté. Il peut même dire, sans craindre de se trop avancer, qu'ils savent à quelles conditions un pareil traité pourroit se faire et que celui de 1668 serviroit de modèle.

Il recevra des ordres plus précis du Roi sur le compte qu'il en rendra à Sa Majesté. Cependant sa principale application doit être présentement d'observer, comme il a été dit, les mesures que l'Empereur prendra pour l'exécution de ses projets.

On a vu former pendant la dernière guerre celui dont le comte Caraffa étoit auteur, de rendre l'Empereur maître de l'Italie; l'effet n'en a été empêché que par la puissance du Roi, par les sages résolutions que Sa Majesté a prises dans les temps convenables, par la manière dont elle s'est servie des conjonctures pour assurer la liberté des princes d'Italie[1].

Quoique toutes les troupes allemandes en soient enfin sorties, il paroît que l'Empereur n'abandonne point ses premières vues et qu'il est même plus sensible à ce qui regarde l'Italie qu'à tout autre projet.

Le comte Martinitz, pendant son ambassade à Rome, n'a perdu aucune occasion d'y établir par des actes l'autorité impériale oubliée dans cette ville depuis plusieurs siècles; mais comme depuis la mort du comte Caraffa, aucun des ministres de l'Empereur ne s'est trouvé avoir la même connoissance qu'il avoit des affaires d'Italie; il est présentement plus facile de savoir toutes les résolutions de l'Empereur sur ce sujet que sur les autres affaires, et Sa Majesté s'assure que le marquis

---

1. Le 29 et le 30 mai 1696, trois traités avaient été signés à Pignerol entre Louis XIV et le duc de Savoie. Le duc s'engageait à faire ses efforts pour obtenir de l'Empereur et de ses alliés la neutralité de l'Italie; sinon il joindrait contre eux ses forces à celles du roi de France. — C. ROUSSET, *Louvois*, IV, ch. xiv, p. 534

de Villars l'informera très exactement de tout ce qu'il sera possible d'en apprendre.

La défiance perpétuelle entre l'Empereur et les princes de l'Empire produit souvent des évènements dont on peut utilement profiter; on a vu pendant la dernière guerre les forces considérables que leur union donnoit à la ligue; mais ils ont dû connoître en même temps que leur soumission aux volontés de l'Empereur le rendoit de leur propre consentement absolu dans l'Empire, et que son autorité deviendroit enfin assez grande pour en renverser les constitutions et pour leur ôter à eux-mêmes leurs droits les plus considérables.

La paix peut éloigner le péril dont ils étoient menacés s'ils savent profiter du retour de la tranquillité générale et prendre de nouvelles mesures pour maintenir leur liberté contre les entreprises de l'Empereur; ils ne le peuvent faire qu'en renouvelant avec Sa Majesté les mêmes liaisons dont ils ont souvent reconnu l'utilité. Quoique l'intérêt qui les y doit porter soit assez connu, il sera cependant plus facile encore de les persuader lorsque le Roi sera ponctuellement informé des nouvelles atteintes que l'Empereur donnera vraisemblablement à leurs privilèges. Ainsi le marquis de Villars doit être attentif à s'en instruire, afin d'en rendre un compte exact à Sa Majesté. Mais lorsqu'il croira devoir en parler aux ministres que ces princes auront à Vienne, il est nécessaire qu'il le fasse avec beaucoup de circonspection : ces envoyés sont ordinairement plus attachés à l'Empereur qu'à leurs maîtres; ils espèrent des grâces considérables en se conduisant au gré de la cour de Vienne, et ils ont devant les yeux des exemples de la manière dont elle récompense les services qu'ils lui rendent au préjudice de leur devoir.

Cette raison ne doit pas cependant empêcher le marquis de Villars de leur faire voir, en général, que l'intention du Roi est de maintenir la paix que Sa Majesté a rendue à l'Europe; que la cession des places qu'elle possédoit au delà du Rhin est une assurance certaine que Sa Majesté ne veut plus porter la guerre en Allemagne; qu'elle n'a désormais rien à démêler avec l'Empire; que jamais il n'y a eu plus d'apparence à la durée et à la solidité d'aucune paix, que de celle qui vient d'être conclue entre

Sa Majesté et l'Empire; qu'il est seulement à souhaiter que les princes d'Allemagne, en connoissant le solide fondement et la sincérité des intentions de Sa Majesté, ne se laissent point alarmer par les vaines défiances qu'on prétend leur inspirer de ses desseins.

L'effet le plus prochain de cette défiance est la proposition d'un armement général de tout l'Empire dont on presse vivement la conclusion à Ratisbonne; la sûreté de l'Empire est le prétexte de cet armement : il doit toujours subsister en temps de paix et être augmenté si la guerre survenoit.

A bien examiner le véritable intérêt de l'Empereur, cet armement peut lui causer un jour beaucoup de préjudice. Il met les princes de l'Empire en état de s'opposer, avec succès, à ce que l'Empereur voudroit entreprendre au préjudice des constitutions qu'il a promis de maintenir; et il peut aisément arriver que le prince de Bade, ou tel autre général qui sera mis à la tête de cette armée, ne dépendra pas toujours comme un sujet des ordres qu'il recevra de la cour de Vienne. Mais présentement elle n'examine point cet intérêt; la proposition d'armer entretient la défiance de l'Empire à l'égard du Roi; les ministres de l'Empereur croient qu'elle les empêchera de rechercher l'alliance de Sa Majesté; que cette union est un commencement de nouvelle ligue; qu'il sera plus facile de la former comme elle étoit pendant la dernière guerre si le roi d'Espagne vient à mourir; qu'enfin, ce seront des troupes prêtes à employer dans le moment de cet évènement, et que l'Empereur en disposera comme des siennes propres, le général dépendant de lui. Ainsi ses ministres à la Diète pressent fortement la résolution de l'armement.

Les mêmes raisons que l'Empereur a présentement de le souhaiter, font aussi qu'il seroit de l'intérêt de Sa Majesté qu'il ne se fît point; mais comme ce seroit l'avancer que de témoigner qu'il pût lui faire de la peine, elle a ordonné à ses envoyés auprès des princes de l'Empire et au sieur de Chamois, son plénipotentiaire à Ratisbonne, de parler sur ce sujet avec beaucoup d'indifférence; de faire seulement voir, à propos, dans les occasions, que l'assurance des sincères intentions de Sa Majesté pour le maintien de la paix en doit faire le plus solide fondement; qu'il paroît assez inutile que les États de l'Empire se chargent d'une dépense dont on ne voit pas quel est le sujet, quand ils n'ont rien à craindre des desseins de Sa Majesté ; et qu'il paroît qu'ils devroient plutôt chercher la sûreté de la paix en témoignant au Roi une entière confiance, qu'en faisant des préparatifs pour se garantir des projets que Sa Majesté fait assez voir qu'elle ne veut point former. Le marquis de Villars s'expliquera dans le même sens aux ministres des princes de l'Empire, à Vienne, lorsque les occasions s'offriront de leur parler sur ce sujet.

L'érection d'un neuvième électorat, faite pendant la dernière guerre en faveur du duc d'Hanovre[1], est présentement une des principales affaires qui partagent les sentiments des princes de l'Empire : la plus grande partie persiste à s'opposer à une innovation, introduite par l'Empereur contre les constitutions de l'Empire. Il est d'une dangereuse conséquence d'admettre qu'il soit au pouvoir de ce prince de les changer, et plusieurs de ceux que leur intérêt oblige à ne pas souffrir l'établissement de cette nouveauté, ont voulu savoir les sentiments du Roi à cet égard.

Quoique le duc d'Hanovre n'eût acquis ce titre de l'Empereur que comme le prix d'avoir manqué aux engagements dans lesquels il étoit entré avec Sa Majesté, le ressentiment de la mauvaise conduite qu'il tint alors n'a cependant nulle part à la résolution qu'elle a prise sur l'érection du neuvième électorat ; elle regarde cette nouveauté comme entièrement contraire à ce qui doit être de plus inviolable dans l'Empire ; et Sa Majesté, voulant maintenir l'exacte observation des traités de Westphalie, ne peut approuver que le nombre des électeurs, fixé en dernier lieu par ces traités, soit augmenté par la seule autorité de l'Empereur et sans le consentement unanime de tout l'Empire. C'est ainsi que le marquis de Villars doit parler aux ministres des princes opposants au neuvième électorat ; et il peut dire en général à tous

---

1. Ernest-Auguste de Brunswick-Lunebourg, dont les régiments venaient d'aider Morosini dans la conquête de la Morée, acheta de l'empereur Léopold Ier, au prix de son concours armé contre la France et la Turquie, le titre électoral, 9 décembre 1692. L'Empire refusa d'abord de reconnaître cette dignité décernée sans son concours ; mais en 1708 elle fut universellement sanctionnée. — HIMLY, *op. cit.*, II, p. 227. — Voir FLASSAN, V^e époque, liv. V, t. IV, p. 172.

ceux qui voudront savoir les sentiments du Roi sur cette affaire, qu'il sait que Sa Majesté n'a d'autre vue que de maintenir l'exécution des traités de Westphalie et de ceux de Nimègue et de Ryswick, fondés sur les premiers.

S'il étoit question simplement de l'érection d'un neuvième électorat en faveur du duc d'Hanovre, il y a lieu de croire que l'Empereur n'auroit nul empressement d'augmenter le nombre des voix des protestants dans le collège électoral[1]; le préjudice que la religion peut en recevoir seroit apparemment une considération assez forte pour l'obliger d'abandonner ce qu'il a fait en faveur du duc d'Hanovre ; l'intérêt de la maison d'Autriche se joindroit encore à cette considération, et il ne seroit pas difficile de faire voir ce qu'elle auroit à craindre, dans le cas d'une élection à la dignité impériale de l'introduction d'un protestant dans le collège des électeurs. Mais l'Empereur ne soutient ce qu'il a fait en faveur du duc d'Hanovre que dans l'espérance de pouvoir faire admettre en même temps, dans les délibérations ordinaires du collège électoral, le suffrage qu'il n'a, comme roi de Bohême, que dans la seule occasion de l'élection de l'Empereur ; il se flatte que le nombre des protestants augmentant et l'admission d'un catholique devenant nécessaire pour conserver la même balance, l'entrée ne lui peut être refusée comme roi de Bohême, puisqu'en cette qualité il l'a déjà pour l'élection.

Cette vue de l'Empereur fortifie encore dans leur opposition les princes qui se sont déclarés contre le neuvième électorat ; ils savent qu'il deviendroit le maître de toutes les délibérations de l'Empire, si le suffrage de Bohême étoit reçu dans le collège électoral comme celui d'Autriche l'a été dans le collège des princes ; et, dans la vérité, le peu d'empressement que la cour de Vienne fait présentement paroître à soutenir l'érection du neuvième électorat donne lieu de croire qu'elle ne trouve pas les

---

1. La Diète de l'Empire se composait de trois collèges inégaux en rang et en autorité et dont chacun votait à part. Le collège électoral se composait de huit électeurs : les trois ecclésiastiques : Mayence, Trèves, Cologne ; les cinq laïques : Bohême, Palatinat, Bavière, Saxe, Brandebourg. — Venaient ensuite le collège des princes et celui des villes libres. Voir HIMLY, *op. cit.*, I, 275.

dispositions qu'elle souhaite à l'admission des suffrages de Bohême.

Le sieur marquis de Villars informera le Roi de ce qu'il apprendra de cette affaire ; mais jusqu'à présent le duc d'Hanovre n'a pas encore eu l'investiture qu'il a demandée après la mort de son père.

Outre les deux articles de l'armement général et de l'érection du neuvième électorat, il y en a un troisième dont la cour de Vienne se sert depuis la conclusion de la paix pour éloigner de Sa Majesté les princes protestants de l'Empire.

L'attention que le Roi donne aux avantages de la religion et à la maintenir dans les lieux où sa piété l'a établie, avoit obligé Sa Majesté à stipuler par le quatrième article du traité de Ryswick que dans les lieux qu'elle s'engageoit de rendre à l'Empire, les choses demeureroient à l'égard de la religion au même état qu'elles se trouvoient lors de la restitution. Cet article avoit reçu beaucoup de difficultés de la part des protestants, mais la fermeté de Sa Majesté les avoit enfin obligés à ratifier le traité. Il est à remarquer que les ambassadeurs de l'Empereur aux conférences de la paix n'osant pas se joindre ouvertement à ceux du Roi pour obtenir cet article, les pressoient secrètement de ne s'en pas désister ; leurs instances étoient superflues, Sa Majesté ayant donné sur ce sujet ses ordres d'une manière si précise que ses ambassadeurs ne pouvoient s'en écarter.

La paix étant faite, le Roi a été informé de l'inquiétude que les princes protestants avoient au sujet de cet article : leurs envoyés auprès de Sa Majesté ont marqué combien ils craignoient qu'elle n'eût formé le dessein d'attaquer particulièrement leur religion ; ils ont témoigné que leurs maîtres voyoient avec un déplaisir sensible qu'elle leur ôtât de cette manière toute espérance de prendre de nouvelles liaisons avec elle ; Sa Majesté les a fait assurer qu'elle n'a jamais eu intention d'étendre le quatrième article du traité de Ryswick au delà des lieux qu'elle a rendus par la paix de l'Empire ; que cet avantage qu'elle a demandé avec justice pour la religion catholique, est le moindre qu'elle puisse se réserver en cédant à l'Empire ce qu'elle lui a cédé en considération de la paix, et qu'elle est très disposée à donner à ces princes les mêmes marques qu'ils ont autrefois reçues de son amitié; ces assurances que Sa Majesté a fait donner de tous côtés paroissent produire un bon effet.

Elle apprend cependant que les ministres de l'Empereur dans les cours d'Allemagne et à la diète de Ratisbonne excitent continuellement par leurs discours l'inquiétude des princes protestants sur ce sujet : ils disent que l'Empereur n'a eu nulle part à ce quatrième article; qu'il fait voir clairement les desseins du Roi contre la religion protestante en Allemagne, et par conséquent le peu de fondement que les princes de cette religion doivent faire sur les assurances qui leur seront données de l'affection de Sa Majesté; ils laissent même établir l'opinion que cet article a été dressé de concert avec le pape et à la sollicitation écrite que l'on prétend que l'électeur palatin en avoit faite par le moyen du grand-duc de Toscane.

Le marquis de Villars doit dire sur ce sujet aux ministres de l'Empereur et à ce prince lui-même, si l'occasion s'en présente, que sa piété est si connue de Sa Majesté, qu'elle ne peut croire que ses envoyés exécutent ses ordres en tenant de pareils discours; qu'elle auroit lieu d'attendre au contraire que l'Empereur seconderoit de son côté les intentions de Sa Majesté et tiendroit la main à faire exécuter ce qu'il y a dans le traité de favorable à la religion; qu'elle ne peut douter qu'ils ne reçoivent de ce prince les ordres nécessaires pour se conduire désormais et pour parler d'une manière convenable aux ministres d'un Empereur catholique.

Voilà quelles sont les principales affaires que le Roi a présentement par rapport à l'Empereur et à l'Empire. Il est inutile de parler de ce qui regarde l'évacuation des places que Sa Majesté doit rendre en exécution du traité de paix; elle n'a été retardée que par les difficultés que le landgrave de Hesse-Cassel apportoit à rendre la place de Rheinfelden au landgrave de ce nom, conformément aux conditions du traité de Ryswick. Comme il doit y avoir satisfait avant que le marquis de Villars soit arrivé à Vienne, les conditions du traité seront aussi accomplies dans le même temps de la part de Sa Majesté.

La guerre que l'Empereur soutient depuis plusieurs années

en Hongrie est un des plus grands obstacles que ce prince ait trouvé à faire passer un corps de troupes en Espagne et à l'entretenir dans ce royaume; il connoît l'extrême embarras où il tomberoit si le Roi Catholique venoit à mourir avant que la paix fût conclue avec les Turcs, et cette considération augmente encore le désir qu'il avoit pendant la dernière guerre de terminer au plus tôt celle de Hongrie. L'ambassadeur d'Angleterre à Constantinople avoit depuis quelques années le pouvoir d'offrir la médiation du roi son maître pour traiter la paix entre l'Empereur et le Grand Seigneur; il n'avoit pu faire aucun usage de ce pouvoir avant l'hiver dernier; il en a parlé au nouveau grand vizir après le malheureux succès que les Turcs ont eu, la campagne dernière, et comme il a trouvé les dispositions bien plus grandes à la paix qu'elles n'avoient encore paru dans cet empire, on est persuadé à Vienne qu'elle pourra facilement se conclure au commencement de la campagne à la tête des deux armées.

Le marquis de Villars remarque avec raison dans le mémoire qu'il a donné que, quoique cette affaire mérite beaucoup d'attention de sa part, il ne peut cependant rendre en cette occasion d'autres services à Sa Majesté que de pénétrer ce qui se passera dans la négociation, de l'informer exactement de l'apparence ou des difficultés que l'on pourra voir à sa conclusion, enfin des conditions que l'on proposera de part et d'autre; c'est aussi le seul ordre qu'elle ait à lui donner sur ce sujet, et elle ne doute pas qu'il n'apporte toute l'application nécessaire pour découvrir toutes les circonstances dont il convient au service du Roi que Sa Majesté ait une prompte et fidèle connoissance.

Les mémoires que le marquis de Villars a donnés à son retour de Vienne ont fait voir qu'il étoit parfaitement informé du caractère de l'Empereur, de l'Impératrice et de ceux qui étoient alors dans les postes principaux, et quoique plusieurs des ministres soient morts depuis, il connoît aussi ceux que l'Empereur a mis dans leurs places; il y a par conséquent très peu de choses que l'on puisse ajouter à ce qu'il sait déjà par lui-même.

Ce qu'il y a principalement à remarquer à l'égard de l'Empereur, est que ce prince paroît donner plus d'attention que jamais aux affaires de l'Empire; qu'il a une connoissance très exacte de toutes les cours d'Allemagne ; que s'il y arrive quelque changement il s'en informe avec beaucoup de soin, et que depuis le commencement de la dernière guerre il ne perd aucune occasion d'étendre son autorité dans l'Empire.

Le cercle de Westphalie[1] étoit celui de tous où il avoit le moins de pouvoir. Les princes d'Allemagne ont regardé l'élection du prince de Lorraine[2] à l'évêché d'Osnabrück comme une entrée que l'Empereur s'est ouverte pour avoir part aux délibérations et aux résolutions de ce cercle, en s'assurant d'une voix aussi dépendante de lui que celle du prince de Lorraine, son neveu, le sera toujours.

Il a d'ailleurs bien des moyens de gagner facilement les ministres des princes de l'Empire, les capitulaires des chapitres d'Allemagne, et l'expérience a souvent fait voir qu'il s'en servoit utilement.

Quant à l'Impératrice[3], on prétend que depuis quelque temps cette princesse reçoit des présents pour les grâces que l'on demande et qu'elle obtient de l'Empereur, que c'est au prince Charles de Neubourg son frère que l'on s'adresse pour cet effet; le marquis de Villars sera bientôt instruit de cette particularité, et il rendra compte au Roi de ce qu'il en apprendra. Il informera pareillement Sa Majesté de ce qui se passera au sujet du mariage du roi des Romains et de toutes les princesses que l'on propose. Elle n'a point d'intérêt que l'on prenne l'une plutôt que l'autre. On voit que la princesse d'Hanovre n'y a plus de part, nonobstant la préférence que le roi des Romains paroissoit lui donner.

Le marquis de Villars doit aussi rendre compte des qualités de ce prince, du jugement que l'on peut faire de son esprit et de ses inclinations. Ses discours ont donné lieu de croire que s'il par-

---

1. L'Empire était divisé en dix *cercles* qui étaient avant tout des circonscriptions topographiques. Leur organisation politique était fort incomplète. Le cercle de Westphalie était un de ceux où la division territoriale était la plus grande. Voir Himly, *op. cit.*, I, p. 282.

2. Charles-Joseph, second fils de Charles IV, né en 1684.

3. Éléonore-Madeleine-Thérèse, fille de l'électeur palatin Philippe-Guillaume de Neubourg, troisième femme de Léopold, mère des archiducs Joseph et Charles.

vient à l'Empire, il soutiendra plus vivement encore que l'Empereur les prétentions de la couronne impériale sur l'Italie.

A l'égard des ministres, l'Empereur témoigne plus de confiance pour le comte de Kinsky que pour les autres, appelés ministres de la Conférence; ceux dont elle est composée sont, outre le comte de Kinsky, le prince de Dietrichstein, le prince de Salm, gouverneur du Roi des Romains, le comte d'Octting, président du conseil aulique, le comte de Wallenstein et le comte de Kaunitz, vice-chancelier de l'Empire; le marquis de Villars les connoît tous, et il seroit inutile de lui dire ce qu'il a remarqué lui-même sur chacun de ces ministres.

L'intention de Sa Majesté est qu'il ne perde point de temps pour se rendre à Vienne, et qu'aussitôt après son arrivée il envoie suivant l'usage, en donner part aux ministres; qu'il rende les visites ordinaires et qu'il demande ses audiences conformément à ce qu'il a déjà fait lorsqu'il a été chargé des ordres du Roi en cette cour et à ce qui est contenu dans le mémoire que Sa Majesté fait joindre à cette instruction.

Lorsque le marquis de Villars aura sa première audience de l'Empereur, après avoir rendu la lettre que le Roi écrit de sa main, il lui dira que Sa Majesté ne lui a point donné d'ordre plus exprès que de bien faire connoître à ce prince le véritable désir qu'elle a de maintenir avec lui une parfaite intelligence; qu'elle est nécessaire pour le bien général de la chrétienté, et qu'étant rétablie sur un fondement aussi solide, Sa Majesté s'assure que rien ne sera capable de l'altérer; qu'elle croit pouvoir en juger ainsi sur la connoissance qu'elle a des sincères intentions de l'Empereur; que de son côté elle est très disposée à contribuer autant qu'il peut dépendre d'elle à cette union et à donner à ce prince les marques d'amitié qu'il doit attendre de la proximité du sang et des alliances étroites qui l'unissent à Sa Majesté.

A l'égard de l'Impératrice et du roi des Romains il se servira, dans les audiences qu'il en aura, de tous les termes les plus obligeants et les plus capables de leur faire connoître l'estime et l'amitié de Sa Majesté, aussi bien que le désir qu'elle a de leur en donner des marques.

Il n'y a nulle difficulté sur les cérémonies qui s'observent aux audiences de l'Empereur, de l'Impératrice et du roi des Romains; mais ce dernier étant encore archiduc, on prétendit introduire un nouvel usage à la réception qu'il avoit toujours faite aux envoyés du Roi jusqu'au jour que le marquis de Villars en eut audience en l'année 1687; il se souviendra qu'à cette audience l'archiduc, présentement roi des Romains, le reçut ayant son chapeau sur la tête; que d'abord le grand maître de la maison de l'Empereur voulut faire passer ce traitement comme une omission de la part de ce prince et qu'ensuite le prince de Salm ayant soutenu que le cérémonial devoit être réglé de cette sorte, le marquis de Villars ne prit d'audience de congé que de l'Empereur et de l'Impératrice; la qualité de roi des Romains lève présentement cette difficulté à l'égard de ce prince, et il n'y a pas lieu de croire que l'archiduc Charles, second fils de l'Empereur, prétende recevoir les envoyés du Roi de cette manière; si néanmoins le marquis de Villars apprend que ce soit l'usage à l'égard des autres envoyés, il en informera Sa Majesté; mais il attendra ses ordres avant que de demander l'audience de l'archiduc.

Il est très essentiel que pendant son séjour à Vienne il contienne ses domestiques dans un tel ordre que jamais plus ils ne se trouvent compris, s'il est possible, dans aucune querelle; l'expérience a fait voir que souvent on cherche à leur en susciter, et l'attention à les éviter doit être plus grande en cette cour qu'en quelque autre que ce puisse être. Sa Majesté ne doute pas de l'application particulière que le marquis de Villars y apportera.

Quant à sa conduite personnelle, il sait que le service du Roi demande qu'il entre, autant qu'il lui sera possible, dans un commerce libre avec les principaux de cette cour et, quoiqu'il ne soit pas aisé aux envoyés de Sa Majesté, toujours suspects à Vienne, d'établir cette sorte de confiance et de familiarité, elle s'assure cependant que le marquis de Villars sera plus propre que personne à l'acquérir; s'il y réussit, il en tirera de grands secours pour le service du Roi et sera souvent informé des choses qu'il auroit le plus de peine à découvrir par d'autres voies.

Quoique ce qui est contenu dans cette instruction lui fasse voir que l'intention de Sa Majesté est qu'il s'applique particulièrement à faire connoître dans ses discours le désir qu'elle a d'entretenir une parfaite intelligence avec l'Empereur et de ne rien omettre pour le maintien de la paix générale, elle a cependant jugé à propos d'ajouter les mêmes ordres qu'elle a déjà donnés à plusieurs de ses ambassadeurs ou envoyés dans les pays étrangers. Comme elle voit la jalousie que sa puissance excite, elle est persuadée que rien ne convient davantage à son service que de parler de sa modération plutôt que de ses forces; elles sont assez connues de toute l'Europe, et ce que les ministres du Roi pourroient en dire, n'ajoutant rien à la vérité, passeroit souvent pour des menaces; de pareils discours produiroient cet effet encore plus certainement à Vienne qu'en quelque autre cour que ce soit; ainsi le marquis de Villars ne doit relever ni le nombre et la bonté des troupes de Sa Majesté, ni le bon ordre de ses finances, de manière qu'il donne lieu de craindre ses desseins et les moyens qu'elle auroit en main pour les exécuter; mais en même temps il doit éviter de tomber dans une autre extrémité encore plus dangereuse et de donner lieu de croire par des discours faibles que Sa Majesté souhaite l'observation de la paix par d'autres motifs que par celui de l'intérêt général de toute l'Europe; elle est persuadée qu'il tiendra un juste milieu entre ces deux extrémités et qu'il saura faire voir en même temps combien Sa Majesté désire le repos public et les moyens prompts et assurés qu'elle auroit de faire repentir ceux qui le voudroient troubler.

Le marquis de Villars verra sans doute le prince Louis de Bade à Vienne[1]; il pourra l'assurer, quand il en trouvera l'occasion, qu'il s'est acquis l'estime du Roi, quoique dans des engagements opposés aux intérêts de Sa Majesté; et comme il l'a connu particulièrement en Hongrie, il tâchera de profiter de cette première connoissance pour découvrir ses sentiments à l'égard de

---

1. Louis-Guillaume Ier, margrave de Bade, né à Paris en 1655, était filleul de Louis XIV; il combattit contre Turenne en Alsace, prit une part brillante à la délivrance de Vienne par Sobieski et le duc de Lorraine et revint combattre la France en 1694.

l'Empereur; il a paru en plusieurs occasions qu'il n'étoit pas content du traitement qu'il recevoit de la cour de Vienne, et l'on a vu l'année dernière que dans le temps même qu'il étoit à la tête de l'armée de l'Empereur, les ministres de ce prince se sont fortement opposés à son élection à la couronne de Pologne[1]; il seroit utile de découvrir s'il en conserve quelque ressentiment, jusqu'où il peut aller et quelles seroient ses vues pour se faire un établissement plus considérable que celui que sa naissance lui a donné indépendamment de l'Empereur.

Le dernier ordre que le Roi ait à donner au marquis de Villars est d'observer la conduite de l'ambassadeur de Savoie à Vienne en sorte qu'il puisse juger si son maître entre en quelque négociation avec l'Empereur; l'inquiétude naturelle du duc de Savoie donne lieu de croire que ce prince ne consultera pas toujours ses véritables intérêts pour proposer des traités, et il est du service de Sa Majesté qu'elle soit informée des démarches qu'il fera sur ce sujet.

Le marquis de Villars lui rendra compte directement, tous les ordinaires, de ce qu'il aura fait en exécution de ses ordres et de ce qu'il apprendra qui aura quelque rapport au bien de son service, et elle l'informera de ses intentions sur les choses qui ne sont point comprises dans cette instruction; il entretiendra aussi un commerce régulier avec les ambassadeurs et envoyés de Sa Majesté dans les pays étrangers, particulièrement avec le marquis d'Harcourt à Madrid, le comte de Tallard en Angleterre, le sieur de Bonrepos en Hollande et avec les envoyés du Roi dans les cours d'Allemagne et à la diète de Ratisbonne.

Outre ce qui est contenu dans la présente instruction des avis que le Roi veut que le marquis de Villars lui donne de tout ce qui se passera dans la cour de Vienne, l'intention de Sa Majesté est que tous ses ministres au dehors lui rapportent au retour de leurs emplois une relation exacte de tout ce qui s'y sera passé de plus important dans les négociations qu'ils auront conduites; de

---

1. Après la mort de Sobieski (juin 1696), le prince Louis de Bade fut candidat au trône de Pologne. Louis XIV soutenait le prince de Conti, et l'Empereur le duc Léopold de Lorraine. — Voir Marius TOPIN, *l'Europe et les Bourbons sous Louis XIV*, ch. IV. — FLASSAN, IV, p. 137.

l'état des cours et des pays où ils auront servi; des cérémonies qui s'y observent soit dans les entrées, soit dans les audiences ou dans toute autre rencontre; du génie et des inclinations des princes et de leurs ministres, et enfin de tout ce qui peut donner une connoissance particulière des lieux où ils auront été employés et des personnes avec lesquelles ils auront négocié. Ainsi ledit marquis de Villars aura soin de préparer un mémoire de cette sorte en forme de relation de l'emploi que Sa Majesté lui confie pour le mettre à son retour entre les mains de ladite Majesté.

ADDITION A L'INSTRUCTION DE M. LE MARQUIS DE VILLARS.

Sa Majesté apprend par les dernières lettres du sieur de Castagnère[1], son ambassadeur à Constantinople, que quelques-uns des principaux officiers de la Porte lui ont nouvellement fait connoître combien ils souhaiteroient que Sa Majesté voulût interposer sa médiation pour la conclusion de la paix entre les deux empires; qu'ils feroient beaucoup plus de fondement sur les soins que Sa Majesté voudroit bien prendre de cette affaire, que sur les offices de quelque puissance que ce puisse être, mais que la loi des Turcs ne leur permettant pas de demander la paix, ils ne peuvent en cette occasion s'adresser ouvertement à Sa Majesté; qu'ainsi le Grand Seigneur souhaiteroit que, d'elle-même, elle voulût s'en mêler.

Quoique le Roi ne puisse offrir sa médiation sur une proposition aussi générale, Sa Majesté, ne voulant rien omettre de ce qui peut contribuer au bien de la chrétienté, trouve bon que le marquis de Villars communique à l'un des ministres de l'Empereur l'avis qu'elle a reçu du sieur de Castagnère et qu'il lui dise

---

1. Castagnère, marquis de Châteauneuf, conseiller au Parlement de Paris.

que s'il croit que les offices de Sa Majesté puissent être utiles en cette occasion, elle les emploiera avec plaisir, et qu'elle donnera aussitôt ses ordres à son ambassadeur à la Porte ; elle informera aussi le marquis de Villars de ses intentions sur la conduite qu'il aura à tenir à cet égard lorsqu'il lui en aura fait savoir la réponse de l'Empereur.

IX

LE COMTE DU LUC

1715

Le 2 octobre 1700, Charles II institua le duc Philippe d'Anjou, deuxième fils du Dauphin de France, comme l'héritier universel de la monarchie espagnole. Louis XIV accepta l'héritage pour son petit-fils, mais ne lui enleva point ses droits éventuels au trône de France. Il s'ensuivit une guerre générale. En 1710, Louis XIV, vaincu, était réduit à demander la paix. « Son orgueil était humilié, dit M. Mignet[1], et ses armées avaient été refoulées des bords du Danube, du Tage et du Pô jusque derrière les limites resserrées de la France. Le prince puissant n'existait plus ; le prince nécessaire existait seul. Céder à l'un de ces entraînements qui élèvent ou abaissent trop, c'était remettre l'Autriche et la France dans la position antérieure à la paix de Westphalie, remplacer une domination par une autre, et créer un danger pour dissiper les derniers restes d'une crainte. » On le comprit d'abord en Angleterre, où la reine Anne, fille de Jacques II, avait succédé à son époux, Guillaume III, mort en 1702. Le parti whig, qui, avec Marlborough, avait soutenu la guerre, fit place au parti tory, qui était disposé à la paix. Le Parlement ayant été dissous au mois d'octobre 1710, les élections donnèrent la majorité aux torys. La Reine leur était favorable. Un ministère tory fut constitué. Un évènement qui se produisit l'année suivante acheva de décider les Anglais. L'empereur Joseph Ier, qui avait succédé en 1705 à Léopold, mourut le 17 avril 1711 sans laisser d'héritier mâle. Son frère, l'archiduc Charles, que la coalition avait reconnu comme roi d'Espagne, se trouva appelé au trône impérial. S'il fût resté roi d'Espagne,

---

[1]. *Introduction à l'Histoire de la succession d'Espagne.*

il eût rétabli la monarchie de Charles-Quint. L'équilibre de l'Europe eût été détruit. L'Angleterre vit là un danger d'autant plus grave que Louis XIV était plus abaissé. Des conférences s'ouvrirent à Londres et des préliminaires de paix y furent signés le 8 octobre 1711. La Hollande suivit l'Angleterre. Les traités de paix furent conclus entre ces trois puissances à Utrecht le 11 avril 1713. Il fut établi que les couronnes de France et d'Espagne ne pourraient jamais être réunies. Philippe V fut reconnu comme roi d'Espagne, mais il perdit les Pays-Bas, le royaume de Naples, les ports de Toscane qui en dépendaient et le duché de Milan, qui furent réservés à la maison d'Autriche. Le duc de Savoie obtenait la Sicile avec le titre royal. Les Hollandais obtenaient le droit de garnison dans un certain nombre de places fortes de Belgique, qui prendraient le nom de places de la *Barrière*. L'Angleterre gardait Gibraltar, Minorque, la baie d'Hudson, l'Acadie, l'île Saint-Christophe, Terre-Neuve, et stipulait le comblement de Dunkerque.

L'Espagne accéda à ce traité le 13 juillet 1713. L'Empereur s'y refusait. Le maréchal de Villars, qui avait relevé l'honneur des armes de la France à Denain en 1712, prit Landau et Fribourg. Des négociations s'ouvrirent à Rastadt entre lui et le prince Eugène de Savoie [1], qui commandait les armées impériales. Elles aboutirent au traité préliminaire du 6 mars 1714, qui rétablissait la paix entre la France, l'Empereur et l'Empire. Villars n'avait pu obtenir que l'Espagne y fût comprise, de sorte que la guerre continua entre Philippe V et l'empereur Charles VI. Par le traité de Rastadt, l'Empereur acceptait le lot qui lui était destiné par les traités d'Utrecht, et recevait l'île de Sardaigne en échange de la Bavière, qu'il restituait à l'électeur.

Les conférences pour la paix définitive s'ouvrirent à Bade, en Suisse. La France y était représentée par le maréchal de Villars, par le comte de Vintimille du Luc, ambassadeur de France en Suisse, et M. de Saint-Contest, maître des requêtes; l'Empereur par le prince Eugène, les comtes de Gois et de Seilern. Le traité de Bade fut signé le 7 septembre 1714 [2].

Ce traité laissait en suspens deux affaires considérables pour la France : la guerre qui continuait entre l'Espagne et l'Empereur; la négociation engagée entre ce prince et la Hollande au sujet de la *Barrière*.

---

1. Né à Paris en 1663, fils d'Eugène, comte de Soissons, et d'Olympe Mancini; petit-fils de Charles-Emmanuel de Savoie.

2. Voir aux archives des affaires étrangères, Allemagne, Mémoires, t. LVIII, l'*Histoire de la négociation pour la conclusion de la paix de Bade,* par M. Le Dran, 2170. *Histoire de la négociation des traités de Rastadt et de Bade,* par M. Le Dran, 1748. — Allemagne, Mémoires, t. LIV et LV.

L'article vii du traité d'Utrecht avec la Hollande portait que la maison d'Autriche entrerait en possession des Pays-Bas espagnols « aussitôt que les seigneurs des États seroient convenus de la manière dont lesdits Pays-Bas espagnols leur serviroient de barrière et de sûreté ». Il s'agissait d'investir régulièrement les Hollandais du droit de garnison dans les places destinées à les défendre contre la France. L'établissement de cette barrière, réclamée par les Hollandais depuis le traité de Ryswick, avait été une des principales préoccupations de la coalition de 1701, et un traité avait été signé à cet effet à La Haye, en 1709, entre l'Angleterre et la Hollande. La France reconnut le principe de la barrière; mais il restait à en régler les conditions avec le nouveau souverain de la Belgique, l'empereur Charles VI. Ce prince y voyait une atteinte à ses droits de souveraineté. Des conférences s'ouvrirent pour régler cette affaire, à Anvers, sous la médiation de la reine Anne. Cette reine mourut le 1er août 1714; elle eut pour successeur l'électeur de Hanovre, qui prit le nom de Georges Ier. Un ministère whig se forma. Le parti qui avait soutenu la guerre contre la France reprit le pouvoir. On pouvait craindre qu'il n'encourageât l'Autriche à la continuer contre l'Espagne. Le fait est qu'il y eut un revirement très marqué dans la politique anglaise et un rapprochement avec l'Autriche. Pour accommoder le différend avec les Hollandais, Georges Ier fit partir pour Vienne les généraux Stanhope et Cadogan. Stanhope, qui avait été en Espagne secrétaire d'ambassade sous son père, avait fait la guerre et était second secrétaire d'État dans le cabinet whig. Cadogan, attaché à la fortune de Marlborough, avait été plénipotentiaire aux conférences d'Anvers. L'un et l'autre étaient fort en crédit à la cour de Vienne.

La nouvelle de cette négociation et l'intérêt pressant du rétablissement de la paix entre l'Empereur et l'Espagne faisaient vivement désirer à Louis XIV de renouer avec Charles VI. Il fit choix, pour cette mission, du comte du Luc, qui, après avoir rempli un rôle brillant dans la guerre, était ambassadeur en Suisse. Il y suivait alors une négociation destinée à renouveler avec les cantons l'alliance conclue en 1663. Les cantons protestants s'y refusèrent. Du Luc négocia, par suite, avec les cantons catholiques séparément, et cette négociation était en cours lorsqu'il reçut son instruction. Elle est datée du 3 janvier 1715, et a été composée par M. de Torcy, ministre des affaires étrangères.

MÉMOIRE POUR SERVIR D'INSTRUCTION AU SIEUR COMTE DU LUC, CONSEILLER ORDINAIRE DU ROI EN SON CONSEIL D'ÉTAT, LIEUTENANT POUR SA MAJESTÉ EN SON COMTÉ DE PROVENCE ET SON AMBASSADEUR AUPRÈS DES CANTONS SUISSES, ALLANT A VIENNE EN QUALITÉ DE SON AMBASSADEUR EXTRAORDINAIRE AUPRÈS DE L'EMPEREUR [1].

Le caractère d'ambassadeur que le Roi donne pour la première fois de son règne au ministre que Sa Majesté destine à résider auprès de l'Empereur et la résolution que ce prince a prise d'envoyer réciproquement auprès d'elle un ministre revêtu du même titre, sont les premières marques et le premier effet des heureuses dispositions qu'il y a de part et d'autre à former entre la maison de France et celle d'Autriche une union aussi avantageuse à leurs intérêts qu'elle sera nécessaire au maintien du repos général de l'Europe. Leurs divisions, source de tant de guerres, ont servi jusqu'à présent de contre-poids à leur grandeur mutuelle, et ce sera par une intelligence parfaite qu'elles maintiendront désormais la supériorité qui leur appartient au-dessus de tant de puissances qui prétendoient s'égaler à la maison de France et à celle d'Autriche par la seule raison qu'elles faisoient la guerre à l'une et que l'autre les ménageoit pour en recevoir des secours. L'expérience a plusieurs fois appris à l'Empereur quel étoit le véritable motif du zèle que ses alliés témoignoient pour ses intérêts. Jaloux de la grandeur de la maison de France et de celle d'Autriche, et trop foibles pour attaquer l'une sans le secours de l'autre, ils entretenoient entre elles une division favorable pour eux, couvrant leurs véritables desseins des noms et des prétextes spécieux de conserver l'équilibre et de maintenir la balance nécessaire à la tranquillité publique.

Ces prétextes ont cessé chaque fois que les alliés de l'Empereur, accablés du poids et des dépenses de la guerre, ont jugé la

---

1. Vienne, 1715. T. C.

paix nécessaire, et pour lors les intérêts de ce prince ne les ont jamais empêchés de la conclure.

Il ne faut pas reprocher à la mémoire de la feue reine de la Grande-Bretagne le parti qu'elle sut prendre habilement pour finir, à l'avantage de ses peuples, une guerre qu'ils n'étoient plus en état de soutenir, et pour assurer le repos général de l'Europe en déterminant le sort de l'Espagne. Mais ce qu'elle fit à propos à Utrecht sera dans les temps à venir un exemple pour ses successeurs, et si quelqu'un d'eux engage la maison d'Autriche à renouveler la guerre, il ne se croira pas moins en droit que cette princesse de faire la paix lorsque les intérêts de l'Angleterre le demanderont.

Les Hollandois ont enseigné les premiers cette route, ils la suivront encore toutes les fois que le bien de leur État l'exigera; car il est certain que si les princes règlent rarement leur conduite en matière d'État par les sentiments d'amitié ou de reconnoissance, ces motifs agissent encore moins sur les républiques. Il se prépare d'ailleurs entre l'Empereur et les Provinces-Unies des sujets d'ombrage et de division qui n'existoient pas avant l'acquisition que ce prince a faite des Pays-Bas espagnols, et ces mêmes ombrages uniront encore plus fortement les Hollandois avec le roi de la Grande-Bretagne[1].

L'avénement de ce Prince à la couronne a été célébré à Vienne comme un évènement heureux pour la maison d'Autriche, parce qu'il est très ordinaire qu'on soit plus touché de l'état présent que des réflexions à faire sur l'avenir. Ainsi cette cour, irritée de la conduite que la feue reine d'Angleterre avoit tenue à son égard, ne prévoyoit qu'un changement favorable dans les sentiments opposés de son successeur. Elle comptoit sur l'attachement déclaré de ce prince pour la maison d'Au-

---

1. George Ier. Il était fils d'Ernest-Auguste, électeur de Hanovre, qui avait obtenu de Léopold en 1692 le titre électoral. Ernest-Auguste était mort en 1698. L'Empire ne reconnut à George ce titre électoral qu'en 1708. Il fut appelé en 1714, en vertu du bill de succession protestante (23 juin 1701) à succéder en Angleterre à son arrière-cousine la reine Anne. Il était donc en même temps roi de la Grande-Bretagne et électeur de Hanovre. Il n'y avait entre les deux États qu'union personnelle. Les deux gouvernements demeurèrent séparés. — En 1705, George joignit aux États qu'il avait hérités de son père, ceux de son oncle et beau-père, George-Guillaume, duc de Zell.

triche, sur l'engagement qu'il a pris, en recevant la dignité électorale, d'unir toujours dans les élections à l'Empire son suffrage à celui de cette maison. Mais il peut arriver aisément que les projets d'un roi d'Angleterre, électeur de l'Empire, soient contraires aux protestations faites par un duc d'Hanovre, ardent et attentif à ménager la protection de l'Empereur pour acquérir de nouveaux titres.

Si l'un promet tout pour y parvenir et s'il s'engage même contre les lois et contre les constitutions de l'Empire qui veulent que l'élection soit libre, l'autre se croit aisément dégagé d'une obligation qu'il n'a pu contracter valablement contre la disposition de ces lois solennelles. Si l'un se fait honneur de son attachement inviolable pour la maison d'Autriche, l'autre se laisse aisément persuader qu'étant devenu roi, il doit à son honneur de se faire le chef des protestants d'Allemagne et de leur procurer l'alternative qu'ils désirent depuis longtemps inutilement dans les élections des empereurs, car ils n'ont point encore eu de conjoncture si favorable pour l'obtenir depuis que les hérésies se sont malheureusement répandues dans l'Europe et qu'elles ont servi de prétexte aux changements arrivés dans les États d'Allemagne.

La maison d'Hanovre, que l'Empereur a rendue plus puissante qu'elle n'a jamais été en autorisant la réunion des deux duchés de Zell et d'Hanovre et l'élevant à la dignité électorale, acquiert encore un nouveau degré de considération par son avénement au trône d'Angleterre. Son nom et ses avis en seront plus respectés des princes protestants de l'Empire, et comme elle n'a pas le même avantage en Angleterre, plus le roi de la Grande-Bretagne trouvera de difficultés à gouverner ses nouveaux sujets, plus il croira de son intérêt de faire une figure considérable en Allemagne, et par cette voie de se rendre absolu dans son royaume.

Il entretient déjà dans ses États héréditaires un corps de troupes assez nombreux, obéissant aux seuls ordres de ce prince, indépendant de l'Angleterre, également prêt à servir en Allemagne ou bien à passer la mer suivant la volonté du Roi son maître.

Le roi de Prusse, gendre du roi de la Grande-Bretagne[1], a près de soixante mille hommes sur pied, et l'union paroît d'autant plus grande entre ces deux princes qu'elle est fondée sur l'intérêt commun, et sur l'espérance qu'ils ont l'un et l'autre d'agrandir leurs États par leur mutuelle intelligence.

Ils sont assurés du roi de Danemark[2], intéressé lui-même à se ménager l'appui de deux alliés en état de le garantir de la vengeance du roi de Suède.

S'il arrive donc que les troubles du Nord[3] finissent par une paix que le Roi tâchera de procurer par ses offices et que l'Empereur paroît désirer, le parti protestant se trouvera formé et peut-être en état d'exciter dans l'Empire des guerres plus fâcheuses que celles qu'on aura pris soin d'éteindre; car il connoît ses forces, et certainement elles sont plus grandes que celles des princes catholiques. La maison de Bavière étoit autrefois leur principal soutien; mais sa longue proscription et la ruine de ses pays héréditaires ne lui permettront de longtemps de marquer avec succès son zèle ordinaire pour le bien de la religion[4].

Depuis les traités de Westphalie, les catholiques ont acquis

---

1. L'électeur de Brandebourg, Frédéric III, avait obtenu le titre royal en 1700 pour prix de son alliance avec Léopold. Il se proclama roi le 15 janvier 1701; mais ce titre royal ne s'appliquait qu'au duché souverain de Prusse qui ne faisait point partie du Saint-Empire. Pour ses possessions en Empire, le nouveau roi, que l'on qualifiait de Roi en Prusse, demeurait sous la suzeraineté de l'Empereur. Il mourut en 1713. Son fils Frédéric-Guillaume vit son titre royal reconnu à Utrecht par la France et l'Espagne. Il était fils d'une princesse de Hanovre, Sophie-Charlotte, et il avait épousé Sophie-Dorothée, fille de George Ier, dont il eut, en 1714, un fils qui fut le grand Frédéric.

2. Frédéric IV, fils de Christian V, auquel il avait succédé en 1699. La Norwège était alors unie au Danemark.

3. En 1709, le roi de Suède Charles XII ayant été vaincu à Pultava par le tsar Pierre Ier, Frédéric IV s'allia contre lui, pour le dépouiller, avec la Russie, la Saxe et la Pologne. Battus en Suède, les Danois reportèrent la guerre en Allemagne et s'emparèrent des possessions allemandes de la Suède, sauf Stettin et Stralsund. Cependant Charles XII, qui s'était réfugié chez les Turcs depuis 1709, revint à la fin de 1714. Le Danemark, la Pologne, la Russie reformèrent leur alliance contre lui. La Prusse, le Hanovre et l'Angleterre accédèrent à cette ligue, et la guerre recommença.

4. L'électeur de Bavière, Max Emmanuel (1679-1726), s'étant allié à Louis XIV, fut mis au ban de l'Empire en 1706; ses fils furent retenus prisonniers, ses États partagés. Il ne fut rétabli que par les traités de Rastadt et de Bade en 1714.

deux voix dans le collège électoral[1]. Comme ils seroient supérieurs en nombre en cas d'élection d'un empereur ou d'un roi des Romains, il y a lieu de croire que les protestants ne se commettront pas à proposer l'alternative sans avoir auparavant pris leurs mesures pour assurer le succès de cette nouveauté[2]. Ils commenceront à répandre quelques discours sur la nécessité dont il est de songer à l'élection d'un roi des Romains et de prévenir, par cette juste précaution, la confusion générale où l'Empire se trouveroit exposé si l'Empereur mouroit sans laisser de successeur. Les catholiques penseront et parleront comme eux, et si le corps de l'Empire décide que l'élection d'un roi des Romains soit nécessaire, les protestants se serviront alors utilement de leur puissance pour demander et peut-être pour obtenir l'alternative. En ce cas, il ne seroit pas sûr pour les catholiques de compter sur le suffrage de Saxe; car ils voient tous les jours que le roi de Pologne continue, comme électeur, à donner sa voix avec les protestants. Ces derniers n'omettroient vraisemblablement ni promesses ni espérances pour l'engager à se joindre à eux dans une occasion si importante, et ce prince feroit un grand effort sur lui-même s'il résistoit à l'offre de lui procurer la Silésie et de lui en garantir la possession[3].

La couronne impériale, devenue comme héréditaire dans la maison d'Autriche, ébranlera certainement la disposition de tous les États que cette maison possède, si elle est transférée dans une autre, indépendamment du choix et de la décision de l'Empereur, et ce prince ne sera maître de l'empêcher qu'autant qu'il conservera la paix et qu'il prendra soin d'entretenir avec le Roi une union parfaite. Car, en renouvelant la guerre, il dépendroit des

---

1. Le huitième collège, créé en 1648 en faveur de la Maison palatine, et le collège de Saxe, dont l'électeur, Frédéric-Auguste Ier, s'était converti au catholicisme en 1697 afin de se faire élire roi de Pologne. Il y régna sous le nom d'Auguste II. On comptait auparavant comme voix catholiques : Mayence, Trèves, Cologne, Bohême, Bavière ; — comme voix protestantes : Saxe, Brandebourg, Brunswick-Hanovre.

2. On désignait ainsi l'héritier présomptif à la couronne impériale. Il était élu par le collège électoral. On entendait par alternative, l'élection successive d'un catholique et d'un protestant.

3. La Silésie faisait partie de la couronne de Bohême et était passée avec cette couronne à la maison d'Autriche sous Ferdinand Ier en 1526.

plus grands ennemis de la religion et de ceux qui désirent le plus ardemment et pour leur intérêt personnel que le parti protestant triomphe dans l'Empire.

Ainsi jamais il ne s'est trouvé de conjoncture où les desseins du Roi et les intérêts de l'Empereur aient été aussi conformes qu'ils le sont aujourd'hui. Le Roi désire le maintien de la paix pour le soulagement de ses peuples, pour le bien de sa maison royale et pour sa propre tranquillité.

Il est de l'intérêt de l'Empereur de le désirer et d'y contribuer pour empêcher la trop grande puissance des ennemis de sa maison dans l'Empire ; ils ne sont redoutables qu'autant qu'ils sont armés, et c'est alors que leur chef, contraint de les ménager, ne peut refuser leurs demandes, même celles dont il reçoit quelquefois le plus de préjudice. Il est donc de sa prudence d'écarter les prétextes de nouveaux armements.

Enfin l'intérêt de la religion s'accorde en cette occasion avec les intérêts temporels. Celui de la maison d'Autriche est de conserver tranquillement les États qu'elle possède en Allemagne, et ceux qu'elle vient d'acquérir en Italie, soit que l'Empereur ait des enfants, soit que l'archiduchesse ou ceux qui descendront d'elle recueillent un jour cette grande succession[1]. D'autres vues soulèveroient toute l'Europe, persuadée avec raison que l'Empereur peut se contenter de ce qu'il possède, et dont il jouira sans inquiétude lorsque la bonne intelligence entre le Roi et lui sera parfaitement établie.

Quoique ce prince ait peine encore à se détacher de ses vues sur l'Espagne, il paroît cependant qu'il comprend l'utilité dont il lui sera d'entretenir désormais une bonne intelligence avec le

1. En 1703, Léopold Ier avait fait signer par ses deux fils, Joseph et Charles, un pacte de famille, connu sous le nom de *Loi Léopoldine*, décidant que si Joseph mourait sans enfants mâles, son frère Charles lui succéderait; mais que si Charles mourait sans enfants mâles, la succession féminine remonterait aux filles de l'aîné, c'est-à-dire de Joseph Ier. Joseph Ier était mort en 1711, laissant deux filles : Marie-Joséphine, née en 1699, et Marie-Amélie, née en 1701. Charles VI avait épousé, en 1708, Élisabeth-Caroline de Brunswick-Wolfenbuttel-Blankenbourg. Il avait décidé, par sa fameuse *Pragmatique sanction* du 19 avril 1713, que les États autrichiens seraient indivisibles, et qu'à défaut d'héritiers mâles ses filles auraient la préférence sur celles de Joseph Ier. Comme Charles VI n'avait pas encore d'enfants, à la date de l'Instruction, l'archiduchesse dont il est parlé est Marie-Joséphine, fille aînée de Joseph Ier.

Roi. On ne peut regarder comme simple compliment la manière dont le prince Eugène s'en est expliqué au maréchal de Villars, soit à Rastadt, soit à Bade[1]. Il n'a pas dissimulé que l'Empereur ne soit alarmé des desseins formés par les protestants de l'Empire, des mesures qu'ils prennent pour fortifier leur parti par des liaisons mutuelles. Il a répété plus d'une fois que l'Empereur n'avoit rien de mieux à faire pour lui-même et pour les intérêts de la religion, que de s'unir étroitement avec le Roi ; que l'état des affaires de l'Europe étant changé, nulle raison ne devoit plus s'opposer à cette union nouvelle, si conforme au bien véritable de la maison de France et de celle d'Autriche.

Le sieur comte du Luc, ambassadeur et plénipotentiaire du Roi aux conférences de Bade, a été témoin des discours du prince Eugène et des protestations qu'il a faites de contribuer de tout son pouvoir à l'affermissement de cette parfaite intelligence. Ainsi personne ne sera plus capable que lui de suivre ces premières avances et de les conduire à une heureuse fin, ayant d'ailleurs tous les talents et toutes les lumières nécessaires pour s'acquitter à l'entière satisfaction de Sa Majesté de tous les emplois importants qu'elle voudra lui confier. Il en a donné des preuves pendant le cours de six années qu'il a exercé les fonctions de son ambassadeur auprès des cantons suisses. Et comme elle a remarqué avec plaisir qu'il n'a pas moins d'habileté dans les affaires politiques qu'il a montré de zèle dans le service de guerre, elle a jugé qu'elle ne pouvoit remettre en de meilleures mains l'ambassade la plus importante qu'elle ait à donner après la conclusion de la paix.

Ainsi Sa Majesté l'ayant nommé pour son ambassadeur extraordinaire auprès de l'Empereur, elle veut qu'il ne perde

---

1. « Dans un entretien particulier que le maréchal de Villars avoit eu avec le prince Eugène (à Bade, en septembre 1714), ce prince lui avoit parlé de l'intérêt de la religion catholique, non seulement dans la Suisse, assurant que l'Empereur étoit près de prendre à cet égard telles mesures que le roi Louis XIV trouveroit convenables, mais aussi dans l'Empire. Le prince Eugène avoit fait entendre qu'elle ne pouvoit y être soutenue que par une bonne et solide union entre Sa Majesté Impériale et Sa Majesté Très Chrétienne ; il avoit ajouté que désormais les intérêts mutuels de Leurs Majestés devoient produire entre elles une alliance des plus étroites. » — *Histoire de la négociation pour la conclusion de la paix de Bade*. Allemagne. Mémoires, t. LVIII, p. 633.

point de temps à se rendre à Vienne, la présence d'un ambassadeur de sa part étant nécessaire pour cimenter l'union qu'elle veut établir et pour empêcher l'effet des artifices employés pour la traverser.

Ils seront sans effet si ce prince est véritablement persuadé que son intérêt demande qu'il vive désormais avec le Roi dans une parfaite union. Il suit avec persévérance les sentiments qu'il a une fois embrassés, et sa fermeté à les soutenir va souvent jusqu'à l'opiniâtreté. Elle est fondée sur l'opinion qu'il a que personne ne pense mieux que lui sur les affaires les plus importantes ; il y donne toute son application, et sans être touché d'aucun des plaisirs et des amusements qui occupoient ses prédécesseurs, il paroît qu'il n'a d'autre goût que celui d'augmenter sa puissance. Il regarde comme autant d'usurpations faites sur lui les États dont il n'est pas le maître, et la privation de l'Espagne et des Indes lui cause encore plus de peine qu'il n'a de satisfaction d'avoir ajouté la possession du royaume de Naples, celle du Milanais et celle des Pays-Bas à la succession qu'il a recueillie de ses pères.

Il commence toutefois à connoître que ses vues sur l'Espagne deviennent chimériques ; que la paix ayant séparé la dernière ligue, il n'est plus en état de soutenir ses prétentions sur cette couronne ; qu'il n'est pas même de l'intérêt de l'Europe de les appuyer ; et vraisemblablement il se seroit montré facile à traiter avec le roi d'Espagne si la confiance qu'il a prise en quelques Italiens et en quelques Espagnols attachés à sa fortune, ne l'eût jusqu'à présent détourné d'entrer en négociation avec le Roi Catholique. Ils ont eu le talent de lui persuader qu'ayant tout sacrifié pour lui, il ne doit jamais les abandonner, et qu'il est de son honneur de conserver avec leurs intérêts ses prétentions sur l'Espagne.

Celui d'entre eux en qui l'Empereur prend encore le plus de confiance est le comte Stella, Napolitain[1], dont le crédit s'est

---

1. Le comte Stella : « Celui-ci est sans contredit, de tous les ministres de sa nation et même des Allemands, le plus accrédité. Il est appuyé du comte d'Altheim, grand écuyer et favori; tout le monde, sans exception, le ménage, à commencer par le prince Eugène. On a beau chercher en lui les raisons qui engagent

relevé après avoir reçu quelque altération ; ses envieux ne lui contestent pas la finesse d'esprit, lui attribuant d'ailleurs beaucoup de défauts et l'attaquant principalement sur l'intérêt et sur la facilité à se laisser séduire.

Les autres Espagnols et Italiens admis dans le conseil d'Italie que l'Empereur a nouvellement formé[1] sont l'archevêque de Valence, le duc d'Uceda, le marquis Loffrano, le marquis Romeo et le sieur Olinazzi, sénateur de Milan, ce dernier haï du comte Stella, mais toutefois assez agréable à l'Empereur et regardé comme capable.

Ce conseil, indépendant des ministres allemands, est l'objet de leur aversion, et les maximes de ces deux ministères sont absolument opposées.

Les Allemands, considérant l'état présent de la maison d'Autriche, l'épuisement des finances de l'Empereur, celui des pays héréditaires, la disposition des princes d'Allemagne et l'intérêt de la religion, désiroient la paix comme absolument nécessaire pour remédier aux maux qu'ils prévoyoient si la guerre n'eût pas été terminée.

Les étrangers, surtout les Espagnols bannis de leur pays, sans autre ressource que les grâces qu'ils reçoivent de l'Empereur, frappés de leur état, ont toujours souhaité la continuation de la guerre, comme l'unique moyen pour eux de conserver et leurs pensions et leur faveur auprès de ce prince.

La paix étant faite, les Allemands suivant les mêmes maximes désirent de la conserver.

Les étrangers, au contraire, emploient toute sorte d'artifices pour la troubler, et l'on a remarqué en différentes occasions que

---

son maître à lui donner sa confiance. Sa figure et sa physionomie sont des plus rebutantes. Il traite, pour l'ordinaire, avec beaucoup de hauteur tous ceux qui ont affaire à lui. Il ne sait ce qu'il dit dans aucune affaire dont il parle. Sa marotte est de passer pour homme de qualité et grand guerrier. Son premier métier était de conduire des mulets. Il devint ensuite heiduque, qui est parmi les valets l'emploi le plus vil, et il parvint dans le militaire sans trop savoir comment. Il est généralement reconnu pour incapable et poltron ; mais il est persuadé du contraire. » — *Mémoire concernant l'ambassade de Vienne*, par le comte du Luc, 1717. Autriche. Mémoires, t. III et Correspondance, t. CXX.

1. Ce conseil, entièrement composé d'Espagnols et d'Italiens, devait s'occuper du royaume de Naples, du Milanais et des Pays-Bas.

l'Empereur étoit pacifique avec les uns, et se laissoit ensuite entraîner par les autres à former de nouveaux projets de guerre.

Ces derniers ont été très assidus auprès du sieur Stanhope pendant le séjour qu'il a fait à Vienne. Ils fondoient de grandes espérances sur les exhortations et sur les offres que faisoit le nouveau ministre d'Angleterre pour engager l'Empereur à recommencer la guerre. Comme la conquête de l'Espagne en auroit été l'objet, ils n'oublioient rien pour flatter ce prince et pour lui persuader que la conjoncture étoit favorable pour satisfaire son ambition.

Mais les ministres allemands ont su lui représenter que le parti dominant en Angleterre songeoit bien moins aux intérêts de la maison d'Autriche qu'à se venger de ceux qu'il venoit de faire dépouiller de leurs charges; que la guerre lui étant nécessaire pour conserver son crédit, il vouloit engager l'Empereur à la renouveler, ce même parti se souciant peu des suites qu'elle auroit, et content s'il assuroit son autorité en excitant une guerre qui mettroit entre les mains de ceux qui le composent, le commandement de toutes les forces du royaume et l'administration des fonds publics; qu'il étoit au contraire de la prudence et de l'intérêt de l'Empereur de réparer ses forces par la paix; et jusqu'à présent, il paroît que ces représentations ont eu leur effet.

Elles sont conformes aux discours que le prince Eugène a tenus à Rastadt et à Bade, et le comte du Luc est témoin de la manière dont il s'en est expliqué. Il connoît aussi par lui-même le caractère du prince Eugène; son crédit, considérable à la cour de Vienne sous le règne de l'empereur Joseph, mais fortement attaqué après la mort de ce prince, est augmenté depuis la négociation de Rastadt, et lorsque ses ennemis espéroient que ses dernières campagnes le diminueroient. Il paroît persuadé que le maintien d'une bonne paix avec le Roi convient également aux intérêts de la maison d'Autriche et à ceux de la religion en Allemagne. Que si l'Empereur veut s'agrandir et ne pas laisser ses troupes oisives, il doit les occuper à faire la guerre contre les Turcs; que c'est sur les Infidèles qu'il faut conquérir, exercer à leurs dépens les officiers et les soldats qui désirent cette guerre avec ardeur, enfin soulager les pays héréditaires en faisant vivre les troupes impériales dans les provinces de l'empire Ottoman.

Les autres ministres de l'Empereur, qu'on appelle de la Conférence, pensent sur cet article comme le prince Eugène, quoique souvent opposés à ses sentiments en d'autres affaires. Ces ministres sont : le prince Antoine de Lichtenstein, autrefois gouverneur de l'Empereur et maintenant grand maître de sa maison [1], — le prince de Trautson [2], — le comte de Starhemberg [3], président de la chambre des finances, — le comte Philippe de Dietrichstein, grand écuyer, très bien auprès de l'Empereur, — le comte de Seilern, chancelier d'Autriche, employé depuis longtemps dans les affaires, — le comte d'Herberstein, vice-président au conseil de guerre, entièrement dépendant du prince Eugène, — le comte Schœnborn, neveu de l'électeur de Mayence et vice-chancelier de l'Empire [4], — le comte Zinzendorf [5], qui

---

1. « Le prince Antoine de Lichtenstein, grand-maître de la maison, qui a été gouverneur de l'Empereur et qui l'a suivi dans tous ses voyages, est, par sa charge, à la tête de tous les conseils qui, pour l'ordinaire, doivent se tenir chez lui; mais il a si bien fait qu'il n'est plus de rien, et que le prince Eugène exerce le plus beau de cette charge... Il ne paroît pas que le prince Antoine ait beaucoup de génie; il passe pour un grand menteur, mais ce n'est qu'en des faits indifférents. » — *Mémoire concernant l'ambassade de Vienne*, par du Luc.

2. « Le prince de Trautson... entre dans toutes les conférences. Il me paroît un bonhomme, mais d'un génie assez borné. Sa femme le gouverne. » — *Mémoire concernant l'ambassade de Vienne*, par du Luc.

3. « Le comte de Starhemberg, jadis président de la Chambre, est de tout et tire parti de tout. Je le tiens le plus capable de tous les ministres de cette cour; mais il veut s'enrichir, quoiqu'il ait déjà des biens immenses. C'est là son but principal. » — *Mémoire concernant l'ambassade de Vienne*, par du Luc.

4. L'électeur de Mayence était archichancelier de l'Empire. Il y avait un vice-chancelier près de l'Empereur. « Le comte de Schœnborn... est le seul avec lequel il est agreable de traiter; il est très poli, a beaucoup d'esprit et s'explique très agréablement; mais il est accusé de beaucoup d'avidité pour le bien et de n'avoir pas un autre objet en tête... Sa famille a jadis incliné pour la France; elle est aujourd'hui une des plus élevées de l'Empire. Cette même inclinaison reviendroit si le Roi étoit en état ou en volonté de le combler de biens. » — *Mémoire concernant l'ambassade de Vienne*, par Du Luc.

5. « Le comte de Zinzendorf est chancelier d'Autriche... Il a été employé dans les pays étrangers et s'est fait une routine de toutes les affaires, autant que son tempérament a pu le lui permettre. Il est bonhomme; il voudroit faire plaisir, mais il ne finit rien. J'ai lieu de croire qu'il n'est pas parfaitement instruit. Il suit l'ancien esprit de sa cour. Son tempérament le porte à éluder toute conclusion pour s'épargner de la fatigue et jouir uniquement de la vie qu'il aime et dont il fait usage. Sa table est sans contredit la meilleure et la plus délicate de Vienne. »
— *Mémoire concernant l'ambassade de Vienne*, par du Luc.

partage avec le comte de Seilern l'exercice de la charge de chancelier d'Autriche et le comte de Windischgrætz[1], président du conseil aulique.

Comme le comte du Luc connoîtra bientôt par lui-même leurs caractères et que les relations de leurs talents et de leurs défauts, faites dans un temps où la correspondance avec la cour de Vienne étoit interrompue, ne peuvent être qu'imparfaites, il seroit inutile de les dépeindre et dangereux d'en faire des portraits peu ressemblants. C'est à l'ambassadeur de Sa Majesté à les lui faire connoître lorsqu'il sera sur les lieux et qu'il en aura jugé par lui-même.

Il en trouvera peut-être quelques-uns qui ne seroient pas insensibles aux marques de confiance dont le Roi voudroit les honorer, surtout connoissant que Sa Majesté n'a pour objet que le maintien de la paix, et que désormais elle désirera véritablement de contribuer aux avantages particuliers de la maison d'Autriche.

Autrefois nulle famille en Allemagne n'étoit plus attachée aux intérêts du Roi que celle de Schœnborn, et, nonobstant les grands engagements que ceux qui la composent encore ont pris avec la cour de Vienne, il est impossible qu'ils aient oublié les obligations qu'ils ont à Sa Majesté. Il y a des momens où le vice-chancelier de l'Empire s'en souviendroit d'autant plus vivement, qu'il n'est pas toujours content de la manière dont l'Empereur le traite. Le Roi ne veut rien proposer aux ministres de ce prince qui soit contre leur devoir, mais le comte de Schœnborn étant ministre de l'Empire et d'ailleurs coadjuteur de Bamberg, il est à propos que le comte du Luc le ménage particulièrement, évitant toutefois d'augmenter les soupçons que l'Empereur lui témoigne en plusieurs occasions.

Ce prince n'a laissé nul crédit à l'Impératrice sa mère[2]. Il a

1. « Le comte de Windischgrætz,... entre dans les conférences qui ont le moindre rapport à l'Empire. C'est un homme féroce, d'une impolitesse extrême; on veut cependant que s'il ne tenoit qu'à lui, la justice seroit mieux rendue dans la chambre aulique et les affaires ne seroient pas éternelles comme elles le sont. » — *Mémoire concernant l'ambassade de Vienne*, par du Luc.

2. Éléonore-Madeleine-Thérèse de Neubourg, troisième femme de Léopold. Elle mourut en 1719.

déclaré à l'Impératrice sa femme[1] qu'elle lui feroit plaisir de ne se mêler d'aucune affaire; elle lui obéit ponctuellement.

Il témoigne beaucoup de confiance pour l'impératrice Amélie sa belle-sœur[2] et content de l'esprit de cette princesse, il paroît qu'il lui parle et qu'il reçoit ses avis sur les plus importantes affaires.

Celle qui demande la principale attention de l'ambassadeur du Roi est la conservation de la paix, et c'est à ce point que doivent tendre toutes ses démarches. Elle sera le fondement de l'union nouvelle qu'il convient d'établir entre la maison de France et celle d'Autriche; car il est certain que si la paix ne subsiste, on travailleroit vainement à former entre le Roi et l'Empereur des liaisons aussi nécessaires à leur propre grandeur qu'elles le sont aux intérêts de la religion et au bonheur général de la chrétienté. Il faut donc veiller continuellement aux artifices que leurs ennemis communs emploieront pour troubler cette bonne intelligence; éclaircir et écarter mutuellement tous les sujets de défiance; accomplir exactement de part et d'autre les conditions des traités et travailler de concert à pacifier le reste de l'Europe.

De tous les pays qu'elle renferme, il n'y en a point où les maximes du gouvernement varient plus souvent qu'en Angleterre : la feue reine de la Grande-Bretagne concourroit au maintien de la paix; à peine étoit-elle morte que le parti des whigs a prévalu à celui qui étoit supérieur sous le règne de cette princesse, et les nouveaux ministres anglois, animés contre leurs prédécesseurs, ont soufflé de tous côtés le feu de la guerre avec plus de véhémence que les autres n'avoient employé de soins et de diligence à travailler au rétablissement du repos public.

Ainsi l'inclination pacifique du duc d'Hanovre, parvenu au trône d'Angleterre, a cédé à la passion du parti auquel il s'est livré en recevant la couronne, et sa première démarche a été d'envoyer à Vienne le sieur Stanhope, qu'il venoit de faire secrétaire d'État, pour exciter l'Empereur à reprendre ses espérances

---

1. Élisabeth-Caroline de Brunswick, née en 1691, mariée à Charles VI en 1708.
2. Wilhelmine-Amélie de Brunswick, fille du duc de Hanovre, née en 1673, mariée à Joseph Ier. Elle mourut en 1742.

sur l'Espagne, l'assurant que les secours de la Grande-Bretagne ne lui manqueroient pas s'il vouloit encore faire valoir ses prétentions par les armes.

Quoique ces instances n'aient pas eu le succès que s'en étoit promis le négociateur flatté de la confiance dont l'Empereur l'avoit honoré en Espagne, il y a cependant lieu de croire que les ennemis de la paix ne seront pas rebutés par cette première tentative; leur nombre n'est pas le plus grand, mais ils sont répandus de tous côtés : il s'en trouve en Hollande comme en Angleterre, et quoique cette république en général souhaite pour son intérêt le maintien de la paix, plusieurs particuliers souhaiteroient pour eux-mêmes, pour l'augmentation de leur fortune et de leur crédit, de voir encore l'Europe agitée par de nouvelles guerres.

Plusieurs princes d'Allemagne se flatteroient d'en profiter pour leur agrandissement; et, quelque avantage que le roi de Sicile[1] ait retiré de la paix, il ne refuseroit pas de reprendre les armes, s'il pouvoit, à cette occasion, confirmer les acquisitions qu'il a faites par ses traités ou bien ajouter de nouveaux États à ceux dont il est devenu maître.

La sincérité des intentions du Roi est si généralement connue qu'il n'y a plus lieu de rabattre les déclamations que ses ennemis ont tant de fois employées pour décrier la bonne foi de la France, et ces invectives usées ne persuaderoient à qui que ce soit que Sa Majesté ne veuille pas observer ponctuellement la paix. Ce ne sont plus aussi les armes dont se servent ceux qui désirent le renouvellement de la guerre; ils publient au contraire que le Roi veut, à quelque prix que ce soit conserver la paix absolument nécessaire à son royaume ; et sous une idée de foiblesse qu'ils tâchent de répandre, ils s'efforcent de faire croire qu'on peut hardiment tout demander à Sa Majesté, qu'elle accordera tout plutôt que de reprendre les armes.

Cette raison est une de celles dont le sieur Stanhope s'est servi pour animer l'Empereur à profiter d'une conjoncture qu'il lui représentoit comme heureuse pour faire valoir ses préten-

---

1. Victor-Amédée, duc de Savoie, roi de Sicile en vertu des traités d'Utrecht.

tions sur la monarchie d'Espagne. Mais ce prince, connoissant l'état de ses forces, ne pouvoit être persuadé que par une assurance réelle et positive des secours que l'Angleterre lui donneroit. Il n'a pas été satisfait des réponses du sieur Stanhope lorsqu'il a voulu savoir en détail ce qu'il pouvoit attendre de la part du roi de la Grande-Bretagne.

L'Empereur a même sujet d'être personnellement offensé des instances que le sieur Stanhope a faites avec peu de ménagement, pour obtenir en faveur du Roi son maître, comme électeur d'Hanovre, la conservation du rang dans le collège électoral avant l'électeur de Bavière. Car il ne s'agit pas en cette occasion d'une affaire qui regarde l'Angleterre, mais d'une affaire particulière de l'Empire où le dernier des électeurs, élevé depuis peu d'années à cette dignité, prétend se servir de la considération que lui donne la couronne d'Angleterre pour obtenir une chose injuste et contraire à la disposition d'un traité solennel, qu'il a lui-même ratifié comme électeur et prince de l'Empire. Il paroît en même temps qu'il ait voulu faire connoître à l'Empereur qu'il n'étoit pas maître de rétablir à son préjudice l'électeur de Bavière dans le rang de premier électeur et de faire le même tort à l'électeur palatin, dont le roi d'Angleterre a pris en cette occasion les intérêts, de manière à faire croire qu'il porte ses vues à se faire désormais considérer dans l'Empire comme le défenseur des princes qui auront sujet de se plaindre des entreprises de l'Empereur.

Ces nouveaux ennemis que la maison d'Autriche voit s'élever contre elle, et qui deviennent plus dangereux à mesure que leur puissance augmente, seront attentifs à profiter des conjonctures de s'enrichir à ses dépens, et leur premier soin sera d'empêcher, autant qu'ils le pourront, qu'elle ne s'unisse parfaitement avec le Roi, prévoyant que cette intelligence sera le seul moyen de faire échouer leurs desseins. Comme il arrivera donc qu'ils mettront tout en usage pour traverser cette union, il faut aussi que, de la part du Roi et de celle de l'Empereur, l'attention soit égale pour affermir l'amitié réciproque, et pour éclaircir tout sujet ou de soupçons ou de plaintes à mesure qu'il en naîtra quelqu'un de cette espèce.

Le premier pas à faire pour les bannir, est d'accomplir ponctuellement de part et d'autre les conditions des derniers traités, et sur ce fondement de prendre des mesures justes et solides pour agir de concert à l'avenir.

Ces conditions ne sont jusqu'à présent sujettes à aucune interprétation; il s'agit d'exécuter les restitutions stipulées réciproquement : de la part du Roi, celles des places que Sa Majesté a promis de rendre à l'Empereur et à l'Empire; de la part de l'Empereur, celles des États de Bavière et le rétablissement total de cet électeur dans son rang, ses dignités et ses pays héréditaires.

Suivant les articles X° et XVII° du traité de Bade, cette restitution réciproque devoit être faite trente jours après l'échange des ratifications du traité; l'électeur de Bavière devoit rendre en même temps la partie des Pays-Bas qu'il possédoit depuis quelques années, en vertu de la cession que le Roi d'Espagne lui en avoit faite [1]. Les troupes bavaroises, sorties de cette partie des Pays-Bas, ont passé le Rhin il y a déjà longtemps, pour se rendre en Bavière. Mais l'électeur palatin, insistant à la cour de Vienne pour obtenir un équivalent du haut Palatinat [2], déclare encore qu'il ne retirera le peu de troupes qu'il a dans le pays et dans la ville capitale, qu'après avoir obtenu la satisfaction qu'il demande et que l'Empereur lui a jusqu'à présent refusée. Car on prétend à Vienne que lorsque le haut Palatinat fut donné dans cette dernière guerre à l'électeur palatin, il ne le reçut que pour en jouir aussi longtemps que l'état des affaires générales permettroit qu'il pût le garder; qu'il promit par cette raison de le rendre sans prétendre aucun dédommagement, si quelque jour cette restitution devenoit nécessaire au bien de la paix.

L'électeur palatin ne convient pas de cet engagement de sa part; mais la contestation ne regarde ni le Roi ni l'électeur de Bavière : il s'agit de l'exécution du traité de Bade, et comme

---

1. Par un traité du 2 janvier 1712, Philippe V avait cédé à Max Emmanuel, allié, battu et proscrit, de la France et de l'Espagne, les Pays-Bas espagnols à titre d'indemnité.

2. En 1706, l'électeur de Bavière, Max-Emmanuel, ayant été mis au ban de l'Empire, Joseph Ier avait attribué à Jean-Guillaume de Neubourg, électeur palatin, le Palatinat supérieur. Les traités de Rastadt et de Bade le restituèrent à l'électeur de Bavière. — HIMLY, II, 168.

l'Empereur a promis que la restitution totale des États appartenant aux deux électeurs de Cologne et de Bavière seroit faite dans le terme limité pour l'évacuation des lieux que Sa Majesté doit rendre à l'Empereur et à l'Empire, ces restitutions de part et d'autre doivent, pour ainsi dire, marcher d'un pas égal.

C'est aussi par cette raison que le Roi ayant déjà rendu presque tous les lieux et postes considérables que ses troupes occupoient dans l'Empire, a fait savoir à l'Empereur que les places de Fribourg, Brisach et Kehl ne lui seroient remises qu'à mesure que le traité s'exécuteroit de sa part à l'égard des restitutions à faire à l'électeur de Bavière.

Les difficultés sur ce sujet seront apparemment aplanies et les conditions du traité accomplies avant que le comte du Luc arrive à Vienne. S'il reste encore quelque embarras, il parlera conformément à la connoissance que le Roi lui donne de ses intentions, d'autant plus équitables, que Sa Majesté ne prétend que l'exécution d'un traité qu'elle veut elle-même accomplir en tous ses points.

Il y a lieu de croire qu'il ne sera plus question des inventaires à produire pour la restitution des meubles, artillerie et généralement de tous les effets appartenant à l'électeur de Bavière spécifiée par l'article XVe du traité de Bade; car il paroît que, depuis quelque temps, ce prince a facilité l'accomplissement de cet article, comprenant l'intérêt qu'il a de rentrer promptement dans son pays, que le séjour des troupes impériales achève de ruiner. Les ministres de l'Empereur ont de leur côté fait voir assez de justice dans la liquidation de ces inventaires.

Enfin l'électeur de Bavière, retournant dans ses États, croit qu'il est de son intérêt de ménager l'Empereur et pour le présent et pour l'avenir, fondant sur ses liaisons avec ce prince ce qu'il peut faire et de plus agréable pour lui-même et de plus grand pour sa maison.

Le premier de ces deux objets a donné lieu à l'article XVIIIe du traité de Bade; l'électeur palatin souhaitant de conserver le haut Palatinat, flattoit alors l'électeur de Bavière de l'espérance d'engager l'Empereur à faire un échange des Pays-Bas avec une partie de la Bavière; l'affaire a été pendant quelque temps traitée secrètement, toutefois avec la connoissance du Roi, et c'est par cette raison qu'il est dit, dans le traité de Bade, que Sa Majesté ne s'opposera pas aux échanges que la maison de Bavière, après son rétablissement total, trouvera convenir à ses intérêts.

Lorsque, avec le temps, le secret de cette négociation s'est divulgué, les Hollandois, alarmés du succès qu'elle pourroit avoir, ont agi fortement pour la traverser. Le nouveau roi d'Angleterre, entrant dans les mêmes vues, a donné au public le dessein d'empêcher cet échange comme un des principaux motifs de l'envoi du sieur Stanhope à Vienne.

Tant d'oppositions ne détruisent ni le désir ni l'espérance que l'électeur de Bavière a de réussir un jour dans ce projet. Mais il croit que le temps n'en est pas encore arrivé, qu'il faut laisser calmer l'agitation de ceux qui se croient intéressés à traverser l'échange, et que, sur toutes choses, il est très important pour lui de voir de quelle manière finiront les conférences qui se tiennent à Anvers, pour le règlement de la Barrière des Pays-Bas, entre l'Empereur et les États généraux. Car il peut arriver que ce prince s'accorde avec eux, de sorte qu'il n'auroit que le nom de souverain dans les Pays-Bas, et cette manière de les posséder ne dédommageroit pas l'électeur de Bavière de la perte qu'il feroit en cédant une partie des États qu'il tient de ses pères.

La considération qu'ils lui donnent dans l'Empire soutient la grandeur de sa maison. Il ne peut l'accroître qu'en demeurant en Allemagne avec les mêmes États que son père lui a laissés, et jamais conjonctures n'ont été plus favorables que celle qui se présente pour l'agrandissement de la maison de Bavière.

Elle est regardée comme la seule qui puisse espérer de recueillir un jour les dignités et les États que la maison d'Autriche possède aujourd'hui, et cet objet, infiniment plus considérable que celui d'acquérir les Pays-Bas, doit engager l'électeur de Bavière, à travailler de tout son pouvoir au mariage du prince électoral son fils avec l'archiduchesse, fille aînée du dernier Empereur[1].

---

1. Ce mariage eut lieu, mais avec la fille cadette de Joseph II, Marie-Amélie, qui épousa en 1722 Charles-Albert de Bavière, né en 1697, électeur en 1726 et qui, lors de la guerre de succession d'Autriche, fut, en 1742, proclamé empereur sous le nom de Charles VII.

Le plus grand nombre des ministres de la cour de Vienne est favorable à cette alliance, les sujets de l'Empereur la désirent, et les catholiques de l'Empire doivent la regarder comme utile à leur défense dans les changements qui peuvent arriver ; ils ont besoin d'un défenseur si l'archiduc meurt sans laisser d'enfants mâles ; ils ne peuvent trouver d'appui que de la part de la maison de Bavière, les autres prétendants au mariage de l'archiduchesse étant ou suspects, ou bien hors d'état de soutenir les intérêts de la religion en Allemagne.

Le prince électoral de Saxe[1] étoit sur les rangs pendant la vie de l'Empereur défunt ; la proscription de l'électeur de Bavière et la guerre, alors fortement allumée, éloignoient toute idée favorable au prince électoral de Bavière. Les choses ont changé, et la religion du roi de Pologne étant assez douteuse, ses États en Allemagne fort inférieurs à ceux de Bavière, la proposition en faveur du prince de Saxe n'est plus soutenue que par le cardinal de Saxe et par le comte de Schœnborn, sans crédit l'un et l'autre pour la faire réussir.

Les Espagnols et les Italiens travaillent pour le prince de Piémont[2], et l'Impératrice, mère des deux archiduchesses, ne lui seroit pas contraire. On prétend que le prince Eugène conduit secrètement cette négociation ; mais la haine de l'Empereur contre le roi de Sicile est si vive qu'il n'y a pas lieu de croire qu'il consente jamais à se choisir pour successeur un étranger, fils d'un prince dont il croit avoir tant de sujet de se plaindre.

Le prince de Bavière est celui de tous que le Roi souhaite le plus qui soit préféré, Sa Majesté croyant ce choix conforme aux intérêts de la religion en Allemagne, quoique peut-être il soit quelque jour dangereux, et pour la France et pour le reste de l'Europe, de réunir dans les mains du même prince tant de dignités, d'États et de puissance. Sa Majesté n'ordonne point encore au comte du Luc de faire à cet égard aucune démarche, il suffit qu'il soit attentif à celles qui se feront et que, sachant ses

---

1. Frédéric-Auguste, né en 1676, fils de Frédéric-Auguste, roi de Pologne sous le nom d'Auguste II. Il épousa, en 1719, Marie-Joséphine, fille aînée de Joseph Ier, succéda à son père dans l'électorat de Saxe en 1733, en Pologne en 1736.

2. Victor-Amédée, fils de Victor-Amédée, roi de Sicile. Il mourut le 22 juin 1715.

intentions, il parle conformément à la connoissance qu'elle veut bien lui en donner.

Elle a nommé, suivant l'article XXVI° du traité de Bade, des commissaires pour régler et terminer toutes les difficultés survenues ou qui pourroient survenir par rapport aux limites des Pays-Bas, au paiement des rentes et généralement à tous les points spécifiés par cet article. L'Empereur attendra vraisemblablement que les conférences d'Anvers soient finies, et qu'il soit en possession des provinces que les Hollandois doivent lui remettre avant que de proposer l'ouverture des conférences pour les limites. Comme elles devoient commencer deux mois après la conclusion du traité de paix, le retardement ne doit pas en être attribué à Sa Majesté.

Elle ne peut refuser la continuation de sa protection aux particuliers dont elle a bien voulu appuyer les intérêts aux conférences de Rastadt et de Bade. L'Empereur s'est engagé, par l'article XXXI° du traité de paix, de rendre une bonne et prompte justice au duc de Guastalla, au duc de la Mirandole et au prince de Castiglione[1]; ainsi le comte du Luc en demandera l'effet, et l'interposition des offices de Sa Majesté en cette occasion est entièrement conforme à l'engagement qu'elle a pris d'appuyer les intérêts de ces princes, sans porter aucun préjudice à la paix et à la neutralité de l'Italie et sans donner sujet à une nouvelle guerre.

Elle ne se désiste point de la protection qu'elle a donnée à la

---

1. Les ducs de Mantoue et de la Mirandole ayant été mis au ban de l'Empire comme alliés de Louis XIV, Joseph Ier, en 1708, prit Mantoue, donna le Montferrat au duc de Savoie, conféra à la maison de Guastalla, qui réclamait la succession de Charles IV, mort en 1708, Sabionette et Bozzolo, puis rendit le duché de la Mirandole au duc de Modène. On lit dans les instructions qui furent données le 15 avril 1714 aux plénipotentiaires français au congrès de Bade : — Par l'article 31 du traité de Rastadt, l'Empereur déclare qu'il rendra justice aux princes d'Italie vassaux de l'Empire; dans ce nombre sont : le duc de Guastalla, le duc de la Mirandole, le prince de Castiglione, qui ont perdu leurs biens par leur attachement à la France. « L'intérêt du duc de Guastalla est en quelque façon celui de toute l'Italie, car il n'est pas indifférent pour elle que la ville de Mantoue, qui appartient à ce prince par voie de succession, soit entre les mains de l'Empereur ou possédée par un prince particulier. La cour de Vienne connoît si bien les avantages qu'elle peut en retirer pour dominer en Italie qu'elle a toujours été sourde aux demandes et aux représentations du duc de Guastalla, nonobstant l'attachement de ce prince aux intérêts de la maison d'Autriche. » Mantoue, au traité de Bade, resta à l'Empereur.

princesse des Ursins[1] pour lui faire obtenir la souveraineté que le roi d'Espagne a réservée pour elle en cédant les Pays-Bas à l'électeur de Bavière, mais Sa Majesté remet à la prudence du comte du Luc de parler de cette affaire à propos, en sorte qu'il paroisse qu'elle s'intéresse véritablement au succès, qu'elle le désire par elle-même, et que ses offices ne soient pas regardés comme le pur effet d'une recommandation du roi d'Espagne et comme un moyen que le Roi voudroit seulement avoir de répondre aux sollicitations pressantes du Roi son petit-fils.

Comme il est porté par l'article XXXII° du traité de Bade que ceux qui sont nommés aussi dans l'article XXXII° du traité de Rastadt pourront produire leurs titres et leurs raisons réciproquement devant le Roi et devant l'Empereur pour y avoir l'égard que la justice demandera, sur ce fondement le comte du Luc appuiera la justice des prétentions de la duchesse d'Elbeuf[2] dont il est amplement informé par les mémoires qu'elle lui a fait remettre pendant les conférences de Bade et par le dernier qu'elle a présenté à Sa Majesté, dont la copie sera jointe à cette instruction.

Il appuiera pareillement les demandes du duc de Saint-Pierre[3],

---

1. Anne-Marie de la Trémoille, princesse des Ursins, camerera mayor de la reine d'Espagne femme de Philippe V; elle gouverna l'Espagne par l'ascendant qu'elle exerçait sur cette princesse. Exilée en 1704 par ordre de Louis XIV pour avoir employé son influence contre la France, elle changea de conduite et obtint, lors de la cession des Pays-Bas à l'électeur de Bavière en 1712, et lors du traité d'Utrecht (article VII) entre la France et la Hollande, qu'on lui assurât la réserve d'une terre de 30,000 écus de revenu par an dans le Luxembourg ou le Limbourg. C'était une des conditions mises à l'acquisition des Pays-Bas par l'Empereur. L'article 32 du traité de Rastadt renvoyait cette affaire aux conférences de la paix définitive. On lit en marge de l'instruction de Du Luc : « Immédiatement après l'expédition de cette instruction du 3 janvier, la nouvelle arriva de Madrid que la princesse des Ursins, renvoyée par le roi d'Espagne, étoit en chemin pour repasser en France. »

2. La duchesse d'Elbeut, fille aînée du maréchal de Navailles, troisième femme et veuve du duc d'Elbeuf, avait, en 1704, marié sa fille au duc de Mantoue Charles IV. Ce prince étant mort en 1708, ses États avaient été conquis par l'Empereur, ainsi qu'on l'a rappelé dans une note ci-dessus.

3. Le duc de Saint-Pierre, qui avait épousé une sœur de M. de Torcy, avait acheté la principauté de Sabionette, du feu roi d'Espagne Charles II, traitant comme duc de Milan. Il soutenait que cette cession devait être regardée comme charge du Milanais et que l'Empereur, qui avait acquis le Milanais et cédé Sabionette au duc de Guastalla, devait en rembourser le prix.

dont la justice est si évidente que les plénipotentiaires de l'Empereur n'ont pu le nier pendant la négociation du dernier traité. Mais si ce prince ne veut les accorder qu'à titre de grâce, Sa Majesté ne trouvera pas mauvais que le comte du Luc y consente et qu'il termine par cette voie la vexation que le duc de Saint-Pierre souffre en haine de son attachement à la France, puisque c'est seulement sous ce prétexte que ses biens dans le royaume de Naples, dans le duché de Milan et dans les autres États de l'Empereur ont été confisqués.

Au reste, la prétention de la princesse des Ursins et les droits des princes d'Italie privés de leurs États seront vraisemblablement autant de points remis à régler lorsque la paix se traitera entre l'Empereur et le roi d'Espagne. L'intérêt public, de même que celui des particuliers, demande que ce reste de guerre soit incessamment éteint, et cette paix nécessaire au repos général ne l'est pas moins à la parfaite intelligence que le Roi veut établir avec l'Empereur.

Le prince Eugène a plusieurs fois assuré le maréchal de Villars à Rastadt et à Bade, qu'aussitôt que la paix avec le Roi seroit signée, l'Empereur ne s'éloigneroit pas de conclure aussi la paix avec le roi d'Espagne; qu'il accepteroit avec plaisir les offices du Roi pour la terminer, qu'il regarderoit en quelque façon Sa Majesté comme médiateur, qu'il protestoit toutefois que jamais il n'abandonneroit les titres des royaumes d'Espagne, mais aussi que ce ne seroit pas le premier exemple de princes qui auroient fait ensemble des traités en prenant chacun les mêmes titres.

Comme le roi d'Espagne auroit une égale peine à se désister des titres des États qu'il faudra qu'il cède à l'Empereur, cette difficulté de part et d'autre ne doit pas empêcher la conclusion de la paix, et chacun de ces princes gardant les titres qu'il veut conserver, rien ne doit s'opposer à la fin d'une guerre qui alarme inutilement plusieurs États de l'Europe, pendant que les parties principalement intéressées à cette guerre ne peuvent exercer entre elles aucun acte d'hostilité, l'éloignement de leurs États procurant nécessairement la paix à leurs sujets.

Un des premiers soins du comte du Luc sera donc de porter

l'Empereur à désirer la paix avec l'Espagne comme nécessaire à l'établissement de la parfaite intelligence que ce prince semble et doit souhaiter de former avec le Roi. Car immédiatement après que cette paix sera faite, toute cause de jalousie cesse entre la maison de France et celle d'Autriche, et les sujets de défiance et de séparation cèdent non seulement aux liaisons du sang, mais encore aux véritables intérêts de la religion qui doivent plus que tout autre motif réunir le Roi et l'Empereur pour la défendre contre ses ennemis au dedans ou au dehors de l'Empire.

Comme le roi d'Espagne est disposé à traiter, il n'y aura point de temps à perdre pour convenir au plus tôt des moyens de commencer la négociation et du lieu où se tiendront les conférences. Lorsqu'elles seront ouvertes, l'intention du Roi est de travailler efficacement à surmonter les difficultés capables d'en retarder le succès.

Il y a donc lieu de croire qu'une des principales roulera sur la restitution des biens que le roi d'Espagne a confisqués sur ceux de ses sujets qui ont suivi le parti de la maison d'Autriche. Il a déclaré jusqu'à présent que, les regardant comme autant d'ennemis de sa personne et de sa couronne, il ne leur permettroit jamais de rentrer en Espagne, et véritablement l'Empereur a justifié les sentiments du Roi Catholique. Car, ennuyé de la dépense que lui cause l'entretien des Espagnols à Vienne, il leur avoit permis de solliciter leur amnistie, leur disant qu'il étoit assuré de leur fidélité et persuadé que lorsqu'ils seroient rentrés en possession de leurs biens, ils n'oublieroient pas les serments qu'il avoit reçus d'eux, en sorte que lorsqu'il trouveroit la conjoncture propre à faire valoir ses droits, ils lui donneroient des marques de leur zèle.

La répugnance du roi d'Espagne à recevoir chez lui ces rebelles et à les mettre en possession des biens qu'ils ont abandonnés, n'est donc pas l'effet d'une simple prévention, et par conséquent ce ne sera pas une difficulté légère et qu'on puisse espérer d'aplanir aisément; mais il n'est pas encore temps d'y travailler : il faut attendre que la négociation soit entamée et les conférences ouvertes. Pour lors, le Roi, connoissant la sincérité des intentions de l'Empereur, agira de manière, auprès du Roi son petit-fils, qu'on trouvera les expédients propres à finir une paix désirée véritablement de part et d'autre.

Une seule mettra fin aux alarmes des princes d'Italie, car encore que le prince Eugène ait assuré le maréchal de Villars qu'elles étoient mal fondées et que véritablement l'Empereur y conserve un nombre de troupes assez médiocre, il en faut si peu pour intimider et même pour opprimer des princes foibles, qu'ils ne se rassureront que lorsqu'ils verront tout prétexte de guerre en Italie supprimé par la paix faite entre l'Empereur et le roi d'Espagne.

Quoique la puissance du roi de Sicile soit fort supérieure à celle de ces princes, qu'il soit d'ailleurs d'un caractère à ne pas se laisser facilement intimider, il craint cependant le ressentiment de l'Empereur, et pour le fléchir il n'y a rien qu'il ne soit capable de faire. On prétend qu'il a déjà offert de céder l'Alexandrin et le Montferrat et de se désister de toute prétention sur le Vigenavasque, si, moyennant ces conditions, l'Empereur lui promettoit de le laisser paisible possesseur de la Sicile. On ajoute que jusqu'à présent le prince Eugène a travaillé inutilement à le réconcilier avec l'Empereur, qu'il ne perd pas cependant l'espérance d'y réussir; et comme apparemment le succès de cette négociation dépendra des engagements où le roi de Sicile entrera contre les intérêts du Roi et contre ceux du roi d'Espagne, il sera du zèle et de l'activité ordinaire du comte du Luc d'employer ses soins à découvrir et à traverser ensuite une intrigue vraisemblablement aussi contraire au repos de l'Europe qu'à l'union que Sa Majesté veut établir avec l'Empereur.

La conjoncture y paroît d'autant plus favorable que ce prince, irrité de la conduite que les Anglois et les Hollandois ont tenue à son égard dans les derniers traités de paix, ne paroît guère plus content de la résistance qu'il a déjà trouvée de la part de quelques princes de l'Empire. Il comptoit entièrement sur le duc d'Hanovre avant qu'il fût parvenu à la couronne d'Angleterre; mais il commence à craindre, et ce n'est pas sans raison, que sa nouvelle élévation ne le rende trop considérable et trop puissant dans la basse Allemagne. En effet, ce prince veut profiter de l'occasion qu'il croit avoir d'agrandir, aux dépens de la Suède, les États de sa maison. On assure que les mesures en sont déjà prises avec le roi de Danemark et avec le roi de Prusse, que les duchés de Brême et Verden doivent être unis aux États d'Hanovre[1], que cette acquisition est d'autant plus sensible au roi d'Angleterre qu'elle le rendroit maître de Stade, et qu'ayant un port sur l'Elbe, il dépendroit de lui de faire passer dans son royaume tel nombre de troupes qu'il jugeroit nécessaire pour établir son pouvoir absolu sur une nation impatiente de toute autorité, et dont il a peine encore à connoître le véritable caractère.

Les projets du roi de la Grande-Bretagne, ses liaisons avec le roi de Danemark et avec le roi de Prusse entretiendront vraisemblablement dans le Nord une guerre qu'il conviendroit d'apaiser pour achever de pacifier l'Europe. Mais si la continuation de cette même guerre produit un mauvais effet en empêchant que la tranquillité ne soit générale, elle empêche aussi d'un autre côté que les protestants de l'Empire ne se réunissent, et par conséquent qu'ils ne se rendent formidables aux catholiques et en particulier à la maison d'Autriche. La division des protestants ne leur permettra pas de suivre et d'exécuter leurs projets, et le roi de Suède, justement irrité contre le roi de la Grande-Bretagne, ne lui cédera pas l'honneur d'être le chef du parti protestant dans l'Empire.

L'intention du Roi étoit de travailler à la pacification des troubles du Nord, et le prince Eugène avoit assuré le maréchal de Villars, aux conférences de Bade, que l'Empereur étoit aussi dans les mêmes dispositions. Il ne seroit pas étonnant qu'il eût changé après avoir fait de sérieuses réflexions sur l'état présent des affaires d'Allemagne et sur les vues particulières du roi de la Grande-Bretagne. Il sera de la prudence du comte du Luc de découvrir de quelle manière on pense à Vienne sur ce sujet, et jusqu'à ce qu'il en soit bien informé, qu'il en ait rendu compte au Roi et reçu les ordres de Sa Majesté, il ne parlera que du désir qu'elle a de rendre la paix universelle en contribuant de tout son pouvoir et de concert avec l'Empereur à la pacification du Nord. Toutefois il fera voir qu'il ne doit pas s'étonner si le Roi, garant des

---

1. George Ier avait en 1715, en adhérant à la ligue contre Charles XII, acheté les duchés de Brême et de Verden que le Danemark avait conquis sur la Suède.

traités de Westphalie, donne quelque secours au roi de Suède pour le délivrer de l'oppression de ceux qui le dépouillent des provinces qu'il doit posséder en vertu de ces traités.

L'Empereur, prévenu pour ce prince, ou par amitié, ou peut-être par crainte, a cherché les moyens de prendre avec lui des liaisons. Il est à propos de le maintenir favorablement disposé pour les Suédois, toutefois sans affectation et de manière qu'il paroisse seulement que le Roi souhaite le maintien des traités de Westphalie qui servent de fondement à ceux qui les ont suivis.

Au reste, si jamais les desseins et la puissance du roi de la Grande-Bretagne causoient quelque inquiétude à l'Empereur, comme il pourroit arriver, soit par une union trop étroite entre ce prince et les protestants d'Allemagne, soit par l'appui qu'il donneroit aux Hollandois dans les contestations qui peuvent survenir entre l'Empereur et eux à l'occasion des Pays-Bas, il seroit facile en soutenant les droits du chevalier de Saint-Georges [1] de causer de grands troubles en Angleterre, principalement dans la disposition où se trouve aujourd'hui la nation angloise.

Quoiqu'il ne soit pas question présentement de pareils projets, il sera cependant du service du Roi que le comte du Luc découvre autant qu'il sera possible quelles sont les dispositions de l'Empereur à l'égard du chevalier de Saint-Georges et qu'il en rende compte à Sa Majesté.

Elle souhaiteroit aussi de procurer au prince Rakoczy [2] la restitution de ses biens; mais quelque justice qu'il y ait à la demander, il y a peu d'apparence que l'Empereur lui permette jamais de rentrer dans la jouissance des terres considérables qu'il possédoit en Hongrie. Il semble cependant qu'il ne pourroit lui refuser la permission d'échanger ces mêmes biens. En ce cas, on pourroit

---

1. Jacques-Édouard Stuart, fils de Jacques II et frère de la défunte reine Anne, né en 1688.

2. François Rakoczy, prince de Transylvanie, petit-fils de George Ier Rakoczy, mort en 1660 et fils de François Rakoczy, mort en 1676. La Transylvanie était de fait annexée à l'Autriche. François Rakoczy était à Vienne, où on l'élevait pour l'état ecclésiastique. En 1703, il se mit à la tête des mécontents hongrois. Louis XIV le soutint. Battu en 1710, il fut contraint de se réfugier en Pologne, puis en France, où Louis XIV lui fit une pension.

reprendre la proposition faite autrefois d'un échange à faire avec les terres qui appartiennent en Lithuanie à la fille aînée du prince Charles de Neubourg, dont elle a hérité de sa mère, première femme de ce prince.

Le comte du Luc ne parlera pas de cette affaire dans les premiers temps de son ambassade; mais lorsqu'il croira pouvoir en faire la proposition, le Roi lui enverra les éclaircissements nécessaires pour la traiter.

Comme il en surviendra tous les jours qui ne peuvent être prévues et avoir place dans cette instruction, le comte du Luc en rendra compte au Roi et recevra ponctuellement les ordres de Sa Majesté. Elle ajoutera seulement à ceux que ce mémoire contient, qu'elle veut que son ambassadeur fasse connoître aux ministres des princes d'Allemagne qui se trouveront à la cour de Vienne, qu'elle croit avoir suffisamment dissipé les alarmes que l'Empire avoit autrefois de ses desseins, et qu'en restituant encore par le dernier traité les places qu'elle possédoit au delà du Rhin, elle compte d'avoir fait connoître que son intention n'est pas de renouveler la guerre et de la porter en Allemagne; qu'elle s'assure donc que le corps de l'Empire contribuera de son côté au maintien de la paix qui vient d'être rétablie et que l'observation réciproque des traités de la part du Roi, de celle de l'Empereur et de l'Empire vaudra mieux incomparablement que toutes les propositions que l'on fait encore à la diète d'armements nouveaux pour prévenir la guerre.

Il conviendroit d'instruire le sieur comte du Luc du cérémonial qu'il doit observer s'il y en avoit quelqu'un de réglé par les exemples précédents des ambassadeurs du Roi auprès de l'Empereur; mais il faut remonter jusqu'aux premières années du règne du feu Roi pour trouver l'exemple d'une ambassade de France à la cour de Vienne; encore ne pourroit-elle servir de règle, parce que les honneurs et les traitements faits alors au duc d'Angoulême ne pourroient être exigés pour un ambassadeur destiné à résider à cette cour quoique revêtu du caractère d'ambassadeur extraordinaire. L'Empereur demanderoit vraisemblablement des traitements réciproques pour les ambassadeurs qu'il enverroit auprès du Roi, et ce seroit bouleverser l'ordre qui s'observe à l'égard des ambassadeurs des têtes couronnées qui demanderoient aussitôt d'être traités comme ceux de l'Empereur.

Pour éviter ces inconvénients l'intention du Roi est que le comte du Luc étant arrivé à Vienne s'informe particulièrement du cérémonial qui s'observe à l'entrée et aux audiences publiques du nonce du Pape, de celui qui s'observoit pareillement à l'égard de l'ambassadeur d'Espagne lorsqu'il y en avoit un en cette cour, et qu'il sache s'il y a quelque différence dans la réception de l'un et de l'autre, comme cette différence se trouve établie à la cour de Sa Majesté.

Elle veut recevoir l'ambassadeur de l'Empereur comme elle reçoit ceux du roi d'Espagne, du roi d'Angleterre et généralement de tous les autres rois de l'Europe. Elle a fait joindre à cette instruction le détail des honneurs qu'elle leur fait rendre, aussi bien que de la manière dont ils sont conduits à ses audiences; elle y fait joindre aussi la relation de ce qui se pratique à sa cour à l'égard des nonces. Le comte du Luc examinera si les honneurs et les traitements que l'Empereur se proposera de lui faire à Vienne seront conformes à ceux que Sa Majesté destine à l'ambassadeur de ce prince. Elle lui donnera ses ordres sur le compte qu'il aura l'honneur de lui en rendre avant que le temps arrive où il devra faire son entrée publique.

En attendant que ses équipages soient en état pour cette fonction, l'intention du Roi est qu'après son arrivée à Vienne, il demande une audience particulière de l'Empereur, et lorsqu'il y sera introduit, il assurera ce prince de la satisfaction parfaite que Sa Majesté a de voir la paix et la bonne correspondance rétablie, de sorte qu'il y a lieu d'espérer que l'union qu'elle veut désormais entretenir avec lui augmentera et deviendra toujours plus étroite pour le bien général de la chrétienté et pour l'avantage de la religion. Il lui fera connoître que Sa Majesté veut y contribuer de tout son pouvoir, qu'étant parfaitement instruite de la piété de l'Empereur, de ses grands talents pour gouverner ses États, et de son application continuelle à l'administration de ses plus importantes affaires, elle compte de pouvoir prendre avec lui des liaisons solides pour le maintien de la tranquillité générale.

Elle se rapporte au reste à ce que le comte du Luc croira devoir ajouter dans un premier compliment et dans une audience où il n'est pas question de traiter d'affaires, mais seulement de donner à l'Empereur une idée générale des sentiments de Sa Majesté pour la conservation de la paix et pour la personne de ce prince.

Il suivra l'usage des autres ambassadeurs à l'égard des audiences particulières des impératrices et des archiduchesses, de même qu'à l'égard des visites à rendre aux ministres de la cour de Vienne.

Il seroit inutile de lui dire qu'il doit s'étudier à connoître leur caractère, le Roi étant bien persuadé qu'il ne négligera d'acquérir aucune des connoissances qui peuvent intéresser son service. Ainsi Sa Majesté compte que non seulement il s'appliquera particulièrement à connoître ceux qui ont quelque part à l'administration des affaires, mais aussi qu'il donnera ses soins à s'instruire à fond au gouvernement des États de l'Empereur; du nombre des troupes que ce prince a sur pied, des lieux où elles sont distribuées; de l'ordre et de l'état de ses finances, de la qualité de ses revenus, de ceux qu'il tire des pays héréditaires et des sommes que l'Italie lui fournit; de ses projets, soit pour maintenir, soit pour augmenter les acquisitions qu'il a faites par la guerre, de ceux qu'il forme pour avoir désormais des vaisseaux dans la Méditerranée et dans le golfe Adriatique. Enfin Sa Majesté s'assure que le comte du Luc, accoutumé de lui rendre un compte exact de tout ce qui peut avoir quelque rapport au bien de son service, lui fera voir encore, dans son nouvel emploi, le même zèle, la même vigilance et la même exactitude dont il a donné tant de marques pendant le cours de son ambassade auprès des Cantons suisses. Elle ne lui répète pas les instructions qu'il reçut d'elle au mois de septembre dernier sur la conversation que le maréchal de Villars et lui avoient eue avec le prince Eugène, au sujet de l'intérêt des cantons catholiques. Sa Majesté persiste dans les mêmes sentiments, persuadée qu'il conviendroit moins que jamais de donner aux cantons protestants un sujet ou même un prétexte d'exciter les princes et États de la même religion à les secourir comme étant opprimés ou prêts à l'être par les puissances catholiques.

Outre ce qui est contenu dans cette instruction, l'intention du Roi est que tous ses ambassadeurs et ministres au dehors lui rapportent au retour de leurs emplois une relation exacte de ce qui se passera dans les négociations qu'ils auront conduites; de l'état des pays où ils auront servi; des cérémonies qu'ils observent soit dans les entrées, soit dans les audiences, ou en toute autre rencontre, et enfin de tout ce qui peut donner une connoissance particulière des lieux où ils auront été employés et des personnes avec lesquelles ils auront négocié. Ainsi le sieur comte du Luc aura soin de préparer de cette sorte un mémoire en forme de relation de l'emploi que Sa Majesté lui confie pour le remettre à son retour entre les mains de Sa Majesté.

Fait à Versailles, le 3 janvier 1715.

X

M. MANDAT

1715

L'ordre que Louis XIV donnait au comte du Luc de se rendre immédiatement à Vienne ne put être exécuté. M. du Luc dut rester à Soleure pour y mener à fin la négociation qu'il avait entamée avec les cantons catholiques. Comme il importait d'avoir un agent à Vienne, on y envoya M. Mandat, conseiller au Parlement. Son instruction, qui porte la date du 17 mars 1715, M. de Torcy étant ministre des affaires étrangères, n'est qu'un résumé de celle de M. du Luc.

MÉMOIRE POUR LE SIEUR MANDAT, CONSEILLER DU ROI EN SA COUR DE PARLEMENT DE PARIS, ALLANT A VIENNE PAR ORDRE DE SA MAJESTÉ. 17 MARS 1715[1].

Les affaires dont le sieur comte du Luc est chargé pour le service du Roi en Suisse, ne lui permettant pas de se rendre encore à Vienne où il doit aller en qualité d'ambassadeur

---

1. Vienne, 1715. T. CI.

extraordinaire de Sa Majesté auprès de l'Empereur, le même service demande qu'il y ait cependant quelqu'un en cette cour capable d'observer ce qui se passe dans ces conjonctures importantes, d'en rendre compte au Roi, d'agir et de parler s'il est nécessaire au nom de Sa Majesté. Comme elle est parfaitement informée de la fidélité du sieur Mandat, conseiller du Roi en sa cour de Parlement de Paris, de l'attention particulière qu'il a donnée à s'instruire dans les affaires étrangères, elle a bien voulu le choisir pour lui confier cette commission.

L'intention du Roi est que le sieur Mandat parte incessamment pour s'en acquitter; mais il ne doit paroître à Vienne que comme envoyé par le comte du Luc pour s'instruire et lui rendre compte à son arrivée en cette cour de l'état où seront les affaires, proprement comme un secrétaire d'ambassade. Ainsi Sa Majesté veut qu'il passe premièrement à Soleure, qu'il y reçoive les avis et les instructions du sieur comte du Luc et qu'ensuite il se rende à Vienne avec le plus de diligence qu'il lui sera possible.

Il doit donner sa première et sa principale application à s'informer de l'état des négociations des ministres d'Angleterre et de l'effet qu'elles auront produit. Ceux qui parlent au nom du roi de la Grande-Bretagne soutiennent qu'elles regardent seulement le traité de Barrière à faire entre l'Empereur et la république de Hollande; que c'est uniquement à ce dessein que le sieur Stanhope a été envoyé à Vienne par le Roi son maître, immédiatement après l'avènement de ce prince à la couronne; qu'il n'avoit d'autre commission que d'interposer ses offices pour terminer ces affaires à la satisfaction des deux parties.

Ils prétendent que le sieur Cadogan, actuellement à Vienne, est uniquement chargé de continuer les mêmes offices. Mais le public refuse de le croire, et pendant le séjour que le sieur Stanhope a fait à Vienne, personne n'a douté qu'il n'ait employé tous ses soins à persuader à l'Empereur que le temps étoit favorable pour soutenir, en reprenant les armes, ses prétentions sur la couronne d'Espagne. On a dit sans mystère que ce prince avoit rejeté les instances et les offres de l'Angleterre, connoissant le peu de solidité des mesures qu'il prendroit avec un gouvernement sujet à des changemens si fréquents, et l'intérêt qu'il avoit au contraire à maintenir fidèlement la paix nouvellement conclue.

Il y a lieu de croire que le sieur Cadogan aura fait les mêmes instances, qu'elles auront même été d'autant plus pressantes qu'il paroît par la manière haute dont le roi de la Grande-Bretagne s'explique au sujet du nouveau canal de Mardick [1], que ce prince cherche des prétextes de rupture, étant entraîné par l'intérêt que le parti dominant en Angleterre croit avoir d'attaquer et de perdre les ministres de la feue reine de la Grande-Bretagne, et pour cet effet d'engager toute la nation dans une nouvelle guerre. Le sieur Mandat tâchera donc de s'informer très particulièrement de l'effet que les nouvelles représentations du sieur Cadogan auront produit. Il observera soigneusement ses démarches, s'il est encore à Vienne, et s'il en est parti, il donnera la même attention à celles de l'envoyé d'Angleterre, résident en cette cour. Enfin il n'oubliera rien pour être exactement instruit de tout ce qui regarde une affaire importante aux intérêts du Roi, de même qu'au bien général de toute l'Europe.

On assure que le prince Eugène, connoissant parfaitement l'intérêt qu'a l'Empereur de conserver la paix, l'épuisement de l'Angleterre et de la Hollande et le peu de fondement qu'il y auroit à faire sur les promesses des Anglois, s'est opposé fortement aux propositions du sieur Stanhope; que les ministres allemands étoient également éloignés de les accepter et qu'elles n'ont été appuyées que par les Espagnols rebelles au Roi leur maître, et qui n'envisagent de ressource que dans le renouvellement d'une guerre dont les événements ne sont jamais à craindre pour des gens qui n'ont rien à perdre.

Sur ce fondement, il est du service du Roi que le prince Eugène sache que Sa Majesté est instruite du zèle qu'il témoigne pour le maintien de la paix qu'il a signée à Rastadt et à Bade,

---

1. Louis XIV, par l'article IX du traité d'Utrecht avec l'Angleterre, s'était engagé à raser les fortifications et à combler le port de Dunkerque. Tandis qu'on exécutait ce travail, il fit creuser à Mardick un autre port auquel aboutissait un large canal. Il en résulta des difficultés avec l'Angleterre, à la suite desquelles ces travaux furent suspendus. On les reprit sous la Régence.

qu'elle veut observer ponctuellement ce qu'elle a promis, maintenir une intelligence parfaite avec l'Empereur, et qu'elle croit cette union également conforme aux intérêts de ce prince et de sa maison et au bien de la religion en Allemagne; que Sa Majesté s'assure aussi que le prince Eugène se servira de la confiance que l'Empereur prend en ses conseils pour le confirmer dans les sentiments de paix et dans la pensée de rejeter toutes les propositions qui pourroient tendre au renouvellement de la guerre.

Comme il est nécessaire que le sieur Mandat ait accès auprès du prince Eugène et qu'il ne soit pas regardé à Vienne comme suspect, il sera porteur d'une lettre du sieur comte du Luc qui le mettra en état de parler d'affaires dans les occasions, soit au prince Eugène, soit aux autres ministres de l'Empereur, et dans ces mêmes occasions il leur fera connoître à tous sans affectation les véritables intentions du Roi soit pour l'exacte observation de la paix, soit pour l'établissement d'une parfaite intelligence entre Sa Majesté et l'Empereur.

Il s'attachera particulièrement à connoître le caractère de ces ministres, en sorte qu'il puisse en informer fidèlement le sieur comte du Luc à son arrivée à Vienne.

Il lui rendra compte aussi du crédit que les Espagnols retirés à Vienne ont présentement auprès de ce prince. On prétend qu'il est fort diminué, qu'ils lui sont présentement à charge et que le seul point d'honneur l'empêche d'abandonner des gens qui se sont sacrifiés pour lui.

Si les dispositions de l'Empereur à leur égard sont telles qu'on le rapporte, la paix entre ce prince et le roi d'Espagne en sera plus facile à faire. Ainsi le sieur Mandat doit avoir une extrême attention à découvrir la vérité sur ce sujet et à la faire savoir au sieur comte du Luc, en sorte qu'il puisse prendre les mesures qu'il jugera le plus convenables pour exécuter ponctuellement les ordres du Roi.

Il doit être fort attentif aux engagements que l'Empereur pourroit prendre en faveur des Vénitiens, car il peut arriver que ce prince, après avoir fait à la Porte des offices en leur faveur, se trouve obligé à prendre les armes, soit pour défendre une république qui a signé le traité de Carlowitz[1] de concert avec lui, soit pour défendre son propre pays si les Infidèles l'attaquent, ou bien enfin il se peut faire qu'il croie la conjoncture favorable pour étendre ses conquêtes vers le Levant, et même qu'il juge nécessaire d'occuper une partie des troupes qu'il conserve sur pied.

Quel que soit le motif des résolutions qu'il prendra, le sieur Mandat doit être très attentif à ce qui se passera du côté de la Hongrie.

Il doit aussi donner une attention particulière à découvrir les résolutions que prendra l'Empereur au sujet du différend pour la Barrière des Pays-Bas, soit que les instances du sieur Cadogan aient produit l'effet que les Hollandois s'en promettoient et que l'Empereur ait cédé aux représentations et aux offices du roi de la Grande-Bretagne, soit qu'il ait soutenu avec fermeté l'engagement qu'il avoit pris.

Ce sera donc sur tous ces points que le sieur Mandat informera particulièrement le comte du Luc de tout ce qu'il apprendra jusqu'au moment que cet ambassadeur arrive à Vienne. En même temps le sieur Mandat fera savoir au Roi, tous les ordinaires, ce qui pourra venir à sa connoissance qui aura quelque rapport au service de Sa Majesté.

Fait à Versailles, le 17 mars 1715.

---

1. Par le traité de Carlowitz, signé en 1699, l'Empereur acquit la Transylvanie et ce que les Turcs tenaient en Hongrie ; Venise eut la Morée et presque toute la Dalmatie. Les Turcs recommencèrent en 1715 la guerre contre Venise, sous prétexte d'un secours fourni aux Monténégrins.

XI

M. DU BOURG

1717

Le comte du Luc, ayant conclu avec les cantons catholiques le traité de Soleure du 7 mai 1715, se rendit à Vienne, où il prit, au mois de juillet, possession de son ambassade.

Louis XIV mourut le 1ᵉʳ septembre 1715. La régence fut dévolue au duc d'Orléans, et la direction des relations extérieures confiée à un conseil des affaires étrangères présidé par le maréchal d'Huxelles. Le comte du Luc demanda, en 1717, son rappel pour des motifs de santé. Il eut ordre de confier, en partant, les affaires à M. du Bourg, qui était secrétaire de son ambassade. Il lui laissa une instruction qui fut approuvée par M. d'Huxelles, ainsi qu'on le voit par la lettre suivante du maréchal à M. du Bourg, 23 avril 1717 :

« J'ai reçu, Monsieur, les lettres que vous m'avez écrites depuis
« le départ de M. le comte du Luc pour revenir ici, et la dernière est
« datée du 3 avril. Je vois, par les détails qu'elles contiennent de ce
« que vous avez appris qui vous a paru intéresser le service de Sa
« Majesté, que vous répondez parfaitement aux bons témoignages
« qu'il vous a rendus et qu'il m'a renouvelés encore depuis son
« arrivée en cette ville. L'instruction qu'il vous a laissée sur la
« conduite que vous devez tenir à Vienne pendant que vous y serez
« chargé de rendre compte de ce qui viendra à votre connaissance,
« est une règle que vous ne devez point perdre de vue, et comme elle
« renferme tout ce que j'aurois pu vous prescrire de la part du Roi,
« je n'ajouterai rien à ce qu'elle contient.

« Continuez au reste à m'informer ponctuellement, tous les ordi-

« naires, de ce que vous aurez observé par vous-même, ou des avis
« que vous recevez qui pourront intéresser le service de Sa Majesté,
« et j'aurai attention à vous faire remettre incessamment les premiers
« mois de vos appointements.

« Je suis, Monsieur, tout à vous. »

INSTRUCTION POUR LE SIEUR DU BOURG. 1ᵉʳ MARS 1717 [1].

J'ai cru ne pouvoir mieux faire, pour me conformer aux ordres et intentions de Mgr le Régent, que de vous laisser ici pour y agir dans tout ce qui vous paroîtra du bien du service. Jusqu'à ce que mon successeur arrive, ou que vous soyez rappelé ; je serai très tranquille sur mon choix si vous continuez dans le zèle et l'application que je vous connois ; mais si par malheur vous alliez imiter certains petits-maîtres que bien connoissez, vous vous donneriez un très grand ridicule, le Roi seroit mal servi, et je passerois au moins pour une franche dupe ; restez donc tel que je vous laisse, résistez aux pièges qu'on ne manquera pas de vous tendre avec apparence d'amitié, évitez les repas qu'on vous offrira, autant que la bienséance peut le permettre, évitez aussi d'aller aux assemblées, et ne pensez uniquement qu'à remplir votre devoir.

Voyez souvent le nonce et l'ambassadeur de Venise [2] ; marquez leur dépendance et confiance, mais gardez-vous bien de dire un mot de trop ; mon grand art, s'il m'est permis de me citer, est de paroître simple et vrai. Je me pique de posséder cette dernière qualité ; cependant vous connoissez ma manière de

---

1. Vienne, 1717. T. CXX.
2. Grimani, qui devint doge en 1741 et mourut en 1752.

manœuvrer, vous m'avez suivi pas à pas, imitez-moi donc, je vous prie, jusqu'à ce que vous ayez des ordres contraires ; qu'il vous souvienne de ménager M. Sternok[1] : je crois qu'il continuera de vous communiquer ses dépêches ; approuvez toujours, et contentez-vous, lorsque vous savez le contraire de ce qu'il écrira, d'en informer la cour.

Quand même vous n'auriez pas des affaires à traiter, voyez souvent le prince Eugène, le comte Zinzendorf, le comte de Schœnborn, et tous les ministres avec lesquels vous savez que j'ai des liaisons apparentes ; voyez aussi parfois le comte Stella, et allez de temps en temps chez le comte et la comtesse d'Althan[1], sous prétexte que je vous charge de me donner de leurs nouvelles.

Ménagez le marquis de Perlas[2] ; ses occupations ou dissipations n'empêchent pas que je ne le croie le seul ministre espagnol capable, et c'est le seul aussi que j'estime ; malgré les vices de l'archevêque de Valence[4] et son inutilité, voyez-le, car il y a de la différence de votre caractère au mien : vous n'avez point d'étiquette à essuyer, et pourvu qu'on vous traite convenablement, vous devez être content.

S'il vous arrivoit d'être appelé à des conférences, étudiez auparavant les matières, et ne laissez jamais entrevoir le fond du sac. Si, contre mon attente, le comte de Windischgrætz ou tel autre qui puisse être, s'émancipoit de sortir devant vous du respect dû au Roi et à Mgr le Régent, ne soyez ni sourd ni muet, ripostez d'une manière convenable à votre état, afin qu'ils sentent que les nasardes ne sont point faites pour ceux qui ont l'honneur d'être sujets et au service du plus grand Roi du monde ; moquez-

1. Ministre de Suède, à Vienne.
2. Membre du Conseil d'Espagne.
3. « Perlas est homme dextre quoiqu'il ne fût dans ses commencements que notaire dans un village près de Barcelone. Il est très laborieux, de difficile accès. S'il étoit plus maître dans son conseil, on y verroit finir les affaires et son maître seroit mieux servi. » Il était secrétaire des dépêches dans le conseil d'Espagne. — *Mémoire concernant l'ambassade de Vienne*, 1717, Autriche. T. CXX.
4. « L'archevêque de Valence, bâtard de la maison de Cardonne et cordelier, se trouve, par sa conduite et ses mœurs, très diffamé. L'Empereur ne veut rien croire de tout ce qu'on lui dit, en sorte que cet archevêque vit avec impunité dans les vices. » Il était président du conseil d'Espagne. *Id., id.*

vous des suites : ce sera mon affaire de vous justifier à notre cour, et pourvu que vous répliquiez avec esprit et en termes mesurés, je vous réponds d'avance que vous serez approuvé. Vous connoissez la rusticité allemande, et à quel point elle est portée lorsqu'on trouve excès de politesse ou de timidité, et vous savez aussi qu'une fois qu'ils vous ont tâté, ils se corrigent de leurs hauteurs, s'ils n'y ont pas trouvé leur compte. Je m'étonne souvent quand je vois qu'on estrapasse certains ministres du premier ordre, ce qui ne seroit pas s'ils avoient su soutenir leur caractère.

Je regarde comme des fripons tous ceux que j'emploie pour me donner des avis; mais comme c'est un mal nécessaire, vous continuerez de payer par mois les petites pensions de ceux dont vous avez la liste, et que je remettrai à mon arrivée à M. le maréchal d'Huxelles. S'il arrivoit que Mgr le Régent n'en voulût pas supporter la dépense, je vous en tiendrai compte jusqu'à la révocation de cet article; mais pour les pensions un peu fortes et qui sont marquées sur la même liste, il faut que vous attendiez des ordres précis qui ne tarderont pas de vous être envoyés, d'abord que j'aurai eu l'honneur de rendre compte de ma mission. Je vous laisserai en partant la liste des affaires que vous aurez à suivre et que je n'aurai pas pu finir ; ce sont celles qui n'ont nulle difficulté ; car pour le rétablissement des électeurs et la restitution des Italiens, l'affaire est trop sérieuse pour croire que vous puissiez y réussir. Mgr le Régent donnera ses ordres soit à vous, soit à l'ambassadeur qui me succédera.

Continuez les mêmes relations que j'ai en Allemagne, dans le Nord, en Italie et ailleurs ; entretenez même commerce avec M. le marquis d'Avarey[1] par rapport aux intérêts des cantons qui influent sur ceux de notre maître; le port des lettres vous sera remboursé, du moins je l'espère, et si cela n'étoit pas, j'en supporterai la dépense, jusqu'à ce que vous sachiez par M. le maréchal d'Huxelles ou par moi les intentions de Mgr le Régent.

Je vous laisse le sieur Settier, n'étant pas possible que vous

---

1. Le marquis d'Avarey qui avait remplacé du Luc en Suisse.

puissiez seul satisfaire à toutes vos correspondances; vous le nourrirez et lui continuerez ses appointements à raison de 250 fr. par an; si cet article n'étoit pas approuvé, vous en seriez informé, et j'en supporterai la dépense aussi bien que les frais de son voyage jusqu'à Paris. Comme il parle parfaitement bien allemand et françois, il vous sera très utile, et pourroit l'être aussi à l'ambassadeur qui viendra, supposé que ce garçon consente à rester et qu'il perde l'envie qu'il a d'aller à Paris. Vous ne pouvez pas vous passer d'un carrosse, mais je vous exhorte de vivre avec beaucoup de règle et de vous souvenir que n'ayant pas de bien de patrimoine, il faut au moins que le prêtre vive de l'autel; vous n'avez pas fait jusqu'à présent aucune attention sur l'avenir. Si par aventure il vous arrivoit de dépenser au delà de ce que le Roi vous donnera, ce seroit votre faute, et vous en porteriez seul la peine. J'espère, ainsi que je vous l'ai dit ci-dessus, que la cour vous accordera le port des lettres, les petites pensions qui sont sur le rôle, les appointements et nourriture de Settier et de son valet, après quoi il faudra vous régler sur les appointements qui vous seront accordés. Ne m'allez pas dire que M. Mandat a fait ici des dépenses énormes, il seroit ridicule si vous pensiez d'imiter certaines gens. Je sais que les logements sont ici hors de prix, tâchez de vous mettre en lieu où vous ayez uniquement le nécessaire pour vous, le sieur Settier et le petit nombre de vos domestiques.

Vous savez de quelle importance il est de suivre les prétendues négociations de Madrid[1] et celles qui regardent la paix ou

---

1. La paix n'était pas encore rétablie entre l'Espagne et l'Empereur. Philippe V ayant, en 1714, perdu sa première femme Marie-Louise de Savoie, épousa en la même année Élisabeth Farnèse, princesse de Parme, qui prit promptement sur lui l'ascendant le plus marqué. Elle excita la haine de Philippe contre l'Empereur et recula tout accommodement entre eux par les prétentions qu'elle éleva sur la Toscane, Parme et Plaisance où les dynasties masculines semblaient sur le point de s'éteindre : en Toscane, Côme III n'avait qu'un fils, Jean Gaston, qui n'avait pas d'enfants; à Parme, le duc François ni son frère n'avaient d'enfants. L'Empereur réclamait ces duchés comme fiefs masculins d'Empire, le Pape y prétendait également. Élisabeth invoquait les droits de l'héritage. Alberoni, qui gouvernait l'Espagne, se proposait de s'emparer de ces territoires et préparait à cet effet une ligue. Ses vues se portaient en outre sur la Sicile et la Sardaigne. Il comptait profiter de la guerre qui avait recommencé entre l'Empereur, Venise et les Turcs.

la guerre contre le Turc[1]. Quant au premier article, c'est une raillerie de croire que le père Tonty soit le seul chargé des instructions qui émanent du Pape. Le père Salern, jésuite, qui est ici sous prétexte d'attendre la conjoncture pour joindre le prince électoral de Saxe, est certainement plus au fait et fait plus de chemin que l'autre moine. Vous savez que je n'oublie rien pour le pénétrer, mais ma maladie est cause que je n'ai pu encore en venir à bout; je ne sais ce que je pourrai faire avant de partir, vous en serez instruit et vous continuerez de suivre mon ébauche; quant à la paix du Turc, une fois que milord Montaigu[2] est en route, vous n'apprendrez rien avant son arrivée à la Porte. Il faut cependant une grande attention pour découvrir la vérité, car bien que toutes les apparences soient qu'on fera encore la campagne prochaine, il importe de ne se pas endormir, afin que, si le contraire arrivoit, Mgr le Régent soit promptement averti. La négociation d'Espagne ou les projets qu'on attribue à l'Empereur sur l'Italie sont des motifs qui doivent vous rendre plus attentif aux mouvements qu'on pourroit faire de ce côté-ci.

Vous êtes instruit de ce qui se passe par rapport à la paix du Nord[3]; je présuppose que Son Altesse Royale est informée des intentions du roi de Suède. M. Sternok a rendu compte de ce qu'on pensoit ici sur son sujet; ainsi, si on vous donne des ordres, il n'y aura qu'à les exécuter.

Enfin écrivez régulièrement tous les ordinaires, affirmez ce qui vous paroîtra certain et donnez comme douteux les choses qui vous paroîtront telles. Corrigez-vous d'un défaut que vous devez avoir contracté avec moi, qui est le laconisme, mais gardez-vous aussi de donner dans la prolixité de M. Sternok. Je com-

---

1. Venise, attaquée en 1715, avait invoqué l'alliance de l'Empereur et réclamé la garantie de la paix de Carlowitz. L'Empereur offrit sa médiation qui fut rejetée. Alors il fit marcher contre les Turcs le prince Eugène, qui les battit et qui, au printemps de 1717, se préparait à investir Belgrade.

2. La Hollande et l'Angleterre avaient proposé leur médiation entre l'Empereur et les Turcs. Montaigu était venu à Vienne en mars 1717, se rendant, pour cette négociation, à Andrinople, au camp des Turcs.

3. La guerre continuait entre le Danemark, la Prusse, le Hanovre, la Pologne, la Russie d'une part, la Suède de l'autre. L'Empereur, qui désirait empêcher que la guerre ne s'etendît à toute l'Allemagne, avait fait des démarches pour assurer la neutralité des provinces suédoises en Allemagne.

prends que ces deux extrémités ne valent rien, je suis trop vieux pour me corriger, écoutez donc ce que je vous conseille, et, s'il est possible, ne m'imitez pas en certains points.

Vous savez les intentions de la cour par rapport à l'envoi des courriers ; vous n'en devez point dépêcher à moins qu'il n'arrive quelque cas que je ne puis prévoir ; mais vos lettres qui vont par l'ordinaire doivent être exactement chiffrées ; vous connoissez les risques qu'elles courent d'ici à Strasbourg.

Fait à Vienne, le 1ᵉʳ mars 1717.

XII

LE DUC DE RICHELIEU

1725

L'Espagne commença la guerre contre l'Empereur au mois d'août 1717 et s'empara de la Sardaigne. La France et l'Angleterre, liées avec la Hollande par le traité du 4 janvier 1717, dit de la *Triple Alliance,* signèrent à Londres, le 2 août 1718, avec l'Empereur, un traité auquel la Hollande adhéra le 16 février 1719. L'objet de cette *Quadruple Alliance* était d'éviter la guerre générale et de forcer l'Espagne à s'accommoder avec l'Empereur. Charles VI s'engageait à renoncer à tous titres et droits sur l'Espagne ; l'Espagne, de son côté, devait renoncer à tous titres et droits sur les Pays-Bas et les États d'Italie qui avaient fait partie de la monarchie espagnole, et à tous droits de réversion sur le royaume de Sicile. L'Empereur promettait d'accorder à l'Infant don Carlos, fils d'Élisabeth Farnèse et de Philippe V[1], l'investiture éventuelle de la Toscane, de Parme et de Plaisance, lors de l'extinction des branches masculines. La Sicile devait être cédée par Victor-Amédée à Charles VI en échange de la Sardaigne, qui était cédée à Victor-Amédée.

Victor-Amédée adhéra, en novembre 1718, à ces conditions. L'Espagne les repoussa. La guerre éclata entre elle et la France en janvier 1719, et, à la suite d'opérations malheureuses pour l'Espagne, Philippe V accéda aux conditions posées par le traité de la *Quadruple Alliance*, 17 février 1720. Il fut alors décidé qu'un congrès se réunirait à Cambrai pour terminer tous les différends. Il se réunit en 1721.

---

1. Né en 1716, duc de Parme en 1731, roi de Naples et de Sicile en 1735 sous le nom de Charles IV, roi d'Espagne en 1759 sous le nom de Charles III, mort en 1788.

La France, l'Empereur, l'Espagne, l'Angleterre, les États d'Italie, y étaient représentés. L'Empereur et l'Espagne ne pouvant accorder leurs prétentions, le congrès se perpétua jusqu'en 1725 sans aboutir à aucun résultat.

Louis XV avait été déclaré majeur le 19 février 1723. Le duc d'Orléans, qui fut ensuite quelques mois premier ministre, mourut le 2 décembre 1723. Le duc de Bourbon le remplaça au ministère. Il prit, en 1725, une résolution qui était de nature à amener de nouvelles complications du côté de l'Espagne. Un mariage avait été décidé entre Louis XV et Marie-Victoire de Bourbon, infante d'Espagne. Cette princesse était en France. Elle avait sept ans, le roi en avait quinze : on ne pouvait de longtemps espérer un Dauphin. Le duc de Bourbon se décida à renvoyer l'Infante et à marier le Roi avec Marie Leczinska, fille de Stanislas Leczinski, roi de Pologne en 1704, et détrôné en 1708 par l'électeur de Saxe, qui régnait depuis lors sous le nom d'Auguste II.

C'est dans ces circonstances que le duc de Richelieu [1] fut envoyé à Vienne en ambassade extraordinaire, M. de Morville étant ministre des affaires étrangères.

MÉMOIRE POUR SERVIR D'INSTRUCTION AU SIEUR DUC DE RICHELIEU, PAIR DE FRANCE, ALLANT A VIENNE, EN QUALITÉ D'AMBASSADEUR EXTRAORDINAIRE DE SA MAJESTÉ PRÈS L'EMPEREUR. 28 MARS 1725 [2].

Quelque grande que soit devenue la puissance de l'Empereur par les derniers traités qui ont rétabli la paix dans l'Europe et qui ont acquis à ce prince la possession de plusieurs parties considérables de la monarchie d'Espagne, cependant Sa Majesté, contente de voir le roi Philippe V maintenu sur un trône que toute l'Europe lui disputoit, et persuadée d'ailleurs que l'état de

---

1. Né en 1696, envoyé en Espagne en 1717.
2. Autriche. *Mémoires et documents*, t. VII.

sa puissance telle qu'elle a été fixée par ces traités, en suffisant à sa gloire, ne peut point non plus donner de justes sujets d'ombrages aux États voisins, est dans la résolution de contribuer en tout ce qui dépendra d'elle au maintien de ces traités. C'est dans cet esprit et sur ces principes que le Roi depuis son avènement au trône a réglé ses démarches et ses résolutions; et Sa Majesté, instruite par l'expérience des temps passés des facilités que la cour de Vienne avoit trouvées à engager dans ses intérêts tout l'Empire et les autres principales puissances de l'Europe, n'a pas cru pouvoir apporter trop d'attention à détruire jusqu'aux moindres principes qui avoient pu donner lieu à une disposition aussi contraire à ses intérêts et à ceux de son État. Persuadée d'un côté que les princes avec les plus droites intentions sont souvent séduits par des conseils fondés sur les convenances ou les préventions particulières de ceux qui les donnent, et informée d'ailleurs de la confiance que l'Empereur continuoit d'accorder à ceux de ses ministres qui, après s'être séparés des intérêts du roi d'Espagne, avoient assez fait connoître, même depuis la cessation de la guerre, que leurs vues tendoient toutes à la renouveler, elle a jugé que son amour pour la paix demandoit qu'elle prît pour la conserver les mêmes précautions que si elle avoit pu croire que la cour de Vienne eût eu en vue d'y contrevenir.

Il falloit pour remplir cet objet détacher de ses intérêts ceux qui avoient le plus contribué à sa grandeur, et que par cette raison l'on pouvoit croire qui étoient intéressés à ce que sa puissance n'augmentât pas par de nouvelles acquisitions qui la missent en état de faire revivre, pour ainsi dire, celle de Charles-Quint. Ce fut l'objet de la négociation qui fut entamée à la Haye entre le Roi, le roi d'Angleterre et la république de Hollande et qui fut suivie du traité de la triple alliance du 4 janvier 1717. Les inquiétudes que les ministres de l'Empereur témoignèrent sur cette négociation et les efforts qu'ils firent pour en empêcher le succès en proposant à l'Angleterre et à la Hollande de prendre d'autres liaisons, firent assez connoître leurs véritables dispositions, et que regardant ces deux États comme les plus puissants instruments dont ils pouvoient se servir pour le succès de leurs vues, ils voyoient avec peine tout ce qui pouvoit, en les détachant des intérêts de leur maître, le priver d'un secours que leurs préventions leur faisoient envisager comme nécessaire contre les entreprises de la France, qu'ils peignoient comme d'autant plus à craindre qu'ils se fondoient sur l'expérience qu'ils avoient faite de ce que pouvoit une puissance qui avoit pu résister contre toute l'Europe liguée.

Si les mesures qui furent prises par le traité de la triple alliance ôtoient à l'Empereur plusieurs des ressources dont il pouvoit dans la suite faire usage, elles n'assuroient cependant qu'imparfaitement le maintien de la paix. La neutralité de l'Italie peu fidèlement observée, les mouvements des troupes de l'Empereur vers cette partie de l'Europe, le bruit répandu partout des desseins que l'on attribuoit à ce prince, les préparatifs qui se faisoient en Espagne, l'expédition même de la Sardaigne, tout faisoit sentir combien il étoit à craindre que le feu de la guerre qui commençoit à se rallumer, ne se répandît dans toute l'Europe, aussi longtemps que l'on n'auroit point assuré la paix entre l'Empereur et le roi d'Espagne. Le roi d'Angleterre, touché de ces considérations, proposa même au Roi de vouloir bien entrer dans les moyens de prévenir des maux qui n'étoient que trop à appréhender. L'on éprouva dans le cours de la négociation combien il y avait peu à espérer de parvenir au but que l'on se proposoit si l'on ne changeoit en faveur de l'Empereur la disposition qui avoit été faite de la Sicile par les traités d'Utrecht. Ce fut aussi ce qui détermina à accorder à ce prince un aussi grand avantage, pour pouvoir obtenir, en faveur d'un des fils du roi et de la reine d'Espagne, un établissement qui pût un jour balancer la puissance de l'Empereur en Italie et peut-être même y faire revivre celle que l'Espagne avoit eue dans les temps précédents. Enfin l'on estima que tout ce qui assuroit la reconnoissance du roi d'Espagne comme légitime possesseur de cette couronne et des Indes, étoit d'une extrême importance pour ce prince ; et d'ailleurs tout ce qui pouvoit fixer les droits de l'Empereur et mettre des bornes à sa puissance sous la garantie commune du Roi et du roi d'Angleterre, paroissoit le moyen le plus efficace de consolider la paix ou au moins d'empêcher que la cour de Vienne ne pût compter sur les secours de l'Angleterre, lorsqu'une fois elle seroit devenue garante des traités qui servent de base à la tranquillité publique, comme en effet elle en prit l'engagement par le traité de la quadruple alliance conclu à Londres le 2 août 1718.

La difficulté que la cour de Madrid fit d'accéder à ce traité fut pendant quelque temps un obstacle considérable au succès des bonnes intentions du Roi et du roi d'Angleterre pour la paix; mais l'accession du roi d'Espagne, faite au mois de février 1720, mit enfin en état de former à Cambrai l'assemblée du congrès qui avoit été indiqué par le traité de Londres pour régler définitivement les autres détails de la paix particulière entre le roi d'Espagne et l'Empereur.

Le progrès de cette assemblée a été si lent jusqu'à présent, et traversé par tant de difficultés différentes que l'on n'entrevoit encore que peu de jour à la conciliation sur les articles qui doivent y être discutés. Quoique cette situation de la négociation de Cambrai ne soit pas une des principales raisons qui portent Sa Majesté à envoyer incessamment un ambassadeur à Vienne, ce n'en est cependant pas une des moindres, persuadée que la présence d'un ministre de sa part ne sera pas inutile dans un temps où la dissolution du congrès pouvant arriver, il s'agira de l'exécution du traité de Londres que Sa Majesté regarde comme la base et le fondement de la tranquillité publique; et il est aisé de juger que si le Roi, touché de l'amour de la paix, a cru devoir employer les plus grands moyens pour porter le roi d'Espagne à accepter ce traité, Sa Majesté ne se croiroit pas moins obligée d'avoir recours à toutes sortes de voies pour empêcher qu'il n'y fût contrevenu de quelque autre part que ce pût être.

Mais la situation présente de la maison d'Autriche, non seulement par rapport aux affaires de l'intérieur, mais encore relativement à celles du dehors de l'Empire; la nécessité d'être instruit des sentiments et des dispositions de la cour de Vienne dans le moment que la dissolution du congrès arriveroit; l'importance pour les intérêts du Roi et plus encore pour ceux du roi d'Espagne, de faire sentir à l'Empereur par l'envoi d'un ambassadeur près de lui, que l'on ne regarderoit pas la séparation infructueuse du congrès, si elle arrivoit, comme un événement qui dût donner atteinte à la paix, ni libérer l'Empereur des engagements qu'il a contractés par le traité de Londres; la foible santé du grand-duc[1] dont la mort peut d'un moment à l'autre faire naître des matières de discussion avec la cour de Vienne, et plusieurs autres considérations dont il sera parlé dans la suite, ne permettent pas à Sa Majesté de différer plus longtemps le départ du sieur duc de Richelieu, pair de France, qu'elle a choisi pour remplir l'emploi de son ambassadeur, persuadée qu'ayant tous les talents nécessaires pour la bien servir, il répondra parfaitement aux marques qu'elle lui donne de sa confiance par l'emploi dont elle l'honore.

L'intention du Roi est que le sieur duc de Richelieu se rende à Vienne sans aucun retardement, et que dans la première audience particulière qu'il aura de l'Empereur, comme il est d'usage dans les premiers jours de son arrivée, et dans laquelle il remettra à ce prince la lettre de créance de la main de Sa Majesté, il s'applique uniquement à lui faire connoître que le Roi, désirant sincèrement d'entretenir la bonne intelligence établie entre Sa Majesté et l'Empereur, n'a pas cru pouvoir lui donner une plus grande marque de ses heureuses dispositions qu'en lui envoyant un ministre revêtu du caractère de son ambassadeur, qu'elle a chargé principalement de lui renouveler les assurances de ces sentiments.

Dans les premières occasions que le sieur duc de Richelieu aura de voir le prince Eugène et le comte Zinzendorf[2], il s'expli-

[1]. Jean Gaston, dernier grand-duc de la maison de Médicis. Il avait, en 1723, à l'âge de cinquante-trois ans, succédé à Côme III, son père. Il n'avait pas d'enfants et vivait séparé de sa femme. Il mourut en 1737.

[2]. « Le comte de Zinzendorf est le seul ministre de l'Empereur qui ait été employé dans les pays étrangers. Il a été en France et en Hollande lors de la paix d'Utrecht. Il semble être fait pour la société. Il est paresseux, gourmand, voluptueux, et il a un talent admirable pour mettre ceux qui sont avec lui à leur aise; sa conversation est enjouée, spirituelle, et il se seroit fait généralement aimer s'il avoit été capable d'aimer autre chose que lui-même; mais son amour-propre, sa foiblesse quand il s'est agi de soutenir ses amis et même sa facilité à les sacrifier à ses vues particulières l'ont fait abandonner par les ministres de sa nation, et l'ont exposé, dans les commencements, aux vexations des Espagnols. Il n'est ni ferme ni soutenu dans sa conduite, et il a toujours des hauts et des bas. Il est tracassier dans les affaires, point sincère et fait peu de cas de la vérité. Il s'est uni d'intérêt avec le marquis de Perlas, et cette union qui l'a fait mépriser de sa nation, l'a mis dans les bonnes grâces de l'Empereur. » — *Rapport de Du Bourg*, 13 janvier 1725.

quera avec eux dans le même esprit qu'il aura fait avec l'Empereur ; et il n'oubliera rien pour leur faire sentir que l'union du Roi et de l'Empereur étant aussi nécessaire au maintien de la paix dans toute l'Europe en général et en particulier au bien de la religion, Sa Majesté est persuadée que ce prince contribuera de son côté au succès de tout ce qui pourra resserrer les nœuds de cette union.

Les ministres de l'Empereur répondront vraisemblablement à ces assurances d'une manière qui paraîtra d'abord ne devoir laisser aucun doute au sieur ambassadeur sur la sincérité et la droiture de leurs intentions. Plusieurs considérations que l'on traitera d'abord historiquement et sur lesquelles on donnera ensuite des ordres au sieur duc de Richelieu, peuvent avoir part à ces premières démonstrations :

1° Les alliances que le Roi a contractées depuis son avènement au trône ;

2° Les engagements dans lesquels Sa Majesté est entrée ;

3° L'état actuel de la maison d'Autriche et de sa puissance ;

4° Les affaires présentes de la religion dans l'Empire ;

5° Les affaires du dehors de l'Allemagne ;

Lorsque la cour de Vienne a témoigné tant de peines et d'inquiétudes sur les liaisons étroites qu'elle voyoit se former entre le Roi, le roi d'Angleterre et la république de Hollande, elle a jugé sans doute qu'aussi longtemps que ces trois puissances seroient aussi intimement unies ensemble, elle tenteroit vainement d'éluder ceux de ses engagements qui paroissoient la gêner. L'on a ressenti un des premiers effets de cette union lors de la négociation qui fut entamée à Vienne pour obtenir l'expédition des investitures éventuelles des États destinés à l'infant Don Carlos. La cour de Vienne ne négligea rien pendant le cours de cette négociation pour semer entre le Roi et le roi d'Angleterre des défiances qui pussent disjoindre leurs offices et lui donner des moyens de différer l'expédition des investitures, vraisemblablement dans l'espérance qu'il naîtroit des évènements qui la mettroient en état de se dispenser de satisfaire à ses engagements ; mais lorsqu'elle vit que ses efforts étoient inutiles, et que le Roi et le roi d'Angleterre, unis par des garanties et par des engagements communs, agissoient d'un parfait concert, elle se détermina enfin à donner les investitures dont on sollicitoit l'expédition depuis plus d'un an.

La considération des intérêts de la cour de Vienne au dehors n'a pas été sans doute le plus grand motif de ses inquiétudes sur les alliances du Roi; elle a craint que les liaisons de Sa Majesté avec le roi d'Angleterre et la république de Hollande, ne portassent insensiblement Sa Majesté à prendre des engagements qui, lui donnant dans les affaires de l'Empire une part directe et principale, lui acquéreroient aussi des partisans et des amis puissants en Allemagne.

Les alarmes de la cour de Vienne n'ont pas été peu augmentées par les soupçons qu'elle a eus que le Roi avoit pris des liaisons étroites avec le roi de Prusse dont elle connoît la fermeté et le zèle pour la religion protestante, et qu'elle a vu se mettre à la tête du parti protestant et en soutenir les droits avec la plus grande vivacité.

Les efforts que cette cour a faits indirectement depuis quelques années pour se rapprocher de la cour de Berlin et l'attacher à ses intérêts, sont une preuve de l'appréhension qu'elle a que l'éloignement du roi de Prusse ne le porte à prendre des liaisons dont les suites pourroient donner atteinte à l'autorité qu'elle a, et qu'elle cherche à augmenter dans l'Empire.

Les engagements du Roi sont tels aussi que l'Empereur ne pourroit presque tenter d'augmenter sa puissance au dehors sans y trouver des obstacles de la part du Roi, principalement du côté de l'Italie, où ce prince a paru dans tous les temps avoir les yeux attachés; et où l'on sait la peine qu'il a eue de voir réserver un établissement pour un prince du sang de France [1], que la cour de Vienne peut croire qui sera dans tous les temps soutenu et appuyé des forces de Sa Majesté; mais indépendamment de ce que l'on sait des engagements du Roi, les cours soupçonneuses et jalouses se portent aisément à croire que ceux qui sont connus servent à en cacher d'autres, que l'on craint

---

1. Don Carlos, fils de Philippe V.

d'autant plus que l'on en ignore l'étendue, et cette double considération peut beaucoup contribuer à retenir les ministres de l'Empereur, et à les empêcher de donner à leur maître des conseils dont ils seroient en quelque manière responsables s'ils venoient à avoir des suites fâcheuses.

Il est vraisemblable que si ce prince avoit quelque projet en vue, il seroit personnellement retenu par la réflexion de l'état où se trouve sa maison. L'on ne peut pas ignorer l'inquiétude où il est sur les suites qu'auroit sa mort si elle arrivoit sans qu'il eût d'enfants mâles capables de soutenir la grandeur de sa maison, puisque prévoyant que cet événement seroit suivi du partage des grands États qu'il a acquis, non seulement il a fait reconnoître par les États des royaumes de Hongrie et de Bohême, et par la plus grande partie des autres États qu'il possède, l'ordre de succession qu'il a établi[1]; mais que même dans la crainte que les puissances étrangères ne contribuassent dans le temps à faire annuler les dispositions qu'il avoit faites, il a fait demander, par ses ministres au congrès, que le Roi, le roi d'Angleterre et le roi d'Espagne voulussent bien garantir cette disposition, se fondant sur ce qu'il avoit garanti lui-même l'ordre de succession dans les royaumes de France, d'Espagne et d'Angleterre; en sorte qu'il est aisé de juger par ces différentes démarches et par les marques d'affection que l'Empereur donne au prince de Lorraine qu'il a fait venir à sa cour[2], que ce prince, occupé de réflexions sur l'état de sa maison, ne croira pas que ses intérêts, dans une pareille circonstance, puissent lui permettre de former aucuns projets qui pourroient avoir des suites longues et contraires à son repos et à celui de sa maison.

1. La *Pragmatique sanction* de Charles VI avait été reconnue en 1720 par les États de la Basse-Autriche et de la Silésie; en 1721, par ceux de la Croatie; en 1722, par ceux de la Hongrie, de la Transylvanie; en 1723, par ceux de la Bohême. Elle fut proclamée, le 26 décembre 1724, comme la loi organique de la monarchie autrichienne. C'est alors que Charles VI s'occupa de la faire reconnaître par les puissances étrangères.

2. François-Étienne de Lorraine, né en 1708, fils et héritier présomptif de Léopold, duc de Lorraine, avait été appelé à Vienne en 1723 et destiné à épouser l'archiduchesse Marie-Thérèse, héritière présomptive de Charles VI, en vertu de la *Pragmatique sanction*.

A quelque degré de puissance que l'Empereur soit parvenu par les grandes acquisitions qu'il a faites, l'on n'ignore pas que, nonobstant les secours qu'il a eus de plusieurs princes du dedans et du dehors de l'Empire, les dépenses de la guerre ont mis un grand dérangement dans ses finances, et que d'ailleurs ceux qu'il retire des Pays-Bas, de la Hongrie, du royaume de Naples et de Sicile et du Milanois suffisent à peine à l'entretien des places et des troupes nécessaires pour la garde de chacun de ces pays; en sorte que, indépendamment de ce que chaque partie de ses nouvelles acquisitions lui est même à charge pendant la paix, il ne seroit pas en état de soutenir les dépenses de la guerre, surtout lorsqu'il ne trouveroit pas les mêmes ressources que l'Angleterre, la Hollande et plusieurs princes de l'Empire lui ont fournies pendant le cours de la dernière.

A ces considérations se joint encore celle de la situation présente des affaires de la religion dans l'Empire. Lors de la conclusion des traités de Westphalie, ceux qui y eurent la principale part regardèrent comme un point essentiel à l'équilibre et à la balance en Europe, les privilèges et les droits que l'on procura aux princes et États de l'Empire, et qui, fixant les droits de la cour de Vienne, empêcheroient à jamais que le corps germanique et cette cour, qui ne pourroient agir que sur des principes et des intérêts communs, ne formassent un seul et même corps, qui seroit en effet devenu formidable à toutes les autres puissances de l'Europe. C'est aussi par cette raison que le feu Roi fit depuis avec plusieurs princes de l'Empire un grand nombre de traités fondés principalement sur la garantie et la manutention des traités de Westphalie, et que dans ceux que l'on conclut même à présent, on y rappelle toujours les mêmes traités, comme une base nécessaire à la tranquillité publique.

D'un autre côté la cour de Vienne, gênée par les bornes étroites que ce traité avoit mises à son autorité, a toujours cherché les moyens d'en éluder l'effet, en altérant l'esprit de ses stipulations par des interprétations conformes à ses vues. Elle a profité de toutes les occasions pour parvenir à ce but; et, obligée pendant les temps de guerre à des ménagements pour les princes de l'Empire, qu'il lui importe alors de tenir attachés à ses intérêts, elle sait se rédimer de quelque légère complaisance en donnant aux traités, aux constitutions de l'Empire, et même aux capitulations impériales, les atteintes les plus contraires aux droits du corps germanique. Le règne de l'empereur Léopold a été fréquent en pareils exemples; et il est vraisemblable que la cour de Vienne, agissant sur les mêmes principes, auroit fait depuis la conclusion du traité de Bade des progrès considérables si le comte de Schœnborn, vice-chancelier de l'Empire, et les autres ministres de cette cour n'avoient pas voulu porter trop loin l'autorité de l'Empereur et cesser d'observer toutes sortes de ménagements; mais les difficultés que ces ministres ont faites de laisser jouir les princes de l'Empire du droit d'appel qu'ils ont au tribunal de la Diète, les contraventions qui ont été faites aux traités de Westphalie dans ce qui a regardé les tribunaux de l'Empire, qui devoient être mi-partis entre ceux des différentes religions, enfin le peu de justice que les protestants prétendent avoir trouvé dans le conseil aulique, ne leur eût pas permis de dissimuler plus longtemps[1]. Les électeurs d'Hanovre et de Brandebourg se sont élevés les premiers et se sont mis à la tête du parti protestant. Ils ont présenté à la Diète un nombre considérable de griefs dont ils ont demandé la réparation de la manière qu'elle devoit être faite en vertu des traités de Westphalie. La cour de Vienne a prétendu que l'examen se fît devant sa commission impériale à Ratisbonne[2]. Les protestants ont regardé cette proposition comme monstrueuse et tendante à la ruine de leur religion. Ils ont demandé que l'Empereur, conformément aux traités de Westphalie, envoyât des commissions particulières sur les lieux mêmes où il y avoit des griefs à réparer. La cour de Vienne, ne pouvant éluder une stipulation aussi précise que celle des traités de Westphalie à cet égard,

---

1. Les tribunaux d'Empire, dont les appels étaient portés à la Diète, et qui connaissaient des différends entre les princes et États de l'Allemagne étaient : 1º la Chambre impériale, établie en 1495, organe commun du corps germanique, composée de membres nommés par l'Empereur, les électeurs et les États; elle siégeait à Wetzlar depuis 1690; — 2º le Conseil aulique, nommé par l'Empereur, dépendant uniquement de lui et siégeant auprès de lui.

2. L'Empereur était représenté à la Diète par un commissaire et un concommissaire.

a demandé que préalablement les protestants retirassent de la Diète plusieurs ministres qu'ils regardoient en effet comme le principal soutien de leur religion; et comme cette condition ne pouvoit pas être admise, les griefs de religion ne sont point réparés, et la cour de Vienne n'a encore pris aucune résolution.

L'exécution récente de la sentence de Thorn[1], quoique étrangère à l'Empire, a encore augmenté les alarmes du parti protestant, et les embarras de la cour de Vienne; en sorte que l'on peut dire que c'est en effet une des plus grandes affaires que cette cour puisse avoir à terminer.

Les différents points que l'on vient de traiter ne regardent que l'intérieur de l'Empire. Mais comme les affaires du dehors ne peuvent manquer d'influer aussi sur les résolutions de la cour de Vienne, le sieur duc de Richelieu ne doit pas ignorer ce qui s'est passé jusqu'à présent à cet égard.

La situation de la cour de Vienne par rapport à l'Angleterre est tellement relative aux affaires intérieures de l'Empire, qui touchent particulièrement le roi de la Grande-Bretagne comme électeur de Hanovre, que l'on peut compter que, tant que ces affaires ne seront pas terminées, et que d'ailleurs on ne donnera pas aux Anglois de justes défiances des intentions du Roi, l'Empereur trouvera toujours de la résistance de la part du roi d'Angleterre. Ces affaires se réduisent à deux principales : l'une est celle des investitures de Brême et de Verden[2] que l'Empereur a toujours refusé d'accorder sans des conditions très onéreuses. L'autre est celle de la religion, qui influe supérieurement sur les résolutions du roi d'Angleterre, électeur de Hanovre.

1. Les traités d'Oliva, conclus en 1660 entre la Suède, la Pologne, l'Autriche et le Brandebourg, établissaient l'indépendance de la Prusse ducale sous la souveraineté de l'électeur de Brandebourg. Un incident survenu à Thorn avait mis en question la validité de ces traités. Lorsque la France, la Prusse et l'Angleterre signèrent, le 3 septembre 1725, un traité d'alliance, il y fut ajouté un article séparé pour la garantie du traité d'Oliva. — Voir J. Rousset : *Recueil historique d'actes, negociations, mémoires et traités depuis la paix d'Utrecht jusqu'à celle d'Aix-la-Chapelle*, 1728-1755, t. II, p. 195.

2. Le duché de Brême et la principauté de Verden, acquis par l'électeur de Hanovre (roi d'Angleterre) en 1715, du roi de Danemark qui les avait conquis sur la Suède. La paix de Stockholm, en 1719, reconnut cette annexion.

A l'égard de la Hollande, l'affaire d'Ostende[1], qui est née depuis quelque temps, jointe au sujet de mécontentement que cette république a eu des hauteurs extraordinaires de la cour de Vienne, et aux différends que les détails de l'exécution du traité de Barrière[2] font naître chaque jour, peuvent faire juger que difficilement la confiance se rétabliroit entre cette cour et la Hollande.

L'établissement du commerce des Indes à Ostende ayant fait craindre avec fondement aux Hollandois la perte à venir de leur commerce des Indes, ils ont représenté que cet établissement étoit contraire au traité de Munster et au traité de la Barrière, qui confirme le premier; ils ont eu recours en même temps au roi de la Grande-Bretagne comme garant du traité de la Barrière, et comme intéressé d'ailleurs, pour les biens de ses sujets, à ce que la Compagnie établie à Ostende n'eût point lieu; ils ont en effet obtenu, en 1723, une déclaration du roi d'Angleterre portant qu'il regardoit l'établissement de la Compagnie d'Ostende comme un des cas du traité de la Barrière. Les Hollandois ont demandé au Roi une déclaration pareille, se fondant principalement sur le traité de La Haye, du 4 janvier 1717, qui stipule au nom du Roi la garantie de leurs possessions et droits; mais Sa Majesté n'a pas cru pouvoir condescendre à ce que les Hollandois désiroient d'elle, parce que sa garantie étoit restreinte, par un article séparé du même traité, aux possessions et droits de la République en Europe : en sorte que Sa Majesté s'est contentée de faire écrire au sieur du Bourg, au mois d'octobre 1723, la lettre dont elle fait joindre ici la copie, et qui contient en faveur de la République les offices les plus forts et les plus pressants. Comme l'Empereur ne peut pas supposer que les Hollandois intéressés aussi particulièrement qu'ils le sont au maintien de leur commerce, ne prennent enfin quelques mesures pour

---

1. En 1722, l'Empereur accorda des lettres patentes pour l'établissement d'une Compagnie de commerce aux Indes, siégeant à Ostende. Les Compagnies des Indes, anglaise et hollandaise, craignant la concurrence, excitèrent leurs gouvernements à réclamer de l'Empereur la suppression de la compagnie d'Ostende.

2. Le *Traité de Barrière*, conclu de 15 novembre 1715, en raison des stipulations des traités d'Utrecht qui donnaient aux Hollandais le droit de garnison dans un certain nombre de places fortes des Pays-Bas autrichiens.

mettre leur navigation dans une entière sûreté, il n'est pas possible que les ministres de ce prince ne soient dans une sorte de peine et d'embarras, d'autant plus considérable qu'ils connoissent les engagements de l'Angleterre et qu'ils ignorent ceux dans lesquels le Roi pourroit être ou que Sa Majesté pourroit contracter dans la suite sur cette affaire.

A l'égard du Nord, l'on n'ignore pas que du côté de la Suède, l'Empereur, peiné de n'avoir eu aucune part aux derniers traités du Nord [1], a profité de la circonstance des cessions considérables que la couronne de Suède a été obligée de faire en cette occasion pour l'attacher à ses intérêts, en lui laissant croire que l'opposition que la cour de Vienne avoit paru avoir dans les temps précédents à la puissance de la Suède dans l'Empire, étoit cessée. D'un autre côté, l'on sait l'attention des ministres de l'Empereur à tenir la cour de Danemark dans une espèce de servitude qui ne lui permette pas de se livrer à d'autres intérêts. L'on est instruit aussi des efforts qu'ils ont faits pendant longtemps pour s'assurer contre les desseins du feu Czar [2] de l'une de trois manières : ou en formant une alliance avec ce prince, ou en assurant la couronne de Pologne après la mort du roi Auguste au prince électoral, son fils, ou à tout autre prince sur les intentions de qui ils pussent compter dans tous les temps, ou enfin en fomentant les divisions naissantes entre le Czar et la Porte pour pouvoir mettre en même temps hors d'état de lui nuire les deux puissances qu'ils croyoient devoir regarder comme les ennemis naturels de leur maître ; ainsi il est à présumer que la mort du Czar, qui vient d'arriver, a été regardée par la cour de Vienne comme un événement heureux pour elle.

L'on ne pourvoiroit qu'imparfaitement à l'instruction du sieur duc de Richelieu si, après avoir donné une connoissance générale de ce qui intéresse la cour de Vienne, on ne lui donnoit pas des

---

1. Charles XII ayant été tué en décembre 1718 au siège de Friedrichshall, sa sœur Ulrique-Éléonore lui succéda : son époux, Frédéric Ier, de la maison de Hesse, lui fut associé en 1720, et lui succéda en 1721. Sur la médiation de la France, la paix avait été conclue entre la Suède et le Hanovre le 28 novembre 1719 ; entre la Suède et la Prusse le 21 janvier 1720 ; entre la Suède et le Danemark le 3 juin 1720 ; entre la Suède et la Russie le 30 août 1721.

2. Pierre le Grand, mort le 8 février 1725.

ordres sur chaque point en observant le même ordre que l'on a suivi dans cette instruction.

Plus la cour de Vienne a paru alarmée des alliances qu'elle a vu le Roi contracter avec l'Angleterre et la Hollande et de celles qu'elle soupçonne avoir été prises aussi avec le roi de Prusse, plus Sa Majesté regarde ces mêmes alliances comme nécessaires au bien de son service. L'expérience a fait connoître jusqu'à présent l'utilité de l'union qui subsiste entre le Roi et le roi d'Angleterre, et comme Sa Majesté est dans la disposition d'en resserrer les nœuds de plus en plus, en sorte que les ministres de l'Empereur ne puissent pas espérer de les rompre, il faudra que dans toutes les affaires qui pourront intéresser également le Roi et le roi d'Angleterre, et qui auront rapport à leurs engagements communs, le sieur duc de Richelieu observe d'agir toujours de concert avec le sieur de Saint-Saphorin, ministre du roi de la Grande-Bretagne[1]. Il sentira aisément qu'indépendamment de l'avantage qu'il y a de paroître toujours unis de sentiments et d'intérêts, il est important que surtout dans les affaires dont la discussion peut ne pas être agréable à la cour de Vienne, comme ce qui regarde les intérêts du roi d'Espagne ou de l'infant don Carlos, le ministre de Sa Majesté n'ait pas le démérite de parler seul. Ce concert peut même influer beaucoup sur le succès des choses qui seroient particulières à la France ; mais il deviendra d'autant plus nécessaire chaque jour que le moment approchera où l'on aura plus d'affaires à discuter avec les ministres de l'Empereur. Le sieur ambassadeur doit d'ailleurs leur faire connoître dans toutes les occasions que Sa Majesté et le roi d'Angleterre sont résolus d'agir dans le plus parfait concert sur toutes les choses qui pourront regarder l'exécution et le maintien des traités qui doivent être regardés comme la base et le fondement de la tranquillité publique. Ce qui s'est passé au congrès depuis le mois de décembre 1723[2] est une suite de cette disposition commune au Roi et au roi de la Grande-Bretagne.

---

1. Suisse de naissance, M. de Saint-Saphorin était ministre d'Angleterre à Vienne.

2. « Ce congrès, ouvert en 1721, dura quatre ans et ne fut rompu qu'en 1725. On y fit un beau règlement pour le cérémonial, pour la police et pour la conduite

Lorsqu'on eut aplani les difficultés qui furent faites d'abord par les ministres de l'Empereur sur la reconnoissance de la médiation de Sa Majesté et du roi d'Angleterre, sur la manière de dresser et de publier le règlement de police, enfin sur les pleins pouvoirs, les demandes furent remises réciproquement aux ministres médiateurs. L'on vit l'Empereur prétendre la grande maîtrise de la Toison, demander à conserver tous les titres qu'il avoit, et que le roi d'Espagne quittât ceux des États qu'il ne possédoit pas, enfin presser le roi d'Espagne de rendre aux Aragonois, Catalans, etc., leurs anciens privilèges; mais l'on ne comptoit pas que le roi d'Espagne pût jamais renoncer à la grande maîtrise de l'ordre de la Toison, que l'on étoit persuadé qui appartenoit à ce prince comme successeur de Charles II. L'on n'estimoit pas au reste que la demande de l'Empereur sur les titres fût équitable; enfin l'on ne croyoit pas que le roi d'Espagne pût écouter celle qui regardoit les Catalans et Aragonois, non seulement parce que c'étoit une affaire qui regardoit le gouvernement intérieur de l'Espagne, mais encore parce que l'on n'avoit rien à prétendre à cet égard du Roi Catholique depuis qu'il avoit consenti que ces provinces infidèles eussent les mêmes privilèges dont jouissoient les deux Castilles. D'un autre côté l'on ne trouvoit pas les demandes du roi d'Espagne toutes également conformes à l'esprit d'équité, et l'on croyoit qu'en proposant des expédients sur les demandes réciproques on pourroit parvenir à la conciliation; mais l'on n'a encore jusqu'à présent que de foibles espérances du succès de cette négociation sur laquelle les parties réciproquement n'ont paru disposées à admettre aucun tempérament, même sur les autres demandes moins importantes qui ont été faites en même temps.

des domestiques. L'Espagne y fit des propositions qui révoltèrent les Impériaux : la France et l'Angleterre, qui faisoient le rôle de médiateurs, eurent besoin de toute leur pénétration et de la prudence de leurs ministres pour retenir ceux de l'Empereur et du Roi Catholique, à tous moments prêts à partir, et enfin toutes leurs peines n'aboutirent à rien, parce que le roi d'Espagne resta ferme et que l'Empereur ne voulut rien céder au delà de ce qui étoit stipulé dans la Quadruple Alliance, et comme Sa Majesté Impériale persista toujours dans la résolution de garder *le titre de Roi Catholique* et de créer des chevaliers de *la Toison d'or*, il fut impossible de trouver des expédients pour les réconcilier sur ces deux articles. Le peu de conférences que l'on tint à l'Hôtel de Ville se passèrent en disputes ou en conventions pour s'accorder des délais réciproques. » J. Rousset, *op. cit.*, I, p. 307.

Les intérêts du duc de Parme[1] ont fait naître de nouveaux obstacles au succès de la négociation et ont encore mieux fait connoître la difficulté qu'il y auroit à concilier les cours de Vienne et de Madrid.

Peu après que les ministres d'Espagne eurent remis leurs premières demandes, ils donnèrent aux médiateurs celles du duc de Parme qu'ils avoient signées. Elles étoient conçues de manière que les choses les plus justes et les plus relatives au traité de Londres étoient confondues avec des prétentions antérieures et étrangères à ce même traité, en sorte que l'on craignit dès lors que cette méthode affectée ne donnât aux plénipotentiaires de l'Empereur un prétexte de refuser les demandes les plus justes. L'on en représenta les conséquences aux plénipotentiaires du roi d'Espagne; mais comme ces représentations furent inutiles, on remit aux ministres de l'Empereur le mémoire de ces demandes à peu près comme il avoit été dressé. L'évènement ne justifia que trop le jugement que l'on avoit porté : ils les lurent et dirent qu'il n'y en avoit aucune qu'ils pussent écouter. Ils ajoutèrent même que l'Empereur n'avoit rien à discuter au congrès avec le duc de Parme qui pouvoit, s'il avoit sujet de se plaindre, s'adresser à Vienne directement. Enfin ils allèrent jusqu'à prétendre que dès à présent les États de Toscane et de Parme étoient des fiefs masculins de l'Empire.

Il étoit dangereux de laisser établir de pareils principes; on les combattit aussi par une infinité de raisons dont le détail seroit trop long. Mais comme il falloit pourvoir d'une manière solide aux suites que ces principes pouvoient avoir et assurer la possession du duc de Parme aux termes du traité de Londres, l'on a demandé à ce prince le mémoire des innovations faites à son préjudice depuis le 2 août 1718, jour auquel le traité de Londres a été signé, dans le dessein de le remettre aux ministres de l'Empereur à Cambrai et à Vienne; et en même temps les Rois média-

---

[1]. Les réclamations du duc de Parme étaient relatives aux droits de supériorité auxquels prétendait l'Empire. La France et l'Espagne s'étaient engagées à les soutenir, article V du traité de Madrid du 27 mars 1721. — Voir dans J. Rousset, IV, p. 109 : « Articles des demandes de M. le duc de Parme que les puissances médiatrices sont convenues de soutenir au congrès de Cambrai. »

teurs ont dressé un projet de garantie contenant la manière dont ils estimoient que la possession du duc de Parme devoit être maintenue conformément à un décret de l'empereur Léopold de l'année 1697; Sa Majesté fait joindre ici la copie de ces différentes pièces. Plusieurs circonstances inutiles à l'instruction du sieur duc de Richelieu ont empêché qu'il n'en ait été fait usage jusqu'à présent, et Sa Majesté remet à lui donner ses derniers ordres à cet égard par les premières dépêches qu'elle lui écrira.

Sa Majesté n'entrera pas non plus dans le détail de ce qui regarde l'exécution de la partie de l'article V du traité de Londres concernant l'entrée des garnisons suisses dans les places de Toscane et de Parme[1], elle diffère à un autre temps à lui donner des instructions précises que les circonstances et l'incertitude du plan qui regarde cet article ne lui permettroient pas encore de lui remettre.

Quand même ce qui regarde les intérêts du duc de Parme seroit terminé à la satisfaction des Rois médiateurs, ce ne seroit peut-être pas une raison d'espérer que l'on parvînt également à terminer les autres affaires qui doivent être discutées au congrès; et s'il étoit permis de porter un jugement sur un événement à venir, il y auroit plutôt lieu de croire que cette assemblée se séparerait sans succès. Dans ce cas-là, il seroit important d'avoir attention : 1° à ce que le blâme de cette séparation infructueuse ne tombât point sur les Rois médiateurs ; 2° à ce que les ministres de l'Empereur ne fussent pas dans l'erreur de croire que leur maître seroit par là libéré des engagements portés par le traité de Londres.

A l'égard du premier point, l'on pourroit penser que les ministres de l'Empereur ont songé à se ménager les moyens de rejeter sur les Rois médiateurs la dissolution du congrès, lorsqu'ils leur ont demandé de proposer un plan de traité équitable, dans le temps que l'on n'avoit encore discuté aucune des matières qui en devoient faire partie. Cette proposition parut en effet captieuse en elle-même; elle sera cependant une de celles sur les-

---

1. Cet article accordait à don Carlos l'investiture éventuelle des duchés. Pour assurer l'exécution de cette clause, il était convenu que les cantons suisses occuperaient, avec 6,000 hommes, Livourne, Porto-Ferrajo, Parme et Plaisance.

quelles les ministres de l'Empereur appuieront le plus avec le sieur duc de Richelieu pour faire connoître qu'il n'a pas dépendu d'eux que les affaires n'aient tourné plus heureusement; mais il sera aisé au sieur ambassadeur de leur faire connoître que non seulement toutes les difficultés qui ont accompagné l'ouverture du congrès et les obstacles que l'on a rencontrés à la juste satisfaction du duc de Parme, n'ont pas pu faire supposer que les intentions des plénipotentiaires de l'Empereur fussent aussi droites qu'il eût été à désirer; mais que même il n'étoit pas possible de se rendre à la demande qu'ils avoient faite d'un plan de traité, dans le temps que l'on étoit encore dans une entière obscurité sur les intentions et les dispositions de la cour de Vienne.

Pour ce qui est du second point, il est vraisemblable que les ministres de l'Empereur après la dissolution du congrès, si elle arrive, essaieront d'établir que le traité de Londres est un ouvrage imparfait et dont les stipulations éventuelles ne pouvoient avoir de force qu'autant que le traité de Cambrai y auroit mis la dernière main. Les ministres de l'Empereur ont souvent laissé échapper à Cambrai des discours qui tendoient à établir cette supposition comme une vérité. L'on n'a pas cru devoir affecter de les relever sans nécessité; mais les mêmes ménagements seroient dangereux désormais; et c'est par cette raison principalement que le sieur duc de Richelieu doit s'attacher à faire connoître en toutes occasions que le Roi et le roi d'Angleterre regardent le traité de Londres comme un ouvrage dont l'exécution est indépendante du succès de la négociation de Cambrai, et que les Rois médiateurs sont résolus de maintenir ce traité et de s'opposer à tout ce qui pourroit être entrepris au contraire.

Comme il est nécessaire que le sieur duc de Richelieu soit instruit sur toutes les affaires qui peuvent être traitées à Vienne, Sa Majesté lui fait remettre un mémoire concernant la mouvance du fief de Sienne. Ce fief, qui étoit originairement une république libre, fut soumis en 1554 à Charles-Quint, qui en investit Philippe II et ses successeurs rois d'Espagne pour en sous-inféoder qui ils voudroient. Philippe II en sous-inféoda en conséquence Côme Ier, duc de Florence, et depuis les rois d'Espagne ont toujours joui de ce domaine direct. L'Empereur s'étant opposé depuis peu à ce que Philippe V exerçât ce droit et ayant prétendu l'exercer lui-même, les Rois médiateurs ont porté les parties réciproquement à consentir de ne point conférer l'investiture de Sienne; mais comme il pourroit arriver des temps où la cour de Vienne renouvelleroit ses prétentions, et que cette affaire seroit discutée encore pendant le séjour du duc de Richelieu à Vienne, il faudra que, dans ce cas, il s'explique avec les ministres de l'Empereur sur le fondement des raisons contenues dans le mémoire ci-joint et qui suffisent à son instruction à cet égard.

Quel que puisse être le succès de la négociation de Cambrai que l'on vient de traiter, le sieur duc de Richelieu sait qu'il est souvent de l'habileté, lorsqu'une négociation est abandonnée sans succès, de l'entretenir par quelque branche qui, si elle ne mène point à rentrer en matière sur les points principaux, empêche du moins qu'on ne se croie hors de toutes mesures. Cette conduite sera plus importante encore dans la conjoncture présente, ou après la dissolution du congrès, si elle arrive ; ceux de la cour de Vienne que l'on sait qui ont toujours désiré la guerre, ne manqueront pas de suggérer à l'Empereur des prétextes de former des projets qui tendroient à troubler la paix. Dans cette vue il faudroit que, sans entrer davantage en matière, le sieur duc de Richelieu laissât échapper sans affectation qu'il eût été bien à souhaiter que l'on eût pu convenir à Cambrai des affaires qui devoient faire l'objet du congrès, mais qu'enfin souvent les négociations qui n'ont pu réussir d'abord se relèvent et sont quelquefois après conduites et terminées avec succès. Le sieur duc de Richelieu pourra joindre, comme de lui-même, à ces insinuations générales les autres discours qu'il croira propres à faire penser aux ministres de l'Empereur que les Rois médiateurs ne seroient pas éloignés de remettre sur le tapis, s'il y avoit quelque espérance de succès, les affaires sur lesquelles on n'a pu jusqu'à présent convenir, observant cependant de ne faire aucune démarche qui puisse inspirer des défiances à l'Angleterre en lui laissant supposer que, pendant qu'elle est dans le point du plus grand éloignement de la cour de Vienne, l'on chercheroit de la part de Sa Majesté à s'en rapprocher.

Lorsque l'Empereur demanda, comme il a été dit ci-dessus, que le Roi voulût bien garantir l'ordre de succession qu'il avoit établi dans sa maison, on se contenta de répondre simplement que c'étoit une matière étrangère à l'objet du congrès; que d'ailleurs il n'y avoit nulle parité entre ce que l'Empereur avoit jugé à propos de faire dans l'intérieur de sa famille et ce que toute l'Europe et lui-même personnellement avoient fait par rapport à la succession dans les royaumes de France et d'Espagne et exigé comme une chose nécessaire à leur sûreté[1]. L'Angleterre a témoigné être aussi dans les mêmes dispositions, et Sa Majesté ne croit pas encore qu'il lui puisse convenir de se lier d'avance les mains sur un cas à venir et peut-être même fort éloigné. Non encore une fois que le Roi ait en vue de profiter de l'événement de la mort de l'Empereur sans enfants mâles, pour exciter des troubles, mais parce que en général la prudence ne permet pas de prendre des engagements aussi prématurés.

A l'égard du prince de Lorraine, l'on peut croire que quelque affection que l'Empereur ait pour lui, il ne prendra aucune détermination en sa faveur tant qu'il pourra espérer d'avoir des successeurs. Cependant Sa Majesté veut bien confier d'avance au sieur duc de Richelieu ses plus secrètes intentions sur ce point. Elle regarderoit comme contraire à ses intérêts tout ce qui pourroit, en contribuant à l'élévation de la maison de Lorraine, lui donner des moyens de faire naître du trouble dans le royaume ou sur les frontières; et si elle croyoit qu'elle pût prendre dès à présent dans cette vue des mesures solides, elle ne balanceroit pas un moment à y travailler; mais ce seroit d'avance donner à l'Empereur des moyens de rendre les intentions du Roi suspectes et par conséquent de faire réussir ses vues par les mêmes moyens que l'on avoit jugé propres à en empêcher le succès; d'ailleurs la qualité d'étranger dans la personne du prince de Lorraine et l'intérêt personnel des maisons de Saxe et de Bavière[2] y feroient

---

1. La renonciation respective du roi d'Espagne à la couronne de France, et du roi de France à la couronne d'Espagne, pour eux et leurs descendants.

2. Les deux archiduchesses, filles de Joseph Ier, héritières présomptives en vertu de la *loi Léopoldine*, exclues par la *Pragmatique Sanction* de Charles VI, avaient épousé, Marie-Josèphe, en 1719, le prince électoral de Saxe, qui régna en Pologne

naître sans doute des obstacles insurmontables sans que l'on fît de la part de Sa Majesté d'autres démarches que de les entretenir lorsqu'ils seroient une fois nés. Ainsi le sieur duc de Richelieu gardera le plus grand secret sur ce que Sa Majesté lui confie, et il sera seulement très attentif à s'instruire de ce qui pourra se passer par rapport au prince de Lorraine, du degré de confiance et d'amitié qu'il acquerra auprès de l'Empereur, enfin de ceux des ministres de ce prince qui seroient instruits des vues et des espérances de la maison de Lorraine afin que, sur le compte qu'il en rendra exactement au Roi, Sa Majesté puisse régler sa conduite et ses résolutions sur des principes certains et l'instruire à mesure de ses intentions.

Si sur cet article, le sieur duc de Richelieu doit observer de grands ménagements, il n'en a pas de moindres à garder dans la manière de s'expliquer sur les affaires de la religion dont on a expliqué précédemment la situation. Sa Majesté, toujours également disposée à protéger la religion catholique, souhaiteroit que, sans contrevenir à ses engagements comme garante des traités de Westphalie, il lui fût possible d'agir dans cette vue de concert avec l'Empereur. Ce devroit être même un des principaux fruits de l'union si heureusement établie entre elle et ce prince; mais l'expérience a fait connoître dans plusieurs occasions que la cour de Vienne, employant les spécieux prétextes de la religion pour le succès de ses vues, abuse aisément de ce qu'on lui confie qui peut regarder l'avantage de la religion catholique, et qu'elle profite des ouvertures qu'on lui fait pour inspirer aux protestants des défiances des intentions du Roi. Rien n'est plus préjudiciable à la religion catholique même que cette conduite, puisqu'il est aisé d'imaginer que les protestants, ayant lieu par là de croire qu'ils seroient abandonnés par ceux des garants des traités de Westphalie qui sont le plus en état de soutenir leurs privilèges, croiroient n'avoir plus de ressources que dans eux-mêmes; en sorte qu'ils se porteroient aisément à des partis violents qui pour-

---

sous le nom d'Auguste III ; Marie-Amélie, en 1722, le prince électoral de Bavière, Charles-Albert. Leurs contrats de mariage stipulaient une renonciation à toutes prétentions à la succession d'Autriche et la reconnaissance de la *Pragmatique Sanction*.

roient donner à la religion catholique une atteinte considérable. Ainsi il est nécessaire à tous égards de se renfermer avec les ministres de l'Empereur dans les assurances générales que le Roi désire toujours de contribuer au bien de la religion en tout ce qui ne sera pas contraire aux stipulations du traité de Westphalie.

Le sieur duc de Richelieu ne doit pas ignorer que, même par rapport aux princes de l'Empire en général, il seroit dangereux de témoigner trop d'empressement à soutenir leurs intérêts. Encore imbus des préjugés que la cour de Vienne a su leur inspirer dans tous les temps, ils se porteroient à regarder cet empressement comme un effet de l'envie que le Roi auroit de prendre une part principale aux affaires intérieures de l'Empire et d'y fomenter la division pour ses intérêts particuliers; et c'est par cette raison principalement qu'il faut, en se bornant à des expressions générales, laisser aux princes de l'Empire, sans les y inviter, la liberté de recourir de leurs propres mouvements aux bons offices du Roi, et se contenter de leur faire connoître que Sa Majesté sera toujours prête, comme garante des traités de Westphalie, à leur donner des marques de sa protection.

A l'égard de l'exécution de Thorn, Sa Majesté, comme garante du traité d'Oliva qui a accordé aux villes de la Prusse polonoise, les privilèges que l'on prétend qui ont été abolis par cette exécution, ne pourroit pas se dispenser d'employer ses bons offices à la réquisition des puissances protestantes; et le Roi rendroit la foi de ses engagements suspecte si elles avoient lieu de douter de la sincérité de ses dispositions à cet égard. Le sieur duc de Richelieu doit aussi s'expliquer dans cet esprit; mais il doit s'attacher d'abord à reconnoître, d'un côté, les sentiments des ministres de l'Empereur sur cet événement, et de l'autre jusqu'à quel point les protestants sont irrités, et si véritablement leur ressentiment iroit jusqu'aux effets. Cette connoissance est absolument nécessaire à Sa Majesté pour régler ses démarches et la mettre en état de donner à son ambassadeur des ordres positifs.

Ainsi la conduite que le sieur duc de Richelieu doit tenir par rapport à la situation présente de la cour de Vienne sur les affaires de l'intérieur de l'Empire, se borne dans ce moment à écouter beaucoup, à s'instruire et à se renfermer dans des discours généraux tels qu'ils viennent de lui être prescrits.

A l'égard des affaires du dehors de l'Empire il est presque impossible que celle d'Ostende dont on a ci-devant rapporté l'origine, ne donne lieu à quelque mouvement considérable en Europe, parce que, à quelque point de foiblesse que la république de Hollande paroisse être réduite, l'établissement de la Compagnie d'Ostende intéresse trop essentiellement la conservation de cet État pour qu'il ne se porte pas à quelque résolution violente contre les vaisseaux de cette Compagnie, avant qu'elle ait pu acquérir de plus grandes forces.

En général, le sieur ambassadeur remarquera aisément que le roi d'Angleterre, comme garant du traité de la Barrière, peut s'expliquer avec plus de force que Sa Majesté, qui n'est pas en état de rien faire de plus, quant à présent, que de représenter dans les occasions à la cour de Vienne que, si l'affaire d'Ostende donnoit lieu à ce que les États généraux fussent troublés dans leurs possessions ou droits en Europe, elle ne pourroit alors, aux termes du traité de la Haye, éluder l'effet de ses engagements que la république de Hollande seroit en droit de réclamer. C'est aussi dans ces termes que le duc de Richelieu pourroit s'expliquer dans les occasions pressantes où il ne pourroit rester dans le silence sans inspirer des défiances des intentions du Roi, différant cependant de le faire lorsque les circonstances lui permettront de demander et d'attendre les ordres de Sa Majesté.

Plus la cour de Vienne a paru attentive depuis quelque temps à ménager les moyens de flatter la couronne de Suède, plus le sieur duc de Richelieu doit veiller attentivement à la conduite du ministre de cette couronne, qui a paru personnellement assez dévoué depuis quelque temps aux ministres de l'Empereur. Il ne seroit pas difficile d'inspirer à la Suède des défiances de leurs intentions en lui rappelant les temps où elle avoit trouvé dans la cour de Vienne les plus grands obstacles à son établissement dans l'Empire, et ensuite au maintien de ce même établissement : en sorte que l'on feroit aisément sentir à la couronne de Suède qu'elle n'a rien de solide à attendre de la part de la cour de Vienne, qu'elle doit au contraire regarder comme son ennemie naturelle ;

mais ces vérités ne feroient peut-être que rendre les intentions du Roi suspectes, surtout lorsqu'elles seroient traitées avec un ministre dont les dispositions personnelles ne sont pas assez connues pour juger de l'usage qu'il en feroit; en sorte que le sieur duc de Richelieu doit seulement se borner à faire connoître en général au ministre de Suède que les raisons naturelles d'union et d'amitié qui subsistent entre Sa Majesté et la couronne de Suède, porteront toujours le Roi à désirer de lui faire sentir des effets de ses heureuses dispositions.

Si avant la mort du Czar le Roi avoit des raisons de croire que ce prince pourroit avoir recours à l'Empereur, comme à un des garants du traité de Travendal[1], pour procurer au duc de Holstein, son gendre, peut-être la restitution du duché de Sleswig, il paroît aussi vraisemblable à présent que la Czarine[2], étant depuis la mort du Czar déclarée impératrice, et ayant pour le duc de Holstein une affection particulière, cette princesse fera agir auprès de la cour de Vienne non seulement par principe d'amitié pour le duc de Holstein, mais peut-être aussi par la nécessité de se ménager un appui dans un temps où son autorité ne peut être encore que foible. Ainsi il sera nécessaire que le sieur duc de Richelieu observe avec attention les démarches du ministre moscovite à Vienne et qu'il fasse en sorte d'être instruit de ce qui pourra s'y passer à cet égard.

Il est vraisemblable, à en juger par ce qui a été marqué précédemment de l'intérêt de la cour de Vienne relativement au feu Czar, que l'Empereur profitera de l'événement de la mort de ce prince qui vient d'arriver, pour affoiblir autant qu'il dé-

---

1. En 1700, Frédéric IV, roi de Danemark, avait confirmé, par le traité de Travendal, la souveraineté du duc Frédéric de Holstein-Gottorp. Le fils de ce duc, Charles-Frédéric, fut dépouillé en 1713, et la partie la plus importante de ses biens, la partie ducale du Slesvig, fut attribuée au roi de Danemark, sous la garantie de la France, de l'Angleterre et de la Suède (traité de Stockholm, 9 juin 1720). Le duc de Gottorp, qui épousa, en 1725, la princesse Anne, fille du czar Pierre le Grand, ne cessa de protester. L'Empereur avait garanti le traité de Travendal, et la défense des prétentions du duc de Gottorp était l'un des articles du traité d'alliance qu'il négociait alors avec la Russie et qui aboutit au traité de 1726 : alliance entre la Russie, la Suède et l'Empereur.—Voir MARTENS, *Traités de l'Autriche et de la Russie*, I, p. 28.

2. Catherine Ire, veuve de Pierre le Grand.

pendra de lui la puissance qu'il a laissée; et l'on peut croire que, dans cette vue, il profitera de deux moyens principaux : 1° en inspirant à la couronne de Suède le dessein de prendre des mesures pour recouvrer les principales cessions qu'elle a été obligée de faire par le traité de Niustadt [1]; — 2° en suscitant, à cette occasion, la Porte pour la porter à entrer dans quelque engagement de guerre avec la Czarine. Peut-être même que pour soutenir les droits du jeune Czarevitz, son neveu [2], qu'il prétendra avoir été lésé par l'élévation de la Czarine au trône, il cherchera à former un parti, soit dans le Sénat de Saint-Pétersbourg, soit parmi les grands ou dans le militaire, pour, en donnant des sujets d'inquiétude à la Czarine sur le maintien de son autorité, l'empêcher de prendre au dehors des mesures ou des engagements dont la cour de Vienne pourroit craindre les suites. C'est sur ces différentes considérations que le sieur duc de Richelieu doit chercher les moyens de s'instruire des vues de cette cour pour en rendre compte à Sa Majesté qui ne peut être informée par trop de voies différentes d'un point qui mérite tant d'attention.

Comme il est important aussi que le sieur duc de Richelieu soit instruit, au moins en général, sur les affaires qui pourroient être remises sur le tapis entre le Roi et l'Empereur, Sa Majesté a jugé à propos de lui faire part de ce qui s'est passé sur celles qui ont rapport aux derniers traités de paix et qui sont encore indécises, moins pour qu'il en fasse usage de lui-même que pour être en état de ne rien dire qui puisse être contraire aux intentions et aux intérêts du Roi. Telles sont les choses qui ont rapport aux limites de l'Alsace et celles qui regardent les limites de Flandres.

A l'égard des premières lorsqu'après la conclusion des derniers traités entre le Roi d'une part et l'Empereur et l'Empire

---

1. Par le traité de Niustadt (1721), la Russie avait acquis la Livonie, l'Esthonie, une partie de l'Ingrie et de la Finlande.
2. Pierre Alexiévitch, petit-fils de Pierre le Grand, fils d'Alexis et de Charlotte de Brunswick. L'Empereur avait épousé Élisabeth-Caroline de Brunswick. Pierre Alexiévitch succéda en 1727 à Catherine Ire et mourut en 1730, âgé de dix-sept ans.

de l'autre, il fut question du rétablissement des électeurs de Bavière et de Cologne, l'Empereur différa longtemps d'exécuter cette partie du traité, prétendant la faire dépendre de la satisfaction qu'il demandoit sur plusieurs griefs tant de l'électeur palatin que de l'évêque de Spire, de la noblesse de Souabe, de la marquise de Bade, du prince de Montbéliard et de quelques particuliers. Tous griefs peu fondés et tendant à détruire la souveraineté que le Roi avoit acquise sur l'Alsace, ainsi que le duc de Richelieu le pourra voir dans le mémoire ci-joint contenant tous ces griefs avec les réponses qui y furent faites en 1716. En même temps que le Roi prétendit avec raison que le rétablissement des électeurs de Bavière et de Cologne qui avoit été stipulé purement et simplement dans le traité de paix, ne devoit dépendre d'aucune condition, Sa Majesté sentit bien qu'il n'étoit pas possible de répondre aux différentes prétentions que l'Empereur appuyoit et même qu'il fomentoit, sans entrer en quelque manière dans la discussion des limites de l'Alsace et de l'étendue de la souveraineté du Roi sur cette province; elle n'ignoroit pas non plus combien il étoit délicat relativement à l'Empire de traiter cette question sur le fondement des traités de Westphalie, parce qu'ils contiennent plusieurs exceptions embarrassantes sur lesquelles Sa Majesté ne pouvoit pas céder sans préjudicier à ses droits, et qu'il étoit impossible pour ainsi dire, de soutenir en discussion réglée sans alarmer plusieurs princes de l'Empire. C'est aussi pour cette raison que, d'un côté, le Roi n'a jamais cru qu'il convînt à ses intérêts que cette question fût examinée par des commissaires, et que, de l'autre, elle prescrivit au comte du Luc, comme un point important, de se fonder toujours dans ses conférences avec les ministres de l'Empereur sur le traité de Ryswick dont l'explication étoit bien plus simple et bien plus claire; Sa Majesté ordonna en même temps à son ambassadeur d'établir toujours les limites de l'Alsace à la rivière de Queich; mais elle l'instruisit aussi des condescendances qu'elle voudroit bien apporter en les restreignant à la Lauter; elle lui recommanda cependant de n'en point faire l'ouverture lui-même, persuadé que ce seroit un moyen de rendre la cour de Vienne plus difficile sur les prétentions qu'elle appuyoit, mais seulement de se charger d'en rendre compte au Roi si on lui en faisoit l'ouverture. Le comte du Luc ne put faire usage qu'imparfaitement de tout ce qui lui fut prescrit alors, non seulement parce que sa santé ne lui permit pas de rester à Vienne, mais encore parce que dans la seule conférence qu'il eut sur ce sujet avec le prince Eugène et les autres ministres de l'Empereur, il ne fut pas difficile de remarquer que ne croyant pas la discussion favorable pour eux, ils évitoient de la laisser aller aussi loin qu'elle le pouvoit. Sur ce principe, il sera aisé au sieur duc de Richelieu de régler sa conduite de manière que lorsqu'on lui parleroit des affaires d'Alsace, il ne laissât entrevoir aucune sorte de facilités sur des droits totalement décidés par les traités et confirmés par la jouissance, et qu'il fît seulement voir en général que le Roi n'a jamais soutenu sur cela et qu'il ne soutiendra jamais en effet que ce qui est de la justice et de l'équité la plus étroite : remettant à parler plus au long sur ce point lorsque les ministres de l'Empereur, en témoignant des dispositions droites et équitables, l'auroient mis en état de pouvoir demander les ordres de Sa Majesté.

Pour ce qui est des limites de Flandres, le sieur duc de Richelieu sait qu'après la conclusion du traité de Bade, des commissaires, de part et d'autre, s'assemblèrent à Lille, où l'on traita des demandes réciproques qui sont contenues dans les mémoires que Sa Majesté fait joindre à cette instruction. Mais sur les premières réponses qui furent faites aux demandes des commissaires de l'Empereur, ils trouvèrent des prétextes de rompre les conférences. Depuis, le comte de Kœnigseck[1] étant venu près Sa Majesté en qualité d'ambassadeur de l'Empereur, ce ne fut que peu de temps avant son départ pour retourner à Vienne, qu'il se détermina à remettre les mémoires contenant les demandes de son maître. Il y fut répondu sans délai et le baron de Fonseca[2] ayant été envoyé ensuite à Paris pour

---

1. Le comte de Kœnigseck, né en 1673. Lieutenant général, ambassadeur en France en 1718, puis à Varsovie, la Haye et Madrid. Mort en 1751.

2. Le baron de Fonseca, qui fut ministre plénipotentiaire au congrès de Soissons en 1728.

traiter de ces affaires, le baron de Worden qui avoit été un des commissaires aux conférences de Lille, entra en négociation avec lui, mais sans aucun succès.

Le prince Eugène a depuis, dans plusieurs occasions, témoigné quelque empressement à ce que l'on terminât les affaires des limites de Flandres, et l'on s'est contenté de répondre simplement qu'aussitôt que les ministres de l'Empereur le désireroient, il ne s'y trouveroit nulle difficulté de la part de Sa Majesté. Le sieur duc de Richelieu n'aura point à traiter directement à Vienne de cette affaire des limites de Flandres; mais il faudra qu'aussitôt que les ministres de l'Empereur lui en parleront, il fasse connoître que le Roi, désirant de prévenir tout ce qui pourroit donner lieu à quelques mésintelligences entre Sa Majesté et l'Empereur, elle verra avec plaisir que ce prince se porte à entrer dans les moyens de terminer des discussions dont la fin rencontrera d'autant moins d'obstacles qu'elle sera moins différée; qu'en général l'on espère que ceux que l'Empereur voudra charger de ses ordres à cet effet, agiront avec plus d'esprit de conciliation qu'ils n'ont fait dans les premiers temps; que ce doit être naturellement le fruit de la durée de la bonne intelligence qui subsiste entre les deux États; et que comme les intentions du Roi sont bonnes, il ne faut pas douter que l'Empereur n'y réponde par des dispositions pareilles. Du reste, le sieur duc de Richelieu évitera d'entrer dans la discussion particulière des points qui sont traités dans les six mémoires ci-joints, en sorte qu'il ne donne point aux ministres de l'Empereur lieu d'espérer d'attirer à Vienne une négociation qui ne peut être continuée que par des commissaires de part et d'autre.

Il reste à prévenir le duc de Richelieu sur la méthode que les ministres allemands en général observent en traitant, et de celle qu'il faut suivre avec eux. Accoutumés à avancer des faits dont ils connoissent souvent la fausseté, ils ne savent point rougir lorsqu'en leur répondant on leur fait voir qu'ils ont falsifié jusqu'aux actes les plus authentiques et aux articles de traités les plus solennels, ainsi que le comte de Kœnigseck fit sur un article des traités de Rastadt et de Bade concernant la restitution de Mortagne[1] au Roi, et que les ministres de l'Empereur firent eux-mêmes à Vienne en produisant au comte du Luc une déclaration du sieur Obrecht et une autre du sieur de Chamois sur les affaires d'Alsace dont ils avoient retranché une partie, sans doute pour induire le comte du Luc en erreur.

Obligés ensuite d'abandonner ce qu'on leur fait voir qu'ils ont soutenu sans fondement, ils savent retraiter plusieurs fois la même matière qu'ils ont abandonnée, comme si elle étoit absolument nouvelle, et qu'il n'en eût jamais été question. La seule manière de traiter avec eux est de s'armer de beaucoup de patience, de répondre par les mêmes raisons autant de fois qu'ils traitent la même matière, et surtout il faut avoir attention de ne laisser passer aucun trait de hauteur comme ils leur sont ordinaires : ils en tirent avantage lorsqu'on n'y a point répondu, et ils donnent après cela des réponses dures et même injurieuses pour des raisons.

Telle est la méthode que suivent les ministres allemands et même souvent ceux de la Cour de Vienne.

Rien n'est plus difficile à connoître et à démêler que les différentes intrigues et les cabales particulières de ces derniers, et comme elles changent souvent, le sieur duc de Richelieu, instruit de la situation actuelle de cette Cour, ne doit pas être moins attentif à s'instruire des variations qui peuvent y arriver.

Le prince Eugène que l'on peut avec raison regarder comme un de ceux qui a rendu le plus de services à l'Empereur, est devenu aussi le principal objet de la jalousie de tous les autres ministres ; mais son crédit avoit paru tellement prédominant qu'il étoit difficile d'attaquer le prince Eugène directement, en sorte que le comte de Zinzendorff qui s'étoit séparé de ses intérêts pour se lier avec ses ennemis : le marquis de Perlas et le comte Savaglia, Catalans, jugea n'avoir point d'autre parti à prendre que celui de faire naître des plaintes continuelles contre le marquis de Prié que le prince Eugène soutenoit. Le der-

---

1. Mortagne, département du Nord, sur la rive droite de l'Escaut, canton de Saint-Amand, arrondissement de Valenciennes. — L'article xx du traité de Bade du 7 septembre 1714, confirmant celui de Rastadt, restituait Mortagne à la France, à condition qu'on ne pourrait y élever des fortifications, ni faire des écluses.

nier voyage de l'Empereur à Prague où le prince Eugène n'alla point, fut une occasion favorable pour le comte de Zinzendorff, et l'affaire qui survint ensuite au comte de Bonneval avec le marquis de Prié[1] donna aux ennemis du prince Eugène des moyens de parvenir à leurs fins. D'un autre côté ils suggérèrent à l'Empereur le dessein d'envoyer une archiduchesse dans les Pays-Bas, et de l'autre ils firent passer au prince Eugène différents discours qui lui firent croire que le comte de Bonneval étoit le plus grand ennemi qu'il eût. Le prince Eugène, trompé par ces fausses apparences, crut qu'en remettant à l'Empereur le gouvernement des Pays-Bas, ce prince refuseroit de recevoir sa démission, en sorte que par là il acquéreroit plus de crédit que jamais et pourroit aisément rendre inutiles les cabales de ses ennemis; mais l'Empereur ayant reçu la démission et ayant ensuite été forcé, pour ainsi dire, par le prince Eugène, à signer la condamnation du comte de Bonneval, ce ministre s'est perdu par les moyens qu'il avoit cru le devoir mettre à l'abri de tous les revers de la fortune; en sorte que l'on doit regarder le prince Eugène comme un homme qui n'a plus pour lui auprès de son maître que le souvenir des services qu'il lui a rendus; et quoique l'on puisse croire que dans les délibérations importantes, son avis prévaudroit sur celui des autres ministres, l'on ne doit cependant point regarder son canal comme un moyen de réussir auprès de l'Empereur dont il n'a pas la confiance ni l'amitié véritable. L'on peut seulement s'en servir utilement pour empêcher les délibérations qui pourroient tendre à la guerre, parce qu'en effet le prince Eugène ne la désire pas et qu'il paroît résolu de ne pas exposer sa réputation aux caprices de la fortune et aux hasards de la guerre. En général, les dispositions personnelles du prince Eugène pour la France n'ont pas paru mauvaises; il est poli, se livrant aisément à des préventions dont il ne revient qu'avec

---

1. Le comte de Bonneval, né en 1675, débuta dans la marine française, entra dans l'armée, combattit sous Catinat, passa au service de l'Empereur avec le grade de général-major et servit sous le prince Eugène contre la France. En 1720, il demanda raison au marquis de Prié, gouverneur des Pays-Bas autrichiens, d'un propos injurieux contre la reine d'Espagne. Il fut condamné à la prison, partit, se rendit en Turquie, se fit Turc, devint pacha, combattit l'Autriche en 1739 et mourut en 1747.

beaucoup de peine. Il a d'ailleurs une confiance entière dans la comtesse de Badiani [1]; mais comme elle est extrêmement intéressée et qu'elle a amassé de grands biens, il faudroit sans doute, pour lui faire faire des démarches, la tenter par des objets beaucoup plus considérables que ne seroit peut-être l'utilité qu'on en retireroit.

Le comte de Zinzendorff, second ministre de la Conférence [2], est agréable dans la conversation, fort spirituel et ne manque pas de talents en affaires; mais il est regardé comme un homme plein d'amour-propre, de foiblesse et d'inégalité, peu sincère et peu vrai dans les affaires, rempli de préventions et de jalousie contre la France, entièrement dévoué aux intérêts du duc de Holstein, dont on prétend qu'il reçoit une pension, et confident des vues du duc de Lorraine.

Le comte de Starhemberg, troisième ministre de la Conférence, brouillé avec le prince Eugène, méprisant les autres ministres, et ne les ménageant pas, ne se mêle presque plus que des affaires de finances dont il est chargé; il passe pour un homme orgueilleux, dévot; il n'a nul crédit dans la Conférence.

Le marquis de Perlas, quatrième ministre de la Conférence, intimement lié avec le comte de Zinzendorff, est peu capable d'affaires, zélé pour le service de son maître qui a de la con-

---

1. « Dame, écrivait l'agent anglais Saint-Saphorin, pour laquelle il avait beaucoup d'attachement. » Coxe, trad., IV, p. 348. — Du Bourg écrit à ce sujet, dans sa relation du 13 janvier 1725 : « Il (le prince Eugène) ne croit pas que Mme la comtesse Badiani le gouverne, et il regarde comme une vraie calomnie tout ce qu se dit à ce sujet. A la vérité, à l'exception de ce qui est personnel pour lui, je suis bien persuadé qu'il évite avec soin de lui parler de la moindre affaire ; cette dame évite la même chose de son côté ; mais elle dispose absolument de tous ceux qui travaillent avec ce prince, et par ce moyen elle fait tout ce qu'elle veut sans paroitre. La comtesse Badiani passe ici pour avoir de l'esprit, ailleurs elle passeroit tout au plus pour une caillette de quartier. Elle est intéressée au delà de ce qu'on peut dire ; cette passion l'a rendue intrigante et assez habile dans ce métier pour être parvenue à conserver la confiance du prince Eugène. »

2. En 1725, la *Conférence* se composait du prince Eugène, du comte de Zinzendorf, du comte de Starhemberg et du marquis de Perlas. Quand il s'agissait des affaires de l'Empire, on y admettait le comte de Windisgraetz, président du Conseil aulique, et le comte de Schœnborn, vice-chancelier de l'Empire. Dans chaque affaire qui se traitait à la Conférence, le *référendaire* dans le département duquel rentrait l'affaire était admis ; il tenait registre de la délibération et en dressait la conclusion sous forme de *referat*, qu'il présentait à l'Empereur pour le signer.

fiance en lui, honnête homme, peu solide dans ses projets, craignant la guerre plus qu'aucune autre chose, et cependant faisant souvent par incapacité ce qui peut y conduire le plus naturellement ; ennemi de la France et s'étant pour ainsi dire toujours attaché à faire manquer les affaires qui ont été sollicitées au nom du Roi.

Telles sont les connoissances que l'on a jusqu'à présent sur les quatre ministres qui composent la Conférence ; l'on n'y en admet point d'autres, excepté dans les cas où l'on y porte des affaires de l'intérieur de l'Empire ; alors on y admet le comte de Windisgrætz comme président, du Conseil aulique, et le comte de Schœnborn, comme vice-chancelier de l'Empire.

Le premier passe pour un homme droit, rempli de probité et d'esprit de justice, mais portant quelquefois trop loin l'opinion qu'il a de la grandeur de son maître, et c'est par ce faible que le comte de Schœnborn, dont il est d'ailleurs le plus grand ennemi, le fait entrer dans toutes les vues qu'il veut faire réussir.

Le comte de Schœnborn, vice-chancelier de l'Empire, est un homme d'esprit, fort poli, avec qui il est fort agréable de traiter. La conduite qu'il a tenue dans la dernière affaire des investitures n'a pas permis de croire que ses intentions fussent bonnes, et autant que sa famille a eu autrefois d'attachement pour la France, autant paroît-il éloigné de ces sentiments. Le parti qu'il prit de s'éloigner de Vienne lorsqu'il vit que l'affaire des investitures ne tournoit pas comme il l'auroit désiré, fit juger dès lors que son crédit n'étoit pas supérieur. Il a le plus contribué à mettre les affaires de la religion au point de fermentation où elles sont. C'est une opinion presque générale que le comte de Schœnborn ne résiste pas à la tentation de l'argent. Il est brouillé avec tous les ministres, hors le prince Eugène, sacrifiant volontiers tout pour donner au comte de Zinzendorff des marques de son inimitié. Il a des espions chez tous les ministres, il est zélé partisan de la maison palatine et dévoué aux intérêts du Czar qu'il a bien servi pendant longtemps.

Le sieur duc de Richelieu doit encore observer que sur chaque affaire différente qui se porte à la Conférence, le référendaire dans le département duquel elle est, y assiste, et dresse le résultat qui doit être signé par l'Empereur. Ces référendaires profitent aisément de la division qui règne entre les ministres pour augmenter leur autorité.

Le sieur Insen, secrétaire de l'Empereur, paroît avoir assez de faveur auprès de son maître, mais il passe pour un homme de peu de talents.

L'on ne parle point ici du Conseil espagnol parce que, en effet, son influence dans les affaires est aussi légère à présent qu'elle a été considérable autrefois ; mais le marquis de Perlas, que l'on doit regarder comme représentant lui seul tout ce Conseil, est, pour ainsi dire, le seul ministre qui soit écouté et qui ait du crédit auprès de son maître ; en sorte que l'on peut croire que les maximes des Espagnols de Vienne prévaudront, quoique ce Conseil soit sans crédit.

Outre ce que renferme cette instruction, l'intention de Sa Majesté est que tous ses ambassadeurs et ministres au dehors lui rapportent au retour de leurs emplois une relation exacte de ce qui s'y sera passé dans les négociations de l'état du pays où ils auront servi ; des cérémonies qui s'y observent soit dans les audiences ou en toutes autres rencontres ; enfin de tout ce qui peut donner une connoissance particulière des lieux où ils auront été employés et des personnes avec qui ils auront négocié. Ainsi, indépendamment du compte que le duc de Richelieu rendra à Sa Majesté, tous les jours d'ordinaire régulièrement, de ce qui pourra avoir rapport à son service, il aura soin de préparer un mémoire de cette sorte pour le remettre à son retour entre les mains de Sa Majesté.

Fait à Marly, le 28 mars 1725.

SUPPLÉMENT A L'INSTRUCTION DU SIEUR DUC DE RICHELIEU.

Deux circonstances qui sont survenues et qui sont devenues publiques depuis que le Roi a fait dresser ses premières instructions, obligent Sa Majesté à faire remettre au sieur duc de Richelieu ce nouveau mémoire.

La première circonstance roule sur les soupçons, peut-être bien fondés que l'on a d'une négociation entamée entre les cours de Vienne et de Madrid, à ce que l'on peut juger, pour un mariage entre un des princes d'Espagne et une des archiduchesses filles de l'Empereur.

La seconde est celle du renvoi de l'Infante et de la résolution que Sa Majesté a prise d'assurer dès à présent sa postérité par un mariage.

Les ministres de l'Empereur, peinés de la situation des affaires, telle qu'elle a été dépeinte dans la première instruction de Sa Majesté, ne pouvoient pas même cacher leurs inquiétudes, et quoiqu'ils en supprimassent les motifs aux yeux des étrangers, il n'étoit pas difficile de juger quels ils étoient.

Les ministres de l'Empereur témoignoient même, contre leur ordinaire, désirer la prompte conclusion d'un traité à Cambrai, et paroissoient craindre tout ce qui pourroit rallumer la guerre en Europe; et l'on pouvoit croire qu'ils avoient quelque inquiétude sur la manière dont les affaires qui les intéressoient soit directement soit indirectement pourroient se tourner.

Ç'a été dans cette circonstance qu'on a vu des marques de satisfaction et de joie succéder à l'extérieur le plus peiné, comme si toutes les affaires qui avoient pu donner lieu aux inquiétudes des ministres de la cour de Vienne eussent été terminées à leur satisfaction dans le temps cependant que l'on ne voyoit aucun changement apparent survenu dans les affaires générales. Il a fallu chercher la cause de ce changement dans quelque chose d'étranger à la négociation de Cambrai, et l'on a eu quelques notions qu'un homme que l'on supposoit être le sieur de Riperda[1], ci-devant ambassadeur des États généraux en Espagne, étoit secrètement à Vienne, et qu'il avoit de fréquentes conférences avec les ministres de l'Empereur.

Plusieurs autres circonstances rassemblées et rapprochées ont fait croire que le duc de Parme étoit le médiateur de toute cette

---

1. Riperda, né à la fin du XVIIe siècle, à Groningue, ambassadeur de Hollande à Madrid en 1715, abjura le protestantisme, gagna la faveur de Philippe V et fut envoyé à Vienne, en 1725, pour négocier secrètement la réconciliation de l'Espagne et de l'Empereur. Disgracié en 1734, il mourut en 1737.

affaire dont on n'avoit encore que des connoissances très obscures et très imparfaites.

D'un côté, on ne peut pas supposer que les ministres de la cour de Madrid aient pu se flatter de mener à une heureuse fin quelque négociation que ce soit avec la cour de Vienne, moins encore celle d'un mariage.

Et de l'autre, l'on peut croire que les ministres de l'Empereur, désirant de détacher de la France l'Angleterre et la Hollande, ont regardé, comme un moyen de remplir plus tôt cette vue, tout ce qui pourroit désunir l'Espagne d'avec la France; que, pour cet effet, ils ont profité de la première occasion qu'ils ont pu avoir pour flatter le roi d'Espagne sur ce qu'ils pouvoient juger qui le touchoit principalement; en sorte qu'ils pussent, pendant le temps qu'il leur seroit possible de soutenir l'illusion, essayer de faire renaître en Angleterre et en Hollande les principes qui avoient conduit à la ligue de 1701 et qui l'avoient soutenue pendant si longtemps.

Elle a eu des effets si pernicieux au royaume que, quelque peu d'apparence qu'il puisse y avoir que ces dispositions renaissent en leur entier, on ne peut être cependant trop attentif à tout ce qui pourroit y contribuer; et la considération, si souvent employée, de la puissance formidable du Roi ne seroit peut-être pas encore tellement détruite que les ennemis de la France ne pussent en employer le prétexte et acquérir par là un parti supérieur en Angleterre et en Hollande surtout.

La résolution que Sa Majesté vient de prendre de renvoyer l'Infante, quoique fondée sur les motifs les plus puissants, ainsi que le sieur duc de Richelieu le verra par le mémoire ci-joint, inspirera sans doute à la reine d'Espagne un nouvel éloignement de la France; et il est vraisemblable que cette princesse donnera, si elle peut, une nouvelle activité aux démarches que l'on a lieu de croire qui ont été faites depuis quelque temps à Vienne. Les ministres de l'Empereur paroîtront s'y prêter d'abord avec empressement en flattant la douleur de la reine d'Espagne, et quelque peu d'apparence qu'il y ait qu'ils voulussent prendre des engagements plus avantageux à l'Espagne que ceux portés par le traité de Londres, dont l'exécution est une chose encore fort équivoque, peut-être là politique les porteroit-elle à en contracter de plus étendus : résolus d'y manquer lorsqu'après en avoir tiré relativement à l'Angleterre et à la Hollande le fruit qu'ils peuvent en attendre, et qu'ils ont toujours espéré, ils n'auroient plus de raison principale de garder fidélité à l'Espagne.

Telles sont les considérations qui doivent faire l'objet des réflexions du sieur duc de Richelieu. Dans cette situation, il doit, en examinant ce qui se passera entre l'inconnu qui est à Vienne, et les ministres de l'Empereur, et tâchant de s'en instruire, n'en témoigner aucune inquiétude; traiter au dehors de chimère toute négociation pareille dont le public parleroit : laissant entendre en général qu'il est des erreurs qui ne peuvent pas durer, et que l'Espagne trouvera, de la part du Roi et du roi de la Grande-Bretagne, une sûreté et une protection que vainement elle chercheroit et qu'elle ne trouveroit pas ailleurs; que le renvoi de l'Infante ne met dans le cœur de Sa Majesté aucun éloignement pour le roi d'Espagne; que ç'a été un événement forcé par la nature des choses et par des circonstances sans remède; que les intérêts de l'Espagne n'en sont pas moins chers à Sa Majesté, et que le Roi, de concert avec le roi d'Angleterre, les appuiera toujours conformément aux termes des traités.

Du reste, Sa Majesté ne peut trop recommander au sieur duc de Richelieu d'employer toutes sortes de moyens pour être instruit à temps de la suite de ce qui pourra se négocier entre les cours de Madrid et de Vienne; et s'il apprenoit même sur cela des choses pressantes, il ne doit pas différer d'en rendre compte à Sa Majesté par des courriers exprès, pour recevoir sans retardement ses ordres.

Fait à Marly, le 28 mars 1725.

XIII

M. DE BUSSY

1728

Le congrès de Cambrai ayant été rompu par l'Espagne à la suite du renvoi de l'Infante, les négociations entre l'Espagne et l'Empereur se continuèrent à Vienne, où la paix fut signée le 30 avril 1725, aux conditions posées par le traité de la Quadruple Alliance et moyennant la reconnaissance de la Pragmatique Sanction par l'Espagne. L'Empereur signa en outre avec les Espagnols un traité secret d'alliance dont l'un des articles portait la restitution de Gibraltar à l'Espagne. Pour en contre-balancer l'effet, la France, l'Angleterre et la Prusse signèrent, le 3 septembre 1725, un traité connu sous le nom d'Alliance de Hanovre, stipulant la garantie des traités d'Utrecht. Par suite des prétentions de l'Empereur et de l'Espagne, une guerre générale faillit éclater en Europe en 1727. Le cardinal Fleury, qui était premier ministre en France, la prévint en faisant signer à Paris, le 31 mai 1727, des préliminaires de paix. On décida qu'un congrès se réunirait pour régler toutes les affaires litigieuses. Il fut convoqué à Soissons pour le mois de juin 1728. C'est dans ces conditions que le duc de Richelieu quitta Vienne au mois de mai 1728. Il y laissait M. de Bussy comme chargé d'affaires, et il lui avait donné une instruction datée du 3 mai 1728. Cette instruction ne fut pas entièrement approuvée par le gouvernement français, qui y substitua l'instruction suivante, datée du 17 mai 1728, M. de Châteauneuf, garde des sceaux, étant ministre des affaires étrangères.

INSTRUCTION POUR LE SIEUR DE BUSSY. 17 MAI 1728[1].

Sa Majesté, m'ayant permis de m'en retourner en France, vous a cru digne, sur le rapport que je lui en ai fait, d'être chargé de ses affaires en attendant que M. le comte de Cambis[2], nommé pour son ministre en cette cour, y puisse arriver, et m'a ordonné de vous donner les instructions que je croirois les plus convenables pour régler votre conduite et l'instruire des choses qui intéresseront le plus son service, et sur lesquelles il faudra que vous ayez le plus de vigilance.

Vous irez au-devant de tout ce qui pourra faire plaisir à M. Waldgrave[3], et l'aider dans les commencements de sa commission à Vienne. Vous savez l'union que le Roi veut que ceux qui le servent, entretiennent avec les ministres de ses alliés. Vous vous y conformerez exactement dans votre conduite avec M. Waldgrave, observant cependant de ne point étendre votre confiance pour lui jusqu'aux choses que vous avez vues qui doivent être réservées dans le secret et qui ne sont pas relatives aux intérêts communs de l'alliance d'Hanovre.

L'union qu'il y a entre Sa Majesté et le roi de Danemark[4] exige aussi que vous cultiviez avec beaucoup d'assiduité son ministre, dont le mérite personnel et les lumières peuvent vous

1. Vienne, 1728. T. CLVIII.
2. M. de Cambis était alors ambassadeur à Turin. Il ne fut nommé à Vienne qu'avec la qualité de ministre plénipotentiaire. La tournure que prirent les affaires et la lenteur que mit l'Autriche à envoyer un ministre de France firent ajourner indéfiniment son départ.
3. Lord Waldgrave, envoyé à Vienne pour l'échange des ratifications des préliminaires signés à Paris le 31 mai 1727, et acceptés à Vienne par l'ambassadeur d'Espagne le 13 juin 1727. L'échange eut lieu le 2 mai 1728. Lord Waldgrave demeura ensuite à Vienne comme ministre d'Angleterre.
4. La France et l'Angleterre avaient, en 1720, garanti le Sleswig au Danemark. Ces trois puissances conclurent, le 16 avril 1727, une alliance pour affermir cette garantie, moyennant quoi le roi de Danemark accédait à l'alliance de Hanovre du 3 septembre 1725.

servir infiniment et vous donner des instructions des choses principales sur lesquelles vous avez à l'heure qu'il est à avoir le plus d'attention.

Vous ne devez pas en avoir moins pour tenir la même conduite avec l'envoyé de Hollande, et vous devez voir souvent aussi les ministres des princes d'Italie et en général ceux dont vous saurez que les intérêts de leurs maîtres s'unissent davantage avec ceux de Sa Majesté. Mais ayez une attention extrême à ne rien confier aux uns ou aux autres dont ils puissent abuser pour les intérêts de leurs maîtres au préjudice de ceux de Sa Majesté. On peut marquer de la confiance sans faire de confidences nuisibles ou hasardées.

Quand Sa Majesté vous donnera ses ordres pour les affaires que vous verrez qui ne regardent uniquement que la Conférence, vous aurez grande attention de commencer toujours par porter les ordres que vous aurez à M. le prince Eugène, à M. le comte de Zinzendorf quand il sera ici et à M. le comte Gondacre de Starhemberg.

Vous éviterez, autant qu'il sera possible, de donner des mémoires par écrit signés ; mais vous n'en donnerez jamais sur aucune affaire, sans exception, avant d'y avoir été autorisé par les ordres de M. le garde des sceaux, parce que comme vous n'avez point de caractère, il pourroit y avoir des difficultés sur le poids que naturellement doivent avoir des mémoires d'un homme chargé des affaires du Roi.

Dans les affaires qui peuvent regarder l'Empire, vous vous adresserez au vice-chancelier et au président du conseil aulique, aussi bien qu'aux ministres de la Conférence, à moins que ce ne fussent de simples ordres ou détails et affaires de particuliers qui n'exigeroient pas d'être communiqués aux ministres de la Conférence.

Pour les affaires qui regardent l'Italie et le commerce du royaume dans cette partie de l'Europe, vous les porterez premièrement à M. le marquis de Rialp[1], et quand il vous dira qu'il fera passer cette affaire au conseil d'Espagne, vous vous adres-

---

1. Ministre du conseil d'Italie, Catalan attaché à la fortune de Charles VI, près duquel il était fort en faveur.

serez au comte de Monte-Santo, président de ce conseil, et vous en pourrez poursuivre l'expédition avec le régent particulier.

Vous n'aurez aucun cérémonial à prétendre avec aucun de ces ministres, et vous tâcherez de vous procurer par votre conduite le plus de politesses que vous pourrez; mais vous n'aurez rien à en exiger, non plus que des ministres étrangers, dont vous n'avez qu'à chercher à vous attirer des civilités.

La principale des choses auxquelles vous avez à donner attention pour tâcher d'en rendre compte à Sa Majesté, est le projet de ligue qu'il semble que le roi de Pologne voudroit faire avec cette cour et le roi de Prusse. Il a paru, par la conduite de ces princes, que lesdits rois de Pologne et de Prusse avoient pensé qu'en s'unissant ensemble et convenant de leurs intérêts réciproques, ils se rendroient plus considérables à l'Europe et à l'Empereur en particulier, et pourroient par conséquent réussir plus facilement à remplir les vues particulières qu'ils peuvent avoir. Il y a grande apparence que le roi de Pologne a dessein de faire passer la couronne de Pologne au prince royal et qu'il est d'accord sur cela avec le roi de Prusse. On a même prétendu que, dans le traité que l'on dit qui s'est fait entre le roi de Pologne et le roi de Prusse, le premier avoit cédé ses prétentions sur Berg et Juliers, et que le second donnoit deux millions d'écus en échange, pour servir à l'élection du prince royal de Pologne, à quoi il s'engageoit à concourir de son côté. Il n'y a pas d'apparence, comme je l'ai marqué au Roi, que ce traité soit signé; mais il y a grande apparence que le projet en est fait, et que ces princes songent à y faire entrer cette cour pour le porter à sa perfection; et quoiqu'il y ait de grandes difficultés pour combiner les différents intérêts de ces princes avant que d'en venir jusqu'à la conclusion d'un traité, cela peut trop intéresser les alliés du Roi et avoir une conséquence si dangereuse en Europe, que le service de Sa Majesté exige que vous ayez une attention très exacte sur tout ce que vous pourrez apprendre qui aura rapport à ce sujet; et comme la mort de M. de Flemming[1] sur lequel vous

---

1. Le comte de Flemming, ambassadeur de l'électeur de Saxe, Frédéric-Auguste, à Varsovie, lors de son élection au trône de Pologne; ensuite, ministre dirigeant d'Auguste II, après son élection. Il mourut en avril 1728.

auriez dû avoir une attention principale, peut avoir dérangé ce projet, vous aurez un soin particulier pour découvrir quel canal la suite de cette négociation prendra dorénavant. Pour cela vous écrirez régulièrement aux ministres du Roi en Saxe, à Berlin, à Ratisbonne, à Hambourg, en Suède et en Danemark. Vous lui ferez part des lumières qui vous viendront de cette cour et profiterez de celle qu'ils vous donneront pour être mieux instruit. Vous les combinerez avec les notions directes que vous aurez pu rassembler par vous-même pour pouvoir plus sûrement former vos relations pour la cour; et dans toutes occasions vous devez avoir une attention particulière à ne point compromettre les connoissances que vous aurez par les différentes relations des ministres du Roi qui vous écriront. Vous n'oublierez pas aussi d'informer du départ de l'Empereur pour le voyage qu'il doit faire à Graz et de toutes les circonstances qui pourront arriver jusque-là; mais vous ne suivrez point l'Empereur si on ne vous l'ordonne, et ce sera de M. le garde des sceaux seul que vous devrez savoir ce que vous devez faire à cet égard, n'ayant reçu aucun ordre particulier sur cela.

Il n'y a aucune instruction particulière à vous donner sur le reste des affaires, le congrès tenant tout en suspens, et n'y ayant que ce qui s'y passera d'où puissent dériver les différentes instructions qui règleront ici la conduite du ministre du Roi. De sorte que ce ne pourra être que des dépêches particulières que vous pourrez recevoir par détail vos instructions sur la direction de votre conduite et sur tout ce que vous aurez à faire [1].

---

1. M. de Bussy resta à Vienne jusqu'à la guerre de succession de Pologne. Il partit le 24 novembre 1733.

XIV

LE MARQUIS DE MIREPOIX

1737

La mort d'Auguste II, électeur de Saxe et roi de Pologne, qui survint en 1733, ralluma la guerre en Europe. La France soutint le parti de Stanislas Leczinski, père de la reine de France et ancien roi de Pologne. La Sardaigne, par un traité du 26 septembre 1733, s'engagea à faire cause commune avec la France. L'Espagne prit le même engagement le 25 octobre 1733. L'Empereur, l'Empire et la Russie prirent le parti de l'électeur de Saxe, Frédéric-Auguste, qui avait épousé, en 1719, l'archiduchesse Marie-Josèphe, fille de Joseph Ier.

Les Autrichiens furent chassés d'Italie par la France et ses alliés. L'Angleterre et la Hollande s'entremirent, en 1735, pour rétablir la paix ; mais elles n'y réussirent pas. Une négociation directe s'engagea entre la France et l'Empereur. M. de la Baume fut envoyé pour négocier à Vienne des préliminaires de paix ; il les signa, le 3 octobre 1735, avec M. de Zinzendorf. Ils furent ratifiés, le 16 novembre 1735, par les soins de M. de L'Estang, envoyé à Vienne à cet effet. Deux conventions d'exécution furent signées à Vienne, les 11 et 17 août 1736, par MM. du Theil et de L'Estang, au nom de la France. Le traité de paix définitif, conclu par les mêmes négociateurs, le 2 mai 1737, ne fut point donné pour tel, mais communiqué à titre de préliminaires aux puissances dont l'accession était nécessaire pour le rétablissement de la paix générale. Il fut confirmé à Vienne par le traité du 18 novembre 1738 [1].

Par suite du traité du 2 mai 1737, Stanislas abdiquait ses préten-

---

[1]. Voir : *Négociations entre le Roi et l'Empereur Charles VI pour parvenir à la paix*, 7 volumes manuscrits ; Autriche, Mémoires, XXII à XXVIII.

tions à la couronne de Pologne ; il obtenait, sa vie durant, les duchés de Lorraine et de Bar, qui, après sa mort, faisaient réversion à la couronne de France. L'électeur de Saxe était reconnu comme roi de Pologne sous le nom d'Auguste III. La maison de Lorraine devait être transportée en Toscane après la mort du grand-duc régnant. L'Empereur cédait à don Carlos, infant d'Espagne et duc de Parme, les royaumes de Sicile et de Naples, avec les ports et présides toscans qui en dépendaient, c'est-à-dire Orbitello, Piombino, Porto-Ercole, Monte-Filippo et Porto-Longone. Il cédait au roi de Sardaigne une partie du Milanais, les pays de Novare et de Tortone. Il recevait en dédommagement Parme et Plaisance avec l'expectative de Guastalla. Enfin le Roi garantissait la Pragmatique Sanction.

L'Espagne l'avait garantie en 1725, la Russie en 1726, la Prusse en 1728, l'Angleterre et la Hollande en 1731, le Corps germanique en 1732. L'héritière présomptive des États autrichiens, l'archiduchesse Marie-Thérèse, avait épousé, le 12 février 1736, François-Étienne de Lorraine, que les traités de Vienne faisaient grand-duc de Toscane, et qui succéda, en juillet 1737, au dernier des Médicis, Jean-Gaston, sous la condition formelle que la Toscane ne serait pas réunie aux États autrichiens et constituerait une secondo-géniture de la maison régnante.

Les traités préliminaires de 1735, le traité définitif du 2 mai 1737 avaient rétabli la paix entre la France et l'Autriche. Louis XV désigna, pour le représenter à Vienne, le marquis de Mirepoix, maréchal de camp et chevalier des ordres du Roi. L'instruction qui lui fut donnée, M. Amelot étant ministre des affaires étrangères, est du 11 décembre 1737.

MÉMOIRE POUR SERVIR D'INSTRUCTION AU SIEUR MARQUIS DE MIREPOIX ALLANT A VIENNE EN QUALITÉ D'AMBASSADEUR EXTRAORDINAIRE DU ROI AUPRÈS DE L'EMPEREUR. 11 DÉCEMBRE 1737, A VERSAILLES [1].

Il n'est pas besoin de représenter au sieur marquis de Mirepoix la dignité et l'importance du ministère auquel le Roi l'a destiné en le choisissant pour son ambassadeur à Vienne : le rang et la considération du prince auprès de qui Sa Majesté l'envoie et les circonstances des affaires politiques qui seront développées dans la suite de ce mémoire, lui feront assez sentir toute la distinction et toute la confiance dont le Roi l'honore pour ce choix.

Elle le destine à être l'instrument de ce qui se peut opérer de plus intéressant pour l'Europe entière, c'est-à-dire l'établissement d'une intelligence et d'une union aussi durables qu'intimes entre le Roi et l'Empereur.

Le but de cette union n'est pas d'alarmer l'Europe, mais plutôt de maintenir la tranquillité publique et de protéger la religion. Jamais les circonstances n'ont été plus favorables pour cimenter cette parfaite intelligence entre les cours de France et de Vienne. L'Empereur connoît parfaitement l'équité des principes qui règlent la conduite du Roi, et la correspondance immédiate qu'il entretient avec M. le cardinal de Fleury est une preuve de la confiance qu'il a dans sa sagesse et son équité.

On ne prévoit rien qui doive changer ses dispositions. La puissance des deux maisons de Bourbon et d'Autriche est parvenue, de chaque côté, à un degré qui doit leur faire perdre la

---

1. Autriche, *Mémoires et Documents*, t. VIII : « Nota. — On voit, dans la lettre de M. Amelot du 6 février 1738 au marquis de Mirepoix, que dans l'expédition de cette instruction, il fut par erreur qualifié d'ambassadeur extraordinaire et qu'il n'étoit nommé qu'ambassadeur dans ses lettres de créance, et qu'il avoit été vérifié que MM. de Kœnigseck, Kinski et Lichtenstein n'avoient eu que la qualité d'ambassadeurs de l'Empereur. »

jalousie qu'elles ont si longtemps eue l'une de l'autre, qui leur a été si fatale et qui n'a tourné qu'au profit des autres puissances de l'Europe qui se sont mêlées dans leurs querelles et qui ont acquis un surcroît de forces et de considération, soit par les avantages de commerce et les possessions qu'elles ont gagnées, soit par l'influence et l'autorité qu'elles ont su se procurer tantôt à la cour de Vienne, tantôt à celle de France.

Ces réflexions ne partent point d'aucune vue, ni d'aucune sorte de désir que le Roi ait de faire perdre à ces diverses puissances ce dont elles se trouvent en possession en vertu des traités, et beaucoup moins au roi de Sardaigne qu'à tout autre, puisque Sa Majesté le regarde comme un allié qu'elle veut conserver et favoriser autant que les stipulations faites avec l'Empereur le pourront permettre : étant persuadée que si, contre les vœux de Sa Majesté, il s'élevoit de nouveaux troubles en Europe, ce prince s'attacheroit au parti de la France préférablement à tout autre. Au contraire, Sa Majesté souhaite que ces mêmes puissances jouissent de ce qu'elles ont dans une tranquillité qui soit commune à toute l'Europe, tranquillité qui ne sera jamais troublée par Sa Majesté, à moins qu'on ne la provoque par quelque atteinte, soit à ses intérêts, soit à sa gloire : étant également résolue à maintenir la paix et à ne laisser rien perdre à sa couronne de l'éclat que le Roi son bisaïeul lui a donné.

Il se trouve aujourd'hui aussi grand qu'il étoit dans les époques les plus brillantes du règne de Louis XIV, et le pouvoir de la maison de Bourbon est plus que jamais capable de balancer celui de la maison d'Autriche, quoique cette dernière, au moyen de la garantie que le Roi donne de la Pragmatique faite par l'Empereur sur l'ordre de sa succession, puisse se flatter d'une possession permanente et indivisible de tous ses États héréditaires en Allemagne, de la Bohême, de la Hongrie, du duché de Milan, encore très considérable, bien que démembré de ce qui en a été cédé en différents temps au roi de Sardaigne, du duché de Mantoue, des duchés de Parme et Plaisance, enfin des dix provinces catholiques des Pays-Bas; mais c'est cette même indivisibilité qui forme l'équilibre de l'Europe et qui rassure les autres puissances contre ce qu'elles pourroient craindre du pouvoir de la maison de Bourbon.

Il y a encore à considérer qu'en assurant sur une seule tête toute la succession de l'Empereur, on n'a rien fait que ce qui auroit eu lieu en cas que ce prince eût été un enfant mâle. C'étoit d'ailleurs une chose très incertaine que, l'Empereur venant à manquer, et la France se croyant en liberté de favoriser ceux qui auroient entrepris de diviser la succession d'Autriche, les puissances les plus considérables de l'Europe, et même plusieurs de celles de l'intérieur de l'Empire, ne s'opposeroient point à ce partage. On se flatteroit si l'on pensoit que la société des nations en Europe ne voudra pas toujours voir vis-à-vis de la France seule, à plus forte raison de toute la maison de Bourbon, une puissance capable de lui résister. Ce qui s'est passé pendant les deux années qu'a duré la dernière guerre, où toute l'Europe, à l'exception de la Czarine[1], a laissé l'Empereur soutenir seul la guerre que le Roi, le roi d'Espagne et le roi de Sardaigne lui faisoient, ne doit point être tenu pour un exemple. Tout le monde auguroit à peu près jusqu'où Sa Majesté et ses alliés vouloient aller; peut-être s'ils avoient voulu passer ce point, se seroit-il bientôt formé en faveur de l'Empereur une ligue qui auroit rendu la guerre générale; on a du moins reconnu que l'Angleterre et la Hollande auroient souhaité que les couronnes alliées n'eussent obtenu que des avantages très inférieurs à ceux que le Roi a su leur procurer en traitant la paix directement avec l'Empereur.

Cependant les cours de Madrid et de Turin ont affecté et affectent encore de n'en être pas satisfaites. Les vues de la reine d'Espagne[2] sont si ambitieuses qu'on ne doit pas se flatter que son mécontentement soit promptement apaisé.

Quant au roi de Sardaigne, il n'est pas à supposer, malgré ce que portoit le traité de Turin de 1733 par lequel il s'allia

---

1. Anna Ivanovna, duchesse de Courlande, nièce de Pierre le Grand. Appelée en 1730 à succéder à Pierre II, elle avait pris le parti d'Auguste III, d'accord avec l'Autriche : traité du 8/19 août 1733. — Martens, *Traités de l'Autriche et de la Russie*, I, p. 63.

2. Élisabeth Farnèse, née en 1692, seconde femme de Philippe V, mère de Don Carlos, roi de Naples et de Sicile, par les traités de 1755 et 1737.

avec le Roi pour la dernière guerre contre l'Empereur, qu'il ait jamais compté que le reste de l'Europe laisseroit cette guerre durer et prospérer assez en faveur des couronnes alliées pour que l'Empereur fût réduit à lui céder le Milanois en entier. Il est trop éclairé pour ne pas savoir qu'un État de cette importance ne change pas aisément de maître et qu'il arrive bien rarement des révolutions semblables à celles de la guerre qui procura le titre de roi et le royaume de Sicile au roi son père. Il ne sauroit aussi se cacher que, dans le même temps que véritablement il s'est conduit à l'égard du Roi en allié fidèle et ferme, il ne s'est pas conduit en allié complaisant ni facile : n'ayant jamais voulu non plus que la reine d'Espagne fasse céder les mouvements de leur antipathie et jalousie réciproques aux partis qui auroient été à prendre pour réduire plus promptement l'Empereur qui étoit alors l'ennemi commun. Il est donc permis de croire qu'intérieurement il rend justice au Roi et reconnoît que Sa Majesté ne veut faire attention qu'à la fidélité qu'il donne lieu d'attendre de sa part dans une continuation d'union avec elle. Le Roi se prête autant qu'il est praticable aux difficultés qu'il forme sur une espèce d'accession de sa part au traité général et formel de paix qui lui a été communiqué en projet[1]; elles pourroient être moindres ou moins longtemps soutenues de la part d'un prince tel que le roi de Sardaigne qui, au bout d'une guerre de deux ans pendant laquelle Sa Majesté a mis et tenu plus de quarante mille hommes sous son commandement et lui a payé des subsides considérables, acquiert par ce traité deux districts principaux du Milanois à sa bienséance, la supériorité territoriale des fiefs des Langhes et d'autres avantages[2].

1. Le traité patent et définitif, identique d'ailleurs à celui de 1737, ne fut signé que le 8 novembre 1738. La Sardaigne n'y accéda qu'en février ; l'Espagne et Naples, qu'en avril 1739. La Sardaigne avait signé un armistice le 22 février 1735. Les contestations entre l'Empereur et le roi de Sardaigne, Charles-Emmanuel, venaient de l'exécution du traité relativement aux cessions promises dans le Milanais. Charles-Emmanuel cherchait à les étendre et réclamait des territoires que l'Empereur prétendait retenir soit directement, soit à titre de fief.

2. « Il (le roi de Sardaigne) aura de plus la suzeraineté territoriale des terres de Langhes, conformément à la liste produite par le commandeur Solari en 1732. » Article IV du traité de 1735. — Voir dans J. Rousset, XIII, p. 429, la liste de ces fiefs.

Mais, encore une fois, Sa Majesté veut le favoriser, et c'est ce qu'elle continuera de faire dans les points qui restent à régler entre ce prince et la cour de Vienne. L'un est la prétention de la forteresse de Serravalle, qui, dans l'évacuation que les couronnes alliées ont faites au Milanois, est demeurée au pouvoir du roi de Sardaigne[1]. Il prétend la conserver comme faisant corps avec le Tortonois, et l'Empereur la réclame comme en étant séparée et distincte. Il a été dit entre le Roi et Sa Majesté Impériale que cela se décideroit par les preuves; que si elle est reconnue pour faire partie du Tortonois, le roi de Sardaigne la gardera; que si elle ne l'est pas, elle retournera à l'Empereur.

Un autre point est le règlement des limites des pays que la cour de Vienne vient de céder au roi de Sardaigne; on ne sait pas pourquoi il n'y a pas encore été procédé, quand après bien des instances au nom de la cour de Turin, fortifiées d'office au nom du Roi, celle de Vienne a choisi, il y a déjà plusieurs mois, ses commissaires. Si l'affaire n'est pas en train lorsque le sieur marquis de Mirepoix arrivera à Vienne, il ne tardera pas à être pressé par le comte Canale, envoyé du roi de Sardaigne, de solliciter l'assemblée des commissaires respectifs; il ne le sera pas moins d'appuyer les prétentions des Piémontois toutes les fois que, dans la discussion, il s'offrira des points que ces commissaires croiront ne pouvoir terminer par eux-mêmes; et il y en aura plusieurs dans ce cas, même de très peu de conséquence; ils seront également disputés par les Impériaux qui, peu contents de ce qu'ils ont été obligés d'abandonner au roi de Sardaigne, se feront un point d'honneur de ne plus avoir aucune condescendance pour ses prétentions, et de ne lui laisser, autant qu'ils le pourront, ce qu'ils lui ont cédé, que dans un état de contrainte et d'inquiétude pour lui. L'ambassadeur du Roi doit se prêter à la réquisition que lui fera de

---

[1]. L'article IV des préliminaires de 1735 portait que le roi de Sardaigne aurait le Novarais et le Tortonais, ou le Tortonais et le Vigenavasque, à son choix. Il choisit le Novarais et le Tortonais, qui lui furent cédés par diplôme impérial du 6 juin 1739. Quant à Serravalle, il s'agissait de savoir si cette place faisait ou non partie du Tortonais.

ses offices l'envoyé du roi de Sardaigne, et les lui rendre proportionnés à ce qu'il reconnoîtra de droit et de raison dans ce dont il sera question.

Ce prince est très bien fondé dans la répétition qu'il fait depuis si longtemps des papiers et des écritures du Montferrat, aussi bien que de ceux des portions du Milanois qu'il a acquises. A cet égard, le sieur marquis de Mirepoix ne doit pas craindre d'appuyer la demande que fera le roi de Sardaigne pour l'exécution des engagements si anciens, si positifs et tant de fois renouvelés, que la cour de Vienne a pris à ce sujet.

Il y aura un peu plus de mesures à observer dans l'appui à donner au roi de Sardaigne sur les questions de limites; car, outre qu'il sera possible que le droit ne soit pas toujours entièrement pour lui, il arrivera plus d'une fois qu'il insistera sur des points très peu essentiels avec la même vivacité que sur les articles les plus importants : son inquiétude du voisinage de l'Empereur lui faisant regarder les moindres choses comme d'une extrême conséquence.

Au reste, sur ce qui vient d'être dit, l'ambassadeur du Roi se fera facilement une juste idée du procédé personnel qu'il doit avoir avec l'envoyé du roi de Sardaigne : il n'est pas revenu qu'il ait encore mis, dans l'exercice de son ministère, beaucoup plus d'activité qu'il n'en avoit apporté jusqu'à ce jour, où il n'a pu ignorer que le Roi et l'Empereur étoient convenus, au moins en projet, d'un traité de paix définitif et propre à devenir général. Il se renfermoit alors à parler quelquefois aux ministres de l'Empereur, de la convenance ou nécessité de faire assembler les commissaires pour le règlement des limites; il présentoit quelques mémoires sur les papiers que la cour de Vienne doit restituer et réquéroit de la personne qui étoit alors de la part du Roi auprès de l'Empereur des représentations aux Impériaux plus fortes et plus fréquentes qu'il n'en faisoit lui-même, disant que c'étoit à Sa Majesté à faire consommer tout ce qui concernoit le roi de Sardaigne.

Quoique ces propos, aussi bien que le véritable intérêt de son maître et ce que l'on connoît des sentiments de ce prince pour l'Espagne, doivent faire conclure que le comte Canale accordera son attention et sa confiance, sinon uniquement, au moins principalement au ministre du Roi, il ne seroit pas sûr de lui faire confidence des choses que l'on ne voudroit pas qui revinssent au comte de Fuenclara[1], ambassadeur d'Espagne, avec lequel il paraît un peu plus étroitement uni qu'avec les autres ministres étrangers. Il s'est même assez lié de société avec une dame de la maison de Lœvenstein, veuve d'un comte de Starhemberg, qui fait aux autres dames les honneurs chez l'Espagnol; c'est une personne qui, avec assez d'esprit, quelque talent de raisonnement sur les affaires, beaucoup de connoissance de ce qui se passe à la cour, des liaisons ou parentés avec tout ce qu'il y a de gens de la première condition, a la facilité et l'habitude de parler beaucoup, et de tout le monde en bien ou en mal, à proportion que les choses et les personnes lui plaisent ou lui déplaisent.

L'ambassadeur du Roi doit, selon l'état présent des choses, trouver à Vienne toute préférence d'estime, de confiance et de complaisance sur l'ambassadeur d'Espagne qui y est présentement. Il n'y a pas encore donné une idée fort avantageuse de son caractère et de ses talents qui n'ont nullement brillé dans la façon dont il a proposé, presque en arrivant, le mariage du roi des Deux-Siciles avec l'archiduchesse deuxième fille de l'Empereur[2]. Quoiqu'une proposition de cette nature, quand même on ne voudroit pas l'écouter, doive concilier plutôt qu'aliéner les cœurs, néanmoins elle n'a aucunement réussi au comte de Fuenclara, non plus que le parti sans exemple qu'il a pris de faire notifier en forme son arrivée au baron de Bartenstein[3], référendaire de la Conférence, de la même manière qu'aux ministres et conseillers d'État et d'aller chez lui. Ce dernier, tout vain qu'il est, sous un extérieur et sous des propos perpétuels de modestie, a été embarrassé de ces démarches du comte de Fuenclara. Il veut bien et même il aime à voir tous les jours autour de lui,

---

1. Ambassadeur d'Espagne à Vienne.
2. Marie-Anne, née le 14 septembre 1718, sœur cadette de Marie-Thérèse.
3. Bartenstein, né à Strasbourg en 1689, fils d'un professeur, vint à Vienne en 1714, fut placé par Starhemberg à la chancellerie des affaires étrangères et reçut le titre de référendaire du cabinet. C'était par son entremise que l'Empereur, qui ne traitait les affaires que par écrit, correspondait avec ses ministres. Il fut fait baron en 1733 et mourut en 1767.

dans les heures de distraction à son travail, tout ce qu'il y a tant de ministres étrangers du second ordre que de personnes de considération briguant les charges et les emplois ; mais il paroît juger que le temps n'est pas encore venu d'assujettir les personnes de la haute noblesse à pratiquer à son égard, avec formalité, les mêmes devoirs et les mêmes usages de société qu'elles observent entre elles. Peut-être souhaiteroit-il intérieurement que les ambassadeurs, pourvu qu'ils le laissassent, au moins durant quelque temps, se faire un mérite de la répugnance qu'il y témoigneroit, voulussent imiter le comte de Fuenclara ; mais, quels que soient les égards, les attentions et la confiance que le Roi recommande à son ambassadeur pour le baron de Bartenstein, Sa Majesté ne veut pas qu'à l'extérieur il fasse rien au delà de ce que les ambassadeurs, jusqu'à la démarche du comte de Fuenclara, ont pratiqué jusqu'à présent à l'égard du référendaire. Celui-ci doit être content quand le sieur marquis de Mirepoix lui prouvera, plus essentiellement que par des démarches que l'usage n'a point encore autorisées, les sentiments d'estime et d'affection que le Roi a conçus et conserve pour lui, et que doivent lui attirer la confiance que l'Empereur a en lui et le digne usage qu'il en fait. C'est ce que l'ambassadeur fera en donnant à connoître au baron de Bartenstein qu'il est résolu, par un effet tant des ordres du Roi que de ses sentiments personnels, à être toujours avec lui dans une intelligence et correspondance, moins apparentes à la vérité que sa communication avec les ministres à qui les formalités demandent qu'il s'adresse, mais qui seront plus intimes et plus remplies de confiance. Il faudra laisser le baron de Bartenstein choisir et préparer la voie de cette correspondance. La plus naturelle paroît jusqu'à présent être celle du secrétaire du sieur marquis de Mirepoix. Le référendaire, après des représentations souvent réitérées de l'importance, à son avis, que l'ambassadeur du Roi soit dans un concert parfait avec lui, a, pour ainsi dire, exigé comme la plus sensible marque que l'on lui puisse donner de l'union et de l'intelligence dans lesquelles la cour de France se propose d'agir désormais avec la cour de Vienne, que l'on lui définit dans le vrai ce secrétaire de l'ambassadeur du Roi, et que l'on lui fît sentir le juste point où il devra porter la confiance et la confidence à son égard.

Il n'a accordé ni l'une ni l'autre au sieur de L'Estang, demeuré à Vienne, chargé des affaires du Roi depuis le départ de la personne que Sa Majesté y a employée pour les conventions sur l'exécution des préliminaires et pour conclure le traité définitif. Le sieur de L'Estang n'a pas réussi à se concilier le goût du baron de Bartenstein, ni peut-être celui des ministres de la Conférence. Cependant le marquis de Mirepoix en quelque situation qu'il trouve le sieur de L'Estang auprès du ministère de l'Empereur, aura l'attention de paroître avoir de la considération pour lui durant le temps qu'il le retiendra à Vienne.

Ce temps, après lequel l'ambassadeur du Roi le laissera partir pour revenir en France, paroît ne devoir être autre que celui qui sera nécessaire au sieur marquis de Mirepoix pour recueillir de lui les notions que l'on ne peut faire entrer dans ce mémoire, de l'état momentané de la cour de Vienne.

Il se fera remettre par lui tous les papiers qu'il a, et qui consistent non seulement en ce que le sieur de L'Estang a écrit et reçu depuis le 22 mai de cette année, mais encore en tous ceux de la négociation d'exécution des préliminaires depuis le 1er mars jusqu'audit jour 22 mai. Il sera fait, par le sieur de L'Estang et par le secrétaire de l'ambassadeur du Roi conjointement, un état de ces derniers, afin que dans la suite ils puissent être rendus dans leur totalité à celui de la négociation de qui ils font partie et remis ensuite avec tout le reste au Dépôt général des affaires étrangères, conformément à ce qui a été ordonné par le Roi, et dont il convient que le sieur marquis de Mirepoix soit averti; que tous les ministres de Sa Majesté, de quelque rang et caractère qu'ils soient, à leur retour des pays étrangers, déposent ainsi tous leurs papiers.

La remise que le Roi veut qui soit faite au sieur marquis de Mirepoix de ceux dont il vient d'être fait mention, exempte d'entrer dans ce mémoire en beaucoup de détails sur divers points d'affaires, les unes plus, les autres moins importantes : l'ambassadeur du Roi les y verra expliqués. Il y reconnaîtra dans quel esprit est Sa Majesté par rapport à chacun de ces points.

La pièce la plus importante à l'instruction du sieur ambassadeur, qu'il y trouvera, est la copie du traité définitif; les lettres et dépêches immédiates à la date de cet acte, qui est le 2 mai, lui exposeront les motifs de chaque article, comme aussi de l'insertion qui y a été faite de toutes les déclarations, conventions, cessions, en un mot d'actes de toute nature qui ont eu lieu depuis les préliminaires jusqu'à la formation de ce traité, lequel, quoique signé formellement et même ratifié par le Roi et par l'Empereur, en attendant qu'il puisse l'être aussi par la diète de l'Empire, n'a point été avoué tel, mais seulement pour un projet, dans la communication qui en a été faite, soit à ces mêmes parties intéressées, soit à l'Angleterre et à la Hollande : dans la vue de lui acquérir l'intervention de ces deux puissances qui, à la vérité, n'est pas absolument nécessaire, mais qui ne laisseroit pas de donner quelque degré de stabilité de plus aux dispositions qui y sont faites de divers États.

Les couronnes alliées de la France ont fait connoître qu'elles ne prendroient point part à ce traité comme parties principales, et qu'elles se contenteroient d'y accéder par rapport aux articles qui les intéressent.

L'adhésion du roi de Sardaigne aux articles préliminaires ayant été beaucoup moins restrictive, moins contrainte, et moins éloignée de l'esprit d'union avec son allié et de celui de réconciliation avec son ennemi, que ne l'a été celle des rois d'Espagne et des Deux-Siciles, son accession au traité définitif, tout imparfaite qu'elle sera, pourra être regardée comme s'étendant à tout ce qui n'est pas purement engagement personnel du Roi et de l'Empereur, l'un envers l'autre, puisque, tout bien examiné, le traité définitif n'est qu'une extension des préliminaires, on pourroit même le qualifier d'une exposition de tout ce qui a été fait pour leur accomplissement.

Il n'en sera pas de même des accessions du Roi Catholique et du roi des Deux-Siciles. La cour de Madrid, qui, malgré l'amour et l'inclination de son maître pour sa maison et pour sa patrie, n'agit que suivant les idées que la reine d'Espagne se forme pour l'élévation des Infants ses fils, s'est montrée également mécontente et de la façon dont les préliminaires ont été négociés et des conditions qui sont stipulées. Cette princesse semble être persuadée qu'il ne doit y avoir en Europe de négociations et de mouvements susceptibles de l'intervention de l'Espagne dont le résultat, l'effet et les avantages ne doivent être absolument et principalement en faveur des Infants, et que ses alliés sont dans l'obligation de la soutenir dans ses prétentions les moins fondées. Pour peu qu'ils s'écartent de ses vues, elle se croit exempte de leur prêter aucune sorte de garantie et de concours aux stipulations qui les intéressent, puisque l'accession qu'elle offre pour les parties du traité qui concernent le Roi Catholique et le roi des Deux-Siciles seulement, porte les expressions de la plus excessive précaution pour que l'on ne puisse jamais supposer que ces princes prennent la moindre part à ce qui intéresse soit le Roi, soit le roi de Sardaigne. En un mot, la dernière accession mériteroit au plus le nom de confirmation des actes qui ont établi la cessation des hostilités entre l'Empereur et LL. MM. Catholique et Sicilienne, et des cessions des royaumes de Naples et Sicile et ports de Toscane d'un côté, des duchés de Parme, Plaisance et Toscane de l'autre.

Quelle qu'elle soit, le Roi veut faire en sorte que la cour de Vienne s'en contente. Sa Majesté seroit plus intéressée que l'Empereur à exiger davantage, et à ce que des princes de sa maison et ses alliés accédassent à ce qui a été statué dans le traité en faveur de la France et du roi de Pologne Stanislas Ier ; mais elle veut dissimuler ce procédé qui n'altère en rien la disposition, où elle est et sera toujours, à soutenir ce qui vient d'être fait en faveur du roi des Deux-Siciles. Outre qu'elle voit en lui un prince de la maison de Bourbon à qui elle prêtera en toutes occasions un appui dont malheureusement la Reine Catholique sa mère ne veut pas prévoir le besoin qu'il aura aussitôt que les vicissitudes ordinaires dans les affaires politiques ne la laisseront plus avec le pouvoir d'épuiser l'Espagne pour l'agrandissement et le maintien de ce prince, Sa Majesté ne permettra jamais que l'Empereur, ou ceux qui après lui auront recueilli la succession d'Autriche, portent la moindre atteinte à l'établissement de Don Carlos en Italie, tel qu'il est aujourd'hui.

La cour de Vienne n'ignore pas ce système du Roi ; ainsi il ne sera pas besoin que le sieur marquis de Mirepoix prenne un soin trop marqué de s'en expliquer; il suffira, s'il s'apercevoit qu'on affectât de l'oublier, d'en rappeler le souvenir. Il ne pourra guère éviter d'entendre parler peu favorablement de la façon de procéder de la cour d'Espagne à l'égard des diverses puissances, surtout du Roi et de l'Empereur. On lui peindra souvent la Reine Catholique avec des traits plus chargés que ceux qui viennent d'être tracés dans ce mémoire. On prétendra que, la cour de France enfin bien unie avec celle de Vienne, le Roi n'a plus à penser ni agir différemment de l'Empereur pour mettre et tenir l'Europe, particulièrement l'Italie, en sûreté contre les projets de cette princesse. Il n'appartient pas à l'ambassadeur de Sa Majesté de s'étudier à justifier la reine d'Espagne : cela ne seroit ni aisé ni bien placé, en parlant à un ministère avec qui il a été impossible, depuis la signature des préliminaires, de ne pas convenir que cette princesse n'avoit pas le même esprit de modération, de pacification, de conciliation et d'union que le Roi et l'Empereur. Ce n'est pas à lui aussi à la condamner dans une cour à qui le Roi ne voudroit pas laisser la liberté d'agir contre l'Espagne, ni contre le roi des Deux-Siciles; et ce seroit, en quelque façon, jeter Sa Majesté dans ce cas, si son ambassadeur applaudissoit aux plaintes que le ministère de la cour de Vienne peut faire de celle de Madrid. L'objet du sieur marquis de Mirepoix sera de ramener les esprits à la nécessité de s'entendre, pour tirer amiablement de l'Espagne le meilleur parti qu'il sera possible.

Il apportera tous les soins qui ne commettront ni son caractère, ni sa personne, pour mettre le comte de Fuenclara dans le tort, s'il se passe entre eux quelque chose qui ne convienne pas au commerce et à l'intelligence qui naturellement devroient subsister entre les ambassadeurs de deux puissances de la même maison. Sa Majesté ne désapprouvera point que le sieur marquis de Mirepoix prévienne, par toutes sortes de politesses et d'attentions, le ministre du Roi son oncle, pourvu qu'elles n'aillent pas jusqu'à lui céder la préséance dans les occasions où les rangs doivent être observés, ce que Sa Majesté ne pourroit jamais souffrir.

Entre les divers ordres qu'il reçoit et recevra du Roi, il n'y en a et il n'y en aura jamais de plus absolu que celui que Sa

Majesté vient de lui donner pour cette préséance à maintenir sur l'ambassadeur d'Espagne, ordre au surplus qui s'étend à ceux de quelque autre couronne que ce soit, ne pouvant jamais y avoir à la cour de Vienne de ministre à caractère égal, qui doive précéder celui du Roi, que le nonce de N. S. P. le Pape.

Le sieur marquis de Mirepoix ne sauroit voir, comme ambassadeur du Roi, le grand-duc de Toscane. Il seroit trop rigoureux d'exiger de ce souverain, gendre de l'Empereur, tout ce qu'il devroit en fait de cérémonial à un ambassadeur de Sa Majesté, et il seroit impraticable de l'obtenir. Le sieur marquis de Mirepoix se réglera pour les attentions à lui marquer et les compliments à lui faire parvenir en certains jours et certains évènements intéressants pour lui, sur ce que le nonce pratique; ce dernier lui donnera volontiers et dans la plus grande exactitude, les connoissances nécessaires en tous points de cérémonial, et le sieur marquis de Mirepoix peut se régler avec confiance sur ce qu'il apprendra de lui : ce ministre ne pouvant avoir aucun intérêt à cacher rien à l'ambassadeur du Roi de ce qu'il est en droit d'exiger ni à l'engager dans aucune fausse démarche ou prétention non fondée.

Quoique le sieur ambassadeur du Roi ne doive point, comme tel, se trouver avec le grand-duc, il peut le voir comme particulier et instruit des sentiments du Roi à son égard. Sa Majesté veut bien qu'ils lui soient témoignés plus remplis d'affection pour sa personne et d'envie de contribuer à ses avantages qu'il n'auroit le droit de les attendre, n'ayant en aucun temps marqué d'attachement pour Sa Majesté ni pour sa couronne, et ayant suivi dans toutes les circonstances de la cession et de la remise des duchés de Lorraine et de Bar, les idées et les conseils de ministres difficultueux, inhabiles, ou non accoutumés à traiter de grands intérêts, enfin ouvertement déclarés contre cette cession.

L'ambassadeur du Roi doit éviter de donner à ce prince le titre de duc de Lorraine; quoique, par la convention qui a été faite, il soit en droit de conserver tous les titres, cependant il ne convient pas que nous lui donnions cette dénomination. Il n'y aura pas vraisemblablement de difficulté à cet égard. Il paroît, par différents mémoires qui sont venus de la cour de Vienne, que ce prince y est qualifié de grand-duc ou de Son Altesse Royale de Lorraine.

Il se réglera pour le cérémonial à l'égard de la princesse son épouse sur les éclaircissements que lui donnera le nonce, et sur ce que ce ministre du Pape fait lui-même. Il semble qu'outre les attentions de la part des ambassadeurs, qui sont communes à la grande-duchesse avec les autres archiduchesses fille et sœur de l'Empereur, et qui consistent à envoyer chez elles faire un compliment adressé à la grande maîtresse de leur maison dans de certains jours et de certaines occasions, ils ne lui rendent aucun honneur de plus, que de ne pas faire difficulté d'assister aux dîners de cérémonie de Leurs Majestés Impériales, quoiqu'elle se trouve à table avec elles. Au reste, le sieur marquis de Mirepoix évitera, autant qu'il pourra sans trop d'affectation, de donner à la jeune princesse fille du grand-duc, la dénomination de princesse de Lorraine. On ne pourra lui rien reprocher lorsqu'il ne l'appellera que la princesse.

Il reste des choses à terminer en Lorraine et pour lesquelles il y a deux diverses assemblées de commissaires respectifs, une pour la liquidation des dettes, l'autre pour le règlement sur les limites, les terres enclavées et celles possédées par indivis. Le sieur marquis de Mirepoix connoîtra, par la lecture qu'il fera du traité définitif, où se trouve insérée la convention de la Lorraine, ce dont il est précisément question. Il seroit inutile de lui faire, dans ce mémoire, une exposition détaillée de l'état de ces affaires qui ne seroit plus le même à son arrivée à Vienne, par le progrès que les commissaires peuvent faire chaque jour dans leur travail. Sa Majesté juge seulement à propos de lui déclarer qu'il faut qu'il fasse en sorte que les discussions dans lesquelles la cour de Vienne l'engageroit, de même que celles que les évènements de ce travail des commissaires porteroient Sa Majesté à le charger d'entamer, se passent toujours entre lui et le ministère de l'Empereur, et jamais entre lui et les Lorrains. L'ambassadeur du Roi ne sauroit ne pas écouter le grand-duc, mais il se fera un système de ne lui répondre jamais que généralement et de ne point engager de négociation avec lui ou avec ses conseillers.

Le même ordre de Sa Majesté a lieu pour ce qui concernera

l'arrangement ou l'accommodement à faire entre l'électrice palatine[1] et le grand-duc, supposé qu'il ne soit pas consommé au temps de l'arrivée du sieur marquis de Mirepoix. Dans ce cas, le Roi lui feroit bientôt parvenir des instructions, qui, formées sur l'état momentané de l'affaire, lui serviront beaucoup plus que celles que Sa Majesté pourroit lui donner aujourd'hui. Il suffit que le sieur marquis de Mirepoix emporte avec lui la connoissance du fond des intentions du Roi, qui sont de concilier, s'il est possible, avec les convenances du grand-duc la satisfaction de l'électrice dans deux choses essentielles pour une princesse de son rang et de son âge, et qui sont la dignité et la tranquillité de son état.

Quoique l'on ne sache pas encore si le marquis Bartholomei[2], qui réside depuis tant d'années auprès de l'Empereur en qualité d'envoyé des deux derniers grands-ducs, exerce la part qu'il a sans doute dans les discussions à Vienne sur cet arrangement ou accommodement, comme agent de l'électrice ou comme sujet du nouveau grand-duc, le sieur marquis de Mirepoix doit paroître persuadé que ses intentions et ses démarches ne tendent qu'au bien de son pays, de l'électrice, de son nouveau maître, et au plus prompt succès des vues et des désirs salutaires du Roi et de l'Empereur; cependant il ne le regardera pas comme l'instrument le plus propre à en procurer le succès. Le marquis Bartholomei a une sorte de considération dans la cour et à la ville de Vienne, acquise moins par les talents et le brillant de l'esprit que par la façon dont il y a vécu avec des mœurs douces et faciles. Il a l'extérieur et le langage de l'homme du monde le plus franc; cependant il ne faut s'y fier qu'avec précaution. Le ministère de l'Empereur, et surtout le baron de Bartenstein, lui a reproché d'avoir gâté l'affaire en question, commencée plusieurs mois avant la mort du dernier grand-duc, en traitant plus qu'il ne l'auroit fallu avec les Lorrains. Il est sûr qu'il étoit

---

1. Anne-Marie-Louise de Toscane, électrice palatine du Rhin, fille de Cosme III et sœur du dernier grand-duc des Médicis, Jean-Gaston, mourut en 1742 en instituant le nouveau grand-duc, Étienne-François de Lorraine, son héritier universel.
2. Envoyé par Cosme III comme ministre de Toscane à Vienne.—Voir Reumont, *Geschichte Toscana's*, II, p. 20.

difficile de la bien conduire par cette voie, particulièrement à un homme qui, à l'obligation et au désir de concilier la satisfaction du grand-duc et celle de l'électrice palatine, joignoit l'envie et le besoin de ne pas déplaire au prince qu'il voyoit si près du moment de devenir son maître.

Avec le marquis Bartholomei, s'il a déjà pris le personnage de sujet du grand-duc, il n'y a guère à considérer, dans le conseil et dans la suite de ce prince, que les barons Jacquemin et Pfischner, le sieur de Richecourt, qui faisoit le rôle principal dans ce conseil, étant à Florence[1]. Le premier, qui a le caractère d'envoyé du duc son maître auprès de l'Empereur, est en discrédit et presque en disgrâce. Les ministres de l'Empereur veulent qu'en France l'on soit persuadé qu'il n'est tombé dans cette situation que pour n'avoir pas été aussi contraire que ses collègues à la cession actuelle de la Lorraine. Ils souhaitent que le Roi et le roi de Pologne l'aient, ou du moins sa famille, en recommandation.

Le baron de Pfischner[2], qui apparemment, depuis l'absence du sieur de Richecourt, prévaut dans la direction des résolutions du grand-duc, est celui dont les ministres de l'Empereur se servoient, il y a déjà plusieurs mois, pour les insinuations à faire à son maître. Ils étoient tous également rebutés du sieur de Richecourt; le baron de Bartenstein avoit même supplié le grand-duc, duc de Lorraine alors, de ne lui plus envoyer ce personnage pour parler des intérêts de Son Altesse Royale. Le baron de Pfischner apportera toujours, en parlant à l'ambassadeur du Roi, tous les termes d'un homme qui connoît la distance infinie qu'il y a de Sa Majesté au duc, mais s'il n'est pas homme faux, il a le malheur de passer pour tel dans l'esprit de beaucoup de personnes. Il paroît avoir de la déférence, de la docilité même pour le comte de Zinzendorff.

---

1. Le comte de Richecourt, né à Nancy en 1694, conseiller d'État sous le règne de Stanislas, président du conseil de Lorraine, appelé à Vienne en 1735 pour les négociations de l'échange, et plus tard envoyé en Toscane. — Voir D'HAUSSONVILLE, *Histoire de la réunion de la Lorraine à la France*, IV, p. 424, et REUMONT, p. 10.

2. Pfischner, Allemand de naissance, avait été sous-gouverneur du prince François de Lorraine, devenu grand-duc de Toscane. — D'HAUSSONVILLE, IV, p. 364.

Ce dernier, le plus ancien ministre de la conférence, est celui qui parle et traite le plus avec le grand-duc. Il semble que le grand-duc a plus de confiance en lui qu'aux comtes de Starhemberg, d'Harrach et de Kœnigseck.

Le référendaire n'avoit pas à beaucoup près, il y a quelques mois, acquis la confiance et l'affection de ce prince, qui lui imputoit d'avoir été trop ardent promoteur de la cession de la Lorraine; néanmoins il ne laissoit pas de l'appeler quelquefois, comme si sa personne lui avoit été agréable, et de lui envoyer souvent quelqu'un de ses conseillers; le baron de Bartenstein ayant une si grande part à la confiance de l'Empereur, que s'il est possible qu'il se termine quelque affaire, sans qu'il ait été consulté, il ne l'est guère qu'aucune réussisse quand il l'aura contrariée. Il y en a actuellement une très importante sur le tapis entre le Roi et l'Empereur; et c'est du sort des États de la succession de Berg et Juliers que possède l'électeur palatin après la mort de ce prince[1].

On ne peut comprendre dans cette instruction tout ce qui a rapport à une affaire aussi étendue. Le sieur marquis de Mirepoix trouvera dans les papiers qu'il se fera remettre par le sieur de l'Estang tout ce qui est nécessaire pour lui donner les notions et les lumières qu'il peut avoir à désirer sur l'esprit dans lequel tant Sa Majesté que l'Empereur veulent la conduire et la consommer. On se contentera d'expliquer ici en un mot que cette succession n'est disputée qu'entre le prince de Sulzbach et le roi de Prusse. Le premier, comme héritier de l'électeur palatin, a le droit le plus apparent, outre qu'au fond il est le plus légitime,

---

1. En 1666, après un long litige, il avait été fait, à Clèves, un partage de cette succession, entre Frédéric-Guillaume, électeur de Brandebourg, et le duc de Neubourg, Philippe-Guillaume, depuis électeur palatin. La part palatine comprenait les duchés de Juliers, de Berg et la principauté brabançonne de Ravenstein. Le Brandebourg avait Clèves, Mark et Ravensberg. En 1737, le rameau électoral de Neubourg menaçant de s'éteindre en la personne de l'électeur palatin Philippe-Guillaume II, le roi de Prusse négociait à Vienne pour faire passer aux Hohenzollern la part palatine. Il se trouvait en conflit de prétentions avec Charles-Théodore de Neubourg-Sulzbach, héritier présomptif de l'électeur palatin, qui lui succéda dans le palatinat du Rhin et à Juliers en 1742, fut appelé en 1777 à la succession de l'électeur de Bavière et réunit alors les deux électorats de Bavière et du Palatinat.

et d'ailleurs le Roi a des engagements secrets avec l'électeur pour lui assurer cette succession. L'Empereur est aussi disposé à prendre les mêmes engagements au moyen de la garantie que donnera l'électeur palatin de la pragmatique sanction. Ces engagements du Roi et de l'Empereur envers l'électeur palatin doivent demeurer dans le plus grand secret. Les résolutions des États généraux et nos réponses achèveront de mettre le sieur marquis de Mirepoix au fait de la situation actuelle de cette affaire, et il sera informé à mesure des changemens qui pourront y arriver.

L'électeur palatin a deux ministres à Vienne, l'un pour la résidence ordinaire, et l'autre chargé principalement de cet objet, c'est le baron de Wacktendonck, homme de condition, assez versé dans les affaires, poli, d'un caractère doux, mais dont l'attention continuelle à ce qui fait le sujet de sa mission et la passion d'y réussir, le rendra peut-être trop assidu et trop pressant auprès de l'ambassadeur du Roi. A son abord à Vienne, il fut reçu sèchement des ministres de l'Empereur en qui le ressentiment de la conduite de l'électeur pendant la guerre n'étoit point affoibli; à mesure qu'ils ont reconnu que l'affaire de Berg et Juliers ne pouvoit se traiter que de concert avec le Roi, ils se sont adoucis : le baron de Wacktendonck a été mieux traité d'eux, surtout du baron de Bartenstein qui paroît penser plus favorablement que le reste du ministère de Vienne pour la maison palatine. Il avoue qu'il faut d'autant plus empêcher sa décadence qu'elle seroit désavantageuse à la religion catholique.

L'électeur de Bavière[1] n'est pas bien dans l'esprit et dans le cœur de l'Empereur. Il auroit pu trouver de meilleures dispositions pour sa famille dans quelques-uns des ministres, et dans la plupart des personnes de la haute noblesse des États héréditaires de l'Empereur en Allemagne, s'il avoit eu un fils d'un âge proportionné à celui de l'archiduchesse fille aînée de l'Empereur. L'origine de la maison de Bavière, purement allemande, leur est aussi chère que celle de la maison de Lorraine, qu'ils regardent

---

1. Charles-Albert, né en 1697, mari de l'archiduchesse Marie-Amélie, fille de Joseph Ier; il fut empereur, en 1742, sous le nom de Charles VII.

comme étrangère, leur est indifférente; et ayant à souhaiter que le prince époux de l'héritière parvienne à la couronne impériale, ils auroient regardé la chose comme plus facile pour un prince de maison électorale que pour un qui ne tenoit au corps germanique que par de très-petits fiefs. Mais ces sentimens des ministres et des sujets de l'Empereur pour la maison de Bavière lui sont fort inutiles aujourd'hui. Il faut que les premiers regardent et traitent l'électeur comme le prince le plus opposé en intentions aux vues de l'Empereur et aux intérêts de sa maison: sa conduite, ses démarches et ses écrits qui ne respirent que grandeur, indépendance et courage dans un degré fort au-dessus de celui de sa puissance; la crainte où il a tenu la cour de Vienne qu'il ne se joignît aux couronnes alliées dans la dernière guerre; son intelligence apparente avec la cour de Madrid; le bruit qui semble prêt à se réaliser du mariage de sa fille avec le roi des Deux-Siciles; la mission qu'il vient de faire auprès du Roi, du comte de Terring, un de ses principaux ministres, et beaucoup d'autres circonstances ne font qu'augmenter l'aversion et les inquiétudes de l'Empereur à son égard. Il ne faut pas douter qu'à Vienne on ne les témoigne au sieur ambassadeur du Roi et qu'on ne lui marque grande curiosité de ce qu'est venu faire auprès du Roi le comte de Terring. Le sieur marquis de Mirepoix tranchera le plus qu'il pourra ces matières et se contentera d'assurer qu'un des objets de l'attention du Roi les plus suivis est de contribuer à détruire les soupçons et les jalousies réciproques qui règnent à Vienne et à Munich, et à rendre ces deux cours contentes l'une de l'autre. Il ne sera pas facile d'y parvenir, les vues et les prétentions de l'électeur blessant la cour de Vienne dans les points les plus intéressants et les plus sensibles, c'est-à-dire la couronne impériale que la maison de Bavière ne paroît pas disposée à laisser passer sans concurrence sur la tête de l'héritier des États de l'Empereur et l'indivisibilité de ces États sur partie desquels cette maison soutient avoir des droits bien fondés au défaut des mâles de celle d'Autriche.

Sa Majesté, après avoir donné à son ambassadeur cette juste idée de ce qui cause et maintiendra vraisemblablement longtemps l'opposition des maisons d'Autriche et de Bavière, n'a plus qu'à lui recommander de considérer toujours que l'attention de Sa Majesté se partage entre ne pas abandonner l'électeur aux suites de l'aversion et des inquiétudes de l'Empereur, et ne pas donner lieu à celui-ci de supposer que pour le présent, ni pour l'avenir, Sa Majesté veuille manquer en rien à l'union et à des engagements avec lui. Le sieur marquis de Mirepoix sentira donc avec quelle dextérité et quelle délicatesse il lui conviendra, pour le bien du service du Roi, de traiter tout ce qui, sans qu'il y donne lieu, s'offrira à discuter concernant la maison de Bavière, car l'électeur de Cologne [1] n'est pas vu à Vienne de meilleur œil que son frère. Il y a été même maltraité dans les derniers temps en la personne de ses ministres à qui on a refusé des audiences, et même l'accès à la cour, jusqu'à ce que leur maître ait paru avoir oublié tout ressentiment contre le feu comte de Plettemberg, qui de l'état de favori et de principal ministre de l'électeur, étoit passé au service de l'Empereur.

Le Roi ne sait pas si actuellement il se trouve à Vienne quelqu'un de la part de l'électeur de Cologne, autre que des agents; il y a toujours eu un envoyé de celui de Bavière : c'est, depuis six à sept mois, le marquis de la Pérouse, homme qui paroît avoir beaucoup de douceur et de sagesse; Sa Majesté permet prescrit même à son ambassadeur, pour lui, tous les procédés qui pourront tout à la fois et flatter l'électeur son maître et ne point effaroucher ni inquiéter les ministres de la cour de Vienne.

Ils sont plus satisfaits des deux autres électeurs ecclésiastiques, assez dociles à ce que la cour de Vienne souhaite ou exige d'eux dans le cours des affaires tant de l'intérieur de l'Empire que de celles que ce corps politique de l'Europe peut avoir avec les puissances étrangères.

Il sembleroit qu'y ayant à Vienne un vice-chancelier de l'Empire [2], c'est-à-dire un substitut de l'électeur de Mayence, cet officier devroit être entièrement dans sa dépendance; mais cet emploi se trouve toujours rempli par quelqu'un que la cour de

---

1. Frère cadet de l'électeur de Bavière Charles-Albert.
2. L'archevêque-électeur de Mayence était, de droit, archichancelier de l'Empire et président de la diète. Il y avait auprès de l'Empereur un vice-chancelier.

Vienne a su s'attacher. Il est aujourd'hui occupé avec peu de dignité et de décence par le comte de Mestch [1], homme avare, flatteur et bas courtisan du baron de Bartenstein qui, sans l'estimer, tire avantage de sa dépendance pour le conduire dans ses fonctions suivant les intérêts personnels et les volontés de l'Empereur. On lui a donné pour adjoint, qui ne tardera pas à le dépouiller tout à fait, le comte Colloredo [2], qui a eu plusieurs commissions, soit à la diète, soit auprès de quelques princes de l'Empire. Il étoit destiné à être le premier commissaire de l'Empereur pour le règlement des limites et terres enclavées de la Lorraine. On n'est pas instruit comme il a réussi dans ces divers emplois; mais il a une sorte de mérite avec lequel on est actuellement moralement sûr de réussir à la cour de Vienne, c'est qu'avec un attachement déclaré pour le référendaire, il est gendre du comte de Starhemberg, celui des principaux ministres qui a mis le baron de Bartenstein en place.

L'électeur de Trèves tient un ministre à Vienne, nommé Karig, homme fort ordinaire qui se produit assez, sans avoir beaucoup d'affaires à traiter. Son maître, dans la dernière guerre, n'a pas donné lieu au Roi de faire ménager son État, et lorsqu'on tra-

---

1. Le comte Jean-Adolphe de Metsch, conseiller intime actuel et vice-chancelier, fut un des plénipotentiaires qui signèrent le traité de Vienne de 1738.

2. Le comte Rodolphe-Joseph Colloredo, conseiller à la chancellerie de Bohême, et envoyé de Bohême près de la diète, vice-chancelier en 1737, prince du Saint-Empire en 1763. On trouve dans les Mémoires d'Autriche, tome III, le portrait suivant de ce personnage, composé en 1736 : « Le comte Colloredo est un homme de trente-deux à trente-quatre ans. La nature a mis des bornes très étroites à son génie, mais il n'en met point à son ambition, quoique sans aucune des qualités qui la pourroient faire excuser. Il ne sait que fort peu de chose et croit beaucoup savoir; entêté à l'excès, suivant toujours un mauvais conseil quand il se conseille lui-même. Il n'entre que très superficiellement dans les affaires. Il débite quelques phrases de droit public qu'il a mal retenues et qu'il place mal à propos, et regarde comme une offense qu'on ose apporter de meilleures raisons que les siennes. Le comte Colloredo est haut et fier également de sa noblesse, qui est une des meilleures du Frioul, et du mérite de ses ancêtres, qui ont rendu de grands services à la maison impériale. Il hait les François parce qu'il a plus souvent entendu dire à Vienne qu'il falloit les haïr que les aimer, et il porte la vénération pour la grandeur autrichienne jusqu'à l'idolâtrie. Il a du bien, il est fort dissipé et aime les plaisirs et la magnificence. Comme il est d'une assez jolie figure, il a donné dans la galanterie; mais les dames de Vienne lui ont trouvé si peu de talents que de mon temps on prenoit la liberté d'en rire assez hautement dans les compagnies. »

vailloit à l'exécution des préliminaires, il y jetoit de l'embarras par ses difficultés et ses clameurs fondées sur ce qu'il prétendoit que son pays avoit été trop maltraité. Quoiqu'il eût été de tous les princes de l'Empire celui qui avoit marqué le plus d'animosité contre la France, le sieur marquis de Mirepoix ne marquera point à son ministre que le Roi se souvienne de cette conduite. Sa Majesté ayant lieu de désirer que l'on pût ramener l'esprit de ce prince avec qui il seroit peut-être plus facile de s'accorder pour ce qui lui appartient de contigu ou d'enclavé en Lorraine qu'avec les commissaires de l'Empereur.

L'ambassadeur du Roi entendra plus parler à Vienne du roi de Prusse que de tous les autres électeurs. On ne pourroit le définir ni comme favorable, ni comme opposé à la cour de Vienne, si la discussion de Berg et Juliers, dans laquelle il doit présentement avoir reconnu que l'Empereur ne le favorisera pas dans toute l'étendue de ses vœux, ne le tenoit pas, pour la conjonction présente, aussi aliéné de la cour de Vienne qu'il l'est sans doute de celle de France ; peut-être avant que le sieur marquis de Mirepoix pût commencer l'exercice de son ministère, ce prince auroit-il varié plusieurs fois dans ses sentiments et dispositions à l'égard de l'Empereur. Toute l'instruction qu'il est possible de donner sur ce qui a rapport à lui à un ambassadeur du Roi allant à Vienne se réduit donc à le charger, comme sa Majesté fait, de tâcher de pénétrer si le ministère de Vienne ne s'étudie point à faire tomber entièrement sur Sa Majesté le démérite qu'elle et l'Empereur ont à partager également auprès du roi de Prusse, en conséquence de ce qui se projette sur Berg et Juliers. Il n'en doit pas résulter plus contre la cour de France que contre celle de Vienne, car si la première trouve en cela la satisfaction de remplir une sorte d'engagement qu'elle avoit contracté avec la maison palatine, celle de Vienne y trouvera l'avantage de s'assurer pour la pragmatique la garantie de cette maison. Le sieur marquis de Mirepoix sera exposé à des entretiens fastidieux du sieur de Brandt, envoyé de Prusse à Vienne, qui ne cessera de lui répéter que toute la succession de Berg et Juliers appartient à son maître. L'ambassadeur n'entrera avec cet envoyé dans aucune discussion du fond, et se renfermera à faire entendre, s'il est possible, à cet envoyé que le prince de Sulzbach étant héritier de l'électeur palatin, la possession provisoire ne peut lui être disputée, et que d'ailleurs cette possession est accompagnée de tant de modifications, qu'elle ne peut faire aucun tort aux droits du roi de Prusse.

La conduite des ministres du roi d'Angleterre, en même temps électeur de Hanovre, mérite l'attention de l'ambassadeur de Sa Majesté. Si l'on ne consulte que les propos et les inspirations qui partent tant de plusieurs ministres de l'Empereur à Vienne que du sieur de Schmerling ici, on devroit croire que l'Empereur et ce prince ne sont pas unis de cœur ni d'intérêts. Il sembleroit que Sa Majesté Impériale n'a rien aujourd'hui plus à cœur que de mettre le Roi en garde contre le dessein qu'il attribue aux Anglois d'empêcher l'union de Leurs Majestés et contre tous les effets que peut avoir le dépit où les jette la perte qu'ils viennent de faire de l'influence et du crédit qu'ils ont eu alternativement et souvent tout à la fois, dans les cours de France et de Vienne.

En effet, on ne peut guère ne pas reconnoître que la cour de Londres et le gouvernement des Provinces-Unies ne sont pas contents, en premier lieu, d'avoir vu les préliminaires arrêtés entre le Roi et l'Empereur sans leur participation ; en second lieu de ce que ces premières conditions de la paix qui souffroient tant de difficultés et par leur nature et par leur défaut d'approbation de la part des deux couronnes alliées de la France, aient été portées à leur parfait accomplissement par une négociation qui n'a eu d'autres intervenants que Sa Majesté et Sa Majesté Impériale. Le roi d'Angleterre et les États généraux ne sont pas accoutumés à voir de si grands intérêts se traiter et se concilier sans leur entremise. Ces deux puissances auroient vu avec plaisir renaître des occasions de reprendre la balance des affaires de l'Europe.

Le Roi n'a pas plus d'envie que l'Empereur n'en témoigne de leur ouvrir, ni même de leur laisser le champ libre à cet égard. Cependant Sa Majesté croit important de s'assurer s'il n'y a point à Vienne quelque reste de penchant pour l'union avec ces deux puissances, si le langage que tient ici le sieur Schmerling est celui de tous les ministres de cette cour, enfin quelle confiance on y doit avoir. Le comte de Zinzendorff, pendant la plus grande partie du temps qu'a duré la négociation pour l'accomplissement des préliminaires et pour le traité définitif, s'est expliqué si souvent de la nécessité qu'il jugeoit à ne pas faire ce traité sans l'intervention des Anglois et des Hollandois et sans leur y présenter des articles qui assurassent leurs intérêts, qu'il peut rester quelque doute sur sa conversion personnelle en ce point. Il est à la tête du ministère, et celui qui conduit les négociations et les expéditions. Si ses sentiments n'avoient point changé, il pourroit arriver que, malgré le crédit supérieur du sieur de Bartenstein, le chancelier affoibliroit l'attention de l'Empereur aux sujets que les Anglois et les Hollandois lui ont donnés de s'éloigner d'eux et qu'il l'en rapprocheroit peu à peu.

Le Roi souhaite fortement que la connoissance que le sieur marquis de Mirepoix lui donnera des véritables sentiments de la cour de Vienne sur ce qui vient d'être exposé, après qu'il aura apporté tous les soins dont il est capable à les découvrir, puisse bientôt fixer la conduite de Sa Majesté avec les Anglois et les Hollandois, puisqu'il ne conviendroit pas à ses intérêts qu'elle leur marquât plus d'indifférence que l'Empereur ne leur en témoigneroit.

On peut croire jusqu'à présent que le sieur Robinson [1] retournera à Vienne reprendre les fonctions de ministre du roi d'Angleterre auprès de l'Empereur. C'est un homme qui a beaucoup de connoissance des affaires générales, mais qui, dans la part qu'il peut y avoir, règle sa conduite moins sur cette connoissance que sur les idées noires qu'il se forme, et qu'il voudroit inspirer à tout le monde ; mystérieux à l'extrême, plutôt par hauteur que par prudence, même avec les parties intéressées dans les affaires où il a une part principale ; ne pouvant souffrir qu'il s'en traite

---

1. M. Robinson, écuyer, membre du Parlement, secrétaire d'ambassade en France, fut envoyé à Vienne, en la même qualité, pour y suivre les négociations commencées par lord Waldgrave. Il y signa, en qualité de ministre d'Angleterre, le traité du 22 juillet 1731 entre l'Empereur et l'Espagne.

sans qu'on lui en donne communication; épuisant toutes les manœuvres de l'espionnage auprès soit des ministres de la cour où il réside, soit de ceux des autres puissances qui s'y trouvent; enfin nourrissant en lui une aversion d'esprit et de cœur pour la France, quoiqu'il n'ait pas eu lieu de s'en plaindre, lorsqu'il y étoit chargé des affaires de sa cour. Avec cette définition du sieur Robinson et l'exposition précédente des sentiments du Roi sur l'Angleterre, le sieur marquis de Mirepoix se trouvera sans doute assez instruit pour régler sa conduite avec ce ministre de la Grande-Bretagne.

Celui des États généraux, le sieur Hamel Bruyninx, résident à Vienne depuis trente à trente-cinq ans, est d'un âge et d'une santé fort caducs; il n'agit plus guère que pour les choses les plus simples et les plus courantes. Supposant que le sieur Robinson une fois revenu, et que les gouvernements d'Angleterre et de Hollande jugent avoir à produire en commun des mémoires à la cour de Vienne, l'Anglois dirigera toujours le Hollandois, qui néanmoins est d'un caractère bien différent.

Il semble aimer la paix et désirer conciliation et concorde entre tout le monde et sur toutes choses. A la vérité, c'est avec quelque sensibilité qu'il voit ses maîtres écartés depuis deux ans de ce qui s'est traité entre le Roi et l'Empereur; mais il sera aisé à l'ambassadeur du Roi de l'empêcher de nourrir par ses relations l'amertume qu'il peut y avoir là-dessus à la Haye. Un procédé de politesse et d'attention avec ce vieillard, le soin de lui faire parvenir la connoissance de quelque chose qui se sera conclu, et de le mettre en état d'en informer sa république un ordinaire plus tôt qu'il ne feroit si on le lui laissoit apprendre ou par le ministère de l'Empereur ou par la voie publique, le charmeront, et il se fera un plaisir d'informer les États généraux des égards qu'on aura pour lui. Il a été accoutumé à une considération personnelle par le sieur duc de Richelieu, et conséquemment il seroit plus mortifié si le sieur marquis de Mirepoix ne lui en marquoit pas. Les ministres de l'Empereur lui en conservent assez, et tout ce qu'il y a de ministres étrangers à Vienne de sa sphère ont pour lui une sorte de vénération.

On n'a point entendu dire que depuis le départ du comte de

Tessin[1]. il y en ait à Vienne un de Suède, mais un simple secrétaire. Il s'en trouve un de Danemark en qualité d'envoyé, c'est le baron de Berkentin, homme d'esprit et de quelque littérature, fort répandu dans le commerce du monde, quoique d'un caractère sérieux et austère; zélé extrêmement pour le luthéranisme et pour le protestantisme en général : toujours prêt à faire corps et à ameuter les ministres des puissances de sa religion, pour s'élever contre ce qu'il imagine ne lui être pas avantageux; à l'exception de ce qu'a de désagréable pour le ministère de l'Empereur en général, et pour le sieur de Bartenstein en particulier, cette partie de ses sentimens et de sa conduite, il est assez estimé et bien venu auprès de tout le monde.

Pour continuer de donner au sieur marquis de Mirepoix des notions des ministres étrangers à Vienne de quelque considération, il convient de faire mention ici des barons Zech et Landzinski, envoyés l'un du roi de Pologne Auguste III et l'autre de la Czarine.

Le premier, sujet assez capable et qui montre de la droiture, est à Vienne une espèce de ministre de famille; mais si cet état lui donne quelques agréments, l'ascendant que son maître a laissé prendre sur soi à la cour de Vienne, depuis le traité qui a précédé son introduction en Pologne[2], lui rend son ministère assez difficile, sentant dans presque toutes les occasions où il soutient les intérêts de ce maître, que la cour impériale obtiendra tôt ou tard à Dresde ce qu'il conteste à Vienne. Aussi reconnoît-on qu'il tâche de concilier les devoirs de son ministère avec l'attention de ne pas donner prise sur lui au comte de Zinzendorff et au baron de Bartenstein. Ce n'est pas qu'il ne soit sensible à la hauteur qu'il éprouve de la part du ministère impérial; il s'en explique même sans feinte avec ses amis. Il trouve une sorte de ressource en l'impératrice Amélie, belle-mère du roi son maître; elle peut

---

1. Le comte de Tessin, attaché au parti français en Suède, ministre à Vienne et ensuite à Paris (1739-1742), où il signa la convention de commerce entre la France et la Suède du 25 avril 1741. Il fut l'un des gouverneurs de Gustave III.

2. Traité d'alliance entre l'Empereur et l'électeur de Saxe, Frédéric-Auguste, depuis Auguste III, 16 juillet 1733.

l'aider quelquefois dans ce qu'il est chargé de négocier. Cette princesse, quoique séparée de la cour, n'allant occuper l'appartement qu'elle s'y est réservé que pour des jours de cérémonie ou pour des événements de famille, n'a rien perdu des égards de l'Empereur pour elle, ni de la vénération qu'elle mérite si justement de tout le monde. Elle a beaucoup de pouvoir sur l'esprit du comte de Zinzendorff qui fait profession d'attachement et de respect pour elle. Une chose peut faire juger du bon esprit du baron Zech, c'est que ce fut contre son gré qu'il conclut et signa l'alliance de son maître avec l'Empereur. Il est persuadé que la cour de Vienne le considéreroit et ménageroit beaucoup davantage s'il n'étoit qu'électeur de Saxe. La dignité qu'il a acquise par la couronne de Pologne l'a mis dans une entière dépendance de l'Empereur et de la Czarine.

Cette princesse a pour ministre à Vienne, comme on l'a dit, le baron Landzinski, né Polonois et catholique. Quand on l'a pratiqué, il est difficile de s'empêcher de penser qu'il doit les succès qu'il peut avoir dans ses négociations à Vienne, au crédit et à l'ascendant que la puissance qui l'emploie a su s'établir en cette cour, beaucoup plus qu'à ses talents.

L'Empereur considère son alliance avec la Russie comme la plus essentielle pour ses affaires politiques, et il essaye par toutes sortes de moyens de persuader à Sa Majesté que c'est la seule capable de prévenir les effets des inquiétudes et des mauvaises dispositions des puissances protestantes de l'Allemagne et du Nord, qui, déjà sûres de trouver l'Angleterre et la Hollande indisposées contre lui, et peu contentes de la face que donne à l'Europe une intelligence si parfaite entre les cours de France et de Vienne, se croiroient en état de tout tenter en faveur du protestantisme, si elles pouvoient compter que la Czarine les favoriseroit; ce qui ne manqueroit pas d'arriver, suivant les raisonnements des impériaux, si la cour de Vienne ne tenoit pas celle de Pétersbourg étroitement liée à elle, parce que, selon eux, la Czarine ne sauroit demeurer neutre et simple spectatrice de ce qui se passeroit de considérable dans les parties de l'Europe qui avoisinent ses États. C'est en vue de ces considérations que les ministres impériaux cherchent à affoiblir l'inquiétude qu'on peut prendre des avantages que les Russiens peuvent remporter dans la guerre contre les Turcs [1].

Cet article seul demanderoit une instruction particulière et fort étendue au sieur marquis de Mirepoix. Les ordres que Sa Majesté peut lui donner à cet égard dépendent de l'acceptation ou du refus de sa médiation que les ministres de la Porte ont requise formellement; Sa Majesté dans cette circonstance ne peut montrer qu'une entière impartialité pour les puissances qui voudroient s'en rapporter à son équité et à sa justice. Au reste le sieur marquis de Mirepoix réglera sa conduite avec le baron Landzinski sur celle que ce ministre aura avec lui. Il convient qu'il lui notifie son arrivée, ainsi qu'aux autres ministres étrangers, et qu'il lui rende la visite qu'il en recevra; mais après ces premières démarches d'usage et de politesse, il n'entretiendra avec lui de liaison qu'autant que ce ministre le préviendroit par des avances de sa part et qu'il paraîtroit désirer de se rapprocher.

Le Roi ayant toujours fait paroître plus d'attachement au Saint-Siège qu'aucune autre puissance, le sieur marquis de Mirepoix doit témoigner beaucoup de considération au nonce Passionei. Ce ministre ne cache point qu'il auroit plutôt désiré être employé en France qu'à Vienne; il souffre impatiemment les formalités et les hauteurs de la cour impériale, mais il est indiscret, et il seroit dangereux de s'y fier. Il est ordinairement assez instruit de ce qui se passe dans l'intérieur de la cour, étant lié d'amitié avec le chevalier Garelli, premier médecin de l'Empereur. Le sieur marquis de Mirepoix n'aura pas de peine à obtenir de lui la communication de la plus grande partie des choses qui viennent à sa connoissance. Il reste à prévenir l'ambassadeur du Roi que le nonce est odieux à Bartenstein qui n'ignore rien de ce qui échappe chaque jour à ce prélat dans les conversations pour donner du ridicule à sa faveur.

La situation des affaires ne demande pas que l'ambassadeur du Roi entretienne avec le sieur Zeno, ambassadeur de la répu-

---

1. La Russie et la Turquie étaient en guerre depuis 1736. Les Russes avaient pris Azof, occupé la Crimée et pris Otchakof. Par une convention du 9 janvier 1737, l'Autriche s'engagea à entreprendre, de son côté, des opérations contre la Turquie et à ne pas faire la paix sans le consentement de la Russie.

blique de Venise, d'autres liaisons que celles qui seront nécessaires pour l'engager à ne lui pas cacher les négociations avec l'Empereur relatives aux affaires des Turcs et à lui faire part des avis ordinairement assez frais que les Vénitiens reçoivent de Turquie. Il est assez indifférent que le sieur marquis de Mirepoix remette les lettres de sa correspondance aux ministres de Vienne ou à l'ambassadeur de la République. Celui-ci écrit beaucoup plus souvent par les courriers allemands que par les siens propres, les paquets ne sont donc pas moins sujets par une voie que par l'autre à l'interception que la cour de Vienne en voudroit faire. Cette observation faite ici au sieur ambassadeur du Roi lui exprime assez l'attention qu'il doit avoir à ce que de pareilles lettres soient conçues de sorte ou chiffrées si parfaitement qu'elles ne puissent transmettre à la connoissance des impériaux rien que ce qu'il voudroit bien qu'ils sussent des intentions de Sa Majesté et de la conduite de la France.

La même précaution n'est pas à négliger pour toutes les autres correspondances que le Roi lui recommande d'entretenir avec la plupart de ses ministres dans les pays étrangers; elle paroît nécessaire par rapport non seulement à Vienne, mais encore à la Bavière, où l'on a lieu de soupçonner que l'on pratique l'ouverture des lettres, sinon ordinairement, au moins dans des conjonctures critiques aux yeux de la cour de Munich.

Les ministres du Roi avec qui il paroît utile que le sieur marquis de Mirepoix soit dans un commerce de lettres assez régulier, sont, outre le marquis de Villeneuve[1], ceux qu'elle tient à Berlin et à Stockholm, à Ratisbonne et Munich, quand il y en aura, à Manheim, à Turin, à Venise, à Florence, à Rome, à Londres et à la Haye. Sa Majesté ordonnera que ce qu'il pourroit être bon qu'il apprît d'Espagne lui soit écrit immédiatement, de même qu'elle se réserve de faire écrire au sieur comte de Vaulgrenant ce qu'elle jugera à propos qu'il sache des négociations du sieur marquis de Mirepoix. La correspondance directe entre eux ne leur procureroit pas des informations plus promptes, attendu

---

1. Ambassadeur de France à Constantinople.

la longueur du temps des ordinaires respectifs de Vienne et de Madrid.

C'est ce qui rendroit très peu utile au sieur ambassadeur du Roi d'étendre cette même correspondance jusqu'à Lisbonne. Il trouvera dans les ordres ou instructions qu'il recevra de la part du Roi chaque semaine, tout ce dont il conviendra qu'il soit informé concernant le roi de Portugal [1]. Les intérêts et les désirs de ce prince trouvent assez d'appui et de complaisance auprès de l'Empereur son beau-frère. De pareilles dispositions sont quelquefois préjudiciables à la prééminence des principales couronnes de l'Europe entre lesquelles le Portugal n'est point compté. C'est principalement à Rome que le roi de Portugal cherche à établir ses prétentions sans même garder aucun ménagement. Les impériaux sont presque toujours spectateurs indifférents et quelquefois favorables. Les Espagnols, ou sont eux-mêmes brouillés avec Rome, parti qu'ils embrassent aussi volontiers et aussi fréquemment que les Portugois, ou n'agissent pas conséquemment. Le Roi ne regarderoit pas comme une chose indifférente de pouvoir faire prendre d'une façon permanente à la cour de Vienne le système d'un concours et d'un concert absolu des ministres de l'Empereur avec ceux de Sa Majesté en tout ce qui peut concerner l'honneur et les intérêts communs des couronnes. Si ce concert est nécessaire, c'est principalement lors du conclave prochain [2]; Sa Majesté Impériale n'a encore expliqué aucune de ses vues à cet égard, mais l'ambassadeur du Roi doit toujours déclarer que Sa Majesté est sans aucune prédilection pour aucun des sujets dignes du pontificat, et ne souhaite trouver en celui qui y sera élevé d'autre disposition particulière pour la France que celle de se reposer sur le zèle et les soins de Sa Majesté pour mettre la dernière main à l'affermissement de la saine doctrine et de la paix de l'Église dans son royaume. Il peut n'être pas inutile que le sieur marquis de Mirepoix, en traitant cette matière, fasse sentir avec ménagement que les

---

1. Jean V, né en 1689, mort en 1750. Épousa, en 1708, Marie-Antoinette d'Autriche, fille de Léopold et sœur de Charles VI.

2. Clément XII, élu en 1730, avait soixante-dix-huit ans quand il devint pape. Il ne mourut qu'en 1740, à quatre-vingt-huit ans.

impériaux agissant dans le conclave, soit unis avec les François, soit séparés d'eux, ceux-ci ne se prêteront point aux voies de hauteur et de contrainte que ceux-là voudroient prendre.

De ce qui a été dit ci-dessus touchant le Portugal, le sieur marquis de Mirepoix ne doit conclure aucune sorte d'indisposition dans l'esprit du Roi à l'égard de cette couronne. Dès le jour que, consentant à oublier tout ce qui avoit donné lieu au juste mécontentement que Sa Majesté conservoit de ses procédés, elle a bien voulu nommer un ambassadeur pour la cour de Lisbonne, en même temps que don Luis d'Acunha a pris le caractère de celui du roi de Portugal auprès d'elle, elle a repris pour ce prince tous les sentiments qu'il peut justement désirer d'elle.

Ce seroit donner à ce mémoire une étendue trop grande et superflue que d'y parler de plusieurs ministres de princes d'Italie et d'Allemagne qui résident à Vienne, leur intérêt n'ayant point de rapport direct avec la France.

Le sieur marquis de Mirepoix ne tardera peut-être pas à entendre parler de la répétition que fait le duc de Wurtemberg de plusieurs terres ou seigneuries situées en Franche-Comté et en Alsace, possédées ci-devant par la branche de sa maison qui avait la comté ou principauté de Montbéliard[1]; mais le Roi ne voulant point que cette affaire soit portée à Vienne, le sieur marquis de Mirepoix n'entrera dans aucune discussion sur cette matière, et n'écoutera ce qui pourra lui être dit, que pour en rendre compte.

Le sieur marquis de Mirepoix écrira régulièrement tous les ordinaires pour tenir le Roi informé de tout ce qui se passera dans la cour où il va résider et du succès de ses soins dans l'exécution des ordres que Sa Majesté lui aura donnés.

---

7. Le comté-princier ou principauté de Montbéliard, qui relevait de la Franche-Comté pour certaines seigneuries (Blamont, Héricourt), apanage de la branche cadette de la maison de Wurtemberg, avait été réuni aux possessions wurtembergeoises lorsque la branche cadette avait été appelée à y régner. Réuni à la France sous Louis XIV, ce comté avait été mis sous séquestre, en 1723, par la France, à cause de la protestation élevée contre son retour à la ligne ducale par les barons de l'Espérance, issus par bâtardise du dernier comte apanagé. Le traité de 1735 le rendit au Wurtemberg. — Voir Himly, II, p. 279.

L'intention du Roi est que tous ses ambassadeurs et ministres au dehors lui rapportent, au retour de leurs emplois, une relation exacte de tout ce qui se sera passé de plus important dans les négociations qu'ils auront conduites; de l'état des cours et des pays où ils auront servi; des cérémonies qui s'y observent, soit dans les entrées, soit dans les audiences ou dans toutes autres rencontres; du génie et des inclinations des princes et de leurs ministres et enfin de tout ce qui peut donner une connoissance particulière des lieux où ils auront été employés et des personnes avec lesquelles ils auront négocié. Ainsi, le sieur marquis de Mirepoix aura soin de préparer un mémoire de cette sorte, en forme de relation de l'emploi que Sa Majesté lui confie, pour le remettre à son retour entre les mains du Roi.

Le Roi ne juge pas nécessaire de porter plus loin ses premières instructions au sieur marquis de Mirepoix à qui Sa Majesté se propose d'en faire parvenir d'aussi fréquentes et d'aussi détaillées qu'à aucun autre de ses ministres dans les cours étrangères. Il est même vraisemblable qu'il n'arrivera point à Vienne sans y trouver des ordres de Sa Majesté sur ceux des points qui sont le plus en activité.

S'il s'arrête à Nancy, il ne parlera point aux commissaires de l'Empereur pour les limites et enclaves de la Lorraine, qu'il n'ait entretenu ceux du Roi. Ce que ces derniers lui diront de l'état de la négociation servira de règle aux réponses toujours renfermées dans des généralités, qu'il fera au propos du comte de Kœnigseck-Erps et de son collègue.

Il n'en a point de particuliers à tenir au roi de Pologne, duc de Lorraine, et si dans les heures qu'il séjournera à Lunéville il estime devoir prendre quelque connoissance de l'état des choses conséquentes de la cession de la Lorraine, il les tirera du sieur de la Galaizière et non de ce prince.

Le sieur marquis de Mirepoix doit rechercher quelque entretien avec le sieur maréchal du Bourg, gouverneur et commandant pour le Roi à Strasbourg, afin de s'instruire s'il ne reste rien à désirer à la France pour le parfait accomplissement des conditions de la paix sur les frontières respectives, et si réciproquement les Allemands (avec fondement ou non) n'ont rien à souhaiter d'elle. Il sera bon aussi qu'il sache du dit sieur maréchal s'il a lieu ou non de se louer des personnes qui, soit pour l'Empereur, soit pour l'Empire, sont chargées des commandements des troupes ou des places sur ces frontières.

Comme la route la plus ordinaire le fait passer à la vue de Stuttgard, il est apparent que la cour de Wurtemberg fera trouver quelqu'un à son passage dans le lieu le plus voisin sous prétexte de lui faire des compliments, mais, en effet, pour lui parler des terres et seigneuries que la maison de Wurtemberg réclame. Il recevra les marques d'attention qui lui seront données au nom de ladite cour, avec beaucoup de politesse et de témoignages de sensibilité. Du reste, il laissera sentir que l'affaire des terres ou seigneuries en question n'est point de celles qu'il est chargé de traiter à Vienne et que le Roi compte qu'elle se terminera sous les yeux de Sa Majesté.

Il est autant à désirer que le sieur marquis de Mirepoix évite de passer à Munich qu'à craindre que l'électeur de Bavière ne soit sensible à ce soin que prendra un ambassadeur du Roi allant à Vienne de ne le point voir, surtout lorsqu'il se souviendra que la personne qui a été à Vienne de la part du Roi pour consommer la négociation de la pacification [1], a fait la même chose, ne s'étant point arrêtée à Munich en allant, et ayant évité au retour de passer par cette capitale. Au milieu de ces deux inconvénients, le Roi estime qu'il peut permettre au sieur marquis de Mirepoix de passer à Munich qui est certainement sur la route la plus ordinaire et la plus naturelle, et dont on ne peut guère s'écarter sans que cela paroisse affecté; mais le sieur marquis de Mirepoix aura l'attention de régler sa marche de façon qu'il n'ait qu'une très-courte entrevue avec l'électeur, à qui il ne dira rien que de général, quoique s'étudiant à le bien convaincre de la haute estime et de la sincère affection du Roi qui, sachant que le sieur marquis de Mirepoix ne pourroit s'arrêter longtemps à sa Cour, ne l'a chargé que des témoignages de ses sentiments pour lui, Sa Majesté s'en remettant à ce que lui mande sans doute

---

1. M. de la Baune.

journellement le comte de Terring sur ses intérêts personnels et sur les affaires générales.

Le sieur marquis de Mirepoix, dès qu'il aura passé le Rhin, continuera sa route dans un entier incognito jusqu'à ce qu'il soit arrivé à Vienne.

Fait à Versailles, le 11 décembre 1737.

XV

M. BLONDEL

1749

L'empereur Charles VI mourut le 20 octobre 1740. L'archiduchesse Marie-Thérèse fut, conformément à la *Pragmatique Sanction*, proclamée souveraine de tous les États autrichiens. Cette succession fut contestée par l'électeur de Saxe, Auguste III, roi de Pologne, qui revendiqua les droits de sa femme, fille de Joseph Ier, malgré la renonciation formelle qu'il en avait faite par son contrat de mariage en 1719 ; elle le fut aussi par l'électeur de Bavière, Charles-Albert. « Il arguait du contrat de mariage d'un de ses aïeux, Albert le Magnanime, avec l'archiduchesse Aline, fille de Ferdinand Ier, 1546. ..... Les Bourbons espagnols réclamaient la Bohême et la Hongrie en vertu d'un pacte conclu, en 1617, entre Mathias et Ferdinand II, d'une part, Philippe III, de l'autre, et qui excluait la postérité féminine de Ferdinand II au profit des filles issues de Philippe III. Le roi de Sardaigne s'appuyait sur le contrat de mariage de son trisaïeul avec une fille de Philippe II pour revendiquer le Milanais [1]. » Enfin, le nouveau roi de Prusse, Frédéric II, réclamait la Silésie. Il l'envahit et s'en empara au mois de décembre 1740 [2].

M. de Mirepoix, qui était encore à Vienne, fut rappelé dans ce même mois de décembre 1740 et partit, laissant à Vienne, pour chargé d'affaires, M. Vincent, qui y demeura jusqu'au mois de mai 1744. Lorsqu'il quitta Vienne, à cette époque, la guerre existait, en fait, entre la France et l'Autriche. La France s'était, au mois de mai 1741, engagée à soutenir l'électeur de Bavière, et avait promis, par

---

1. HIMLY, I, 427.
2. Voir : *Frédéric II et Marie-Thérèse*, par M. LE DUC DE BROGLIE, Paris, 1883.

une convention de juin 1741 [1], de soutenir le roi de Prusse. Une armée française s'approcha de Vienne et prit Prague. La France prétendait cependant n'être point directement en guerre avec l'Autriche et n'agir que comme auxiliaire de ses alliés. La guerre fut solennellement déclarée, en 1744, par un manifeste daté du 26 avril.

Elle se termina par les traités d'Aix-la-Chapelle, 18-23 octobre 1748.

Pendant la guerre, François de Lorraine, grand-duc de Toscane, époux de Marie-Thérèse, avait été élu empereur, en 1745. Par des traités séparés, l'Autriche avait cédé la Silésie au roi de Prusse. Par le traité d'Aix-la-Chapelle, elle cédait Parme, Plaisance et Guastalla, qui étaient constitués en principautés pour l'infant don Philippe, fils de Philippe V et d'Élisabeth Farnèse, né en 1720 et marié en 1738 à Louise-Élisabeth de France, fille de Louis XV. Cette cession était faite en conséquence de la restitution opérée par la France et l'Espagne des territoires qu'elles occupaient en Belgique et en Italie. Des négociations s'ensuivirent et aboutirent à des conventions d'exécution signées à Nice le 4 décembre 1748 et le 21 janvier 1749.

C'est alors que la France, jugeant à propos de renouer les relations diplomatiques avec la cour de Vienne, y envoya M. Blondel, qui, né en 1696, avait été admis à l'Académie politique fondée par M. de Torcy et avait, depuis 1717, été envoyé à Madrid, Hanovre, Turin, Mayence, Manheim. L'instruction suivante lui fut donnée, M. Brulart de Silleri, marquis de Puysieux, étant ministre des affaires étrangères.

---

1. Le texte de ce traité a été publié par M. Masson, *Mémoires de Bernis*, Paris, 1878, t. I, p. 462.

MÉMOIRE POUR SERVIR D'INSTRUCTION AU SIEUR BLONDEL, GENTIL-
HOMME ORDINAIRE DE LA MAISON DU ROI, ALLANT A VIENNE, EN
QUALITÉ DE MINISTRE CHARGÉ DES AFFAIRES DE SA MAJESTÉ EN
ATTENDANT L'ARRIVÉE DE L'AMBASSADEUR, QU'ELLE SE PROPOSE
D'ENVOYER POUR RÉSIDER DE SA PART A LA COUR IMPÉRIALE.
25 MARS 1749[1].

Les difficultés qui avoient suspendu l'exécution des restitutions et cessions stipulées par le traité de paix signé à Aix-la-Chapelle le 18 octobre de l'année dernière ayant été entièrement levées par les conventions et déclarations signées depuis, et lesdites cessions et restitutions s'étant faites en conséquence en Italie et dans les Pays-Bas, le Roi a lieu de juger que l'Empereur et l'Impératrice, reine de Hongrie et de Bohême, ne désirent pas moins que Sa Majesté de cimenter cette heureuse réconciliation par des prévenances réciproques sur tout ce qui peut contribuer à établir la confiance et une étroite correspondance de part et d'autre pour l'avantage commun des deux cours et pour l'affermissement du repos général de l'Europe. Sa Majesté a regardé comme une première marque de ces dispositions de la cour de Vienne l'attention que l'Empereur a eue, depuis la signature du traité de paix, de lui faire parvenir la notification de son élévation à la dignité impériale, ce qui a été suivi de l'arrivée à Paris du secrétaire de légation de l'ambassade de l'Impératrice à Aix-la-Chapelle, pour être chargé des affaires de Leurs Majestés Impériales auprès de Sa Majesté, en attendant qu'elles pussent lui envoyer un ambassadeur. La mort subite qui a enlevé ce secrétaire de légation le lendemain de son arrivée à Paris ne lui a pas permis de notifier sa commission qui avoit été seulement annoncée par le comte de Kaunitz[2]; mais Sa Majesté ne fait aucun

1. Vienne, 1749. T. CCXLII.
2. Le comte, plus tard prince de Kaunitz-Rietberg, né en 1711; plénipotentiaire au congrès d'Aix-la-Chapelle; ambassadeur en France de 1751 à 1753, puis rappelé à Vienne et nommé chancelier de cour et d'État, place qu'il occupait encore en 1789. Il mourut en 1794.

doute que sur les premiers avis qu'on en aura eus à Vienne, cette cour n'ait jeté les yeux sur quelque autre sujet pour le charger de ses affaires à Paris jusqu'à l'arrivée de l'ambassadeur impérial.

Dans ces circonstances le Roi n'a pas cru devoir différer de faire partir le sieur Blondel, que Sa Majesté a nommé pour aller de sa part à Vienne et y être chargé de ses affaires avec la qualité de son ministre, jusqu'à l'arrivée de l'ambassadeur que Sa Majesté se propose d'y envoyer. Les connoissances que le sieur Blondel a acquises sur les affaires d'Allemagne pendant qu'il a été chargé des affaires de Sa Majesté aux cours Palatine et de Mayence et pendant le séjour qu'il a fait à Francfort à l'occasion des deux dernières diètes d'élection, et la satisfaction que Sa Majesté a eue de la conduite qu'il y a tenue, l'ont engagée à le préférer pour cette commission, dans la confiance qu'en s'attachant à se conformer à ce qu'elle va lui faire connoître de ses intentions par cette instruction, il ne lui donnera que de nouveaux sujets d'être de plus en plus contente de ses services.

Sa Majesté lui fait remettre deux lettres de créance, une pour l'Empereur et l'autre pour l'Impératrice son épouse, reine de Hongrie et de Bohême; elles sont l'une et l'autre du cabinet de Sa Majesté et conformes pour le cérémonial à la réponse qu'elle a faite à la lettre de notification de l'Empereur sur son élection à la dignité impériale.

Le sieur Blondel se conformera aux usages de la cour de Vienne tant pour la notification de son arrivée aux ministres de cette cour et à ceux qui s'y trouvent de résidence de la part des princes et États étrangers, que pour la remise de ses lettres de créance et pour ses visites.

En général, il doit s'attacher à faire entendre que la paix qui a été conclue à Aix-la-Chapelle par les soins infatigables du Roi, doit désormais être la base du système que Sa Majesté veut suivre pour entretenir le repos et la tranquillité dans toute l'Europe, et que, dans cette vue, Sa Majesté est disposée, déterminée même, à entretenir l'union la plus cordiale avec la cour de Vienne. Il ne peut porter trop loin les assurances qu'il donnera de l'amitié de Sa Majesté pour l'Empereur et l'Impératrice. Il ne doit pas hésiter à faire entendre que Sa Majesté leur en donnera des preuves dans toutes les occasions qui pourront s'en présenter, pourvu qu'on ne veuille exiger rien d'elle qui soit contraire aux stipulations du traité d'Aix-la-Chapelle.

Le sieur Blondel donnera au reste son attention à se rendre agréable par sa conduite et ses discours à leurs Majestés Impériales, à leurs ministres et aux autres personnes qui paroîtront honorées de leur confiance ou qui par leurs charges ou leurs emplois se trouveront à portée de les approcher et de les entretenir plus ou moins fréquemment ; et il sera très réservé dans ses conversations avec toutes autres personnes ; ce qu'il devra même observer dans les lettres et relations qu'il adressera ici au ministre des affaires étrangères sur les dispositions personnelles de ceux qui paroissent avoir le plus de représentation et de crédit dans cette cour, et surtout lorsqu'il se trouvera obligé de parler de Leurs Majestés Impériales et de ceux qu'elles honorent de leur confiance la plus intime. Cette discrétion n'est nullement incompatible avec la fidélité dont il ne doit jamais s'écarter dans les notions qu'il doit donner ici, de ce qui peut faire juger des dispositions secrètes de cette cour par rapport aux objets qui peuvent intéresser la France. Il sait qu'un de ses principaux devoirs dans la commission que Sa Majesté lui confie est d'exposer et rendre les choses dans la plus exacte vérité ; mais qu'il est une façon de le faire plus ou moins désobligeante ; c'est à quoi il doit s'attacher lors même qu'il se servira de son chiffre.

Il s'appliquera à démêler le caractère des principaux ministres de l'Empereur et de l'Impératrice, leur crédit, le système de cette cour, si elle en a embrassé un déterminément par rapport à sa conduite et à ses négociations avec les autres principales puissances de l'Europe. Il examinera sur toutes choses de quel œil y seront désormais regardés les ministres des cours de Londres, de Dresde, de Berlin et de Turin, et s'ils sont chargés de suivre à cette cour quelque alliance pour seconder les vues de Leurs Majestés Impériales ou pour s'assurer de leur concours à des projets d'union et de confédération, sous prétexte de consolider la paix et la tranquillité de l'Europe. Enfin le sieur Blondel ne négligera rien pour se ménager des accès faciles et journaliers auprès de ceux qui peuvent avoir dans cette cour quelque part au ministère et pour acquérir leur estime et leur confiance, et il ne sauroit porter trop loin tous les égards pour la principale noblesse, et principalement pour le comte de Kœnigseck[1], l'un des ministres de la conférence, et pour le prince de Lichtenstein[2], qui étoit ambassadeur de l'empereur Charles VI en France lors de la mort de cet empereur et dont le caractère de noblesse et de vérité a fait une juste impression sur Sa Majesté.

Le sieur Blondel a connu par lui-même le comte de Colloredo qui se trouve en possession de la charge de vice-chancelier de l'Empire à cette cour. Il sait que les fonctions de cet officier regardent principalement le conseil aulique, et qu'elles le mettent dans une sorte de dépendance de l'électeur de Mayence, grand chancelier de l'Empire en Allemagne; il connoît aussi par lui-même quels sont les principes de cet électeur par rapport à l'administration des affaires dans l'Empire, et qu'il ne trouve rien de bon et de convenable pour les avantages du Corps germanique que ce qui peut être conforme aux intérêts de la cour de Vienne et accroître son autorité dans l'Empire.

Le comte d'Uhlfeld[3] comme grand chancelier de l'Impératrice en sa qualité de reine de Hongrie et de Bohême, paroît avoir actuellement la principale influence dans cette Cour sur les affaires politiques; c'est avec lui que traitent les ministres étrangers, et le sieur Blondel sera bientôt en état de voir et de reconnoître si ses talens et ses qualités personnelles sont également considérés de l'Empereur et de l'Impératrice, et s'il rend une entière justice aux sentiments de Sa Majesté pour le maintien de la paix, en sorte que l'ambassadeur qu'elle enverra pour

---

1. Le comte de Kœnigseck, né en 1673, fils du vice-chancelier de l'Empire, qui mourut en 1694. Entré dans l'armée, lieutenant général, il fut ambassadeur en France en 1718, puis à Varsovie; devint feld-maréchal, ministre de la conférence, vice-président du conseil de guerre sous Charles VI, puis premier gouverneur de la cour. Marie-Thérèse le nomma grand-écuyer. Il mourut en 1751.

2. Le prince Charles de Lichtenstein, né en 1696, lieutenant général, ambassadeur en France de 1738 à 1741, mort en 1772.

3. Le comte d'Uhlfeld succéda, en 1742, au comte de Zinzendorf dans la charge de chancelier de cour et d'État. Il avait été ambassadeur en Hollande et à Constantinople.

résider auprès de Leurs Majestés Impériales puisse traiter amiablement avec lui non seulement sur les affaires courantes comme celles qui regarderont les intérêts mutuels pour le commerce et la bonne correspondance entre les sujets de part et d'autre sur la frontière entre les pays limitrophes, mais aussi sur ce qui pourra contribuer à affermir et accroître la bonne intelligence et l'amitié entre Sa Majesté et Leurs Majestés Impériales, en sorte que cette union entre elles puisse servir à écarter tout ce que les ennemis de la paix pourroient tenter pour exciter de nouveaux troubles dans l'Europe.

Il s'en faut beaucoup que le baron de Bartenstein, qui avoit la confiance de l'Empereur Charles VI pour la conduite de ses principales affaires soit dans l'Empire, soit avec les grandes puissances de l'Europe, ait conservé le même crédit depuis la mort de cet empereur; il paroît cependant qu'il a toujours continué d'être chargé des principales expéditions en sa qualité de référendaire, et plusieurs écrits qui ont été répandus dans le public de la part de la cour de Munich et de ses alliés dans l'Empire, tant avant que depuis l'élévation de l'époux de la reine de Hongrie au trône impérial, ont même attribué à ce référendaire les résolutions et les démarches de la cour de Vienne dans des circonstances où l'on devoit croire que cette princesse ne hasardoit rien légèrement, et qu'elle se conduisoit par les avis de ceux de ses ministres qu'elle jugeoit avoir le plus d'expérience et de sagesse. Le sieur Blondel verra bientôt par lui-même de quelle influence peuvent être présentement sur les affaires dans cette cour les dispositions personnelles du baron de Bartenstein, et il se conduira en conséquence, ne perdant cependant aucune occasion de lui marquer de l'estime et de la considération quand même il le trouveroit entièrement subordonné au comte d'Uhlfeld.

Il examinera quels sont les autres ministres le plus en faveur et en crédit, et s'ils sont accessibles à l'argent; et il n'omettra point de remarquer si la même jalousie subsiste toujours entre le conseil de l'Empereur et celui de l'Impératrice; mais un des premiers soins du sieur Blondel doit être de s'informer de l'état des troupes et des finances de cette cour.

Il tâchera de pénétrer, soit par lui-même, soit par ceux des des ministres étrangers en qui il croira devoir prendre confiance, quel est l'ambassadeur que la cour de Vienne destine à l'honneur de résider auprès du Roi, et aussi dans quel temps cet ambassadeur se proposera de partir pour se rendre ici; et il n'omettra rien pour avoir, autant qu'il lui sera possible, des notions exactes sur le caractère et les qualités personnelles du ministre que cette cour fera passer, en attendant, auprès de Sa Majesté pour y suivre les affaires jusqu'à l'arrivée de cet Ambassadeur.

Comme cet intérim ne sera vraisemblablement pas long, les affaires principales à traiter entre Sa Majesté et Leurs Majestés Impériales pourront, selon toute apparence, être suspendues sans de grands inconvénients jusqu'à ce que l'arrivée des deux ambassadeurs à Paris et à Vienne les mette en état de les traiter par eux-mêmes. Ainsi le sieur Blondel peut se dispenser de prendre sur lui de faire aucune proposition ni ouverture par rapport à des objets sur lesquels il n'auroit pas été expressément autorisé par des ordres du Roi, et il pourra, surtout dans les commencements, se borner à recevoir les ouvertures qui pourrroient lui être faites et à en rendre compte : ayant toujours devant les yeux qu'il ne peut trop répéter aux ministres de la cour de Vienne, et de même aux ministres étrangers de résidence à cette cour, que le Roi n'ayant pour but que la tranquillité de l'Europe sur le fondement du traité de paix conclu à Aix-la-Chapelle, ne désire que de cimenter et perfectionner cet ouvrage en prévenant et écartant, de concert avec les autres grandes puissances, tout ce qui pourroit allumer de nouveau le feu de la guerre, et étant par conséquent bien éloigné de vouloir admettre aucune proposition qui pût être contraire aux stipulations de ce traité, ou qui, sans s'en écarter directement, auroit néanmoins pour but quelque objet auquel il ne seroit guère possible de parvenir autrement qu'en y employant la voie des armes. Sa Majesté n'a pas jugé devoir ajouter foi jusqu'à présent aux avis qui sont venus de divers côtés d'un traité conclu ou projeté à Hanovre pendant le mois d'octobre dernier pour une alliance entre les cours de Londres, de Vienne et de Pétersbourg, sous prétexte de maintenir la tranquillité dans le

Nord[1]. Il paroît cependant que la Suède est dans de grandes appréhensions qu'il ne soit question de favoriser et soutenir quelques vues du Danemark contre elle, et le Roi de Prusse ne dissimule pas qu'il en conçoit aussi des inquiétudes, une pareille alliance pouvant le regarder indirectement, puisque si la Suède étoit attaquée hostilement, il se trouveroit dans l'obligation de donner des secours à cette couronne et même de faire cause commune avec elle en vertu du traité d'alliance défensive signé à Stockholm au mois de mai 1747. Tout le monde sait que Sa Majesté est pareillement en alliance avec le royaume de Suède[2] et qu'elle est même entrée par accession dans ce traité d'alliance, de sorte qu'elle se trouve également dans l'obligation de soutenir les Suédois s'ils se trouvoient attaqués de quelque part que ce fût. Sa Majesté, par ces considérations, n'a pas cru devoir différer de s'en expliquer très-clairement aux cours de Londres et de Danemark, afin que quelque puisse être le fondement et l'objet de ces bruits répandus d'une alliance formée à Hanovre pour l'affermissement de la tranquillité du Nord, ces deux cours puissent faire de justes réflexions sur les suites d'un pareil engagement, s'il étoit véritablement question d'employer la voie des armes contre la Suède pour quelque cause que ce pût être, puisque cette couronne étant assurée des secours du Roi et du roi de Prusse, cette guerre dans le Nord deviendroit bientôt générale entre les principales puissances de l'Europe. Le sieur Blondel pourra s'en expliquer dans le même sens, mais sans aucune affectation aux ministres de la cour de Vienne et de même à celui de Russie lorsqu'il aura occasion de le voir.

Si les circonstances et les événements venoient à changer d'ailleurs la face de l'Europe et que le Roi eût quelques ordres particuliers à envoyer au sieur Blondel, Sa Majesté les lui fera

1. La czarine Élisabeth, qui régnait depuis 1741, avait conclu, le 2 juin 1746, un traité d'alliance avec Marie-Thérèse. La paix d'Aix-la-Chapelle n'étant considérée que comme une trêve, les puissances recherchaient partout des alliances. L'Autriche s'occupait activement de faire accéder l'Angleterre à son traité avec la Russie. Cette négociation, qui aboutit le 30 octobre 1750, était en cours en 1749. — MARTENS, *Traités de l'Autriche et de la Russie*, I, p. 179.

2. 29 mai 1747, traité d'alliance défensive entre la Suède et la Prusse, signé à Stockholm. 6 juin 1747, traité signé à Stockholm entre la France et la Suède, renouvelant le traité d'alliance et de subsides du 10 novembre 1738.

passer successivement; mais jusque-là il doit être extrêmement réservé et ne travailler qu'à se mettre en état de nous éclairer à son retour tant sur les vues éloignées de la cour de Vienne que sur son système actuel.

Il est vraisemblable que le principal et le premier objet de l'Impératrice sera d'assurer la couronne impériale sur la tête du jeune archiduc son fils aîné[1]; l'élection d'un roi des Romains étant une affaire purement domestique de l'Empire, le Roi n'excitera pas ceux des électeurs qui sont ses alliés à s'y opposer; mais en même temps Sa Majesté ne peut guère solliciter cette élection. Elle laissera donc au collège électoral à décider cette question; si cependant la Cour de Vienne se conduisoit avec le Roi de manière à mériter ses bons offices en cette occasion, Sa Majesté ne les lui refuseroit peut-être pas; c'est le seul service que l'Impératrice pourroit exiger du Roi, et qui véritablement seroit d'une assez grande importance pour mériter quelque retour de sa part. Le sieur Blondel évitera cependant de traiter cette matière dont il n'est fait ici mention que pour le mettre en état de n'être point embarrassé des insinuations qu'on pourroit lui faire à cet égard; mais il se bornera à en rendre compte, et Sa Majesté pourra lui envoyer ensuite ses instructions et ses ordres selon la nature de ces insinuations.

Les copies qui seront jointes à la présente instruction du traité définitif signé à Aix-la-Chapelle le 18 octobre dernier et des conventions qui ont depuis été signées tant en cette ville d'Aix-la-Chapelle qu'à Nice et à Bruxelles par rapport à l'exécution de quelques articles qui pouvoient encore souffrir quelque difficulté, donneront au sieur Blondel une entière connoissance des stipulations dont il a été convenu entre le Roi et la cour de Vienne par rapport à leurs royaumes et États respectifs, et de même par rapport aux alliés de part et d'autre. Sa Majesté a fait connoître dans tout le cours de cette négociation que les intérêts de ses alliés lui étoient plus chers que les siens propres, et c'est par cette considération qu'elle a insisté pour que ses troupes n'éva-

---

1. L'archiduc Joseph, né en 1741, roi des Romains en 1764, empereur sous nom de Joseph II, 1765-1790.

cuassent les villes du Hainaut autrichien, qu'après qu'elle seroit absolument assurée de l'exécution ponctuelle et littérale des conditions stipulées en faveur du duc de Modène et de la république de Gênes [1] pour leur pleine et entière restitution dans les États, domaines et biens dont ils avoient été en possession avant la guerre. Ainsi dès que Sa Majesté a été informée des ordres donnés pour cet effet de la part de la reine de Hongrie, Sa Majesté a retiré aussitôt des places du Hainaut le peu de troupes qui y étoient restées, de sorte que l'évacuation totale des pays en exécution de la paix a été faite et consommée dans le même temps en Italie et dans les Pays-Bas, en conformité des conventions signées, tant à Aix-la-Chapelle qu'à Nice et à Bruxelles, pour régler les termes de ces évacuations. Il restoit cependant encore un point dont Sa Majesté, à la rigueur, auroit pu se prévaloir pour prolonger encore le séjour de ses troupes dans le Hainaut, si Sa Majesté voyant la bonne foi et même la promptitude que les ministres de Vienne ont montrées à se porter aux expédients qui leur ont été proposés pour assurer et accélérer l'exécution ponctuelle du traité de paix, tant en faveur du duc de Modène et de la république de Gênes que par rapport au rétablissement de l'abbé de Saint-Hubert [2], n'avoit jugé devoir donner un témoignage public de sa confiance dans les droites intentions de la reine de Hongrie en voulant bien que ce point resté en souffrance ne pût servir de prétexte pour suspendre l'évacuation du Hainaut. Le sieur Blondel verra par la copie de l'acte signé à Nice, le 18 janvier dernier, que ce point regarde les fonds que les Génois avoient dans les banques de Vienne et de Milan et aussi en Bohême et dans les autres États de l'Impératrice reine de Hongrie. Cette princesse leur a donné mainlevée de ces fonds, et ils en sont rentrés, en conséquence, en possession pour jouir des arrérages à compter du jour de l'échange des ratifications du traité définitif à Aix-la-

---

1. L'article VI du traité d'Aix-la-Chapelle portait que le duc de Modène et la république de Gênes seraient rétablis dans ceux de leurs États qui avaient été occupés pendant la guerre. Les articles XIII et XIV réglaient les conditions d'exécution.

2. Cette abbaye devait être rétablie dans ses possessions et on en devait négocier la neutralité. Cette affaire se suivait depuis 1738 et l'article XVIII du traité d'Aix-la-Chapelle stipula qu'elle serait réglée par des commissaires.

Chapelle; mais ils prétendent avec raison qu'en vertu de la paix ils doivent pareillement être restitués dans la jouissance des arrérages qui se trouvoient échus avant la guerre; cette matière a été fort agitée à Nice, et le sieur Blondel verra par l'article IV de ladite convention de Nice du 18 janvier dernier, que la décision en avoit été renvoyée à l'arbitrage du comte de Kaunitz et du sieur du Theil, dans la confiance qu'après avoir réglé à Anvers les différents articles qui ont formé la convention de Bruxelles du 11 janvier, ils se trouveroient encore à portée de régler ensemble ce dernier point conformément à la justice, à l'équité et à l'esprit des puissances qui sont intervenues comme parties contractantes dans le traité définitif de la paix générale; mais le comte de Kaunitz et le sieur Du Theil s'étant séparés, et le dernier étant revenu à Paris auprès du Roi avant que d'avoir connoissance du parti que l'on avoit pris à Nice de remettre à son arbitrage et à celui du comte de Kaunitz la décision de ce point par rapport aux arrérages échus aux Génois avant la déclaration de la guerre sur les fonds placés de leur part dans les banques, soit de Vienne, soit de Milan, le Roi se trouve dans l'obligation de continuer de leur accorder sa protection pour qu'il soit décidé à l'amiable de cour à cour; et le sieur Blondel doit demander de la part de Sa Majesté que le ministre que la cour de Vienne enverra auprès d'elle, soit autorisé à en convenir ici par l'entremise des ministres de Sa Majesté avec le ministre de la république de Gênes.

Dans les ordres qui ont été envoyés de la part de la reine de Hongrie pour le rétablissement de l'abbé de Saint-Hubert, il a été exprimé qu'il seroit rétabli au même état où il se trouvoit avant la guerre, conformément à une convention signée entre le Roi et l'empereur Charles VI, à Paris, le 22 mars 1738. Cette convention étoit provisionnelle, pour avoir lieu en attendant qu'il pût être convenu par rapport à l'indépendance de cette abbaye et à la neutralité de son territoire, en sorte qu'il fût libre en tout temps aux François et aux autres étrangers d'y passer, de même que sur le territoire de Liège, sans être assujettis à des péages que prétendoient exiger les bureaux nouvellement établis dans ces cantons, de la part du gouvernement des Pays-Bas. Ces différentes questions ont été agitées aux conférences qui furent tenues à Lille pour le règlement des limites entre les provinces de France et celles des Pays-Bas autrichiens, en conséquence de ce qui avoit été stipulé à cet égard par le traité de paix signé à Vienne le 18 novembre 1738 [1]. Sa Majesté avoit compté qu'on pourroit en même temps convenir dans ces conférences, par rapport aux villes de Beaumont et de Chimay, qui se trouvent enclavées dans la partie du Hainaut réunie à la France, et de même par rapport à d'autres enclaves ou mélanges de territoires qui exposent journellement ces frontières à de grands inconvénients, par les facilités que les contrebandiers et autres bandits y trouvent pour les passages et leur mauvais commerce.

L'expérience de ce qui s'est passé dans ces conférences a fait connoître que les commissaires chargés de discuter dans ces sortes d'assemblées les matières de part et d'autre, s'attachant à produire et à expliquer des titres souvent contredits, et qui donnent lieu à des réponses et à des répliques sans fin, on ne peut guère en espérer un heureux succès pour terminer définitivement les affaires contestées ; c'est par cette raison qu'on a jugé devoir convenir par le xviiie article du traité d'Aix-la-Chapelle, que les différends touchant l'abbaye de Saint-Hubert, les enclaves du Hainaut, les bureaux nouvellement établis dans les Pays-Bas et les autres articles qui n'avoient pu être réglés pour entrer dans ledit traité, le seroient incessamment à l'amiable, par des commissaires nommés à cet effet de part et d'autre ou autrement, selon qu'il en seroit convenu par les puissances intéressées. La cour de Vienne est déjà prévenue par une lettre que le marquis du Chayla et le sieur de Séchelles, commissaires du Roi, pour l'évacuation des provinces conquises dans les Pays-Bas, ont écrit le 21 février dernier au comte de Grune, commissaire de l'Impératrice reine de Hongrie, pour convenir avec eux sur tout ce qui pourroit avoir rapport à la remise de ces provinces, que Sa Majesté désire qu'il soit procédé sans délai à l'exécution de cet article xviiie en nommant des commissaires de part et d'autre pour traiter et convenir ensemble par

---

[1]. L'article XIV du traité de Vienne du 18 novembre 1738, confirmant l'article VII des préliminaires de 1735, portait que des commissaires s'assembleraient à Fribourg et à Lille pour régler les limites de l'Alsace et des Pays-Bas.

rapport aux divers objets portés par cet article, et en concertant auparavant où se tiendront les conférences pour cet effet. On joint ici copie de cette lettre du marquis du Chayla et du sieur de Séchelles au comte de Grune; le sieur Blondel verra, en la comparant avec le dit article xviiie du traité de paix, qu'il ne sera guère praticable de traiter dans un même lieu sur les différents points à régler en conséquence de cet article : les prétentions d'argent de l'électorat de Hanovre sur la couronne d'Espagne, celle de l'électeur palatin envers la cour de Vienne et les autres articles qui sont rappelés en général comme n'ayant pu être réglés pour entrer dans le traité définitif, n'étant pas de nature à être confondus avec ce qui regarde les arrangements nécessaires pour l'établissement du commerce et de la correspondance entre les provinces de France et celles des Pays-Bas autrichiens, en sorte que dans la suite on n'ait à suivre de part et d'autre à cet égard que les lois de bon voisinage. C'est aussi ce point que le sieur Blondel doit avoir principalement en vue dans les instances qu'il doit faire immédiatement après son arrivée à Vienne, pour qu'il soit nommé des commissaires de la part de cette cour en exécution de l'article xviiie; et pour cet effet, il fera entendre que, comme les conférences qui ont été tenues à Lille en conséquence de la paix de Vienne de 1738, par rapport aux questions sur les limites de part et d'autre dans les Pays-Bas, n'ont pu être terminées à la satisfaction mutuelle des deux cours, il seroit convenable qu'en exécution du dernier traité de paix, les nouvelles conférences par rapport au même objet se tinssent dans cette même ville de Lille; et que Sa Majesté le désire même fortement parce que le sieur de Séchelles, qu'elle compte d'y employer en qualité d'un de ses commissaires, à cause de la connoissance parfaite qu'il a de ce qui peut le mieux convenir aux intérêts de part et d'autre, dans l'arrangement à faire à l'amiable pour l'établissement du bon voisinage entre les provinces limitrophes, fait sa résidence ordinaire dans cette ville de Lille.

Les ministres de la cour de Vienne parleront vraisemblablement, à cette occasion, de la nécessité de régler aussi les limites de la Lorraine et de finir l'affaire des liquidations des dettes actives et passives de ce duché : le Roi compte que le sieur Blondel, en passant à Lunéville, recevra du sieur de la Galaizière[1], qui est plus que personne au fait de ce qui s'est passé dans les conférences tenues par rapport à ces deux objets, par les commissaires de part et d'autre tant à Nancy qu'à Lunéville, en exécution du traité de paix de 1738, des notions exactes sur ce qu'il n'a pas dépendu du Roi et du roi de Pologne, duc de Lorraine, que tout ce qu'il a été question de régler dans ces conférences ne l'ait été avant la mort de l'empereur Charles VI, qui obligea de les interrompre vers la fin de l'année 1740. Il ne témoignera cependant pas aux ministres de la cour de Vienne, qu'il ait été prévenu de la part de Sa Majesté qu'ils pourroient remettre avec lui ces affaires sur le tapis, et il se contentera d'écouter ce qu'ils se porteront d'eux-mêmes à lui dire et de se charger d'en rendre compte, faisant entendre seulement qu'on ne doit faire aucun doute que Sa Majesté et le roi de Pologne ne soient sincèrement disposés à donner les mains aux expédients qui seront jugés les plus convenables pour terminer, à la satisfaction réciproque des deux parties, tout ce qui resteroit encore à régler en conséquence du traité de paix de Vienne de 1738, puisque ce traité a été expressément rappelé et renouvelé par le dernier traité de paix d'Aix-la-Chapelle.

Le sieur Blondel verra aussi quels propos les ministres de cette cour lui tiendront sur les autres points de l'article XVIIIe de ce dernier traité de paix qui ne regardent pas directement les deux cours, comme les prétentions d'argent du roi de la Grande-Bretagne, comme électeur de Hanovre, sur la couronne d'Espagne, et les prétentions de l'électeur palatin ; il y a lieu de juger que le premier de ces deux points ne sera pas oublié dans les conventions qui se feront vraisemblablement entre les cours de Londres et de Vienne, par rapport à leurs intérêts réciproques ; mais Sa Majesté s'intéressant particulièrement à ce qui regarde la satisfaction de l'électeur palatin[2], le sieur Blondel ne peut trop

---

1. M. de la Galaizière, né en 1697, maître des requêtes en 1716, intendant à Soissons en 1731, chancelier et garde des sceaux de Lorraine sous Stanislas, commissaire pour l'exécution du traité de 1738.

2. Charles-Théodore de Neubourg-Salzbach, né en 1724, électeur palatin depuis 1742.

faire connoître au sieur de Beckers que cet électeur a fait passer depuis peu de temps en cette cour pour y faire des représentations et instances au sujet de ses prétentions, que Sa Majesté le regardant toujours comme son fidèle allié, et voulant continuer de lui donner en toutes occasions des marques réelles et distinguées de son amitié et de sa protection, est disposée à l'appuyer de ses offices toutes les fois qu'il croira qu'ils lui seront utiles pour porter et déterminer la cour de Vienne à avoir de justes égards pour celles des prétentions de cet électeur que les ambassadeurs plénipotentiaires de Sa Majesté à Aix-la-Chapelle ont tenté inutilement de faire régler par le traité de paix. Le sieur Beckers a la réputation d'un homme sage et de mérite; il a été ci-devant employé par l'électeur son maître à la cour de Berlin, et il a paru qu'il y avoit acquis l'estime et la confiance du roi de Prusse. L'union est toujours très étroite entre ces deux princes, par l'intérêt qu'ils ont également de s'entendre et d'agir de concert dans les affaires de l'Empire; le sieur Blondel doit cependant reconnoître par lui-même le caractère et les dispositions personnelles du sieur Beckers pour y proportionner sa confiance, selon qu'il jugera que ce ministre pourra en être digne.

Il examinera scrupuleusement la conduite de celui de l'électeur de Bavière[1]; il s'attachera particulièrement à se rendre certain si l'union entre ce ministre et le sieur Beckers est aussi intime qu'elle doit l'être pour les intérêts communs des cours de Munich et de Manheim.

Il marquera toutes sortes d'égards au ministre du roi de Prusse; mais Sa Majesté s'en remet à sa prudence pour se conduire avec ce ministre de façon à ne donner aucun ombrage à la cour de Vienne, et à n'en faire pas prendre au roi de Prusse. Le sieur Blondel tâchera de tirer du ministre de ce prince les connoissances qui sont utiles pour le service de Sa Majesté, sans cependant se livrer avec lui à une confiance trop étendue. Il l'assurera dans toutes les occasions que l'intention de Sa Majesté est de maintenir le roi son maître dans l'acquisition

---

[1]. Maximilien-Joseph, né en 1727, fils de Charles-Albert (l'empereur Charles VII) et de l'archiduchesse Marie-Amélie, fille de Joseph Ier, avait, en 1745, succédé à son père.

qu'il a faite de la Silésie et du comté de Glatz, conformément à la garantie qu'elle a fait stipuler dans le traité de paix; il le rassurera sur les inquiétudes outrées qu'il pourra peut-être avoir prises sur les troubles dont le Nord paroît menacé depuis quelque temps; il ne lui dissimulera point qu'il y a plus d'un an que le Roi y a fait la plus sérieuse attention, et que Sa Majesté a pris des mesures en conséquence, étant déterminée, au cas que ces troubles viennent à éclater, à mettre la Suède en état de se défendre ou de faire une diversion en faveur du roi de Prusse si ce prince étoit attaqué dans ses États; mais il lui fera en même temps sentir que c'est à ce prince à prévenir cet orage, et qu'il le peut par une contenance et des discours qui soient capables d'en imposer.

C'est le sieur Keith[1], qui est présentement chargé des affaires de la cour de Londres à Vienne. Il a été secrétaire de légation du comte de Sandwich à la Haye et à Breda, d'où il a été envoyé à la cour impériale; il prétend être de la même maison que le général Keith, frère du lord Maréchal[2]; il est assez franc; il a de l'esprit et du sens, et les façons assez nobles. Le sieur Blondel examinera quel degré de considération et de confiance on aura pour ce ministre à Vienne, et lui marquera toutes sortes d'attentions et de politesses; il l'assurera que le Roi est très disposé à entretenir la plus parfaite union avec le roi de la Grande-Bretagne; il lui fera sentir que le ministère de Sa Majesté est convaincu que les intérêts des deux nations, quoique différents, ne sont pas incompatibles et que si le ministère de Londres n'a d'autres vues que d'entretenir la paix dans l'Europe, il lui sera facile de s'entendre avec le ministère de Sa Majesté.

Il y a longtemps que le comte de Canale réside à Vienne de de la part du Roi de Sardaigne; il y a épousé une dame de la maison de Palfi, et le sieur Blondel peut, sans rien risquer, le regarder comme étant attaché par intérêt et par inclination à la

---

1. Sir Robert Keith, qui fut plus tard envoyé en Russie, et revint à Vienne en 1772.

2. Le général James Keith, né en 1696, servit en Espagne et en Russie, puis en Prusse; mort, en 1750, feld-maréchal prussien; frère de Georges Keith, maréchal héréditaire d'Écosse, connu sous le nom de *milord Maréchal*, qui servit également la Prusse et fut ministre de Frédéric II en France, en 1751.

cour de Vienne; il a de l'esprit, mais on le croit peu amateur de la vérité et comme allant à ses fins par des voies peu conformes à la droiture; son avarice ne contribue pas à le faire estimer. Le sieur Blondel ne doit cependant pas éviter de lier avec lui un commerce de politesse, et il peut même lui faire entendre, dans les occasions qu'il aura de le voir, que le Roi a vu avec un extrême déplaisir que la dernière guerre ait mis pendant sa durée une opposition d'intérêts entre Sa Majesté et le roi de Sardaigne, par la protection que Sa Majesté étoit obligée d'accorder à ses alliés, et qu'elle est sincèrement disposée, depuis la conclusion de la paix, à s'intéresser à ses avantages, et à lui donner lieu de prendre, comme ci-devant une entière confiance, dans l'amitié qu'elle a toujours conservée pour lui personnellement.

Le sieur Blondel est instruit du peu de satisfaction que Sa Majesté a eue de la conduite de la cour de Pétersbourg pendant la durée de la guerre, et il peut bien juger que tout ce qui se passe actuellement de la part de cette cour pour inquiéter, de concert avec le Danemark, les Suédois, est un nouveau motif de refroidissement entre Sa Majesté et la Czarine. Sa Majesté est cependant persuadée que cette princesse conserve toujours de bons sentiments pour la France nonobstant la partialité que le chancelier Bestouchef[1], son ministre de confiance l'a engagée à montrer contre Sa Majesté et ses alliés. Ainsi le sieur Blondel vivra poliment, mais très froidement avec le ministre de Russie à Vienne.

Il se conduira à l'égard de tous les autres ministres étrangers avec la politesse et les égards que des personnes chargées des affaires publiques se doivent mutuellement; il distinguera, ainsi qu'il est convenable, le nonce du Pape et saura lui faire connoître par ses prévenances et ses attentions que le Roi ne désire rien davantage que de contribuer à la satisfaction personnelle de Sa Sainteté dans les choses qui pourront l'intéresser et princi-

---

1. Le comte Bestouchef, chancelier de l'empire de Russie, partisan de l'alliance autrichienne. C'est lui qui fit, en 1744, renvoyer le marquis de la Chétardie, ci-devant ministre de Louis XV, qui revenait à Pétersbourg pour y négocier un rapprochement.

palement pour le maintien des droits du Saint-Siège. La considération où les nonces de la cour de Rome sont ordinairement à Vienne, fait qu'ils ont beaucoup plus de moyens que les autres ministres étrangers d'être instruits de ce qui se passe dans l'intérieur de la cour impériale et de pénétrer le secret de ses résolutions dans les affaires de quelque importance pour les autres cours; ainsi le sieur Blondel ne peut trop s'attacher à se procurer des accès familiers auprès de ce ministre de Sa Sainteté, pour parvenir, s'il est possible, à mériter sa confiance et l'engager à lui faire part de ce qu'il sait et de ce qu'il pourra encore apprendre sur les principes et les dispositions de l'Empereur, de l'Impératrice et de leurs principaux ministres par rapport aux objets auxquels Sa Majesté peut prendre quelque intérêt.

Il doit, par les mêmes motifs, se lier autant qu'il pourra avec l'ambassadeur de Venise, afin que cet ambassadeur lui fasse part des avis qu'il recevra et particulièrement de ceux de Turquie, et afin qu'il veuille bien se prêter à faire passer quelquefois sous son enveloppe des paquets pour le comte Desalleurs, ambassadeur de Sa Majesté à Constantinople; mais comme les ambassadeurs de Venise à Vienne se servent plus souvent des courriers allemands que de leurs propres pour leur correspondance avec le bayle de la République à la Porte ottomane[1], les lettres ne sont guère moins sujettes par une voie que par l'autre à l'interception que la cour de Vienne pourroit en vouloir faire dans de certaines circonstances; et ce doit être au sieur Blondel un avertissement pour chiffrer si parfaitement ses lettres par quelque canal qu'il les fasse passer à Constantinople, qu'elles ne puissent transmettre à la connoissance des ministres impériaux rien que ce qu'il voudroit bien qu'ils sussent des intentions de Sa Majesté et de la conduite de la France.

La même précaution n'est point à négliger pour toutes les autres correspondances qu'il doit entretenir avec les ministres de Sa Majesté dans les principales cours d'Allemagne, comme à Munich, à Dresde et à Berlin; et c'est pour cet usage qu'elle lui fait remettre les tables de chiffre qui seront jointes à la pré-

---

1. Le *bayle*, titre de l'ambassadeur de Venise à Constantinople.

sente instruction; une de ces tables devant être réservée pour sa correspondance avec le ministre et secrétaire d'État ayant le département des affaires étrangères et n'être employée que pour ses lettres, sans qu'il doive jamais s'en servir pour les pièces qu'il croira devoir y joindre, ces pièces pouvant être chiffrées avec un de ses autres chiffres qui lui sera indiqué pour cet usage.

Pendant que l'on copioit la présente instruction, le Roi a eu lieu de juger par les relations des entretiens que le sieur Durand[1] a eus à Londres avec les ministres du roi de la Grande-Bretagne au sujet de la fermentation qu'il y a depuis quelques mois dans les cours du Nord, que la négociation qui s'est liée entre les ministres de ce prince et ceux de Vienne et de Russie durant le séjour qu'il a fait à Hanovre, a eu pour fondement le traité d'alliance défensive conclu le 22 mars 1746, à Pétersbourg, entre l'impératrice de Russie et l'Impératrice reine de Hongrie; que le roi de la Grande-Bretagne n'ayant pas accédé dans le temps à ce traité ainsi qu'on se l'étoit proposé lors de sa conclusion, il a été question, depuis que le rétablissement de la paix générale a été regardé comme assuré, d'engager ce prince à ne pas suspendre plus longtemps son accession et à convenir en même temps de quelques nouveaux articles pour rendre cette alliance applicable aux évènements qui pourroient survenir dans l'Europe au préjudice des intérêts des puissances contractantes. Comme le sieur Blondel peut n'avoir pas connoissance de ce traité, il en sera joint une copie à la présente instruction afin qu'il voie clairement et distinctement les stipulations qui y sont contenues. La communication en fut donnée dans le temps par les ministres de Russie, au Roi, au roi de Prusse et à quelques autres cours, et le comte de Loss, qui, en qualité d'ambassadeur du roi de Pologne électeur de Saxe auprès de Sa Majesté, paroissoit agir à cet égard de concert avec le sieur Gross, ministre plénipotentiaire

---

1. Durand de Distroff, né en 1714 d'une famille parlementaire, attaché à l'ambassade de France au Congrès d'Aix-la-Chapelle, envoyé à Londres comme chargé d'affaires après ce traité, puis à La Haye à la fin de 1749, résida en Pologne de 1755 à 1760, fut nommé garde des archives en 1762, puis ministre à Vienne en 1770.

de Russie, remit ici, au mois de septembre 1747, un acte en forme de déclaration, portant que ledit traité entre les cours de Vienne et de Pétersbourg, auquel ce prince avoit été invité d'accéder, ne contenoit rien de plus que ce qui étoit porté dans la copie qui en avoit été produite, sans qu'aucun article séparé ou secret eût été communiqué à Dresde de la part des deux cours contractantes, et qu'au cas qu'un tel article séparé ou secret existât, et qu'on invitât le roi de Pologne à y accéder, en ce cas, ce prince ne se prêteroit en aucune manière à rien qui pût, de façon quelconque, être contraire aux engagements qu'il avoit pris avec Sa Majesté.

Cette déclaration du comte de Loss n'étoit pas une assurance positive qu'il n'eût pas été signé d'article secret ou séparé entre les cours de Vienne et de Pétersbourg avec ledit traité d'alliance défensive, mais seulement que le roi de Pologne n'en avoit pas de connoissance[1]; le Roi a suspendu à cet égard son jugement; et ce que Sa Majesté voit présentement assez clairement, c'est que soit que ce traité ait été accompagné ou non de quelques articles séparés, il est seulement question présentement d'y en ajouter d'autres qui puissent avoir pour la suite leur application aux intérêts des puissances contractantes; et que c'est ce qui a suspendu et suspend encore l'accession du roi de la Grande-Bretagne : ce prince paroissant très-éloigné de donner les mains à aucun engagement qui exposât l'Angleterre au danger d'être entraînée de nouveau dans une guerre qui achèveroit de l'épuiser. Le sieur Blondel pourra dans ses premiers entretiens avec les ministres de la cour de Vienne, tâcher de les faire expliquer sur l'état où se trouvera pour lors cette négociation, et de découvrir quels peuvent être les articles qu'il est question d'ajouter à ce traité d'alliance de 1746.

Sa Majesté remet à la prudence du sieur Blondel d'entretenir aussi les ministres de cette cour sur ce que le landgrave de Darmstadt y a présentement recours pour se dispenser de restituer au landgrave de Hesse-Cassel, en exécution des traités de

---

1. Le traité de 1746 contenait un article très secret concernant la Turquie, cinq articles secrets dont deux concernant la France et la Pologne, un article séparé concernant le Holstein. — MARTENS, I, p. 160.

la paix de Westphalie, le bailliage de Braubach et la paroisse de Calzen Ellenbogen contre un équivalent de 1800 florins de revenu. Il sera joint à la présente instruction une note sur cette affaire; mais comme il paroît que les intérêts de la maison de Cassel seront appuyés à Vienne de la part de la Suède comme garante du traité de Westphalie, il y a lieu de juger que le ministre qui s'y trouvera de résidence de la part de cette couronne, se trouvera autorisé pour en donner au sieur Blondel de plus amples éclaircissements.

Sa Majesté fait pareillement joindre à la présente instruction un mémoire que le sieur Pallavicini, ministre de Gênes auprès d'elle, lui a fait remettre au sujet de nouvelles difficultés qu'il paroît que l'on fait à Vienne par rapport aux fonds qui, en exécution du traité de paix, doivent être restitués aux Génois avec la jouissance des intérêts, comme avant la guerre; mais il pourra être plus particulièrement instruit sur ce sujet par le sieur Ceresola, qui est chargé de suivre à la cour de Vienne, de la part de la république de Gênes, l'affaire des fonds réclamés par les Génois dans les différents États de l'Impératrice; et l'intention de Sa Majesté est qu'il appuie de ses offices les représentations et instances dudit sieur Ceresola dans tout ce qu'il estimera conforme à la lettre et à l'esprit du traité de paix et des déclarations et conventions faites en conséquence tant à Aix-la-Chapelle qu'à Bruxelles et à Nice; mais qu'il conseille en même temps au sieur Ceresola de ne point former de difficultés qui serviroient à aigrir la cour de Vienne contre la République ou à lui fournir des prétextes de suspendre le payement des arrérages des fonds que les Génois ont sur les différentes banques, et il y a toute apparence que c'est précisément ce que cherche la cour de Vienne.

Pour ne laisser rien ignorer au sieur Blondel de ce qui peut lui être utile pour presser les ministres de la cour de Vienne par rapport aux difficultés qui restent à régler pour le bon voisinage et la bonne correspondance entre la France et les Pays-Bas autrichiens, il sera joint à la présente instruction, outre la copie dont il a été fait mention ci-dessus de la lettre du marquis du Chayla et du sieur de Séchelles au comte de Grune en date du 24 février dernier, l'extrait d'une lettre écrite par les sieurs du

Chayla et de Séchelles au comte d'Argenson[1] le 2 janvier de la présente année, à laquelle est jointe la copie d'un décret donné par la junte établie provisionnellement pour le gouvernement des Pays-Bas, daté d'Anvers le 31 décembre 1748, et adressé en original au conseil de Luxembourg pour le rétablissement de l'abbé et religieux de Saint-Hubert dans cette abbaye, à l'effet d'en jouir conformément à une convention signée à Versailles entre le Roi et le feu empereur le 22 mars 1738, dont copie est pareillement ci-jointe.

Le sieur Blondel trouvera aussi, avec les pièces jointes à la présente instruction, une lettre du comte de Maurepas[2] du 9 du présent mois, tendant à obtenir de la cour de Vienne des ordres au commandant d'Ostende pour lever les difficultés qu'il fait d'admettre et reconnoître pour agent de la marine de France à Ostende le sieur Charles Sauvage qui a résidé dans cette ville, comme commissaire de marine de la part du Roi, pendant que Sa Majesté en a conservé la possession. Le sieur Blondel verra, par la copie d'une commission du feu roi en forme d'ordre datée du 5 juin 1715, les motifs qui portèrent alors à pourvoir le sieur Puon de Leze du titre de commissaire de la marine de France dans la ville d'Ostende. Il appuiera sur ces mêmes considérations pour tâcher d'obtenir de faire envoyer à Bruxelles les ordres nécessaires pour l'admission du sieur Sauvage.

Il trouvera de plus avec la présente instruction un mémoire qui a été remis ici de la part du Roi au marquis de Stainville[3], au sujet du passage des courriers de France pour Rome par les États de Toscane, et quelques autres pièces sur cette même affaire, savoir : un règlement fait sur ce sujet le 3 août 1746 par l'Empereur comme grand-duc de Toscane; une ordonnance publiée en conséquence à Florence le 9 septembre suivant; une lettre du comte de Richecourt au marquis de Stainville datée

---

1. Le comte d'Argenson, né en 1694, ministre des affaires étrangères de 1744 à 1747, mourut en 1757.

2. Le comte de Maurepas, né en 1701, mort en 1784, était alors ministre de la marine.

3. Le marquis de Stainville, père du comte de Stainville, qui devint duc de Choiseul et ministre des affaires étrangères; il était alors envoyé près le roi de France par l'Empereur, en sa qualité de grand-duc de Toscane.

de Florence le 20 février dernier; et la lettre du comte Lorenzi[1], du lendemain 21 février, au marquis de Puyzieux.

Il y a lieu d'espérer de quelques conférences que le marquis de Stainville a eues en dernier lieu sur cette matière avec le sieur Duparc, intendant général des postes de France, qu'ils termineront ensemble cette affaire à l'amiable au moyen des ordres à donner de part et d'autre pour réformer les abus qui se sont introduits par rapport au passage des courriers de la malle de Rome par les États de Toscane; mais si lors de l'arrivée du sieur Blondel à Vienne, il restoit encore des difficultés à cet égard, il ne manquera pas de rappeler aux ministres de la cour de Vienne les représentations qu'ils ont dû recevoir sur ce sujet par le canal du marquis de Stainville, et de voir si l'on peut espérer que les choses soient rétablies sur le pied où elles étoient avant la dernière guerre. Sa Majesté s'en remet à son zèle pour employer et faire valoir les raisons et considérations alléguées en faveur d'un usage immémorial et qui, dans la suite comme par le passé, ne pourroit qu'être avantageux à la Toscane.

Si le comte Lorenzi n'a pas traité lui-même cette matière avec les ministres de la régence de ce grand-duché de Florence, c'est que, depuis l'élévation du grand-duc au trône impérial, ils ont interrompu tout commerce avec lui, parce qu'il croyoit, étant ministre de France, pouvoir se dispenser de reconnoître en la personne de ce prince le titre d'empereur. Ils n'ont pas dû présumer que depuis que le Roi a reconnu lui-même ce titre par le traité de paix d'Aix-la-Chapelle, le comte de Lorenzi ait voulu persister à qualifier ce prince simplement de grand-duc de Toscane; il a même reçu des ordres exprès de Sa Majesté de même que tous les ministres de France dans les cours étrangères, immédiatement après la conclusion du traité de paix, de se conformer à la reconnaissance que Sa Majesté avait faite du titre d'empereur. Il est cependant arrivé par quelque malentendu de part et d'autre que le commerce n'est pas encore rétabli entre les ministres de la régence de Toscane et le comte Lorenzi, lequel s'est peut-être figuré que, comme l'interruption étoit venue de leur part, c'étoit

---

1. Ministre de France à Florence.

à eux à faire les premières ouvertures pour rentrer en commerce avec lui. On joint ici sur ce sujet une lettre du comte de Richecourt au marquis de Stainville, datée du 31 janvier dernier, afin que le sieur Blondel n'ignore pas les raisons alléguées, de la part des ministres de cette régence, pour justifier leur procédé à l'égard du comte Lorenzi ; mais il y a lieu de juger qu'il n'en sera plus question lors de l'arrivée du sieur Blondel à Vienne, le marquis de Stainville ayant assuré ici qu'il écriroit en Toscane, afin que les ministres de la régence fissent savoir au comte Lorenzi qu'il pourroit rentrer en correspondance avec eux ; et Sa Majesté ayant fait écrire en même temps au comte Lorenzi que, sur cette invitation, il ne devoit faire aucune difficulté de faire visite aux ministres de l'Empereur, et même qu'il ne paroissoit pas d'inconvénients à ce que, sans attendre de notification de leur part, il se prévalût de la déclaration faite ici par le marquis de Stainville qu'il pouvoit reprendre avec eux comme ci-devant sa correspondance.

Le marquis de Stainville ayant fait entendre, avant que l'expédition de cette instruction fût finie, qu'on avoit remarqué avec quelque peine à Vienne que le Roi n'eût pas accordé les titres de sérénissime et très-puissant dans la suscription de la réponse que Sa Majesté a faite à la lettre de notification de l'Empereur sur son élection à la dignité impériale, Sa Majesté, par les motifs expliqués dans une lettre écrite sur ce sujet au marquis de Stainville, le 15 de ce mois, dont copie sera jointe à la présente instruction, a bien voulu se conformer sur ce point aux désirs de la cour de Vienne, ainsi que le sieur Blondel le verra par la suscription de ses lettres de créance tant à l'Empereur qu'à l'Impératrice son épouse.

Il ne lui est point remis de lettre du Roi pour l'impératrice douairière, veuve de l'empereur Charles VI[1], parce que n'ayant pas de caractère public, et n'ayant aucune affaire à traiter avec cette impératrice, il ne sera pas dans le cas de demander d'être admis à son audience, ce qu'il ne doit pas cependant refuser si

---

1. « Ces raisons n'ont pas empêché d'en remettre une au sieur Blondel la veille de son départ de Paris. »

on lui offroit de l'y conduire à la suite des audiences qu'il aura de l'Empereur et de l'Impératrice: et, en ce cas, il assurera cette impératrice douairière des sentiments de la plus parfaite estime, de la haute considération et de l'amitié sincère que le Roi a toujours conservés pour elle et dont Sa Majesté sera très-aise de lui donner, en toutes occasions, des témoignages distingués.

Le sieur Blondel sait que la dignité impériale étant élective ne donne par elle-même aucune prérogative dans l'ordre du cérémonial aux parents collatéraux de l'Empereur élu. Il aura attention de se conformer à cette règle s'il a occasion d'entretenir le prince Charles, frère de l'empereur, ou la princesse abbesse de Remiremont, leur sœur, ce qu'il ne doit point rechercher et qu'il ne doit pas non plus éviter avec affectation. Le prince Charles et l'abbesse de Remiremont n'ont aucun droit au traitement d'altesse royale que le marquis de Stainville a affecté ici de leur donner en parlant de leurs personnes et même dans des lettres et mémoires. L'intention du Roi n'est pas que ses ministres leur accordent ce traitement en aucune occasion ni même celui d'altesse sérénissime, qui, selon l'ancien cérémonial de la cour de Vienne, étoit donné aux archiducs fils de l'Empereur, et qu'on paroissoit regarder à cette cour comme égal à celui d'altesse royale, parce que les archiducs auxquels on le donnoit étaient fils d'empereurs rois de Hongrie et de Bohême. Le sieur Blondel observera donc d'éviter de se servir de ces traitements pour le prince Charles et pour la princesse sa sœur; mais il peut les traiter d'altesse.

Sa Majesté a jugé ne devoir pas omettre de prévenir le sieur Blondel sur une difficulté de cérémonial qui s'est élevée à Stockholm au mois de mai de l'année dernière au sujet de la visite que le sieur Panin, ministre de Russie [1], auroit dû rendre à M. de Lanmary à son arrivée à cette cour; il ne parut pas alors, sur le compte que cet ambassadeur en rendit, que la chose méritât d'être relevée de la part de Sa Majesté. Le sieur Panin succédoit au sieur Korff; les deux ministres de Russie, après avoir

---

1. Le comte de Panin, né en 1718, ministre de Russie à Copenhague, puis à Stockholm en 1747 : plus tard mininistre des affaires étrangères sous Catherine II; il mourut en 1783.

eu leurs audiences du roi de Suède, l'un pour se congédier, et l'autre pour se faire admettre en cette qualité, se contentèrent de passer chez le sieur de Lanmary pendant qu'il étoit à sa campagne, et comme c'étoit de leur part manquer au cérémonial établi pour les ministres du second ordre envers les ambassadeurs, le sieur Panin ayant même omis de lui envoyer faire part de son arrivée et de se faire prévenir par rapport à la visite qu'il se proposoit de lui rendre, le marquis de Lanmary jugea devoir paroître ignorer qu'ils se fussent présentés pour lui faire leurs visites de cérémonie, comptant que, après y avoir fait de justes réflexions, ils se conformeroient à la règle. Cependant le sieur Korff partit de Stockholm sans avoir réparé cette omission de sa part, et le sieur Panin, croyant apparemment ne devoir pas en faire plus que lui, ne s'est pas mis en devoir de faire au sieur marquis de Lanmary la visite qu'il lui devoit comme ministre nouvellement arrivé à Stockholm. Ce fut inutilement que le marquis de Lanmary lui fit insinuer qu'une première visite à un ambassadeur exigeoit plus de cérémonie; et par cette raison il ne l'invita pas à un repas qu'il donna au mois de novembre dernier aux sénateurs et aux ministres étrangers pour célébrer la naissance du prince Charles, second fils du prince successeur de Suède[1]. Tout autre ambassadeur en auroit usé de même en pareil cas, et il y a même des exemples que, dans des circonstances toutes semblables, des ministres du second ordre ont été obligés de retourner chez les ambassadeurs pour y remplir le devoir de la visite dans toute la rigueur du cérémonial. Le sieur Finck, entre autres, étant arrivé à Stockholm en qualité de ministre d'Angleterre et ayant été voir le comte de Saint-Séverin, ambassadeur de France, sans l'en avoir prévenu, cet ambassadeur lui déclara qu'il ne recevoit cette visite que comme un compliment de particulier à particulier, et le sieur Finck ayant paru vouloir faire difficulté de lui renouveler la visite en forme comme ministre d'Angleterre, loin d'être approuvé de la cour de Londres, il eut ordre de satisfaire à la

---

[1]. Le roi de Suède, Frédéric Ier, n'ayant pas d'enfants, les États avaient, en 1743, désigné, pour lui succéder, Adolphe-Frédéric de Holstein. Roi en 1751, ce prince avait épousé Louise-Ulrique, sœur de Frédéric II, dont il avait eu, en 1746, un fils, qui fut Gustave III.

visite de cérémonie au comte de Saint-Séverin. Il faut apparemment que le sieur Panin ait exposé à la cour de Pétersbourg les choses différemment dans le compte qu'il y a rendu de ce qui s'est passé de sa part pour sa visite au marquis de Lanmary ; car il paroît, par la façon dont les ministres de cette cour s'en sont expliqués à ceux de France, à Dresde, à Londres et à Copenhague, qu'elle se croit en droit de demander que le marquis de Lanmary puisse par quelque tempérament, sans commettre son caractère, se rapprocher du sieur Panin. Le comte Bestoucheff ayant dit expressément au marquis des Essarts [1] à Dresde que sans cela l'impératrice de Russie ne sauroit désormais comment s'y prendre pour entretenir la bonne intelligence entre ses ministres et ceux du Roi, et le sieur Korff ayant de même fait entendre au sieur Lemaire à Copenhague que le marquis de Lanmary, en imaginant quelque tempérament convenable pour se rapprocher du sieur Panin, cet expédient préviendroit la séparation des ministres des deux cours en celles où ils se rencontreroient : de sorte qu'au lieu que c'étoit au Roi à se plaindre de ce que le ministre de Russie à Stockholm n'avoit pas rendu les honneurs qu'il devoit à l'ambassadeur de Sa Majesté, il sembleroit que la cour de Pétersbourg voudroit au contraire soutenir que c'est le marquis de Lanmary qui n'a pas rempli ce qu'il devoit à l'égard du sieur Panin, son ministre, et qu'elle est dans la disposition de prendre ce prétexte pour rompre tout commerce entre ses ministres et ceux de France dans les différentes cours de l'Europe. Le marquis de Lanmary a été approuvé dans le temps de ce qu'il s'étoit tenu à la règle étroite à l'égard du sieur Panin, et depuis que le Roi a été informé de ce qui a été dit à ce sujet à ses ministres à Dresde, à Londres et à Copenhague, quoique avec des assurances que l'impératrice de Russie ne désiroit que d'entretenir la bonne correspondance et l'amitié avec la France, Sa Majesté a renouvelé ses ordres au marquis de Lanmary de n'entrer dans aucun expédient qui pût faire supposer qu'il auroit eu le moindre tort de ne s'être pas

---

1. Le marquis des Essarts, conseiller d'État, ambassadeur de Louis XV près du roi de Pologne, 1746-1752.

contenté de la simple démonstration faite par le sieur Panin de vouloir lui faire visite. Et comme après ce que les ministres de Russie ont fait entendre de l'interruption de commerce qui pourroit en résulter entre eux et les ministres du Roi, il ne conviendroit pas à la dignité de Sa Majesté que les siens par des prévenances à ceux de Russie s'exposassent à quelques mauvais procédés de leur part, l'intention du Roi est qu'en attendant qu'on puisse voir plus clair sur les dispositions de la cour de Pétersbourg à cet égard, ceux des ministres de Sa Majesté qui se trouveront soit par leur arrivée dans une cour étrangère ou par quelque autre raison dans le cas de rendre la première visite à ceux de Russie, se dispensent de les voir autrement qu'en lieu tiers, sans cependant leur marquer à cette occasion de l'aigreur, ni même de la froideur : observant lorsqu'ils rencontreront les ministres de cette cour, de leur faire politesse et de leur témoigner, en termes gracieux et obligeants, que Sa Majesté ne désireroit que les occasions de donner à l'Impératrice leur maîtresse des marques de son amitié, et de voir les ministres de part et d'autre commercer ensemble, ainsi qu'il convient entre puissances amies ; mais que dans l'état où les choses se trouvent à l'occasion de la visite que le sieur Panin auroit dû faire à l'ambassadeur du roi à Stockholm, les ministres de Sa Majesté ne pourroient sans imprudence s'exposer à compromettre sa dignité lorsqu'ils ne seroient pas absolument assurés que les ministres de Russie leur rendroient politesse pour politesse.

Outre ce qui est contenu dans cette instruction, l'intention de Sa Majesté est que tous les ministres qui la servent dans les pays étrangers lui rapportent à leur retour auprès d'elle une relation exacte de tout ce qui sera arrivé de plus important dans les négociations dont ils auront été chargés ; de l'état où ils auront laissé les cours et les pays où ils auront servi ; des cérémonies qui s'y observent ; du génie et des inclinations des princes et de leurs ministres ; en un mot de tout ce qui peut donner une connoissance exacte de la cour et du pays où ils auront été employés et des personnes avec lesquelles ils auront négocié.

Son intention est pareillement qu'en arrivant des pays où ils ont été envoyés, ils remettent en originaux les instructions, chiffres et papiers de leur correspondance avec les ministres du Roi, le tout avec un inventaire exact sur la vérification duquel il leur sera donné décharge.

Fait à Versailles, le 25 mars 1749.

XV

LE MARQUIS D'HAUTEFORT

1750

M. Blondel conserva sa mission à Vienne jusqu'au mois d'octobre 1750. A cette époque, on y envoya M. le marquis d'Hautefort, en qualité d'ambassadeur. Il reçut l'instruction suivante, M. de Puysieux étant ministre des affaires étrangères.

MÉMOIRE POUR SERVIR D'INSTRUCTION AU SIEUR MARQUIS D'HAUTEFORT MARÉCHAL DES CAMPS ET ARMÉES DU ROI, ALLANT A VIENNE POUR Y RÉSIDER EN QUALITÉ D'AMBASSADEUR DE SA MAJESTÉ AUPRÈS DE L'EMPEREUR ET DE L'IMPÉRATRICE REINE DE HONGRIE ET DE BOHÊME. 14 SEPTEMBRE 1750[1].

Quand le Roi s'est porté avec autant d'empressement qu'il l'a fait au rétablissement de la paix conclue par le traité d'Aix-la-Chapelle, l'intention de Sa Majesté n'a point été de procurer à ses peuples un repos passager, dans la vue de profiter de cet

---

1. Vienne, 1750. T. CCXLVII.

intervalle de calme pour se préparer à recommencer dans peu une nouvelle guerre. Le Roi a désiré sincèrement et désire encore avec la même ardeur d'affermir la tranquillité publique, et de la rendre solide et durable. Il seroit à souhaiter, pour le bonheur de toutes les nations, que les autres grandes puissances de l'Europe fussent animées des mêmes sentiments de justice, de modération et d'humanité; mais pour peu qu'on réfléchisse sur le système politique de plusieurs des cours qui jouent un rôle principal dans les affaires générales, on peut conjecturer, sans crainte de se méprendre, que leur concours à la paix d'Aix-la-Chapelle n'a été que l'effet de l'impossibilité où elles se trouvoient de continuer la guerre avec quelque apparence de succès, et qu'elles profiteront des premières circonstances qui leur fourniront dans la suite une occasion favorable de reprendre les armes pour faire valoir leurs prétentions et parvenir au but qu'elles se proposent.

Les négociations entamées et conclues en Allemagne depuis 1748 [1], les déclarations et les démarches de la Russie avec laquelle les cours de Vienne et de Londres sont étroitement liées, les propos et la conduite des ministres autrichiens et anglois dans les différents pays où ils résident, enfin l'inutilité des soins que le Roi s'est donnés pour établir la confiance entre Sa Majesté et les puissances avec lesquelles elle s'étoit réconciliée de bonne foi, sont autant d'indices qui ne laissent guère aucun doute sur les véritables intentions de ces puissances. L'équilibre de pouvoir en Europe est le mot de ralliement qui réunit dans un même concert de mesures, quoique par des motifs fort différents, les cours de Vienne et de Londres, les États généraux des Provinces-Unies et la plupart des princes d'Allemagne. Quoique cet équilibre soit, à dire vrai, une chose de pure opinion que chacun interprète suivant ses vues et ses intérêts particuliers, il a cependant toujours servi de prétexte et de mobile aux ligues qui, depuis près de quatre-vingts ans, se sont formées et renouvelées contre la France. L'Angleterre et la Hollande, qui se croient spécialement

---

1. Il s'agit de la négociation qui aboutit à l'acte d'accession de l'Angleterre à l'alliance de 1746 entre l'Autriche et la Russie, 30 octobre 1750.

intéressées au maintien de cet équilibre de pouvoir, regardent la cour de Vienne comme la seule puissance qui, aidée de leurs secours, soit en état de contre-balancer les forces de la maison de Bourbon ; et c'est par cette raison à laquelle les Anglois et les Hollandois paroissent attacher leur sûreté personnelle, qu'ils ont été depuis si longtemps les alliés constants de la maison d'Autriche et qu'ils le seront également à l'avenir de l'héritière de l'empereur Charles VI et de la maison de Lorraine qui occupe aujourd'hui le trône impérial, et qui possédera, après la mort de l'Impératrice actuellement régnante, tous les États dont cette princesse est en possession. Des circonstances momentanées ont paru en 1725 changer à cet égard les dispositions des puissances dites maritimes, mais elles ne tardèrent pas à revenir à leur ancien système, et en garantissant en 1731 et en 1732 la Pragmatique sanction, elles formèrent des liaisons plus intimes et des engagements plus étendus que jamais avec la cour de Vienne. Les efforts immenses que ces deux puissances ont faits pendant la dernière guerre pour empêcher le démembrement de la succession autrichienne, prouvent évidemment quelles sont à cet égard leurs dispositions. Cependant, malgré toutes les dépenses et en hommes et en argent, elles ont eu le regret de voir passer la Silésie entre les mains du roi de Prusse ; et c'est un motif de plus pour elles de s'attacher encore plus étroitement à la cour de Vienne, et de ne rien négliger pour lui conserver au moins les États dont elle jouit et la couronne impériale, et peut-être pour la remettre un jour en possession de ce que les malheurs de la guerre lui ont fait perdre.

Ce seroit s'abuser de gaieté de cœur et manquer essentiellement de cette prévoyance éclairée qui doit diriger les délibérations et la conduite politique de la France, que de se former une autre idée de la façon de penser et d'agir de la cour de Vienne et de ses alliés, et de ne pas apprécier à leur juste valeur les assurances qu'ils ne cessent point de donner au Roi de leurs dispositions à donner à la paix heureusement rétablie à Aix-la-Chapelle, toute la consistance dont elle est susceptible. Si leurs intentions à cet égard étoient aussi sincères et aussi pures que celles de Sa Majesté, elle éprouveroit de leur part plus d'ouverture et de confiance qu'elles ne lui en manquent, malgré tout ce que le Roi a fait jusqu'à présent pour leur inspirer ces sentiments.

C'est dans ces circonstances que Sa Majesté fait partir le marquis d'Hautefort pour se rendre à Vienne et y résider en qualité de son ambassadeur auprès de l'Empereur et de l'Impératrice reine de Hongrie et de Bohême. L'opinion favorable que le Roi a toujours eue des talents du marquis d'Hautefort, de son zèle et de son attachement pour la personne de Sa Majesté, ont déterminé le choix que Sa Majesté a fait de lui pour cette commission. Plus elle est importante et délicate, plus elle exige dans le ministre qui doit la remplir, une naissance distinguée, de la dignité dans la représentation, de la sagesse accompagnée de fermeté dans les discours, enfin beaucoup d'activité et de circonspection dans la conduite. Le marquis d'Hautefort réunit si parfaitement toutes ces qualités, que le Roi ne doute point qu'il ne justifie à tous égards par son travail et par ses succès la confiance particulière dont Sa Majesté l'honore.

On joint à cette instruction deux lettres de créance, l'une pour l'Empereur et l'autre pour l'Impératrice-Reine; elles sont du cabinet du Roi suivant l'usage et conformes au cérémonial. On y ajoute une troisième lettre pour l'impératrice douairière de Charles VI.

L'intention de Sa Majesté est que le marquis d'Hautefort parte sans délai pour se rendre à sa destination, mais qu'il s'arrête à Strasbourg jusqu'à ce qu'il ait appris par le sieur Blondel que le comte de Kaunitz, désigné ambassadeur de Leurs Majestés Impériales auprès du Roi, s'est de son côté mis en route pour se rendre en France; et si le sieur Blondel marquoit que le comte de Kaunitz a différé son départ, le marquis d'Hautefort en informera Sa Majesté et lui demandera ses ordres.

Le marquis d'Hautefort observera dans son voyage jusqu'à Vienne l'incognito par rapport au caractère dont il est revêtu, et il n'exigera par conséquent nulle part aucune sorte d'honneurs, mais il se contentera de ne se point refuser à ceux qu'on voudroit lui rendre.

Arrivé à Vienne, il se conformera pour la première visite

à faire au vice-chancelier de l'Empire et au chancelier de la cour qui sont les ministres chargés par l'Empereur et par l'Impératrice du département des affaires étrangères, au nouveau cérémonial que le Roi a bien voulu admettre par complaisance et par amitié pour Leurs Majestés Impériales. On joint ici sous le n° 1 une copie de ce cérémonial qui comprend aussi les autres objets dans lesquels le Roi a consenti qu'on fît des innovations. On n'entrera point ici à cet égard dans un détail qui seroit d'autant plus inutile que le marquis d'Hautefort a eu communication de tous les papiers relatifs à cette matière, et qu'il sera à portée de les consulter encore, s'il est besoin, puisque le sieur Blondel en a des copies. On se borne à observer que les changements en question se réduisent à cette première visite à rendre aux deux ministres des affaires étrangères et aux audiences à prendre des princes et princesses de Hongrie, enfants de Leurs Majestés Impériales, et qu'à ces deux articles près, l'ancien cérémonial doit rester sur le pied où il étoit ci-devant et servir de règle, tel qu'il est détaillé dans le mémoire ci-joint sous le n° 2, qui contient la relation de ce qui s'est observé à Vienne en 1725, par le duc de Richelieu. Ce n'est même que sous cette condition que le Roi a donné son consentement aux innovations dont il s'agit.

Le Roi ne charge point, dans le moment présent, le marquis d'Hautefort de suivre à la cour de Vienne aucun objet important de négociation, et Sa Majesté borne à deux points principaux les ordres dont elle lui confie l'exécution dans les premiers temps de son ambassade : l'un est de faire connoître les véritables dispositions de Sa Majesté par rapport aux affaires générales de l'Europe et ses sentiments particuliers pour Leurs Majestés Impériales ; l'autre est de se procurer les connoissances les plus exactes et les plus précises qu'il sera possible des intentions et des vues politiques de la cour de Vienne et de ses moyens sur tout ce qui concerne le repos public et ses intérêts personnels. Il ne devroit pas être difficile de persuader que le Roi désire sincèrement la conservation de la paix. Les démarches que Sa Majesté a faites pendant plusieurs années pour mettre fin à la guerre, le désintéressement avec lequel elle a négocié le traité d'Aix-la-Chapelle, les facilités qu'elle a apportées depuis pour accélérer l'exécution prompte et entière des stipulations de ce traité, les soins qu'elle s'est donnés pour prévenir les nouveaux troubles dont le Nord est encore menacée; enfin les instructions données à ses ambassadeurs et ministres dans les cours étrangères sont des preuves sensibles qu'elle n'a rien tant à cœur que d'entretenir la tranquillité en Europe. Le Roi sera toujours disposé à concourir dans des vues si salutaires à toutes les mesures que les souverains également animés par l'amour de la paix voudroient prendre avec lui pour assurer la durée; mais si d'autres puissances, injustement jalouses de la grandeur et du pouvoir de la France, travailloient dans la suite à former quelque ligue contre les prétendus projets qu'elles attribueroient gratuitement à cette couronne ou à ses alliés, le Roi ne craindra pas de rentrer en guerre lorsque sa gloire et la fidélité qu'il doit aux engagements qu'il a solennellement contractés à Aix-la-Chapelle, l'exigeront; et si l'on forçoit Sa Majesté de reprendre les armes, elle trouveroit dans la justice de sa cause, dans la droiture de ses intentions, dans la fermeté de son courage, dans la valeur de ses troupes et dans l'amour de ses sujets, des ressources assez abondantes pour rendre inutiles les pernicieux desseins qu'on auroit formés contre sa puissance ou contre ses alliés.

Le marquis d'Hautefort jugera aisément que ces sortes de discours ne doivent être tenus qu'à propos, et que loin de les accompagner d'aucune démonstration d'aigreur ou de menaces, il faut au contraire les tempérer par tout ce que l'esprit de conciliation, de douceur et de bonne intention pourra lui suggérer, sans préjudice du ton ferme et décisif qui convient si bien à l'ambassadeur du plus grand et du plus puissant monarque de l'Europe, surtout lorsqu'il ne parle que le langage de la raison, de l'équité et de la modération.

En même temps que le marquis d'Hautefort s'expliquera ainsi sur les dispositions du Roi par rapport aux affaires générales, il aura une grande attention à faire connoître quels sont les sentiments de Sa Majesté pour l'Empereur, pour l'Impératrice-Reine, pour toute leur famille, et pour tout ce qui peut intéresser les avantages de leur maison. Il ne négligera rien pour leur persuader que les circonstances qui ont interrompu pendant quelques années la correspondance entre les deux cours, n'ont point altéré l'ancienne amitié du Roi pour Leurs Majestés Impériales, et que Sa Majesté fera tout ce qui dépendra d'elle pour entretenir et resserrer de plus en plus l'union et la bonne intelligence heureusement rétablie par le traité d'Aix-la-Chapelle. Le marquis d'Hautefort aura soin de jeter dans ses conversations avec les ministres impériaux, lorsqu'il en trouvera des occasions naturelles, que le Roi n'est nullement affecté des anciennes défiances qui, depuis le règne de Charles-Quint, avoient fait regarder la maison d'Autriche comme une rivale dangereuse et implacable de la maison de France; que l'inimitié entre ces deux principales puissances ne doit plus être une raison d'État, et que Sa Majesté est au contraire très persuadée qu'elles trouveroient leur sûreté et leur convenance réciproques dans une alliance sincère et dans un parfait concert qu'elles cimenteroient entre elles; que cette intelligence solidement établie préviendroit nécessairement à l'avenir les guerres, qui, en épuisant les finances des souverains, sont toujours si funestes aux peuples qui en sont les victimes; que les engagements que le Roi pourroit prendre dans la suite avec la cour de Vienne, n'ayant pour motif et pour but que le repos public, ne devroient pas être incompatibles avec ceux que les deux cours auroient déjà contractés avec d'autres puissances.

Il y a deux objets principaux sur lesquels le marquis d'Hautefort tâchera d'acquérir des connoissances certaines qui puissent fixer le jugement à porter des vues politiques de la cour de Vienne. Ces deux objets sont : 1° le maintien de la paix; 2° l'élection d'un roi des Romains.

Quant au premier point, il n'est que trop vraisemblable que la cour de Vienne qui ne s'est prêtée que forcément aux négociations d'Aix-la-Chapelle et qui n'a pas dissimulé la répugnance et les regrets avec lesquels elle voyoit garantir au roi de Prusse la Silésie, et au roi de Sardaigne les cessions qu'elle lui avoit faites par le traité de Worms[1], ne perd point de vue le projet de

---

1. Traité d'alliance du 13 septembre 1743, signé à Worms entre la Sardaigne. l'Autriche et l'Angleterre. L'Autriche, pour obtenir l'alliance de la Sardaigne, lui promettait la ville et une partie du duché de Plaisance, le Vigenavasque et une partia du duché de Pavie; cessions garanties en partie par l'article XII du traité d'Aix-la-Chapelle.

recouvrer le plus tôt qu'elle pourra ce qu'elle a cédé malgré elle dans le cours de la dernière guerre, et en particulier la Silésie. Cet objet lui tient tellement à cœur que, soit par elle-même, soit par le canal de la cour de Dresde, elle a fait faire au Roi depuis 1745 jusqu'en 1748 plusieurs propositions de paix particulière et des offres même d'abandonner à la France quelques places dans les Pays-Bas autrichiens, pourvu que Sa Majesté voulût bien ne rien stipuler en faveur du roi de Prusse et observer une exacte impartialité par rapport aux discussions que l'Impératrice reine de Hongrie et de Bohême pourroit avoir avec ce prince. Mais le Roi, qui n'a jamais cru qu'il fût ni de sa gloire, ni de son intérêt de livrer le roi de Prusse au ressentiment de la cour de Vienne et de ses alliés, lors même que Sa Majesté n'avoit pas encore garanti la possession de la Silésie, sera encore bien moins disposé dans la suite à laisser enlever cette province, après en avoir solennellement promis la garantie par l'article XXII du traité d'Aix-la-Chapelle, conjointement avec les autres puissances contractantes. Au reste, à l'exécution près de cet article, la cour de Vienne peut être assurée que le Roi n'est entré avec la cour de Berlin dans aucune liaison qui doive causer ni ombrage ni soupçon à Leurs Majestés Impériales.

Le marquis d'Hautefort ne fera aucune difficulté de tenir ce langage aux ministres impériaux, s'ils font tomber la conversation sur cette matière. Du reste il fera de son mieux pour pénétrer si la cour de Vienne a pris avec celles de Londres et de Russie et les États généraux quelques nouveaux engagements contre le roi de Prusse, dont ces quatre puissances veulent certainement, lorsque les conjonctures le leur permettront, diminuer les possessions et le crédit en Allemagne.

Il y a tout lieu de croire que l'Impératrice-Reine ne négligera rien pour profiter de ces conjonctures lorsqu'elles se présenteront, mais elle n'est pas encore en état d'exécuter à cet égard ses desseins. On n'ignore pas que nonobstant les secours considérables que ses alliés lui ont fournis en troupes et en argent pendant la dernière guerre, les dépenses qu'elle a été obligée de faire ont mis un grand dérangement dans ses finances; et d'ailleurs l'Angleterre et la Hollande, épuisées elles-mêmes par les efforts qu'elles ont faits en sa faveur, ne seroient pas en état de lui procurer actuellement les ressources nécessaires pour reprendre les armes avec apparence de succès; mais on sait que ces trois puissances, plus unies que jamais, travailleront, chacune dans ses États, à rétablir leurs finances et qu'elles s'assurent à prix d'argent la disposition de plusieurs corps de troupes des princes de l'Empire. Il seroit bien essentiel que le marquis d'Hautefort pût découvrir quelles sont les stipulations des différents traités qui ont été conclus avec ces princes. Il ne sera vraisemblablement pas difficile de savoir quelles sont les conditions dont on sera convenu par rapport aux subsides, et cette connoissance est d'ailleurs assez peu intéressante; mais il seroit extrêmement important de pénétrer quels sont les articles secrets qui auront été le véritable objet de ces traités, et la dépense à laquelle les puissances dites maritimes se sont engagées à cette occasion.

Il seroit aussi fort à souhaiter que le marquis d'Hautefort pût démêler quel a été l'objet principal de la mission du comte Bentinck[1] à Vienne. On a affecté de répandre que ce ministre hollandois n'avoit eu à traiter que ses affaires personnelles, ou ce qui a rapport aux places des Pays-Bas dites de la Barrière; mais bien des gens prétendent qu'il a eu à négocier sur des points beaucoup plus essentiels, et il ne seroit pas impossible qu'il eût été question des mesures à prendre de loin contre le roi de Prusse.

Il se pourroit aussi que ce qui se passe dans le Nord, et dont on va parler plus en détail dans cette instruction, eût un rapport, moins direct à la vérité, mais plus réel à ce prince qu'à la Suède.

Le marquis d'Hautefort est informé de toutes les démonstrations guerrières que la Russie fait depuis près de deux ans sur les frontières de la Finlande. S'il falloit ajouter foi à des bruits assez généralement répandus, on devroit penser que les démarches de cette puissance ont été concertées avec les cours de Vienne et de Londres, ou du moins que celles-ci les ont approuvées.

On prétend même que ces préparatifs militaires de la part des

---

1. Diplomate hollandais, qui avait été plénipotentiaire au traité d'Aix-la-Chapelle.

Russes ont été le premier effet d'un traité d'alliance signé à Hanovre au mois d'octobre 1748 entre l'Impératrice reine de Hongrie, le roi d'Angleterre et la Czarine sous le prétexte de maintenir la tranquillité dans le Nord[1]. La Suède et le roi de Prusse ayant conçu de justes inquiétudes des desseins de la cour de Pétersbourg et de ses alliés, communiquèrent d'abord au Roi leurs conjectures et leurs alarmes; Sa Majesté, qui n'a pour but que la tranquillité publique, et qui d'ailleurs a accédé au traité d'alliance défensive conclu à Stockholm au mois de mai 1747 entre ces deux puissances, donna une attention particulière aux apparences de troubles dont le Nord étoit menacé et ne négligea rien pour en prévenir les suites. Dans cette vue, le Roi envoya ses instructions et ses ordres à ses ministres à Londres, à Vienne, à Stockholm, à Copenhague et à Constantinople; et ils ont tous agi depuis, conformément à ses intentions, en représentant fortement à ces différentes cours l'injustice et la frivolité du prétexte dont la Russie paroissoit vouloir colorer les hostilités qu'elle se disposoit à exercer contre la Suède. Ce prétexte étoit la crainte chimérique et affectée que les Suédois ne voulussent changer la forme actuelle de leur gouvernement et lui substituer une administration purement monarchique. La Suède ayant donné à cet égard toutes les assurances qui pouvoient être compatibles avec la dignité, l'honneur et l'indépendance de sa couronne, le Roi a pris toutes les mesures que sa sagesse, son amour pour la paix et la fidélité à ses engagements lui ont suggérées; et ses soins n'ont point été infructueux puisque la Russie a déclaré qu'elle n'attaqueroit la Suède, ni avant, ni même après la mort du roi qui en occupe aujourd'hui le trône, et que dans aucun cas la Czarine ne feroit contre cette couronne aucune entreprise qui n'eût été préalablement concertée avec les alliés de cette princesse. Ceux-ci de leur côté n'ont jamais cessé de témoigner leur désir de concourir avec Sa Majesté au maintien du repos du Nord; et le Roi a trop bonne opinion de la pureté de leurs intentions et de leur bonne foi pour douter de la sincérité de leurs déclarations réitérées sur ce sujet. Sa Majesté n'a

---

1. Ce traité n'existe pas.

pas laissé ignorer qu'elle avoit des engagements avec le royaume de Suède, qu'elle rempliroit exactement, s'il étoit injustement attaqué. Elle a même autorisé son ambassadeur à Constantinople à seconder de ses bons offices les instances que le ministre suédois feroit auprès de la Porte Ottomane pour déterminer le Grand Seigneur à quelques démarches qui pussent prévenir une guerre dans le Nord. Les déclarations que le grand visir a faites sur ce sujet au sieur de Colsing, envoyé de Suède, et au sieur de Népluef, résident de Russie, ne laissent aucune incertitude sur les dispositions pacifiques de la Porte, mais contiennent en même temps des assurances précises de la résolution où elle est d'exécuter fidèlement le traité d'alliance conclu entre elle et la Suède au mois de décembre 1739, et en particulier l'article v, par lequel il a été formellement stipulé que si la Russie attaquoit la Suède ou la Porte ottomane et que l'une ou l'autre des puissances contractantes en fût avertie, cette attaque et les hostilités seroient réputées faites aux deux parties, et qu'on attaqueroit sérieusement l'agresseur par mer et par terre avec les forces qui seront jugées nécessaires, suivant la situation et la circonstance des temps; et qu'aucune des deux parties ne mettra les armes bas qu'on n'ait obtenu une juste satisfaction.

Tel est l'état des choses dans le moment présent par rapport aux affaires du Nord, et le marquis d'Hautefort, toutes les fois qu'on lui en fournira l'occasion, s'expliquera dans l'esprit et dans les termes qu'on vient de lui exposer.

Il y a une autre matière de discussion dont la cour de Vienne pourroit peut-être faire usage dans la suite pour exciter des troubles en Italie, si elle croyoit de son intérêt d'y rallumer la guerre, et il est par conséquent nécessaire que l'ambassadeur du Roi soit instruit de ce qui regarde le différend dont il s'agit, qui concerne le patriarchat d'Aquilée[1].

On assure qu'il y a eu autrefois une convention entre les archiducs d'Autriche et le sénat vénitien par laquelle on avoit réglé que ces deux puissances nommeroient alternativement au patriarchat d'Aquilée, mais la république de Venise ayant toujours eu

---

1. Aquilée, ville des États autrichiens (Illyrie), siège d'un patriarcat.

la précaution d'engager les patriarches à se choisir des coadjuteurs, les archiducs d'Autriche n'ont jamais pu jouir du droit qu'ils prétendent avoir et se sont contentés d'empêcher souvent les patriarches d'Aquilée d'exercer leur juridiction sur la partie de ce diocèse laquelle est sous la domination de la cour de Vienne. Le Pape, à la sollicitation de cette cour, a publié un bref par lequel il a établi un vicaire apostolique dans le territoire du Frioul soumis à l'Impératrice reine de Hongrie et de Bohême. Les Vénitiens ont fait les plus grands efforts pour détourner le Pape de faire cet arrangement, mais Sa Sainteté a cru sa conscience intéressée à ne pas laisser plus longtemps sans les secours spirituels de l'Église tous les sujets de cette princesse qui dépendroient de la juridiction spirituelle du patriarche d'Aquilée. La République a hautement réclamé contre cette innovation, et pour donner une marque publique de son ressentiment, elle a rappelé de Rome son ambassadeur et a fait sortir des États vénitiens le sieur Caraccioli qui y résidoit en qualité de nonce. Les choses sont actuellement en cet état. Le sieur Morosini a eu des ordres réitérés de ses maîtres de supplier le Roi de leur accorder sa protection dans cette circonstance qu'ils regardent comme essentielle pour eux. Le sieur Capello a fait aussi dans la même vue des démarches fort pressantes auprès du duc de Nivernois[1]; mais Sa Majesté a constamment fait tenir par ses ministres un langage uniforme depuis le commencement de cette discussion. Elle a fait déclarer aux puissances intéressées qu'étant leur ami commun, elle désiroit sincèrement qu'on trouvât quelque expédient pour concilier à l'amiable leurs droits et leurs prétentions respectives, et que si les trois cours que cette affaire regarde, s'accordoient à demander de concert son entremise ou sa médiation, elle se prêteroit volontiers à leurs désirs, et leur donneroit, en cette occasion, une nouvelle preuve de son amour pour la paix et de son amitié particulière pour chacune de ces trois cours.

Quelques propos menaçants que les ministres impériaux avoient tenus à Vienne et le parti violent que la République a

1. Le duc de Nivernois, né en 1716, ambassadeur de France à Rome en 1748, puis ministre à Berlin et ambassadeur à Londres.

pris de rappeler le sieur Capello, son ambassadeur à Rome, et de renvoyer le nonce du Pape, avoient fait craindre qu'on n'en vînt peut-être de part et d'autre à des voies de fait; et le Roi, pour prévenir une extrémité qui pourroit avoir des suites trop fâcheuses, a fait déclarer par ses ministres que, tandis que l'on se borneroit à une guerre de plume, Sa Majesté espéreroit toujours qu'on parviendroit enfin à négocier un accommodement à la satisfaction réciproque de toutes les parties, mais que si quelqu'une d'entre elles se déterminoit à commettre des hostilités, le Roi et tous les autres souverains qui ont à cœur le maintien de la tranquillité en Italie, ne pourroient pas voir avec indifférence que, pour un objet si peu important, on y allumât une étincelle qui y occasionneroit peut-être bientôt un incendie général.

C'est dans cet esprit que le marquis d'Hautefort aura à s'expliquer toutes les fois qu'on le mettra à portée de traiter cette matière; et il rendra compte au Roi de ce qui pourra survenir de nouveau à cet égard afin que Sa Majesté lui fasse envoyer les ordres ultérieurs qu'elle jugeroit à propos de lui donner.

Après avoir exposé au marquis d'Hautefort les différents objets qui pourroient occasionner une nouvelle guerre, et sur lesquels il doit tâcher de démêler quelles sont les vues de la cour de Vienne, il est nécessaire de lui faire connoître les intentions du Roi par rapport à l'élection d'un roi des Romains.

La cour de Vienne a extrêmement à cœur d'accélérer cette élection, et rien n'est plus naturel de sa part et plus conforme à ses intérêts et à l'ambition qu'elle a de perpétuer la couronne impériale dans la maison de Lorraine substituée à la maison d'Autriche, qui n'existe plus depuis la mort de l'empereur Charles VI. Les négociations que le roi d'Angleterre a conclues avec plusieurs électeurs de l'Empire avant et depuis son arrivée à Hanovre, ont eu pour but principal d'acheter à prix d'argent leurs suffrages, et il paroît que la pluralité des voix du collège électoral est déjà assurée en faveur du prince héréditaire de Hongrie. Il n'est plus temps aujourd'hui de citer les anciennes règles suivant lesquelles il ne pouvoit point y avoir trois empereurs de suite qui fussent de la même maison. Vingt-quatre empereurs de celle d'Autriche qui, depuis 1273 jusqu'en 1740, ont occupé le trône impérial, ont abrogé cette loi, et il a fallu que le corps germanique se contentât de la frivole ressource des capitulations impériales[1], qui n'ont jamais été exactement observées. Les électeurs ont cependant senti dans tous les temps combien cette succession non interrompue d'empereurs d'une même famille étoit contraire aux droits, aux libertés et aux constitutions germaniques, et ils ont toujours pris les précautions que la prudence et les conjonctures leur ont permis de prendre contre un abus si dangereux qui, d'élective que devroit être la couronne impériale, l'a rendue héréditaire pendant près de cinq cents ans. Sans recourir aux anciens exemples que l'histoire fournit à cet égard, il n'y a qu'à lire la capitulation de Charles VI. Il y est dit expressément que ce prince approuve et confirme la convention par laquelle les électeurs et princes de l'Empire avoient réglé à Ratisbonne que les électeurs ne procéderoient pas facilement à l'élection d'un roi des Romains, si ce n'est dans le cas où l'Empereur régnant sortiroit de l'Empire, et que son absence fût ou continuelle ou trop longue, ou qu'il fût trop vieux ou trop infirme, ou enfin pour cause de quelque nécessité pressante dont le salut de l'Empire romain dépendroit. Il est évident qu'aucun de ces différents cas n'existe aujourd'hui.

D'ailleurs la Bulle d'or[2] ordonne que lorsqu'il s'agira d'une élection, chaque électeur jurera sur les saints Évangiles qu'il donnera sa voix et son suffrage sans aucun pacte ni espérance d'intérêt et de récompense ou même de promesse ou de quelque autre avantage, quelque dénomination qu'il puisse avoir. On a lieu de croire que les traités qui viennent d'être négociés en Allemagne sont formellement contraires à cet article de la Bulle d'or.

Enfin il n'y a pas une seule capitulation dans laquelle il n'ait été exprimé que les empereurs ne chercheroient point à rendre la couronne impériale héréditaire dans leur famille. Quoi de plus opposé à cet engagement que la précipitation avec laquelle la

1. Capitulation : acte des conditions auxquelles la couronne est décernée à l'Empereur.
2. Loi fondamentale de l'Empire, publiée en 1356, sous le règne de l'empereur Charles IV. Elle établit les règles de l'élection impériale.

cour de Vienne travaille à assurer cette couronne à un archiduc encore enfant?

Une infraction si manifeste de la Bulle d'or et des constitutions germaniques dont Sa Majesté s'est rendue garante par les traités de Westphalie, toujours confirmés et renouvelés dans les traités postérieurs, suffiroit pour justifier les obstacles qu'elle entreprendroit d'opposer à l'élection prématurée qu'on projette d'exécuter; mais le Roi, par une suite de ses dispositions pacifiques et de son amitié et complaisance pour Leurs Majestés Impériales, veut bien ne regarder cette affaire que comme purement domestique de l'Empire, et laissera au collège des électeurs à décider, tant de l'utilité de cette élection, que du choix du sujet en faveur duquel ils accorderont leurs suffrages.

Au reste, c'est une matière sur laquelle le marquis d'Hautefort évitera de s'expliquer autrement qu'en termes généraux, lorsqu'il y sera obligé, et en se bornant à assurer que le Roi s'intéresse trop sincèrement à la gloire et aux avantages de Leurs Majestés Impériales pour ne pas prendre part à tous les évènements qui y auront rapport et qui ne seront point contraires aux engagements que Sa Majesté a contractés. Si les ministres impériaux faisoient quelque insinuation sur ce sujet au marquis d'Hautefort, il se contentera de les écouter et de répondre qu'il en rendra compte au Roi.

Il y a quelques objets moins importants sur lesquels l'ambassadeur de Sa Majesté aura à entretenir la cour de Vienne et on va les parcourir ici en peu de mots.

1° Il sollicitera l'exécution de l'article xviii du traité d'Aix-la-Chapelle par lequel il a été stipulé que les différends touchant l'abbaye de Saint-Hubert, les enclaves de Hainaut et les bureaux nouvellement établis dans les Pays-Bas seroient incessamment réglés à l'amiable par des commissaires nommés à cet effet de part et autre ou autrement, selon qu'il en seroit convenu par les puissances intéressées; le Roi souhaite que cet article soit exécuté le plus tôt qu'il sera possible, et Sa Majesté est disposée à apporter de son côté toute la diligence et les facilités convenables pour faire cesser tous les sujets de discussion qui subsistent depuis longtemps par rapport à ces trois affaires et pour écarter tout ce qui pourroit, même dans les plus petites choses, altérer la plus parfaite intelligence entre les deux cours et le bon voisinage entre les frontières respectives. Si le marquis d'Hautefort croyoit avoir besoin de quelques éclaircissements particuliers sur les objets dont il s'agit, le sieur Blondel les lui fournira.

Il a été convenu, dans le même article, que les prétentions de l'électeur palatin seroient aussi incessamment réglées à l'amiable. Sa Majesté qui s'intéresse particulièrement à tout ce qui regarde cet électeur qu'elle estime et affectionne comme un bon et fidèle allié, prescrit au marquis d'Hautefort d'accorder en toute occasion son concours et ses bons offices au ministre que la cour de Manheim entretient à Vienne, toutes les fois que celui-ci les réclamera, pour engager l'Impératrice à avoir de justes égards pour les prétentions qui n'ont pu être réglées pendant la négociation du dernier traité de paix.

2° La régence de Toscane a suscité depuis quelque temps plusieurs difficultés et introduit des innovations au sujet du passage des courriers de France par le grand-duché. Le sieur Blondel communiquera au marquis d'Hautefort tous les papiers relatifs à cette affaire sur laquelle le marquis de Stainville a entamé une négociation avec le sieur du Parc, intendant général des postes du Roi. Il y a lieu d'espérer qu'au moyen des précautions qu'on prendra de part et d'autre pour réformer et prévenir tout abus occasionné par le passage de ces courriers, l'Empereur ne voudra pas interrompre un usage immémorial et rétablira les choses à cet égard sur le pied où elles étoient avant la guerre, sans quoi Sa Majesté se verroit forcée de faire prendre une autre route à ses courriers, ce qui ne pourroit que causer un préjudice considérable à la Toscane.

3° Le roi de Suède, en qualité de landgrave de Hesse-Cassel[1], a réclamé les bons offices du Roi comme garant des traités de Westphalie tant sur le droit de primogéniture dans sa maison, qui lui est disputé par la branche de Hesse-Rotembourg, que par rapport à deux autres discussions dont l'une concerne le bailliage de Braubach et la paroisse de Calzen Ellenbogen et l'autre l'uni-

---

[1]. Frédéric Ier, landgrave de Hesse-Cassel, avait épousé Ulrique-Éléonore, sœur de Charles XII, et était devenu roi de Suède. Il régna de 1720 à 1751.

versité de Giessen. Le marquis d'Hautefort trouvera le sieur Blondel également instruit sur ces différentes affaires, qui lui communiquera les mémoires déjà remis à la cour de Vienne, et que Sa Majesté a bien voulu appuyer de sa recommandation.

4° On joint ici sous le n° 3 un mémoire que le nonce du Pape[1] a remis au ministère du Roi par ordre de Sa Sainteté et qui regarde le différend qui s'est élevé entre l'Empereur et la cour de Rome au sujet du fief de la Carpegna.

L'intention du Roi est que le marquis d'Hautefort appuie le plus efficacement qu'il sera possible, les droits et les prétentions du Saint-Siège relativement à cet objet; mais que, sans entrer dans la discussion du fond de cette contestation, il demande que les choses demeurent à cet égard sur le pied où elles étoient avant la guerre, ce qui est conforme à l'article xv du traité d'Aix-la-Chapelle, et en conséquence, le marquis d'Hautefort insistera fortement sur la nécessité dont il est que l'Empereur fasse retirer ses troupes qui occupent actuellement les terres de la Carpegna.

Cependant, quelque favorables que soient pour le pape les dispositions du Roi, il est fort vraisemblable que les représentations de son ambassadeur pourront ne pas avoir assez promptement tout le succès qu'il seroit à désirer qu'elles eussent. D'ailleurs, Sa Majesté n'étant pas la seule qui ait stipulé l'article xv dont on réclame ici l'exécution, on est convenu avec le nonce de Sa Sainteté que le Pape feroit agir en même temps à Vienne, et de concert avec le marquis d'Hautefort, les ministres des cours de Madrid et de Turin, auxquels l'ambassadeur du Roi pourra communiquer les ordres que Sa Majesté lui donne sur cette affaire, et lorsqu'ils en auront reçu de pareils de la part des rois d'Espagne et de Sardaigne, il concertera avec ces deux ministres les propos et la conduite commune qu'ils auront à tenir sur ce sujet.

5° Il y a quelques autres affaires particulières auxquelles le Roi veut bien accorder protection et dont le marquis d'Hautefort

---

1. Le pape régnant était Benoît XIV, né en 1675, pape de 1740 à 1758.

a déjà eu connoissance par les parties intéressées. Telles sont celles qui regardent M. le prince et Mme la princesse de Montbazon ou de Rohan et celles qui concernent le comte de Bentheim et le comte de Berchiny ; Sa Majesté autorise son ambassadeur à leur rendre tous les services qui dépendront de lui.

Les instructions ou les ordres plus détaillés dont le marquis d'Hautefort pourroit avoir besoin lui seront envoyés successivement suivant que les circonstances l'exigeront.

Il y a cependant encore un point sur lequel il est nécessaire de prévenir le marquis d'Hautefort. Le sieur Morosini, ambassadeur de la république de Venise auprès du Roi, a refusé de visiter le cardinal de Tencin [1] sous le prétexte que ce prélat ne vouloit pas lui donner la main chez lui. Ce refus a paru d'autant plus singulier de la part de ce ministre que ses deux prédécesseurs immédiats n'avoient fait nulle difficulté de remplir ce devoir de politesse envers cette éminence. Comme le comte de Kaunitz voudra vraisemblablement suivre l'exemple du sieur Morosini, l'intention du Roi est que le marquis d'Hautefort ne fasse point de visite aux cardinaux allemands, à moins que ceux-ci ne lui donnent la main chez eux ou qu'il soit bien assuré que le comte de Kaunitz aura reçu ordre de sa cour de se conformer en France au cérémonial observé jusqu'à présent par rapport aux cardinaux.

La paix ayant rétabli la bonne intelligence entre toutes les puissances qui ont pris part à la dernière guerre, le marquis d'Hautefort doit entrer en correspondance avec tous les ministres étrangers qui résident à Vienne, et il tâchera d'être informé de leurs démarches et des négociations dont ils pourroient être chargés, mais il aura une attention particulière à vivre dans la plus grande intimité avec le sieur Azles, ministre d'Espagne, et à ne lui tenir que des discours qui, rendus par ce ministre à la cour de Madrid, puissent persuader de plus en plus à Sa Majesté Catholique et à son ministère que le Roi ne désire rien plus sincèrement que de pouvoir agir avec ce prince dans un parfait concert de sentiments de vues sur tout ce qui a rapport à la

---

1. Le cardinal de Tencin, né en 1680, envoyé à Rome en 1721, chargé d'affaires lors de l'élection de Benoît XIV, archevêque de Lyon, mort en 1758.

gloire et aux intérêts communs des deux couronnnes et de concourir réciproquement aux mesures qui paroîtront les plus convenables, tant pour le bien général de l'Europe, que pour la sûreté et le repos des deux infants établis en Italie.

Le marquis d'Hautefort aura aussi les plus grands égards pour l'ambassadeur de Naples et de grandes attentions pour les ministres du roi de Prusse et de l'électeur palatin.

Quant aux ministres des autres cours étrangères, ce sera à l'ambassadeur du Roi, sur ce qu'il connoîtra de leurs façons de penser et de leurs affections, à déterminer le degré de confiance qu'il croira devoir leur accorder.

Le marquis d'Hautefort entretiendra une correspondance suivie, mais sage et discrète, avec ceux des autres ministres du Roi en pays étrangers dont les avis pourront lui être utiles ou nécessaires, et il les informera de son côté de tout ce qu'il croira pouvoir contribuer à leur direction dans l'exécution des ordres du Roi. Il sera surtout important qu'il soit dans un commerce régulier de lettres avec le comte Desalleurs, ambassadeur du Roi à Constantinople, mais il faudra que dans les occasions où le marquis d'Hautefort aura des avis importants à lui faire passer il prenne les plus grandes précautions dans l'usage qu'il fera de son chiffre pour mettre ses lettres à l'abri du danger d'être interceptées.

On lui remet pour cet effet des tables de chiffres dont il ne fera usage que pour cette correspondance, le chiffre intitulé : *Pour la dépêche* ne devant jamais servir que pour les lettres de l'ambassadeur au Roi ou au ministre ayant le département des affaires étrangères.

On y joint un autre chiffre de réserve pour les cas où celui de la dépêche pourroit être soupçonné d'interception, ou pour les occasions qui demanderoient un surcroît de précaution pour la sûreté du secret. Enfin on ajoute un quatrième chiffre pour les pièces communiquées, et comme rien n'est plus essentiel que d'employer les chiffres avec la plus scrupuleuse exactitude et de manière à en prévenir l'interception, on y joint un mémoire instructif sur la manière de chiffrer. Le marquis d'Hautefort ordonnera au secrétaire auquel il accordera sa principale confiance, de se conformer littéralement et constamment aux règles prescrites par ce mémoire.

L'intention du Roi est que ses ambassadeurs aient l'honneur de lui écrire directement lorsqu'ils auront quelque affaire ou circonstance importante à mettre sous les yeux de Sa Majesté, et dans ces sortes d'occasions, il adressera ses dépêches au Roi suivant l'usage constamment pratiqué sous le règne de Louis XIV. Elles devront être à cachet volant et renfermées dans un paquet pour le ministre des affaires étrangères à qui l'ambassadeur rendra compte, en même temps, de tous les détails qui ne lui paroîtront pas mériter également l'attention de Sa Majesté.

Le Roi voulant que tous ses ambassadeurs ou ministres dans les cours étrangères lui remettent au retour de leur mission une relation détaillée de tout ce qui se sera passé de plus important dans le lieu de leur résidence, soit par rapport aux négociations dont ils auront été chargés, soit sur le cérémonial, l'état des cours et des pays où ils auront été employés, sur le caractère et les inclinations des princes et de leurs ministres, enfin sur tous les objets qui peuvent intéresser la curiosité de Sa Majesté, le marquis d'Hautefort préparera d'avance un mémoire qui renferme tous ces détails.

Le Roi veut aussi que ses ambassadeurs et ministres, après qu'ils sont revenus auprès de Sa Majesté, remettent en original les instructions, les chiffres et tous les papiers concernant son service, le tout avec un inventaire sur la vérification duquel il leur est donné une décharge.

Fait à Versailles, le 14 septembre 1750.

XVII

LE MARQUIS D'AUBETERRE

1753

M. d'Hautefort resta à Vienne jusqu'au mois de novembre 1752. Il eut pour successeur M. le marquis d'Aubeterre, né en 1714, maréchal de camp, qui avait servi dans les guerres de succession de Pologne et de succession d'Autriche. Il reçut, le 26 septembre 1753, l'instruction suivante, M. de Saint-Contest étant ministre des affaires étrangères.

MÉMOIRE POUR SERVIR D'INSTRUCTION AU SIEUR D'ESPARBÈS DE LUSSAN-BOUCHARD, MARQUIS D'AUBETERRE, MARÉCHAL DES CAMPS ET ARMÉES DU ROI, ALLANT A VIENNE POUR Y RÉSIDER EN QUALITÉ DE MINISTRE PLÉNIPOTENTIAIRE DE SA MAJESTÉ AUPRÈS DE L'EMPEREUR ET DE L'IMPÉRATRICE-REINE DE HONGRIE ET DE BOHÊME. VERSAILLES, LE 26 SEPTEMBRE 1753 [1].

Le Roi a donné tant de preuves de sa modération, de son amour pour la paix et de toutes les vertus qui caractérisent les

---

1. Vienne, 1753. T. CCLII.

âmes généreuses qu'aucune puissance ne peut raisonnablement douter des intentions pacifiques de Sa Majesté. Les insinuations que le Roi fait faire continuellement par les ministres dans les cours étrangères, les voies de conciliation qu'il ne cesse de proposer aux puissances qui ont entre elles quelques démêlés, ses démarches exemptes de tout intérêt personnel, sont des preuves incontestables de la fidélité avec laquelle Sa Majesté suit invariablement le système qu'elle a adopté, et du désir qu'elle a de cimenter le grand ouvrage de la paix qu'elle a formé du prix de ses conquêtes. Si toutes les puissances, animées du même esprit de justice et d'équité, vouloient de bonne foi concourir à l'exécution d'un projet si salutaire et si conforme au droit des gens, il seroit bien plus aisé de lui donner toute sa consistance. On pourroit alors ajouter foi à ces protestations d'amitié qui font ordinairement la matière des entretiens des ministres respectifs dans les cours étrangères, et qui ne sont que trop souvent dénuées de toute sincérité ; on marcheroit d'un pas égal vers le bien commun ; on travailleroit de concert à l'établissement invariable de la tranquillité publique, et l'on ne se verroit pas traversé continuellement par les manœuvres de puissances qui ne songent qu'à s'agrandir et qui ne savent point mettre de bornes à leurs désirs. Elles cherchent à voiler leur ambition sous le prétexte spécieux du maintien de l'équilibre de l'Europe. Ce système pouvoit avoir quelque apparence de réalité dans ces temps où la rivalité des maisons de France et d'Autriche faisoit l'objet des attentions et des inquiétudes de toutes les autres puissances ; mais il n'est plus question aujourd'hui de ces fameux démêlés de François Ier et de Charles-Quint ; les circonstances ont bien changé : le Roi ne songe qu'à vivre dans la meilleure intelligence avec l'Impératrice-Reine ; il ne reste aucune trace de ces griefs surannés dans le cœur de Sa Majesté ; elle est disposée à contribuer aux avantages de Leurs Majestés Impériales ; elle consent même à concourir au projet que la cour de Vienne a formé de placer l'archiduc Joseph sur le trône impérial, mais aux conditions que les lois fondamentales de l'Empire dont Sa Majesté a pris en main la garantie seront inviolablement observées, que les alliés du Roi obtiendront de l'Impératrice-Reine la satisfaction qui leur est due, qu'on procédera à l'élection dans la forme ordinaire et que les usages reçus dans l'Empire tant par rapport à l'élection qu'à l'égard de la capitulation qui fait le lien permanent du chef et des membres de l'Empire, ne seront pas regardés comme de simples formalités.

De pareils sentiments de la part de Sa Majesté devroient cimenter une véritable union entre le Roi et Leurs Majestés Impériales si elles étoient animées du même désir; mais il n'est que trop à craindre que Leurs Majestés Impériales n'aient conservé ces vues d'ambition héréditaires dans la maison d'Autriche et qu'elles ne cherchent à profiter du calme présent pour former de nouvelles entreprises.

La cour de Vienne, intimement unie avec celle d'Angleterre, voit avec chagrin la grandeur du roi de Prusse. Ces deux cours ne peuvent souffrir que ce prince soit le seul obstacle au projet qu'elles ont formé de se rendre maîtresses absolues dans l'Allemagne et d'imposer à leur gré des lois à tout l'Empire. Ces mêmes cours, agissant toujours de concert, sont continuellement occupées à inventer des prétextes pour attaquer le roi de Prusse; et elles se prêtent la main pour donner à leurs procédés un air de justice et de vraisemblance. C'est dans cet esprit que le roi d'Angleterre vient de faire naître une prétention sur l'Ost-Frise [1]; prétention injuste et chimérique, mais qui néanmoins est appuyée et favorisée par la cour de Vienne. Personne n'ignore que le Roi et la Suède ont garanti tous les États et possessions actuelles du roi de Prusse, et la crainte d'avoir affaire à une ligue aussi forte est sans doute ce qui a contenu jusqu'à présent les cours de Vienne et de Londres. Cependant Leurs Majestés Impé-

---

1. L'Ost-Frise, entre la Hollande, l'Oldenbourg, la mer du Nord, le pays d'Osnabrück, comprenait les pays d'Aurich, Emden, Leer, Norden. L'électeur de Brandebourg, Frédéric Ier, y étant intervenu pour rétablir l'ordre en qualité de directeur du cercle de Westphalie, se fit attribuer par l'empereur Léopold Ier la succession éventuelle en 1694. En vertu de cet acte, la dynastie s'étant éteinte, Frédéric II occupa le pays en 1744. La maison de Brunswick-Lunebourg-Hanovre, ayant, de son côté, conclu, en 1691, un pacte de confraternité et succession avec la maison princière d'Ost-Frise, l'électeur de Hanovre, roi d'Angleterre, Georges II, réclama et entama avec la Prusse un procès devant les tribunaux de l'Empire. Ce litige était encore pendant en 1806, lors de la suppression du Saint-Empire. — Himly, II, p. 74 et 230.

riales ne négligent point les occasions de s'agrandir d'un autre côté. Le traité qu'elles viennent de faire avec le duc de Modène, lequel a pour objet de s'approprier la succession de ce prince[1] et d'en former un établissement pour un troisième archiduc[2], ne laisse aucun lieu de douter que l'intention des cours de Vienne et de Londres ne soit de se servir du prétexte de restreindre la puissance de la maison de Bourbon, pour faire des conquêtes en Allemagne et en Italie.

Dans ces circonstances il est aisé d'apercevoir qu'il n'y a dans le moment présent aucun point de négociation intéressant à suivre à la cour de Vienne. Cependant le Roi, ne voulant rien négliger de ce qui peut entretenir la bonne intelligence avec Leurs Majestés Impériales, a résolu d'envoyer un ministre plénipotentiaire à leur cour, et Sa Majesté a jeté les yeux sur le sieur d'Esparbès de Lussan-Bouchard, marquis d'Aubeterre, maréchal de ses camps et armées, pour lui confier cette fonction également honorable et importante. Les preuves de valeur et d'intelligence que le sieur marquis d'Aubeterre a données au Roi dans le service militaire ont persuadé à Sa Majesté qu'il ne se porteroit pas avec moins de zèle dans la carrière des négociations. Chargé d'exposer avec franchise à Leurs Majestés Impériales les véritables sentiments du Roi, il saura se tenir en garde contre les compliments affectueux d'une cour artificieuse et qui n'est jamais occupée que de son intérêt particulier. Il ne doit cependant montrer aucune défiance à cet égard, mais en paraissant convaincu de la sincérité apparente des sentiments de Leurs Majestés Impériales et de leurs ministres, il aura soin d'épier toutes leurs démarches : il tâchera de pénétrer si la cour de Vienne ne songe point à enfanter de nouveaux projets, à faire

---

1. Traité du 11 mai 1753. Par ce traité, François d'Este, appelé, en 1737, à succéder à son père Renaud, attribuait à la maison d'Autriche sa succession éventuelle par le mariage qui se ferait entre un archiduc et Marie-Béatrix, née en 1750, fille unique de Hercule Renaud, né en 1727 et seul héritier du duc. Elle fut fiancée à Léopold et épousa Ferdinand.

2. Les trois archiducs dont il est question étaient Joseph, né en 1741 et héritier présomptif; Léopold, né en 1747 et qui devint grand-duc de Toscane; le troisième, encore à naître, était Ferdinand, qui naquit en 1754 et épousa l'héritière de Modène.

de nouvelles alliances, à réveiller d'anciennes prétentions, ou bien à en former de nouvelles.

Le sieur marquis d'Aubeterre saura mettre toute l'activité nécessaire dans ces recherches, et il aura soin de rendre un compte exact de tout ce qu'il aura pu découvrir.

On joint à cette instruction deux lettres de créance, l'une pour l'Empereur et l'autre pour l'Impératrice-Reine. Elles sont en chancellerie, et les réponses de Leurs Majestés Impériales doivent être pareillement en chancellerie, suivant le nouveau cérémonial qui a été réglé pour les ambassadeurs et ministres respectifs dans les deux cours. L'intention du Roi est que le sieur marquis d'Aubeterre parte incessamment pour se rendre à sa destination.

Si les ministres impériaux faisoient au ministre du Roi quelque insinuation, par rapport aux démêlés subsistants entre le roi de Prusse et la cour de Vienne relativement aux dettes hypothéquées sur la Silésie et à l'élection du roi des Romains, il se contentera de répondre en termes généraux que le Roi s'intéresse véritablement aux avantages de Leurs Majestés Impériales et qu'il est disposé à y concourir, autant qu'ils ne seront point contraires aux engagements que Sa Majesté a contractés.

On joint ici un mémoire que le nonce du Pape a remis au ministère du Roi par ordre de Sa Sainteté, et qui regarde le différend qui s'est élevé entre l'Empereur et la cour de Rome au sujet du fief de la Carpegna. L'intention du Roi est que le sieur marquis d'Aubeterre appuie, le plus efficacement qu'il sera possible, les droits et les prétentions du Saint-Siège relativement à cet objet; mais que, sans entrer dans la discussion du fond de cette contestation, il demande que les choses demeurent, à cet égard sur le pied où elles étoient avant la guerre, ce qui est conforme à l'article xv du traité d'Aix-la-Chapelle; et en conséquence le sieur marquis d'Aubeterre insistera fortement sur la nécessité indispensable que l'Empereur fasse incessamment retirer ses troupes qui occupent actuellement les terres de la Carpegna; mais, quelque favorables que soient pour Sa Sainteté les dispositions du Roi, il est à présumer que les représentations de son ministre n'auront pas un succès aussi prompt qu'il seroit à désirer. Cependant, comme Sa Majesté n'est pas la seule qui ait stipulé l'article xv du traité d'Aix-la-Chapelle dont on réclame ici l'exécution, on est convenu avec le nonce de Sa Sainteté que le Pape feroit agir en même temps à Vienne et de concert avec le sieur marquis d'Aubeterre, les ministres des cours de Madrid et de Turin, auxquels le ministre du Roi pourra communiquer les ordres que Sa Majesté lui donne sur cette affaire, et lorsqu'ils en auront reçu de pareils de la part des rois d'Espagne et de Sardaigne, il se concertera avec ces deux ministres sur les propos et la conduite qu'ils auront à tenir en commun par rapport à cet objet.

On joint encore à cette instruction divers mémoires sur d'autres affaires, auxquelles le Roi veut bien accorder protection : comme celui qui concerne les créances que M. le prince de Turenne et Mme la princesse de Rohan ont à la charge de la maison d'Autriche, du chef de la princesse palatine de Neubourg, leur aïeule; celui qui regarde Mme la comtesse de Marsan par rapport à la succession du prince de Vaudemont; celui qui a été présenté au Roi par le baron de Nothafft, général en chef des troupes de Cologne, par lequel il réclame la protection de Sa Majesté pour obtenir de Leurs Majestés Impériales la permission de lever des contributions dans ses fiefs de Poppenveid et de Freidenfels relevant de la couronne de Bohême. Le Roi voulant donner à des personnes également recommandables par leur naissance et par leur zèle respectueux pour Sa Majesté, des preuves de sa bienveillance et de son affection, autorise le sieur marquis d'Aubeterre à faire toutes les démarches qu'il jugera les plus convenables pour leur faire obtenir ce qu'ils désirent de la cour impériale.

Les instructions ou les ordres plus détaillés dont le sieur marquis d'Aubeterre pourroit dans la suite avoir besoin, lui seront envoyés successivement, suivant que les circonstances l'exigeront.

La paix ayant rétabli la bonne intelligence entre toutes les puissances qui ont pris part à la dernière guerre, le sieur marquis d'Aubeterre doit entrer en correspondance avec tous les ministres étrangers qui résident à Vienne, et il tâchera d'être informé de leurs démarches et des négociations dont ils pourroient être chargés; mais il aura soin de vivre dans la plus grande intimité avec le ministre d'Espagne et de l'entretenir souvent de la ferme résolution dans laquelle est Sa Majesté d'agir toujours de concert avec Sa Majesté Catholique dans tout ce qui pourra concerner la gloire et les intérêts des deux couronnes, et de concourir aux mesures qui paroîtront les plus convenables tant pour le bien général de l'Europe que pour la sûreté des établissements des deux infants en Italie.

Le sieur marquis d'Aubeterre se tiendra pareillement dans la plus parfaite intimité avec le ministre de Naples, et aura toutes sortes d'attentions pour les ministres des rois de Prusse et de Suède et de l'électeur palatin.

Quant aux ministres des autres cours étrangères, le sieur marquis d'Aubeterre réglera le degré de confiance qu'il croira devoir leur accorder sur ce qu'il connoîtra de leurs façons de penser et de leurs affections. Un des principaux devoirs d'un ambassadeur ou ministre résidant pour le Roi dans une cour étrangère est d'acquérir une parfaite connoissance des personnes avec lesquelles il a à converser et à traiter; le Roi est persuadé que le sieur marquis d'Aubeterre apportera toute l'attention nécessaire pour remplir une obligation si indispensable, et que les différents caractères qui passeront sous ses yeux n'échapperont point à ses recherches et à sa pénétration.

Le sieur marquis d'Aubeterre entretiendra une correspondance suivie, mais sage et discrète, avec ceux des autres ministres du Roi dans les pays étrangers dont les avis pourront lui être utiles ou nécessaires, et il les informera de son côté de tout ce qu'il croira pouvoir contribuer à leur direction dans l'exécution des ordres du Roi.

On remet pour cet effet au ministre du Roi des tables de chiffre dont il ne fera usage que pour cette correspondance, le chiffre intitulé : *Pour la dépêche* ne devant jamais servir que pour les lettres que l'ambassadeur ou ministre plénipotentiaire adresse au Ministre ayant le département des affaires étrangères.

On y joint un autre chiffre de réserve pour les cas où celui de la dépêche pourroit être soupçonné d'interception ou bien pour les occasions qui demandent un surcroît de précaution pour la sûreté du secret.

On ajoute un quatrième chiffre pour les pièces communiquées, et comme rien n'est plus essentiel que d'employer les chiffres avec la plus scrupuleuse exactitude et de manière à en prévenir l'interception, on y joint un mémoire instructif sur la manière de chiffrer. Le sieur marquis d'Aubeterre ordonnera au secrétaire auquel il accordera sa principale confiance, de se conformer littéralement et constamment aux règles prescrites par le mémoire.

Le Roi voulant que tous les ambassadeurs ou ministres dans les cours étrangères lui remettent, au retour de leur mission, une relation détaillée de tout ce qui se sera passé de plus important dans le lieu de leur résidence, soit par rapport aux négociations dont ils auront été chargés, soit sur le cérémonial, l'état des cours et des pays dans lesquels ils auront été employés, la qualité et quantité des troupes qui y sont entretenues, le bon ou mauvais état de leurs finances, sur l'étendue et qualité de leur commerce, sur le génie et les inclinations des princes et de leurs ministres, tant ceux qui dans toutes les cours ont la part principale à l'administration des affaires générales, mais aussi de tous ceux qui, sous quelque dénomination que ce soit, ont quelque influence dans les délibérations et résolutions relatives aux intérêts publics, enfin sur tous les objets, soit de simple curiosité, soit d'intérêt réel pour le service du Roi, Sa Majesté ordonne au sieur marquis d'Aubeterre de préparer par avance un mémoire qui comprendra tous ces détails.

Le Roi veut aussi que ses ambassadeurs et ministres, après qu'ils seront revenus auprès de Sa Majesté, remettent en original les instructions, les chiffres et tous les papiers concernant son service, le tout avec un inventaire exact sur la vérification duquel il leur sera donné une décharge.

Fait à Versailles, le 26 septembre 1753.

XVIII

LE COMTE D'ESTRÉES

1756

M. d'Aubeterre était encore à Vienne lorsque fut conclu le traité de Versailles du 1ᵉʳ mai 1756, qui modifia profondément les relations de la France et de l'Autriche. Les circonstances dans lesquelles fut négocié cet acte célèbre sont exposées à plusieurs reprises dans les instructions des ministres et ambassadeurs envoyés depuis lors à Vienne. On se borne à rappeler ici que la guerre maritime ayant recommencé dans l'été de 1755 entre l'Angleterre et la France, le roi de Prusse, Frédéric II, encore lié à la France par son traité du 5 juin 1741, traita avec les Anglais le 16 janvier 1756. Cette défection amena la France à accepter les propositions d'alliance que lui avait faites l'impératrice Marie-Thérèse. Les actes signés à Versailles, le 1ᵉʳ mai 1756, par MM. Rouillé, ministre des affaires étrangères, et l'abbé de Bernis, pour la France, et le comte de Starhemberg, ambassadeur d'Autriche, pour l'Impératrice, comprenaient : 1° une convention par laquelle l'Autriche s'engageait à demeurer neutre pendant la guerre entre la France et l'Angleterre, et la France, à ne point attaquer les Pays-Bas autrichiens pendant cette guerre [1] ; 2° un traité d'union et d'amitié, purement défensif, confirmant les traités de Westphalie et les traités ultérieurs, garantissant les États respectifs des alliés, sauf, en ce qui concernait la France, le cas de la guerre avec l'Angleterre, stipulant, en cas d'attaque, un secours respectif de 24,000 hommes ou un équivalent en argent [2]. A ce traité étaient joints *cinq articles séparés et secrets* [3], concernant : le 1ᵉʳ, une garantie réciproque en cas

---

1. MASSON, *Mémoires de Bernis*, I, Appendice IV, p. 457.
2. MASSON, *Mémoires de Bernis*, I, Appendice V, p. 458.
3. Archives des Affaires étrangères.

que l'une des deux puissances fût attaquée par quelque puissance autre que l'Angleterre ; le 2°, la réserve d'inviter d'autres puissances à accéder au traité ; le 3°, les arrangements à prendre pour terminer tous les objets de discussion entre les deux puissances ; le 4°, la promesse réciproque de ne contracter pendant la présente guerre aucun engagement ni de traiter à l'insu l'une de l'autre ; le 5°, l'engagement réciproque de ratifier les présents articles secrets en même temps que le traité.

Le roi de Prusse envahit la Saxe et marcha sur la Bohême en septembre 1756. Il y avait lieu d'exécuter le traité, et c'est à cet effet que le gouvernement français crut nécessaire d'envoyer à Vienne un officier général. M. d'Aubeterre avait quitté l'Autriche au mois de juillet 1756, en laissant M. Ratte comme chargé d'affaires. « Le comte d'Estrées[1], qui devoit commander les armées du Roi, rapporte Bernis[2], fut envoyé à Vienne pour convenir des plans de campagne et des arrangements militaires... Je dressai ses instructions... » Ce document, qui porte la date du 19 octobre 1756, est ainsi conçu :

MÉMOIRE POUR SERVIR D'INSTRUCTION AU SIEUR COMTE D'ESTRÉES, LIEUTENANT GÉNÉRAL DES ARMÉES DU ROI, CHEVALIER DE SES ORDRES, ALLANT A LA COUR DE VIENNE EN QUALITÉ DE MINISTRE PLÉNIPOTENTIAIRE DE SA MAJESTÉ. 19 OCTOBRE 1756[3].

Jamais la présence d'un ministre du Roi, accrédité et éclairé, ne fut plus nécessaire à la cour de Vienne.

En ne considérant que le seul traité de Versailles, qu'il faut regarder comme l'époque d'une union réputée longtemps pour impossible par l'ancienneté des préjugés qui s'y opposoient, mais

---

1. Né en 1695, lieutenant général en 1744, commandant de l'armée du Rhin en 1757, mort en 1771.
2. MASSON, *Mémoires de Bernis*, I, p. 301.
3. Vienne 1756. T. CCLVI.

que le bonheur et la tranquillité de l'Europe rendent nécessaire aujourd'hui et que la plus saine politique devroit assurer à jamais sur des fondements inébranlables, on ne sauroit douter qu'il n'importe beaucoup à la France de veiller à l'accroissement d'un édifice qui s'élève à peine et dont plusieurs puissances jalouses s'efforcent déjà de retarder les progrès.

Il faut même convenir qu'un changement si total dans le système politique des cours de Versailles et de Vienne peut laisser encore subsister dans quelques esprits la trace des anciens soupçons qu'il est important d'effacer, et que malgré l'attention que les souverains ont eu de prescrire une conduite nouvelle et un langage différent à leurs ministres respectifs dans les cours étrangères, il est bien difficile qu'ils aient été également obéis partout et que la confiance qui lie les maîtres ait déjà pu se communiquer dans le même degré à tous leurs sujets.

De là pourroient naître à la cour de Vienne des craintes et de fausses interprétations dont un ministre sage préviendra le danger en faisant connoître quelle en est l'origine.

La seule confiance pouvant soutenir l'ouvrage d'une union qu'elle seule a formée, rien n'est plus intéressant que d'envoyer au plus tôt à Vienne un ministre instruit à fond et depuis longtemps du caractère, des sentiments et des principes de Sa Majesté, et qui, par la longue habitude d'approcher du Roi familièrement et de le voir dans les moments où le monarque disparoît et où l'homme se fait connoître, puisse le montrer tel qu'il est à Leurs Majestés Impériales.

A ces considérations politiques et importantes se joignent les circonstances les plus critiques d'une guerre allumée dans le cœur des États héréditaires du roi de Pologne, électeur de Saxe et de l'Impératrice Reine de Hongrie et de Bohême par l'inquiétude et l'ambition du roi de Prusse qui, après avoir mérité de perdre l'amitié du Roi par son traité avec l'Angleterre, ne sachant plus où trouver un appui qui lui étoit si nécessaire et qu'il a si peu ménagé, connoissant la faute irréparable qu'il a faite, effrayé des suites qu'elle peut avoir, s'est laissé aller aux instigations et aux conseils perfides de l'Angleterre qui, pour sauver l'empire de la mer qu'elle affecte depuis si longtemps et qu'elle défend si mal aujourd'hui, veut, à quelque prix que ce soit, embraser l'Europe du feu d'une guerre générale, son désespoir ne lui faisant envisager pour son salut que cette affreuse ressource.

La confiance téméraire du roi de Prusse dans des troupes, nombreuses à la vérité et bien disciplinées qui font toute sa force; l'espoir du succès d'une irruption soudaine dont il cherche à justifier les motifs avec plus de subtilité que de justice et de raison; la vue de prévenir une puissance qu'il a lui-même forcée de s'armer et de déconcerter une prétendue ligue avec la Russie qu'il a supposée gratuitement, mais qu'il rend nécessaire aujourd'hui[1]; la fausse espérance d'être soutenu par les efforts d'une association protestante que nul motif ni prétexte raisonnables ne peuvent occasionner, le traité de Westphalie de 1648 étant la base du traité de Versailles; enfin la confiance, peut-être mal fondée, d'être dédommagé des frais de la guerre par l'argent de l'Angleterre, sont les causes essentielles et les ressorts secrets qui font agir aujourd'hui Sa Majesté Prussienne, non seulement contre la justice, mais même contre ses propres intérêts.

Sur des espérances si dangereuses, ce prince s'expose au ressentiment du chef et de tous les membres de l'Empire; ses procédés inouïs contre la Saxe révoltent également les souverains et les peuples; son infraction inexcusable au dernier traité d'Aix-la-Chapelle doit armer et soulever contre lui tous les princes qui en sont les garants; la Russie, amie de la cour de Dresde, alliée fidèle de celle de Vienne, ne peut manquer de voler à leur secours et déjà ses ministres ont ordre de l'annoncer.

La France, autrefois l'appui du roi de Prusse, aujourd'hui l'amie intime de Leurs Majestés Impériales, bien moins liée encore avec elles par les traités que par l'intérêt le plus sincère et la confiance la plus parfaite, remplira ses engagements à leur égard non seulement avec fidélité, mais encore avec zèle; et si elle ne peut employer dans cette circonstance la totalité de ses

---

1. Voir dans MARTENS, *Traités de l'Autriche et de la Russie*, I, p. 189, les négociations qui précédèrent l'acte d'accession de la Russie au traité de Versailles, qui eut lieu le 31 décembre 1756.

forces pour venger la cour de Vienne, c'est que son honneur, la gloire de sa couronne, la sûreté de son commerce et la juste protection qu'elle doit à son pavillon et à ses peuples, l'obligent à ne point affoiblir les moyens qu'elle emploie pour tirer de l'Angleterre une satisfaction proportionnée aux insultes, aux violences et aux injustices qu'elle a si longtemps et si patiemment essuyées de la part de cette puissance.

En persistant dans cette résolution invariable, le Roi ne sert pas moins efficacement Leurs Majestés Impériales que lui-même, puisque les Anglais sont manifestement les seuls auteurs des troubles actuels, et que leur argent, leurs alliés et leurs intrigues sont les vraies et uniques ressources du roi de Prusse.

Plus l'abîme où la cour de Berlin se précipite est profond, plus il est à croire que, d'accord avec l'Angleterre, elle tentera les derniers efforts pour grossir son parti, soit en essayant de séduire les puissances du Nord et quelques princes protestants, par la crainte imaginaire d'une ligue catholique, soit en intimidant plusieurs autres membres de l'Empire voisins de ses États de Westphalie et alliés du Roi et de la cour impériale, en leur faisant craindre le traitement tyrannique exercé contre la Saxe, soit en tâchant d'émouvoir la Hollande, d'armer la Porte et de détourner la Russie du dessein d'accorder le secours puissant qu'elle prépare et qu'elle doit aux cours de Vienne et de Dresde.

S'il est certain que le traité de Versailles oblige le Roi à fournir à Sa Majesté l'Impératrice un secours de vingt-quatre mille hommes dans le cas où cette princesse seroit attaquée, il n'est pas moins vrai que la guerre allumée dans l'Empire par le roi de Prusse et la crainte dont sont déjà affectés les électeurs palatin et de Cologne forcent le Roi à remplir ce qu'exigent de lui la garantie du traité de Westphalie, la protection de ses alliés et la sûreté des secours auxquels ils sont obligés par leurs traités.

Pour mettre à couvert la paix publique, les constitutions et la liberté de l'Empire et surtout pour pouvoir fournir à Sa Majesté l'Impératrice les moyens de tirer satisfaction de ses ennemis, il est nécessaire que les deux cours concertent sans perdre de temps leurs mesures politiques et leurs opérations militaires.

Les affaires politiques étant traitées à la Cour par le comte de Starhemberg [1] avec la satisfaction de Sa Majesté, il a paru important au Roi de choisir un militaire qui eût assez d'expérience et de capacité pour inspirer de la confiance aux ministres et aux généraux de la cour de Vienne et pour régler avec eux les plans et les dispositions qui paroîtront les plus convenables et les plus utiles à Leurs Majestés Impériales.

C'est par ces importantes considérations que Sa Majesté a nommé le comte d'Estrées, lieutenant général de ses armées, chevalier de ses ordres, pour se rendre incessamment à Vienne en qualité de son ministre plénipotentiaire.

L'attachement reconnu du comte d'Estrées pour la personne du Roi, son zèle pour sa gloire, ses talents et ses services si longtemps éprouvés, son application dans les détails et l'étendue de ses vues dans le métier de la guerre, mais surtout son exacte probité, ont persuadé à Sa Majesté que nul autre ne seroit plus propre que lui à exécuter avec succès l'importante commission dont il doit être chargé.

Si en allant à Vienne le comte d'Estrées étoit obligé de s'arrêter à Munich ou dans d'autres cours d'Allemagne, ce qu'il doit éviter autant que la bienséance pourra le permettre, son arrivée à Vienne ne pouvant être retardée sans de grands inconvénients, il aura soin d'exprimer à l'électeur les sentiments d'affection du Roi pour lui et pour sa maison, laquelle dans tous les temps a reçu des marques si essentielles de l'amitié et de la protection de la France. Il doit s'expliquer en termes forts sur l'union étroite et l'intelligence parfaite des cours de Versailles et de Vienne; sur la ferme résolution où est le Roi de remplir avec la noblesse qui lui convient au delà même de ses engagements; et, sans manquer aux égards qu'exige la dignité du roi de Prusse, le comte d'Estrées ne doit pas dissimuler la juste surprise et le ressentiment de Sa Majesté au sujet de l'invasion de la Saxe et de la Bohême et du traitement indigne exercé

---

1. Le comte Georges de Starhemberg, né en 1724, ministre en France en 1753, ambassadeur en France en 1756-1766, prince de l'Empire en 1765, mort en 1807.

contre les États et la famille d'un roi beau-père de M. le Dauphin[1].

Il ne doit pas manquer non plus de faire sentir à la cour de Munich que l'intention du Roi avoit été d'assurer la paix de l'Europe par le traité de Versailles, et que tous les souverains et les peuples, instruits de ses sentiments, ne peuvent que s'en prendre aux puissances qui l'ont si injustement troublée.

En parlant avec dignité sur tous ces points, le comte d'Estrées s'étudiera particulièrement à dissiper les craintes des princes de l'Empire, à leur faire apercevoir combien les ennemis des cours de Versailles et de Vienne ont d'intérêt de les intimider en les persuadant que la France, occupée de sa guerre avec l'Angleterre, ne sera ni en volonté ni en force de secourir ses amis d'Allemagne, ni d'entrer vivement dans une guerre qui lui est en quelque façon étrangère et qui n'intéresse après tout que les cours de Vienne et de Russie, avec lesquelles elle n'a de liaisons étroites que depuis peu de temps et peut-être par des motifs qui tiennent plus aux circonstances actuelles qu'à toute autre considération.

C'est principalement contre ces discours artificieusement semés que le comte d'Estrées doit s'élever avec plus de force.

De pareilles idées sont si contraires à la droiture des principes et des intentions du Roi, que ses ministres ne sauroient, sans lui manquer, souffrir qu'elles s'accréditent, et c'est rendre hommage à la vérité que d'assurer que le Roi est résolu d'être toujours également fidèle aux traités de Westphalie et de Versailles, et qu'il n'oubliera jamais combien il est de son intérêt et de sa gloire d'en remplir les engagements dans toute leur étendue.

La connoissance du monde et des affaires, et l'expérience qu'a le comte d'Estrées de la réserve avec laquelle un ministre françois doit parler et se conduire dans les pays étrangers, rendent superflues les instructions qu'on pourroit lui donner à cet égard ; personne ne peut mieux saisir que lui le milieu qu'il y a entre le mystère et l'indiscrétion, ni démêler plus sûrement les

---

1. Le Dauphin, Louis, fils de Louis XV, né en 1729, avait épousé, en 1747, Marie-Josèphe de Saxe, fille d'Auguste III, électeur de Saxe, roi de Pologne, qui fut mère de Louis XVI, de Louis XVIII et de Charles X.

pièges qu'on lui tendra de toutes parts pour gagner sa confiance, avec le dessein secret d'en abuser ou pour donner à ses discours des interprétations peu conformes à ses pensées et aux vraies intentions du Roi.

En arrivant à Vienne, le comte d'Estrées rendra visite, dans la forme usitée, au vice-chancelier de l'Empire, le comte de Colloredo[1], et au chancelier de cour, le comte de Kaunitz-Rietberg, afin que ces ministres lui fassent obtenir promptement audience de Leurs Majestés Impériales, des archiducs et archiduchesses; on lui fait remettre, à cet effet, les lettres de créance pour Leurs Majestés Impériales.

On lui recommande d'avoir soin, avant que de partir, de s'instruire, du marquis d'Aubeterre, de tout ce qui concerne le cérémonial qui se pratique dans les audiences, dans les visites rendues tant aux ministres de Leurs Majestés Impériales qu'à ceux des puissances étrangères, ainsi qu'aux personnes les plus qualifiées de la cour de Vienne.

Le marquis d'Aubeterre est bien propre à l'éclairer sur le choix des personnes qui méritent le plus d'estime et de confiance et qui peuvent être employées plus utilement au service de Sa Majesté.

La bonne correspondance avec les ministres étrangers qui résident dans une cour est absolument nécessaire, mais il y a des précautions à prendre dans le commerce qu'on entretient avec eux; la connoissance des différents intérêts des cours et des liaisons que les mêmes cours ont avec la nôtre ou avec nos alliés rend aussi indispensable que facile à saisir et à observer les différences du traitement et les degrés de confiance.

1. Le comte Colloredo, vice-chancelier de l'Empire et ministre de la conférence, prince en 1763; né en 1706, mort en 1788.

« C'est au fond un très bon homme, vivant en grand seigneur, facile à gagner par des démonstrations d'amitié, auxquelles il accorde bientôt une confiance très étendue, pourvu qu'on ménage son amour-propre et qu'il ne s'aperçoive pas qu'on veut lui tirer les vers du nez...

« En affaires, le comte de Colloredo a l'opiniâtreté des gens bornés; il est lent et timide. L'habitude lui a fait connoître les affaires d'Allemagne. Mais ce qu'il sait le mieux, c'est la politique fière et tortueuse de la cour de Vienne sur ces mêmes affaires. Quant au système, il le suit et ne travaillera certainement pas à le renverser. » — *Tableau des ministres et des principaux personnages de la cour de Vienne*, 1766. — Autriche. Mémoires, t. XXXVIII.

Le ministre plénipotentiaire du Roi mettra son attention à prouver la bonne intelligence qui subsiste entre les cours de Versailles et de Madrid, par la manière dont il vivra avec le ministre du roi d'Espagne; ceux de Suède, de Danémark et de Russie exigent, dans les circonstances présentes, les plus grands ménagements.

Il y a apparence que lorsque le comte d'Estrées sera arrivé à Vienne, la Russie aura accédé au traité de Versailles et que l'Europe en sera instruite; ce ministre réglera avec les étrangers sa conduite et son langage d'après cette circonstance.

Le comte Canale, ministre du roi de Sardaigne[1], ne doit éprouver de la part du comte d'Estrées que les simples politesses qu'exige l'étroite parenté du Roi avec Sa Majesté Sarde; une plus grande liaison pourroit être susceptible d'inconvénients. Le ministre de Hollande doit être cultivé avec soin et prudence. Pour ceux d'Angleterre et de Hanovre, il suffit, dans les rencontres, d'avoir pour eux des égards de bienséance qu'un François ne refuse pas même à ses ennemis.

Au reste, on est persuadé que la cour de Vienne s'empressera de marquer au ministre plénipotentiaire du Roi non seulement les distinctions ordinaires, mais aussi des attentions plus marquées et plus flatteuses qui prouveront que son union avec le Roi lui est chère.

Il y a apparence que l'Empereur s'entretiendra familièrement avec le comte d'Estrées. Ce prince, dont la probité, la bonté et les vertus sont aussi reconnues en France que dans l'Empire, a toujours désiré de voir établir le système d'union qui lie aujourd'hui les deux cours.

Le comte d'Estrées ne saura trop assurer ce prince de la connoissance parfaite que le Roi et son conseil ont eue de ses dispositions et de ses sentiments à ce sujet, et en lui peignant avec des couleurs vraies, la sincère amitié que le Roi professe à son égard, le comte d'Estrées doit envisager comme un des points le plus essentiel de ses instructions, de presser et d'obtenir

---

1. Le roi de Sardaigne, Charles-Emmanuel III, né en 1701, roi en 1730, mourut en 1773.

promptement de lui l'accession au traité de Versailles en sa qualité de grand-duc de Toscane.

Il manqueroit un lien essentiel à l'union et à la parfaite correspondance des deux cours si l'époux de l'Impératrice et le chef de l'Empire ne donnoit pas l'exemple aux autres princes de l'accession à ce traité.

Mais comme la commission dont le comte d'Estrées est chargé auprès de la cour de Vienne a pour objet principal de concerter avec elle les plans et les opérations militaires, et que les affaires politiques, ainsi qu'il a été dit, sont traitées en France par le comte de Starhemberg, le ministre plénipotentiaire du Roi évitera avec soin non seulement de discuter les affaires politiques, mais même de montrer au comte de Kaunitz et autres ministres de l'Impératrice-Reine aucune curiosité à cet égard, ni de laisser soupçonner que sa commission s'étende au delà des articles contenus dans ses instructions où l'objet politique n'est traité que dans les seuls points qui ont une relation essentielle avec l'objet militaire.

Le comte d'Estrées doit donc solliciter et presser l'accession de l'Empereur au traité de Versailles plutôt en courtisan qui connoît l'esprit et les sentiments de son maître, qu'en ministre chargé de cette négociation, laquelle est déjà entamée et dont il importe seulement de hâter le dénoûment.

C'est dans le même esprit que le ministre du Roi, dans les entretiens qu'il aura avec le comte de Kaunitz, lui fera sentir combien il est nécessaire que l'Empereur donne des ordres précis à ses ministres en Toscane pour que la régence de cet État affiche à l'égard des Anglois moins de partialité, et que les sujets du Roi y soient traités avec plus de justice et de faveur.

Si une occasion toute naturelle se présentoit de toucher quelque chose sur cet article avec l'Empereur, en observant de ne pas porter des plaintes formelles contre M. de Richecourt, principal ministre de ce prince à Florence et pour lequel l'Empereur a une prévention trop aveugle, le comte d'Estrées pourroit le faire sans affectation ni sans prendre un ton trop sérieux. Les lettres du consul de France à Livourne, dont M. le garde des sceaux fera délivrer une copie, mettront au fait le comte d'Estrées de ce point intéressant, dont il pourra parler encore plus efficacement à l'Impératrice et au comte de Kaunitz. Il seroit incroyable d'imaginer que l'escadre de l'amiral Hauke pût être reçue cet hiver dans les ports de Toscane.

Dans la première audience que l'Impératrice-Reine accordera au comte d'Estrées et dans toutes celles que cette princesse lui donnera dans la suite, il doit avoir pour principal objet de la convaincre de la véritable amitié, de la pleine confiance et de la haute estime que Sa Majesté a pour elle, de la vénération du Conseil du Roi pour ses grandes vertus et ses lumières, de l'amour, ce n'est pas trop dire, que la nation françoise a montré pour cette princesse depuis la publication du traité de Versailles, et du zèle ardent que tout le militaire fait paroître aujourd'hui pour la venger.

Le Roi gémissoit depuis longtemps que les préjugés de la politique s'opposassent à l'établissement d'un système qui satisfaisoit son cœur et qui lui paroissoit plus propre qu'aucun autre à maintenir la vraie religion et la paix générale, et à resserrer dans les bornes de leur État et de leur puissance l'ambition de chaque prince. Plus ce système étoit conforme aux sentiments du Roi, plus Sa Majesté désire aujourd'hui d'en affermir les fondements et de traiter toujours avec l'Impératrice dans le concert le plus intime et la confiance la plus parfaite. Le Roi, en toute occasion, pensera en grand prince et agira en ami fidèle pour tout ce qui pourra contribuer à la sûreté, aux avantages et à la gloire de l'Impératrice.

Il désire que les choses en viennent au point que la négociation soit inutile entre les deux cours et que l'amitié produise entre elles le même effet que le concert de deux familles bien unies.

L'Impératrice a beaucoup d'esprit, de courage et d'application aux affaires, et elle sait mettre tant de grâces dans ce qu'elle dit et dans ce qu'elle propose, que le Roi avertiroit son ministre de se défendre du charme qui est attaché à ses discours, s'il n'étoit persuadé que la séduction qu'elle voudra bien employer avec lui n'aura pour objet que le plus grand avantage des deux cours.

Le parti généreux que la reine de Hongrie a pris de tenter les derniers efforts pour secourir le roi de Pologne, électeur de Saxe, les offres qu'elle lui a faites, les secours qu'elle lui a envoyés, sont de ces traits qui dévoilent et caractérisent la grandeur de son âme et de son courage. Mais le comte d'Estrées, qui est à portée de sentir mieux que personne combien il importe à l'Impératrice que ses généraux préfèrent la défensive de la Bohême à des actions de guerre toujours douteuses, ne sauroit trop insister à Vienne sur la nécessité d'employer cette méthode jusqu'à ce que la France et les forces de Russie se soient mises en mouvement.

Il faudroit d'ailleurs être bien assuré que la Porte Ottomane, excitée par l'Angleterre, gardera avec les deux impératrices une exacte neutralité pendant la durée de la guerre.

Tout ce qui pourroit donner à cette puissance le moindre prétexte d'attaquer la Russie ou de menacer les États héréditaires de l'Impératrice, doit être évité avec le plus grand scrupule. Cette même considération doit engager les deux cours aux plus grands ménagements pour la république de Pologne, la diversion des Turcs étant le véritable obstacle qui peut déconcerter les mesures respectives de la cour de Vienne et de ses alliés.

C'est dans le même esprit que le comte d'Estrées doit s'expliquer par rapport aux puissances protestantes, dont il est si intéressant de prévenir les associations et les ligues.

Lorsque l'Espagne sera mise sur le tapis, le ministre du Roi évitera soigneusement de se plaindre de sa conduite; il n'attribuera qu'à la prudence le système d'inaction qu'elle a observé jusqu'à aujourd'hui.

D'après la connoissance que nous avons de l'amitié sincère du Roi Catholique pour le Roi son cousin et de la liaison étroite qui subsiste entre l'Impératrice et la reine d'Espagne, le comte d'Estrées ne paroîtra avoir aucune crainte, ni aucun doute que la cour de Madrid ne s'intéresse bientôt dans une guerre allumée par l'ambition de l'Angleterre et du roi de Prusse qui voudroient gouverner despotiquement l'Europe entière.

A ces instructions générales qui doivent diriger la conduite et les propos du ministre du Roi, il est nécessaire de joindre des instructions plus particulières sur les véritables objets de sa mission et sur les détails essentiels dans lesquels il doit entrer en matière soit avec l'Impératrice, soit avec ses ministres.

Quoiqu'il ne paroisse pas vraisemblable que tout le conseil de Vienne soit également favorable au système d'union des deux cours, cependant Sa Majesté n'a point de véritable sujet de se défier des intentions d'aucun de ses membres, et le comte d'Estrées doit toujours partir avec eux du point de confiance qui est solidement établi dans le conseil de Versailles pour leur façon de penser et leurs principes, et ne pas oublier d'assurer positivement Leurs Majestés Impériales que tous les ministres du Roi n'ont qu'un même système et un même esprit pour le maintien de l'alliance qui vient de se conclure entre les deux puissances.

Mais de tous les ministres de l'Impératrice, le chancelier est celui qui mérite le plus les attentions, les égards et la confiance du plénipotentiaire du Roi. Sa Majesté se souvient avec plaisir de l'ambassade du comte de Kaunitz et de l'esprit dans lequel il étoit venu en France.

Lui seul pouvoit exécuter le grand ouvrage qui vient d'être achevé, non seulement à cause de la confiance entière dont l'Impératrice l'honore, mais parce que lui seul en avoit bien saisi les avantages et la nécessité.

Plus ce nouveau système politique lui appartient, plus il est intéressé à le soutenir, non seulement contre les efforts des ennemis des deux cours, mais contre les cabales et les jalousies de ses propres envieux.

Le comte d'Estrées peut avancer hardiment au chancelier, avec la franchise d'un militaire qui ne sait point déguiser ni altérer la vérité, que l'union des deux cours dépend principalement de la conduite qu'elles tiendront vis-à-vis de leurs amis et de leurs ennemis respectifs.

Les ménagements sur ce point pendant la durée de la guerre présente ne pourroient produire que des soupçons.

Sans l'Angleterre, en effet, le roi de Prusse n'auroit pas attaqué l'Impératrice : la cour de Londres veut arranger ses affaires en mettant en confusion celles de ses voisins. C'est servir essentiellement et efficacement l'Impératrice que d'ôter les ressources à une puissance qui ne les emploie que pour diviser et armer tous les États de l'Europe.

L'objet principal des deux cours doit être par conséquent de forcer cette puissance à la paix, et aucune autre mesure ne doit déranger le système qui conduit à cette fin.

Cependant le Roi ne seroit pas dispensé d'accorder à l'Impératrice les secours auxquels il s'est obligé par des traités, et qui seront toujours plus abondants, quand ils partiront de son cœur, de son amitié et de sa confiance, que lorsqu'ils seront décidés et fixés par ses obligations.

Plus la cour de Vienne entrera avec intérêt dans la situation où le Roi se trouve aujourd'hui, plus cette cour consentira à ce qui est de notre convenance, plus elle veillera à la conservation et à la subsistance de nos troupes, plus aussi le Roi sera disposé à en accroître le nombre et à en augmenter la force.

Il s'oubliera d'autant plus volontiers lui-même en faveur de ses alliés qu'ils se montreront plus occupés de ses intérêts et plus sensibles au bien de son royaume.

Quoique ce soit du ministre de la guerre que le comte d'Estrées doive recevoir les instructions les plus amples pour faire connoître et sentir à l'Impératrice l'inutilité pour elle et le dommage et le danger qui en résulteroient pour la France d'envoyer le secours de vingt-quatre mille hommes en Moravie, la politique à cet égard a une relation si intime avec la guerre, qu'on ne se dispensera pas ici de toucher sommairement les principales raisons que le comte d'Estrées doit employer pour persuader cette vérité à la cour de Vienne.

On ne traitera point ici les inconvénients nécessaires d'une marche de trois cents lieues entreprise au commencement de l'hiver, ni les difficultés de tout ce qui concerne les subsistances, les logements et les hôpitaux ; on s'arrêtera à de plus importantes considérations.

Le Roi ne peut pas en même temps menacer l'Angleterre par une armée nombreuse répandue sur plus de deux cents lieues de côtes, protéger ses alliés d'Allemagne qui tremblent déjà au seul nom du roi de Prusse, concourir au maintien du système germanique dont le Roi est garant, rassurer et fortifier le parti républicain en Hollande, défendre Minorque, la Corse, l'Amérique, les Indes, le Dauphiné, le Languedoc, la Provence, garnir ses places frontières et envoyer vingt-quatre mille hommes en Moravie auxquels il faudroit faire passer continuellement des recrues et des remontes qui énerveroient le reste de nos forces.

Une armée de cinquante à soixante mille hommes assemblée sur les bords du Rhin et une seconde armée de trente mille qui se porteroit en Flandres pour passer quand il en seroit temps dans les Pays-Bas, pourroient donner à la cour de Vienne de plus grandes espérances et une preuve plus éclatante de la résolution où le Roi est de la secourir et de la venger.

Le comte d'Estrées fera sentir à la cour de Vienne quel parti on peut tirer de ce plan soit pour s'assurer des princes de l'Empire et de leurs troupes subsidiaires, soit pour attaquer les États du roi de Prusse dans la Westphalie, soit pour pouvoir se joindre aux armées de Leurs Majestés Impériales en traversant l'électorat de Hanovre et en entreprenant le siège de Magdebourg, moyen unique et infaillible de secourir ou du moins de venger la Saxe.

Par ce système, les Pays-Bas sont défendus, la Hollande est tenue en respect, les plus grandes et les plus heureuses diversions sont opérées, et la guerre entreprise avec vigueur doit être aussi plus tôt terminée, au lieu que les secours médiocres épuisent presque toujours à la longue la puissance qui les fournit et n'assistent que foiblement celle qui les reçoit.

Dans les entretiens que le comte d'Estrées aura avec l'Impératrice et son principal ministre, il insinuera adroitement que le Roi, qui prépare de si grandes forces contre l'ennemi de la cour de Vienne, a lieu de s'attendre que l'Impératrice, en lui confiant la garde d'Ostende et de Nieuport, lui donnera à son tour quelques facilités pour nuire à l'Angleterre; qu'un procédé si juste et si convenable seroit regardé par la nation comme une espèce de dédommagement de la dépense d'une guerre dont elle avoit cru être sauvée par le traité de Versailles et dont elle voit faire avec peine les préparatifs.

Les deux cours étant une fois d'accord sur les objets politiques, le plan de la campagne, d'après ce canevas, seroit aisé à concerter, et c'est ce que le Roi attend du séjour du comte d'Estrées à Vienne.

Il faut que les mesures soient prises promptement de part et d'autre, afin que l'exécution du projet ne traîne pas en longueur.

La confiance, la réciprocité et une juste égalité dans les efforts et dans les avantages respectifs doivent présider à un concert qui décidera bientôt de la paix générale et qui peut rendre les deux cours les arbitres de l'Europe.

Ce tableau présenté dans tout son jour ne peut manquer de consoler la cour de Vienne de l'absence d'un secours qui arriveroit à moitié détruit en Moravie.

Si cependant l'Impératrice persistoit dans sa première demande, le comte d'Estrées prendroit sur cela avec cette princesse les arrangements nécessaires; mais le Roi se verroit forcé alors d'abandonner des mesures décisives pour le succès de la guerre qui vient de s'allumer; c'est ce que le comte d'Estrées ne manquera pas de représenter avec force.

Au reste, il rendra un compte exact au ministre des affaires étrangères de tout ce qui peut intéresser le service du Roi.

Il entretiendra un commerce suivi avec les ministres de Sa Majesté en Allemagne; il s'instruira plus particulièrement des forces que le roi de Prusse compte opposer à celles de la Russie, de l'état de ses places dans la Prusse ducale et dans la Poméranie, objets sur lesquels le Roi n'a pas été suffisamment éclairé jusqu'à présent.

Pour assurer le secret des correspondances du comte d'Estrées, on lui remettra deux tables de chiffre, l'une intitulée *ordinaire* pour sa correspondance avec le ministre des affaires étrangères, et l'autre intitulée *réserve*, dont il ne se servira que pour les choses qui lui paroîtront exiger le plus grand secret.

Le sieur Ratte, chargé des affaires du Roi à Vienne, remettra aussi au comte d'Estrées à son arrivée à cette cour deux autres tables de chiffre, l'une pour les pièces qui lui seront communiquées pour être envoyées ici, et l'autre table de chiffre, pour la correspondance générale avec tous les ministres du Roi dans les cours étrangères et dont il se servira avec ceux avec lesquels il lui est marqué de correspondre.

Si quelques ministres étrangers lui faisoient des propositions qui intéressassent essentiellement le service du Roi, le comte d'Estrées en informeroit la cour et répondroit simplement à ces ministres qu'il n'a eu aucune instruction à ce sujet.

Le Roi attend de la vigilance du comte d'Estrées qu'il veillera sur la conduite des ministres de Hanovre, de Turin et des autres princes qui ont eu des liaisons avec nos ennemis ou quelque prédilection pour l'Angleterre et ses alliés.

Sa Majesté s'en rapporte d'ailleurs sur tous les autres points au zèle et à l'intelligence de son ministre plénipotentiaire.

Fait à Fontainebleau, le 19 octobre 1756.

XIX

LE COMTE DE STAINVILLE

1757

M. d'Estrées resta à Vienne jusqu'au mois de mars 1757. Il partit alors, laissant M. Ratte comme chargé d'affaires, revint en France avec le grade de maréchal de France et prit le commandement de l'armée du bas Rhin. Cependant, le gouvernement français avait préparé ses alliances en vue de la guerre continentale [1]. Bernis, entré au conseil en qualité de ministre d'État, suivait avec l'Autriche les négociations destinées à compléter le traité de 1756. Elles aboutirent au traité du 1er mai 1757 [2]. D'après ce traité, l'Autriche devait reprendre la Silésie et le comté de Glatz; la Saxe prendrait à la Prusse Magdebourg et Halberstadt; la Suède prendrait la Poméranie. L'Autriche céderait à la France, en compensation de la Silésie qu'elle recouvrerait, Ostende, Nieuport, Furnes, Ypres, Mons, Chimay, Beaumont; Luxembourg devait être rasé; le reste des Pays-Bas devait former une souveraineté pour l'infant don Philippe, duc de Parme, qui avait épousé une fille de Louis XV. Les États de Parme passaient à l'Autriche, qui se réservait, en outre, la réversibilité de la partie des Pays-Bas cédés à l'Infant, au cas où celui-ci n'aurait pas d'enfant mâle.

Le comte de Stainville [3], depuis duc de Choiseul, qui était revenu de son ambassade de Rome, fut envoyé à Vienne. Son instruction avait été dressée par Bernis [4], qui remplaça, le 29 juin 1757, M. Rouillé aux affaires étrangères.

---

1. MASSON, *Mémoires de Bernis*, ch. XXVII, I, p. 294.
2. MASSON, *Bernis*, I, appendice VII, p. 469.
3. Né en 1719, maréchal de camp en 1748, ambassadeur à Rome.
4. MASSON, *Bernis*, I, p. 384.

Mémoire pour servir d'instruction a m. le comte de Stainville, ambassadeur du roi a Vienne, Compiègne, 31 juillet 1757 [1].

Le Roi ayant jugé ne pouvoir confier à des mains trop habiles le soin de veiller à l'exécution des deux traités de Versailles de 1756 et de 1757, et Sa Majesté ayant déjà reconnu le zèle et les lumières du sieur comte de Stainville, chevalier de ses ordres, maréchal de camp en ses armées, dans le cours des affaires importantes et délicates dont il a été chargé pendant son ambassade à Rome [2], et voulant d'ailleurs envoyer à Leurs Majestés Impériales un ambassadeur qui leur soit agréable par les avantages reconnus de la naissance, de l'esprit et du mérite, elle a chargé le sieur comte de Stainville de partir incessamment pour se rendre à Vienne en qualité de son ambassadeur, et lui a fait remettre avant son départ le présent mémoire pour lui servir d'instruction.

En s'unissant étroitement à la cour de Vienne, on peut dire que le Roi a changé le système politique de l'Europe; mais on auroit tort de penser qu'il eût altéré le système de la France. L'objet politique de cette couronne a été et sera toujours de jouer en Europe le rôle supérieur qui convient à son ancienneté, à sa dignité et à sa grandeur; d'abaisser toute puissance qui tenteroit de s'élever au-dessus de la sienne, soit en voulant usurper ses possessions, soit en s'arrogeant une injuste prééminence, soit enfin en cherchant à lui enlever son influence et son crédit dans les affaires générales.

1. Autriche, *Mémoires et Documents*. T. XLII.
2. Lors de l'assemblée du clergé en 1755, « les évêques, rapporte Bernis (*Mémoires,* I, p. 325), furent partagés sur cette question, savoir, si le refus d'acceptation de la bulle *Unigenitus* est un péché mortel, ou simplement un péché en matière grave... Le pape Benoît XIV fut consulté par les deux parties, et le comte de Stainville, depuis duc de Choiseul, fut chargé d'obtenir du Pape une lettre encyclique qui fixât les principes sur cette matière, par rapport à la conduite que les évêques et les curés doivent tenir dans l'administration des sacrements au sujet des opposants à la bulle *Unigenitus.* »

Depuis que Charles-Quint, devenu seul héritier des maisons d'Autriche, de Bourgogne, d'Aragon et de Castille, eut réuni la couronne Impériale à celle de l'Espagne et de l'Italie, et à la possession des Indes, et que le caractère ambitieux de ce prince lui eut fait concevoir le projet chimérique de la monarchie universelle, la France regarda dès lors ce monarque et ses descendants comme des ennemis formidables ou du moins comme des voisins et des rivaux dangereux.

Ce système de la France a dû être invariable tant que la puissance de la maison d'Autriche a été trop à redouter, ou tant que les liaisons de cette maison avec l'Angleterre, ennemie naturelle de la France, ont pu nous paroître indissolubles.

Le conseil de Henri IV, de Louis XIII et de Louis XIV, et même celui de Louis XV jusqu'après la dernière paix d'Aix-la-Chapelle, ont suivi à cet égard les mêmes maximes.

Henri IV fit une plaie mortelle à la puissance autrichienne en favorisant contre l'Espagne la liberté et la souveraineté des Provinces-Unies et en restreignant de plus en plus la puissance de l'Empereur par l'union de la France avec plusieurs princes de l'Empire.

Louis XIII employa le génie vaste et profond du cardinal de Richelieu pour susciter à la maison d'Autriche des ennemis puissants qui renaissoient sans cesse; il arma et fortifia la Suède dans le cœur de l'Allemagne; ébranla plus d'une fois les fondements de la puissance autrichienne et prépara ces fameux traités de Westphalie qui assurent à la France, tant qu'elle saura se conduire, la législation de l'Allemagne et le droit de protection sur les États de l'Empire.

Louis XIV, après quarante ans de triomphes remportés sur les deux branches de la maison d'Autriche, et après quelques années de revers, finit sa vie en laissant à son petit-fils la possession paisible de l'Espagne et des Indes.

Le Roi a suivi jusqu'en 1755 les maximes de ses prédécesseurs; par le traité de Vienne il enleva à l'empereur Charles VI et à sa postérité le royaume des Deux-Siciles avec une partie du Milanois, et par le traité d'Aix-la-Chapelle, la Silésie entière et les États de Parme, de Plaisance et de Guastalla.

Outre la gloire d'avoir établi deux princes de sa maison en Italie, d'avoir accru son domaine du duché de Lorraine et de Bar, le Roi a su mettre l'Alsace et la Flandre françoise en sûreté par la démolition de Fribourg et des principales forteresses de la Flandre autrichienne.

Pour opérer de si grandes choses, Sa Majesté se servit en 1733 du roi de Sardaigne et en 1741 du roi de Prusse, comme le cardinal de Richelieu s'étoit servi autrefois de la couronne de Suède et de plusieurs princes de l'Empire, avec cette différence cependant que les Suédois, payés assez foiblement par la France, lui sont demeurés fidèles, et qu'en rendant trop puissants les rois de Sardaigne et de Prusse, nous n'avons fait de ces deux princes que des ingrats et des rivaux, grande et importante leçon qui doit nous avertir pour toujours de gouverner l'un et l'autre monarque plutôt par la crainte et l'espérance que par des augmentations de territoire. Il nous importe de même de conserver les princes de l'Empire dans notre système plutôt par des secours de protection que par des subsides; en général il faudroit que les uns et les autres dépendissent de nous par leurs besoins, mais il sera toujours bien dangereux de faire dépendre notre système de leur reconnoissance.

Telles ont été les maximes politiques de la France par rapport à la maison d'Autriche depuis François Ier jusqu'à nos jours. Il est bon de rappeler en peu de mots l'époque et les causes du changement qui vient d'y être apporté.

Avant et après le traité d'Aix-la-Chapelle, le Roi avoit clairement reconnu quels étoient le caractère et les principes du roi de Prusse : allié intéressé, ami peu fidèle, jaloux en secret de la puissance du Roi, de qui cependant il tient la Silésie, ce prince s'étoit plus d'une fois arrogé le droit de faire la paix et la guerre sans notre participation et toujours pour son intérêt particulier; affectant en tout l'indépendance, tandis qu'il ne pouvoit cependant conserver son influence dans les affaires que par la nôtre, il étoit devenu en quelque sorte le législateur de l'Empire par la faute que nous avions faite en remettant entre ses mains le crédit qu'il nous appartient d'y conserver; et tandis que la France, pour affoiblir le pouvoir de la cour de Vienne, ne cherchoit qu'à affermir et à étendre la puissance du roi de Prusse, qu'elle appuyoit même sur ce prince, comme sur une base solide, toutes les branches du système politique de l'Allemagne et du Nord, le roi de Prusse ne se servoit du crédit de la France que pour se l'approprier; honteux d'être protégé par nous et ne pouvant se passer de l'être, il s'emparoit peu à peu de toute notre influence dans les affaires générales, comme si l'électeur de Brandebourg pouvoit jamais remplir en Europe la place qu'y occupe un roi de France.

Des ménagements timides nous avoient fait dissimuler depuis trop longtemps l'indécence de la conduite de la cour de Berlin, et nous avions eu l'imprudence d'associer cette cour à nos secrets les plus intimes, ainsi qu'à notre système sur la Pologne, le Nord et la Porte ottomane.

La Suède, par égard pour le Roi, s'étoit prêtée, quoiqu'à regret, à cette liaison; elle eut bientôt sujet de s'en repentir. On sait ce qui s'est passé, il n'y a pas longtemps, dans son intérieur[1], et ce qu'avoient tenté les émissaires prussiens à la Porte[2].

Nous serons peut-être longtemps embarrassés d'avoir remis entre les mains du roi de Prusse les intérêts et le secret du

---

1. La reine de Suède, Louise-Ulrique, sœur de Frédéric II, épouse du roi de Suède Adolphe-Frédéric (1751-1771), était en lutte ouverte avec les États. Elle avait tenté, en juin 1756, un coup d'État qui avait échoué. Le parti qui l'emportait depuis lors, et que l'on appelait le parti patriote, était favorable à la France. C'est par son influence que la Suède conclut avec l'Autriche et la France le traité d'alliance du 22 septembre 1757. « Le sénat de Suède, rapporte Bernis (I, p. 299), se détermina avec assez de promptitude à entrer dans nos vues, malgré les intrigues de la reine, sœur du roi de Prusse, qui gouvernoit absolument l'esprit du roi de Suède : les sénateurs firent approuver cette résolution au roi, mais ils n'osèrent la proposer dans une diète générale, ce qui les exposoit à être recherchés et peut-être punis dans la suite. »

2. Au mois de janvier 1755, Frédéric avait, pour féliciter Osman III de son avènement, envoyé à Constantinople M. de Rexin, qui s'efforça de décider la Porte à conclure un traité avec la Prusse. Il suivit, après la mort d'Osman (novembre 1757) et avec Mustapha III, son successeur, cette négociation, qui, d'ailleurs, n'aboutit point. « Quelque grandes que fussent les sommes qui passoient à cette cour, rapporte Frédéric (*Mémoires*, éd. Boutaric, II, p. 50), quelque voie de corruption qu'on tentât, les affaires n'en furent guère avancées, à cause que les Autrichiens et les François répandoient de l'argent et faisoient des largesses avec la même profusion, et que les Turcs trouvoient plus leur compte à recevoir des récompenses pour ne rien faire que pour entrer en action. »

parti patriotique[1] en Pologne; si ce prince sortoit vainqueur de la guerre présente, il auroit sans contredit la plus grande influence et la plus grande autorité sur cette république.

On doit se rappeler avec quel art le roi de Prusse avoit écarté la conclusion des traités de subsides projetés avec le landgrave de Hesse, le duc de Brunswick et l'électeur de Saxe, roi de Pologne[2].

Non seulement nous avions eu la bonne foi de consulter la cour de Berlin sur ces traités, mais nous avions eu même l'imprudence de lui en abandonner en quelque sorte la négociation.

C'est dans ces circonstances que le roi de Prusse commençoit à s'attacher secrètement à l'Angleterre dans la vue d'unir plus fortement à lui le parti des princes protestants et dans l'espoir de conjurer l'orage qui le menaçoit en Russie[3].

L'intérêt de la cour de Berlin exigeoit par conséquent que la Saxe restât désarmée pour avoir toujours la facilité, en s'en emparant, de surprendre la Bohême lorsque le moment en seroit venu.

Le roi de Prusse voyoit avec plaisir depuis longtemps notre querelle s'échauffer avec l'Angleterre, tandis que les liens qui unissoient les cours de Vienne et de Londres se relâchoient tous les jours; la France, pacifique par inclination, alloit bientôt être en proie à une guerre maritime qui, selon le roi de Prusse, devoit l'occuper tout entière; c'est cette époque qu'il osa choisir pour se lier sérieusement avec la cour de Londres, et tandis qu'il pressoit ouvertement le Roi d'attaquer les Pays-Bas autrichiens[4],

---

1. On désignait ainsi le parti qui résistait à la domination de la Russie.

2. « Nous proposâmes inutilement au landgrave de Hesse d'entrer dans nos mesures, ainsi qu'aux cours protestantes de l'Allemagne : toutes, à l'exception du duc de Wurtemberg, refusèrent l'attitude offensive, mais nous jurèrent une exacte neutralité... Je fus plus heureux avec les cours catholiques : l'électeur palatin (Charles-Théodore) et ensuite celui de Bavière (Maximilien-Joseph) entrèrent dans nos projets et nous donnèrent leurs places et leurs troupes. » *Mémoires de Bernis*, I, p. 301.

3. Allusion au traité de subsides et d'alliance entre l'Angleterre et la Russie, Pétersbourg, 30 septembre 1755. — Voir MASSON, *Bernis*, I, p. 242.

4. « Le baron de Knyphausen, ministre plénipotentiaire du roi de Prusse, ne me quittoit pas... Il me représentoit... qu'il falloit prévenir ses ennemis, et que, tandis que le roi entreroit dans les Pays-Bas, son maître étoit prêt à entrer en Bohême à la tête de cent quarante mille hommes. » *Mémoires de Bernis*, I, p. 210.

ce prince négocioit avec l'Angleterre le traité qui fut signé quelques mois après.

Selon la façon de raisonner de la cour de Berlin, il devoit résulter de cette conduite artificieuse de deux choses l'une : ou la France auroit attaqué l'Impératrice-Reine, et dans ce cas le roi de Prusse seroit entré en Bohême avec toutes ses forces ; et après en avoir arraché quelques lambeaux, il se seroit mis à l'abri des événements par un traité particulier avec la cour de Vienne : c'est par cette méthode que le roi de Prusse depuis 1740 avoit trouvé le moyen d'augmenter ses forces quand les autres puissances énervoient les leurs.

Ou bien la France s'en seroit tenue à une guerre purement maritime, et dans ce cas le roi de Prusse croyoit avoir un prétexte suffisant pour se lier avec l'Angleterre, pour dissiper par ce moyen l'orage formé contre lui en Russie, et pour se faire déclarer le chef des princes protestants d'Allemagne, enfin pour parvenir à rendre l'Empereur alternatif entre les catholiques et les évangéliques, la sécularisation des biens ecclésiastiques lui paroissant un moyen assuré pour arriver à ce but.

La cour de Berlin étoit bien loin de se douter que la France osât, par un coup hardi, s'allier avec son ancienne rivale, et qu'elle sût ainsi déconcerter les artifices de ses ennemis.

Telles étoient les dispositions du roi de Prusse au mois d'août 1755, après la prise des vaisseaux français l'*Alcide* et le *Lys*[1].

Le baron de Knyphausen nous pressoit ouvertement alors d'envahir les Pays-Bas, tandis que son maître, par le canal du duc de Brunswick, négocioit avec le roi de la Grande-Bretagne[2].

Sur ces entrefaites l'Impératrice-Reine, qui depuis 1746 désiroit sincèrement de s'unir avec le Roi, tant pour s'affranchir de la crainte d'un voisin dangereux que pour secouer le joug insupportable de l'Angleterre, chargea M. le comte de Starhemberg, son ministre plénipotentiaire, au mois d'août 1755, de faire au Roi des propositions sous le sceau du plus grand secret

---

1. L'*Alcide* et la *Lys* furent pris, le 8 juin 1755, à Terre-Neuve, après un combat de cinq heures, soutenu contre l'escadre anglaise.
2. Georges II, né en 1683, roi de 1727 à 1760.

et de tenter encore une fois ce que le comte de Kaunitz avoit inutilement essayé de traiter pendant le cours de son ambassade[1].

Le Roi ordonna à l'abbé de Bernis, qui venoit d'être nommé à l'ambassade d'Espagne, d'écouter les propositions de l'Impératrice et de n'en rendre compte qu'à lui seul.

M. Rouillé, ministre des affaires étrangères, et les principaux membres du conseil ne tardèrent pas à être instruits successivement de cette importante affaire.

L'Impératrice proposoit au Roi : de convenir de l'échange d'une portion des Pays-Bas avec les trois duchés que l'infant don Philippe possède en Italie[2], d'assurer la couronne de Pologne à un prince protégé par la France, de rétablir notre crédit à la cour de Madrid, de nous unir étroitement avec la Russie et d'agrandir nos alliés.

Les conditions de ce plan étoient d'abandonner le roi de Prusse dont on dévoiloit les liaisons dangereuses avec l'Angleterre, de mettre de justes bornes à la puissance et à l'ambition de ce prince et de contribuer aux frais de l'entreprise.

Le Roi fut étonné que l'Impératrice, sans aucune préparation, le mît dans la confidence d'un projet si contraire à leurs engagements respectifs et aux maximes politiques de la France ; mais ce prince ne crut pas que l'Impératrice-Reine, qui nous recherchoit depuis si longtemps, fût capable de le tromper, surtout lorsqu'elle s'adressoit directement à lui.

Sa Majesté ordonna à l'abbé de Bernis de répondre en son nom et de déclarer à l'Impératrice que, sur de simples soupçons, le Roi ne seroit jamais capable d'abandonner ses alliés ; qu'il attendoit et demandoit des preuves non équivoques des prétendues trahisons du roi de Prusse ; que, sans les plus justes motifs, la France ne renonceroit pas aux garanties stipulées par le traité de la paix générale ; mais que Sa Majesté se prêteroit volontiers à tout autre plan qui, sans blesser la délicatesse de ses

---

1. Voir *Mémoires de Bernis*, I, p. 223, ch. XIV : « Des ouvertures que fit la cour de Vienne au commencement de septembre 1755. »

2. Don Philippe, fils de Philippe V et d'Élisabeth Farnèse, né en 1720, marié, en 1739, à Louise-Élisabeth de France, fille de Louis XV, née en 1727, duc de Parme à la suite du traité d'Aix-la-Chapelle.

principes, pourroit resserrer encore davantage et assurer même pour toujours son union avec la cour de Vienne.

Cette négociation fut suivie d'après des principes si épurés et si dignes du cœur de Sa Majesté, jusqu'au commencement du mois de février 1756, temps auquel le traité du roi de Prusse avec l'Angleterre fut rendu public.

Jusqu'à cette époque le Roi rejeta constamment les propositions du mois de septembre 1755 ; et l'Impératrice-Reine, qui nous avoit confié ses secrets les plus intimes, commençoit même à se prêter de bonne grâce à conclure un traité de garantie des États respectifs des deux puissances et de ceux de leurs alliés (les possessions de l'Angleterre toutefois exceptées). Il ne restoit que de légères difficultés à aplanir pour signer ce traité dont la rédaction étoit comme achevée, lorsqu'on apprit la conclusion de celui de Londres.

Ainsi, tandis que le Roi essuyoit une ingratitude si marquée de la part du roi de Prusse, Sa Majesté refusoit de se prêter aux propositions de la cour de Vienne et songeoit à assurer par une nouvelle garantie les États d'un prince qui le trahissoit.

Le duc de Nivernois, que le Roi avoit envoyé à Berlin, eut la douleur de voir ratifier sous ses yeux, sans pouvoir l'empêcher, un traité que le principal allié de la France venoit de conclure avec nos ennemis déclarés.

Si Sa Majesté avoit écouté d'autres conseils que ceux de sa gloire offensée, et qu'elle se fût refusée dans ces circonstances à l'alliance de la cour de Vienne, la France auroit été peut-être exposée à la ligue de tous les princes de l'Europe, à l'exception de la Suède.

Si cependant le roi de Prusse qui, en ratifiant son traité avec l'Angleterre, nous proposoit de renouveler le traité que nous avions avec lui et qui étoit près d'expirer[1], avoit eu la sagesse, après de mûres réflexions, de renoncer à la convention de

---

1. Le traité d'alliance entre la France et la Prusse, du 5 juin 1741, ratifié le 5 juillet, avait été conclu pour quinze ans ; il expirait le 5 juillet 1756. — Masson, *Bernis*, I, p. 278, note.

Londres, jamais le traité de Versailles n'auroit été conclu, et la France auroit conservé en entier son système politique.

Mais on ne pouvoit pas se flatter de posséder longtemps l'amitié et la confiance de la cour de Vienne si le roi de Prusse eût été en tiers dans cette confidence; nous n'aurions jamais pu former avec l'Impératrice qu'une union passagère qui, en obligeant les deux cours aux mêmes précautions, auroit laissé subsister entre elles tous les anciens principes de défiance.

Le beau rôle que le Roi avoit joué pendant tout le cours de cette négociation, loin de refroidir la cour de Vienne, lui fit rechercher avec encore plus d'ardeur l'amitié d'un prince si fidèle à ses alliés, et guidé par des maximes si pures et des principes si délicats.

Le public, qui juge toujours sur les apparences, n'a point connu la marche glorieuse d'une négociation dont le succès a pu étonner l'Europe et dont la suite doit affermir son repos et remettre tous les princes dans la place qu'il leur convient d'occuper, en restituant aux grandes couronnes la supériorité et la prééminence qui leur appartiennent.

Jamais les cours de Versailles et de Vienne n'auroient conclu un traité d'alliance si elles n'avoient écouté que les conseils d'une politique ombrageuse; cet ouvrage ne pouvoit s'achever que par la bonne foi qui l'avoit commencé; il ne sauroit subsister longtemps si la bonne foi ne le conserve.

Le roi de Prusse, malgré les représentations du duc de Nivernois, ayant ratifié la convention de Londres, le Roi se résolut à signer le traité de Versailles et à s'arranger ultérieurement avec la cour de Vienne sur le pied des propositions du mois de septembre 1755, dans le cas toutefois où le roi de Prusse, en haine de cette nouvelle alliance, viendroit à enfreindre le premier le traité de la paix générale et dégageroit ainsi la France des garanties stipulées par ce même traité; quelque effort que tentât depuis la cour de Vienne, elle ne put jamais déranger le Roi de ses principes de fidélité et d'exactitude qui seront toujours la règle de sa conduite.

Le traité de Versailles mit le roi de Prusse dans un état d'observation et de crainte d'où ce prince ne pouvoit sortir qu'en perdant la garantie de la Silésie[1], et qu'en exposant en quelque sorte sa propre existence.

Tout le conseil de Sa Majesté ne crut pas également que le roi de Prusse, pour prévenir les suites de l'union des cours de Versailles et de Vienne, prendroit le parti hasardeux de tomber inopinément sur la Saxe et sur la Bohême, et de tâcher de rompre de cette manière des liaisons encore récentes, qu'il pouvoit regarder comme funestes à ses intérêts.

Pour éviter ce danger, on avait cru devoir proposer au conseil du Roi de conclure promptement un traité de subsides avec la Saxe pour mettre cette puissance en état d'armer cinquante mille hommes. De cette manière, on croyoit pouvoir arrêter l'invasion subite du roi de Prusse, à laquelle on devoit s'attendre en partant du caractère impétueux de ce prince et de la confiance aveugle que des prospérités non interrompues lui avoient inspirée.

La cour de Vienne elle-même, plus intéressée encore que la France à prévenir cet orage, ne fit que de foibles dispositions pour le conjurer, et cette faute la mit, quatre mois après la signature du traité de Versailles, dans le plus grand péril et causa le malheur de la Saxe, l'on peut dire de l'Allemagne entière.

D'autres précautions non moins essentielles vis-à-vis de l'Empire, de la Pologne, des puissances du Nord et de la Porte Ottomane furent un peu trop négligées par les deux cours; la négociation n'eut pas toute l'activité qu'elle devoit avoir dans la secousse universelle qu'une révolution si considérable produisit dans le système de l'Europe.

Les deux plénipotentiaires du Roi furent plus heureux dans leur négociation avec le comte de Starhemberg; au lieu d'une partie de la Flandre autrichienne, qui devoit être échangée avec les petits États de Parme, de Plaisance et de Guastalle, ils eurent le bonheur de faire consentir la cour de Vienne à traiter de la totalité des Pays-Bas, et à mettre le Roi en possession des places maritimes de la Flandre[2].

---

1. Article XXII du traité d'Aix-la-Chapelle. — Article séparé du traité du 5 juin 1741. — MASSON, *Bernis*, I, p. 464.
2. Articles XI et XVII du traité du 1er mai 1757.

Si le roi de Prusse auquel on avoit communiqué le traité de Versailles, à l'exception d'un article secret qui ne regarde que l'Italie[1], avoit été sage, il se seroit contenté de veiller à la défense de ses États et de demander à accéder à ce même traité, proposition à laquelle il étoit bien difficile de ne pas déférer.

Par cette conduite également habile et prudente, il seroit parvenu à rompre toutes les mesures offensives auxquelles la cour de Vienne cherchoit à nous engager.

Mais l'inquiétude et l'ambition de ce prince ne lui permirent pas de s'en tenir à des résolutions si sages et si modérées. Le bruit de ses armements se répandit bientôt en Allemagne, et la France, toujours de bonne foi, ne cessa de l'avertir par le canal du marquis de Valory, ministre plénipotentiaire du Roi à Berlin, des conséquences que pourroient avoir de pareils événements.

Le marquis de Valory remit au roi de Prusse, au mois de juillet 1756, un mémoire par lequel le Roi déclaroit expressément que si la cour de Berlin attaquoit celle de Vienne, la France assisteroit sa nouvelle alliée non seulement avec les vingt-quatre mille hommes stipulés, mais aussi avec les secours qu'une grande puissance doit fournir à une puissance égale.

Le roi de Prusse fit peu d'attention à cette déclaration, et soit que ce prince n'eût pu se persuader que notre union avec l'Impératrice fût sincère, ou qu'il eût méprisé nos conseils et nos ressources, il parut ne craindre que médiocrement la combinaison de nos forces réunies avec celle de la cour de Vienne.

---

1. Article séparé et secret, n° 3, du traité du 1ᵉʳ mai 1756 :

« Sa Majesté Très Chrétienne et Sa Majesté l'Impératrice, reine de Hongrie et de Bohême, venant d'affermir, par le traité d'union et d'amitié défensif conclu et signé aujourd'hui entre elles, la bonne correspondance et la parfaite intelligence qui subsistent déjà heureusement entre leursdites Majestés et désirant de les rendre inaltérables, elles se proposent de s'entendre et de s'arranger sur le pied d'une convenance réciproque, juste et équitable, sur tous les cas qui n'auroient pas été suffisamment prévus dans le dernier traité d'Aix-la-Chapelle, ainsi que sur des différends territoriaux et autres objets qui pourroient un jour troubler la tranquillité de l'Europe et diviser entre elles leursdites Majestés ou alliés, comme aussi sur les objets qui pourroient intéresser en particulier le repos de l'Italie. A cet effet, elles se promettent réciproquement de prendre le plus tôt possible, entre elles, et avec d'autres puissances qui y sont intéressées, d'un commun concert et non autrement, et sur tous les objets, les moyens qui leur paroîtront les plus propres à l'exécution de ces vues aussi justes que désirables. »

C'est donc mal à propos qu'on a accusé la France de n'avoir pas fait assez d'efforts pour empêcher le roi de Prusse de rompre la paix, et ce n'est pas la seule injustice que nous ayons essuyée au sujet du traité de Versailles.

Tout le monde sait comment le roi de Prusse, après avoir envahi la Saxe, sans chercher même à colorer cette invasion d'aucun prétexte raisonnable, entra en Bohême l'automne dernier; la résistance que ce prince éprouva au camp de Pirna[1] sauva la Bohême dégarnie de troupes, et le peu de suites qu'eut la bataille de Lowositz[2] donna le temps à la cour de Vienne de rassembler toutes ses forces et de convenir avec la France des principaux points d'un nouveau traité qui a été signé à Versailles, ainsi que le premier, au mois de mai de cette année.

Pendant cet intervalle on travailla avec succès de part et d'autre à des plans de campagne et à différentes négociations dans l'Empire.

La meilleure de toutes nos opérations politiques de cet hiver fut de déterminer la cour de Suède à déclarer conjointement avec nous, à la diète de Ratisbonne, qu'elle se croyoit obligée d'exercer la garantie des traités de Westphalie violée par l'invasion injuste de la Saxe et de la Bohême; démarche importante qui a empêché une scission dans l'Empire entre les princes catholiques et les protestants, et qui a donné occasion au Roi d'entrer juridiquement en Allemagne avec toutes ses forces et d'y exercer, pour la première fois et avec le plus grand éclat, son rôle de garant de la paix publique.

Cette démarche de la Suède aura bientôt des suites encore plus considérables par la résolution que cette puissance vient de prendre d'entrer à main armée dans la Poméranie brandebourgeoise.

L'affaire de l'accession de la Russie au premier traité de Versailles, retardée longtemps par des difficultés que nos justes ménagements pour les Turcs auroient pu rendre insurmontables,

---

1. 6 septembre 1756, Frédéric cerne les Saxons concentrés à Pirna, et s'empare ensuite de Dresde.
2. 1er octobre 1756, Frédéric attaque les Autrichiens à Lowositz, les empêche de secourir les Saxons; il revient ensuite les attaquer à Pirna, où il les bat.

fut heureusement terminée[1] par une lettre particulière que le Roi écrivit à la Czarine, de sorte qu'il se forma une ligue dans laquelle la France, l'Autriche, la Suède, la Russie et l'Empire prirent une part active. Il est certain que sans le secours de la France aucune de ces puissances n'auroit voulu entrer dans cette querelle, et c'est une réflexion que l'ambassadeur du Roi à Vienne aura soin de placer à propos, s'il étoit jamais nécessaire de rappeler à cette cour les grandes obligations qu'elle a à Sa Majesté.

Ce plan de ligue, qui n'a peut-être d'autre défaut que d'être trop vaste et d'obliger la France à des dépenses difficiles à soutenir si la guerre dure longtemps, acheva de s'arranger pendant l'hiver dernier, et le Roi, au lieu d'envoyer vingt-quatre mille hommes en Bohême, prit le parti au commencement du printemps de faire passer le Rhin à cent cinq mille hommes de ses propres troupes pour remplir les devoirs de garant de la paix publique, d'auxiliaire de l'Impératrice-Reine et de l'Empire et de vengeur de la Saxe.

C'est dans ces circonstances que le roi de Prusse résolut d'évacuer Wesel, et par un trait de politique plus subtile que solide, ce prince leva par là le plus grand obstacle qui s'opposoit à la marche de l'armée françoise sur le Weser.

On croit que l'objet du roi de Prusse fut de conserver la garnison de Wesel et de rompre le traité de neutralité qui se négocioit alors par le canal de la cour de Vienne avec Hanovre et la Hesse. Le Roi vouloit bien se prêter à cette négociation, en sacrifiant ses propres intérêts à la satisfaction des princes protestants de l'Empire.

C'est dans ces mêmes circonstances que Sa Majesté donna à la cour de Vienne une preuve bien éclatante de sa bonne foi; elle commença par exécuter le traité secret avant qu'il ne fût conclu[2], soit en payant des subsides considérables, soit en faisant agir sans y être obligé, une armée de plus de cent mille hommes; c'est cette même bonne foi qui avoit rendu possible

---

1. L'acte d'accession est du 30 décembre 1756.
2. C'est le traité du 1er mai 1757.

entre les deux cours une alliance que tous les genres d'obstacles avoient jusqu'alors traversée, et qui n'a effectivement réussi que par la franchise des princes et la sincérité des négociateurs.

L'armée du Roi, en se portant en Westphalie, eut pour objet de contenir la Hollande, de s'emparer de Hanovre pour s'ouvrir un chemin vers la Saxe et pour rendre possible le siége de Magdebourg qui, dans cette partie, peut être regardé comme le boulevard du roi de Prusse.

Tout le monde sait que la négligence des généraux autrichiens avoit mis la cour de Vienne à deux doigts de sa perte dans l'espace de quinze jours [1]; mais il n'est pas aisé de décider si leurs fautes ont été plus grandes que le courage et l'intelligence qui les ont réparées.

Un mois a suffi à l'Impératrice pour former une nouvelle armée qui a battu le roi de Prusse, délivré Prague [2], et qui poursuit aujourd'hui les troupes prussiennes avec avantage.

A peine le second traité de Versailles étoit-il signé que nous apprîmes la destruction presque totale de notre alliée; on vit dans le même moment tous les princes de l'Empire prêts à abandonner la cause commune; on vit quinze cents maraudeurs prussiens donner la loi dans l'Allemagne, et le public, qui ne juge que par les événements, se déchaîner de toutes parts contre la nouvelle alliance.

La disette se faisoit sentir alors dans plusieurs parties du royaume; la fermentation et la révolte des esprits étoit montée à son comble et le crédit menaçoit de tomber.

Au lieu de songer à traiter de la paix avec un prince ambitieux et enivré de son bonheur, lequel dans ces circonstances auroit été le maître d'en dicter les conditions, le Roi, n'écoutant que l'amitié et la gloire, fait marcher une nouvelle armée en Allemagne pour rassurer l'Empire ébranlé, et pour secourir avec toutes ses forces son alliée opprimée.

Le ciel n'a pas laissé sans récompense cette résolution

1. Victoire de Frédéric devant Prague, 6 mai 1757.
2. 18 juin 1757.

magnanime; à peine fut-elle connue, que l'Empire se rassura, que la Suède s'arma, que les princes d'Allemagne rougirent de leur foiblesse, et que la victoire la plus signalée couronna les armes impériales.

Si le Roi avoit écouté des conseils timides, il flétrissoit sa gloire et perdoit à jamais la confiance de ses alliés et les avantages des traités conclus avec eux.

Il faut considérer qu'un mois de temps a causé toutes ces grandes révolutions, et que rien aujourd'hui ne peut rendre douteuse l'exécution du dernier traité de Versailles que la lenteur des opérations militaires.

Si la guerre s'allonge, le Danemark, déjà inquiet de la supériorité que la cour de Vienne peut acquérir dans l'Empire par le partage des États du roi de Prusse, jaloux d'ailleurs de l'agrandissement de la Suède, peut se réunir au parti de la cour de Berlin.

La Hollande, toute foible qu'elle est, peut être armée par le motif de la religion et la fureur de ses peuples.

La Russie peut se laisser corrompre par l'argent de l'Angleterre.

La même corruption peut réveiller la Porte de son assoupissement.

Le roi de Sardaigne, qui prend toujours conseil de ses craintes et de ses soupçons, peut n'attendre que des événements favorables pour se déclarer.

Enfin l'énorme dépense à laquelle nous sommes obligés et que nos troubles intérieurs rendent si difficile à soutenir, tout nous invite à terminer promptement la guerre si nous voulons assurer les dispositions du traité secret de Versailles.

Il a paru nécessaire de mettre ce tableau sous les yeux de l'ambassadeur du Roi, afin que, suivant pas à pas les progrès et la consommation des engagements contractés entre les deux cours, il ne perde jamais de vue ni les causes qui les ont réunies, ni les obstacles qui ont pu et qui peuvent encore s'opposer à l'exécution de leurs projets.

Et pour ne rien laisser à désirer sur cette matière au comte de Stainville, il lui sera remis des mémoires contenant l'état des affaires en Allemagne, en Pologne, en Suède, en Russie et à la Porte ottomane. Le bureau de la guerre y joindra la copie des instructions données aux généraux des armées de Sa Majesté et des plans militaires communiqués à la cour de Vienne et concertés avec elle.

On ajoutera à toutes ces instructions les portraits que les derniers ministres du Roi à Vienne ont fait des ministres de cette cour; un mémoire concernant le cérémonial qui doit être observé; enfin une copie entière des deux traités de Versailles, de la convention de Pétersbourg et de la convention militaire signée le 1er mai de cette année.

L'ambassadeur du Roi arrivera à Vienne sous les plus heureux auspices : dépositaire des plus grands intérêts, c'est à lui à entretenir par la bonne foi, la prudence, la noblesse des procédés, la fermeté et la douceur, une union que les défauts contraires ne manqueront pas d'altérer.

La cour de Vienne est accusée de hauteur et de finesse; il suffira d'y opposer de la dignité et de la prudence.

Le comte de Stainville, en faisant rendre ce qui est dû à son caractère et à sa naissance, saura mieux que personne écarter les petites difficultés de cérémonial qui deviennent des affaires sérieuses lorsqu'il est question de les soutenir; l'affabilité est surtout nécessaire en Allemagne, et le comte de Stainville ne doit pas négliger d'attacher au Roi les cœurs de tous les princes de l'Empire avec qui il aura à traiter.

Quoique, selon toutes les apparences, le comte de Starhemberg doive continuer d'être chargé des pleins pouvoirs de Leurs Majestés Impériales pour consommer l'ouvrage des accessions aux deux traités de Versailles, cependant l'ambassadeur du Roi, parfaitement instruit de tous ces points, a ordre d'en conférer avec l'Empereur, l'Impératrice et leurs ministres, mais principalement avec le comte de Kaunitz, qui jouit de la confiance entière de sa souveraine et qui en est digne.

Il doit pareillement entretenir une correspondance suivie avec tous les ministres du Roi dans l'Empire, en Pologne, en Saxe, en Suède, en Danemark, en Russie et à la Porte.

L'Italie, qui entre pour beaucoup dans le traité de Versailles, mérite aussi une attention particulière; et le comte de Stainville aura soin de correspondre principalement avec les ministres de Sa Majesté qui résident à Parme, à Naples, à Turin et en Toscane.

L'importance des affaires qui pourront être l'objet de cette correspondance presque universelle exige que le comte de Stainville y emploie les plus grandes précautions et qu'il ne commence à s'ouvrir avec lesdits ministres sur aucun des points du traité secret, sans en avoir reçu l'ordre exprès et des instructions précises de la cour.

C'est à lui principalement d'aplanir toutes les difficultés dans la discussion de tant d'objets différents, de tant d'intérêts opposés et de contenter, s'il est possible, les puissances contractantes et accédantes et de rendre vaine la jalousie de toutes les autres.

La Russie, dont les armées marchent si lentement, demande peut-être pour les mettre en activité ou des subsides plus considérables ou des possessions en Allemagne. Le comte de Stainville comprendra aisément combien il seroit contraire aux intérêts du Roi et de Leurs Majestés Impériales de donner une influence directe à la Russie dans les affaires de l'Empire; actuellement que les armées françoises et autrichiennes sont plus près les unes des autres, ce seroit peut-être beaucoup faire pour le bien de la cause commune d'empêcher la Russie d'être neutre ou de changer de parti; son armée tiendroit toujours en échec trente mille Prussiens et occasionneroit par là une diversion utile; on peut tout craindre d'une cour dont la souveraine est conduite par des ministres intéressés [1].

La Saxe opprimée sera difficilement contente des dédommagements qui lui sont assurés par le traité secret [2]; une jalousie ancienne lui fait donc craindre l'influence de la cour de Vienne sur le partage qui doit lui être assigné; c'est au comte de Stainville à rendre l'Impératrice plus généreuse envers la Saxe et à

---

1. La czarine Élisabeth avait pour principaux ministres : le comte Bestouchef, chancelier, et le comte Voronzof, vice-chancelier de l'Empire.

2. La Saxe devait acquérir le duché de Magdebourg et le cercle de la Saal. — Article VIII du traité du 1er mai 1757.

empêcher, conjointement avec le comte de Broglie[1], que la cour de Dresde ne soit déraisonnable dans ses prétentions.

L'agrandissement ultérieur stipulé en faveur de l'Impératrice et de l'Empereur[2] souffrira aussi de grandes difficultés, soit parce que ces deux princes voudront rendre cet agrandissement trop considérable, ce qui effrayeroit l'Allemagne et l'Italie, et pourroit même nous être suspect, soit parce qu'il sera difficile d'amener les électeurs de Bavière, de Saxe et palatin à sacrifier une portion du haut Palatinat et de la Lusace. La cour de Vienne n'est pas trop bien disposée en faveur de l'électeur palatin[3], qu'il est cependant de l'intérêt de la France d'agrandir jusqu'à un certain point.

Les places de la côte de Toscane que l'Empereur réclame[4], à la vérité comme un avantage de convenance, et non comme une condition essentielle, pourront causer bien de l'embarras par rapport aux prétentions de l'Espagne sur lesdites places.

L'échange du duché de Plaisance[5] n'en causera pas moins, à cause du droit de réversion assuré au roi de Sardaigne par le dernier traité d'Aix-la-Chapelle.

L'agrandissement de la Suède[6] est le point politique qu'il importe le plus à la France de faire réussir ; il faudra beaucoup d'art ou des prospérités bien soutenues pour empêcher la cour de Copenhague de s'y opposer.

En général, ce sera la célérité des opérations militaires qui pourra seule rompre les mesures que nous opposera la jalousie d'une partie de l'Europe.

---

1. Charles-François, comte de Broglie, né en 1719, colonel et ambassadeur en Pologne en 1752, maréchal de camp en 1757. Sur son rôle politique et la diplomatie secrète de Louis XV, voir *le Secret du Roi*, par M. LE DUC DE BROGLIE.
2. La Silésie et le comté de Glatz.
3. Charles-Théodore. En vertu de l'article VII du traité du 1er mai 1757, on devait lui proposer des avantages à prendre sur les États du roi de Prusse provenant (art. V) de la succession Juliers et Clèves, c'est-à-dire Clèves et la haute Gueldre.
4. Les ports ou présides toscans, annexes du royaume de Naples, cédés avec le royaume par Charles VI, en 1738, à l'infant don Carlos.
5. L'infant don Philippe de Parme devait obtenir une partie des Pays-Bas et céder ses duchés italiens à l'Autriche. — Articles XVII et XXI du traité du 1er mai 1757.
6. La Poméranie prussienne. — Articles V et VII du traité du 1er mai 1757.

On peut se flatter de retenir la Hollande par la crainte de nos armées qui l'enferment de tous côtés; mais si elle venoit à remuer, on essayeroit de la calmer par l'espoir d'acquérir la Haute-Gueldre; à l'égard du port d'Emden il mérite des considérations plus particulières à cause du commerce.

Mais en général on doit s'attendre que, lorsque le traité de Barrière sera détruit, on tranquillisera difficilement la Hollande sur un point si délicat pour elle.

Il faut donc prévoir et conjurer de bonne heure l'orage que l'agrandissement respectif des cours de Versailles et de Vienne ne manquera pas d'exciter en Europe; c'est un des objets sur lequel le comte de Stainville doit veiller avec le plus d'attention et ne cesser d'exciter le comte de Kaunitz à y veiller de son côté.

L'ambassadeur de Sa Majesté ne doit jamais oublier que l'intérêt politique du Roi, outre l'acquisition des Pays-Bas, est d'agrandir la Suède, de dédommager la Saxe, de s'attacher de plus en plus la maison palatine, les ducs de Wurtemberg et de Mecklenbourg et les margraves d'Anspach et de Baireuth.

Mais en procurant des avantages à tous ces princes, il ne faudra pas oublier que plus ils auront à désirer de la France, moins ils seront ingrats envers elle.

Le Roi ayant garanti la succession de Berg et Juliers à l'électeur palatin, Sa Majesté désire que son ambassadeur appuie les sollicitations des ministres de ce prince à Vienne afin de lui procurer la garantie de l'Impératrice pour le même objet.

On enverra incessamment au comte de Stainville les mémoires de la cour palatine, contenant diverses prétentions et demandes auxquelles cet ambassadeur ne se prêtera qu'après avoir reçu les ordres de la Cour.

La république de Gênes a mérité dans la dernière guerre la protection du Roi; il n'y a pas d'apparence que la cour impériale remue aujourd'hui sans y être provoquée les affaires de Campofredo et de San Remo sur lesquelles le Roi s'est expliqué plus d'une fois avec la cour de Vienne [1].

1. San Remo, port de la république de Gênes, sur lequel l'Empire prétendait un droit de suzeraineté.

Le sénat de Gênes voudroit s'affranchir à l'avenir de toute inquiétude sur ces deux objets, et le Roi ne peut que désirer le succès d'un semblable dessein; mais l'ambassadeur de Sa Majesté, en l'appuyant de ses bons offices, doit éviter soigneusement de faire imaginer au ministère de Vienne que le Roi y prenne d'autre intérêt que celui de contribuer à ce qui peut être également de l'avantage et de la convenance de l'Empereur et de la République.

On ne donnera point d'instruction au comte de Stainville sur le différend de Rome et de Venise,[1] dont il est parfaitement informé; il se contentera de représenter au comte de Kaunitz qu'il seroit décent que cette république fît plus d'attention qu'elle n'a fait aux démarches répétées des cours de Versailles et de Vienne dans la vue de procurer au Saint-Père, de la part de cette république, une satisfaction raisonnable.

L'ambassadeur du Roi pénétrera aisément si la cour de Vienne n'a pas dessein aujourd'hui de ménager les Vénitiens plus qu'elle ne l'avoit fait autrefois, soit dans l'espoir d'en tirer de l'argent, soit dans la vue de se les attacher par une conduite plus modérée que celle de la France.

Un autre objet plus important et qui a une relation plus intime avec l'exécution des traités de Versailles, doit occuper sérieusement le comte de Stainville; c'est le mariage de la princesse Isabelle, fille aînée de l'infant don Philippe, avec l'archiduc[2]. Il a été depuis quelque temps question de ce mariage en Italie, et le bruit s'en étoit répandu en Espagne.

Mais il y a grande apparence que le comte Christiani[3] a un peu trop flatté la cour de Parme de cette idée; jamais le comte de Starhemberg ne s'est ouvert à ce sujet avec les ministres plénipotentiaires de Sa Majesté, quoiqu'il ait été mis sur la voie en plusieurs rencontres.

L'ambassadeur du Roi sera à portée de voir jusqu'à quel

---

1. Venise avait voulu supprimer divers privilèges de la cour de Rome. — Voir Masson, *Bernis*, I, p. 191, et II, p. 407.

2. Joseph épousa en effet, en 1760, cette princesse, qui mourut en 1763.

3. Le comte Christiani, chancelier autrichien de Milan, négocia le traité de 1753 entre l'Autriche et le duc de Modène. Il assistait ce prince dans le gouvernement de Milan qui lui était attribué par ce traité. Il mourut en 1758.

point la cour de Vienne est disposée à donner les mains à ce mariage, et il évitera également à cet égard l'air de recherche et d'indifférence. Son attachement pour le Roi et pour Madame Infante ne lui permettront pas de rien négliger pour le succès de cette affaire; ce seroit un lien de plus pour resserrer l'union des deux puissances, et le succès de cet arrangement romproit d'autres mesures qui ne seroient peut-être pas également conformes aux principes de notre politique.

Le Roi autorise son ambassadeur à seconder avec prudence le désir qu'auroit M. le duc d'Orléans de marier M. le duc de Chartres avec une archiduchesse [1].

On attendra l'arrivée du comte de Stainville à Vienne pour finir ici l'affaire de l'accession de l'Empereur au premier traité de Versailles comme grand-duc de Toscane; ce prince n'a pas paru fort empressé de la terminer; il craint sans doute que cet engagement ne nuise au commerce de la Toscane, dont la régence s'est montrée jusqu'à présent trop favorable aux Anglois.

L'ambassadeur du Roi est chargé d'approfondir les véritables dispositions de l'Empereur; bien des gens ne croient pas ce prince aussi attaché à l'union des deux cours que l'Impératrice.

Le comte de Kaunitz ne plaît pas à l'Empereur, et de là vient peut-être que le comte de Colloredo saisit avec trop d'empressement les occasions d'appuyer sur les soupçons et les inquiétudes que le langage de quelques-uns de nos ministres a pu faire naître dans l'Empire.

C'est à l'ambassadeur de Sa Majesté à guérir l'Empereur et son ministre de leurs préventions, en leur faisant sentir la bonne foi avec laquelle le Roi s'est livré tout entier à ses nouveaux alliés.

Dans une affaire de cette importance, ce n'est pas par les services de détail qu'il faut juger des sentiments d'une cour, c'est par la réunion de tous les efforts qu'elle fait en faveur de ses alliés et par l'ensemble de ses résolutions et de ses démarches.

A l'égard de l'Impératrice-Reine, elle est sincèrement l'amie du Roi, et si cette princesse est dévouée de bonne foi au nouveau

---

1. Le duc d'Orléans, Louis-Philippe, petit-fils du régent, né en 1725, mort en 1785. — Le duc de Chartres, Louis-Philippe, né en 1747, mort en 1793.

système, son ministre de confiance y doit être attaché par amour-propre et par intérêt : c'est son ouvrage, et la supériorité de son crédit en dépend.

Le Roi s'en rapporte à son ambassadeur pour employer tout l'art de son esprit à plaire à l'Impératrice et à captiver le comte de Kaunitz; ils sont sensibles l'un et l'autre à la réputation et à la louange. Le comte de Stainville saura mieux qu'un autre, en leur parlant, concilier le langage de l'ambassadeur avec celui de courtisan et de l'homme du monde.

En consultant quelquefois le comte de Kaunitz, l'ambassadeur du Roi fera plus de progrès qu'en disputant avec lui; c'est pourquoi il doit avoir soin de parler plus souvent à l'amour-propre de ce ministre qu'à son esprit.

Il trouvera dans le comte de Kaunitz des lumières, de la probité et de la noblesse; peut-être trop d'exactitude dans les petites choses et de lenteur dans les opérations; on l'accuse d'être sujet à tirer avantage des aveux qu'on lui fait, des promesses ou même des espérances qu'on lui donne.

Mais si l'ambassadeur du Roi ne doit rien négliger pour plaire à la cour de Vienne, il ne doit pas non plus laisser accréditer l'opinion que la maison d'Autriche n'ait pas les plus grandes obligations à la France.

En évitant tout ce qui sent l'aigreur, le comte de Stainville aura soin de répondre par des faits authentiques à tous les reproches qu'on pourroit nous faire à Vienne, et c'est pour lui fournir à cet égard des réponses satisfaisantes qu'on s'est si fort étendu dans ce mémoire sur la partie historique de la négociation entre les deux cours.

L'instruction essentielle que le Roi donne à son ambassadeur porte sur les points suivants qui forment tout le précis de ce mémoire; on ne les a point étendus parce que le comte de Stainville est bien capable d'en saisir les objets, les conséquences et les rapports :

Entretenir l'union des deux Cours par la noblesse et la bonne foi des procédés;

Cultiver l'amitié réciproque et personnelle du Roi et de l'Impératrice; leur alliance est leur ouvrage; ils doivent donc dans toutes les occasions essentielles se parler directement et à cœur ouvert ; leurs ministres ne peuvent être chargés que de l'exécution du système, c'est aux souverains à l'affermir puisqu'ils en ont jeté eux-mêmes les premiers fondements ;

Ramener les membres du conseil de Vienne qui sont le moins favorables à l'exécution ; attacher fortement l'Empereur au système actuel : le bonheur de sa famille ainsi que l'avantage des États qu'il possède en propre, dépendent beaucoup de la durée des engagements respectifs des deux cours ;

Détruire le reste du penchant de la maison d'Autriche en faveur de l'Angleterre ; insister sur toutes les pratiques que la nation britannique met en usage pour soulever le Danemark et la Hollande, et pour détacher la Russie ; le véritable avantage que la France retirera du dernier traité de Versailles dépendra principalement de la rupture entière des cours de Vienne et de Londres ;

Marquer la différence qu'il y aura toujours de la fidélité de la France et de l'efficacité de ses secours avec la bonne foi et les ressources des autres alliés que l'Impératrice pourroit se procurer ; faire sentir quels services importants aura rendus la France à la maison d'Autriche, lorsque la puissance du roi de Prusse sera considérablement affoiblie ;

Appuyer sur l'estime et la haute considération dont le comte de Kaunitz jouit à Versailles, non seulement par la confiance que l'on a dans sa probité, mais aussi par l'idée qu'on s'est formée de l'étendue de son génie et de son courage, qui lui ont fourni de si grandes ressources après la bataille du 6 mai ;

Aplanir les difficultés qui naîtront dans la discussion des intérêts différents et quelquefois opposés des puissances qui doivent accéder au dernier traité de Versailles ;

Se concerter sur toutes les mesures à prendre pour obtenir l'accession de l'Espagne ; l'Impératrice nous avoit promis de fortifier notre crédit à la cour de Madrid ; elle n'a pu sans doute nous tenir parole à cet égard ;

Veiller sur la Russie gouvernée par un ministre trop avide d'argent et trop dévoué à l'Angleterre ; s'informer des mesures que prend la cour de Vienne pour s'assurer du grand-duc et de la grande-duchesse de Russie [1] ; savoir où en est le traité de subside qu'elle négocie avec ce prince et quels en sont les objets ; s'informer pareillement de l'état de la négociation par rapport à l'échange du Holstein ducal [2], objet qui intéresse si fort le grand-duc de Russie, mais qui, selon de certains rapports, n'est pas si agréable à la Czarine ;

Éclairer la conduite du Danemark ;

Favoriser en tout la Suède, dont la fidélité et la bonne foi sont connues ;

Travailler efficacement au dédommagement de la Saxe ; empêcher qu'on y mette à Vienne des bornes trop étroites, et lorsqu'il en sera temps, conseiller au sieur de Flemming de ne pas revendiquer des portions de la Silésie et de savoir sacrifier de petits objets de convenance à des vues plus solides ;

Enfin se conduire extérieurement à Vienne comme si l'union des deux cours devoit être éternelle ; étouffer les défiances des ministres impériaux en les écartant soi-même ; saisir le milieu qu'il y a entre une bonne foi aveugle et d'injustes ombrages.

Il n'est question aujourd'hui que de marcher rapidement au but que nous nous proposons et de lever tous les obstacles qui s'opposeroient à l'entière exécution des traités de Versailles ; c'est après leur accomplissement que l'on pourra prendre des précautions contre les inconvénients qui pourroient en résulter. Il faut, en un mot, tout prévoir et ne pas tout craindre.

Il n'est point d'ouvrage humain qui n'ait ses défauts : le système actuel embrasse trop d'objets pour n'avoir aucun danger ; mais avec la protection du ciel, il restera toujours à la France des ressources pour y remédier.

---

1. Le grand-duc Pierre, plus tard le czar Pierre III, qui succéda en 1762 à Élisabeth ; la grande-duchesse Catherine, sa femme, qui lui succéda en 1762 et régna sous le nom de Catherine II.

2. Par un traité du 23 avril 1750, l'héritier présomptif du trône de Suède, Adolphe-Frédéric de Holstein, roi de Suède en 1751, avait renouvelé la renonciation à toute prétention sur le Slesvig et s'était engagé, si la partie ducale du Holstein venait à lui échoir, à l'échanger contre l'Oldenbourg.

XX

LE COMTE DE CHOISEUL

1759

Le comte de Stainville, fait duc de Choiseul en août 1758, quitta Vienne en novembre, et vint à Paris remplacer aux affaires étrangères Bernis, fait cardinal, puis disgracié le 13 décembre de la même année.

La double guerre que la France soutenait contre la Prusse et contre l'Angleterre, avait été désastreuse. Bernis conseillait la paix[1]. Il écrivait au duc de Choiseul, à Vienne, le 9 octobre 1758[2] :

« Le Roi, depuis le mois de décembre de l'année dernière, a tâché
« de convaincre la cour de Vienne de la nécessité de faire la paix
« par l'impossibilité de soutenir la guerre et par le peu d'espoir de
« remplir tous les objets du traité secret. L'Impératrice a encore
« demandé une campagne au Roi. Sa Majesté la lui a accordée...
« Qu'en est-il résulté? qu'il a perdu la clef de ses colonies d'Amé-
« rique, qu'elles sont exposées à tomber au pouvoir de ses ennemis...
« que la marine de France est détruite, le commerce anéanti, la con-
« fiance perdue... que l'épuisement de la France est total, que les
« ressources sont taries...! L'Impératrice choisit le parti de la conti-
« nuation de la guerre : il faut que le Roi, pour la secourir, emploie
« les moyens qui restent en sa puissance, et comme Sa Majesté ne
« peut pas manquer à ses engagements, et que d'un autre côté, elle
« n'est plus en état de satisfaire à ceux du traité secret, elle se trou-
« vera donc forcée, dans le cas de la continuation de la guerre, à ne
« donner que son contingent de vingt-quatre mille hommes de
« troupes en argent, et à s'en tenir au premier traité de Versailles... »

---

1. Voir MASSON, Bernis, II, p. 471.
2. Id., p. 469.

Ces vues ne prévalurent point. L'un des premiers actes du duc de Choiseul au ministère fut de signer avec le comte de Starhemberg deux nouveaux traités, les 30 et 31 décembre 1758, dont on trouvera l'analyse ci-après.

Il désigna, pour le remplacer à Vienne, son cousin le comte, plus tard duc de Choiseul-Praslin, qui reçut, au mois de juin 1759, l'instruction suivante :

MÉMOIRE POUR SERVIR D'INSTRUCTION AU SIEUR COMTE DE CHOISEUL ALLANT A VIENNE EN QUALITÉ D'AMBASSADEUR DU ROI PRÈS LEURS MAJESTÉS IMPÉRIALES [1]. JUIN 1759.

Si jamais évènement a eu des droits à l'étonnement public, c'est celui de l'union du Roi avec l'Impératrice-Reine, conclue en 1756.

Les deux maisons de France et d'Autriche, rivales et ennemies depuis près de trois cents ans, s'étoient fait de leur inimitié un système politique que les puissances subalternes n'avoient pas manqué d'entretenir soigneusement pour leur propre avantage. En vain avoit-on tenté, en différents temps, de les réunir. La force du préjugé avoit surtout rendu la maison d'Autriche inaccessible à toute idée de réconciliation, et chacune continuoit à travailler à l'affoiblissement de la puissance de l'autre.

La mort de l'empereur Charles VI, dernier prince d'Autriche, fit croire que le moment de l'anéantissement de cette maison étoit arrivé. La jalousie et les alarmes qu'avoit inspirées à toute l'Europe cette prodigieuse masse d'États que le feu Empereur avoit tâché de réunir sur la tête de sa fille aînée; les dispositions de plusieurs princes considérables qui prétendoient avoir des

---

1. Autriche, *Mémoires et Documents*. T.VIII.

droits à cette succession ; la couronne impériale qui avoit fait le lien de tant d'États dispersés, sortie de cette maison par la mort du dernier prince d'Autriche qui la possédoit, tout sembloit favoriser le dessein d'anéantir cette puissance en la partageant ; et c'est d'après ce tableau que la France adopta le système de diviser les États de la succession de la maison d'Autriche conformément aux droits des prétendants, et d'entremêler si bien les différents partages que les nouveaux possesseurs fussent continuellement attentifs à s'opposer à l'agrandissement les uns des autres et à empêcher qu'il ne s'élevât une nouvelle puissance aussi redoutable à la France et aussi ennemie de son repos que l'avoit été la dernière maison d'Autriche, de façon que par ce moyen la tranquillité publique pût être rendue à l'avenir solide et durable.

La fin de la guerre ne répondit pas à son objet. La maison de Bavière dans laquelle on avoit fait entrer la couronne impériale, la perdit et fut ruinée ; la Saxe épuisée ; les autres prétendants à la succession d'Autriche, si l'on en excepte le roi de Prusse, ne recueillirent que peu de fruit de leurs efforts ; ce prince fut le seul qui enleva le plus beau fleuron de la couronne d'Autriche en conquérant la Silésie, et l'on vit s'élever en lui une puissance d'autant plus formidable qu'il conserva sur pied une armée nombreuse, la mieux exercée et la mieux disciplinée de l'Europe, et qu'il se fit une règle de n'en observer aucune, que sa seule convenance, tant à l'égard de ses alliés que de ses voisins.

Le Roi n'oublia rien à la vérité pour rendre solide la pacification d'Aix-la-Chapelle qui termina la guerre en 1748. Sa Majesté, par un effort de générosité que l'humanité ne connoissoit point encore, sacrifia ses succès et ses ressentiments au rétablissement de la bonne intelligence avec ses voisins et à celui de la tranquillité générale. C'est à ces sacrifices et aux soins infatigables du Roi que l'Europe a été redevable du repos dont elle a joui jusqu'en 1755, et elle en jouiroit encore si les rois d'Angleterre et de Prusse avoient été animés d'un zèle aussi sincère que Sa Majesté pour le bien public ; mais ces deux princes ne regardèrent la paix que comme une trêve momentanée et comme un moyen sûr d'abuser de la confiance de leurs voisins dans la foi des traités, en se préparant à les attaquer inopinément pour se procurer de nouveaux avantages à leurs dépens avant qu'ils fussent en état de défense.

L'Impératrice-Reine instruite des menées secrètes du roi de Prusse avec l'Angleterre contre la France fut indignée de la perfidie d'un prince qui avoit de si grandes obligations au Roi; elle dédaigna d'un autre côté de servir d'instrument à l'ambition du roi d'Angleterre aux dépens de la France, et inspirée par le rapport de ses sentiments généreux avec ceux du Roi, elle lui donna connoissance des négociations du roi de Prusse et offrit son alliance à Sa Majesté. Mme la marquise de Pompadour fut la dépositaire des premières ouvertures de cœur de cette princesse pour le Roi, et par une habileté et une prudence qui lui sont aussi naturelles que rares à son sexe, elle posa les premiers fondements de l'union que les cœurs des deux souverains avoient préparée.

Une seule difficulté s'opposoit à la conclusion de l'alliance; elle résidoit dans la fidélité inviolable du Roi à ses alliés. Sa Majesté, malgré les trahisons secrètes du roi de Prusse, ne vouloit point l'abandonner qu'il n'y eût donné lieu par quelque démarche authentique. Sa Majesté Prussienne ne tarda pas à lui en fournir le sujet en rompant ses liaisons avec la France. Ce prince, malgré les représentations de l'ambassadeur que le Roi lui avoit envoyé pour les renouveler, et pour concerter avec lui le plan des mesures nécessaires à sa sûreté, se lia de préférence avec le roi d'Angleterre, alors ennemi déclaré de la France, et ce ne fut qu'après qu'il eut signé et ratifié le traité du 16 janvier 1756 avec Sa Majesté Britannique que le Roi conclut le traité défensif du 1er mai de la même année avec l'Impératrice-Reine et la convention de neutralité pour les Pays-Bas, dont les copies sont ci-jointes.

Jusque-là l'union des deux cours ne consistoit que dans des liaisons d'amitié réciproque, dans les stipulations d'une défense mutuelle, et le maintien des traités de Westphalie que l'on avoit pris pour base de la nouvelle alliance; et quoique l'Impératrice eût fait des offres très avantageuses au Roi pour le porter à entrer dans des mesures plus étendues contre le roi de Prusse, Sa Majesté s'y refusa par délicatesse pour ses engagements, jusqu'à ce que Sa Majesté Prussienne eût enfreint le traité de la paix générale conclu à Aix-la-Chapelle et dégagé la France des garanties stipulées en faveur de ce prince par ce même traité.

Alors Sa Majesté qui venoit de donner deux rares exemples de la générosité de ses sentiments à l'égard du roi de Prusse, en donna un nouveau plus singulier encore en faveur de l'Impératrice et du roi de Pologne, électeur de Saxe. Le Roi avoit attendu que le roi de Prusse eût enfreint les traités pour se lier avec cette princesse, et dès que Sa Majesté Prussienne eut attaqué la Saxe et la Bohême, Sa Majesté fit passer cent mille hommes à leur secours sans attendre que le traité qui devoit régler les avantages promis pour les efforts qu'il faisoit, fût signé. Il ne le fut que le 1er mai 1757.

Ce traité stipuloit le concours des efforts militaires de Leurs Majestés pour procurer à l'Impératrice, au roi de Pologne et à la Suède une ample satisfaction sur le passé et des sûretés suffisantes pour l'avenir, comme aussi pour maintenir le système germanique et rétablir le repos de l'Europe en réduisant la puissance du roi de Prusse dans de telles bornes qu'il ne fût plus en son pouvoir de troubler à l'avenir la tranquillité publique. Les efforts militaires du Roi n'étoient pas les seuls auxquels il s'engageoit dans ce traité; Sa Majesté s'obligeoit encore à donner trente millions de subsides annuels à l'Impératrice-Reine et à soudoyer à ses frais et pour le même but le Danemark et la Suède, le roi de Pologne, les électeurs de la maison palatine et de Bavière, le prince de Liège, le duc de Deux-Ponts, le duc de Wurtemberg, les margraves de Brandebourg[1] et la république de Gênes. De sorte que le Roi payoit tous les coups qui devoient être portés soit par lui, soit par ses alliés à l'ennemi de l'Empire, de l'Impératrice et de la Saxe, et toutes les résolutions qu'il falloit faire prendre aux princes d'Allemagne contre lui. Enfin pour prix des efforts excessifs que Sa Majesté faisoit en tout

---

1. Les margraves d'Anspach et de Baireuth.

genre, on stipuloit un établissement dans les Pays-Bas pour l'infant don Philippe et sa postérité en échange de Parme, Plaisance et Guastalla qui restoient à l'Impératrice ; des précautions pour la tranquillité du roi de Naples ; la cession de quelques places dans les Pays-Bas pour la France et un accommodement sur les différends de limites entre les deux États limitrophes des deux cours.

Quelque vaste que fût ce projet, on crut qu'il pouvoit être le fruit d'une campagne ou deux ; mais jamais succès n'a répondu plus mal aux apparences : aucun de ces objets n'a été exécuté ; il en est résulté l'épuisement total du royaume, et le Roi n'en a retiré d'autre avantage que celui de prouver que les intérêts de ses alliés et ceux de l'Empire l'avoient emporté dans son cœur sur les siens propres.

Les pertes immenses et les malheurs multipliés que la France a soufferts dans les deux dernières campagnes de terre et de mer ayant mis le Roi hors d'état de continuer les mêmes efforts en faveur de ses alliés, Sa Majesté a été forcée de prendre un nouveau système qui pût s'accorder avec sa fidélité pour ses alliés, ses devoirs à l'égard de ses peuples et le véritable état de ses affaires.

Comme les motifs qui ont déterminé la conduite du Roi ne peuvent que gagner à être connus, on déduira ici ceux qui ont décidé Sa Majesté à former ce nouveau système.

Les deux guerres dont le Roi est chargé sont de diverse nature : celle qu'il a avec les Anglois est personnelle à Sa Majesté et à l'État, elle intéresse directement son honneur, sa puissance, sa sûreté et celle de son royaume, et il en soutient seul tout le poids ; celle qui se poursuit en Allemagne est indirecte pour le Roi, elle se fait principalement pour l'avantage de ses alliés et pour le bien de l'Empire.

Quant aux avantages personnels que le traité de Versailles du 1er mai 1757 réservoit à la France, ils dépendoient des événements de la guerre ; au lieu que les secours excessifs en hommes et en subsides que le Roi donnoit à l'Impératrice étoient présents et nullement dépendants de la fortune des armes puisqu'ils devoient durer toute la guerre.

Quelque fortes que soient les liaisons de l'amitié et de l'alliance, il est certain qu'elles ont de justes bornes. Les devoirs primitifs du Roi sont de réparer l'injure faite à sa dignité par les Anglois, de maintenir sa puissance, de défendre ses peuples et de rétablir leur repos et leur sûreté.

Les devoirs de l'amitié et de l'alliance, tout respectables qu'ils sont, doivent être subordonnés à ces devoirs primitifs et essentiels.

Le Roi est fort éloigné de vouloir abandonner ses alliés; mais il veut modifier ses secours, de la façon que leur défense ne l'empêche pas de pourvoir à celle de ses peuples et de ses possessions dans les différentes parties du monde et n'énerve pas sa puissance au point de risquer de la perdre.

Quand ses alliés auroient, comme on n'en doute pas, les meilleures intentions du monde pour secourir la France, quand, par une supposition impossible, ils auroient recueilli tous les avantages qui leur étoient réservés par le traité de 1757, leur assistance ne pourroit ni rétablir la marine du Roi, ni lui faire recouvrer les colonies qu'il auroit perdues, puisque les uns n'ont point de marine et que celle des autres est trop foible pour suppléer à la ruine totale de la sienne.

Il y a plus. Le véritable intérêt de ses alliés est attaché à la conservation de l'étendue de sa puissance par mer ; c'est elle qui lui fournit les moyens d'entretenir de nombreuses armées pour la défense de ses alliés, comme c'est la puissance maritime des Anglois qui arme aujourd'hui tant d'ennemis contre eux et contre la France.

Ainsi le principal objet doit être de porter des coups directs à l'Angleterre afin de la forcer à une paix raisonnable et de lui causer de tels embarras qu'elle ne puisse soutenir la guerre du continent avec la même vigueur que par le passé. Il arrivera de deux choses l'une : ou cette paix entraînera celle d'Allemagne, ou l'Angleterre embarrassée n'aidera plus que foiblement le roi de Prusse et ses adhérents.

Dans ces deux cas, la ligue des princes réfractaires à la paix publique se trouvera rompue, et le roi de Prusse recevant peu ou point de secours des Anglois, les alliés de la France seront plus libres dans leurs opérations, et la France se trouvant alors en état d'augmenter ses efforts en Allemagne, il est évident que ses alliés pourront obtenir plus facilement une juste satisfaction de la part du roi de Prusse, et qu'il en sera plus aisé de rétablir l'ordre et la paix dans l'Empire.

C'est d'après ces principes de justice et de prudence que le Roi a pris la résolution de sacrifier les avantages que lui réservoit le traité du 1er mai 1757, en diminuant le nombre excessif de troupes et les subsides exorbitants qu'il donnoit à l'Impératrice, et de réunir ses plus grands efforts contre l'Angleterre; mais en même temps d'employer encore assez de troupes et d'argent à la guerre de terre pour mettre l'Impératrice-Reine et le roi de Pologne en état de tirer une juste satisfaction du roi de Prusse et de parvenir à une paix raisonnable dans l'Empire.

Tel a été le fondement des traités conclus les 30 et 31 décembre 1758[1] entre le Roi et l'Impératrice, dont on fait remettre ci-joint des copies au sieur comte de Choiseul.

Il y verra en substance que le Roi réduit à six millions de livres le subside de trente millions qu'il fournissoit ci-devant à l'Impératrice, mais qu'il lui donne, outre le secours de vingt-quatre mille hommes en argent porté par le traité de 1756, cent mille hommes pour soutenir ses intérêts et ceux du roi de Pologne contre le roi de Prusse et rétablir la paix dans l'Empire; que Sa Majesté y assure le repos de l'Italie en procurant la sûreté du roi de Naples et un établissement certain à l'infant don Phi-

---

[1]. Le traité du 30 décembre réglait les conditions générales de l'alliance; le traité du 31 décembre était secret et modifiait le traité du 1er mai 1757. M. Martens, *Traités de l'Autriche et de la Russie*, I, p. 224, a publié le traité du 30 décembre. Voici les principales dispositions du traité du 31 décembre : Art. 1er. Annulation du traité du 1er mai 1757. — Art. 2. Paiement des subsides. — Art. 3. Équivalent en argent du secours de 24.000 hommes promis par les traités de 1756 et 1757. — Art. 4. L'Impératrice promet ses bons offices, lors de la paix, pour faire abroger les dispositions du traité d'Utrecht relatives à Dunkerque. — Art. 5. Garantie réciproque des conquêtes que les alliés pourraient réaliser à la paix, et promesse de compensations éventuelles pour la France au cas où l'Autriche obtiendrait « quelques avantages considérables aux dépens du roi de Prusse ». — Art. 6, 7, 8, 9, 10. Règlement de la succession de Parme. — Art. 11. Conditions du droit de réversion stipulé pour l'Autriche. — Art. 12. Garantie des biens allodiaux des maisons de Médicis et de Farnèse. — Art. 13. Indemnité éventuelle du roi de Sardaigne. — Art. 14. Subsides de la France au Danemark.

lippe et à sa postérité, et qu'elle y affermit l'union des deux maisons par des arrangements de famille avec Leurs Majestés Impériales. Enfin il trouvera dans ces traités la stipulation de l'accession de l'Empereur, et comme il manqueroit un lien essentiel à l'union des deux cours si l'époux de l'Impératrice et le chef de l'Empire n'y donnoit pas son accession, il aura incessamment les ordres de la solliciter et de l'accélérer le plus qu'il sera possible.

On fait remettre de plus au sieur comte de Choiseul le plan des opérations des armées du Roi, de l'Impératrice et de leurs alliés en Allemagne, en conséquence des nouveaux traités; et c'est pour veiller à l'exécution de cet important ouvrage et cultiver et consolider l'union des deux maisons que le Roi a nommé le sieur comte de Choiseul son ambassadeur près Leurs Majestés Impériales. Comme son zèle pour le service du Roi, ses talents, son application et l'avantage qu'il aura de trouver la cour de Vienne préparée à lui donner sa confiance, par celle que le sieur duc de Choiseul s'est acquise auprès d'elle, ont fait le motif du choix de Sa Majesté, ils le font aussi de l'espérance qu'elle a qu'il s'acquittera de cette commission à la satisfaction réciproque des deux cours.

Quoique le sieur comte de Choiseul ait pu reconnoître par les différentes lettres qui lui ont été communiquées quel est l'état des cours étrangères relativement à la France, cependant on a cru devoir lui donner un mémoire d'observations séparées sur chacune d'elles. On n'y a pas oublié les affaires de la diète générale de Ratisbonne; mais par la connexion intime qu'elles ont avec la cour impériale, on ne croit pas pouvoir se dispenser de faire connoître ici en général le système du Roi par rapport à l'Empire.

Quelque forte que soit l'union du Roi avec l'Impératrice, quoiqu'il soit animé du désir le plus sincère de la rendre à jamais durable, son idée n'a jamais été, en la formant, d'abandonner l'Empire ni les princes protestants en particulier, ni de se prêter à aucune mesure qui pût donner atteinte aux lois et constitutions de l'Empire dont il est garant. Au contraire, Sa Majesté, persuadée que Leurs Majestés Impériales n'ont aucun dessein contraire au maintien du système germanique, a déclaré nettement ses intentions là-dessus en s'alliant avec la cour de Vienne, et c'est par ce motif que les traités de Westphalie ont toujours été mis pour base des traités que la France a faits avec elle.

L'intention du Roi est donc que son ambassadeur travaille à affermir la nouvelle union de la France avec la cour de Vienne sans affoiblir celle qui est anciennement établie entre la France et l'Empire, et dont le nœud le plus ferme réside dans la garantie de la paix de Westphalie qui, en fixant les bornes de l'autorité impériale, assure aux princes de l'Empire les droits de leur liberté et de leur religion.

Il est d'autant plus important que le sieur comte de Choiseul conforme à ces principes sa conduite à la cour de Vienne, et son langage aux ministres des princes de l'Empire qui lui feront paroître quelque inquiétude sur les desseins de la nouvelle alliance à cet égard, que les rois de Prusse et d'Angleterre ne cessent de la représenter comme tendante à établir le despotisme de la cour de Vienne en Allemagne et à élever la religion catholique sur les débris de la protestante.

S'il arrivoit, contre toute attente, que le sieur comte de Choiseul s'aperçût que la cour impériale voulût faire quelque démarche opposée aux lois et constitutions germaniques, non seulement il s'abstiendra d'y prêter son ministère, mais il emploiera les conseils les plus amiables pour tâcher de les en détourner, et il en informera sur-le-champ le sieur duc de Choiseul, ministre des affaires étrangères, afin que l'on puisse prévenir à temps les inconvénients qui en pourroient résulter et qui seroient aussi contraires au bien de l'Empire et aux intérêts de Leurs Majestés Impériales qu'à ceux de la cause commune.

Outre les choses obligeantes que contiennent les lettres de créance que l'on fait remettre au sieur comte de Choiseul pour Leurs Majestés Impériales, il ne pourra trop les assurer de la parfaite amitié du Roi pour elles, de sa pleine confiance dans leurs sentiments à son égard et du désir sincère dont il est animé pour leur gloire et leurs avantages.

Comme il est important de donner à l'ambassadeur du Roi des notions préliminaires du caractère et des affections des principaux personnages qui composent la cour impériale, ainsi que des ministres étrangers qui y résident, on en a fait un tableau séparé que le sieur comte de Choiseul gardera très secrètement et qui ne lui servira que pour sa direction.

Quant au cérémonial qui doit être observé à l'égard de l'ambassadeur du Roi et qu'il doit observer, soit avec la cour de Vienne, soit avec les ministres étrangers, il en trouvera une partie dans le mémoire ci-joint qui contient une partie de ce qui s'est passé relativement au sieur marquis d'Hautefort; mais comme cette relation ne suffiroit pas, il aura soin de prendre les éclaircissements du sieur Boyer qui est instruit de ce qui s'est pratiqué pendant l'ambassade du sieur duc de Choiseul, et il fera former un mémoire circonstancié de toutes les civilités qu'il aura eu à rendre ou à recevoir, soit aux audiences de Leurs Majestés Impériales et des archiducs et archiduchesses, soit dans les visites respectives de l'ambassadeur et des ministres impériaux, des ministres étrangers, des grands officiers de la cour, conseillers d'État, etc., soit dans les fêtes publiques, festins, etc., pour suppléer à ce qui manque au mémoire qu'on lui donne.

On finira par assurer le secret des correspondances du sieur comte de Choiseul, soit avec le ministre des affaires étrangères, soit avec les ministres du Roi en pays étrangers, et, à cet effet, on lui remet un état des chiffres qui sont joints à cette instruction, et de ceux que le sieur Boyer lui donnera à son arrivée à Vienne.

XXI

LE COMTE DU CHATELET

1761

Le comte de Choiseul-Praslin revint de Vienne au mois de mai 1761, laissant M. de Sainte-Foy comme chargé d'affaires. Il était rappelé pour remplacer aux affaires étrangères son cousin, le duc de Choiseul, qui prenait le ministère de la marine.

L'insuccès de la guerre continentale, les désastres de la guerre maritime, la perte du Canada, de Pondichéry, du Sénégal, d'une partie des Antilles, obligeaient la France à songer à la paix. Elle s'efforçait d'y décider ses alliés, et ce fut le principal objet de la mission du baron de Breteuil en Russie, au mois de mars 1760 [1]. D'autre part les cours de Londres et de Berlin avaient, par une note du 25 novembre 1759, fait connaître qu'elles étaient disposées à un congrès.

La France publia le 26 mars 1761, en son nom et en celui de l'Autriche, de la Russie, de la Suède et de la Pologne une déclaration proposant de réunir le congrès à Augsbourg. En même temps, une négociation particulière s'engageait entre la France et l'Angleterre. C'est dans ces circonstances que M. le comte du Châtelet fut envoyé à Vienne, et reçut, à la date du 29 juin 1761, l'instruction suivante :

---

1. FLASSAN, V, p. 277.

Mémoire pour servir d'instruction au sieur comte du Chatelet-Lomont, maréchal des camps et armées du Roi, menin de M. le Dauphin, allant a Vienne en qualité de ministre plénipotentiaire du Roi près leurs Majestés impériales. 29 juin 1761 [1].

Si jamais évènement a eu des droits à l'étonnement public, c'est celui de l'union du Roi avec l'Impératrice-Reine, conclue en 1756.

Les deux maisons de France et d'Autriche, rivales et ennemies depuis près de trois cents ans s'étoient fait de leur inimitié un système politique que les puissances subalternes n'avoient pas manqué d'entretenir soigneusement pour leur propre avantage. En vain avoit-on tenté en différents temps de les réunir, la force du préjugé avoit surtout rendu la maison d'Autriche inaccessible à toute idée de réconciliation, et chacune continuoit à travailler à l'affoïblissement de la puissance de l'autre.

La mort de l'empereur Charles VI, dernier prince d'Autriche, fit croire que le moment de l'anéantissement de cette maison étoit arrivé. La jalousie et les alarmes qu'avoit inspirées à toute l'Europe cette prodigieuse masse d'États que le feu Empereur avoit tâché de réunir sur la tête de sa fille aînée; les dispositions de plusieurs princes considérables qui prétendoient avoir des droits à cette succession; la couronne impériale qui avoit fait le lien de tant d'États dispersés, sortie de cette maison par la mort du dernier prince d'Autriche qui la possédoit, tout sembloit favoriser le dessein d'anéantir cette puissance en la partageant; et c'est d'après ce tableau que la France adopta le système de diviser les États de la succession de la maison d'Autriche, conformément aux droits des prétendants, et d'entremêler si bien les différents partages que les nouveaux possesseurs fussent continuellement attentifs à s'opposer à l'agrandissement les uns des autres, et à empêcher qu'il ne s'élevât une nouvelle puis-

---

1. Autriche, *Mémoires et Documents*. T. XLII.

sance aussi redoutable à la France et aussi ennemie de son repos que l'avoit été la dernière maison d'Autriche, de façon que, par ce moyen, la tranquillité publique pût être rendue à l'avenir solide et durable.

La fin de la guerre ne répondit pas à son effet. La maison de Bavière, dans laquelle on avoit fait entrer la couronne impériale, la perdit et fut ruinée; la Saxe épuisée; les autres prétendants à la succession d'Autriche, si l'on en excepte le roi de Prusse, ne recueillirent que peu de fruit de leurs efforts; ce prince fut le seul qui enleva le plus beau fleuron de la couronne autrichienne en conquérant la Silésie, et l'on vit s'élever en lui une puissance d'autant plus formidable qu'il conserva sur pied une armée nombreuse, la mieux exercée et la mieux disciplinée de l'Europe, et qu'il se fit une règle de n'en observer aucune que sa seule convenance, tant à l'égard de ses alliés que de ses voisins.

Le Roi n'oublia rien, à la vérité, pour rendre solide la pacification d'Aix-la-Chapelle qui termina la guerre en 1748. Sa Majesté, par un effort de générosité que l'humanité ne connoissoit point encore, sacrifia ses succès et ses ressentiments au rétablissement de la bonne intelligence avec ses voisins et à celui de la tranquillité générale.

C'est à ces sacrifices et aux soins infatigables du Roi que l'Europe a été redevable du repos dont elle a joui jusqu'en 1755, et elle en jouiroit encore si les rois d'Angleterre et de Prusse avoient été animés d'un zèle aussi sincère que Sa Majesté pour le bien public. Mais ces deux princes ne regardèrent la paix que comme une trêve momentanée et comme un moyen sûr d'abuser de la confiance de leurs voisins dans la foi des traités, en se préparant à les attaquer inopinément pour se procurer de nouveaux avantages à leurs dépens avant qu'ils fussent en état de défense.

L'Impératrice-Reine, instruite des menées secrètes du roi de Prusse avec l'Angleterre contre la France, fut indignée de la perfidie d'un prince qui avoit de si grandes obligations au Roi; elle dédaigna d'un autre côté de servir d'instrument à l'ambition du roi d'Angleterre aux dépens de la France; et inspirée par le rapport de ses sentiments généreux avec ceux du Roi, elle lui donna connoissance des négociations du roi de Prusse et offrit son alliance à Sa Majesté.

Une seule difficulté s'opposoit à la conclusion de l'alliance : elle résidoit dans la fidélité inviolable du Roi à ses alliés. Sa Majesté, malgré les trahisons secrètes du roi de Prusse, ne vouloit point l'abandonner qu'il n'y eût donné lieu par quelque démarche authentique. Sa Majesté Prussienne ne tarda pas à lui en fournir le sujet en rompant ses liaisons avec la France. Ce prince, malgré les représentations de l'ambassadeur que le Roi lui avoit envoyé pour les renouveler et pour concerter avec lui le plan des mesures nécessaires à sa sûreté, se lia de préférence avec le roi d'Angleterre, alors ennemi déclaré de la France; et ce ne fut qu'après qu'il eut signé et ratifié le traité du 16 janvier 1756 avec Sa Majesté Britannique, que le Roi conclut le traité défensif du 1er mai de la même année avec l'Impératrice-Reine, et la convention de neutralité pour les Pays-Bas dont les copies sont ci-jointes.

Jusque-là l'union des deux cours ne consistoit que dans des liaisons d'amitié réciproque, dans les stipulations d'une défense mutuelle, et le maintien des traités de Westphalie qu'on avoit pris pour base de la nouvelle alliance; et quoique l'Impératrice eût fait des offres très avantageuses au Roi pour le porter à entrer dans des mesures plus étendues contre le roi de Prusse, Sa Majesté s'y refusa par délicatesse pour ses engagements, jusqu'à ce que Sa Majesté Prussienne eût enfreint le traité de la paix générale conclu à Aix-la-Chapelle et dégagé la France des garanties stipulées en sa faveur par ce même traité.

Alors Sa Majesté, qui venoit de donner deux rares exemples de la générosité de ses sentiments à l'égard du roi de Prusse, en donna un nouveau plus singulier encore en faveur de l'Impératrice et du roi de Pologne, électeur de Saxe. Le Roi avoit attendu que le roi de Prusse eût enfreint les traités pour se lier avec cette princesse, et dès que Sa Majesté Prussienne eut attaqué la Saxe et la Bohême, Sa Majesté fit passer cent mille hommes à leur secours sans attendre que le traité qui devoit régler les avantages promis pour les efforts qu'il faisoit, fût signé. Il ne le fut que le 1er mai 1757. Sa Majesté fit plus : dès qu'elle apprit la perte de la bataille de Prague, elle envoya une deuxième armée de quarante mille hommes en Allemagne.

Le traité qui venoit d'être signé stipuloit le concours des efforts militaires de Leurs Majestés pour procurer à l'Impératrice, au roi de Pologne et à la Suède une ample satisfaction sur le passé et des sûretés suffisantes pour l'avenir, comme aussi pour maintenir le système germanique et rétablir le repos de l'Europe, en réduisant la puissance du roi de Prusse dans de telles bornes qu'il ne fût plus en son pouvoir de troubler à l'avenir la tranquillité publique.

Les efforts militaires du Roi n'étoient pas les seuls auxquels il s'engageoit dans ce traité : Sa Majesté s'obligeoit encore à donner des subsides considérables à l'Impératrice-Reine et à soudoyer, à ses frais et pour le même but, le Danemark et la Suède, le roi de Pologne, les électeurs de la maison palatine et de Bavière, le prince de Liège, le duc de Deux-Ponts, le duc de Wurtemberg et les margraves de Brandebourg; de sorte que le Roi payoit tous les coups qui devoient être portés, soit par lui, soit par ses alliés, à l'ennemi de l'Empire, de l'Impératrice et de la Saxe, et toutes les résolutions qu'il falloit faire prendre aux princes d'Allemagne contre lui. Enfin pour prix des efforts excessifs que Sa Majesté faisoit en tout genre, on stipuloit un établissement dans les Pays-Bas pour l'infant don Philippe et sa postérité, en échange de Parme, Plaisance et Guastalla qui restoient à l'Impératrice; des précautions pour la tranquillité du roi de Naples; la cession de quelques places dans les Pays-Bas pour la France et un accommodement sur les différends de limites entre les États limitrophes des deux cours.

Quelque vaste que fût ce projet, on crut qu'il pouvoit être le fruit d'une campagne ou deux; mais jamais succès n'a répondu plus mal aux apparences. Aucun de ces objets n'a été exécuté. Il en est résulté l'épuisement total du royaume, et le Roi n'en a retiré d'autre avantage que celui de prouver que les intérêts de ses alliés et ceux de l'Empire l'avoient emporté dans son cœur sur les siens propres.

Les malheurs multiples et les pertes immenses que la France avoit soufferts en 1757 et 1758, par terre et par mer, ayant mis le Roi hors d'état de continuer les mêmes efforts en faveur de ses alliés, Sa Majesté fut forcée de prendre un nouveau système qui pût s'accorder avec sa fidélité pour ses alliés, ses devoirs à l'égard de ses peuples et le véritable état de ses affaires.

Comme les motifs qui avoient déterminé la conduite du Roi ne peuvent que gagner à être connus, on déduira ici ceux qui avoient décidé Sa Majesté à former ce nouveau système.

Les deux guerres dont le Roi est chargé sont de diverse nature. Celle qu'il a avec les Anglois est personnelle à Sa Majesté et à l'État ; elle intéresse directement son honneur, sa puissance, sa sûreté et celle de son royaume, et il en soutient seul tout le poids. Celle qui se poursuit en Allemagne est indirecte pour le Roi ; elle se fait principalement pour l'avantage de ses alliés et pour le bien de l'Empire.

Quant aux avantages personnels que le traité de Versailles du 1er mai 1757 réservoit à la France, ils dépendoient des événements de la guerre ; au lieu que les secours excessifs en hommes et en subsides que le Roi donnoit à l'Impératrice étoient présents et nullement dépendants de la fortune des armes, puisqu'ils devoient durer toute la guerre.

Quelque fortes que soient les liaisons de l'amitié et de l'alliance, il est certain qu'elles ont de justes bornes. Les devoirs primitifs du Roi sont de réparer l'injure faite à sa dignité par les Anglois, de maintenir sa puissance, de défendre ses peuples, et de rétablir leur repos et leur sûreté.

Les devoirs de l'amitié et de l'alliance, tout respectables qu'ils sont, devoient être subordonnés à ces devoirs primitifs et essentiels.

Le Roi étoit fort éloigné de vouloir abandonner ses alliés, mais il vouloit modifier ses secours de façon que leur défense ne l'empêchât pas de pourvoir à celle de ses peuples ni de ses possessions dans les différentes parties du monde, et n'énervât pas sa puissance au point de risquer de la perdre.

Quand ses alliés auroient eu, comme on n'en doute pas, les meilleures intentions du monde pour secourir la France, quand, par une supposition impossible, ils auroient recueilli tous les avantages qui leur étoient réservés par le traité de 1757, leur assistance n'auroit pu, ni rétablir la marine du Roi, ni lui faire recouvrer les colonies qu'il auroit perdues puisque les uns n'ont point de marine et que celle des autres est trop foible pour suppléer à la ruine totale de la sienne.

Il y a plus : le véritable intérêt de ses alliés est attaché à la conservation de sa puissance par mer. C'est elle qui lui fournit les moyens d'entretenir de nombreuses armées pour la défense de ses alliés, comme c'est la puissance maritime des Anglois qui arme aujourd'hui tant d'ennemis contre l'Empire et contre la France.

Ainsi le principal objet devoit être de porter des coups directs à l'Angleterre, afin de la forcer à une paix raisonnable, ou de lui causer de tels embarras qu'elle ne pût soutenir la guerre du continent avec la même vigueur que par le passé. On s'étoit flatté qu'il arriveroit de deux choses l'une : ou que cette paix entraîneroit celle d'Allemagne, ou que l'Angleterre embarrassée n'aideroit plus que foiblement le roi de Prusse et ses adhérents.

Dans ces deux cas, la ligue des princes réfractaires à la paix publique se seroit trouvée rompue ; le roi de Prusse recevant peu ou point de secours des Anglois, les alliés de la France auroient été plus libres dans leurs opérations, et la France se trouvant alors en état d'augmenter ses efforts en Allemagne, il y avoit apparence que ses alliés auroient pu obtenir plus facilement une juste satisfaction de la part de Sa Majesté Prussienne, ou qu'il auroit été plus aisé de rétablir l'ordre et la paix dans l'Empire.

Tel a été le fondement du traité conclu le 30 décembre 1758, entre le Roi et l'Impératrice-Reine, dont on fait remettre ci-joint la copie au sieur comte du Châtelet.

Il y verra, en substance, qu'outre le secours de vingt-quatre mille hommes en argent porté par le traité de 1756, le Roi promettoit encore de faire agir cent mille hommes en Allemagne pour soutenir les intérêts de l'Impératrice-Reine et ceux du roi de Pologne contre le roi de Prusse et rétablir la paix dans l'Empire ; que Sa Majesté y assuroit le repos de l'Italie en procurant la sûreté du roi de Naples, et un établissement certain à l'infant don Philippe et à sa postérité, et qu'elle y affermissoit l'union des deux maisons par des arrangements de famille avec Leurs Majestés Impériales.

On observera au sujet du traité conclu entre le Roi et l'Impératrice-Reine le 30 décembre 1758, que quoique la Russie y ait accédé et que pour prix de son accession et des efforts qu'elle a faits pour la cause commune, les deux impératrices ayant invité le Roi à accéder pareillement aux traités et conventions signées entre elles à Pétersbourg le 21 mars 1760, par lesquels l'impératrice de Russie a garanti la Silésie et le comté de Glatz à l'Impératrice-Reine et a engagé cette princesse à lui garantir la Prusse[1], cependant Sa Majesté n'a pas jugé à propos de déférer à cette demande ni de prendre aucun engagement avec les deux impératrices qui assurât des avantages à la Russie. Le sieur comte du Châtelet trouvera dans le rapport qui en a été fait au Conseil de Sa Majesté par le ministre des affaires étrangères et dont copie est ci-jointe, les motifs qui ont déterminé à prendre ce parti.

Le nouveau plan que la France avoit formé pour obliger l'Angleterre à une paix raisonnable n'a pas mieux réussi.

L'escadre envoyée aux îles françoises Sous le Vent[2], sous les ordres du sieur de Bompard[3], n'a pu sauver la Guadeloupe; la France a perdu en même temps ses établissements en Afrique; le combat du sieur de la Clue[4] a porté un coup sensible aux dispositions maritimes de la France; l'affoiblissement de l'armée françoise en Asie, la prise de Québec et la perte du Canada qui en a été la suite, enfin la dispersion de la flotte sous les ordres du sieur maréchal de Conflans[5], qui a fait manquer l'ex-

---

1. 7 mars 1760, accession de la Russie au traité du 30 décembre 1758. — MARTENS, I, p. 224. — 21 mars 1760, traité d'alliance entre la Russie et l'Autriche. — MARTENS, 1, 269.
2. Iles de l'archipel des Antilles.
3. Garde de la marine en 1713, chef d'escadre en 1757, gouverneur des îles Sous le Vent depuis 1750, mort en 1773.
4. Commandant de la flotte française de la Méditerranée en 1759; il fut battu par les Anglais en vue de Lagos, le 17 août.
5. En 1759, Choiseul prépara une descente en Angleterre. L'amiral de Conflans fut chargé du commandement des troupes de mer. Il fut battu, le 29 novembre, entre Belle-Ile et Quiberon, par l'amiral anglais Hawke. Cette défaite fit abandonner le projet de descente.

pédition d'Angleterre, furent autant de motifs qui déterminèrent le Roi à suspendre les plans offensifs contre l'Angleterre et à revenir à celui d'augmenter les efforts en Allemagne et de forcer le roi d'Angleterre à la paix par la conquête de ses États patrimoniaux[1] et de ceux de ses alliés.

On exécuta une partie de ce projet en 1760; l'armée du Roi rétablit la réputation des armées françoises par la conquête du pays de Hesse que la perte de la bataille de Minden[2] avoit fait rentrer au pouvoir des ennemis. L'armée du Roi reprit Gœttingue[3] et s'y maintint avec éclat malgré les efforts réunis que les ennemis avoient faits pour obliger les François à abandonner une place qui leur facilitoit l'entrée dans le cœur de l'électorat de Hanovre à l'ouverture de la campagne.

Quoique les dépenses incroyables que le Roi a été obligé de faire pour soutenir ses troupes dans le pays de Hesse lui aient été très onéreuses, Sa Majesté n'a pas cru devoir borner ses efforts aux opérations de cette armée. Elle vient de faire assembler sur le bas Rhin, sous les ordres du maréchal Soubise[4], une seconde armée pour en imposer davantage aux ennemis et rendre plus aisée la conquête de l'électorat de Hanovre, au cas que les négociations qui ont été établies pour la paix fussent infructueuses.

Comme la campagne de 1760 n'a pas été plus heureuse pour les alliés du Roi que les précédentes et qu'à l'exception de la conquête du comté de Glatz et de la nouvelle occupation de la ville de Dresde, ils n'étoient pas plus avancés à la fin de 1760 qu'en 1758, le Roi pour terminer une guerre si destructive pour le genre humain, si onéreuse à ses finances et si préjudiciable au commerce de ses sujets, forma le projet d'amener ses alliés et ses ennemis à une conciliation. Dans cette vue, Sa Majesté avoit proposé à ses alliés d'établir deux congrès, l'un à Paris, l'autre à Londres, qui auroient terminé sans embarras et avec

---

1. Le roi d'Angleterre, Georges III, né en 1738, roi en 1760, était en même temps électeur de Hanovre.
2. 1er août 1759.
3. En 1760, après une victoire sur Brunswick, le 10 juillet.
4. Charles de Rohan, prince de Soubise, né en 1715, vaincu à Rosbach en 1757, vainqueur à Lützberg en 1759, maréchal de France en 1759; mort en 1787.

plus de célérité les discussions des différentes puissances belligérantes. Ce parti étoit d'autant plus convenable que le Roi et le roi d'Angleterre étant, chacun de son côté, les soutiens des deux guerres, il étoit plus naturel qu'ils présidassent à l'accommodement général dans leurs capitales que d'embarrasser la négociation et la paix par les prétentions peu favorables, vu les circonstances, des différents princes d'Allemagne dont les États ont souffert dans le cours de cette guerre.

La cour de Vienne a rejeté avec opiniâtreté un moyen si simple de parvenir à la paix ; elle a cru que sa dignité seroit compromise si elle n'avoit pas au moins l'apparence de jouer le principal rôle à la pacification de l'Allemagne, et quoique dans le fond il lui soit impossible de ne pas sentir que des alliés subsidiaires sont tenus, à la paix, de suivre l'influence des alliés qui paient, Sa Majesté n'en a pas moins acquiescé à la délicatesse de la cour impériale, avec la modification juste de pouvoir traiter séparément sa guerre particulière avec l'Angleterre. Cette détermination a apporté la déclaration commune que les cinq cours alliées ont faites à celles de Londres et de Berlin pour leur faire connoître les dispositions de l'alliance au rétablissement de la tranquillité générale et à la tenue d'un congrès dans la ville d'Augsbourg à cet effet. L'on joint ici copie de cette déclaration et de la réponse de Leurs Majestés Britannique et Prussienne par laquelle elles acceptent le congrès, ainsi que des autres pièces qui sont relatives à ces premières ouvertures pour la pacification générale de l'Europe.

On y ajoute la copie du mémoire pour servir d'instructions au baron de Breteuil[1] et celui qui a été remis le 14 janvier dernier par le comte de Choiseul au comte de Kaunitz pour donner au ministre plénipotentiaire du Roi une entière connoissance de ce qui a précédé ces déclarations.

Le Roi, en faisant ces démarches, a eu pour objet principal de parvenir à la conclusion d'une paix raisonnable avec l'Angleterre sans se séparer de ses alliés. Sa Majesté ne veut mériter aucun juste reproche de leur part ; mais elle ne veut pas en même temps

---

1. Voir le texte dans FLASSAN, V, p. 277.

sacrifier les intérêts de sa couronne aux idées ambitieuses et souvent chimériques des cours impériales. Pour allier ces deux objets de ses désirs, elle a pris le parti de faire connoître, à chaque occasion, la vérité de la chose et de sa volonté aux deux impératrices. On a tâché de les ramener à cette vérité, et quand il n'a pas été possible de les faire revenir de leurs préventions, on ne leur a pas dissimulé l'intérêt du Roi et sa détermination sur les partis qu'il pourra prendre. Cette méthode a réussi jusqu'à présent au delà de toute espérance.

Il est essentiel que le sieur comte du Châtelet la suive et qu'il saisisse bien les principes de ce plan qui a dirigé la conduite de Sa Majesté depuis deux ans.

Avant que de quitter cette matière, il est bon d'observer que quoique les deux impératrices aient consenti à l'assemblée du congrès et qu'elles aient déclaré qu'elles vouloient, pour l'amour de la paix, renoncer à une grande partie de leurs prétentions, il s'en faut beaucoup que le désir de la paix soit aussi sincère de leur part que de celle du Roi, parce que leur unique objet dans cette guerre est la destruction du roi de Prusse et la conquête de la plus grande partie de ses États. Mais le ministre plénipotentiaire du Roi se gardera bien de paroître instruit de leur répugnance à la paix; il aura plutôt l'air d'être persuadé que l'Impératrice-Reine la désire aussi sincèrement que Sa Majesté, et il emploiera toute son attention à découvrir ce que la cour de Vienne pourra faire au contraire.

A l'égard de la couronne de Suède, les insinuations de la paix ont produit sur elle l'effet que le Roi en attendoit. Elles ont arrêté l'impétuosité du parti opposé à celui de la patrie, et l'on peut compter que la cour de Stockholm secondera avec empressement toutes les vues pacifiques de la France pour la paix.

Quant à la cour de Saxe, elle a paru d'abord contraire à la tenue du congrès. Mais depuis que le Roi lui a fait sentir que n'ayant aucun traité avec elle, ce n'étoit que par amitié pour Sa Majesté polonoise que la France pouvoit s'intéresser à la satisfaction qu'elle prétend, et que la continuation de la guerre ne feroit que lui procurer de nouveaux malheurs, elle a déféré aux désirs de Sa Majesté sur la tenue du congrès. Mais comme le comte de Brühl[1] est activement livré à la Russie, le ministre plénipotentiaire du Roi éclairera de près les démarches du ministère saxon à la cour de Vienne.

Il ne reste qu'à parler de l'Empire relativement à la négociation de la paix.

Sa Majesté Impériale a fait représenter au Roi, que comme l'Empire a une part principale à la guerre d'Allemagne au moyen de l'armée d'exécution[2] qu'il emploie contre le roi de Prusse, il n'étoit pas naturel qu'il fût exclu du congrès qui s'assembloit dans son territoire pour traiter de la paix qui doit terminer cette même guerre; et par cette raison, l'Empereur a demandé que le Roi et le roi de Suède, comme garants de la paix de Westphalie, voulussent bien lui notifier la tenue du congrès, l'inviter à y envoyer en qualité de chef de l'Empire, et inviter l'Empire même à remettre ses intérêts entre les mains de Sa Majesté Impériale.

L'objet de cette représentation a paru sujet à beaucoup d'inconvénients ; mais il a paru raisonnable, et c'est ce qui a déterminé le Roi et le roi de Suède à accorder à l'Empereur l'effet de sa demande. En conséquence, le duc de Choiseul et le baron de Scheffer, ministre du roi de Suède, ont écrit une lettre au comte de Starhemberg pour notifier le congrès à l'Empereur, et Leurs Majestés Très Chrétienne et Suédoise ont envoyé une déclaration, dont copie sera ci-jointe, à la diète de Ratisbonne pour faire la même signification à l'Empire et l'inviter à remettre ses intérêts entre les mains de l'Empereur en qualité de chef de l'Empire.

Le sieur comte du Châtelet aura soin d'entretenir avec l'ambassadeur du Roi au congrès d'Augsbourg une correspondance exacte et de l'informer, en même temps qu'il rendra compte au ministre des affaires étrangères, de tout ce qui aura rapport à cette démarche des couronnes garantes et à la pacification générale de l'Allemagne.

---

1. Le comte de Brühl, ministre d'Auguste III, né en 1700, mort en 1783.
2. En 1757, la diète, sur la proposition de l'Autriche, avait décidé que le roi de Prusse, ayant enfreint la paix de l'Empire, il serait formé contre lui une armée d'exécution.

Tels sont les principaux objets de la mission du sieur comte du Châtelet. Comme son zèle pour le service du Roi, ses talents, son application et l'avantage qu'il aura de trouver la cour de Vienne préparée à lui donner sa confiance pour celle que les sieurs duc et comte de Choiseul se sont acquise auprès d'elle, ont fait le motif du choix de Sa Majesté, ils le sont aussi de l'espérance qu'elle a qu'il s'acquittera à la satisfaction réciproque des deux cours de la commission qui lui est confiée.

Quoiqu'il ait pu reconnoître par les différentes lettres qui lui ont été communiquées quel est l'état des cours étrangères relativement à la France, cependant on a cru devoir lui donner un mémoire d'observations séparées sur chacune d'elles. On n'y a pas oublié les affaires de la diète de Ratisbonne; mais par la connexion intime qu'elles ont avec la cour impériale, on ne croit pas pouvoir se dispenser de faire connoître ici en général le système du Roi par rapport à l'Empire.

Quelque forte que soit l'union du Roi avec l'Impératrice, quoiqu'il soit animé du désir le plus sincère de la rendre à jamais durable, son idée n'a jamais été, en la formant, d'abandonner l'Empire ni les princes protestants en particulier, ni de se prêter à aucune mesure qui pût donner atteinte aux lois et constitutions de l'Empire consacrées dans les traités de Westphalie, dont il est garant. Au contraire, Sa Majesté, persuadée que Leurs Majestés Impériales n'ont aucun dessein contraire au maintien du système germanique, a déclaré nettement ses intentions là-dessus en s'alliant à la cour de Vienne, et c'est par ce motif que les traités de Westphalie ont toujours été mis pour base des traités que la France a faits avec elle.

L'intention du Roi est donc que son ministre plénipotentiaire travaille à affermir la nouvelle union de la France avec la cour de Vienne, sans affoiblir celle qui est anciennement établie entre la France et l'Empire, et dont le nœud le plus ferme réside dans la garantie de la paix de Westphalie qui, en fixant les bornes de l'autorité impériale, assure aux princes de l'Empire les droits de leurs libertés et de leur religion.

Il est d'autant plus important que le sieur comte du Châtelet conforme à ses principes sa conduite près la cour de Vienne et son langage aux ministres des princes de l'Empire, qui lui feront paroître quelque inquiétude sur les desseins de la nouvelle alliance à cet égard, que les rois du Prusse et d'Angleterre n'ont cessé de la représenter comme tendante à établir le despotisme de la cour de Vienne en Allemagne et à élever la religion catholique sur les débris de la protestante.

S'il arrivoit, contre toute attente, que le sieur comte du Châtelet s'aperçût que la cour impériale voulût faire quelque démarche opposée aux lois et constitutions germaniques, non seulement il s'abstiendroit d'y prêter son ministère, mais il emploieroit les conseils les plus amiables pour tâcher de les en détourner, et il en informeroit sur-le-champ le sieur duc de Choiseul, afin que l'on pût prévenir à temps les inconvénients qui en pourroient résulter, et qui seroient aussi contraires au bien de l'Empire et aux intérêts de Leurs Majestés Impériales qu'à ceux de la cause commune.

Le sieur comte du Châtelet pourra s'ouvrir avec le comte de Barck, ministre du Suède, sur ses instructions relativement à l'Empire, et dans cette partie marquer, à chaque occasion, de la confiance audit comte de Barck, comme ministre d'une puissance garante avec le Roi des traités de Westphalie.

Outre les choses obligeantes que contiennent les lettres de créance que l'on fait remettre au sieur comte du Châtelet pour Leurs Majestés Impériales, il ne pourra trop les assurer de la parfaite amitié du Roi pour elles, de sa pleine confiance dans leurs sentiments à son égard, et du désir sincère dont il est animé pour leur gloire et leurs avantages.

Comme il est important de donner au ministre plénipotentiaire du Roi des notions préliminaires du caractère et des affections des principaux personnages qui composent la cour impériale, ainsi que des ministres étrangers qui y résident, on en a fait un tableau séparé que le sieur comte du Châtelet gardera très secrètement et qui ne lui servira que pour sa direction.

Quant au cérémonial qui doit être observé à l'égard du ministre plénipotentiaire du Roi et qu'il doit observer, soit avec la cour de Vienne, soit avec les ministres étrangers, le sieur de Sainte-

Foy, chargé des affaires du Roi à Vienne, lui donnera sur cet objet tous les éclaircissements nécessaires.

Comme le comte de Choiseul, ambassadeur de Sa Majesté à Augsbourg, sera instruit plus promptement que la cour des intérêts du Roi qui seront négociés en cette ville relativement à la pacification de l'Allemagne, le sieur comte du Châtelet suivra les instructions dans chaque circonstance qui lui seront adressées par le comte de Choiseul, comme si lesdites instructions lui étoient envoyées par le ministère des affaires étrangères et fera passer au ministre du Roi à Varsovie et à Pétersbourg celles qui concerneront les objets qui seront relatifs à ces deux cours.

Pour assurer le secret des correspondances du sieur comte du Châtelet, soit avec le ministre des affaires étrangères, soit avec les ministres du Roi en pays étrangers, on lui remet les tables de chiffres contenues dans l'état ci-joint.

L'intention du Roi étant que tous ses ministres dans les cours étrangères lui remettent à leur retour une relation détaillée de tout ce qui se sera passé de plus important dans le lieu de leur résidence, soit par rapport aux négociations dont ils auront été chargés, soit sur le cérémonial, l'état des cours et des pays où ils auront été employés, sur le caractère et les inclinations des princes et de leurs ministres, enfin sur tous les objets qui peuvent intéresser le bien du service de Sa Majesté ou sa curiosité particulière, le sieur comte du Châtelet aura soin de former sur la fin de sa mission un mémoire qui rassemblera tous ces détails.

Le Roi voulant encore que ses ministres, après qu'ils seront revenus auprès de Sa Majesté, remettent en original les instructions, les chiffres et tous les papiers concernant son service, le tout avec un inventaire sur la vérification duquel il leur est donné une décharge, le sieur comte du Châtelet aura attention de s'y conformer.

Fait à Marly, le 29 juin 1761.

XXII

LE MARQUIS DE DURFORT

1766

Les négociations entamées entre la France et l'Angleterre en vue d'une paix séparée s'étaient poursuivies en 1761. Elles furent rompues à la suite d'un ultimatum de la France, du 5 août, auquel le gouvernement anglais répondit le 17. La France avait joint à ses conditions de paix les réclamations de l'Espagne au sujet des différends qui existaient entre elle et l'Angleterre au sujet des établissements anglais dans la baie de Honduras. L'Angleterre repoussa cette prétention. « On n'entend pas, disait le ministère anglais dans une note de juillet 1761, que la France ait en aucun temps le droit de se mêler de pareilles discussions entre la Grande-Bretagne et l'Espagne. » Or la France entendait unir plus étroitement que jamais sa cause à celle des Espagnols. Elle négociait avec cette couronne le traité d'alliance générale qui fut conclu le 15 août 1761, et qui est connu sous le nom de *Pacte de famille*.

Le roi d'Espagne, Ferdinand VI, était mort en 1759, sans laisser d'enfants. Son frère, don Carlos, roi de Naples et de Sicile, fut appelé à lui succéder sous le nom de Charles III. Mais, comme il avait été stipulé que les couronnes d'Espagne et de Naples ne pourraient jamais être réunies, Charles III régla sa succession dans ces deux États. Il avait trois fils. L'aîné était imbécile et fut exclu. Le second, don Carlos, né en 1748, fut proclamé prince des Asturies et héritier présomptif d'Espagne, où il succéda à son père en 1788. Le troisième, Ferdinand, hérita des royaumes de Naples et de Sicile, où il régna sous le nom de Ferdinand IV. Majeur en 1767, il épousa en 1768 l'archiduchesse Marie-Caroline, fille de Marie-Thérèse.

La guerre continua sur le continent. u mois de janvier 1762, la mort de la czarine Élisabeth sauva la Prusse d'une ruine imminente.

Le nouveau czar, Pierre III, restitua à Frédéric II les territoires conquis par les Russes et signa avec la Prusse un traité de paix et d'alliance, le 5 mai 1762. La révolution qui survint peu après en Russie et remplaça Pierre III par sa femme, Catherine II, en juillet 1762, ne changea rien aux relations de la Prusse et de la Russie.

Les négociations pour la paix s'étaient rouvertes entre la France et l'Angleterre; elles se terminèrent par le traité de Paris du 10 février 1763. La France perdait le Canada, les territoires de la rive gauche du Mississipi, une partie des Antilles, une partie des établissements de l'Inde. L'Espagne, qui faisait sa paix en même temps, cédait la Floride aux Anglais et recevait la Louisiane de la France.

La paix d'Allemagne suivit de près. Elle fut signée à Hubertsbourg, le 15 février 1763, et consacra le *statu quo ante bellum*.

L'empereur François mourut le 18 août 1765; son fils Joseph, roi des Romains depuis le 27 mai 1764, prit le titre d'Empereur. Il fut en même temps associé, en qualité de corégent au gouvernement des États héréditaires, que sa mère conserva avec le titre d'Impératrice-Reine. Son père, Léopold, fut reconnu comme grand-duc de Toscane.

M. du Châtelet resta à Vienne jusqu'au 26 juillet 1766. Il partit alors, laissant M. Bérenger comme chargé d'affaires. Il fut remplacé par M. le marquis de Durfort, qui avait rempli plusieurs missions en Allemagne, à Vienne, à Naples. Il reçut, le 21 septembre 1766, l'instruction suivante, M. le duc de Choiseul étant ministre des affaires étrangères depuis le mois d'avril 1766.

MÉMOIRE POUR SERVIR D'INSTRUCTIONS AU SIEUR MARQUIS DE DURFORT ALLANT A VIENNE, EN QUALITÉ D'AMBASSADEUR DU ROI PRÈS LEURS MAJESTÉS IMPÉRIALES. 21 SEPTEMBRE 1766[1].

Si jamais évènement a eu des droits à l'étonnement public, c'est celui de l'union du Roi avec l'Impératrice-Reine, conclue en 1756.

Les deux maisons de France et d'Autriche, rivales et ennemies depuis près de trois cents ans, s'étoient fait de leur inimitié un système politique que les puissances subalternes n'avoient pas manqué d'entretenir soigneusement pour leur propre avantage.

En vain, avoit-on tenté en différents temps de les réunir : la force du préjugé avoit surtout rendu la maison d'Autriche inaccessible à toute idée de réconciliation, et chacune continuoit à travailler à l'affoiblissement de la puissance de l'autre.

La mort de l'empereur Charles VI, dernier prince d'Autriche, fit croire que le moment de l'anéantissement de cette maison étoit arrivé. La jalousie et les alarmes qu'avoit inspirées à toute l'Europe cette prodigieuse masse d'États que le feu Empereur avoit tâché de réunir sur la tête de sa fille aînée; les dispositions de plusieurs princes considérables qui prétendoient avoir des droits à cette succession; la couronne impériale qui avoit fait le lien de tant d'États dispersés, sortie de cette maison par la mort du dernier prince d'Autriche qui la possédoit, tout sembloit favoriser le dessein d'anéantir cette puissance en la partageant; et c'est d'après ce tableau que la France adopta le système de diviser les États de la succession de la maison d'Autriche, conformément aux droits des prétendants; les nouveaux possesseurs des différents partages auroient été continuellement attentifs à s'opposer à l'agrandissement les uns des autres et à empêcher qu'il ne s'élevât une nouvelle puissance aussi redoutable à la France et aussi ennemie de son repos que l'avoit été la dernière

1. Autriche, *Mémoires et Documents*. T. XLII.

maison d'Autriche : de façon que, par ce moyen, la tranquillité publique pût être rendue, à l'avenir, solide et durable.

La fin de la guerre ne répondit pas à son objet. La maison de Bavière, dans laquelle on avoit fait entrer la couronne impériale, la perdit et fut ruinée; la Saxe épuisée; les autres prétendants à la succession d'Autriche, si l'on en excepte le roi de Prusse, ne recueillirent que peu de fruits de leurs efforts; ce prince fut le seul qui enleva le plus beau fleuron de la couronne autrichienne en conquérant la Silésie; et l'on vit s'élever en lui une puissance d'autant plus formidable, qu'il conserva sur pied une armée nombreuse, la mieux exercée et la mieux disciplinée de l'Europe, et qu'il se fit une règle de n'en observer aucune que sa seule convenance, tant à l'égard de ses alliés que de ses voisins. Le Roi n'oublia rien, à la vérité, pour rendre solide la pacification d'Aix-la-Chapelle qui termina la guerre en 1748. Sa Majesté, par un effort de générosité que l'humanité ne connoissoit point encore, sacrifia ses succès et ses ressentiments au rétablissement de la bonne intelligence avec ses voisins et à celui de la tranquillité générale.

C'est à ces sacrifices et aux soins infatigables du Roi que l'Europe a été redevable du repos dont elle a joui jusqu'en 1755; et elle en jouiroit encore si les rois d'Angleterre et de Prusse avoient été animés d'un zèle aussi sincère que Sa Majesté pour le bien public. Mais ces deux Princes ne regardèrent la paix que comme une trêve momentanée et comme un moyen sûr d'abuser de la confiance de leurs voisins dans la foi des traités, en se préparant à les attaquer inopinément pour se procurer de nouveaux avantages à leurs dépens avant qu'ils fussent en état de défense.

L'Impératrice-Reine, instruite des menées secrètes du roi de Prusse avec l'Angleterre contre la France, fut indignée de la perfidie de ce prince qui avoit de si grandes obligations au Roi; elle dédaigna, d'un autre côté, de servir d'instrument à l'ambition du roi d'Angleterre aux dépens de la France, et inspirée par le rapport de ses sentiments généreux avec ceux du Roi, elle lui donna connoissance des négociations du roi de Prusse et offrit son alliance à Sa Majesté.

Une seule difficulté s'opposoit à la conclusion de l'alliance : elle résidoit dans la fidélité inviolable du Roi à ses alliés. Sa Majesté, malgré les trahisons secrètes du roi de Prusse, ne vouloit point l'abandonner qu'il n'y eût donné lieu par quelque démarche authentique. Sa Majesté Prussienne ne tarda pas à lui en fournir le sujet en rompant ses liaisons avec la France. Ce prince, malgré les représentations de l'ambassadeur que le Roi lui avoit envoyé pour les renouveler, et pour concerter avec lui le plan des mesures nécessaires à sa sûreté, se lia de préférence avec le roi d'Angleterre, alors ennemi déclaré de la France, et ce ne fut qu'après qu'il eut signé et ratifié le traité du 16 janvier 1756 avec Sa Majesté Britannique, que le Roi conclut le traité défensif du 1er mai de la même année avec l'Impératrice-Reine et la convention de neutralité pour les Pays-Bas, dont les copies sont ci-jointes.

Jusque-là l'union des deux cours ne consistoit que dans des liaisons d'amitié réciproque, dans les stipulations d'une défense mutuelle et le maintien des traités de Westphalie, qu'on avoit pris pour base de la nouvelle alliance; et quoique l'Impératrice eût fait des offres très avantageuses au Roi pour le porter à entrer dans des mesures plus étendues contre le roi de Prusse, Sa Majesté s'y refusa par délicatesse pour ses engagements, jusqu'à ce que Sa Majesté Prussienne eût enfreint le traité de la paix générale, conclu à Aix-la-Chapelle, et dégagé la France des garanties stipulées en faveur de ce prince par ce même traité.

Alors Sa Majesté qui venoit de donner deux rares exemples de la générosité de ses sentiments à l'égard du roi de Prusse, en donna un nouveau plus singulier encore en faveur de l'Impératrice et du roi de Pologne, électeur de Saxe. Le Roi avoit attendu que le roi de Prusse eût enfreint les traités pour se lier avec cette princesse, et dès que Sa Majesté Prussienne eut attaqué la Saxe et la Bohême, Sa Majesté fit passer cent mille hommes à leur secours sans attendre que le traité qui devoit régler les avantages promis pour les efforts qu'il faisoit fût signé. Il ne le fut que le 1er mai 1757. Sa Majesté fit plus : dès qu'elle apprit la perte de la bataille de Prague, elle envoya une seconde armée de quarante mille hommes en Allemagne.

Le traité qui venoit d'être signé, stipuloit le concours des efforts militaires de Sa Majesté pour procurer à l'Impératrice, au roi de Pologne et à la Suède une ample satisfaction sur le passé et des sûretés suffisantes pour l'avenir, comme aussi pour maintenir le système germanique et rétablir le repos de l'Europe, en réduisant la puissance du roi de Prusse dans de telles bornes, qu'il ne fût plus en son pouvoir de troubler à l'avenir la tranquillité publique.

Les efforts militaires du Roi n'étoient pas les seuls auxquels il s'engageoit dans ce traité : Sa Majesté s'obligeoit encore à donner des subsides considérables à l'Impératrice-Reine, et à soudoyer, à ses frais et pour le même but, le Danemark et la Suède, le roi de Pologne, les électeurs de la maison palatine et de Bavière, le prince-évêque de Liège, le duc de Deux-Ponts, le duc de Wurtemberg et les margraves de Brandebourg; de sorte que le Roi payoit tous les coups qui devoient être portés soit par lui, soit par ses alliés, à l'ennemi de l'Empire, de l'Impératrice et de la Saxe, et toutes les résolutions qu'il falloit faire prendre aux princes d'Allemagne contre lui. Enfin, pour prix des efforts excessifs que Sa Majesté faisoit en tout genre, on stipuloit un établissement dans les Pays-Bas pour l'infant don Philippe et sa postérité, en échange de Parme, Plaisance et Guastalla qui restoient à l'Impératrice ; des précautions pour la tranquillité du roi de Naples ; la cession de quelques places dans les Pays-Bas pour la France et un accommodement sur les différends de limites entre les États limitrophes des deux cours.

Quelque vaste que fût ce projet, on crut qu'il pouvoit être le fruit d'une campagne ou deux ; mais jamais succès n'a répondu plus mal aux apparences. Aucun de ces objets n'a été exécuté ; les malheurs multiples et les pertes immenses que la France souffrit en 1757 et 1758 par terre et par mer, ayant mis le Roi hors d'état de continuer les mêmes efforts en faveur de ses alliés, Sa Majesté fut forcée de prendre un nouveau système qui pût s'accorder avec sa fidélité pour ses alliés, ses devoirs à l'égard de ses peuples et le véritable état de ses affaires.

Elle étoit chargée de deux guerres de diverse nature. Celle qu'elle avoit avec les Anglois étoit personnelle au Roi et à l'État, elle intéressoit directement son honneur, sa puissance, sa sûreté et celle de son royaume, et il en soutenoit seul tout le poids.

Celle qui se poursuivoit en Allemagne étoit indirecte pour le Roi et se faisoit principalement pour l'avantage de ses alliés et pour le bien de l'Empire.

Quelque fortes que soient les liaisons de l'amitié et de l'alliance, il est certain qu'elles ont de justes bornes. Les devoirs primitifs et essentiels du Roi étoient de réparer l'injure faite à sa dignité par les Anglois, de maintenir sa puissance, de défendre ses peuples et de rétablir leur repos et leur sûreté.

Le Roi étoit fort éloigné de vouloir abandonner ses alliés; mais il vouloit modérer ses secours, de façon que leur défense ne l'empêchât pas de pourvoir à celle de ses peuples ni de ses possessions dans les différentes parties du monde, et n'énervât pas sa puissance au point de risquer de la perdre.

D'ailleurs, le véritable intérêt de ses alliés étoit attaché à la conservation de sa puissance sur mer. C'est elle qui lui fournissoit les moyens d'entretenir de nombreuses armées pour la défense de ses alliés, comme c'étoit la puissance maritime des Anglois qui armoit tant d'ennemis contre l'Empire et contre la France.

Ainsi le principal objet devoit être désormais de porter des coups directs à l'Angleterre, afin de la forcer à une paix raisonnable ou de lui causer de tels embarras qu'elle ne pût soutenir la guerre du continent avec la même vigueur que par le passé. On se flattoit qu'il arriveroit de deux choses l'une : ou que cette paix entraîneroit celle de l'Allemagne, ou que l'Angleterre embarrassée n'aideroit plus que foiblement le roi de Prusse et ses adhérents, et que les alliés de Sa Majesté auroient pu obtenir plus facilement une juste satisfaction de la part de Sa Majesté Prussienne, et qu'il auroit été plus facile de rétablir l'ordre et la paix dans l'Empire.

Tel a été le fondement du traité conclu, le 30 décembre 1758, entre le Roi et l'Impératrice-Reine; par ce traité, outre le secours de vingt-quatre mille hommes en argent porté par le traité de 1756, le Roi promettoit encore de faire agir cent mille hommes en Allemagne pour soutenir les intérêts de l'Impératrice-Reine et ceux du roi de Pologne contre le roi de Prusse et rétablir la paix dans l'Empire ; Sa Majesté y assuroit le repos de l'Italie en procurant la sûreté au roi de Naples et un établissement certain à l'infant don Philippe et à sa postérité, et elle y affermissoit l'union des deux maisons par des arrangements de famille avec Leurs Majestés Impériales.

Le nouveau plan que la France avoit formé pour obliger l'Angleterre à une paix raisonnable n'a pas mieux réussi.

La perte des établissements françois en Afrique, l'affoiblissement de l'armée du Roi en Asie, la prise de Québec et la perte du Canada qui en a été la suite, enfin la dispersion de la flotte sous les ordres du sieur maréchal de Conflans, qui a fait manquer l'expédition d'Angleterre, furent autant de motifs qui déterminèrent le Roi à suspendre les plans offensifs contre l'Angleterre, et à revenir à celui d'augmenter ses efforts en Allemagne et de forcer le roi d'Angleterre à la paix par la conquête de ses États patrimoniaux et de ceux de ses alliés.

On exécuta une partie de ce projet en 1760, l'armée du Roi rétablit la réputation des armées françoises par la conquête de la Hesse et Sa Majesté fit assembler sur le bas Rhin, sous les ordres du sieur maréchal de Soubise, une seconde armée pour en imposer davantage aux ennemis et rendre plus aisée la conquête de l'électorat de Hanovre, au cas que les négociations qui avoient été établies pour la paix dussent devenir infructueuses.

Comme la campagne de 1760 n'avoit pas été plus heureuse pour les alliés du Roi que les précédentes, et qu'ils se trouvoient à peu près dans la même situation à la fin de 1760 qu'en 1758, le Roi, pour terminer une guerre si destructive pour le genre humain, si onéreuse à ses finances et si préjudiciable au commerce de ses sujets, avoit formé le projet d'amener ses alliés et ses ennemis à une conciliation.

Dans cette vue, Sa Majesté proposa à ses alliés d'établir deux congrès, l'un à Paris, l'autre à Londres, qui auroient terminé, sans embarras et avec plus de célérité, les discussions des différentes puissances belligérantes. Ce parti étoit d'autant plus convenable que le Roi et le roi d'Angleterre étant chacun de son côté les soutiens des deux guerres, il étoit plus naturel qu'ils procédassent à l'accommodement général dans leurs capitales, que d'embarrasser les négociations de la paix des prétentions peu favorables, vu les circonstances, des différents princes d'Allemagne dont les États avoient souffert dans le cours de la guerre.

La cour de Vienne rejeta avec opiniâtreté un moyen si simple de parvenir à la paix; elle crut que sa dignité seroit compromise si elle n'avoit pas au moins l'apparence de jouer le principal rôle à la pacification de l'Allemagne; et quoique, dans le fond, il lui fût impossible de ne pas sentir que des alliés subsidiaires sont tenus, à la paix, de suivre l'influence des alliés qui paient, Sa Majesté n'en a pas moins acquiescé à la délicatesse de la cour impériale, avec la modification juste de pouvoir traiter séparément sa guerre particulière avec l'Angleterre. Cette détermination opéra la déclaration commune que les cinq cours alliées firent à celles de Londres et de Berlin, pour leur faire connoître les dispositions de l'alliance au rétablissement de la tranquillité générale et la tenue d'un congrès dans la ville d'Augsbourg à cet effet. Leurs Majestés Britannique et Prussienne acceptèrent le congrès, et la France et l'Angleterre établirent une négociation pour la paix particulière au moyen de l'envoi réciproque des sieurs de Bussy et Stanley.

Le Roi, en faisant ces démarches, a eu pour objet principal de parvenir à la conclusion d'une paix raisonnable avec l'Angleterre, sans se séparer de ses alliés, mais quoique l'Impératrice-Reine et l'impératrice de Russie eussent consenti à l'assemblée du congrès, et qu'elles eussent déclaré qu'elles vouloient pour l'amour de la paix renoncer à une grande partie de leurs prétentions, il s'en falloit beaucoup que le désir de la paix fût aussi sincère de leur part que de celle du Roi, parce que leur unique objet dans cette guerre étoit la destruction du roi de Prusse et la conquête de la plus grande partie de ses États.

La cour de Vienne avoit toujours fondé de grandes espérances sur le concours des forces de la Russie; elle se crut au moment d'en recueillir le fruit et de conquérir la Silésie, lorsque la plus grande partie de l'armée russe reçut ordre de se joindre à celle de l'Impératrice-Reine et qu'elle effectua cette jonction pendant la campagne de 1761.

D'un autre côté, l'Angleterre, pressée par le roi de Prusse de ne pas l'abandonner dans ce danger où il se trouvoit, voulut ajouter aux sacrifices que la France avoit résolu de faire au bien de l'humanité et de la paix, des conditions qui étoient contraires aux désirs et aux intérêts des alliés du Roi ainsi qu'aux engagements qu'il avoit pris avec eux. Sa Majesté, toujours fidèle aux devoirs de l'alliance et de l'amitié, résolut de renoncer à une paix qui étoit devenue nécessaire à ses peuples, plutôt que de s'interdire la faculté de remplir ses obligations envers ses alliés et de s'engager à la restitution des conquêtes que ses armes avoient faites, mais dont la cour de Vienne jugea la conservation indispensable pour ses intérêts.

L'inflexibilité ambitieuse de la cour de Londres fit donc échouer la négociation de la paix. Le Roi en fit rendre les détails publics, et toute l'Europe admira la grandeur d'âme de Sa Majesté, qui, en sacrifiant ses propres intérêts à la nécessité des circonstances, vouloit plutôt continuer à s'exposer aux hasards d'une guerre malheureuse que d'assurer sa propre tranquillité aux dépens de la fidélité qu'elle devoit à ses alliés et en les forçant à souscrire à des arrangements qui ne leur convenoient pas.

La campagne se passa infructueusement en Silésie; l'armée combinée fut obligée de se séparer. La cour de Vienne conserva néanmoins pour la campagne suivante des espérances que la prise de Colberg par les Russes fortifia; mais la mort de l'impératrice Élisabeth, arrivée en 1762, renversa tout l'édifice de sa politique; elle eut même à craindre pendant quelque temps que l'enthousiasme de Pierre III pour le roi de Prusse ne lui fît tourner ses armes contre elle. La révolution qui plaça Catherine II sur le trône fit renaître ses espérances pour un moment, mais elle reconnut bientôt son erreur; d'ailleurs ses armées ne faisoient aucun progrès, et dix années d'une guerre semblable à celles qu'elles faisoient n'auroient fait qu'augmenter son épuisement sans l'approcher du but qu'elle se proposoit; ses finances étoient épuisées. Toutes ces circonstances réunies lui firent sincèrement désirer la paix.

Les pertes que l'Espagne avoit faites depuis qu'elle avoit pris part à la guerre, venoient encore d'ajouter de nouveaux motifs à ceux qui portoient déjà depuis longtemps le Roi à la paix, et la cour de Vienne ayant consenti à ce que Sa Majesté fît négocier directement avec l'Angleterre, les articles préliminaires furent signés à Fontainebleau, le 3 novembre 1762.

Cet événement eut sur la guerre d'Allemagne l'influence qu'il devoit avoir.

Les cours de Vienne et de Berlin, se voyant à la veille d'être privées de l'appui de la France et de l'Angleterre, sentirent qu'il étoit temps de mettre fin à des divisions qui ne pourroient désormais les conduire qu'à un épuisement certain, et le désir de la paix étant devenu égal à Vienne et à Berlin, la négociation ne fut pas longue. Elle fut conclue à Hubertsbourg, le 15 février 1763; on y signa deux traités, l'un entre l'Impératrice-Reine et le roi de Prusse, et l'autre entre ce prince et le roi de Pologne, électeur de Saxe.

Cinq jours auparavant, c'est-à-dire le 10 du même mois, le traité de paix définitif entre la France et l'Espagne d'un côté, et l'Angleterre et le Portugal de l'autre, avoit été signé à Paris, et la tranquillité générale se trouva ainsi rétablie après sept ans d'une guerre dispendieuse et ruineuse.

L'état où elle laissoit la France et celui où elle laissoit la maison d'Autriche différoient infiniment. La cour de Vienne n'avoit pas rempli son objet à la vérité, mais les secours multipliés de la France l'avoient mise en état de ménager ses ressources, et ses possessions n'avoient point été entamées. La France au contraire, après des efforts prodigieux en tout genre, employés tant pour sa propre cause que pour celle de ses alliés, avoit perdu plusieurs de ses colonies et avoit une infinité de maux à réparer : l'épuisement des finances surtout se faisoit sentir d'autant plus vivement que le retour de la paix découvrit toutes les plaies que la guerre avoit faites à l'État; mais le Roi, en s'occupant du soin de tout réparer, ne perdit point de vue ses engagements avec la cour de Vienne, et Sa Majesté convint avec elle d'un arrangement au moyen duquel cette cour se trouvera, dans l'espace d'un petit nombre d'années, remplie des arrérages des subsides qui n'auroient pu lui être payés régulièrement pendant le cours de la guerre, sans s'exposer à des inconvénients dont le contre-coup seroit retombé sur les alliés de la France.

La cour de Vienne a paru sentir tout le prix des procédés du Roi et rendre justice à ses sentiments et à ses principes. Sa Majesté, de son côté, n'a eu essentiellement qu'à se louer de la conduite du ministère autrichien, et la confiance mutuelle paroît solidement établie par l'épreuve réciproque que les deux cours ont faite pendant dix années de guerre et de paix, de leur fidélité à leurs engagements et de leur constance dans leur amitié. Le mariage de l'Empereur aujourd'hui régnant, alors archiduc, avec l'infante Isabelle, petite-fille du Roi [1], avoit multiplié et resserré les liens des deux cours, et la mort de cette princesse n'a apporté aucune atteinte à l'union la plus intime qui en avoit été le fruit.

Le Roi est dans la ferme résolution de maintenir l'étroite intelligence et l'amitié sincère qui règnent entre Sa Majesté et l'Impératrice-Reine, dont le désir paroît être d'y travailler de son côté avec le même empressement. Quant à ce qui concerne les sentiments et les dispositions personnelles de l'Empereur, le Roi a tout lieu de penser que l'attachement tendre que ce jeune prince ne perd aucune occasion de témoigner à Sa Majesté est sincère, puisqu'il est fondé sur les sentiments les plus chers au cœur de l'Empereur : la tendresse qu'il conserve pour la mémoire de l'infante, sa première femme, et son amitié pour la petite archiduchesse, sa fille et arrière-petite-fille du Roi. D'ailleurs l'exemple de l'Impératrice-Reine contribuera vraisemblablement, autant que l'intérêt d'État, à faire adopter à ce prince le système politique qui doit faire la gloire comme la sûreté des deux monarchies, et qui ne peut, tant qu'elles y seront fidèles, qu'assurer leur bonheur et augmenter leur puissance. L'ambassadeur du Roi tâchera de mettre souvent ce tableau sous les yeux de l'Empereur, et il ne perdra aucune occasion d'entretenir ce jeune prince de la solidité et de l'utilité de l'alliance du Roi.

Tels sont les principaux objets de la mission du sieur marquis de Durfort. Comme son zèle pour le service du Roi, ses talents, son application et l'avantage qu'il aura de trouver la cour de

---

1. Joseph II avait épousé, en 1760, Marie-Isabelle, fille de don Philippe de Parme, Infant d'Espagne, et de Louise-Élisabeth de France, fille de Louis XV. Cette princesse mourut en 1763.

Vienne préparée à lui donner sa confiance par celle que les sieurs ducs de Choiseul et de Praslin, et le sieur comte du Châtelet se sont acquise auprès d'elle, ont fait le motif du choix de Sa Majesté, ils le sont aussi de l'espérance qu'elle a qu'il s'acquittera, à la satisfaction réciproque des deux cours, de la commission qui lui est confiée.

Après avoir tracé les principes du Roi en ce qui concerne la monarchie autrichienne, il reste à considérer dans la personne de l'Empereur le chef du corps germanique et à faire connoître au sieur marquis de Durfort le système de Sa Majesté relativement aux affaires de l'empire d'Allemagne et la conduite qu'il aura à tenir en conséquence.

Le sieur marquis de Durfort n'ignore pas de quelle importance il est pour la France de conserver en leur entier les droits de protection et d'assistance que la garantie des traités de Westphalie de 1648 a assurés à la couronne. Ils donnent au Roi une influence directe et nécessaire dans toutes les affaires de l'Allemagne et autorisent tous les princes et États, opprimés dans leurs droits ou dans leurs possessions, à réclamer son appui et son secours. Cette prérogative est aussi glorieuse qu'utile à la monarchie françoise, et le Roi est très jaloux de l'exercer avec l'esprit de justice et d'impartialité qui doit accompagner des fonctions aussi belles et qui ne peut que lui concilier la confiance de tout l'Empire, en contribuant au maintien des lois, en préservant la constitution de toute atteinte et en accordant aux protestants comme aux catholiques l'appui et la protection qu'ils peuvent être fondés à réclamer.

En formant l'union la plus étroite avec l'Impératrice-Reine, l'idée du Roi n'a jamais été d'affoiblir ce droit précieux de sa couronne, ni de se prêter à aucune mesure qui pût donner atteinte aux stipulations des traités de Westphalie et aux libertés germaniques. Elle déclara nettement ses intentions là-dessus en s'alliant avec la cour de Vienne; c'est par ce motif que ces mêmes traités ont toujours été mis pour base de ceux que le Roi a faits avec elle, et Sa Majesté a donné pendant le cours de la guerre plusieurs preuves éclatantes de la constance de ses dispositions à cet égard.

L'intention du Roi est donc que son ambassadeur travaille à affermir l'union nouvelle de la France avec la cour de Vienne, sans affoiblir celle qui est anciennement établie entre la France et l'Empire et dont le nœud le plus ferme réside dans la garantie des traités de Westphalie, qui, en fixant les bornes de l'autorité impériale, assure aux princes et États de l'Empire les droits de leur liberté et de leur religion.

Il est d'autant plus important que le sieur marquis de Durfort conforme à ces principes sa conduite près la cour de Vienne et son langage aux ministres des princes de l'Empire, qui lui feront paroître quelque inquiétude sur l'effet des liaisons du Roi avec la cour impériale, que l'opinion que les ennemis des deux cours ont cherché à accréditer pendant la dernière guerre en représentant l'alliance comme tendante à établir le despotisme de la cour de Vienne en Allemagne et à élever la religion catholique sur les ruines de la protestante, n'est pas encore totalement détruite, et que l'ancienne confiance des États de l'Empire dans les sentiments et dans les dispositions de la France n'a pu encore être entièrement rétablie.

D'ailleurs, il paroît que le début d'un nouvel empereur qui donne une attention tout à fait particulière aux affaires de l'Empire, a causé des alarmes à quelques princes qui craignent que Sa Majesté Impériale ne se prévale de la puissance de sa maison, pour étendre l'autorité impériale au delà des bornes qui lui sont prescrites. Le Roi est bien persuadé que la cour impériale n'a aucun dessein contraire au maintien du système germanique et qu'elle sent le danger qu'il y auroit de vouloir le renverser; mais s'il arrivoit, contre toute attente, que l'ambassadeur du Roi s'aperçût que la cour impériale voulût faire quelque démarche opposée aux lois et constitutions germaniques, il en informeroit sur-le-champ le sieur duc de Choiseul, ministre des affaires étrangères, afin que le Roi pût à temps employer les mesures nécessaires pour prévenir les inconvénients qui pourroient en résulter pour l'Empire, pour la cour de Vienne et pour l'alliance.

Quoique le sieur marquis de Durfort ait pu connoître, par les lettres qui lui ont été communiquées, l'état où se trouvent différentes affaires que le Roi fait traiter vis-à-vis de l'Empereur et de la chancellerie de l'Empire, on a cru cependant devoir l'instruire en particulier sur chacune de ses affaires. Elles sont au nombre de trois :

La première intéresse directement la France ; elle regarde le règlement des limites et l'échange de la mairie de Crehange, dont le Roi est convenu avec le prince de Nassau-Saarbrück[1]. Sa Majesté s'est engagée à solliciter la confirmation et le consentement de l'Empereur et de l'Empire. On remet à cet effet au sieur marquis de Durfort la copie de la convention avec un mémoire dont il accompagnera la remise qu'il en fera au vice-chancelier de l'Empire, aussitôt après son arrivée à Vienne. Le Roi demande à Sa Majesté Impériale qu'elle veuille bien se faire rendre compte des stipulations de la convention, la confirmer et instruire la diète générale de l'Empire, par un décret de commission, de l'approbation qu'elle y aura donnée. Si cette marche qui paroît la plus simple et la plus naturelle, n'étoit point adoptée par la cour impériale, l'ambassadeur du Roi en rendroit compte, afin que Sa Majesté pût prendre d'autres mesures pour faire porter cette affaire aux États assemblés à Ratisbonne.

L'agent du prince de Nassau à Vienne est muni des pièces et des pouvoirs nécessaires pour remplir au nom de son maître, ce que les membres de l'Empire doivent en pareille occasion à leur chef. Cet agent a ordre de ne faire aucun pas sans l'aveu préalable de l'ambassadeur du Roi qui dirigera ses démarches, l'assistera de ses conseils et l'appuiera de ses bons offices. L'ambassadeur observera que ces deux démarches correspondantes du Roi et du prince de Nassau doivent s'exécuter dans le même temps.

Le Roi ne doute pas que l'Empereur ne se porte volontiers à approuver une convention, dont l'objet principal est d'abolir toutes les discussions que le mélange des possessions et l'incertitude des droits occasionnoient ; discussions qui auroient pu troubler le bon voisinage entre la France et l'Empire. Cet arrangement est d'ailleurs fondé sur le traité de 1738 ; on peut ajouter

1. Traité d'échange et de limites entre la France et Nassau-Saarbrück, 15 février 1766.

qu'il est très avantageux au prince de Nassau et par conséquent à l'Empire. Les agents de ce prince l'ont bien connu, et ils se sont hâtés d'y donner leur consentement.

Le mémoire particulier ci-joint fera connoître en détail à l'ambassadeur du Roi les motifs, les principes et les avantages de cette convention.

Le seul obstacle que l'on prévoit consiste dans l'opposition de l'abbaye de Wadgassen, qui doit être comprise dans les cessions que le prince de Nassau fait au Roi. Elle s'est adressée au conseil aulique, où elle n'a pas été écoutée jusqu'à présent, et il s'agit d'empêcher qu'elle ne le soit dans la suite. Le sieur marquis de Durfort trouvera dans le mémoire qu'on vient de lui annoncer que ces religieux sont sans qualité comme sans intérêt de résister aux dispositions de la convention. Nous espérons que l'Empereur sentira que leurs vaines déclamations ne doivent pas renverser ni arrêter les arrangements salutaires faits entre le Roi et le prince de Nassau-Saarbrück, en exécution d'un traité de paix solennel, d'autant que le Roi est informé que la plus saine partie des religieux de cette maison désire de passer sous sa domination ; d'ailleurs Sa Majesté Impériale reconnoît qu'on ne pourroit pourvoir plus énergiquement ni plus positivement qu'on l'a fait au maintien des droits, des privilèges et des possessions de l'abbaye de Wadgassen.

L'ambassadeur ajoutera à toutes ces considérations que le Roi espère de l'amitié de Leurs Majestés Impériales et en faveur de l'union qui règne entre les deux cours, que dans une affaire aussi simple que juste, elle ne souffrira pas que l'obstination déplacée d'un moine puisse balancer les droits et les avantages de la maison de Nassau appuyés de l'intérêt commun de la France et de l'Empire.

Le sieur marquis de Durfort suivra cette affaire avec beaucoup d'exactitude, et il apportera tous ses soins à la faire terminer promptement à la satisfaction de Sa Majesté. Il recueillera avec attention ce qui pourra servir à faire connoître les dispositions de la cour impériale à cet égard, afin que le Roi puisse lui faire parvenir ses ordres en conséquence.

La deuxième affaire que Sa Majesté fait traiter vis-à-vis du ministère de l'Empereur concerne la féodalité prétendue par la cour impériale sur les duchés de Parme, Plaisance et Guastalla, et en conséquence de laquelle le conseil aulique de l'Empire a fait sommer l'infant don Ferdinand de remplir ses devoirs envers l'Empire[1].

Le Roi ne peut se dispenser de prendre part à cette affaire en sa qualité de garant du traité d'Aix-la-Chapelle, qui assure à l'Infant-duc la possession de ces duchés en pleine propriété. D'ailleurs Sa Majesté s'intéresse vivement à tout ce qui peut donner de l'éclat et de la solidité à cet établissement de son petit-fils. Elle est occupée à concerter avec le roi d'Espagne le parti qu'il conviendra aux deux cours de prendre sur cet objet. L'ambassadeur du Roi sera instruit de leur résolution; en attendant, il pourra se mettre au fait de la matière, par la lecture du mémoire qu'on lui remet sur ce sujet, et il réunira ses efforts à ceux de l'ambassadeur d'Espagne, pour empêcher qu'il ne se fasse rien à Vienne qui puisse préjudicier aux droits du duc de Parme.

Il observera néanmoins de ne point faire usage ministériellement, mais seulement dans ses entretiens particuliers, des détails de fait et des raisonnements contenus dans le mémoire ci-joint et d'attendre, pour traiter l'affaire à fond, les instructions qui lui seront adressées en conséquence de la détermination des cours d'Espagne et de Paris.

La troisième affaire est celle qui concerne la féodalité et la souveraineté que l'Empereur prétend également sur la ville et le territoire de San-Remo, faisant partie de la seigneurie de Gênes. L'ambassadeur du Roi verra l'histoire de cette prétention dans le mémoire aussi ci-joint. Sa Majesté a promis ses bons offices à la république auprès de la cour impériale; elle désire d'autant plus de les rendre efficaces qu'elle a lieu d'être contente de la conduite des Génois et que l'entreprise du conseil aulique de l'Empire menace l'indépendance de cette république que la France a intérêt de conserver. On remet au sieur marquis de

1. L'Empereur prétendait à la suzeraineté des duchés de Parme, Plaisance et Guastalla, où don Ferdinand, né en 1751, avait succédé, en 1765, à son père don Philippe.

Durfort un extrait des instructions détaillées qui ont été envoyées sur cet objet au sieur Bérenger. Il en suivra les errements. En conséquence il se bornera à réitérer au sieur vice-chancelier de l'Empire, dans des termes mesurés et évitant de choquer personnellement l'Empereur jaloux de ses droits, les témoignages de l'intérêt que le Roi prend à la république de Gênes et les raisons qui lui font désirer et espérer que ce prince voudra bien, à l'exemple du feu Empereur son père, suspendre toute procédure en faveur des San-Rémois; mais cette démarche deviendroit inutile si à l'arrivée de l'ambassadeur du Roi à Vienne, Sa Majesté Impériale avoit déjà exécuté ce qu'elle a annoncé qu'elle se croyoit obligée de faire pour la justice, soit au moyen d'un *conclusum* du conseil aulique de l'Empire, soit par l'acceptation d'un *votum ad Imperatorem* ou par un autre acte quelconque de juridiction. Dans ce cas, le sieur marquis de Durfort s'abstiendroit totalement de parler de cette affaire. Il se borneroit à rendre compte au ministre des affaires étrangères de ce qui y seroit relatif, et il attendroit les ordres ultérieurs du Roi.

Outre les choses obligeantes que contiennent les lettres de créance que l'on fait remettre au sieur marquis de Durfort pour Leurs Majestés Impériales, il ne pourra trop les assurer de la parfaite amitié du Roi pour elles, de sa pleine confiance dans leurs sentiments à son égard, et du désir sincère dont il est animé pour leur gloire et leurs avantages.

Il est à remarquer qu'on ne remet point à l'ambassadeur du Roi de lettres pour l'impératrice épouse de l'Empereur régnant[1]; la raison en est que cette princesse n'a point écrit à Sa Majesté. La cour impériale avoit promis de suppléer à cette mission si elle en trouvoit des exemples dans ses protocoles. Depuis ce temps il n'a plus été question de cette affaire, et le sieur marquis de Durfort ne la réveillera pas. Cependant cette circonstance ne l'empêchera point de prendre audience de cette princesse, et il n'en sera que plus attentif à lui dire les choses convenables de la part du Roi.

Comme il est important de donner au sieur marquis de Dur-

---

1. Marie-Joséphine de Bavière, seconde femme de Joseph II, morte en 1767.

fort des notions préliminaires du caractère et des affections des principaux personnages qui composent la cour impériale, ainsi que des ministres étrangers qui y résident, on en a fait un tableau séparé que l'ambassadeur du Roi gardera très secrètement et qui ne lui servira que pour sa direction.

Quant au cérémonial qui doit être observé à l'égard de l'ambassadeur du Roi, soit avec la cour de Vienne, soit avec les ambassadeurs et ministres qui y résident, on lui remet ci-joint un mémoire qui contient ce qui s'est pratiqué à l'égard du sieur comte du Châtelet et dans lequel il trouvera tous les éclaircissements qui lui seront nécessaires pour sa direction.

Il est important néanmoins qu'il soit prévenu des intentions de Sa Majesté relativement à la prétention que le lord Stormond, ambassadeur d'Angleterre à la cour de Vienne, a formée, par ordre de sa cour, d'établir l'égalité du rang entre lui et l'ambassadeur de France, et de s'arroger même la préséance si la France se refusoit à l'égalité.

Le sieur marquis de Durfort a vu dans les dépêches du comte du Châtelet, qui lui ont été communiquées, l'origine et les suites de cette prétention ainsi que les changements que la cour impériale a faits à son étiquette et à ses usages pour éviter autant qu'il est en elle toute occasion de concurrence entre les ambassadeurs et surtout entre les ambassadrices de France et d'Angleterre. Comme le sieur marquis de Durfort ne mène point sa femme à Vienne, il suffit de lui prescrire ici les règles qu'il devra suivre dans sa conduite personnelle.

Comme il a déjà été employé dans plusieurs ambassades, il n'ignore pas les principes du Roi en matière de rang et de préséance. Il sait que, quoique les grandes couronnes soient égales en dignité, cette égalité n'exclut pas la préséance établie par l'usage en faveur de la France sur tous les autres rois de l'Europe, ainsi que le même usage a établi la préséance de l'Empereur sur le roi de France lui-même.

La possession de la France date du moment où l'on a commencé à établir des principes sur cette matière. Le Roi, à l'exemple de ses prédécesseurs, a toujours été jaloux de maintenir dans son intégrité une prérogative aussi honorable et aussi précieuse. La maxime de conduite que Sa Majesté a prescrite à ses ambassadeurs, a toujours été de suivre immédiatement l'ambassadeur de l'Empereur, ou lorsqu'il n'y en avoit point, le nonce du Pape, et de précéder tous les autres ambassadeurs et ministres. L'intention du Roi est que le sieur marquis Durfort suive ces mêmes maximes et qu'il soutienne le droit incontestable de la couronne à la préséance, avec la dignité et la fermeté qui conviennent à une aussi grande puissance que la France.

La prétention à l'égalité et même à la préséance que la cour de Londres a fait articuler à Vienne peut bien dispenser la cour impériale de favoriser les justes droits du Roi, ainsi que Sa Majesté seroit en droit de l'attendre de son amitié dans cette circonstance; mais l'ambassadeur du Roi n'en doit être que plus attentif à maintenir les prérogatives de la couronne dont il est le gardien et le dépositaire; cependant Sa Majesté l'autorise à se conformer à tous les expédients que la cour de Vienne a imaginés ou pourra imaginer dans la suite pour éviter toute concurrence, pourvu que le nonce du Pape s'y conforme également. Il lui sera même permis d'éviter les occasions de dispute pourvu que les choses se passent de manière à ne faire soupçonner à qui que ce soit que l'ambassadeur du Roi cède à celui d'Angleterre ou qu'il cherche seulement à esquiver les occasions de se trouver en compromis avec lui.

Les mêmes instructions ont été données au chevalier Folard, envoyé extraordinaire du Roi à la cour de Munich, et il se dirigera d'après les mêmes principes vis-à-vis du sieur Greville, ministre d'Angleterre à la même cour qui a mis en avant la même prétention que le lord Stormond a annoncée à Vienne.

Le Roi a fait donner communication de tout ce qui concerne cette matière à son cousin le roi d'Espagne, pour le mettre en état de donner ses ordres en conséquence à son ambassadeur à la cour de Vienne. Il est important que celui-ci soit instruit des principes et du système du Roi sur cette matière puisqu'en vertu de l'article XXVII du pacte de famille, cet ambassadeur, se trouvant plus ancien à Vienne que le sieur marquis de Durfort, doit avoir le pas et la préséance sur lui. Comme le Roi est très persuadé que le Roi son cousin, ayant un intérêt commun avec la France, soutiendra une prérogative à laquelle l'Espagne participera désormais, on auroit pu se borner à prescrire pour toute instruction au sieur marquis de Durfort de suivre l'ambassadeur d'Espagne, de ne jamais se séparer de lui, puisque c'est au sieur comte de Mahony[1] à occuper la place qui lui appartient. Cependant on a cru devoir lui faire connoître en détail et avec précision le système et les intentions du Roi, afin qu'il puisse s'y conformer dans les cas où l'ambassadeur d'Espagne, par des raisons d'incommodités ou autrement, ne paroissoit pas dans les occasions publiques, ainsi que s'il arrivoit, contre toute attente, que celui-ci négligeât de soutenir les droits communs des deux couronnes avec la fermeté et la dignité convenables. Au surplus, l'ambassadeur du Roi ne manquera pas de rendre compte au ministre des affaires étrangères de tout ce qui passera sur cette matière.

On observera, à l'occasion de l'intelligence qui doit régner entre les ambassadeurs de France et d'Espagne dans tout ce qui concerne le cérémonial, que le sieur marquis de Durfort doit en toute rencontre témoigner à l'ambassadeur du roi d'Espagne la confiance la plus étendue. Il aura le soin de le prévenir en arrivant qu'il a ordre de lui faire part de tout ce qu'il apprendra d'intéressant et de ne jamais perdre de vue que l'amité et l'union intime qui subsistent entre les deux souverains, exigent que leurs ambassadeurs et ministres établissent une liaison étroite entre eux et qu'ils s'entr'aident de leurs lumières et de leurs conseils dans tout ce qui pourra intéresser leurs maîtres respectifs. Le sieur comte de Mahony doit avoir des ordres semblables, et on ne doute pas qu'il ne se porte avec plaisir à les exécuter.

Pour assurer le secret de sa correspondance, soit avec le ministre des affaires étrangères, soit avec les ministres du Roi en pays étrangers, on lui remet les tables de chiffres contenues dans l'état ci-joint.

L'intention du Roi étant que tous ses ministres dans les cours

---

1. « Le comte Mahony, ambassadeur d'Espagne, est un des Irlandais nés à Saint-Germain... C'est un homme d'esprit et d'un commerce sûr, peu versé dans les affaires, mais fort habile dans les petites intrigues. » — Mémoire de 1766.

étrangères lui remettent à leur retour une relation détaillée de tout ce qui se sera passé de plus important dans le lieu de leur résidence, soit par rapport aux négociations dont ils auront été chargés, soit sur le cérémonial, l'état des cours et des pays où ils auront été employés, sur le caractère et les inclinations des princes et de leurs ministres, enfin sur tous les objets qui peuvent intéresser le bien du service de Sa Majesté ou sa curiosité particulière; le sieur marquis de Durfort aura soin de former sur la fin de sa mission un mémoire qui rassemblera tous ces détails.

Le Roi voulant encore que ses ministres, après qu'ils seront revenus auprès de Sa Majesté, remettent en original les instructions, les chiffres et tous les papiers concernant son service, le tout avec un inventaire sur la vérification duquel il leur est donné une décharge, le sieur marquis de Durfort aura attention à s'y conformer.

Fait à Compiègne, le 21 septembre 1766.

MÉMOIRE POUR SERVIR DE SUPPLÉMENT AUX INSTRUCTIONS DU SIEUR MARQUIS DE DURFORT SUR LE PACTE DE FAMILLE DE LA MAISON DE BRANDEBOURG ET L'ADMINISTRATION DU PAYS DE BAIREUTH. 2 NOVEMBRE 1769 [1].

Il y a déjà quelques années qu'on a des notions du dessein que le roi de Prusse paroît avoir formé de réunir les margraviats de Baireuth et d'Anspach à la masse des États de la maison de

---

1. Autriche, *Mémoires et Documents*. T. XLII.

Brandebourg[1]. L'exécution en paraissoit néanmoins éloignée; mais des avis récents portent que Sa Majesté Prussienne a engagé le margrave de Baireuth à lui abandonner dès à présent l'administration de ses États. Comme l'exécution de ce plan doit alarmer l'Empire et en particulier les cours de Vienne et de Dresde et les États du cercle de Franconie, le Roi a voulu que le sieur marquis de Durfort fût instruit particulièrement de tout ce qui concerne cet objet. Il faut pour le mettre au fait reprendre les choses de plus haut.

L'électeur de Brandebourg, Albert l'Achille, fondateur de la maison actuelle de Brandebourg, fit en 1473 une disposition qui portoit que, tant que le nombre de ses descendants mâles le permettroit, il y auroit deux princes régnants dans les principautés de Baireuth et d'Anspach; tous les autres États du Brandebourg devoient suivre la loi de la primogéniture et appartenir à celui de princes de la maison qui posséderoit l'électorat.

Cette disposition fut portée à l'assemblée générale des États de l'Empire, et, de leur consentement, l'empereur Frédéric III[2] la confirma, et cette loi domestique fut par là élevée à la qualité de loi pragmatique et de recès de l'Empire; de manière que non seulement elle doit servir de règle dans tous les cas où il s'agit de la succession à une partie quelconque des États de Brandebourg, mais qu'elle donne un droit formel à toutes les parties qui peuvent y être intéressées d'en réclamer l'exécution.

Les princes de la maison de Brandebourg ont toujours reli-

1. La ligne cadette des Hohenzollern était établie en Franconie, où elle possédait les margraviats d'Anspach et Baireuth, lorsqu'un de ses princes, Frédéric VI, devint, en 1417, margrave et électeur de Brandebourg sous le nom de Frédéric Ier. Son fils, Albert l'Achille, établit l'unité politique de l'État par la loi de succession de 1473, dite *Constitutio Achillea*, qui permettait de séparer les principautés franconiennes de l'électorat, et maintenait la division de ces principautés en deux lignes; mais l'électorat était indivisible. Albert l'Achille établit ses cadets en Franconie, où sa descendance régna jusqu'en 1603. Les principautés de Franconie passèrent alors à deux autres branches cadettes, qui s'établirent l'une à Baireuth, l'autre à Anspach. Les deux princes régnants menaçant de mourir sans enfants, Frédéric II conclut, en 1752, avec les princes de sa maison, une convention stipulant, en ce cas, le retour des principautés franconiennes au prince régnant en Prusse et leur incorporation à la monarchie prussienne. Dans les négociations d'Hubertsbourg, l'Autriche voulut faire déclarer que la réunion projetée était impossible. Frédéric s'y refusa. — Himly, II, p. 3, 15, 28, 85. — Ranke, *Hardenberg*, I, p. 112.

2. Frédéric III, duc d'Autriche, empereur, 1440-1493.

gieusement observé les dispositions de cette sanction pragmatique. Au commencement du xvi⁰ siècle, la branche de Baireuth se trouvant éteinte, le margrave d'Anspach posséda pendant quelques années les deux principautés; mais à sa mort, il se crut obligé de les partager entre ses deux fils.

En 1603, ces deux branches ayant manqué, l'électeur Jean-Georges partagea ses États entre ses fils, qui étoient au nombre de sept; mais après sa mort l'électeur Joachim-Frédéric, l'aîné d'entre eux, voulut que les choses fussent ramenés au pacte de 1473, et il donna Baireuth et Anspach à ses deux frères, qui le suivoient immédiatement dans l'ordre de la naissance.

En 1703 le margrave apanagé de Baireuth, Chrétien-Henri, céda son droit de succession au roi de Prusse; mais l'Empereur ayant eu connoissance du traité de cession, Sa Majesté Prussienne jugea à propos de l'annuler de son propre mouvement, et en 1722 toutes les choses furent rétablies sur le pied de la pragmatique de 1473.

Il paroît donc que cette loi solennelle et l'usage qui en a constaté l'interprétation veulent que les États de Franconie soient possédés par les puînés de la maison, et que les deux margraviats ne peuvent être réunis entre eux ni possédés par le même prince que dans le cas où il se trouveroit être le seul des deux branches, enfin que la réunion des deux margraviats à l'électorat n'est autorisée que dans le cas où l'électeur seroit le seul mâle de sa maison.

Cet ordre de succession, analogue aux principes politiques des siècles où il a été établi, a paru au roi de Prusse actuel contraire à la conservation du lustre et de la puissance de sa maison, vu surtout que la pragmatique autrichienne avoit concentré à jamais la puissance de la maison d'Autriche dans un seul individu par l'introduction du droit de primogéniture et de l'indivisibilité de ses États héréditaires. Le roi de Prusse, après avoir ajouté la Silésie aux États que ses ancêtres avoient réunis au Brandebourg, s'occupa donc des moyens de mettre sa maison en état de contrebalancer dans tous les temps la puissance de la maison d'Autriche. Celle-ci lui avoit donné l'exemple, il l'imita et conclut en 1752 avec les margraves de Baireuth et d'Anspach un pacte de famille pour servir de sanction pragmatique, perpétuelle et irrévocable dans la maison de Brandebourg.

L'objet principal de ce nouveau pacte a été d'établir et d'amener en faveur des mâles de ladite maison le droit de primogéniture et l'indivisibilité de la masse des États qu'elle pourra acquérir dans la suite, et d'empêcher à perpétuité tout démembrement et tout partage, soit dans le cas de l'extinction totale de la branche royale et électorale, soit dans le cas où l'une des deux branches de la Franconie vînt à manquer, soit enfin dans celui où les deux margraviats échussent à la branche royale et électorale par l'extinction des deux branches qui les possèdent actuellement. On joint à ce mémoire un extrait de ce pacte de famille pour mettre l'ambassadeur du Roi mieux à portée d'en connoître les stipulations.

Aucun des cas prévus par cet acte n'a encore existé, et, par conséquent, les parties intéressées auroient pu tenir la même conduite que l'on a tenue lors de la publication de la sanction pragmatique autrichienne, c'est-à-dire attendre l'événement pour se conduire selon les circonstances; mais la cour de Vienne crut de sa prévoyance, lors de la négociation de la paix de Hubertsbourg, de proposer au roi de Prusse d'établir une seconde géniture dans sa maison pour les margraviats de Franconie, en lui annonçant en même temps qu'elle étoit résolue d'en établir elle-même une pour la Toscane en faveur de l'archiduc Léopold. Elle demanda en outre le consentement de ce prince à l'expectative féodale du duché de Modène qu'elle destinoit à un des archiducs cadets; Sa Majesté Prussienne consentit à ce dernier article en stipulant une réciprocité de complaisance de la part de la cour impériale lorsque l'occasion s'en présenteroit; mais quant à la seconde géniture à établir dans sa maison, il refusa nettement d'en prendre l'engagement; cependant la cour de Vienne parut alors assez satisfaite du fruit de sa démarche, et soit qu'elle crût avoir pénétré les dispositions du roi de Prusse et deviné le sujet pour lequel il se réservoit de réclamer la complaisance de Leurs Majestés Impériales, soit qu'on s'en rapportât à Vienne à l'impression qu'on supposoit que la force avec laquelle cette affaire avoit été traitée feroit sur le roi de Prusse, le ministère autrichien a paru depuis assez tranquille sur les projets de la cour de Berlin. Cependant depuis la mort du margrave Frédéric de Baireuth, arrivée en 1763, plusieurs circonstances ont fait connoître que l'intention du roi de Prusse n'étoit pas d'attendre l'événement; mais de faire naître l'occasion de s'emparer de l'administration des États de Baireuth en réduisant le margrave actuel à une pension, et en donnant un dédommagement tel quel au margrave d'Anspach, le plus proche agnat et successeur légitime du margrave de Baireuth. On ne sait pas si c'est par sécurité ou par irrésolution que la cour de Vienne s'est tenue dans la plus parfaite inaction, tandis qu'elle avoit des avis certains des manœuvres du roi de Prusse à Baireuth. Elle a négligé tous les moyens qu'on lui a présentés, soit pour engager le margrave de Baireuth à se remarier, soit pour gagner le ministère de ce prince; mais comme on assure que le sieur de Knyphausen est arrivé à Baireuth, afin d'y prendre l'administration du pays pour le compte du roi de Prusse, quoique tout doive continuer à se faire sous le nom du margrave, et qu'on assure d'ailleurs que le margrave d'Anspach, seul légitime contradicteur, a consenti à cet arrangement dans le voyage qu'il vient de faire à Berlin, il est probable que la cour de Vienne, désabusée de ses prétentions, ou forcée de sortir de sa léthargie habituelle, courra au remède et tâchera de prévenir l'exécution totale du plan dont elle voit maintenant le commencement. Comme elle voudra vraisemblablement intéresser le Roi dans sa cause, il est nécessaire de prévenir le sieur marquis de Durfort sur les moyens auxquels on présume qu'elle pourroit avoir recours.

Il est constant que le pacte de famille de 1752 est contraire aux dispositions du recès de 1473 et à l'usage qui en a fixé l'interprétation; de plus, il est destitué de la confirmation de l'Empereur et de l'Empire, et il peut par conséquent être attaqué par toutes les parties intéressées. Tels sont :

1° L'Empereur et l'Empire, parce qu'on prétend introduire sans leur aveu une nouvelle forme de succéder dans les fiefs de l'Empire possédés par la maison de Brandebourg. La cour de Berlin peut, à la vérité, répondre que la plupart des pactes de famille des grandes maisons d'Allemagne ont été regardés de tout temps comme des lois purement domestiques, et qui n'avoient nul besoin de la confirmation impériale; mais quoique cette maxime soit confirmée par une multitude d'exemples et même en quelque sorte par les dernières capitulations, la maison de Brandebourg se trouve dans un cas particulier par l'effet de l'acte de 1473, lequel ayant passé en force de recès et de loi de l'Empire, paroît ne pouvoir être renversé que de la manière qu'il a été établi;

2° Le roi et la république de Pologne, parce qu'on a étendu le droit de succéder dans le duché de Prusse aux branches de Baireuth et d'Anspach qui n'y ont aucun droit;

3° Les princes cadets quelconques de la maison de Brandebourg auxquels les margraviats de Franconie devroient servir d'apanage, et qui pourroient en outre prétendre aux nouvelles acquisitions que la branche électorale a faites dans le siècle précédent et dans celui-ci;

Enfin 4° les princesses de la ligne électorale [1], par rapport aux biens provenant de la succession de Clèves à laquelle les margraves de Franconie ne sont pas appelés de leur chef, puisqu'ils ne descendent pas de Marie-Éléonore, princesse de Clèves [2].

Il y auroit deux manières de faire valoir tous ces moyens par les voies de droit: la première seroit d'engager quelqu'un des prétendants, à qui le pacte de 1752 fait tort, d'en demander la cassation à l'Empereur, et la deuxième de faire agir le fiscal de l'Empire d'office pour le même but. La première de ces méthodes seroit sans contredit la meilleure, mais l'on ne voit pas quelle seroit la partie intéressée qui pourroit hasarder une pareille

---

1. Par l'article XVIII du traité d'Hubertsbourg, le roi de Prusse renouveloit la convention faite entre lui et l'électeur palatin en 1741, au sujet de la succession de Juliers, Clèves et Berg.

2. Marie-Éléonore de Clèves, sœur aînée du duc de Clèves, mort sans enfants en 1609, avait épousé le duc de Prusse Albert-Frédéric. Sa fille aînée, Anne, épousa Jean-Sigismond, électeur de Brandebourg, auquel elle apporta la Prusse ducale et les prétentions sur Juliers, Clèves et Berg. Jean Sigismond réunit ainsi à l'électorat le duché de Prusse qu'Albert de Brandebourg, grand-maître de l'Ordre teutonique, avait constitué en duché héréditaire, sous la suzeraineté polonaise, par un traité de 1525, avec le roi de Pologne Sigismond. Il en obtint l'investiture de la Pologne en 1611.

levée de boucliers du vivant du roi de Prusse. Quant à la deuxième méthode, elle ne seroit pas suffisante parce que l'omission de la confirmation impériale n'est point un moyen de nullité, et que le pacte de 1752 n'est pas contraire aux lois de l'Empire, ce qui pourroit seul autoriser à l'annuler. D'ailleurs, cette demande alarmeroit les princes de l'Empire entre lesquels il subsiste des pactes qui ne sont pas confirmés par l'Empereur; elle offenseroit le roi de Prusse qui prétendroit y voir un attentat aux libertés des États, un acte de despotisme et un abus du pouvoir judiciaire, et on ne pourroit qu'en attendre des suites les plus considérables et les plus funestes pour la cour impériale, puisqu'il est certain que cette conduite aliéneroit tous les esprits.

Il est donc plus probable qu'elle voudra temporiser, attendre l'époque de l'exécution entière du pacte de 1752 et préparer des oppositions de la part de quelque prince ou de quelque princesse de la maison de Brandebourg. La procédure seroit alors en règle. La cour de Vienne pourroit se promettre l'assistance des cercles de Franconie, de Bavière et de Souabe auxquelles l'établissement des forces prussiennes en Franconie causera les plus vives alarmes; elle sera également certaine du concours de la cour de Dresde dont les États se trouveront pris à revers par les forces que le roi de Prusse ne manqueroit pas d'entretenir en Franconie. L'assistance de tous ces États que des périls et des craintes communes lieront à la cour de Vienne, peut entrer pour beaucoup dans son plan et influer sur la disposition où on a tout lieu de croire qu'elle est de faire plutôt la guerre au roi de Prusse, que de souffrir que les margraviats de Franconie soient réunis à la masse des États de la maison de Brandebourg. En effet, en considérant tous les maux dont cette réunion la menaceroit, il paroît que ce parti seroit moins de choix que de nécessité.

Les margraviats sont riches, fertiles et peuplés, l'économie prussienne y trouvera facilement de quoi entretenir vingt-cinq ou trente mille hommes. Leur possesseur est directeur au cercle de Franconie; il dictera des lois à l'assemblée des États. Outre cet accroissement réel et important de puissance militaire et politique, la position géographique de ces États les rend extrêmement intéressants. La Franconie est au centre de l'Empire; sa situation et ses forces lui ont toujours donné une influence dominante sur les résolutions des cercles, et c'est presque toujours par elle que la cour de Vienne a fait entrer l'Empire dans les querelles. Le margraviat de Baireuth confine à la Bohême et à la Saxe; celui d'Anspach confine à la Bavière et à la Souabe et touche presque au Danube. Le roi de Prusse, maître de ces pays, auroit donc une entrée de plus en Bohême, se trouveroit à portée de contenir la Souabe et la Bavière, où l'éloignement du centre de sa puissance lui donnoit jusqu'ici peu ou point d'influence. Mais ce qui touchera le plus la cour de Vienne, il interceptera la communication des États autrichiens avec l'Empire et surtout celle avec les Pays-Bas; la cour impériale devra renoncer à toute influence dans les cercles, et le roi de Prusse se trouvera à portée de pénétrer jusque dans les provinces autrichiennes situées à la rive droite du Danube, tandis que les armées autrichiennes seront occupées à défendre la Moravie et la Bohême; ou pour se garantir de ce péril, la cour de Vienne sera obligée d'augmenter son militaire dans la même proportion que le roi de Prusse augmentera le sien, au moyen des ressources que lui fourniront les margraviats de Franconie.

Toutes ces raisons persuadent que la cour de Vienne préférera la guerre à une situation si critique; mais elle attendra sans doute, ainsi qu'on l'a déjà remarqué, le moment de la réunion des États de Brandebourg. A l'égard de l'administration du pays de Baireuth dont le roi de Prusse paroît au moment de s'emparer, quoiqu'on puisse considérer cette démarche comme un commencement d'exécution du pacte de 1752, il ne paroît pas que l'Empereur ait qualité de s'y opposer, tant que le pays sera administré au nom du margrave régnant, et que ce prince et le margrave d'Anspach, son successeur féodal, ne se plaindront pas de violence; il n'y a point de loi qui défende à ces princes de renoncer à l'administration de leurs États en faveur d'un agnat, et il seroit nouveau et dangereux de leur contester cette liberté.

Dans cet état de choses, le sieur marquis de Durfort qui a vu, par la correspondance du sieur comte du Châtelet, que cette affaire a été traitée entre les deux cours à titre de confidence, marquera dans l'occasion aux ministres impériaux l'intérêt que le Roi prend à un objet si important pour le repos et la sûreté de Leurs Majestés Impériales et de leurs États. Il fera connoître que Sa Majesté sent parfaitement le danger auquel le système de l'Empire seroit exposé par la réunion des États de Franconie à l'électorat de Brandebourg et à la masse des États de Prusse. Il assurera la cour de Vienne de la résolution où est Sa Majesté de concourir à toutes les mesures compatibles avec les constitutions de l'Empire et propres à empêcher l'exécution du pacte de 1752, lorsque le cas arrivera. Mais l'ambassadeur du Roi ne dissimulera pas que cet objet doit être traité avec la plus grande circonspection, et que Sa Majesté croit que la moindre démarche précipitée pourroit allumer la guerre en Allemagne. Il tâchera de pénétrer quelles sont les notions de la cour de Vienne sur les projets du roi de Prusse : si elle croit que ce prince donnera les États de Franconie au prince Henri[1], son neveu, ainsi que quelques particularités semblent l'indiquer, ou si elle croit que le projet de Sa Majesté Prussienne est d'effectuer dès à présent la réunion de tous les États de la maison de Brandebourg. Il cherchera aussi à démêler les dispositions de la cour impériale et les moyens qu'elle compte employer dans une conjoncture aussi délicate et surtout si des idées de guerre entrent dans ses combinaisons. Enfin le sieur marquis de Durfort veillera aux démarches que la cour de Vienne pourra faire sur cet objet, soit à la cour de Dresde, soit au cercle de Franconie qui y sont les plus intéressés, et il rendra un compte exact de ses découvertes au ministre des affaires étrangères.

Fait à Versailles, le 2 novembre 1766.

---

1. Frédéric-Henri, fils d'Auguste-Guillaume, frère de Frédéric II, né en 1747, mort en 1767.

XXIII

M. DURAND

1770

M. de Durfort résida à Vienne jusqu'au mois de mai 1770. On y envoya, au mois de juillet de la même année, M. Durand, garde des Archives depuis 1762, en attendant que le baron de Breteuil, désigné comme titulaire de l'ambassade, pût quitter son poste de Hollande pour se rendre en Autriche.

Les affaires de Pologne et d'Orient étaient les principales affaires que devait suivre M. Durand.

Auguste III était mort en 1763. La Russie et la Prusse firent alors nommer roi de Pologne Stanislas-Auguste Poniatowski. Elles imposèrent à la diète de Pologne, en 1767, des lois qui accordaient aux protestants et aux grecs la liberté religieuse et l'égalité politique. Catherine II dicta le 24 février 1768 à la diète un traité qui consacrait l'assujettissement de la République à la Russie.

Les catholiques et les *patriotes* polonais, opposés à la Russie, se soulevèrent et formèrent la confédération connue sous le nom de Confédération de Bar. La Turquie les soutint et déclara, le 6 octobre 1768, la guerre à la Russie. Le duc de Choiseul, qui songeait à soutenir les Polonais, se préoccupait naturellement du rôle que l'Autriche jouait en cette affaire. Le rapprochement qui s'était fait entre elle et la Prusse, à la suite de l'entrevue de Joseph II et de Frédéric II à Neisse, en août 1769, l'inquiétait à juste titre. C'est dans ces conditions que l'instruction suivante fut donnée à M. Durand, le 30 mai 1770.

MÉMOIRE POUR SERVIR D'INSTRUCTION AU SIEUR DURAND, CHEVALIER DE L'ORDRE DE SAINT-LAZARE, PREMIER COMMIS DU DÉPÔT DES AFFAIRES ÉTRANGÈRES, ALLANT, PAR INTÉRIM, A VIENNE, EN QUALITÉ DE MINISTRE PLÉNIPOTENTIAIRE DU ROI. VERSAILLES, 30 MAI 1770 [1].

Le sieur baron de Breteuil, nommé à l'ambassade de Vienne, ne pouvant se rendre à sa destination que vers l'arrière-saison, le Roi s'est déterminé à y envoyer le sieur Durand pour prendre soin de ses affaires dans cet intervalle. Il sera muni, en conséquence, de lettres de créance pour Leurs Majestés Impériales et Royales, en qualité de ministre plénipotentiaire.

La communication qui lui a été donnée de toutes les affaires qui ont été traitées depuis quelque temps avec la cour de Vienne, le mettra en état de les suivre, et les instructions qui lui seront adressées successivement achèveront de le mettre au fait de tout ce qui est relatif au bien du service de Sa Majesté à cette cour.

Le sieur Durand est pleinement instruit des liaisons intimes et sincères qui subsistent entre la France et l'Autriche. Une alliance cimentée par une fidélité éprouvée pendant quatorze ans et consolidée par les sentiments personnels des souverains, qu'un mariage désiré vient de resserrer encore à la grande satisfaction du Roi [2], forme la base de notre situation vis-à-vis de la cour de Vienne, ainsi que celle de la partie principale de notre système politique. Le ministre plénipotentiaire ne perdra jamais ce tableau de vue, et il ne négligera aucune occasion de convaincre de plus en plus Leurs Majestés Impériales de la vivacité des sentiments du Roi pour elles ainsi que de sa persévérance dans l'alliance.

De tous les objets qui peuvent dans ce moment-ci occuper la politique des deux cours, celui des affaires de Pologne et de la

---

1. Vienne, 1770. T. CCCXIII.
2. Le dauphin, plus tard Louis XVI, avait épousé le 16 mai 1770, l'archiduchesse Marie-Antoinette.

guerre entre la Russie et les Turcs est sans contredit le plus important et celui dont il est plus instant de s'occuper.

L'intérêt de la France et de l'Autriche est essentiellement le même à cet égard : maintenir l'indépendance de la Pologne et contenir l'ambition de la Russie et le débordement de sa puissance, sont deux points dont les deux cours ont depuis longtemps reconnu l'utilité et la nécessité ; mais celle de Vienne, soit par son éloignement pour tout ce qui pourroit étendre le feu de la guerre, soit par l'effet de quelques dispositions ou de quelques vues secrètes, soit par celui de quelques défiances qu'elle dissimule, n'a voulu adopter aucun système actif, et elle s'est tenue dans une inaction dont les effets deviennent de jour en jour plus funestes, mais dont il seroit important que le ministre plénipotentiaire du Roi pût approfondir les causes, dont la permanence mérite toute notre attention.

Les choses se trouvent maintenant à un point de crise qui force la cour de Vienne à s'occuper d'un objet sur lequel elle ne paroît avoir jusqu'ici porté que des regards assez indifférents ; mais le premier mouvement de cette espèce de réveil est de chercher à éteindre un feu dont elle semble, par-dessus tout, appréhender les progrès, et à prévenir des événements dont elle ne paroît pas penser à diriger le cours.

La façon de penser du Roi diffère à cet égard de celle de Leurs Majestés Impériales ; elle est exprimée dans l'écrit ci-joint sous le titre de « Réflexions sur l'état présent de la Pologne ».

C'est particulièrement pour traiter cet objet que Sa Majesté s'est déterminée à envoyer le sieur Durand à Vienne, et pour reconnoître à fond les dispositions de cette cour à cet égard.

Comme il n'est pas possible d'influer efficacement sur les affaires de Pologne sans une coopération quelconque de Leurs Majestés Impériales, le sieur Durand cherchera d'abord à faire adopter le système que le Roi croit être le plus utile et le plus convenable dans la circonstance actuelle.

Si la répugnance de la cour de Vienne paroissoit invincible, et si elle persistoit à n'envisager que dans une paix prochaine le point précis de sa tranquillité, le Roi pourroit difficilement se dispenser d'entrer dans les mêmes vues, et il s'agiroit alors de former : 1° un plan de pacification, conforme à l'intérêt indispensable des deux cours, c'est-à-dire qui garantisse la Pologne de l'asservissement, et qui enlève à la Russie la prépondérance de puissance dont son but est de s'assurer; 2° un plan pour disposer les esprits à adopter le système de pacification dont les deux cours seront convenues; le Roi ne se refusera pas aux démarches qu'il sera convenable de faire en conséquence, soit auprès de la Porte Ottomane, soit auprès des confédérés; Leurs Majestés Impériales doivent de leur côté se charger d'en faire de correspondantes auprès de la cour de Pétersbourg.

Mais cette négociation seroit infructueuse et l'orgueil de la Russie s'accroîtroit de sa mauvaise réussite, si la cour de Vienne ne profitoit pas de sa position pour se mettre en mesure de faire respecter l'intervention des deux cours par des mesures de vigueur capables d'en imposer à une puissance foible que ses succès enivrent, mais que le moindre mouvement de crainte doit ramener au sentiment de cette foiblesse.

De légers secours accordés aux confédérés et qui paroîtront en annoncer de plus considérables, joints aux démonstrations qu'on a commencé à faire sur les frontières de Hongrie et de Transylvanie, suffiront, selon toute apparence, pour remplir cet objet; et il ne seroit pas difficile de combiner cette conduite de manière à ne pas donner d'ombrage à la cour de Berlin dont l'exemple la justifieroit d'ailleurs suffisamment. Peut-être l'état actuel de foiblesse et d'épuisement où se trouve le Roi de Prusse pourra-t-il influer sur les résolutions du cabinet de Vienne.

On ne peut ici qu'indiquer ces points de vue généraux, d'après lesquels le ministre plénipotentiaire du Roi dirigera son langage, sa conduite et ses efforts. La connoissance qu'il a des intentions du Roi le mettra en état de servir les vues de la cour de Vienne, d'éclaircir une matière sur laquelle les deux cours ne se sont pas encore expliquées positivement et de former un plan qui puisse mériter leur approbation.

Comme il est important, à tout évènement, de ménager les esprits des confédérés, et même de diriger leur conduite d'une manière utile à leur propre cause et analogue aux vues du Roi, le sieur Durand prendra ce double soin conformément au système indiqué dans l'écrit qu'on a déjà cité. On lui renverra en conséquence toutes les affaires de la Confédération; c'est à lui que l'on adressera les chefs et les particuliers qui auront des avis à donner ou des propositions à faire. Il sera le centre de toutes les correspondances relatives à cet objet; la confiance et la considération qu'il s'est acquises en Pologne le rendent plus propre que personne à cet emploi délicat.

Comme dans l'exécution de tant d'objets, il aura probablement besoin de quelques agents intelligents et affidés, le Roi charge le sieur Dumouriez de le suivre à Vienne[1]; son emploi sera d'exécuter les commissions dont le sieur Durand le chargera, soit pour se procurer des nouvelles certaines, soit pour négocier avec les Polonois, soit pour les faire coopérer avec lui au succès des entreprises qu'il lui suggérera; en un mot, cet officier aura ordre de remplir tous les objets d'instructions dont le ministre plénipotentiaire de Sa Majesté croira devoir le charger pour le bien du service.

Le sieur Durand, étant instruit du concert établi entre le Roi et la cour de Dresde relativement aux affaires de Pologne, sentira la nécessité de se mettre en correspondance avec le sieur baron de Zuckmantel[2] qui en est prévenu de son côté, et à qui on recommande de la suivre avec exactitude et une entière confiance.

Le ministre plénipotentiaire du Roi suivra aussi, par rapport à la correspondance avec M. le chevalier de Saint-Priest[3], l'usage qu'il trouvera établi, de faire part à cet ambassadeur de toutes les choses qui peuvent être utiles au service du Roi et intéresser la Porte. Quant à la négociation dont le sieur Durand est chargé,

---

1. Choiseul avait décidé d'envoyer aux confédérés des officiers français qui seraient chargés de l'exécution d'un plan arrêté à Paris avec Mokranowski, député des confédérés en France. Dumouriez, qui avait servi avec distinction pendant la guerre de Sept ans et avait été employé par Choiseul en Corse, fut désigné pour diriger ces opérations.

2. Le comte de Zuckmantel, un des agents de la correspondance secrète de Louis XV.

3. M. de Saint-Priest, ambassadeur de France à Constantinople, où il avait succédé, en 1768, à M. de Vergennes.

on ne peut que s'en rapporter à sa prudence pour discerner les objets qu'il devra communiquer à M. de Saint-Priest, de ceux dont la connoissance lui seroit inutile.

Le sieur Dumas [1] remettra au ministre plénipotentiaire du Roi tous les papiers de l'ambassade de M. le marquis de Durfort, ainsi que les tables des différents chiffres qui avoient été confiés à cet ambassadeur. Comme il ne s'est jamais servi du chiffre de réserve, le sieur Durand en fera usage pour transmettre les choses qui exigeront plus particulièrement du secret.

Fait à Versailles, le 30 mai 1770.

SUPPLÉMENT D'INSTRUCTIONS POUR M. DURAND. 12 JUIN 1770.

Depuis la rédaction des instructions remises au sieur Durand, le Roi a eu la certitude de la vivacité avec laquelle la cour de Vienne désire de voir la paix rétablie entre la Russie et la Porte [2]; mais la conjecture qu'on avoit formée qu'on traitoit secrètement de la pacification à Constantinople, ne s'est vérifiée que quant à l'Autriche; car le ministère ottoman, loin d'en accueillir l'idée, vient de proposer à Leurs Majestés Impériales de se déclarer contre les Russes [3].

La cour de Vienne a fait répondre à l'office par écrit que le

1. M. Dumas, chargé d'affaires à Vienne.
2. L'Autriche avait, le 20 février 1770, écrit à Thugut, internonce à Constantinople, d'insinuer aux Turcs l'idée d'une médiation.
3. Thugut écrivait de Constantinople le 24 mars 1770 qu'il avait eu une entrevue secrète avec le reis-effendi, et que ce dernier lui avait offert de conclure une alliance étroite : l'abaissement des Russes en serait l'objet et la Pologne en fournirait le prix. L'Autriche déclina l'ouverture; et Kaunitz écrivit le 21 avril à Thugut que les Turcs devaient chercher la solution de leurs embarras dans une intervention amicale.

reis-effendi a passé à ce sujet, qu'elle ne pouvoit prendre part à la guerre sans embraser toute l'Europe, et qu'elle désiroit plutôt contribuer au rétablissement de la paix sous la double condition que les parties belligérantes seroient remises dans l'état où elles étoient au commencement de la guerre et que les troupes moscovites évacueroient la Pologne.

L'esprit dans lequel cette réponse est conçue annonce que la cour de Vienne rend hommage à l'évidence des motifs puissants qui doivent la porter à désirer que les progrès des Russes trouvent un terme prochain; mais elle suit pour parvenir à ce but une route assortie à ses dispositions intérieures, au caractère de l'Impératrice-Reine et à l'inquiétude avec laquelle elle envisage toute possibilité de perdre une tranquillité dont les douceurs la séduisent et lui font rejeter tous les moyens de vigueur qui pourroient la troubler.

Quoique le Roi ne puisse pas approuver cette méthode, Sa Majesté ne peut se dispenser d'adopter le but qu'on se propose. Les intentions des deux cours et leurs désirs se réunissent au moins dans la fin qu'elles se proposent. C'est un grand pas de la part de la cour de Vienne, en énonçant positivement l'évacuation de la Pologne. Ce désir commun sera désormais la base positive du concert des deux cours. Le sieur Durand le constatera dans ses entretiens avec M. le prince de Kaünitz, le temps et nos soins pourront faire le reste. Le choix des moyens devient plus facile lorsque le but est marqué d'une manière nette et positive.

En faisant usage des faits que l'amitié de l'Impératrice-Reine l'a engagée à confier au Roi, le sieur Durand confiera à son tour à M. le prince de Kaunitz que la Porte Ottomane nous a fait faire verbalement une ouverture à peu près semblable, en y ajoutant l'offre de rompre avec l'Angleterre.

Nous entrons trop sincèrement dans le système pacifique de la cour de Vienne pour accueillir ces insinuations dans un autre esprit que celui qui a présidé à la réponse qu'elle a faite elle-même à la Porte. Nous déclinerons donc tout ce qui peut conduire à étendre l'incendie; mais nous avons des ménagements à garder avec la Porte qui ne nous permettent pas de lui tenir de nous-mêmes un langage de paix, et nous essaierons même de profiter de l'occasion pour nous assurer de quelques avantages sur les Anglois.

Les ministres respectifs à Constantinople pourront travailler sur ce plan chacun de son côté, mais en se concertant et de manière à pouvoir se réunir lorsque les dispositions des Turcs se manifesteront assez pour nous mettre dans le cas de nous joindre sans restriction à la cour de Vienne. Le sieur Durand fera part à M. de Saint-Priest de ce qui se sera passé entre lui et M. le prince de Kaunitz à ce sujet, et il continuera d'entretenir avec cet ambassadeur une correspondance exacte et suivie. Il recevra lui-même des instructions ultérieures selon l'exigence des circonstances.

Fait à Versailles, ce 12 juin 1770.

XXIV

LE PRINCE DE ROHAN

1772

La chute et la disgrâce du duc de Choiseul, qui survinrent en décembre 1770, eurent pour effet que M. de Breteuil ne se rendit point à Vienne et que M. Durand y resta. M. d'Aiguillon prit les affaires étrangères.

La guerre de Pologne et la guerre de Turquie se prolongeaient et se compliquaient. Le roi de Prusse et l'Empereur s'étaient revus à Neustadt, en septembre 1770. Des négociations se suivaient entre Berlin, Vienne et Pétersbourg : la France n'en était point instruite par ces cabinets. Les rapports de Durand, malgré le soin que prenait Kaunitz de le tenir à l'écart, étaient faits pour alarmer le gouvernement français. Continuant à soutenir secrètement les confédérés de Pologne, il avait en juillet 1771 rappelé Dumouriez et envoyé M. de Vioménil pour le remplacer.

Il était nécessaire d'avoir un ambassadeur à Vienne. On décida d'y envoyer le prince Louis de Rohan, cardinal et coadjuteur de Strasbourg. Sa nomination fut annoncée à Durand, par une dépêche du 4 juillet 1771. Le 3 novembre, Durand fut invité à demeurer à Vienne après l'arrivée du prince de Rohan, afin de le mettre au courant des affaires. L'ambassadeur se mit en route dans les derniers jours de 1771.

Le 22 janvier 1772, d'Aiguillon écrivait à Durand :

« Comme je vois par une lettre que m'écrit M. le prince Louis de
« Rohan qu'il est arrivé à Vienne, je me réserve de lui mander la façon
« de penser du Roi sur les différents détails contenus dans vos let-
« tres, lorsqu'il aura rendu compte de ses premières conférences avec
« M. le prince de Kaunitz. Nous sommes bien persuadés qu'il n'aura

« rien négligé pour pénétrer le secret de la proposition nouvelle que
« la Russie doit avoir mise en avant et relativement à laquelle nous
« n'avons aucune notion qui puisse aider nos conjectures. »

Le prince de Rohan, qui était arrivé le 10 janvier, adressa, le 20, un long rapport à M. d'Aiguillon.

« M. Durand m'a mis au fait de la position actuelle, et il voudra
« bien me continuer ses bons offices pour me procurer tous les ren-
« seignements qui pourront contribuer à développer le plan de la
« négociation. Je ne vous apprendrai encore rien de nouveau... Je ne
« vous présenterai aujourd'hui que le tableau que je me suis tracé
« à moi-même pour mon instruction; j'y ajouterai quelques idées
« qu'a fait naître un premier aperçu. Je vous demande vos conseils,
« Monsieur le duc... »

Le cardinal exposait ensuite les vues ambitieuses de la Russie en Orient et de la Prusse en Pologne. Il montrait l'Autriche prête à entrer en guerre contre la Russie : elle devait soutenir seule le poids de cette guerre; mais la France en pourrait profiter pour étendre ses limites du côté de la Flandre, fixer l'État de la maison de Bourbon en Italie et tarir la source des prétentions de l'Empereur dans cette contrée. Il insinuait l'idée de faire jouer à la France un rôle principal dans la guerre en employant le contingent de vingt-quatre mille hommes, stipulé par le traité de 1756, à agir en Pologne contre la Russie. « Je vous supplie, Monsieur le duc, ajoutait-il, de me faire connoître votre opinion sur ces premières idées, afin de puiser dans vos conseils le degré de force et de fermeté qu'il faudra mettre dans ma manière de traiter avec le prince de Kaunitz. » Le duc d'Aiguillon, en réponse à ce rapport, adressa le 6 février 1772, au prince de Rohan, pour son instruction, la dépêche qui suit.

AFFAIRES D'ORIENT ET DE POLOGNE.

LE DUC D'AIGUILLON AU PRINCE LOUIS DE ROHAN.
A VERSAILLES, LE 6 JANVIER 1772[1].

J'ai reçu, Monsieur, la dépêche n° 1 que vous m'avez fait l'honneur de m'adresser le 20 du mois passé. Votre lettre pour le Roi m'a été remise en même temps, et j'ai eu l'honneur de la présenter à Sa Majesté.

Nous sentons bien que votre début à Vienne étoit encore trop récent pour que vous pussiez rien ajouter aux relations de M. Durand; mais nous connoissons trop votre zèle et tous les avantages dont vous pouvez faire un usage utile au service du Roi pour ne pas attendre de votre part les relations les plus intéressantes dans la position actuelle des affaires générales. Les résolutions de la cour de Vienne devant décider de l'état de la partie orientale de l'Europe, de l'issue de la guerre qui s'est allumée entre les Russes et les Turcs et du sort de la Pologne, tous ces objets dignes de fixer l'attention de Sa Majesté feront la matière de l'observation assidue et réfléchie, laquelle dans le moment actuel forme le point capital de vos instructions.

Le rôle passif est en effet, Monsieur, le seul qui soit assorti aux vœux et aux sentiments du Roi. Le maintien de la paix dans l'occident de l'Europe forme le premier objet de sa politique bienfaisante et modérée; elle ne peut se flatter d'écarter le fléau des guerres de ses États qu'autant qu'elle évitera de s'engager dans une querelle qui ne l'intéresse qu'indirectement, et la distance des lieux seule la dispenseroit de s'en occuper jusqu'à un certain point.

C'est là, Monsieur, une des maximes les plus essentielles du système du Roi; sa résolution est d'autant plus ferme et plus constante qu'elle n'a aucun engagement qui puisse balancer la considération du bonheur de ses peuples et du bien de l'humanité. Si elle donne quelque chose à des intérêts indirects et à des combinaisons éloignées d'une politique prévoyante, ce n'est que

---

1. Autriche, 1772. T. CCCXVIII.

subordonnément aux vues que je viens d'avoir l'honneur de vous exposer et d'une manière si bien compassée que ses démarches ne puissent point la compromettre.

En effet, Monsieur, le Roi n'a contracté qu'une seule obligation formelle, et il se bornera à la remplir : c'est celle de secourir la maison d'Autriche si elle est attaquée dans ses possessions. Le traité du 1er mai 1756 détermine les cas de l'alliance ainsi que la portée des secours. En lisant ce traité, on voit avec précision que les secours stipulés doivent être entièrement à la disposition de la partie requérante. Ce ne seroit donc point au Roi d'en déterminer l'emploi, et si ce cas existoit, Sa Majesté ne pourroit que se conformer aux vœux de son allié. Je présume, Monsieur, que M. Durand ne vous aura pas laissé ignorer la déclaration que le ministère autrichien lui a faite que Leurs Majestés Impériales opteroient pour la prestation en argent du secours stipulé.

Cet exposé succinct, Monsieur, suffira sans doute pour fixer votre jugement et votre conduite relativement aux différentes vues que votre zèle, la position critique de la cour de Vienne et la collision des intérêts et des desseins des puissances orientales de l'Europe vous avoit fait naître. Dès que le Roi est résolu de ne pas s'immiscer dans leurs querelles, il ne seroit ni juste ni praticable de fonder sur les conjonctures des vues quelconques d'agrandissement. Les avantages qu'il seroit peut-être possible d'en retirer soit relativement à une acquisition de territoire, soit relativement à la consolidation du système intérieur de l'Italie, ne compenseroient jamais aux yeux de Sa Majesté les maux qu'il pourroit en coûter à ses peuples et à la chrétienté, ni n'excuseroient l'espèce d'infidélité qu'elle feroit aux sentiments et aux devoirs de l'alliance et de l'amitié.

Le Roi est donc résolu, Monsieur, de remplir avec exactitude ses engagements et de cultiver l'alliance de Leurs Majestés Impériales sans épouser leurs querelles particulières, mais aussi sans susciter des obstacles aux mesures que pourroient leur dicter les intérêts les plus puissants, puisque le succès de ces mesures ne peut être qu'agréable à Sa Majesté et à ses vœux et à sa politique.

Je ne puis même me dispenser d'avoir l'honneur de vous

observer à ce sujet que c'est probablement moins par fierté que la cour de Vienne n'a point invoqué le concours du Roi, que par la juste opinion que Sa Majesté a pris à tâche de lui inspirer.

Tel est, Monsieur, le cercle étroit des vues dans lequel le système actuel du Roi nous circonscrit. Nous sommes d'ailleurs très tranquilles sur les vues et sur les dispositions de l'Angleterre : cette puissance est non seulement très éloignée de favoriser la Russie dans l'Archipel, mais sa jalousie est tellement marquée et si constante qu'on pourroit se reposer sur elle du soin d'empêcher les Russes de former aucun établissement dans les mers du Levant en deçà des détroits. Quant aux vues d'agrandissement dont il est probable que le roi de Prusse fonde le succès sur les conjonctures actuelles, nous devons nous borner à observer l'impression que la conduite de ce prince peut produire à Vienne, et le Roi se réserve de vous faire connoître, selon les temps et les circonstances, sa façon de penser sur cet objet.

Sa Majesté verra avec plaisir, Monsieur, que Leurs Majestés Impériales défèrent aux instances que le roi d'Espagne leur fait d'envoyer un ambassadeur à Naples, et Sa Majesté trouve bon que vous unissiez vos bons offices à ceux de M. le comte Mahony pour y déterminer cette cour. Sa Majesté adopte entièrement le vœu et les sentiments du Roi son cousin à cet égard.

La peinture que vous faites de la manière dont l'Empereur se conduit dans les affaires de Bohême ne promet pas à ce royaume un prompt soulagement.

Nous voyons avec plaisir, Monsieur, la manière favorable dont la cour de Vienne a fait traiter les confédérés de Bar. Il semble qu'elle s'échauffe peu à peu en faveur des Polonois. Comme il convient au service du Roi que vous ayez connoissance des instructions que nous adressons à M. le baron de Vioménil, j'ai l'honneur de vous envoyer ci-joint la copie des trois dernières lettres que je lui ai écrites.

J'ai l'honneur d'être, avec un très sincère attachement, Monsieur, votre très humble et très obéissant serviteur.

XXV

LE BARON DE BRETEUIL

1774

Les négociations entamées entre Berlin, Pétersbourg et Vienne aboutirent aux traités du premier partage de la Pologne signés à Pétersbourg le 25 juillet 1772. L'Autriche prenait le Zips, presque toute la Russie rouge avec Lemberg, une partie de la Podolie et de la Volhynie, la partie méridionale de la petite Pologne sur la rive droite de la Vistule supérieure, avec les salines de Welicka et de Bochnia; le Zips fut réincorporé à la couronne de Hongrie, le reste forma le royaume de Gallicie : le tout constituait pour l'Autriche un accroissement de deux millions six cent mille habitants.

La guerre entre les Russes et les Turcs se termina par le traité de Kaïnardji, du 10 juillet 1774. La Russie prenait les deux Kabarda, se faisait la protectrice des principautés du Danube, la garante de l'indépendance des Tartares de Crimée et s'assurait, en gardant Azof, Yéni-Kalé, Kinburn, l'exercice de la libre navigation qu'elle obtenait dans la mer Noire.

Le prince de Rohan resta à Vienne jusqu'à cette époque, juillet 1774. Il partit alors, laissant l'abbé Georgel comme chargé d'affaires. Il eut pour successeur M. le baron de Breteuil, dont l'instruction est datée du 28 décembre 1774, Louis XVI étant roi de France et M. de Vergennes ministre des affaires étrangères.

MÉMOIRE POUR SERVIR D'INSTRUCTIONS AU SIEUR BARON DE BRETEUIL ALLANT RÉSIDER A VIENNE EN QUALITÉ D'AMBASSADEUR EXTRAORDINAIRE DU ROI PRÈS LEURS MAJESTÉS IMPÉRIALES ET ROYALE APOSTOLIQUE. 28 DÉCEMBRE 1774[1].

Le zèle, l'application et les talents que le sieur baron de Breteuil a montrés dans le cours des différentes missions qu'il a remplies, ayant inspiré au Roi la confiance la plus entière dans son attachement à son service, ainsi que dans ses lumières et son expérience, Sa Majesté n'a pas cru pouvoir faire un meilleur choix que de le charger de ses intérêts auprès de la cour la plus importante et dans les circonstances les plus délicates. Elle est persuadée que la manière dont il remplira cette destination et les nouveaux services qu'il rendra à l'État lui donneront de nouveaux droits à son estime et à sa bienveillance.

La confiance particulière que le Roi accorde à son ambassadeur extraordinaire et l'importance des fonctions dont il va être chargé, déterminent Sa Majesté à lui faire donner une connoissance exacte et détaillée de ses intérêts et de ses vues politiques combinés avec les intérêts et les vues des autres États de l'Europe, que leur puissance et leur position mettent à portée d'influer dans les affaires générales.

Comme l'alliance rend la cour de Vienne en quelque sorte le centre de nos calculs politiques, il est important que le baron de Breteuil soit instruit des principes de notre conduite, afin de mieux sentir leur liaison avec les différentes mesures que les circonstances peuvent conduire le Roi à prendre et de le mettre à portée d'éclaircir et d'apprécier le système et la conduite de la cour de Vienne. Pour remplir cet objet avec quelque ordre on parlera :

1° Du système et de la situation de la cour de Vienne, vis-à-vis des principales puissances de l'Europe ;

---

[1]. Vienne, 1774. T. CCCXXVI.

2° Des alliances et du système politique du Roi relativement à celle de Vienne;

3° Des obstacles et des inconvénients de l'alliance et de la conduite à tenir à cet égard;

4° Du système politique du Roi vis-à-vis des autres puissances de l'Europe;

5° Des affaires particulières que nous avons à traiter avec la cour de Vienne.

Du système et de la situation de la cour de Vienne relativement aux principales puissances de l'Europe.

La monarchie autrichienne, échappée aux dangers dont elle fut menacée pendant la guerre de 1741, a pris depuis cette époque des accroissements considérables de forces intérieures, qu'elle doit à la sagesse de l'administration de l'Impératrice-Reine et à la fermeté mêlée d'adresse avec laquelle cette princesse a su se soumettre les États de ses pays héréditaires. Cette monarchie n'avoit eu jusque-là, si l'on peut s'exprimer ainsi, qu'une force d'inertie que des arrangements de toute espèce ont convertie en une force active, dont la masse et la solidité l'avoient rendue très supérieure à la puissance factice de la monarchie prussienne, alors uniquement due aux soins et au génie du prince qui la gouvernoit.

La position politique de la maison d'Autriche répondit à cet état fortuné de ses affaires intérieures. En alliance avec la France depuis 1756, les évènements d'une guerre malheureuse et la diversité des intérêts lors de la pacification, n'avoient point altéré la confiance qui peut seule former une base solide de l'union de deux aussi grandes puissances lorsqu'elles ne mettent pas leur gloire à dépouiller un tiers innocent.

L'amour de la paix commun aux deux souverains animoit toutes leurs démarches et promettoit à l'Europe une tranquillité durable.

Russie.

L'union même de la Russie avec le roi de Prusse [1] sembloit en être un nouveau garant, malgré la jalousie qu'elle excitoit à Vienne, attendu qu'il n'étoit pas possible que ces deux puissances s'unissent d'intérêts contre la cour de Vienne, et que celle-ci, d'un autre côté, n'auroit jamais pu former d'entreprises sans les faire précéder du retour de la Russie vers elle ; retour que des tentatives multipliées et une animosité secrète et réciproque, assez adroitement déguisée de part et d'autre, faisoient regarder comme impraticable.

L'heureux équilibre qui résultoit de cette position en faveur de la tranquillité du continent se trouva menacé par les suites qu'entraîna la guerre que la Russie s'étoit attirée par ses entreprises despotiques en Pologne. La cour de Vienne, intéressée à maintenir une sorte de balance entre la puissance russe et la Porte, craignoit également l'insolence des Turcs, l'ambition de la Russie et les succès des uns et des autres.

Ces dispositions l'ont fait pencher de préférence pour celle des deux parties qui paroissoit prête à succomber. De là les négociations dont le sieur baron de Breteuil s'est instruit par les correspondances qui lui ont été communiquées, et le traité du 6 juillet 1771 [2], par lequel la cour de Vienne s'engageoit à procurer aux Turcs une paix raisonnable moyennant des avantages pécuniaires et territoriaux qu'elle s'étoit fait assurer. Cette matière sera traitée plus en détail à l'article de la Porte Ottomane.

Fidèle jusque-là à l'intérêt fondamental de sa monarchie, la cour de Vienne avoit contenu l'ambition du roi de Prusse ; mais un enchaînement de causes que l'amour immodéré de la paix a seul rendues actives, l'entraîna enfin dans les vues d'envahissement méditées depuis longtemps par ce prince, qui manœuvra

---

1. La Prusse et la Russie, liées par le traité de paix du 5 mai 1762, avaient renouvelé et étendu cette alliance par le traité du 11 avril 1764. Ce traité avait en outre réglé leur action commune en Pologne en vue de l'élection de Stanislas-Auguste Poniatowski.

2. Traité signé à Constantinople le 6 juillet 1771. L'Autriche s'engageait à seconder, moyennant subsides, la Turquie dans son intervention en faveur de la Pologne. Ce traité ne fut pas ratifié par l'Autriche.

si bien que Leurs Majestés Impériales crurent ou parurent croire que leur association à ses projets, dont elles ne se dissimuloient pas l'iniquité, étoit le seul moyen d'éviter une guerre, qu'elles redoutoient d'autant plus qu'elles ne croyoient pas pouvoir compter sur l'assistance de la France.

Telles furent au moins les couleurs dont la cour de Vienne couvrit ses démarches lorsqu'elle se trouva dans le cas de s'en expliquer avec le feu Roi. Elle articula même qu'elle n'avoit pris son parti que d'après le refus fait par Sa Majesté de concourir à empêcher l'exécution de projets aussi pernicieux. Mais il est important d'établir que le résultat de toutes les correspondances et de toutes les démarches connues se réduit à des observations et à des ouvertures vagues et légères, aussitôt abandonnées qu'exécutées.

Quoi qu'il en soit, l'union résultant du traité de partage ne paroît pas avoir solidement rapproché les trois cours l'une de l'autre, et la paix qui vient de se conclure[1] ne peut qu'ajouter de nouveaux motifs de jalousie et d'intérêt à ceux qui les divisent déjà.

Jusqu'à cette double époque, la cour de Vienne, malgré la conduite pleine de duplicité et de malveillance de Catherine II à son avènement au trône[2], n'avoit cessé de ménager et d'espérer le retour de la Russie à l'ancienne alliance des deux empires.

Cette alliance étoit alors, en effet, la plus naturelle et la plus solide de toutes celles que des puissances quelconques de l'Europe puissent former entre elles : elle avoit pour but de contenir deux puissances, les Turcs et la cour de Berlin, qui étoient également ennemies de l'un et de l'autre des deux alliés. Nul objet de jalousie ni d'intérêt opposé ne les divisoit, d'autant que l'Autriche s'obstinoit à regarder avec indifférence le sort de la Pologne, et qu'elle sembloit même applaudir à l'ascendant que la Russie s'étoit arrogé dans cette république. Par une suite de cette façon de penser, le ministère autrichien, malgré la haine personnelle des deux souverains et l'intimité des liaisons de Catherine II avec

---

1. Traité de Kaïnardji, 21 juillet 1774, entre la Russie et la Turquie.
2. Catherine II avait maintenu les engagements de Pierre III avec Frédéric II.

le roi de Prusse, a constamment suivi un système de ménagements et d'égards dont la moindre circonstance pouvoit lui faire recueillir les fruits.

Toutes ces combinaisons et relations sont aujourd'hui changées par l'effet des avantages incalculables que la Russie acquiert par sa paix avec les Turcs, et par la destruction dont sa position menace désormais l'empire turc en Europe. Cet empire non seulement n'est plus un objet commun de crainte et de jalousie, mais la maison d'Autriche doit s'intéresser à sa conservation, si elle veut empêcher la Russie d'acquérir une prépondérance qui la mettroit elle-même en danger.

Des réflexions directes et personnelles à la cour de Vienne confirment ces vérités. Les possessions respectives se trouvent aujourd'hui rapprochées. Celles de la maison d'Autriche en Transylvanie et surtout en Pologne sont exposées à l'invasion des Russes et à la dévastation des essaims de Tartares, que leur fausse indépendance [1] n'empêchera pas de se livrer à l'ascendant ou à la séduction de la Russie. On peut donc poser en fait que les royaumes de Gallicie et de Lodomérie ont affaibli la monarchie autrichienne, en énervant l'ensemble de sa défense et en consommant une partie des moyens nécessaires à la protection de ses anciennes possessions et qui seront toujours insuffisants pour les nouvelles. L'enthousiasme des grecs [2], répandus dans les unes et dans les autres, est encore un puissant ressort dont la Russie saura entretenir l'activité. Enfin la cour de Vienne a ouvert les yeux sur l'importance dont il est pour elle d'acquérir une influence directe en Pologne et de contre-balancer celle des deux autres puissances qui ont le même intérêt, et l'on sait qu'elle a fait des démarches pour former un parti qui lui fût attaché.

Tel est l'effet subit et inopiné de la révolution dont on approfondit ici les effets, qu'à peine reste-t-il aujourd'hui, dans l'intérêt commun de réprimer l'ambition du roi de Prusse, un point d'appui pour la réunion des deux cours impériales, et quand

---

1. Le traité de Kaïnardji déclarait les Tartares de Crimée indépendants, sous la garantie de la Russie.

2. Les sujets autrichiens appartenant au culte grec orthodoxe.

même quelque incident imprévu l'opéreroit dans les conjonctures actuelles, elle ne seroit que précaire et sans doute fondée sur des intérêts momentanés ; et, par conséquent, une politique sage et prévoyante qui doit attendre que le mouvement des passions apaisé remette chaque chose à sa place, ne pourroit point y asseoir ses calculs avec quelque sûreté.

Ce coup d'œil suffira à l'ambassadeur du Roi pour le diriger dans ses recherches et dans ses observations sur un point aussi important.

La conduite que le ministère autrichien tiendra vis-à-vis de la Russie, nous donnera des lumières très utiles pour pénétrer le système nouveau qu'il va sans doute former.

La Porte.

Il seroit bien difficile de définir la position dans laquelle la cour de Vienne va se trouver vis-à-vis de la Porte Ottomane. Les égards constants et mutuels, l'exécution fidèle des traités et le souvenir de la modération des Turcs pendant l'avant-dernière guerre[1], avoient établi, jusqu'aux derniers évènements de la Pologne, une bonne intelligence assez sincère, quoique la cour de Vienne connût très bien le penchant des Turcs à l'attaquer de préférence, qu'elle sentît vivement les pertes qu'elle avoit faites par la paix de Belgrade et qu'elle vît ses douanes de Hongrie anéanties et l'industrie des nationaux étouffée par les privilèges exorbitants des marchands turcs. La cour de Vienne persista dans cette conduite, même après que la faute commise dans le

---

1. La guerre de Charles VI contre les Turcs, en 1735, se termina le 10 septembre 1739 par le traité de Belgrade qui fit perdre à l'Autriche la plus grande partie des conquêtes acquises lors de la paix de Passarovitz en 1718, et ramena la frontière à la porte de fer d'Orsova et au cours du Danube, de la Save à l'Unna. — « La guerre qui s'alluma en Allemagne peu après la signature des traités de Belgrade ne rendit la politique du sultan Mahmoud ni plus élevée ni plus ambitieuse. Son parti étoit pris : il vouloit conserver la paix au dehors ; il vit donc passivement les puissances prétendantes à la succession d'Autriche en disputer les dépouilles... Ce fut même à la suite de cette crise que, ne voulant point laisser lieu à des défiances à la cour de Vienne, il consentit de convertir avec la nouvelle maison d'Autriche (1747), dans une paix perpétuelle, la trève de trente ans qu'il avoit stipulée avec l'ancienne. » — *Mémoire secret de M. de Vergennes sur la politique de la France en Turquie*, juin 1768. — BOUTARIC, *Correspondance secrète de Louis XV*, I, p. 366.

traité de Versailles[1], l'eut dégagée des entraves que les liaisons de la France et de l'Empire ottoman lui avoient imposées. Elle eut soin de faire sentir à la Porte qu'elle se trouvoit privée de son appui le plus puissant; mais à cet avantage elle voulut ajouter celui des bons procédés et de la confiance dans ses dispositions. Les affaires de Pologne et les entreprises de la Russie la servirent très bien et redoublèrent les ménagements des Turcs pour elle.

C'est ainsi qu'il s'établit entre ces deux puissances, naturellement ennemies, un commencement de confiance que les offices dictés à la France par les conjonctures contribuèrent à affermir. Le premier fruit en fut l'aveu que la cour de Vienne obtint que la paix énoncée dans le traité de Belgrade en termes équivoques, susceptibles d'être restreints à un laps de quarante années, devoit être regardée comme perpétuelle. Les dispositions qui en résultèrent conduisirent à la confection de la convention du 6 juillet 1771. L'ambition de la Russie, avec lequel le ministère autrichien avoit vainement cherché à renouer, et le déplorable état des Turcs, furent les motifs d'une démarche aussi extraordinaire; elle produisit l'effet qu'on s'en étoit vraisemblablement promis, celui d'amener la Russie à calculer avec la cour de Vienne. Dès lors les Turcs furent sacrifiés. Quel que puisse avoir été le motif de cette conduite, elle a entraîné la cour de Vienne dans une suite de fausses démarches qu'elle ne peut point justifier et qu'elle aura peine à réparer.

Les Turcs ont eu le bon esprit de dissimuler un ressentiment impuissant; mais la cour de Vienne n'atteignit pas son but. Elle se proposoit visiblement de borner les succès de la Russie, dont la souveraine avoit d'ailleurs les liaisons les plus intimes avec le roi de Prusse. Il fallut donc chercher dans le partage de la Pologne un autre point d'appui à cette union, tandis que la Russie

---

[1] « Les Turcs n'apprirent qu'avec la plus grande surprise que deux cours qu'ils réputoient irréconciliables venoient de s'unir par les liens les plus étroits de l'amitié et de l'alliance. Mais leur surprise ne tarda pas à dégénérer dans un sentiment plus chagrin et plus aigre, lorsque le traité leur ayant été communiqué, ils observèrent que la France n'avoit pas jugé devoir les excepter des cas où elle seroit obligée d'administrer des secours à son nouvel allié. » — *Mémoire cité de Vergennes.* — BOUTARIC, *op. cit.*, p. 373.

libre de toute crainte, amusant le ministère autrichien par des discussions amiables, mais interminables, sur les conditions de la paix, ainsi que par de fausses ouvertures, par une médiation illusoire [1] et par une confiance simulée, dont la cour de Berlin crut avoir toute la réalité, gagnoit du temps et est parvenue à son but de la manière la plus glorieuse, sans en avoir obligation à ses alliés.

On a déjà remarqué que les Turcs supportent avec une profonde dissimulation l'injure qui leur fut faite en rompant le traité du 6 juillet 1771 [2]. La crainte supérieure que la Russie leur inspirera désormais, en étouffera sans doute le ressentiment pour peu que la cour de Vienne veuille leur marquer intérêt et amitié.

Dans cette position, sa conduite devient très intéressante. Si la force des circonstances la tire de l'inertie qui fait le caractère et qui a fait la honte de sa politique, elle a trois partis à prendre : 1° celui de garantir aux Russes la paix de Kaïnardji ; 2° celui de garantir aux Turcs leur état actuel par un traité défensif ; 3° de se tenir simplement en mesure par des insinuations et par une attention suivie sur les évènements.

Le second de ces partis seroit peut-être le seul convenable aux vrais intérêts de la cour de Vienne et de l'alliance ; mais il ne seroit pas impossible que les circonstances l'entraînassent dans le premier, quoiqu'il soit plus vraisemblable que l'inaction, analogue à ses principes et à son humeur, présentera à ses yeux le troisième parti, qui est le plus commode, comme étant en même temps le plus sûr.

---

1. L'article IV du traité de partage du 25 juillet 1772 portait l'engagement de l'Autriche « de continuer à s'employer sincèrement au succès du congrès et conséquemment aux bons offices auxquels elle s'est engagée envers les deux parties belligérantes. » Un congrès s'était réuni en avril 1772 à Foktchany. Lorsque les Autrichiens s'y présentèrent comme médiateurs, les Russes refusèrent de les recevoir en cette qualité et de les admettre aux conférences, disant qu'il ne s'agissait que de *bons offices*.

2. Le traité du 6 juillet 1771, bien qu'il eût reçu un commencement d'exécution de la part des Turcs par le paiement des subsides, ne fut pas ratifié et fut même dénoncé par l'Autriche au mois d'avril 1772.

Prusse.

Quant à la position de la cour de Vienne vis-à-vis du roi de Prusse, l'intérêt momentané du partage de la Pologne a paru changer le système de la première qui est de tenir pour maxime fondamentale que la puissance prussienne est son ennemie essentielle et irréconciliable. Malgré la nécessité des circonstances et l'illusion volontaire que l'engouement de l'Empereur pour le roi de Prusse et les petites complaisances affectées de Sa Majesté Prussienne dans les affaires de l'Empire, qui flattoient l'ambition de ce jeune prince, concentrée dans ces affaires, ont fait naître, la rivalité est d'autant plus indestructible qu'il est impossible qu'indépendamment de la perte de la Silésie, dont le regret ne s'affoiblit point, le ministère autrichien ne sente pas vivement la faute qu'il a faite en donnant à la monarchie prussienne un accroissement énorme[1], qui par la position des provinces envahies, par leur richesse et leur industrie, par le cours des fleuves et sa situation sur les plages qui offrent à la Pologne la seule communication qu'elle ait avec les puissances étrangères, et par les liaisons qu'elles mettent entre ses différents États, rompent toute espèce de proportion avec les acquisitions autrichiennes : de sorte que c'est vainement que le ministère de Vienne cherche à faire illusion sur le vice intrinsèque et irréparable de cette opération en prétextant le principe de l'égalité, auquel l'expérience lui prouve déjà qu'il lui sera impossible d'atteindre.

Cette vérité est également sensible en considérant la position des États respectivement acquis. Le roi de Prusse a réuni les siens dans une seule masse et a facilité les mouvements du centre aux extrémités.

Les royaumes de Gallicie et de Lodomérie se trouvent, au contraire, coupés des États autrichiens par une chaîne de montagnes presque impraticables, et, quelques efforts que la cour de

---

1. La Prusse prit toute la Prusse polonaise, sauf Thorn et Dantzig, les districts septentrionaux de la grande Pologne et de la Cujavie avec Bromberg, en tout 600,000 habitants : cette annexion reliait les États prussiens et rejoignait le Brandebourg à la Prusse royale.

Vienne fît, il lui seroit impossible de les préserver de l'invasion du roi de Prusse, que ce prince est à portée d'exécuter en partant de la Silésie et de la Prusse, comme la Russie en partant des rives du Borysthène.

La bonne intelligence qui a régné depuis quelques années entre la cour impériale et celle de Berlin relativement aux affaires de l'Empire, ne présente point une base plus solide à l'union durable des deux monarchies que le partage de la Pologne.

Les discussions, assoupies par le désir de captiver Joseph II par l'endroit le plus sensible, renaîtront dès que l'intérêt momentané cessera; et le retour de tous les États vers la cour de Berlin sera d'autant plus empressé qu'ils auront eu le temps de sentir la pesanteur du joug de la cour impériale. Déjà l'opinion de cette opposition est si fort accréditée que les princes allemands craignent qu'elle ne puisse être détruite qu'en les assujettisant par un partage semblable à celui de la Pologne, et que les plus esclaves d'entre eux ne voient leur salut que dans la protection de la France. Cet objet sera repris plus bas.

Il résulte de cet exposé et de ce qui a été touché plus haut que tout ce qui s'est passé n'a fait que multiplier et aigrir les sujets de jalousie et de mécontentement entre ces deux cours. On doit croire que le ministère autrichien en est vivement affecté, lorsqu'il fait réflexion que c'est par sa faute que la puissance prussienne est parvenue à un tel degré de consistance, et que s'il se tranquillise, pour le moment, par la pensée que le roi de Prusse s'est rendu odieux, il doit prévoir qu'avec le temps la haine des moyens qui ont accru une monarchie, se dissipe, et que la puissance reste.

Angleterre.

L'Angleterre qui, en d'autres temps, n'eût pas vu de pareilles révolutions avec indifférence, est tellement absorbée par ses affaires domestiques et tellement dégoûtée de toute liaison continentale, que la Pologne et l'Empire ont pu d'autant moins compter sur son appui qu'elle auroit été forcée de faire cause commune avec la France.

Le ministère britannique avoit d'abord agi par des insinuations assez pressantes à Saint-Pétersbourg sur les affaires de Pologne, de Dantzig et de Suède; mais cette seule considération, plus puissante que l'intérêt le plus évident de sa nation, le porta à changer de conduite, dès qu'il s'aperçut que l'identité de ses démarches et des nôtres pourroit faire soupçonner un concert entre les deux cours.

La cour de Vienne ne désespéroit pas de se lier avec l'Angleterre, si les circonstances la portoient à rompre avec le Roi. Il est constaté qu'elle s'est ménagé avec soin un retour facile vers cette puissance, et que sous l'ombre d'une neutralité qu'elle a fait proposer, de connivence avec le ministère de Sa Majesté, elle a su établir adroitement, à Londres, le préjugé qu'elle seule pourra maintenir cette neutralité et laisser les Anglois, libres de tout soin continental, porter leurs efforts sur la mer.

Elle ajoutoit, d'un autre côté, que la maison d'Autriche étoit la seule alliée que l'Angleterre pût agrandir sans blesser les règles d'une saine politique, tant par rapport à la situation de ses États que parce qu'elle n'étoit point susceptible de devenir puissance commerçante; enfin qu'il étoit même de l'intérêt de cette couronne de fortifier les possesseurs des Pays-Bas, qui forment en même temps une barrière et un point d'attaque contre la France, ainsi qu'un gage de la fidélité de l'alliance.

C'est sur ce plan que le ministère autrichien s'est constamment conduit vis-à-vis de l'Angleterre, et sa contenance pendant les démêlés concernant l'île de Falkland, a été calculée et dirigée vers le même but, qu'il regarde comme le vrai pivot de sa politique.

On traitera, sous l'article de l'Allemagne, ce qui concerne le roi d'Angleterre comme électeur de Hanovre.

Danemark, Suède, Hollande.

On ne s'arrêtera pas à tracer ici la politique de la cour de Vienne relativement au Danemark, à la Suède et à la Hollande. Le ministère autrichien, accoutumé à ne pas négocier sans nécessité et qui regarde une activité perpétuelle comme un vice et comme un inconvénient, est d'ailleurs éloigné de toute liaison dont l'intérêt ne lui est pas direct. C'est le cas où il se trouve vis-à-vis des trois cours qui viennent d'être nommées. Il ne s'est jamais lié avec elles que par des puissances intermédiaires, et ses dispositions à cet égard sont conformes à ce que sa situation géographique indique. Si l'on comprend la Hollande dans cette catégorie, c'est que les liaisons politiques avec cette république ont cessé depuis le refus que la cour de Vienne a fait, à la dernière paix, d'exécuter le traité de la Barrière[1], et de payer les cinq cent mille patagons qui y sont stipulés. Les rapports que les deux puissances ont ensemble, à raison de la contiguïté des États de la République et des pays autrichiens, est d'une nature différente et n'offre aucun trait à placer dans notre tableau.

On ne doit pas omettre de remarquer que la cour de Vienne fait des vœux pour la conservation de la Suède, de peur que ses dépouilles ne fortifient la Russie et le roi de Prusse; mais ses vœux, par eux-mêmes, seront stériles, et l'intérêt ne sera jamais assez puissant pour lui inspirer des vues actives, à moins que les circonstances et l'appui d'autres puissances ne l'y engagent.

Le ministère autrichien n'a pas dissimulé qu'il seroit indifférent aux projets qui n'auroient pour objet que le changement de la constitution du royaume, et que l'envahissement de la Poméranie suédoise par le roi de Prusse ne lui paroîtroit pas une cause suffisante pour secourir la Suède, malgré les stipulations de la paix de Westphalie et la garantie que la cour de Vienne a promise à cette couronne par le traité de 1757[2].

L'ambassadeur du Roi a vu, par la correspondance, que cette cour emploie néanmoins ses exhortations et ses bons offices pour contenir la Russie et le roi de Prusse. On peut compter, à la vérité, que l'amour de la paix, qui domine dans les conseils autri-

---

1. « L'empereur supportait avec une impatience naturelle la présence des garnisons hollandaises dans les villes de la Barrière, qui, en grande partie, étaient restées démantelées depuis la campagne de 1745, et pour lesquelles, d'ailleurs, sa puissance ainsi que l'alliance intime qui l'unissait à la France étaient de bien meilleures garanties que la protection, dorénavant quelque peu dérisoire, de la république néerlandaise, singulièrement déchue de son ancienne importance. » HIMLY, II, p. 499.

2. Traité de Stockholm du 21 mars 1757 entre l'Autriche, la Suède, la France, pour la garantie du traité de Westphalie, confirmé par le traité du 22 septembre de la même année.

chiens, et la crainte de voir allumer un nouvel incendie, dont une étincelle pourroit aisément porter le ravage au loin, rendent ses démarches sincères.

Italie.

L'Italie tient une place principale dans le système politique de la cour de Vienne :

1° Relativement aux possessions considérables qu'elle y a directement ou indirectement ;

2° Par rapport à ses prétentions sur différents États et à l'énergie qu'elle entend donner à l'autorité impériale et aux droits surannés de l'empire d'Allemagne ;

3° Par les dangers auxquels l'expose l'ambition aussi sage qu'active de la cour de Turin qui ne peut guère s'agrandir qu'à ses dépens, et qui a eu presque toujours le talent de ne pas faire éclater ses projets à contre-temps ;

4° Par les facilités que lui offrent la Toscane et la position de ses autres États, surtout lorsque l'acquisition du duché de Modène[1] sera consommée, de les lier avec ceux de l'Allemagne par une double communication avec la Souabe et avec le Tyrol et de fondre pour ainsi dire tous ses États dans une seule et même masse, en facilitant les communications et en écartant les obstacles physiques et politiques qui ralentissoient son activité et l'impulsion des ressorts du gouvernement.

Grisons.

C'est pour remplir ce grand objet que la cour de Vienne sollicite vivement les Grisons d'ouvrir par l'Engadine et le comté de Chiavenna une route militaire et marchande qui abrégeroit et faciliteroit, dans toutes les saisons, la communication entre le Tyrol et le Milanois. Rien n'a été épargné depuis dix ans pour porter les Grisons à exécuter ce projet, auquel les stipulations du capitulat de Milan de 1766 (article 45) ne sont que trop favorables. On a employé presque la menace de leur enlever la Valteline,

---

1. Par le mariage de l'archiduc Ferdinand avec Marie d'Este, fille et héritière du duc de Modène, 1771.

cette portion si précieuse de leurs possessions, et l'on a si bien manœuvré, qu'on a rompu les anciennes liaisons des Grisons avec Venise, qui pouvoient seules ménager à cette république les voies de tirer ses subsistances de l'étranger sans avoir besoin de la permission de la cour de Vienne.

Gênes.

L'ambassadeur du Roi sait les attaques que la république de Gênes a eu à essuyer depuis plus de vingt ans relativement à San-Remo, sur lequel la cour impériale a prétendu maintenir sa souveraineté, à titre de fief de l'Empire. La perte de cette place eût été également fâcheuse, soit que la cour de Vienne eût prétendu y exercer le droit de la protection impériale, soit qu'elle l'eût mise à la garde de la cour de Turin. Aussi le feu Roi fit-il déclarer en 1754 qu'il feroit marcher cinquante mille hommes au secours des Génois si l'on prétendoit exécuter, par voie de fait, les décrets du conseil aulique de Vienne.

Depuis cette époque, les poursuites judiciaires ont recommencé avec plus de violence et d'appareil que jamais. L'indépendance de la ville et république de Gênes a même été formellement attaquée; et l'Empereur, irrité de la fermeté avec laquelle le sénat a repoussé les arrêts de son tribunal, brûloit du désir de se venger et de punir les Génois. De nouvelles déclarations du Roi, analogues à celles de 1754, amortirent sa colère. L'Impératrice-Reine eut l'air d'interposer ses bons offices. On ébaucha un plan favorable aux San-Remasques, et dont l'objet devoit être de faire cesser leurs plaintes; mais il s'est écoulé un temps considérable en pourparlers et en malentendus : rien n'a été terminé ni fixé jusqu'ici. L'affaire est assoupie momentanément; mais on ne peut pas douter que l'Empereur n'ait intérieurement le projet arrêté d'humilier et peut-être d'envahir Gênes à la première occasion favorable.

Naples.

A l'égard de la cour de Naples, la cour de Vienne n'a que les liaisons personnelles résultantes de l'alliance que le roi des Deux-

Siciles a contractée avec elle [1]. Il existe un traité de 1759, conclu sous les auspices du feu roi et du roi d'Espagne, concernant le partage des États *degli presidj*, moyennant la renonciation au droit de reversibilité du duché de Parme et de Plaisance et l'abandon des biens allodiaux de Farnèse. Les obstacles que l'exécution de cet arrangement a soufferts de la part de la cour de Naples depuis l'avènement de Ferdinand IV au trône ont tenu cette affaire en suspens; et il semble que toutes les parties intéressées l'ont perdue de vue, à l'exception de l'Espagne qui a paru plusieurs fois désirer d'en voir l'accomplissement.

Rome [2].

La conduite de la cour de Vienne envers la cour de Rome est semblable à celle qu'elle tient vis-à-vis de son propre clergé, remplie d'égards extérieurs, mais pleine de fermeté et imperturbable dans ses principes, marchant sans éclat, et se contentant de la réalité de la puissance sans en ambitionner les dehors. La cour impériale, de son côté, soutient d'une main vigoureuse non seulement la constitution antique de l'église d'Allemagne et les libertés germaniques, mais étend journellement les droits de l'épiscopat extérieur et sa juridiction sur toutes les matières temporelles qui ont de la connexité avec les spirituelles.

Cette conduite ne laissant aucune prise à l'intrigue et à de fausses idées de piété et de respect pour le Saint-Siège, la cour de Vienne est de toutes les puissances catholiques celle qui éprouve les plus grands égards de la part de la cour de Rome et dont les vues et les désirs y rencontrent le moins d'oppositions et d'obstacles.

Espagne.

Quoique l'Espagne n'ait point de liens ni d'intérêts communs avec la maison d'Autriche, il existe entre elles des rapports indirects et intermédiaires dignes de fixer leur attention respective :

---

1. Marie-Caroline, née en 1752, mariée en 1768 au roi de Naples Ferdinand IV.
2. Le pape Clément XIV étant mort le 22 septembre 1774, son successeur, Pie VI, ne fut élu que le 15 février 1775.

1° L'Espagne s'intéresse par sentiment, par politique, à la conservation des princes de sa maison établis en Italie. La prépondérance que la maison d'Autriche y acquiert est pour elle un objet de jalousie d'autant plus grand que la féodalité ou l'impérialité prétendue des duchés de Parme et de Plaisance, la reversibilité de ces États[1] et la souveraineté prétendue sur San-Remo et sur Gênes même, sont autant de germes d'embarras et de discussions que la cour de Vienne paroît avoir à cœur de laisser subsister, sans doute pour en tirer avantage dans des conjonctures à venir.

Par une suite de la prévoyance inspirée par ce même système, le ministère autrichien a vu avec un dépit extrême l'acquisition que la France a faite de la Corse[2], attendu les facilités que sa possession donne d'insulter les côtes de la Toscane et d'éclairer le port de Livourne.

2°. Le même ministre a cherché à captiver la cour de Madrid par toutes sortes de prévenances personnelles et par des égards qu'il lui prodiguoit, dans le temps qu'il n'affichoit vis-à-vis de la France que de la roideur et des prétentions. Leurs Majestés Impériales, sachant que le roi d'Espagne désiroit leur accession au Pacte de famille, l'éludèrent en insinuant à l'Espagne d'accéder elle-même à l'alliance du 1er mai 1756.

L'Espagne, abusée par ces apparences, crut pouvoir proposer de devenir partie principale dans cette alliance; mais deux considérations puissantes arrêtèrent secrètement la cour de Vienne : la première, que les secours réciproques entre les deux couronnes étoient illusoires ou impraticables et la réunion dans un point d'intérêt commun impossible; deuxièmement, qu'un nouvel acte quelconque dans lequel on auroit pour ainsi dire repris l'alliance en sous-œuvre, auroit fourni à la France l'occasion de revenir contre l'omission si fâcheuse de l'exception des Turcs.

La cour de Vienne mit donc toute son adresse à faire naître

---

1. La réversion éventuelle de Parme, Plaisance et Guastalla, stipulée en faveur de l'Autriche par le traité d'Aix-la-Chapelle, article V, et définie par les traités entre la France et l'Autriche de 1756 et 1758.

2. La Corse avait été réunie en 1768, à la suite de la cession faite par la république de Gênes.

incidents sur incidents, et elle atteignit son but, qui étoit d'avoir fait preuve de bonne volonté sans s'engager, de s'être mise à l'abri de toute recherche incommode et de pouvoir invoquer l'appui de l'Espagne, même pour contenir la France en toute occasion où, sous le prétexte de l'alliance, elle auroit des complaisances actives ou passives à demander à cette dernière couronne.

Telle est, à peu près la situation politique de la cour de Vienne, vis-à-vis de l'Espagne, quoique la conduite de la première dans les affaires de Pologne et vis-à-vis des Turcs ait paru porter atteinte à la confiance et à l'estime du roi d'Espagne.

Empire d'Allemagne.

Il ne reste plus qu'à traiter en raccourci la politique de la cour de Vienne relativement à l'empire d'Allemagne.

Depuis plusieurs siècles, la grandeur de la monarchie autrichienne a pour base essentielle la dignité et les prérogatives impériales, de sorte que toutes les parties de l'administration aboutissent à ce centre commun. D'ailleurs on ne craint point à Vienne de donner aux prérogatives impériales une extension dont, par ses privilèges et sa puissance, elle ne ressentiroit pas le contre-coup, quand même la couronne impériale sortiroit de sa maison.

Tels sont, en effet, les privilèges qu'une longue suite d'empereurs autrichiens a successivement procurés à leur maison, qu'elle ne tient à l'Empereur et au corps germanique que par des liens qui lui sont utiles et qu'elle n'est tenue envers lui d'aucun devoir onéreux.

Les avantages que la maison d'Autriche trouve à étendre la prérogative impériale, constituent le vrai motif du soin qu'elle prend de maintenir la constitution, non sur la base de la liberté légale des États, mais sur celle de l'efficacité de cette prérogative. Elle s'arroge, en conséquence, un pouvoir de conservation qui rendroit inutile la garantie acquise aux États par la paix de Westphalie. Aussi les publicistes impériaux traitent-ils cette loi fondamentale et sacrée, le vrai *palladium* de la liberté germanique, comme un acte caduc, détruit par sa vétusté et par le changement des temps et des circonstances. Ils voudroient prendre pour modèle du gouvernement les lois faites par les empereurs romains, dont ceux d'Allemagne n'ont jamais été que les simulacres. Il ne tiendroit pas aux Impériaux que les vains honneurs et les vaines formules, conservés par la pédanterie et l'ignorance des temps, ne devinssent des titres formels d'une autorité absolue.

Ce système fait pour flatter un jeune prince, dont toute l'ambition et l'autorité se trouvoient concentrées dans ces sortes d'objets, a fait des progrès considérables sous son règne. Les complaisances affectées du roi de Prusse lui ont fait tout oser. Le parti protestant n'a cependant pas suivi l'exemple de son chef. Depuis que la cour de Berlin affiche un système d'indifférence pour ses co-États, le Hanovre a pris sa place, et l'opposition a été soutenue avec une telle fermeté, que dans les dernières délibérations de la diète, les ministres impériaux n'ont pas osé se prévaloir de la pluralité des suffrages pour ériger en loi des dispositions propres à assurer et à étendre l'influence de l'Empereur dans la chambre impériale de Wetzlar.

Le ressentiment que la conduite de la cour de Hanovre a inspiré à l'Empereur vient d'éclater en plaintes les plus vives et les plus amères. Il a fait annoncer publiquement ses projets de vengeance. Ses ministres suscitent partout des ennemis à l'électeur de Hanovre.

Une conduite aussi impétueuse et la réclamation peu décente de l'engagement pris par le duc de Brunswick, lors de l'érection du neuvième électorat, de voter selon le vœu de la cour impériale, caractérisent les dispositions et les principes de l'Empereur et portent une vive atteinte à la réputation de justice et de patriotisme que ce prince a ambitionnée et à laquelle on peut, en partie, attribuer la déférence que le corps des protestants lui a marquée en lui renvoyant la décision judiciaire des griefs de religion.

Dans une position aussi violente, on ne peut que prévoir une crise que la complaisance passagère du roi de Prusse hâtera et que son retour aux maximes fondamentales de sa politique fera un jour éclore. La crainte de voir terminer cette crise par le partage de l'Allemagne ou par l'assujettissement des États a déjà frappé tous les esprits et elle fermente en secret; mais elle ne pourroit produire des effets salutaires à la constitution qu'en donnant un point d'appui à des princes foibles, craintifs, isolés et que leur mauvaise administration prive des secours que leurs États pourroient naturellement fournir.

Il paroît néanmoins évident que la cour impériale n'y trouveroit pas la compensation proportionnelle des avantages qu'elle travaille sourdement à consolider.

Il faut placer dans cette catégorie ses prétentions sur les fiefs de Bohême [1], répandus depuis la frontière de ce royaume jusqu'aux portes de Francfort, et l'espèce de supériorité qu'elle s'arroge au titre de marquisat de Burgau, sur la plus grande partie des principautés formées des débris de l'ancien duché de Souabe.

On ne doit pas omettre de rapporter ici l'affaire de la visitation de la chambre impériale [2]. Les États la désiroient pour corriger les abus de ce tribunal; la cour impériale ne la vouloit, ainsi que l'évènement l'a démontré, que pour étendre et assurer son influence dans une cour de judicature qui devroit être entièrement indépendante d'elle.

L'effet des vues de la cour impériale seroit que les deux tribunaux de l'Empire fussent à sa dévotion, et par conséquent que les États foibles ne pussent plus espérer de justice que de sa bonne volonté, et que les États puissants même eussent à craindre l'adresse avec laquelle la cour impériale sait saisir les circonstances pour les humilier.

L'Électeur de Bavière vient d'en faire la triste épreuve dans une cause dans laquelle son tort n'est rien moins que démontré.

---

1. Les princes qui possédaient en Allemagne des fiefs relevant de la couronne de Bohême y exerçaient les droits de suprématie territoriale. Après Charles VI, l'Autriche revendiqua la souveraineté de ces fiefs. Le conflit commença avec l'électeur palatin à propos de la seigneurie de Pleysheim. On vit là un système destiné à échelonner des garnisons autrichiennes depuis Egra jusqu'à Nuremberg, jusqu'au Palatinat et à Mayence. — Observations concernant les fiefs qui relèvent de la couronne de Bohême en Allemagne. — *Autriche : Mémoires*, t. I.

2. La Diète de l'Empire envoyait quelquefois une députation pour visiter la chambre impériale à Wetzlar et examiner comment la justice y était rendue. Une « visitation » de ce genre eut lieu en 1767.

La cour impériale, ardente à le poursuivre tant que l'affaire a dépendu de la diète, lui fait éprouver des lenteurs depuis qu'elle tient dans ses mains le sort de cette affaire. Elle a d'ailleurs saisi toutes les occasions d'opprimer ce prince qui a pris, à plusieurs reprises, son recours au Roi. Elle a fait occuper de force le comté de Werdenfels qui fournit un passage de la haute Autriche dans le Tyrol. Elle n'a rien épargné pour intercepter le commerce qui se fait entre la Bavière et la Suisse. Les projets d'arrangement que ce prince médite pour sa succession, excitent sa jalousie, et elle les traverse sous main [1]. Des offres considérables faites à la margrave douairière de Bade pour céder à la maison d'Autriche ses droits à la succession allodiale de Bavière, prouvent ses vues à cet égard, qui se portent d'ailleurs sur plusieurs portions du haut Palatinat et sur les contrées de la Bavière voisines de l'Inn qui faisoient autrefois partie de l'Autriche. On ne connoît point précisément la nature des prétentions qu'elle peut former à cet égard : on soupçonne seulement qu'elle partira du principe que les traités faits avec les anciens ducs de Bavière expireront avec leur lignée. L'ambassadeur du Roi cherchera à constater ses vues et ses moyens à cet égard. L'ouverture des successions palatine et de Bavière étant un événement possible, tout ce qui la concerne mérite toute l'attention du Roi.

La succession aux duchés de Juliers et de Berg est dans le même cas, et le sieur baron de Breteuil se donnera pour cet objet les mêmes soins.

La cour de Saxe étant intéressée dans l'une et l'autre de ces affaires, il sera bon d'observer si elle ne cherche pas à se lier d'intérêts avec la maison d'Autriche.

Au surplus, cette cour, malgré les sacrifices énormes que son attachement à la cour de Vienne lui a coûtés pendant la dernière guerre, n'en est traitée que comme une alliée incommode et dont rien ne répond de la fidélité. L'Impératrice-Reine avoit fait proposer à la paix de construire une forteresse à Torgau ou à

---

1. La ligne cadette de Bavière menaçait de s'éteindre en la personne de l'électeur Maximilien. Joseph II méditait de revendiquer la succession et d'amener, par la crainte, l'héritier légitime, l'électeur palatin, Charles-Théodore, à lui en abanner une partie.

Wittemberg, qui défendroit la Saxe du côté des marches de Brandebourg ; elle offrit d'en faire les frais ; mais la Saxe ayant cru de son intérêt de conserver une sorte de neutralité ou plutôt de persévérer dans son système foible et versatile, la cour de Vienne s'est crue dégagée de toute reconnoissance envers un État qui ne savoit être ni ami ni ennemi. Cette position précaire subsiste, et le ministère autrichien ne cherchera probablement pas à la faire changer.

Les autres princes et États de l'Empire ne fournissent, dans le moment actuel, aucun détail qui mérite de trouver place dans ce tableau.

Un des objets les plus importants dont l'Empereur s'occupe, est le recrutement que les officiers autrichiens font dans l'Empire.

On a tenté d'établir sur cette matière des principes destructifs des droits des États : au droit de recruter avec appareil, dans les villes impériales, on prétend ajouter le droit exclusif de faire des enrôlements dans les possessions de la noblesse immédiate[1], et même des comtes de l'Empire. La noblesse, toujours soumise aux volontés de son unique protecteur, a contracté l'habitude de fournir une quantité considérable de recrues ; et ce système est poussé au point qu'il a été question de former plusieurs régiments sur les divisions des cantons qui leur auroient fourni leur entretien. Ce projet, suspendu, pourra bien être repris.

Les comtes ne sont pas aussi dociles : plusieurs d'entre eux ont usé du droit d'armes et de recrues dans toute son étendue, malgré les contradictions et les menaces des ministres impériaux. La cour impériale leur a fait témoigner le ressentiment qu'elle en conserve.

Ces tentatives particulières, pour exclure directement et formellement tout recrutement étranger, ayant échoué, les ministres impériaux ont pris la voie détournée de les faire envisager comme des émigrations, et ils ont essayé de les faire comprendre comme tels dans les décrets des cercles ; mais les États du haut Rhin,

---

1. La noblesse immédiate était celle qui jouissait dans ses terres des droits de souveraineté, conformément aux constitutions de l'Empire.

où ils avoient porté tous leurs efforts, éclairés et encouragés par la France, ont rejeté une proposition aussi contraire à leurs droits, à leur dignité, et à leurs intérêts. Il faut s'attendre néanmoins à voir renouveler ces démarches sous une forme quelconque; cet article devenant trop important dans le système actuel des puissances pour que la cour impériale le perde de vue. On évalue à cent par jour les recrues qu'elle fait dans l'Empire, et dont une partie est employée à peupler quelques contrées de la Hongrie.

Il est important d'observer ici que c'est à tort que les troupes autrichiennes prétendent user du droit de recrutement qui ne peut, dans l'esprit de l'institution, appartenir qu'aux troupes impériales, c'est-à-dire à celles que l'Empereur entretiendroit comme chef du corps germanique, et qui seroient employées à la garde et à la défense de l'Empire. Une vérité aussi sensible n'a point échappé aux anti-impériaux; mais jusqu'ici les grandes puissances se sont moins attachées à lui enlever cette ressource qu'à la partager.

C'est aussi ce dernier parti que le Roi vient de prendre en se déterminant à ramener ses régiments allemands à leur constitution primitive, et c'est la raison qui a engagé à s'étendre sur cette matière. Nous devons nous attendre aux oppositions sourdes de la cour de Vienne. Elle a déjà détourné l'électeur de Bavière de l'exécution précise de ses engagements avec Sa Majesté, et elle a exigé de lui qu'il leur donnât une autre forme. Mais quelque ingénieuse que sa jalousie, sur ce point, puisse être, il n'est pas possible qu'elle attaque de front le droit formel et positif que les princes et États ont, par les constitutions, de fournir des troupes au service et à la solde des puissances étrangères; et la manière d'exercer ce droit peut être indifférente : l'objet essentiel est d'en établir solidement l'exercice. C'est de quoi le Roi s'occupe. Sa Majesté pourra, dans la suite, adresser à son ambassadeur des instructions particulières sur cet objet; on a cru, en attendant, convenable de lui donner une idée des principes et de la situation de cette affaire.

La Suisse.

Il ne reste qu'à dire un mot de la politique de la cour de Vienne vis-à-vis de la Suisse.

Elle n'a point adopté, comme tant d'autres puissances, le système d'avoir des troupes de cette nation, soit qu'elle voulût éviter de se compromettre avec les cours qui ont des établissements tout formés, soit que les recrues qu'elle fait dans l'Empire fussent plus faciles, plus sûres et moins dispendieuses.

Elle n'a pas non plus entretenu de liaisons politiques avec le corps helvétique, depuis que l'alliance de 1715 a attaché les cantons catholiques à la France.

Le seul rapport qui existe entre ce corps et la maison d'Autriche résulte du voisinage de leurs possessions. Depuis le Rhin, près de Bâle, jusqu'au lac Majeur, la maison d'Autriche est limitrophe de la Suisse. Elle a pris des mesures pour négocier quelques langues de terre en Souabe, qui servent à la communication des Suisses avec ce cercle et avec la Bavière : par là, ceux-ci se trouvent dans la dépendance de la maison d'Autriche pour leurs premiers besoins, les blés et le sel.

D'un autre côté, elle conserve, indépendamment de ses anciennes prétentions sur la meilleure partie de la Suisse, des prétentions particulières sur des portions des cantons de Schaffouse, d'Appenzel et de Zurich, et sur d'anciens démembrements de l'évêché de Constance. Le projet de faire valoir tous ses droits a été annoncé à différentes reprises, et les tentatives faites à cet égard ont jeté l'alarme dans tous les esprits. On a cru y voir le germe du système de convenances exécuté en Pologne. Plusieurs circonstances indifférentes en soi, et des bruits populaires, ont fortifié cette impression, très répandue aujourd'hui et très accréditée en Suisse. Il sera bon d'observer si la cour de Vienne y attache assez de valeur pour chercher à la détruire, et si elle s'applique à inspirer aux Suisses de la crainte ou de la confiance, en un mot, si elle s'occupera de la Confédération helvétique.

Elle a respecté, jusqu'ici, nos liaisons avec ce corps, et le Roi se flatte qu'elle ne cherchera pas à y élever un nouveau parti, qui ne pourroit se former qu'aux dépens de celui de la France, et fortifier celui que les ennemis de l'alliance s'efforcent d'y conserver. L'ambassadeur du Roi n'hésitera point, dans l'occasion, de s'expliquer dans ce sens et de donner au corps helvétique et à ses membres des marques d'intérêt et de protection.

On a cru devoir rassembler ainsi, avec quelque étendue, les principaux traits du système politique de la maison d'Autriche, afin de ne pas mêler ces détails à la partie active de ce mémoire, et parce que la connoissance des intérêts, des vues et de la conduite de cette cour est indispensable à quiconque est chargé de négocier avec elle.

Des alliances du Roi et particulièrement de celle avec la maison d'Autriche.

Le système que le Roi a trouvé établi, à son avènement au trône, consistoit :

1° Dans l'union étroite formée avec l'Espagne par le Pacte de famille ;

2° Dans l'alliance défensive contractée avec la cour de Vienne par le traité du 1er mai 1756 ;

3° Dans des liaisons indéfinies avec la Suède ;

4° On doit rappeler ici le système fondamental de la couronne de France depuis plus d'un siècle : celui de la garantie de la constitution et des libertés germaniques fondées sur les traités de Westphalie ;

5° On peut aussi placer ici les engagements contractés pour la protection de la république de Gênes.

On va déduire succinctement ces différents objets, en finissant par ce qui concerne l'alliance avec la cour de Vienne.

Espagne.

Le Pacte de famille est fondé sur les liens les plus indissolubles : du sang, de l'amitié et de l'intérêt politique, et il contribue réciproquement à les cimenter.

Il établit une indivisibilité de vues et de conduite qui remplit admirablement le double objet d'opposer à la marine angloise des forces supérieures dans les forces réunies des deux monarchies, et de tempérer le penchant que l'Angleterre a d'attaquer la France par sa répugnance à rompre avec l'Espagne. Cette répugnance n'est néanmoins pas réciproque, car l'Angleterre a toujours à gagner avec l'Espagne par son commerce licite ou illicite, et l'Espagne a tout à redouter de la supériorité des forces angloises dans l'Amérique septentrionale.

Il résulte de là que l'ennemi le plus dangereux et le plus puissant des deux couronnes est leur ennemi commun. Elles ont aussi un intérêt égal à maintenir les possessions des princes de France en Italie et la balance déjà si altérée de cette région. Si la France avoit des démêlés ou des intérêts isolés, l'Espagne seroit maîtresse de n'y entrer qu'autant qu'elle le voudroit, ainsi qu'elle l'a fait relativement à la Suède, à la Pologne et à la Porte Ottomane. Enfin, la France lui servant de boulevard vis-à-vis des princes du continent, hors le Portugal, il est sensible que cette union offre des avantages réciproques, qui, malgré la contiguïté des possessions et quelques discussions de frontières, ne sont balancés par aucune opposition marquée de vues et d'intérêt.

Il est donc naturel que le Roi regarde le Pacte de famille comme la base de sa politique, et que tant que l'Espagne sera fidèle à l'esprit qui a formé leur union, Sa Majesté s'occupe avant tout du soin de la resserrer. Le ministère espagnol nous a quelquefois fait éprouver de la roideur dans les affaires de détail, mais ce sont de légers nuages, incapables d'altérer une union établie sur des bases aussi solides.

L'ambassadeur du Roi aura la plus grande attention de ne laisser porter aucune atteinte à l'opinion qu'il importe à Sa Majesté que la cour de Vienne surtout ait de son attachement au Pacte de famille, dont Leurs Majestés Impériales ont montré plus d'une fois de la jalousie. On a déjà rapporté leur conduite à cet égard. Il est de l'intérêt du Roi, que sans articuler jamais une comparaison désobligeante, son ambassadeur cherche à faire sentir que cette alliance suffiroit à l'intérêt politique essentiel de la France; qu'elle est aussi solide qu'avantageuse, et que toute autre alliance n'est pour le Roi qu'une affaire de choix, de sentiment ou de convenance.

Suède.

L'alliance de la France avec la Suède dont l'origine remonte au delà d'un siècle et demi, a dans ces derniers temps éprouvé les mêmes vicissitudes qui ont déchiré ce royaume et qui, après avoir anéanti son existence politique, ont failli opérer sa destruction physique et son asservissement.

La France lui a tendu une main secourable dans la crise la plus violente[1] : elle a fait renaître cette puissance de ses cendres par l'heureuse révolution qui a fixé les principes du gouvernement dans un juste équilibre entre la liberté nationale et l'énergie nécessaire à l'administration. Le Roi continue de lui donner des secours puissants pour mettre ce royaume en état de résister aux projets de ressentiment que son voisin, également ambitieux et impérieux, conserve peut-être, mais que l'épuisement de l'empire russe, la lassitude personnelle de Catherine II, les agitations et les embarras intérieurs de sa cour et la crainte de rallumer le feu de la guerre, sans pouvoir en calculer les progrès, contraindront probablement et tourneront vers les moyens secrets qui auront pour objet d'exciter la nation contre la forme actuelle du gouvernement.

La conduite du Roi envers la Suède est d'autant plus généreuse qu'aucun traité n'unissoit les intérêts des deux couronnes au moment de la révolution, et qu'il n'en existe point encore en ce moment. Les motifs par lesquels Sa Majesté se dirige sont le souvenir de la fidélité de la Suède à l'alliance dans toutes les circonstances où elle a été maîtresse de ses actions, l'intérêt que la France a de maintenir l'équilibre dans le Nord et de préserver la Suède de sa destruction, enfin la considération, ce grand ressort des puissances du premier ordre, qui ne permet pas d'abandonner un État que l'Europe regarde comme lui étant indispensablement attaché.

Toutes ces considérations tournent, comme on le voit, au profit de l'alliance du Roi avec la cour de Vienne. Celle-ci devroit

---

1. Gustave III, qui avait succédé en 1771 à son père, avait en 1772 fait un coup d'État qui, en fortifiant le pouvoir royal et en anéantissant le parti russe et prussien, sauva la Suède du sort qu'avait eu, la même année, la Pologne.

donc y entrer avec d'autant plus d'empressement, que le fardeau de ces liaisons tombe en entier sur la France, et que la maison d'Autriche ne peut pas se dissimuler que l'épuisement et les malheurs de la Suède sont, en grande partie, la suite des efforts qu'elle a faits pendant la dernière guerre, et que cette couronne seroit en droit de réclamer les engagements contractés par l'Impératrice-Reine dans cette occasion. Mais le ministre autrichien est bien éloigné de s'unir d'intérêt et de mesures avec le Roi. On a déjà vu à quoi se bornent les démarches que le maintien de son propre système exige de sa part. L'ambassadeur du Roi cherchera à exciter son intérêt, en feignant de ne pas apercevoir les motifs de sa conduite. Il évitera néanmoins de témoigner aucune inquiétude; et si les circonstances l'exigeoient, il s'attacheroit plutôt à en inspirer avec adresse sur les suites possibles et probables de la rupture de la Russie avec la Suède. Ce ressort si puissant, attendu l'éloignement décidé de l'Impératrice-Reine pour la guerre, doit être manié avec l'adresse et la discrétion propres à l'ambassadeur du Roi.

Empire d'Allemagne.

La garantie des traités de Westphalie a toujours été regardée comme un des plus beaux fleurons de la couronne de France et comme un des moyens les plus efficaces qu'elle ait pu employer pour contenir l'ambition et l'inquiétude des grandes puissances de l'Allemagne.

Les princes et États de cet Empire ne se dissimulent pas pas qu'ils doivent leurs prérogatives à la protection de la France, et quoique la succession des temps et des évènements les ait presque tous éloignés de nous, ils conservent ce sentiment intérieur qui se reproduit souvent dans leurs détresses.

On a déjà remarqué les efforts que les impériaux font pour détruire dans l'opinion publique cette barrière toujours subsistante à toutes les entreprises contraires au bien du corps germanique. Quoique ce ressort ne soit pas toujours actif, on en redoute les effets; et le roi de Prusse n'a pas paru désirer moins vivement que la cour impériale l'abolition de la garantie du traité de Westphalie, laquelle livreroit l'Allemagne à l'influence exclusive des deux cours.

Dans ces circonstances, il paroît important que le Roi marque son attachement invariable aux maximes et aux systèmes de ses prédécesseurs et sa résolution ferme et inébranlable d'exercer efficacement sa garantie toutes les fois qu'elle sera réclamée avec justice et dans les formes légales prescrites par les traités et par les usages des nations.

Cette conduite est autorisée par le traité même qui unit Sa Majesté à la maison d'Autriche. Les traités de Westphalie en sont la base principale, et le Roi doit assez bien augurer des sentiments personnels de Leurs Majestés Impériales et de leur attachement à l'alliance pour se persuader qu'elles rendront justice à sa conduite, et qu'elles sentiront qu'une politique aussi équitable est un des moyens les plus efficaces pour maintenir la considération de l'alliance et écarter des incidents fâcheux qui pourroient la troubler.

Gênes.

La protection marquée et efficace que la France accorde depuis longtemps à la république de Gênes, est fondée sur l'intérêt qu'elle a à sa conservation, ainsi que sur des engagements formels. On a déjà vu plus haut quelques détails sur cet objet, et l'on aura occasion de le reprendre brièvement plus bas.

Alliance de la France avec la maison d'Autriche.

Une inimitié de plusieurs siècles convertie tout à coup en une amitié sincère, dont une expérience de dix-huit ans a constaté la solidité, est un phénomène politique dont il sera d'autant plus utile de développer brièvement les causes que le caractère d'une alliance est communément déterminé par les circonstances qui l'ont formée.

On peut dire en général qu'elle a dû son existence à la persuasion où toutes les puissances intéressées étoient que cette révolution étoit impossible. Cette fausse sécurité trompa l'Angleterre et, en égarant le roi de Prusse, faillit de renverser sa monarchie.

Les discussions sur les limites de l'Acadie étoient au moment de dégénérer en hostilités ouvertes sans qu'aucune des parties eût des alliés prêts à épouser sa querelle. L'Angleterre soudoyoit à la vérité cinquante mille Russes ; mais, par une erreur assez commune, elle ne calculoit pas, non plus que la cour de Berlin, que des puissances livrées à l'inertie de la paix peuvent se réveiller à l'approche de nouveaux dangers.

La France, de son côté, qui payoit quelques auxiliaires en Allemagne, se croyoit assurée de trouver le roi de Prusse disposé à entrer dans ses vues. L'Angleterre s'attacha donc à lui enlever cet allié, et accoutumée à maîtriser la cour de Vienne et lui supposant peu de courage, la cour de Londres se crut certaine, en déterminant le roi de Prusse à la neutralité, d'enlever tout appui à la France.

Sa Majesté Prussienne, en rendant inutile le secours des cinquante mille Russes, se persuada que la France lui sauroit gré qu'il lui indiquât les Pays-Bas pour théâtre de la guerre, où les François, les Anglois et les Autrichiens se seroient épuisés, tandis qu'il ramasseroit ses forces et ses ressources pour attaquer la maison d'Autriche dans l'instant de son affoiblissement.

La dignité et la probité du feu Roi furent également blessées par une politique aussi insidieuse. Il se rendit plus accessible aux recherches de la cour de Vienne, et les conventions du 1er mai 1756 furent le résultat inopiné de cette négociation.

Les motifs qui portoient la cour de Vienne à désirer cette alliance étoient pressants.

Celle de l'Angleterre lui étoit devenue odieuse et onéreuse. Cette puissance avoit toujours disposé arbitrairement de ses forces pendant la guerre, et, à la paix, elle sacrifioit ses intérêts à sa propre convenance. La garantie de la Silésie insérée dans la paix d'Aix-la-Chapelle étoit une plaie profonde et récente. Dans les affaires de l'Empire, l'Angleterre, liée avec les antagonistes de l'autorité impériale, barroit sans cesse son influence. La cour de Vienne soupiroit depuis longtemps en secret après le moment de secouer un joug aussi dur.

D'un autre côté ses liaisons avec la Russie étoient affoiblies ; elle redoutoit le penchant que les Turcs avoient à lui faire la guerre ; la tranquillité de l'Italie ne tenoit qu'à la modération du roi de Sardaigne, toujours attentif à s'agrandir à ses dépens ; elle voyoit les Pays-Bas menacés pour une cause étrangère et le roi de Prusse prêt à fondre sur elle. Telle fut la situation qui la porta à rechercher l'alliance de la France.

On ne s'arrêtera pas à suivre la marche des deux cours pendant la guerre ni les variations que ses succès et ses revers apportèrent dans leurs vues et dans leurs engagements, son issue malheureuse les ayant fait évanouir. On se rappellera simplement ici la position où la conclusion de la paix laissa l'alliance.

Les deux puissances eurent à s'applaudir de la fidélité qu'elles avoient respectivement apportée dans l'accomplissement des devoirs de l'alliance et de l'amitié.

On crut assez généralement que les deux paix ne s'étant pas faites de concert, il en résulteroit des mécontentements ; mais l'alliance dans son origine n'ayant de relation avec la guerre contre l'Angleterre que par l'effet possible de la neutralité du continent, et la combinaison des vues que les deux cours formèrent dans la suite, ayant pour objet des convenances particulières, chaque partie, en renonçant à cet avantage, recouvroit la faculté de dissoudre l'union.

La cour de Vienne, vit à la vérité, s'évanouir le projet d'abaisser la cour de Berlin et l'espoir de récupérer la Silésie, en quelque manière contre le gré de ses alliés ; mais elle recueillit l'avantage immense de se convaincre que son ennemi n'étoit point invincible, d'avoir déconcerté ses mesures et fait éclater ses projets à contre-temps.

La France, de son côté, n'avoit nul sujet de se plaindre de la maison d'Autriche. Lorsque les tentatives, dont on a parlé sous l'article de l'Angleterre, concernant la neutralité du continent furent faites, le ministère anglois, pénétré du sentiment de ses fautes, sollicita vivement la cour de Vienne d'abandonner notre alliance et de reprendre ses anciennes liaisons, et même d'en former de nouvelles avec la cour de Berlin, auprès de laquelle le roi d'Angleterre offroit son entremise. Son ministère ayant ainsi mis ses intentions à découvert, fournit à la cour de Vienne un prétexte plausible pour éluder une négociation qu'il ne lui convenoit pas de pousser plus loin. Elle se contenta d'avoir dessillé les yeux au ministère anglois et d'avoir préparé le germe de réflexions profondes qui devoient tôt ou tard rendre possible son retour vers l'Angleterre.

Elle s'applaudit au surplus d'avoir eu cette occasion de donner à la cour de Versailles, qui ignora dans le temps les particularités que l'on vient de rapporter, une preuve de son attachement à l'alliance. On peut penser, en effet, qu'elle est fermement résolue de la maintenir tant qu'elle ne recevra pas de sujet de mécontentement et de défiance. Il est aisé de se convaincre que son intérêt est garant de sa fidélité.

Des avantages respectifs de notre alliance avec la cour de Vienne et de la conduite politique du Roi à cet égard.

Les avantages qui résultent pour la cour de Vienne de l'alliance sont en effet visibles. Elle assure la tranquillité de l'Italie et des Pays-Bas; elle diminue les inquiétudes et les chagrins que donnoient à la cour impériale les efforts continuels de la France à combattre ses intérêts dans l'Empire, et elle la met en état d'employer, en cas de besoin, toutes ses forces contre la Prusse et contre la Porte. Enfin, elle ne se défend peut-être pas de l'espoir secret de devenir la puissance prédominante sur terre, en engageant également l'Angleterre et la France à porter toutes leurs vues sur l'augmentation de leurs forces maritimes.

L'utilité que la France tire, de son côté, de cette réunion, consiste en ce qu'étant rassurée sur le continent, où elle n'a point d'autre ennemi à redouter que l'Autriche, elle peut diminuer le nombre de ses troupes de terre, s'épargner les liaisons onéreuses qu'elle avoit entretenues en Allemagne et dans le Nord jusqu'à l'époque de l'alliance, porter sa principale attention sur sa marine et diriger ses efforts à contre-balancer la puissance de l'Angleterre dont la supériorité sur mer doit intéresser sa prévoyance.

La cour de Vienne sent bien qu'en pesant exactement les avantages mutuels, les siens l'emportent sur les nôtres : que l'alliance avec la Prusse nous seroit peut-être plus profitable que la sienne; que s'il semble au premier coup d'œil que la France auroit un ennemi de plus, on ne peut se dissimuler que les choses ayant changé de face par la perte de la Silésie et par les nouvelles acquisitions du roi de Prusse en Pologne, les forces autrichiennes trouveroient assez d'occupation du côté de cette puissance pour l'empêcher de faire beaucoup de mal à la France; que, d'un autre côté, celle-ci ne pouvant plus faire la guerre sur le continent que d'une manière fort onéreuse pour elle, il ne lui resteroit ni espérance de conquête, ni les moyens de se procurer dans le continent des nantissements pour récupérer les pertes qu'elle feroit sur mer; enfin, qu'elle devroit perdre de vue ses forces naturelles, qui sont celles de terre et que, au contraire, en formant des liaisons avec le roi de Prusse, les Pays-Bas et la Hollande lui présenteroient l'occasion d'une guerre moins dispendieuse et des vues d'agrandissement.

Le ministère autrichien s'est aperçu plus d'une fois que ces réflexions n'échappent point au ministère de France, qu'il sentoit le défaut d'égalité dans les avantages réciproques du système et qu'il n'étoit pas sans inquiétude pour l'avenir. Il a senti que l'amélioration du gouvernement autrichien, le goût de l'Empereur pour le militaire et les finances, l'indifférence supposée de ce prince pour la France, la crainte de voir les puissances prussienne et ottomane abaissées, le penchant de l'Autriche pour des liaisons avec la Russie et avec l'Angleterre, il a senti, dis-je, que tous ces motifs pouvoient affoiblir la confiance du cabinet de Versailles, et le résultat de ces combinaisons étant que l'Autriche perdroit beaucoup et la France très peu à la dissolution de l'alliance, la cour de Vienne y trouvoit un motif de plus de faire tout ce qui dépendroit d'elle pour entretenir l'alliance avec cette couronne, et elle a regardé, comme on l'a déjà observé, l'amitié de l'Espagne comme un des meilleurs moyens de fixer la France dans le système actuel.

On ne peut se dissimuler que différents événements relatifs à la guerre des Turcs et au partage de la Pologne, n'aient un peu altéré l'esprit de l'union des deux cours. Celle de Vienne, fidèle à la lettre du traité, n'a pas toujours pensé que la confiance fût un effet nécessaire de l'amitié; et croyant la satisfaire par quelques ouvertures à demi articulées, elle agissoit sans son concours et supposoit que la France, en vertu de l'union, devoit approuver aveuglément tout ce qui étoit utile à la maison d'Autriche, sans considérer que dans une telle alliance les avantages doivent être égaux; elle supposoit, d'ailleurs, que l'assistance réciproque déterminée par le traité devoit être illimitée.

Le feu Roi ne fut pas insensible à ces procédés; mais sa modération ne lui permit pas de s'en ressentir. Il se contenta de faire déclarer à la cour de Vienne que les guerres qu'elle s'attireroit à raison de ses acquisitions en Pologne, ne seroient pas censées comprises dans le cas de l'alliance.

L'impression que cette déclaration a produite à Vienne, est encore subsistante, et il seroit important que le Roi en connût toute la force et toutes les conséquences. Il recommande particulièrement à son ambassadeur de s'occuper à pénétrer les dispositions de Leurs Majestés Impériales et de leur ministère à cet égard. On doit d'autant moins présumer que la sincérité de leur attachement au système en ait souffert quelque atteinte, que les bases les plus solides de l'alliance subsistent et que les accroissements de la Prusse et de la Russie et l'affoiblissement de l'Empire ottoman forment de nouveaux motifs pour affermir l'Autriche dans le système qui lui a été jusqu'ici très utile, mais qui paroît lui devenir désormais nécessaire.

Le Roi croit donc pouvoir compter sur ces dispositions et sur les sentiments personnels que les liens de son alliance avec une princesse autrichienne ont si heureusement cimentés. Il sait, d'ailleurs, que le prince de Kaunitz, créateur du système, y est inviolablement attaché, et que si sa politique est d'ailleurs ingénieuse à trouver des expédients pour concilier les intérêts de sa cour avec les devoirs de l'alliance, sa façon de penser personnelle l'engageroit à quitter le ministère plutôt qu'à la rompre sans sujet. Le ministère autrichien a d'ailleurs une confiance entière dans les maximes du gouvernement de France, et il a souvent avoué que la cour de Versailles n'avoit rompu que très rarement ses traités, ni manqué à ses engagements sans motifs légitimes.

Sa Majesté, de son côté, est animée du désir le plus sincère de cultiver des liaisons qu'elle juge convenables au bien de son État. Elles assurent en effet la paix qu'elle désire avant tout de conserver. Le roi de Prusse connoît trop bien le prix de ses troupes et l'avantage de rassembler et de faire mouvoir ses forces autour d'un centre fixe et à la moindre distance possible, pour les exposer dans une guerre lointaine dont les succès ne lui offriroient aucun objet utile d'accroissement. La réunion de ce prince avec quelque autre puissance du continent contre la France paroît impossible. D'un autre côté, le danger le plus apparent de l'alliance étoit jusqu'ici l'anéantissement de cette même puissance prussienne : un des bassins de la balance que la France doit tenir relativement à l'Allemagne, se seroit par là trouvé détruit ; mais ce danger est aujourd'hui passé par la consistance que cette monarchie vient de prendre. Le partage de la Pologne, qui pouvoit d'ailleurs intéresser l'humanité des princes de l'Europe et le respect dû aux droits des nations, a produit cet effet salutaire. En augmentant les sujets de jalousie et de discussion entre les trois puissances qui y ont participé, les suites de ce partage les occuperont et les diviseront vraisemblablement lorsque leur union éphémère aura atteint son but. On peut donc dire que quand une distance de cinq cents lieues, le concert de trois grandes puissances résolues de dépouiller un prince foible et l'indifférence ou l'impuissance du reste de l'Europe, n'eussent pas opposé des obstacles invincibles aux efforts que le Roi eût pu faire pour sauver la Pologne, la politique de la France auroit eu à s'applaudir si elle eût ménagé l'événement de cette crise si favorable à l'alliance et à l'Europe.

Une dernière objection contre l'alliance qu'on ne doit pas dissimuler, c'est qu'en supposant qu'elle subsiste pendant les guerres qui pourroient survenir, la France n'aura point, comme ci-devant, des objets directs pour l'emploi de ses forces de terre et qu'elle ne pourra faire des conquêtes que sur son allié ou sur le corps germanique, dont la conservation l'intéresse, au lieu qu'en s'alliant avec le roi de Prusse, elle pourroit former les vues d'agrandissement les plus utiles.

Un roi conquérant auroit sans doute à regretter cette position ; mais un roi citoyen s'applaudit de se trouver placé dans des conjonctures aussi favorables à ses vues pacifiques et bienfaisantes.

Sa Majesté ayant adopté pour maxime de préférer à toute autre gloire celle de rendre ses peuples heureux et de maintenir, autant qu'il est en elle, la tranquillité générale, nulle autre alliance que celle de la maison d'Autriche ne peut convenir à ses vues et à ses intérêts.

Elle est résolue en conséquence de la cultiver avec le plus grand soin et d'éviter tout ce qui pourroit occasionner des mécontentements et du refroidissement. Comme elle est en grande partie fondée sur l'amitié personnelle, et que la conservation de l'amitié s'obtient par l'étude des passions et du caractère, par la dextérité avec laquelle on les dirige à ses vues, et par l'adresse de s'y accommoder selon les circonstances, le Roi est persuadé que son ambassadeur se pénétrera de ces vérités et qu'il saura en allier la pratique avec la dignité de son caractère.

Au surplus, Sa Majesté est bien éloignée de vouloir acheter la persévérance de la cour de Vienne par tous les sacrifices qu'on a souvent supposé que la France lui faisoit. Il faut que la cour de Vienne n'attribue pas à défaut de lumières ni à pusillanimité si le Roi demeure ferme dans l'alliance malgré l'inégalité démontrée de ses avantages. Il importe que cette cour sente que Sa Majesté n'est attachée au système que par l'identité des vues pour la paix, par la confiance dans les sentiments d'amitié et dans la façon de penser de Leurs Majestés Impériales, et par le désir de continuer une union si propre à faire le bonheur de leurs peuples et de l'Europe.

La grandeur de la puissance du Roi, la position de ses États et les soins que Sa Majesté est résolue de donner à leur administration intérieure, la mettront en effet dans tous les temps en état de choisir entre tous les systèmes politiques celui qui conviendra le mieux à ses vues et à ses intérêts. Elle ne manquera jamais d'alliés tant qu'elle conservera la considération qui lui est due, et elle est bien déterminée à ne la sacrifier jamais à aucune sorte d'avantages.

Elle pense que les complaisances mêmes doivent être réciproques et que l'alliance doit s'entretenir par un échange perpétuel de bons procédés et de services mutuels. Cette balance est d'autant plus importante à maintenir qu'une conduite contraire annonceroit une foiblesse et une inconséquence dont nous devons être attentifs à écarter le soupçon. Cette conduite multiplieroit d'ailleurs les prétentions de la cour de Vienne qui n'a pas toujours montré à cet égard l'esprit de justice et d'égalité qui a toujours caractérisé les procédés du feu Roi. Un exemple qu'il n'est pas inutile de rapporter ici, c'est le mécontentement que le cabinet autrichien se permit de témoigner lorsque Sa Majesté renoua sa correspondance avec la cour de Berlin.

Il faut avouer néanmoins qu'il est impossible que l'union des deux plus grandes puissances soit exempte de tout nuage; mais si l'alliance entraîne quelques inconvénients, ils seront réparés par l'attention constante que le Roi donnera aux moyens de concilier les égards qu'elle exige avec ce qu'il doit à sa dignité et à l'intérêt de son État.

Ces dispositions guideront le sieur baron de Breteuil dans sa conduite et dans son langage.

On va, pour achever de le mettre au fait des vues du Roi, lui tracer succinctement le système que Sa Majesté se propose de suivre avec les autres puissances de l'Europe relativement à tout ce qui peut avoir quelque rapport avec la cour de Vienne et quelque influence directe ou indirecte sur l'alliance. On évitera, autant qu'il sera possible, de se répéter.

Du système politique du Roi vis-à-vis des autres puissances de l'Europe.

L'Espagne.

Le détail où l'on est entré ci-dessus a déjà fait connoître à l'ambassadeur du Roi la conduite à tenir pour établir, d'une manière convenable, l'opinion de l'union du Roi et du roi son oncle. Sa Majesté Catholique envisage du même œil que nous la crise où l'Europe se trouve, et observe avec la même attention le développement des vues nouvelles que la situation actuelle du Nord et de l'Orient produira : elle sent, comme le Roi, la nécessité de se montrer prêt à tout, sans menace et sans affectation, et cette union de vues et de sentiments en imposera aux ennemis du repos public. Le concert le plus intime est établi à cet égard entre les deux couronnes.

Le sieur baron de Breteuil se conformera, dans ses procédés envers l'ambassadeur d'Espagne, aux maximes qui dirigent les démarches du Roi. Il lui confiera en conséquence tout ce que la prudence ne lui ordonnera pas de dissimuler, et il l'associera à son rôle d'observation et de vigilance, que le sieur comte de Mahony lui aidera utilement à remplir, s'il obtient sa confiance, ainsi que l'on n'en doute point.

Naples.

Comme cette cour n'est point en alliance directe avec le Roi et qu'elle n'est pas à portée d'influer dans les affaires générales par elle-même, elle n'entre pour rien dans le système politique dont on rassemble ici les principales branches.

Le roi de Sardaigne.

L'union de la France et de l'Autriche tient la puissance sarde en échec et nous rend momentanément son amitié moins intéressante. Il est néanmoins de la bonne politique de ménager son affection et sa confiance par des marques d'intérêt et des bons procédés, afin de la disposer favorablement pour le moment où son alliance nous deviendroit utile. Les liens multipliés qui unissent les deux maisons semblent devoir faciliter les moyens d'arriver à ce but.

Jusqu'ici la cour de Turin a pris peu de part aux affaires de l'Allemagne, et elle ne remplissoit pas le poste de ministre de Savoie à la diète de l'Empire ; elle n'avoit même paru donner aucune suite aux intrigues qu'elle avoit employées lors de l'élection du roi des Romains, pour envenimer l'affaire de Gênes et réveiller l'attention du collège électoral sur l'Italie en général.

Deux faits récents sembleroient indiquer des vues secrètes de sa part : le premier est la nomination d'un ministre à la cour de Berlin, et le second l'envoi d'un autre ministre à Ratisbonne. Le choix du comte Mirabel pour ce dernier poste semble en rendre l'objet suspect, par rapport à son caractère personnel et aux liaisons qu'il a contractées à Vienne pendant un long séjour qu'il y a fait sous le nom de l'abbé Montagnini. Ces particularités serviront à éclairer l'ambassadeur du Roi sur les notions qui pourroient lui revenir à ce sujet et sur le système de la cour de Turin.

Venise.

Le gouvernement intérieur de cette république semble déchoir à mesure que ses dangers au dehors se multiplient. Cernée et pressée de tous côtés par la puissance autrichienne, elle a tout à craindre de sa prépondérance, et elle n'est pas sans inquiétude concernant les prétentions antiques de l'Empire sur ses possessions de terre ferme. Cette position lui rend nécessaire la protection éventuelle de la France ; mais la nature du gouvernement ne permet pas de compter sur un système de politique suivi, ni sur l'effet d'aucune insinuation. L'impulsion du moment fait tout sur une noblesse licencieuse et qui paroît prête à rompre les barrières que la forme ancienne de l'administration avoit établies contre les abus de sa propre autorité.

Gênes.

L'ambassadeur du Roi a vu plus haut la conduite passée de la France dans les affaires de cette république. Le Roi ne peut point s'en écarter ; mais comme on ne voit point d'expédients capables de terminer la discussion de San-Remo, le sieur baron de Breteuil mettra tous ses soins à la tenir assoupie et à empêcher par des insinuations fermes, mais placées à propos et sans affectation, que Sa Majesté ne soit forcée à des démarches qui la peineroient, puisqu'elles déplairoient à l'Empereur et pourroient porter atteinte à l'amitié et à la confiance réciproques. Si, contre toute attente, le conseil aulique se portoit à quelque nouvel acte d'autorité, le sieur baron de Breteuil attendroit les ordres de Sa Majesté.

Parme.

Il connoît les sujets de discussion qui existent sur la féodalité de Parme et de Plaisance, et le projet que l'Empereur avoit formé de les soumettre à l'Impératrice. L'intérêt que la France et l'Espagne ont montré prendre à la conservation de la dignité et de l'indépendance d'un prince de la maison de Bourbon, a arrêté toutes démarches à cet égard, et il faut espérer que par considération pour ces puissances et pour l'infante-archiduchesse, cette affaire demeurera assoupie, et que la cour de Parme éprouvera quelques égards dans les discussions journalières qui s'élèvent dans les États respectifs.

Il existe depuis plusieurs années une contestation entre les duchés de Parme et de Mantoue concernant la souveraineté des eaux du Pô et quelques terrains adjacents, ainsi qu'une levée qui y est construite, le tout situé vis-à-vis de Guastalla. La cour de Parme avoit donné en 1768 un mémoire pour établir ses droits. Ce mémoire étoit demeuré sans réponse jusqu'au mois de mars dernier ; et au mois de juillet suivant, le gouvernement de Milan demanda la démolition de la levée, avec menace de la faire détruire par les Mantouans, si cela n'étoit pas exécuté dans l'espace d'un mois.

Le ministère parmesan déclara qu'il réclamoit la garantie des puissances intervenues au traité d'Aix-la-Chapelle, et offrit de traiter à l'amiable, par des commissaires, cette discussion et d'autres de la même nature qui subsistent entre les deux États.

L'infant-duc s'est adressé dans ces circonstances au roi d'Espagne et au Roi pour demander leurs bons offices auprès de Sa Majesté l'Impératrice-Reine. Sa Majesté ne doute point que le Roi Catholique ne donne à ce prince des marques d'intérêt et d'amitié analogues aux liens qui les unissent, et le Roi étant dans les mêmes dispositions, il autorise son ambassadeur extraordinaire à unir ses démarches à celles de l'ambassadeur d'Espagne à Vienne, et à le seconder par ses bons offices dans l'exécution des ordres qu'il pourra recevoir de sa cour pour cet objet.

La Suède.

L'intérêt que le Roi prend à sa conservation et au maintien de son gouvernement actuel est connu de toute l'Europe. La cour de Vienne sait quelles sont les résolutions de Sa Majesté à cet égard, et cette connoissance facilitera l'exécution des instructions énoncées ci-dessus sur cet objet. Au surplus, il paroît que, dans le moment actuel, l'état intérieur de la Suède exige plus d'attention que sa défense extérieure.

L'Angleterre.

Les embarras de toute espèce que cette puissance éprouve doivent fortifier l'éloignement qu'elle marque depuis quelques années pour la guerre. Ces embarras ne sont, en effet, point de nature à être dissipés en fixant l'attention de la nation sur une querelle étrangère. Dans cette position, il est probable que la cour de Londres travaillera plus sérieusement que jamais à détourner la Russie d'attaquer la Suède. Des exhortations directes de notre part feroient ombrage et détourneroient le ministère anglais de son but. Il faut donc laisser agir son intérêt et ne l'exciter que par des voies indirectes et détournées.

Quant à l'alliance, l'Angleterre la voit certainement avec jalousie et cherche à altérer notre bonne intelligence avec la cour de Vienne ainsi qu'avec l'Espagne. Nous n'avons rien à faire directement à cet égard, mais seulement à observer avec attention la conduite réciproque des cours de Vienne et de Londres.

La Porte Ottomane.

L'état d'humiliation et de danger où elle se trouve réduite doit nous faire redoubler d'intérêt en sa faveur, et l'ambassadeur ne négligera pas d'insinuer, dans ses conversations, d'après les observations qui ont été rapportées plus haut, que le moment est venu où la cour de Vienne devroit dépouiller ses anciens préjugés contre la Porte. Le baron de Breteuil ne s'avancera néanmoins pas à cet égard et s'arrêtera au point où il croira avoir pénétré les sentiments de la cour de Vienne, car il importe que le Roi en soit instruit avant de prendre aucun parti positif à cet égard.

La conduite que la cour de Vienne tiendra envers l'empire ottoman accélérera sa politique sur ce point, et l'ambassadeur du Roi mettra tous ses soins à en être instruit.

Nous avons donné tous les nôtres, depuis quelques années, à

inspirer aux Turcs une grande opinion de notre union avec la cour de Vienne. Si celle-ci s'attache à gagner leur confiance, sa conduite paroîtra notre ouvrage, et nous nous mettrons en mesure d'en partager le fruit.

La Prusse.

Le ministère autrichien nous a quelquefois accusés d'inconséquence, d'attendre la mort du roi de Prusse pour travailler à la conservation de cette puissance ; mais ce ministère aura bien plus à se reprocher d'avoir attendu, pour s'efforcer de l'anéantir, que ce prince lui ait donné une consistance telle que celle qu'elle vient d'acquérir.

On a déjà remarqué que cette résolution est favorable à nos intérêts politiques. La France ne doit donc pas se prêter facilement à ce qui peut tendre à l'affaiblissement de la monarchie prussienne.

Cet intérêt sembleroit devoir établir une sorte de bonne intelligence entre ces deux cours, pareille à celle qu'un intérêt secondaire a maintenue entre les cours de Vienne et de Londres ; mais le caractère personnel du roi de Prusse et les maximes qu'il met sans cesse en pratique n'ont jamais permis d'entretenir avec lui des rapports analogues à la position respective des deux cours.

Attentif à saisir toutes les occasions de nous compromettre avec la cour de Vienne et de susciter des discussions et des défiances entre nous, ce prince s'est fait une habitude de relever et d'envenimer jusqu'aux moindres fautes et aux moindres discours qui lui ont paru propres à le faire atteindre à ce but capital de sa politique. C'est avec répugnance qu'on prévient l'ambassadeur qu'on emploie, de sa part, les calomnies et les suppositions, et qu'il ne pourra pas être trop en garde contre l'avidité des ministres prussiens à recueillir tout ce qui peut plaire à leur maître, ni contre l'usage que le roi de Prusse fait à Vienne des notions vraies ou fausses qu'on lui transmet sur la France et sur ses négociations.

L'alliance fait en effet son désespoir ; mais nous devons être d'autant plus en garde contre les pièges qu'il nous tend sans cesse, qu'il est impossible de compter sur la sincérité de ses démarches, et que si nous montrions la plus légère disposition à nous tenir en mesure avec lui, il s'empresseroit d'en abuser pour l'intérêt de son ambition et de sa politique, auquel il se livre sans mesure et sans retenue.

Il en a donné une preuve récente et postérieure au partage de la Pologne, lorsqu'il se proposa de trancher les difficultés qui s'élevoient pour fixer les lots respectifs, en mettant en masse toute la Pologne et la Turquie européenne, pour les partager entre les trois cours.

Cette idée, qui caractérise la façon de penser de ce prince et qu'il faut s'abstenir de caractériser, a été rejetée avec horreur. Il faut espérer qu'il n'aura pas l'adresse de forcer les deux autres cours à la réaliser; mais il en résulte que toute liaison avec cette puissance est impossible, lorsqu'on n'est pas résolu de fouler aux pieds la justice et l'humanité.

En faisant abstraction de vérités aussi affligeantes, la France a le plus grand intérêt à la conservation de la monarchie prussienne, et même au degré d'accroissement qui la mettra encore plus parfaitement de niveau qu'elle ne l'est aujourd'hui, avec la puissance autrichienne, parce que la cour de Vienne sentira mieux l'avantage de cultiver l'alliance, et que si elle venoit à la rompre, la cour de Berlin nous offriroit les moyens de ne pas la regretter.

Le Roi n'auroit donc aucun motif de s'opposer aux accroissements que le cours des événements doit procurer à la monarchie prussienne, tels que le Mecklembourg et les marquisats de Franconie, si ce n'est en tant qu'ils alarmeroient la cour de Vienne et menaceroient par là la tranquillité publique. L'ambassadeur du Roi saisira cette nuance d'intérêt, mais il sentira qu'il convient de dissimuler à la cour de Vienne nos sentiments à cet égard.

Au surplus, l'ambassadeur est instruit de tous les sujets d'inquiétude que la conduite de l'Empereur a donnés relativement à son union avec le roi de Prusse. Leurs entrevues multipliées[1], l'estime mêlée d'enthousiasme que Sa Majesté Impériale témoignoit pour ce prince, leurs complaisances réciproques, leur cor-

---

1. A Neisse en 1769 et à Neustadt en 1770.

respondance secrète[1] pouvoient en effet porter ombrage et en ont véritablement donné à l'Impératrice-Reine elle-même. Cette séduction, si elle a jamais existé, paroît s'être affoiblie à mesure que la connoissance des affaires et des hommes a détruit l'illusion. Cet objet est néanmoins trop important pour négliger d'approfondir à quel point l'intelligence de ces deux princes en est dans le moment présent, et l'ambassadeur du Roi n'épargnera rien pour se procurer des notions certaines à cet égard.

La Russie.

L'embarras de la cour de Vienne, lorsqu'elle a voulu consolider l'union entre la France et la Russie, a toujours été de chercher un point d'appui et des objets communs d'intérêt, et son désespoir a été de n'en pas trouver. Tel est véritablement l'effet de la situation politique et géographique de la France et de la Russie, qu'on conçoit aisément en l'examinant de près. Il résulte de là que, quoique sans démêlé direct qui les divise, les deux cours ne pourroient trouver une base solide à leur union que dans des vues malheureusement chimériques de modération et dans un sincère amour de la tranquillité.

Dans le moment actuel, le ressentiment que Catherine II conserve de la révolution opérée en Suède et les projets qu'elle paroît avoir conçus de fomenter les mécontentements domestiques des Suédois pour renverser la constitution actuelle, forment des objets sérieux de division dont il n'est pas possible de calculer les progrès et le terme.

Au surplus la part qu'a eue la France à la restauration de la Suède ainsi qu'à la déclaration de guerre que la Porte fit en 1768 à la Russie, a inspiré à Catherine II une violente animosité contre la France et le nom françois; et plusieurs autres faits, vrais ou supposés, ont nourri ces dispositions que la cour de Berlin a d'ailleurs pris soin d'entretenir.

Catherine II paroît concentrer ses intérêts dans ses liaisons intimes avec le roi de Prusse, qui ont commencé dès l'instant que

---

1. Lettres identiques échangées les 27 et 28 août 1769 et stipulant la neutralité à observer en cas de guerre entre la France et l'Angleterre.

cette princesse s'est placée sur le trône, et qu'on est fondé à attribuer à sa sécurité personnelle, les intérêts de l'empire russe y étant contraires.

Quoi qu'il en soit, les dispositions personnelles de l'impératrice de Russie ont constamment rendu infructueuses les tentatives que le feu Roi a faites pour réunir la Russie à son alliance avec la cour de Vienne.

Le sieur Durand[1] est parvenu à éclairer une bonne partie de la nation sur la fausse politique que le gouvernement suit; mais ses progrès pour dissiper les préventions de la souveraine ne sont pas encore sensibles, et le ministère continue à être livré à des insinuations étrangères. Dans cette position, le Roi ne peut former aucun plan de négociation positive ni même éventuelle avec cette cour, et il ne peut qu'attendre les évènements pour juger si la cour de Vienne, malgré le changement des circonstances, reprendra ses projets d'unir les trois puissances.

Le Danemark.

La foiblesse de cette cour, les désordres de son gouvernement[2] et la fausseté de sa politique contribuent également à la priver de toute considération. Elle ne peut être envisagée que comme un satellite de la Russie ; et rien n'annonce jusqu'ici que le Danemark soit disposé à écouter les raisons puissantes qui lui parlent secrètement pour une union étroite avec la Suède.

L'Empire d'Allemagne.

L'ambassadeur du Roi a vu plus haut le système de Sa Majesté relativement au corps germanique et la résolution inébranlable où elle est de maintenir sa constitution sur le pied des traités de Westphalie.

Il est important d'établir cette façon de penser, soit pour détourner la cour de Vienne de faire au Roi aucune proposition

---

1. Ministre de France en Russie.
2. Allusion au procès de Struensée qui gouverna un moment le Danemark, d'accord avec la reine Caroline, dont il était l'amant. Cette princesse, épouse du roi de Danemark Christian VI (roi en 1766), était sœur de Georges VI. Struensée fut arrêté en 1772 et mis à mort après un procès retentissant. La reine fut emprisonnée et mourut en captivité en 1775.

qu'il seroit obligé de rejeter, soit pour prévenir les démarches que la cour impériale pourroit être tentée de faire sans le concours de la France.

Ces instructions générales ne pourront néanmoins pas autoriser l'ambassadeur du Roi à traiter ministériellement aucun objet particulier; et s'il s'en présentoit de cette espèce, il en rendroit compte au Roi qui jugeroit s'il doit y intervenir.

La même considération engage à remettre à lui donner, selon les circonstances, des instructions relatives aux affaires des différentes cours d'Allemagne.

Après avoir ainsi parcouru les différentes cours qui pouvoient nous fournir des observations, il ne reste plus qu'à indiquer quelques affaires particulières relatives à la cour de Vienne.

La plus intéressante est celle qui concerne les recrues dans l'Empire et qui a été expliquée ci-dessus. Jusqu'ici les deux cours ont évité avec une égale attention de discuter directement une matière aussi délicate, et l'on se tiendra vraisemblablement à cette méthode, à moins que des incidents particuliers n'amènent la nécessité de s'expliquer directement.

L'ambassadeur du Roi demeurera donc dans le silence sur les discussions qui ont résulté de nos tentatives; mais comme le Roi ne doit pas dissimuler ses principes dans une matière aussi importante et souffrir qu'il s'élève des nuages préjudiciables au bien de son service, le baron de Breteuil maintiendra dans l'occasion celui de la faculté que les lois et la constitution donnent à tous les membres de l'Empire de lever et d'entretenir des troupes et de fournir des recrues aux puissances étrangères.

Le chemin que la cour de Vienne veut faire pratiquer au travers des montagnes des Grisons est une affaire tout aussi délicate que la précédente. Sa Majesté n'a rien à recommander à son ambassadeur à cet égard que l'attention et la vigilance.

Les limites des possessions respectives des Pays-Bas ont fait pendant plus d'un siècle l'objet de discussions et de négociations perpétuelles. Les principales ont été terminées par le traité du 16 mai 1769. Il reste encore quelques difficultés à régler et quelques arrangements de convenance à consommer. La négociation en est fort avancée, et le Roi se propose de faire remettre incessamment son ultimatum au gouvernement de Bruxelles. L'ambassadeur de Sa Majesté cherchera à inspirer des dispositions favorables au ministère de l'Impératrice-Reine et à l'engager d'apporter quelques facilités à ces arrangements qui éviteront aux cours respectives des discussions et des embarras sans nombre.

Les deux cours ont des intérêts opposés relativement à la navigation et au commerce du Rhin, celle de Vienne voulant l'attirer à la rive droite de ce fleuve et le Roi voulant le retenir à Strasbourg et en Alsace. La cour de Vienne s'est tenue jusqu'ici derrière le rideau; mais le Roi est instruit des efforts que ses émissaires font pour contrecarrer nos démarches. Dans cette position, cette affaire est encore du nombre de celles qui ne sont point actuellement susceptibles d'instructions actives; mais il est bon, à tout évènement, que l'ambassadeur du Roi soit informé de la situation de cette affaire pour être en état de recueillir les notions qui pourront y être relatives.

On ne tracera point ici le tableau du caractère et des affections personnelles de Leurs Majestés Impériales, de leurs ministres et des principaux personnages de leur cour. Ces tableaux, rarement exacts et toujours plus curieux qu'utiles, doivent être formés par le résultat des notions que l'ambassadeur du Roi a puisées dans les correspondances qui lui ont été communiquées; et les observations qu'il fera sur les lieux fixeront l'opinion du Roi à cet égard.

Quant au cérémonial, on ne peut que remettre à l'ambassadeur du Roi la copie de ce qui a été prescrit à ses prédécesseurs. On ne connoît point avec précision les changements qui se sont opérés dans l'étiquette depuis l'introduction du pêle-mêle. On a demandé un mémoire sur cette matière d'après lequel le Roi pourra donner à son ambassadeur des instructions plus positives.

Indépendamment des objets qui ont été indiqués dans le présent mémoire et sur lesquels l'ambassadeur extraordinaire du Roi entretiendra une correspondance suivie avec le ministre des affaires étrangères, il fera aussi entrer dans ses relations tout ce qui peut faire connoître l'état intérieur de la monarchie autrichienne, celui de ses forces militaires, ainsi que de ses ressources en tout genre. Il parlera aussi des principes et des succès de l'administration. Le Roi désire qu'il forme, quelque temps après son arrivée, un tableau général de la situation de cette cour relativement à tous ces objets; ses relations subséquentes se rapporteront à ce tableau et lui serviront de supplément.

Sa Majesté désire également qu'à la fin de chaque année son ambassadeur extraordinaire fasse, dans un mémoire particulier, le résumé non seulement de ses négociations pendant le cours de cette année et des négociations des autres cours à Vienne, mais aussi celui des principaux événements qui se seront passés sous ses yeux, de ce qui concernera le cérémonial, de ce qui sera relatif au caractère et aux inclinations des princes et de leurs ministres; en un mot de tous les objets qui pourront intéresser le bien du service de Sa Majesté ou sa curiosité personnelle.

Enfin il terminera sa mission par la rédaction d'un mémoire général qui constatera la situation où la cour de Vienne se trouvera, au moment de son départ, relativement à tous les points qui pourront fixer l'attention du Roi.

Sa Majesté voulant au surplus que ses ministres, après qu'ils sont revenus auprès d'elle, remettent en original les instructions, les chiffres et tous les papiers concernant son service, le tout avec un inventaire, sur la vérification duquel il leur est donné une décharge, l'ambassadeur extraordinaire du Roi voudra bien se conformer à cette règle.

Comme il est important d'assurer le secret de sa correspondance avec le ministre des affaires étrangères, on lui remettra plusieurs chiffres, dont l'état sera joint au présent mémoire, ainsi qu'une instruction sur la manière d'en faire usage.

Fait à Versailles, le 28 décembre 1774.

XXVI

LE BARON DE BRETEUIL

1777

Le baron de Breteuil, ayant pris un congé au mois d'octobre 1776, laissa à Vienne M. Barthélemy comme chargé d'affaires. Un conflit s'éleva entre la Russie et la Porte au sujet de l'interprétation des clauses du traité de Kaïnardji qui constituaient la Russie garante de l'indépendance des Tartares de Crimée. Catherine II notifia, le 14 décembre 1776, à la Porte qu'elle allait faire occuper Pérékop.

L'Autriche rassembla des troupes et parut disposée à soutenir les prétentions de la Russie. On put craindre qu'un partage ne fût concerté entre les deux cours. En même temps les bruits relatifs aux vues de Joseph II sur la Bavière prenaient plus de consistance. Louis XVI et son ministre M. de Vergennes étaient opposés à l'une et à l'autre entreprise. Ils renvoyèrent M. de Breteuil à Vienne, au mois d'avril 1777, avec l'instruction suivante :

INSTRUCTIONS POUR M. LE BARON DE BRETEUIL. 2 MARS 1777[1].

L'alliance du Roi avec la cour de Vienne s'est maintenue depuis la dernière paix par son propre poids. On ne peut se dis-

---

1. Autriche, *Mémoires et Documents*, t. XII.

simuler qu'elle n'a point été alimentée par la correspondance intime et confidentielle, qui est la preuve et le lien d'une union sincère et sans réserve. Elle n'a pas même été exempte de soupçons et de jalousies. Il est constant que la cour de Vienne, qui auroit plus à perdre que la France à sa dissolution, a joué d'un côté le rôle d'un surveillant inquiet, et que, de l'autre, elle a séparé totalement son intérêt propre de l'intérêt de l'alliance, sans lui payer d'autre tribut que celui d'une apologie tardive et incomplète, et sans perdre l'habitude de contrarier la France, tantôt sourdement, tantôt ouvertement, sur la plupart des objets qu'elle traitoit au dehors, et surtout dans les cours de l'Empire.

Telle étoit la situation des deux cours lorsque l'occupation de Prékop par les Russes et la déclaration faite à cette occasion au ministère autrichien ont engagé celui-ci à en informer confidentiellement la cour de France. Cette première démarche fut très légère, et l'incertitude où elle laissoit le Roi sur les sentiments de Leurs Majestés Impériales ayant engagé Sa Majesté à faire une réponse capable de provoquer une confiance plus articulée, le comte de Mercy[1] a été chargé de s'expliquer plus particulièrement, et le prince de Kaunitz en a pris occasion de traiter en même temps les affaires les plus importantes. L'Impératrice-Reine avoit déjà, lors du départ du baron de Breteuil de Vienne, donné à cet ambassadeur les assurances les plus fortes et les plus positives qu'elle ne feroit plus rien désormais sans les conseils du Roi. Les conjonctures survenues depuis cette époque et surtout la manière amicale, mais réservée, dont Sa Majesté a accueilli la confidence relative à Prékop, ont achevé de déterminer l'activité d'un sentiment qu'on avoit quelquefois manifesté, mais sans jamais l'avoir mis en pratique.

Le Roi ne peut donc qu'être sensible à la démarche de Leurs Majestés Impériales et satisfait du ton de confiance et de franchise qui caractérise les informations qu'on lui a fait communiquer et les ouvertures qu'on lui a fait parvenir. Il faut convenir, en effet, que nous y trouvons des lumières utiles sur la façon de penser de la cour de Vienne. Sa Majesté ne peut donc que char-

---

1. Ambassadeur d'Autriche en France.

ger son ambassadeur d'en témoigner sa sensibilité dans les termes les plus forts et les plus expressifs. Il ne pourra trop s'étendre sur le plaisir avec lequel Sa Majesté voit des procédés si propres à cimenter l'union et à lui donner tout le degré d'utilité et d'énergie dont elle est susceptible. Il promettra que le Roi, de son côté, répondra toujours avec le plus grand empressement à ces procédés, et qu'il donnera, à son tour, à la cour de Vienne des preuves d'amitié et de confiance, et au prince de Kaunitz tous les témoignages possibles du cas infini que Sa Majesté fait de sa façon de penser et de ses lumières. Rien ne seroit plus désirable, en effet, que de pouvoir établir une correspondance habituelle sur tout ce qui peut intéresser les deux alliés et l'alliance.

Les ouvertures dont M. le comte de Mercy s'est acquitté ont roulé sur quatre objets principaux :

1° Sur la Prusse ;
2° Sur la Russie ;
3° Sur la Porte Ottomane ;
4° Et sur les successions palatine et de Bavière.

Sur le premier point, la cour de Vienne ne dissimule point sa haine et sa défiance pour la cour de Berlin. Au point où la puissance prussienne est parvenue, la maison d'Autriche la regarde comme son ennemie nécessaire et irréconciliable. Elle se plaint vivement des imputations odieuses que le roi de Prusse ne cesse de mettre à sa charge, et elle cherche à nous prémunir contre ses suggestions ; elle indique fortement la nécessité de contre-balancer dans l'Empire le parti protestant dont ce prince est le chef et dont il dirige les mouvements au gré de son intérêt et de sa politique.

Quant au deuxième objet, c'est-à-dire par rapport à la Russie, le prince de Kaunitz établit avec une force égale deux maximes importantes : la première, que l'intérêt politique de la France est inconciliable avec celui de la Russie, puisque celle-ci travaille à détruire l'équilibre du Nord et à énerver et anéantir l'empire ottoman ; et, la deuxième, que la Russie et l'Autriche ont de grands intérêts communs, et que la cour de Vienne ne peut se dispenser d'avoir des ménagements pour la Russie, malgré l'ascendant momentané que la fascination de Frédéric II lui a donné sur Catherine II. De ces ménagements et de l'espoir de ramener cette princesse aux anciennes liaisons de son empire, en déconcertant les suggestions du roi de Prusse, découle la conduite que la maison d'Autriche a tenue en Pologne et vis-à-vis des Turcs dans ces derniers temps.

Le prince de Kaunitz ne se dissimule pas que l'envahissement de l'empire d'Orient ou l'occupation de quelques-unes des provinces turques qui rapprocheroient les deux monarchies, ne fussent d'autant plus nuisibles aux intérêts de la maison d'Autriche, que cette position nouvelle reserreroit probablement les liens qui unissent la Russie et la Prusse. C'est sur cet objet que ce ministre s'est attaché à exciter notre vigilance de la manière la plus énergique et la plus immédiate. Son dessein est sensiblement de rejeter sur la France toute l'opposition à faire aux entreprises de la Russie, sans en indiquer les moyens.[1]

Pour ce qui concerne le troisième point, la Porte ottomane, le prince de Kaunitz déclare que sa cour ne la regarde plus désormais comme un voisin incommode et dangereux. L'affoiblissement extrême des Turcs paroît au contraire exciter ses craintes et sa sollicitude, et l'appréhension de la puissance que leur destruction mettroit dans les mains de la Russie semble disposer Leurs Majestés Impériales au concert qui seroit nécessaire entre les deux cours alliées.

Sur le quatrième objet, la cour impériale paroît bien éloignée de favoriser l'arrangement qui est agité depuis si longtemps entre les trois cours électorales [1] ; mais comme cet objet n'est encore que de pure spéculation, on attendra les éclaircissements dont on a besoin pour mettre plus particulièrement cet objet sous les yeux du Roi et pour donner des instructions en conséquence à son ambassadeur.

La cour de Vienne a fait, en même temps, prévenir le Roi que l'électeur palatin s'étoit adressé à elle pour engager le roi de Prusse à renouveler la garantie des duchés de Berg et de Juliers; et qu'elle l'avoit renvoyée à Sa Majesté. Le ministre palatin vint

---

1. Les trois cours électorales : l'électeur de Bavière, l'électeur palatin, son héritier présomptif, et l'électeur de Saxe, qui avait à faire valoir, du chef de sa mère, des droits à une partie de la succession.

en effet, deux jours après, réclamer l'amitié et les engagements du Roi sur cet objet.

Le comte de Vergennes lui répondit dans des termes affectueux pour Son Altesse Électorale et demanda qu'elle mît Sa Majesté au fait des négociations que le baron de Beckers a suivies en 1763, à Berlin, sur cet objet, afin de fixer la conduite que Sa Majesté pourroit tenir.

Enfin le comte de Mercy s'est plaint vivement d'un écrit qui a circulé à Dresde et qui a passé sous les yeux du Roi. Il a prié le comte de Vergennes d'aider sa cour à en rechercher l'auteur et à inspirer à la cour de Dresde des sentiments plus analogues au système de l'alliance.

Le comte de Vergennes n'a répondu que très généralement à ces communications confidentielles; il a été néanmoins très expressif sur l'intention du Roi de maintenir l'alliance avec la cour de Vienne, que Sa Majesté croit salutaire à la tranquillité générale de l'Europe. Quant aux objets qui peuvent donner lieu à un concert, il s'est réservé de prendre les ordres du Roi, en déclarant que tout ce qu'il pourroit dire dans les conjonctures présentes ne seroit que l'expression de son opinion personnelle; il annonça au surplus que le baron de Breteuil allant retourner à Vienne, il seroit probablement chargé de correspondre à la confiance que Leurs Majestés Impériales témoignoient au Roi, et de suivre les objets qui affectent la prévoyance des deux cours.

Les instructions à lui donner en conséquence font l'objet du présent mémoire. Le langage qu'il aura à tenir en général dans cette conjoncture est déjà indiqué ci-dessus ; avant de lui tracer les instructions particulières sur les objets qui se trouvent exposés dans la lettre de M. le prince de Kaunitz, on croit devoir placer ici quelques réflexions générales et préliminaires.

La fidélité, la modération et la fermeté qui ont caractérisé toute la conduite du Roi relativement à l'alliance, ont sans doute contribué à exciter à Vienne un mouvement de confiance et d'ouverture dont l'histoire de notre union avec elle n'offroit point encore d'exemple. Il ne faut pas penser néanmoins qu'une pareille démarche soit simplement l'effet d'une impulsion de sentiment. Dans les affaires de cette importance, les confidences seroient des fautes politiques si elles n'avoient pas un but d'utilité immédiate. La cour de Vienne a toujours paru pénétrée de cet axiome. Il importe donc de rechercher le but qu'elle peut s'être proposé. Cette connoissance guidera le Roi dans la détermination de sa conduite.

On peut présumer que la cour de Vienne nous a donné la véritable clef de sa politique lorsqu'elle nous a confié ses sentiments pour la monarchie prussienne et l'attente où elle est que l'établissement de l'empire d'Orient reserreroit les liens qui subsistent entre les cours de Berlin et de Saint-Pétersbourg. Le prince de Kaunitz paroît sentir qu'une liaison, qui dans l'état actuel des choses paroît forcée et contre nature, et qui semble ne pouvoir être que le résultat d'une combinaison et d'une séduction personnelles, contraire aux intérêts les plus évidents des deux États, deviendroit alors une union vraiment politique, naturelle et en quelque manière aussi nécessaire que dangereuse.

Sous ce point de vue, la ressource même des partages exécutés sous la loi de l'égalité, qui ont été un moyen décisif pour accorder les trois puissances ou plutôt les cours de Vienne et de Berlin sur la Pologne, ne peut plus être censée exister. Cet expédient perdra jusqu'à l'apparence de l'utilité qui a séduit la cour de Vienne dans le partage de la Pologne. En effet la Russie et la Prusse, supposées unies d'intérêt et d'affection, se trouvant chacune accrue dans la même proportion que la cour de Vienne, les forces réelles et relatives ne seront plus égales, comme elles l'étoient, lorsqu'il subsistoit entre la Prusse et la Russie un germe de rivalité et d'opposition.

Il est vraisemblable que cette combinaison a frappé le ministère autrichien dont l'apathie naturelle ne cède qu'à l'impulsion vive et présente des plus grands intérêts. Son activité actuelle, opposée à son caractère, ne peut avoir que des causes majeures, et l'on n'en voit pas de plus puissantes ni de plus probables que celles qui viennent d'être indiquées. Il faut convenir que cette cour ne pourroit, en effet, voir avec indifférence préparer cette révolution, sans s'aveugler volontairement; quoique l'amour immodéré et indéfini de la paix l'ait entraînée graduellement au bord du précipice où elle se trouve et dans l'humiliation des principes qui ont opéré le partage de la Pologne, et quoique cet amour soit peut-être de tous les ressorts possibles le plus puissant et le plus incalculable dans ses effets, le ministère autrichien cherche des moyens de détourner les dangers dont l'approche le frappe. Cependant il semble plutôt se proposer d'exciter notre activité que de déployer la sienne. Il ne présente aucun but déterminé, aucune vue fixe, aucun moyen actif. Il semble se reposer sur le sentiment profond que l'ambassadeur du Roi a établi, il y a quelques mois, avec une énergie et une précision qui ne laissent rien à désirer relativement à la conservation de l'empire ottoman[1]. La cour de Vienne croit sans doute pouvoir s'en autoriser pour ne présenter son propre intérêt dans cette crise que comme secondaire. Elle cherche d'ailleurs à se donner, dans toute la suite des négociations et des mouvements que ces objets peuvent entraîner, le rôle commode et tranquille de nous voir entrer en lice les premiers, et de ne paroître elle-même que céder à nos désirs et à notre impulsion.

Il est, ce semble, de l'intérêt du Roi de ne pas lui abandonner, dès le premier pas d'une intelligence confidentielle, un avantage qui seroit également considérable et dangereux. Dans le fait, les périls prévus touchent bien plus directement la maison d'Autriche que la France. L'Autriche peut voir son existence politique compromise dans la révolution dont la possibilité paroît animer sa sollicitude. La France, de son côté, ne risque que des avantages de commerce, importants à la vérité, mais qu'elle ne seroit pas sans espoir de remplacer ou de recouvrer avec le temps, peut-être avec un surcroît d'avantages; et pour peser sur son existence politique, la Russie auroit à passer sur les débris de la monarchie autrichienne qui nous servira de rempart.

[1]. Breteuil relatant dans un rapport du 24 octobre 1776, une conversation avec Joseph II sup la Porte et la Russie, ajoute : « La conclusion de ces réflexions de l'Empereur, assez étonnantes avec moi, a été que les Turcs se trouvent dans l'état le plus méprisable et tout à la fois le plus exposé à subir le joug que la Russie paroît vouloir imposer à Constantinople. J'avois jusque-là plus écouté sur les Turcs que répondu; mais le prononcé de l'Empereur sur les vues russes contre la puissance ottomane m'a fait croire que je devais lui articuler, aussi clairement que je l'ai fait déjà à plusieurs reprises à M. le prince de Kaunitz, les résolutions fermes des principes du Roi et de la monarchie pour la conservation de l'empire ottoman ». Affaires étrangères. *Correspondance de Vienne.*

Il importe donc de rétablir l'ordre naturel des choses et des intérêts, et en entrant dans les sollicitudes de la cour de Vienne, il nous convient de l'amener à expliquer la première ses vues, ses projets et ses moyens et à rechercher le concours du Roi; Sa Majesté ne se chargera par là ni des récompenses, ni des imputations, ni des évènements, et sa conduite sera toujours plus libre, plus honorable, plus fructueuse et peut-être plus efficace.

Ces considérations deviennent plus puissantes encore lorsqu'on les applique à la partie des vues de la maison d'Autriche qui ont la monarchie prussienne pour objet. On ne doit pas se dissimuler que toutes ses mesures actives seront dirigées principalement et peut-être uniquement contre cette puissance. Comme il ne convient pas au Roi de se mettre en avant à cet égard, ou l'on déplairoit à Vienne en gardant le silence sur cet objet, ou l'on refroidiroit le germe de la confiance qui commence à se développer, ou l'on compromettroit Sa Majesté vis-à-vis de la cour de Berlin. Il semble donc que notre rôle est d'attendre les ouvertures qui pourront nous être faites, afin de juger ce qui pourra être analogue à nos engagements et à nos intérêts.

Si le Roi adopte ces réflexions, la conduite de son ambassadeur se trouvera suffisamment indiquée. Les assurances les plus fortes d'amitié, d'union et de confiance en seront la base; l'uniformité de vues et de sentiments et le désir de former un concert solide et efficace en seront le résultat.

D'après ce point de vue, on va tracer le langage qu'il pourra tenir plus particulièrement sur chacun des objets traités par le prince de Kaunitz; mais en les résumant dans un ordre inverse de celui de ce ministre, qui les a rangés selon le degré de l'intérêt que sa cour y prend.

La Porte Ottomane.

L'ambassadeur du Roi est instruit des principes auxquels le Roi et son conseil se sont invariablement fixés relativement à la conservation de cet empire. Il sait que nous regardons sa destruction, son envahissement par la Russie ou son partage entre les deux cours impériales comme une des plus grandes calamités politiques que la prévoyance de Sa Majesté puisse envisager dans l'ordre des événements possibles. Le baron de Breteuil a établi cet intérêt vis-à-vis de la cour de Vienne avec précision et énergie. L'opinion qu'il a fixée à cet égard paroît ne pas influer peu sur les combinaisons actuelles du ministère autrichien.

En partant de cette base, il sera facile au baron de Breteuil de persuader le prince de Kaunitz que le Roi est très disposé à entrer dans toutes les vues qui tendront à préserver l'empire ottoman de la destruction dont l'ambition de Catherine II le menace. Il pourra faire sentir que Sa Majesté est résolue de prendre, selon les circonstances, les mesures les plus vigoureuses et les plus efficaces pour le protéger; qu'elle n'a ni ménagement à garder, ni intérêt à combiner à cet égard; mais qu'elle en doit être d'autant plus réservée à faire des propositions formelles à son alliée dont la position et les convenances l'assujettissent à des combinaisons moins libres, et qui se trouve d'ailleurs beaucoup plus à portée qu'elle de saisir l'ensemble et les détails des projets russes et prussiens, d'en prévoir et apprécier les moyens, et par conséquent de déterminer les mesures les plus propres à y être opposées; que c'est par ces motifs que le Roi désire que Leurs Majestés Impériales veuillent bien lui expliquer et lui indiquer comme base du concert à établir, le but que les deux cours doivent se proposer, ainsi que les mesures dont la maison d'Autriche est disposée à se charger et celles qui devront être exécutées par le Roi.

L'intérêt évident de la France est garant de l'exactitude avec laquelle Sa Majesté exécutera ce concert. La réputation de probité et de bonne foi qu'elle s'est déjà acquise et qu'elle regarde comme une des bases les plus importantes de son gouvernement, contribuera à fixer la confiance de la cour de Vienne.

Cette cour a déjà quelques notions des dispositions de l'Espagne à s'unir de vues et de mesures avec le Roi. L'ambassadeur pourra la confirmer dans cette attente. En général, il fera usage de tout ce qu'il croira propre à donner l'idée la plus positive de la volonté du Roi, ainsi que de ses moyens à cet égard, parce que de cette opinion dépendra probablement le degré d'énergie et celui de la confiance que la cour de Vienne montrera dans la suite de cette affaire.

Le baron de Breteuil se prévaudra de cette occasion pour convenir du langage et de la conduite à tenir par les deux cours à Constantinople. L'on sait à Vienne que nous travaillons à déterminer les Turcs à l'accomplissement du traité de Kaïnardji ; mais le succès de nos insinuations et des démarches analogues des cours de Vienne et d'Angleterre est encore incertain. Il semble même démontré que l'article de l'indépendance des Tartares est inexécutable par rapport aux maximes religieuses des mahométans, comme il est illusoire relativement aux postes que les Russes occupent en Crimée et dans la mer Noire à l'embouchure du Borysthène et dans le Cabarta ; il faut donc prévoir qu'une rupture entre les deux empires sera tôt ou tard inévitable. Peut-être la Russie se contenteroit-elle actuellement d'envahir la Crimée sous prétexte que, les Turcs voulant qu'elle soit dépendante, elle a autant de droit qu'eux d'y dominer, et il est possible que ceux-ci, sentant leur impuissance, s'endorment dans cette position.

Elle menaceroit cependant immédiatement et insensiblement la capitale ottomane et exigeroit par conséquent la même prévoyance qu'une guerre plus immédiate. Il importe donc de faire expliquer la cour de Vienne sur le langage et la conduite à tenir dans ces différentes suppositions, car il est nécessaire d'avoir à cet égard un plan arrêté éventuellement, parce que la distance des lieux fait toujours manquer le moment d'exécuter avec fruit les mesures qui sont arrêtées après l'évènement. Si la guerre se déclaroit, il ne devroit plus être question que d'encourager, de diriger et de soutenir les Turcs ; c'est un point d'autant plus critique, que la politique de la cour de Vienne lui permettra difficilement de former un concert avec la Porte Ottomane, ainsi que l'Impératrice l'a franchement confié au baron de Breteuil, mais il n'en est que plus important de pénétrer le plus avant qu'il se pourra dans ses dispositions à cet égard, et le Roi est bien persuadé que son ambassadeur saura y procéder avec autant de zèle que d'adresse.

La Russie.

Le Roi ne peut que s'en rapporter au jugement de la maison d'Autriche sur son intérêt propre et sur la position respective des deux cours impériales. Sa Majesté n'a jusqu'ici ni jalousie ni inquiétude sur le système d'égards et de ménagements qui en résulte. Elle croit que l'ambition inquiète et active de la Russie peut seule y mettre un terme, et elle ne veut pas s'attacher à le hâter ni à le prévenir; mais elle peut récuser le jugement des ministres autrichiens relativement à la position de la France vis-à-vis de la Russie. Les deux motifs sur lesquels le prince de Kaunitz fonde l'incompatibilité de leur politique ne tiennent qu'à l'ambition personnelle de Catherine II. Lorsque cette princesse et ses successeurs adopteront des principes de justice et de paix, le Roi deviendra leur allié naturel, puisque les deux empires pourront se rendre réciproquement des services importants, sans être à portée ni intéressés à se nuire directement. Cet aperçu paroît tellement vrai que la conquête même de Constantinople ne le rendroit peut-être que plus évident.

Il ne faut donc pas se méprendre au langage que le ministère autrichien nous tient constamment sur cet objet. Il met sans doute une grande valeur au système d'une réunion toujours préparée et susceptible d'être effectuée avec la Russie; mais il n'en met guère moins à nous empêcher de nous lier directement avec cette puissance et par elle avec le roi de Prusse. Quand même le prince de Kaunitz croiroit que nous ramènerions la Russie à la cour de Vienne, il n'en répugneroît pas moins à tenir ce service de nous. Il veut que la France ne tienne à la Russie que par ses maîtres. Telle est la façon de penser de la cour de Vienne constatée par une longue suite de faits et de procédés, tant pendant la dernière guerre que depuis la paix. Il a paru utile de la constater ici, pour mieux fixer la mesure des propos que l'ambassadeur du Roi pourra se permettre sur cet objet.

Il doit éviter tout ce qui, dans le moment actuel même, pourroit choquer cet intérêt chéri de la maison d'Autriche, malgré l'embarras qui ne peut manquer de résulter du besoin de ménager la puissance même contre laquelle les circonstances prescrivent de se précautionner. Il se bornera donc à exciter le ministère autrichien à lui développer ses vues et ses projets à cet égard. Il tâchera de saisir les nuances de l'irrésolution ou de la décision qu'il montrera. Ce sera le moyen le plus certain d'apprécier le fond des dispositions de cette cour et de fixer le jugement du Roi sur les suites et l'issue possible et probable de la négociation à laquelle les ouvertures de M. de Mercy donnent lieu.

On ne peut se dispenser de rappeler ici une remarque qui n'aura pas échappé à la sagacité de l'ambassadeur, non plus qu'elle n'a échappé à la sagesse du Roi et de son conseil; c'est qu'il importe infiniment que le Roi ne se précipite pas dans un concert dont la maison d'Autriche déclineroit ensuite l'exécution, et dont, avec un peu d'adresse, elle nourriroit l'éloignement de Catherine II pour la France. Sa Majesté recommande particulièrement cette considération au zèle et à la prudence de son ambassadeur. Il s'appliquera à démêler les dispositions fondamentales de la cour de Vienne, afin que Sa Majesté puisse diriger sa marche et ses vues en conséquence.

Ces dispositions dépendront probablement de la résolution de Catherine II vis-à-vis des Turcs. S'il falloit juger des intentions de cette princesse par la démarche du ministère autrichien toujours lent à prévoir et à se résoudre, on devroit croire qu'elles sont décidément offensives, et que Catherine II a choisi le moment de crise où les affaires générales de l'Europe se trouvent, pour porter les derniers coups à l'empire ottoman. Il est difficile d'un autre côté que cette princesse se flatte d'avoir assez réparé ses forces pour écraser les Turcs, et que ceux-ci, perdus d'ineptie et d'incurie, se flattent de lui résister. Comme il n'est pas possible, après la démarche de la cour de Vienne, de la soupçonner d'être d'accord avec la Russie, il est encore permis, d'après cette combinaison, d'espérer le maintien de la paix; en tout cas, l'ambassadeur du Roi ne hasardera rien en marquant cette opinion. Un certain degré d'indifférence et d'incrédulité lui sera même utile pour engager le prince de Kaunitz à développer plus explicitement les sujets d'alarmes qui l'occupent fortement et qui l'ont rendu si agissant, malgré la force d'inertie qui le porte au repos et au silence.

La Prusse.

C'est vers cette puissance que toutes les inquiétudes et toutes les mesures de la maison d'Autriche sont constamment tendues. La situation de leurs États limitrophes, l'opposition de leurs intérêts dans l'Empire, les souvenirs des premiers agrandissements de Frédéric II, la rivalité des deux cours qui cherchent à l'envi à gagner la Russie et le dépit de l'ascendant que l'étoile du roi de Prusse lui a procuré, sont des motifs de défiance et d'inimitié indestructibles tant que les souverains actuels règneront et que les mêmes conjonctures subsisteront.

La France, obligée par ses traités à garantir les États autrichiens, n'est pas invitée par son intérêt à travailler à l'affoiblissement et à la destruction de la monarchie prussienne. L'ambassadeur du Roi ne perdra jamais de vue cette distinction importante dont l'expérience de la dernière guerre et les considérations les plus essentielles doivent faire une loi constante. Il évitera avec adresse toutes les insinuations qui pourroient lui être faites concernant une évolution positive contre la cour de Berlin. Il ne marquera néanmoins pas d'éloignement pour les projets généraux dans lesquels le roi de Prusse seroit considéré comme fauteur de la Russie et comme complice des vues ambitieuses de Catherine II.

Si cette princesse médite réellement la destruction de l'empire du Croissant, ses mesures doivent être nécessairement combinées avec le roi de Prusse, et le système des convenances et des accroissements mutuels et proportionnés en feroit sans doute la base. La cour de Vienne a tant d'intérêt à découvrir ce complot qu'on peut s'en rapporter à elle du soin de le pénétrer.

C'est avec douleur qu'on est forcé d'avouer que la conjoncture actuelle doit paroître favorable à ce prince pour consommer le projet de consolider sa monarchie et de fixer loin de ses possessions l'intérêt capital de l'empire russe. Il peut espérer de trouver d'autant plus de facilités à conduire la cour de Vienne à son but par les moyens pratiqués à l'occasion de l'affaire de la Pologne, que les principes de morale et de justice une fois violés, la politique ne consulte plus que ses convenances.

Quant à l'insinuation du prince de Kaunitz concernant l'affoiblissement du parti protestant dans l'Empire, un triple intérêt anime le désir de nous y voir concourir : le premier, de déconcerter la cour de Berlin qui sait manier les intérêts et les principes du corps protestant comme un instrument utile à sa politique ; le deuxième, d'élever l'autorité impériale à la faveur des formes et de la foiblesse de la grande pluralité des États ; enfin le troisième, de montrer la France dans l'Empire comme l'appui de l'autorité impériale. Le Roi perdroit par là toute influence et toute considération, et fermeroit le retour des princes d'anciennes maisons vers la France.

Dès les premiers instants de l'alliance, la cour de Vienne a manifesté ce projet à notre égard, et on peut dire que c'est véritablement là la pierre d'achoppement de l'alliance, parce que la cour impériale ne sera contente de nous que lorsque nous entrerons dans ses vues, et que nous ne pouvons les adopter sans manquer aux engagements solennels du traité de Munster et sans anéantir dans nos mains l'instrument politique le plus utile que la France pût désirer, et qui excite tellement la jalousie de la cour de Vienne que ses partisans ont cherché à accréditer à Ratisbonne le principe que la garantie de ce traité étoit désormais sans force et sans vigueur.

C'est donc encore un point délicat relativement auquel l'ambassadeur du Roi doit marcher la sonde à la main. Il ne lui reste rien à faire pour établir nos principes à cet égard, après la manière dont il s'en est expliqué plusieurs fois avec les ministres de la cour de Vienne ; mais aujourd'hui la question se présente sous un nouvel aspect et avec une relation directe à l'alliance. Il ne pourra donc que provoquer la confidence des mesures qu'on croit propres à opérer l'effet indiqué, en faisant entendre que le Roi est persuadé qu'on ne lui en proposera pas qui ne soient conciliables avec sa gloire et avec ses engagements. Cette combinaison sera d'autant plus difficile à trouver que le parti protestant n'est plus qu'un nom, que la religion n'est que le prétexte d'un parti politique composé de princes d'anciennes maisons et des membres indépendants de l'Empire dont la cause est essentiellement celle de la liberté constitutionnelle de tous les États assez puissants pour se passer de la protection impériale.

Les successions palatine et de Bavière.

On a déjà indiqué ci-dessus les raisons qui doivent faire différer la discussion de ce qui concerne la succession de Bavière.

Il reste à traiter ici de ce qui regarde celle de Juliers et de Berg.

En 1729 le feu Roi donna la garantie à la maison Palatine, et lui a procuré en 1741 celle du roi de Prusse comme le prix de l'engagement que la cour palatine prenoit de s'unir à la cause des deux rois et de la garantie que la France donna de la possession de la haute Silésie et du comté de Glatz.

Lorsqu'on chercha en 1757 à réunir les États de l'Empire contre le roi de Prusse, l'électeur palatin résista à nos sollicitations par la crainte de fournir à la cour de Berlin un motif légitime de regarder sa garantie comme non avenue. Le Roi s'entremit auprès de la cour de Vienne pour faire suppléer à cette garantie par celle de la maison d'Autriche, et Sa Majesté contracta en outre l'obligation d'employer ses bons offices pour faire renouveler dans le traité de paix future entre l'Impératrice-Reine et le roi de Prusse la garantie de 1741. L'article xviii du traité d'Hubertsbourg porte en effet cette stipulation dans ces termes : « Sa Majesté le roi de Prusse renouvellera la conven-
« tion faite en 1741 entre elle et l'électeur palatin au sujet de la
« succession de Juliers et de Berg, sous les mêmes conditions
« sous lesquelles elle a été conclue. »

Immédiatement après, le baron de Becker, voyant la cour de Berlin triomphante, persuada son maître de se jeter dans ses bras et de s'attacher à son char, en demandant pour prix de cet abandon le renouvellement de la garantie de 1741. Le roi de Prusse, après de longs délais, et après avoir flatté l'espoir du ministre palatin, lui déclara nettement qu'ayant contracté cet engagement sous l'intervention de la France, il ne le renouvelleroit jamais que par la même entremise.

Il paroît que depuis cette époque le baron de Becker, s'étant rejeté du côté de la cour de Vienne, a négocié auprès d'elle le même renouvellement. On ignore si celle-ci l'a tenté à Berlin, mais jusqu'aux dernières démarches combinées des comtes de Mercy et de Sickingen, aucune des parties intéressées n'avoit recherché le Roi sur cet objet.

Il est bon de faire sentir à l'électeur palatin les fausses démarches auxquelles le baron de Becker l'a induit, et c'est par cette raison que le comte de Vergennes a demandé d'être instruit de la négociation de 1763 dont les détails peuvent en effet influer sur la marche à suivre, si le Roi se détermine à négocier avec la cour de Berlin sur cet objet.

Il se présente sur cette question plusieurs considérations qui méritent d'être pesées :

1° La plus importante de toutes, c'est que la cour de Vienne désespère sans doute de faire remplir par celle de Berlin un engagement solennellement contracté vis-à-vis d'elle.

2° En cherchant les causes qui peuvent avoir engagé le ministère autrichien à nous faire une insinuation qui emporte l'aveu tacite de cette impuissance, et d'une sorte de foiblesse, on n'en voit de plausible que dans le désir d'attacher la cour palatine invariablement au système que l'Empereur a formé de réunir le corps catholique contre le corps protestant, et de se mettre vis-à-vis d'elle dans la position ou de mériter sa reconnoissance pour ce que le Roi fera, ou de rejeter sur Sa Majesté le démérite de ce qu'elle ne fera pas.

3° Ces conjectures paroissent d'autant plus fondées qu'il est visible, surtout d'après le dévouement servile du ministre dirigeant palatin à la cour de Vienne, que la démarche de l'électeur palatin a été dictée par le ministère autrichien.

4° Il résulte de ces observations que le Roi ne joueroit qu'un rôle secondaire dans une affaire relativement à laquelle on est obligé de revenir à Sa Majesté après avoir épuisé pendant quatorze ans tous les moyens imaginables pour la terminer sans elle.

Cette marche de la cour de Vienne est d'autant plus remarquable, qu'elle oublie dans ce moment la jalousie extrême qu'elle a toujours montrée pour tout ce qui pourroit nous rapprocher du roi de Prusse et entretenir un fil de liaison et de bonne intelligence entre ces deux cours. Il faut sans doute en faire honneur à sa confiance dans la probité et la bonne foi du Roi et de son ministère. Si elle ne craint pas que nous nous prévalions de cette négociation pour fonder des bases éventuelles de rapprochement, peut-être aussi regarde-t-elle le renouvellement de la garantie de 1741 comme impossible à obtenir du roi de Prusse dans les circonstances actuelles.

5° En effet, si l'on peut apprécier la conduite de ce prince et pénétrer les motifs du refus d'exécuter le traité d'Hubertsbourg et sa réponse au baron de Becker, on pourroit croire qu'il s'est réservé cet objet comme une pierre d'attente qui doit un jour servir au renouvellement de ses anciennes liaisons avec la France. D'après ce point de vue, on ne pourroit que craindre que le Roi se compromît par la démarche que la cour palatine sollicite et que le ministère autrichien appuie par ses insinuations.

C'est ici le lieu d'observer qu'à prendre les choses à la rigueur, le Roi n'est tenu qu'à persister dans sa garantie personnelle et qu'il a rempli les engagements contractés en 1759, lorsqu'il a demandé et obtenu de la cour de Vienne qu'elle comprît dans son traité de paix le renouvellement de l'acte de 1741. Cette cour dès lors en a fait son affaire, et le roi de Prusse n'ayant pas stipulé vis-à-vis de la France, et le Roi ne pouvant agir avec Sa Majesté Prussienne que sur les errements non existants de l'alliance de 1741, Sa Majesté n'a ni le droit ni les moyens de se charger de la démarche dont il s'agit.

Il paroît résulter de ces différentes remarques que toutes sortes d'obstacles s'opposent à ce que le Roi se détermine dans cette occasion par amitié et par complaisance. Le ministère autrichien est trop éclairé pour ne pas supposer qu'il en sent toute la force. Peut-être sa démarche, vraiment illusoire, n'a-t-elle d'autre but que d'éconduire la cour palatine et de la tenir en bonne humeur par l'appât vague de terminer par l'intervention du Roi une affaire qui tient autant à cœur à l'électrice palatine. C'est ce que l'ambassadeur du Roi cherchera à pénétrer, et si tel est en effet le projet du prince de Kaunitz, il sera facile d'y coopérer.

Quoi qu'il en soit, le parti le plus simple, le plus noble et le plus analogue aux circonstances, ainsi qu'à la dignité et aux intérêts du Roi, paroît être de répondre à la cour de Vienne, préliminairement : que Sa Majesté a demandé des informations à la cour de Manheim sur ce qui s'est passé entre l'électeur palatin et le roi de Prusse sur cette matière, et qu'elle désireroit également d'être instruite des tentatives que le ministère autrichien peut avoir faites à cet égard; qu'au surplus le Roi étant résolu d'exécuter sa garantie, ainsi que Leurs Majestés Impériales le sont de leur côté, Sa Majesté n'hésite pas de déclarer qu'elle entrera volontiers dans des mesures analogues à ces dispositions; que les intérêts et les engagements étant communs entre les deux cours, le Roi se joindra avec empressement à l'Impératrice-Reine pour tout ce qui peut en assurer et faciliter l'accomplissement; que si Sa Majesté étoit en mesure d'entamer cet objet directement avec le roi de Prusse, elle n'hésiteroit pas de donner à l'électeur palatin cette preuve d'amitié, et à Leurs Majestés Impériales cette marque de déférence; mais que Sa Majesté Prussienne n'ayant contracté des engagements qu'avec l'Impératrice-Reine, cette princesse seule peut en réclamer l'exécution; que Sa Majesté agiroit néanmoins conformément au concert qui seroit arrêté d'une manière analogue à la position respective des deux cours. L'ambassadeur du Roi jugera d'après les circonstances et d'après la disposition des esprits, s'il conviendra de faire usage de la réflexion si sensible à la cour de Vienne, de l'espèce de rapprochement que notre négociation isolée exigeroit vis-à-vis de la cour de Berlin et des ouvertures que cette négociation pourroit nous attirer de sa part.

On doit confier à l'ambassadeur du Roi que le langage que Sa Majesté fera tenir à l'électeur palatin sera analogue à celui qui vient de lui être tracé. Le ministre du Roi près de ce prince[1] sera d'ailleurs chargé de lui insinuer avec la dextérité et la circonspection qui sont dans son caractère, que Sa Majesté a été peinée de ce que ce prince, qui a reçu tant de marques de bienveillance et d'intérêt de Sa Majesté, ne s'est pas adressé à elle pour cet objet, et de ce qu'il lui a fait mystère de ses tentatives

---

1. M. O'Dunn, chargé d'affaires de France.

multipliées. Il lui fera entendre, avec les ménagements convenables, que le sort de cette affaire dépendant désormais du Roi par le renvoi que les cours de Berlin et de Vienne en ont fait à Sa Majesté, elle est très disposée à employer ses bons offices en faveur de l'électeur, mais que la marche que ce prince a suivie pour les réclamer gênera celle de Sa Majesté, et qu'elle ne pourra agir que conjointement et concurremment avec la cour impériale. Au surplus, le Roi s'en remettra au zèle et aux lumières du sieur O'Dunn relativement au parti qu'il sera possible de tirer de cette conjoncture pour cimenter l'attachement que l'électeur palatin personnellement et la plus saine partie de son ministère ont témoigné assez constamment pour la France.

L'importance des matières et la nouveauté de la démarche confidentielle de la cour de Vienne ont exigé tous les détails dans lesquels on vient d'entrer, et qui, dans d'autres circonstances, eussent pu paraître superflus. On croit d'ailleurs qu'il convient au Roi de s'expliquer sur les objets traités par le prince de Kaunitz avec toute la franchise compatible avec sa dignité et ses intérêts, afin de lier, s'il se peut, une correspondance confidentielle qui dissipe l'obscurité et les nuages au travers desquels on a vu jusqu'ici les objets, même les plus essentiellement relatifs à l'alliance. Rien ne paroît plus propre à en resserrer les nœuds.

On terminera ce mémoire par deux observations :

La première est que le prince de Kaunitz n'a fait entrer pour rien la Suède dans ses combinaisons politiques. Elle doit cependant tenir nécessairement une place dans le système du Roi, et Sa Majesté ne peut négliger l'intérêt qu'elle prend à la conservation de cette puissance. Elle recommande à son ambassadeur de ne pas perdre cette considération de vue. Il cherchera à la placer à propos dans ses entretiens avec le ministère autrichien, et à pénétrer jusqu'à quel point Leurs Majestés Impériales concourroient aux mesures qui tendroient à la protection de cette couronne.

La deuxième observation qu'on se permettra, porte sur le résultat général de la démarche de la cour de Vienne. Elle prouve que la force de la conjoncture amène cette cour à rechercher Sa Majesté, et ce besoin désormais constaté remet la France à la place qu'elle doit occuper dans l'alliance. Le ministère de Sa Majesté sera très attentif à l'y maintenir avec la dignité propre à un si grand potentat, et en alliant avec ce soin tous les égards que comportent l'intimité des liens des deux cours et la confiance dont les nœuds viennent d'être resserrés.

Le Roi est d'ailleurs très résolu de fortifier, par tous les moyens qu'il tient dans ses mains, la considération qu'un concours inespéré de circonstances fait insensiblement renaître.

L'ambassadeur de Sa Majesté est trop pénétré de la grandeur de son maître et trop éclairé sur ses intérêts, pour n'avoir pas perpétuellement ces vérités et ces résolutions présentes et pour n'y pas conformer son langage et ses démarches. Au surplus, la manière dont le comte de Mercy s'est acquitté de sa commission et la nature même de cette explication confidentielle entre les deux cours n'exigent pas de notre part une réponse par écrit, et le baron de Breteuil exécutera verbalement les instructions qui viennent de lui être tracées. Il sera néanmoins le maître d'en rédiger les principaux points par écrit pour les lire, s'il le juge à propos, au prince de Kaunitz, mais sans rien lui remettre à cet égard, même *ad statum legendi*.

SUPPLÉMENT AUX INSTRUCTIONS DU BARON DE BRETEUIL RETOURNANT A VIENNE. DU 9 MARS 1777.

Pendant le cours de la guerre entre les Turcs et Russes, cette dernière puissance a recherché l'amitié et la confiance de la république de Venise. Les Russes, qui ont vexé notre commerce dans l'Archipel, n'ont pas donné le moindre sujet de plainte aux navigateurs vénitiens. Depuis la paix, on a eu des notions vagues que les négociations respectives continuoient, et on a observé des symptômes d'intelligence et de bonne volonté réciproques. On apprend d'ailleurs que plusieurs cours soupçonnent, dans le moment actuel, une coalition entre cette république et la Russie et ses adhérents.

Il ne seroit pas étonnant, en effet, que les Vénitiens, guéris de leurs anciennes frayeurs, ne se portassent à insulter l'empire ottoman ; la Dalmatie, l'Albanie, la Morée et peut-être la Candie pourroient les tenter ; et Catherine II n'épargnera probablement rien pour les mettre en activité, supposé que la base de ce concours ne soit pas déjà établie.

Cette décision seroit infiniment fâcheuse pour l'empire ottoman, surtout parce que sa marine seroit forcée de se partager entre l'Archipel et la mer Noire, au lieu de se porter tout entière dans celle-ci pour écraser la marine naissante de la Russie.

Il seroit donc important de garantir l'empire ottoman de tout danger de ce côté, et si la cour de Vienne veut s'entendre à cet égard avec le Roi, il sera facile d'en imposer à la république de Venise et de rompre sa coalition avec la Russie. La maison d'Autriche a des moyens puissants, prochains et décisifs, et le Roi auroit également à en employer d'efficaces pour appuyer la déclaration que les deux cours feroient, séparément ou en commun, qu'elles regarderont et traiteront la République comme leur ennemie si elle se déclare injustement, sans motif et par pure ambition, contre la Porte.

Dans la progression des négociations dont l'ambassadeur du Roi est chargé, il trouvera le moment de placer cette insinuation. Il tâchera d'engager la cour de Vienne à se charger de cette démarche, mais il ne se montrera pas éloigné d'assurer le concours de la France, et s'il étoit même nécessaire pour donner de l'impulsion au ministère autrichien que le Roi se chargeât du premier pas, Sa Majesté s'y prêteroit sans répugnance. Elle s'en remet cependant à la prudence du baron de Breteuil pour ménager cette gradation, selon l'esprit général de ses instructions, de manière à engager la maison d'Autriche le plus fortement et le plus positivement qu'il lui sera possible.

Il s'élèvera peut-être une question sur le choix du moment le plus propre à cette démarche. On observera qu'il seroit peut-être dangereux d'attendre qu'on ait acquis un certain degré de certitude relativement aux liaisons offensives de la Russie avec la république de Venise.

Cette démarche faite pendant que dure l'incertitude auroit plusieurs avantages :

1° Elle auroit moins l'air d'une loi impérieuse dictée à la

République sur des engagements déjà contractés, et la tournure qu'on y donneroit ne présenteroit qu'un conseil inspiré par l'amitié et par une prévoyance qui ne suppose point de mauvaise volonté de la part des Vénitiens, mais seulement des vues intéressées à la Russie.

2° Quelles que soient leurs dispositions, l'effet de cette démarche sera plus assuré avant qu'après un traité.

3° Cette démarche pourra produire un effet salutaire sur la Russie. On apprend qu'elle arme dix-huit vaisseaux, et elle répand qu'ils sont destinés pour secourir les Anglois; mais on ne peut pas douter qu'ils ne soient préparés pour l'Archipel et pour sonder la coopération possible des Vénitiens. Il est impossible que le Roi puisse s'adresser directement avec la Russie pour lui faire envisager qu'elle se compromettroit avec la France si elle envoyoit cette flotte dans la Méditerranée; Catherine II peut se reposer de notre incurie et de notre inaction sur l'exemple de notre conduite pendant la dernière guerre et sur les embarras qu'elle nous suppose peut-être vis-à-vis de l'Angleterre. Il est donc important de l'éclairer d'avance d'une manière catégorique et positive sur les obstacles que cet envoi de son escadre rencontreroit et de lui faire pressentir la résolution du Roi à cet égard. Cet objet paroît devoir être parfaitement rempli par la déclaration ou l'insinuation proposée à la république de Venise. La cour de Pétersbourg en sera promptement instruite, et on pourra prendre soin d'en faire transpirer le secret.

4° On pourra se servir seulement de cette preuve d'intérêt et de ce service essentiel pour encourager et disposer d'une manière satisfaisante les Turcs, lorsque le moment sera venu de se mettre en mesure avec eux.

Ces différentes considérations paroissent décisives au Roi, et Sa Majesté charge le baron de Breteuil de travailler d'après le point de vue qui vient d'être indiqué.

XXVII

LE MARQUIS DE NOAILLES

1783

La succession de Bavière fut réglée le 10 mai 1779 par les traités de Teschen, conclus sous la médiation de la France et de la Russie : ces traités réduisaient les prétentions de l'Autriche aux districts de la Bavière situés entre le Danube, l'Inn et la Salza. L'électeur palatin, Charles-Théodore, fut appelé à la succession de Bavière, et la ligne de Deux-Ponts eut la succession éventuelle.

Une convention explicative du traité de Kaïnardji, conclue le 21 mars 1779, sous les bons offices de la France, avait suspendu pour un temps les différends de la Russie et de la Porte; mais les entreprises de Catherine II trouvèrent bientôt en Autriche un puissant auxiliaire. Marie-Thérèse mourut le 29 novembre 1780. Son fils Joseph II avait sur l'Orient des vues qui s'accordaient parfaitement avec celles de la Russie. Les deux souverains s'en étaient assurés dans le voyage que Joseph II avait fait en Russie dans l'été de 1780. Dès qu'il régna seul, Joseph entama une négociation qui l'amena à conclure avec Catherine II une alliance intime, sous forme de lettres qui furent échangées entre eux, le 18 mai 1781 de la part de Joseph, le 24 mai de la part de Catherine. Dans la correspondance qui s'ensuivit, ils convinrent d'un vaste plan de guerre et de conquête qui tendait au partage de l'Empire ottoman. (Lettres de Catherine, 10 septembre 1782, de Joseph, 13 novembre 1782[1].)

Cependant, l'occasion de mettre l'alliance à l'épreuve et de commencer l'exécution de ce grand dessein se présenta. Des difficultés entre la Russie et la Turquie s'étaient élevées de nouveau au sujet de

---

1. ARNETH, *Joseph II und Catharina von Russland*. Vienne, 1869.

la Crimée. Catherine II décida de s'emparer de ce pays. L'annexion en fut prononcée par un ukase du mois d'avril 1783.

Le rapprochement qui s'était opéré entre l'Autriche et la Russie avait eu un contre-coup chez leurs alliés respectifs, et il en était résulté un rapprochement entre la France et la Prusse. Le gouvernement français s'efforça de contrarier le plan du partage de la Turquie, et il fit des démarches en ce sens auprès de l'Empereur. M. de Breteuil ayant quitté Vienne au mois d'avril 1783, ce fut M. Barthélemy, chargé d'affaires, qui remit à la cour de Vienne une note datée du 14 juin 1783 et conçue dans cet esprit. La réponse de l'Empereur, 12 août 1783, n'ayant pas paru satisfaisante au ministère français, il y répliqua par une nouvelle note qui contenait une déclaration très énergique contre la politique de conquête[1]. Une négociation fut en même temps ouverte entre Versailles et Berlin. Mais Catherine II, se sentant soutenue par l'Autriche, pressait vivement les Turcs de confirmer son ukase de réunion. C'est dans ces conditions que le marquis de Noailles fut envoyé à Vienne avec l'instruction suivante qui est datée du mois d'octobre 1783 et contresignée de M. de Vergennes.

MÉMOIRE POUR SERVIR D'INSTRUCTION AU SIEUR MARQUIS DE NOAILLES, MARÉCHAL DES CAMPS ET ARMÉES DU ROI, PREMIER GENTILHOMME DE LA CHAMBRE DE MONSIEUR, ALLANT À VIENNE EN QUALITÉ D'AMBASSADEUR EXTRAORDINAIRE ET PLÉNIPOTENTIAIRE DU ROI AUPRÈS DE DE SA MAJESTÉ IMPÉRIALE. 4 OCTOBRE 1783[2].

Le sieur marquis de Noailles a donné trop de preuves de zèle, d'intelligence et de sagesse dans les différentes missions qu'il a remplies pour que le Roi ne lui confie pas celle de Vienne dans des conjonctures qui doivent influer sur le sort de l'Europe

---

1. FLASSAN, VI, p. 356.
2. Autriche, *Mémoires et Documents*, t. VIII.

entière, et auxquelles par conséquent la France doit plus qu'aucune autre puissance prendre l'intérêt le plus vif et le plus suivi.

Le sieur marquis de Noailles a vu, par les correspondances qui lui ont été communiquées, la révolution qui s'est opérée dans les rapports de trois grandes puissances. Il a vu que la Russie a abandonné son alliance avec la Prusse pour s'unir avec la maison d'Autriche; que, par cet événement, Sa Majesté Prussienne se trouve, dans le fait, son alliée, et que celle qui subsiste entre le Roi et l'empereur des Romains a reçu un ébranlement dont les effets ne sauroient encore être calculés.

La cour de Vienne n'a cessé de jalouser l'intimité qui régnoit entre les cours de Pétersbourg et de Berlin depuis le commencement du règne de Catherine II. Mais les vœux de l'Empereur pour la rompre ne s'accomplissant pas aussi promptement qu'il le souhaitoit, ce prince crut pouvoir oublier sa dignité et sa grandeur pour aller lui-même arracher, pour ainsi dire, de vive force, l'Impératrice au roi de Prusse. C'est dans cette vue et avec cette intention, que l'Empereur s'est rendu en Russie. Ce prince, durant son séjour auprès de Catherine II, doit avoir mis tous ses soins à flatter la vanité de cette souveraine, à nourrir et à exalter ses idées d'ambition, de renommée et de gloire, et il a réussi à jeter les fondements de l'alliance, dont il a depuis peu fait l'aveu à Sa Majesté.

Catherine II n'étoit pas sans dessein lorsqu'elle s'est laissé entraîner par les insinuations et par les cajoleries de l'Empereur. Cette princesse avoit depuis longtemps des projets d'agrandissements du côté de l'empire ottoman. Le roi de Prusse, son allié, ne lui sembloit probablement pas en situation, ni peut-être en volonté d'en favoriser l'exécution. L'Empereur seul pouvoit les seconder efficacement, et l'espoir de l'y engager paroissoit sans doute d'autant plus probable à l'Impératrice qu'elle connoissoit l'ambition de Joseph II et son désir d'étendre ses domaines. Il n'est point permis de douter que ce ne soit là le principe de l'alliance qui unit aujourd'hui les deux cours impériales.

En effet, cette alliance existoit à peine que l'on vit la Russie et ensuite l'Empereur faire des préparatifs militaires qui n'avoient aucun objet connu. Le développement de ces préparatifs s'est fait insensiblement, et Catherine, se croyant enfin en mesure de soutenir ses projets hostiles, a levé le masque en s'emparant de la Crimée et du Kouban pour les réunir à son empire.

Le marquis de Noailles a lu dans la correspondance de Vienne tout ce qui s'est passé entre le Roi et l'Empereur relativement aux intentions présumées de la Russie. Il a vu d'un côté la franchise et la sollicitude avec laquelle Sa Majesté s'est empressée de donner l'éveil à son alliée, et de l'autre les fausses confidences et les ouvertures insidieuses qui ont fait la substance des réponses de la cour de France.

Si le Roi eût gardé le silence, il y a tout lieu de croire que c'en étoit fait de l'empire turc, et le Roi auroit été aux yeux de toute l'Europe et de la postérité complice de sa destruction.

Cette réflexion, jointe aux suites effrayantes que présentoient à l'égard de la France les envahissements médités par les deux cours impériales, déterminèrent le Roi à mettre son sentiment à découvert vis-à-vis de l'Empereur, à exhorter l'impératrice de Russie à la justice et à la modération et à lui offrir ses bons offices auprès de la Porte, enfin à faire connoître ses démarches aux principales cours de l'Europe.

L'Empereur répondit en biaisant, en montrant de l'humeur, et en laissant subsister l'opinion qu'il étoit résolu de prendre part aux dépouilles de l'empire ottoman.

Cette manière de s'expliquer n'a servi qu'à augmenter les sollicitudes du Roi et à lui faire sentir de plus en plus la nécessité ou de ramener l'Empereur de son égarement ou d'opposer des obstacles à ses dangereuses entreprises. Dans cette vue, Sa Majesté a fait parvenir à ce prince le nouvel office dont la copie est ci-jointe.

Le Roi pouvoit d'autant moins se flatter que sa nouvelle tentative auprès de l'Empereur seroit fructueuse, qu'il savoit que ce prince concertoit toutes ses démarches avec sa nouvelle alliée, et que, selon une première réponse faite au marquis de Vérac [1], l'impératrice de Russie déclinoit avec hauteur l'entre-

---

1. Ministre de France en Russie.

mise de Sa Majesté, et étoit résolue de maintenir l'usurpation qu'elle venoit de faire de la Crimée et du Kouban.

L'événement a prouvé que le Roi avoit très bien jugé les dispositions de l'Empereur. La réplique que ce prince a fait remettre par le comte de Mercy, et dont la copie est ci-jointe, a convaincu Sa Majesté que Joseph II persistoit dans ses vues et dans ses espérances secrètes, que sa nouvelle alliance avec la Russie l'emportoit sur toute considération, et que celle qui unit ce prince à Sa Majesté n'étoit plus que secondaire.

Dans cet état des choses, le Roi auroit pu tourner toutes ses vues vers la Prusse et former avec elle une ligue capable de contre-balancer celle des deux cours impériales ; mais Sa Majesté n'a voulu rien précipiter. Elle est confirmée dans ce plan par la réponse qui vient de lui parvenir de la part de l'impératrice de Russie.

Selon cette réponse, Catherine paroît, à la vérité, résolue de conserver les provinces tartares qu'elle vient d'envahir; mais cette princesse fait entendre que son intention n'est point de porter plus loin ses conquêtes, et elle invite le Roi à employer ses bons offices pour inspirer des sentiments pacifiques au Grand Seigneur.

Ce n'est pas ici le lieu d'examiner le fond de la réponse de l'impératrice de Russie, comme ce n'est pas le moment où le Roi doive en dire son opinion soit à Pétersbourg, soit à Vienne. Ce qui importe quant à présent au Roi, c'est de remplir l'objet principal et direct de sa politique, savoir, de prévenir les hostilités entre les Turcs et les Russes, parce qu'il paroît constant qu'elles sont le signal convenu entre les deux cours impériales pour exécuter leur grand projet contre la Porte Ottomane. Sous ce point de vue, la réponse russe est satisfaisante jusqu'à un certain point, parce que si elle ne fournit pas au Roi le moyen de tranquilliser les Turcs, elle le met au moins en état de les arrêter et de gagner du temps en entamant une négociation qui leur procurera le loisir de calculer leur position et de prendre un parti quelconque avec pleine connoissance de cause.

Le ton calme et même amical que l'impératrice de Russie a pris tout d'un coup a dû causer quelque surprise; mais elle cesse à la vue des ouvertures qui viennent d'être faites par le ministère de Londres. Il convient de faire connoître à l'ambassadeur du Roi la nature de ces ouvertures et le motif qui les a amenées, parce qu'elles devront influer essentiellement sur la suite des démarches que le Roi sera dans le cas de faire relativement aux affaires de la Porte Ottomane.

Il a été observé plus haut que le Roi a communiqué aux principales cours le premier office verbal qu'il avoit fait remettre à la cour de Russie; celle de Londres a eu part à cette communication. Le ministère britannique [1], quoiqu'il convînt des conséquences funestes que présentoit le système de l'impératrice de Russie, ne témoignoit aucune disposition à en arrêter l'accomplissement; loin de là, il permettoit aux marins anglois d'entrer au service de la Russie, et il y a tout lieu de croire qu'il s'étoit laissé aller jusqu'à faire des insinuations, sinon encourageantes, du moins tranquillisantes à la cour de Pétersbourg. Mais il y a lieu de penser, ou que M. Fox a été seul l'auteur du système que sa cour sembloit avoir adopté, ou qu'il s'est fait une révolution subite dans le cabinet de Saint-James. Ce qui est certain est que c'est après l'arrivée de plusieurs courriers anglois à Pétersbourg, que la réponse verbale remise dernièrement a été rédigée. D'ailleurs, au même moment où cette réponse est arrivée à Paris, le ministère anglois, invité par Catherine II, a fait proposer au Roi un concert dont l'objet seroit d'engager les Turcs à consentir à l'abandon de la Crimée et du Kouban.

Il résulte de ces détails que les démarches des cours de Pétersbourg et de Londres ont été combinées; que la première a été déterminée par les exhortations de celle-ci, et que le ministère anglois, qui s'étoit d'abord livré trop légèrement à son devoir d'obliger la Russie, a donné une attention sérieuse aux réflexions qui lui ont été faites de la part du Roi, et qu'il a mieux aimé revenir sur ses pas que d'être le coopérateur, au moins indirect, de l'inique système des deux cours impériales.

Mais à mesure que le Roi conçoit l'espérance sinon de

---

[1]. Le ministère dit de coalition, formé en avril 1780. Il comprenait lord Portland, lord Noth M. Fox, lord Stormond. Il fut renversé en décembre 1783.

pacifier les empires russe et ottoman, du moins de gagner le temps nécessaire aux Turcs pour prendre un parti analogue à leur situation, il y a lieu de croire que Sa Majesté déplaît à l'Empereur, parce que ses démarches tendent directement à détruire ou au moins à ébranler l'échafaudage du plan d'agrandissement qui, selon toutes les apparences, est l'unique objet des vues et des démonstrations de Sa Majesté Impériale. Mais, quelque attaché que le Roi soit à son alliance avec la maison d'Autriche, et quelque sincère que soit son amitié pour Joseph II et son désir de lui complaire, sa justice, sa dignité, et l'intérêt de sa couronne doivent emporter la balance, et le Roi, entraîné par des motifs si impérieux, n'hésiteroit pas, quoique à regret, à renoncer à ses liens politiques avec la cour de Vienne lorsqu'il aura perdu l'espoir d'en maintenir le principe et lorsqu'il sera convaincu que son allié, sans égard à ses exhortations, est déterminé à se livrer à des entreprises auxquelles Sa Majesté ne sauroit conniver sans perdre la considération qu'elle a acquise par dix années de sagesse, et sans faire un préjudice irréparable aux intérêts essentiels de son royaume.

Le sieur marquis de Noailles jugera par ces détails que rien n'est plus vacillant que l'alliance actuellement subsistante entre les deux cours de Versailles et de Vienne. Le ministère autrichien est trop clairvoyant pour ne point voir les choses sous le même point de vue; mais on ne sauroit prévoir si, en dernière analyse, l'Empereur préférera la tranquillité que donne à sa monarchie son union avec la France, à l'acquisition de quelques provinces dont la conquête semble être l'objet de sa convoitise. La conduite seule de Sa Majesté Impériale pourra éclairer Sa Majesté sur cette importante alternative. Mais en attendant que l'incertitude du Roi soit dissipée, il est résolu de se montrer à l'Empereur comme son allié et à faire tout ce qui sera en son pouvoir pour convaincre ce prince de son désir extrême de ne changer ni de système ni d'amis. Mais le Roi juge devoir en même temps poursuivre avec discrétion les mesures qu'elle a déjà prises pour n'être point la victime de la fausse politique de Joseph II.

Telle est la double base du système actuel de Sa Majesté. Le marquis de Noailles en conclura que son langage, en débutant à Vienne, doit être celui du représentant de l'ancien allié de Sa Majesté Impériale et qu'il devra saisir toutes les occasions d'assurer ce prince comme ses ministres de la résolution invariable où est Sa Majesté de maintenir, en ce qui la concerne, les principes de l'alliance subsistante entre elle et Sa Majesté Impériale. Mais l'ambassadeur du Roi ne négligera pas de faire sentir, si on l'y force, que les avantages de cette alliance doivent être réciproques, et qu'elle se détruiroit par elle-même au moment où elle deviendroit unilatérale. Cette double vérité est la substance de l'office remis en dernier lieu à la cour de Vienne, et le marquis de Noailles ne courra point le risque de s'égarer en s'attachant à y ramener le ministère impérial lorsqu'il lui paroîtra vouloir le perdre de vue. Le marquis de Noailles est trop avisé pour ne pas sentir que cette matière doit être traitée avec les plus grands ménagements et seulement dans des cas extrêmes.

Avant de quitter l'importante matière que l'on vient de traiter, il semble nécessaire de mettre l'ambassadeur du Roi au courant des démarches qui ont été faites à Constantinople et celles que le Roi est résolu de faire encore pour empêcher le Divan de prendre des mesures précipitées et de se déterminer inconsidérément à provoquer les deux cours impériales à des hostilités.

Le premier soin du Roi aussitôt qu'il a vu quelque fondement au projet que l'on imputoit aux deux cours impériales, a été d'éclairer les Turcs sur le danger de leur situation, et de leur recommander la plus grande sagesse dans leurs démarches ; et lorsque Sa Majesté s'est déterminée à passer un office à la cour de Russie, elle l'a fait communiquer à Constantinople, en renouvelant ses premières exhortations. Selon les derniers rapports du comte de Saint-Priest, le grand vizir ne se dissimuloit pas la position critique de l'Empire ottoman, non plus que la foiblesse de moyens qu'il auroit à opposer aux deux souverains qui le menacent. Le premier ministre de la Porte avoit en même temps donné à entendre à l'ambassadeur du Roi, que le Grand Seigneur ne seroit pas éloigné de se prêter à des tempéraments raisonnables par rapport aux Tartares. Ces dispositions autorisent le Roi à espérer que les Turcs mettront de la prudence dans leur conduite, qu'ils donneront à Sa Majesté le temps de leur faire connoître les dernières ouvertures de la Russie avec la réponse qui va y être faite et que le Divan préférera de lier une négociation, quelque illusoire ou quelque désavantageuse qu'elle puisse lui paroître, aux dangers d'une guerre qui auroit probablement les effets les plus désastreux pour l'empire ottoman.

Le marquis de Noailles trouvera le ministère autrichien instruit du système que le Roi suit à l'égard de la Porte, Sa Majesté lui ayant fait communiquer la réponse qu'elle vient de faire à l'impératrice de Russie.

Après avoir fait connoître au marquis de Noailles les nouvelles liaisons que l'Empereur a formées avec la Russie et l'état incertain de l'alliance de ce prince avec Sa Majesté, il convient de lui donner une note succincte des rapports politiques qui existent entre Sa Majesté Impériale et les autres puissances de l'Europe.

La Prusse.

La Silésie est une pomme de discorde entre les maisons d'Autriche et de Brandebourg, et elle empêchera constamment toute liaison sincère entre elles. Leur rivalité a d'ailleurs une source qui paroît intarissable. L'Empereur, à l'exemple de ses prédécesseurs, a une tendance naturelle à étendre son autorité et son influence dans l'Empire, et Sa Majesté Impériale n'est arrêtée que par le Roi de Prusse. Ce prince est en état, par sa propre puissance, d'en imposer au chef de l'Empire; il est d'ailleurs le centre de la réunion des principaux membres de l'Empire, et il forme avec eux le parti d'opposition qui a maintenu jusqu'à présent la constitution germanique contre la prépondérance et l'ambition.

L'Angleterre.

On regardoit autrefois l'Autriche et l'Angleterre comme des alliés naturels, et c'est conséquemment à cette opinion que la Grande-Bretagne a fait, en toute occasion, les plus grands efforts pour concourir à l'accroissement de la maison d'Autriche.

L'alliance de 1756 a changé l'état des choses à cet égard.

Depuis cette époque la cour impériale a dû séparer ses intérêts de ceux de l'Angleterre pour les amalgamer avec ceux de la France. Mais le cabinet de Vienne n'a jamais perdu de vue la possibilité du retour de l'ancien système, et il s'est toujours conduit à l'égard de celui de Saint-James de manière à faciliter ce retour, si les circonstances le rendoient jamais nécessaire.

Dans le moment actuel, rien ne paroît plus foible et plus insignifiant que les rapports existants entre les deux cours. Il est cependant à présumer que les vœux éventuels de celle de Vienne subsistent toujours; mais il seroit difficile d'assurer que celle de Londres fût disposée à les favoriser, rien n'étant si versatile que la politique du cabinet de Saint-James, ni plus soumis à l'influence momentanée du ministère dont le changement presque journalier empêche le conseil de Saint-James d'avoir des principes fixes sur les affaires du continent.

La Suède, le Danemark et la Hollande.

La cour de Vienne ne prend aucun intérêt à la Suède, sans doute parce qu'elle regarde cette puissance comme hors d'état de lui nuire et de lui être utile. Le cabinet impérial est à peu près dans la même disposition à l'égard du Danemark. Et Sa Majesté Impériale a prouvé aux Hollandois, en démolissant, sans leur aveu, les places de Barrière[1], qu'ils ne comptent pour rien ou pour peu de chose dans ses calculs politiques. Cette conduite s'explique facilement lorsque l'on considère que la cour de Vienne n'a aucun système de prévoyance et que ses démarches ne sont jamais déterminées et dirigées que par l'intérêt du moment, et qu'elle regarde comme une faute en politique une activité perpétuelle et des négociations entamées sans nécessité

L'Italie et l'Espagne.

Après l'Allemagne, l'Italie est le premier objet de l'attention et de la convoitise de l'Empereur. Ce prince y a des possessions considérables. Il a encore plus de prétentions, et s'il n'entre-

---

1. En 1781, Joseph II fit démanteler les places de la Barrière et renvoya les garnisons hollandaises.

prend pas de les effectuer, c'est parce qu'il craint l'intervention de la maison de Bourbon. C'est là à peu près l'unique objet politique qui existe entre les cours de Vienne et de Madrid.

Rome.

La cour de Vienne est celle de toutes les cours catholiques qui éprouve les plus grands égards de la part de la cour de Rome. Mais la souplesse romaine a cessé d'être efficace depuis la mort de l'Impératrice-Reine. L'Empereur fait des réformes de tous les genres sans consulter le chef de l'Église, et il n'est pas de pays dans la chrétienté où son autorité soit aussi insignifiante et aussi négligée que dans les États de la maison d'Autriche. Le pape[1] en gémit; mais il est trop éclairé et trop prudent pour manifester un mécontentement inutile.

Empire d'Allemagne.

L'Empereur devroit être par état le bouclier de la liberté de l'Allemagne; mais une longue expérience prouve qu'il ne fait usage de sa qualité de chef que pour étendre son autorité, en employant tantôt les formes établies par les lois, et tantôt la prépondérance que lui donne naturellement sa puissance. Le Roi, comme garant du traité de Westphalie, a le droit de veiller sur la conduite de Sa Majesté Impériale, et comme voisin de l'empire d'Allemagne, il a un intérêt direct au soutien de sa constitution. Cette vérité a servi de base à l'alliance de 1756, et il importe d'autant au Roi de la maintenir que, si elle étoit détruite, les États de l'Empire ne verroient plus d'appui contre les entreprises de l'autorité impériale, et la liberté germanique ne seroit bientôt plus qu'un être de raison. Il importe que l'ambassadeur du Roi ne perde jamais ces réflexions de vue, et qu'il les prenne toujours pour texte, lorsqu'il se trouvera dans le cas d'entretenir les ministres autrichiens des affaires et de la constitution de l'Empire de l'Allemagne.

En résumant tous les détails dans lesquels on est entré dans

---

1. Pie VI.

le présent mémoire, le marquis de Noailles trouvera les résultats suivants.

On n'indiquera que ceux qui méritent particulièrement de fixer son attention :

1° L'alliance subsistante entre la France et la maison d'Autriche est menacée d'une révolution plus ou moins prochaine ;

2° L'Empereur a tourné sa politique du côté de la Russie, et ce prince subordonne tout à la nouvelle alliance qu'il a contractée avec Catherine ;

3° Sa Majesté Impériale est essentiellement animée du désir et du projet de faire des conquêtes sur l'Empire ottoman ;

4° L'impératrice de Russie, qui devoit les favoriser et même y participer, semble vouloir se contenter des provinces tartares qu'elle vient d'occuper ;

5° Le Roi est dans l'intention de maintenir l'intégrité de l'Empire turc par tous les moyens qui peuvent dépendre de lui ; mais Sa Majesté préférera les voies pacifiques à celle des armes, et elle persévérera dans son alliance avec l'Empereur aussi longtemps qu'elle le pourra sans exposer sa dignité et l'intérêt de son royaume ;

6° Enfin, l'objet actuel de la politique et de la sollicitude du Roi est de maintenir la paix entre les Turcs et les Russes, en inspirant aux Turcs l'esprit de conciliation, et en les préparant insensiblement à des sacrifices.

Indépendamment des objets qui ont été indiqués dans le présent mémoire et sur lesquels l'ambassadeur du Roi entretiendra une correspondance suivie avec le ministre des affaires étrangères, il fera aussi entrer dans ses relations tout ce qui peut faire connaître l'état intérieur de la monarchie autrichienne, celui de ses forces militaires, ainsi que de ses ressources en tout genre. Il parlera aussi des principes et des succès de l'administration. Le Roi désire qu'il forme, quelque temps après son arrivée, un tableau général de la situation de la cour de Vienne relativement à tous ces objets. Ses relations subséquentes se rapporteront à ce tableau et lui serviront de supplément.

Sa Majesté désire également qu'à la fin de chaque année son ambassadeur fasse, dans un mémoire particulier, le résumé non seulement de ses négociations pendant le cours de cette année et des négociations des autres cours à Vienne, mais aussi celui des événements principaux qui se seront passés sous ses yeux, de ce qui concernera le cérémonial, de ce qui sera relatif au caractère et aux inclinations de princes et de leurs ministres, en un mot de tous les objets qui peuvent intéresser le bien du service de Sa Majesté et sa curiosité personnelle.

Enfin il terminera sa mission par la rédaction d'un mémoire général qui constatera la situation où la cour de Vienne se trouvera au moment de son départ relativement à tous les points qui pourront fixer l'attention du Roi.

Sa Majesté voulant au surplus que ses ministres, après qu'ils sont revenus auprès d'elle, remettent en original les instructions, les chiffres et tous les papiers concernant son service, le tout avec un inventaire sur la vérification duquel il leur est donné une décharge, l'ambassadeur du Roi voudra bien se conformer à cette règle.

Comme il est important d'assurer le secret de sa correspondance avec le ministre des affaires étrangères, on lui remettra plusieurs chiffres dont l'état sera joint au présent mémoire, ainsi qu'une instruction sur la manière d'en faire usage.

Fait à Versailles, le 4 octobre 1783

FIN.

ADDITIONS ET CORRECTIONS

Page 7, ligne 4, *au lieu de* : toutes, *lire* : tous.
Page 38, ligne 31, *au lieu de* : 1858, *lire* : 1658.
Page 126, ligne 3, *au lieu de* : Pays-bas, *lire* : Provinces-unies.
Page 128, ligne 27, *au lieu de* : État, *lire* : état.
Page 140, ligne 36, *au lieu de* : Bohême, Palatinat, Bavière, Saxe, Brandebourg, *lire* : Bohême, Bavière, Saxe, Brandebourg, Palatinat.
Page 151, ligne 15, *au lieu de* : époux, *lire* : beau-frère.
Page 157, ligne 28, *au lieu de* : 1714, *lire* : 1712.
Page 158, rectifier ainsi le début de la note 1 : La huitième voix, créée en 1648 en faveur de la maison Palatine et devenue catholique à l'avènement de la ligne de Neubourg en 1685, et la voix de Saxe, dont l'électeur, etc.
Page 171, ligne 34, *au lieu de* : Joseph II, *lire* : Joseph I.
Page 210, la note 1 doit commencer ainsi : Thorn, la première création des chevaliers teutoniques, avait dénoncé l'obéissance à l'ordre, en 1454, et faisait partie depuis lors de la Prusse royale ou polonaise. En 1557, sa bourgeoisie avait officiellement embrassé le luthéranisme. Une rixe entre les élèves des Jésuites et ceux du gymnase protestant, à propos de la procession du 16 juillet 1724, ayant occasionné des excès de tout genre et particulièrement la dévastation du collège des Pères par la populace, dix des principaux bourgeois furent, après un simulacre de procès, exécutés le 7 décembre 1724, sur la demande expresse de la société de Jésus et au grand scandale des protestants allemands, malgré l'intervention officieuse de la cour de Berlin. — Les traités d'Oliva.... etc. Le reste comme dans la note, en supprimant la phrase : « Un incident ..... ces traités. »
Page 233, ligne 37, *au lieu de* : 1734, *lire* : 1726.
Page 275, *au lieu de* : note 7, *lire* : note 1, et, dans cette note, ligne 3, après ces mots : maison de Wurtemberg, *lire* : aurait dû être réuni aux possessions wurtembergeoises lors de l'extinction de la branche cadette en 1723. Mais, une première fois réuni à la France sous Louis XIV, il avait été mis sous séquestre par Louis XV à cause de la protestation ..... etc.
Page 279, ligne 9, *au lieu de* : Aline, *lire* : Anne.
Page 293, ligne 37, *au lieu de* : Salzbach, *lire* : Sulzbach.
Page 309, *au lieu de* : XV, *lire* : XVI.
Page 331, ligne 31, *au lieu de* : Frédéric I, *lire* : Frédéric III.
Page 367, ligne 37, *au lieu de* : les attaquer, *lire* : attaquer ceux-ci.
Page 410, ligne 21, *au lieu de* : son père, *lire* : son frère.
Page 431, ligne 34, *aux mots* : branches cadettes, *ajouter* : de la ligne électorale.
Page 449, dans le titre, *au lieu de* : Janvier, *lire* : Février.
Page 453, ligne 6, *au lieu de* : Welicka, *lire* : Wieliczka.
Page 462, ligne 30, *au lieu de* : royale, *lire* : ducale.
Page 480, dans le titre courant, *au lieu de* : 1775, *lire* : 1774.
Page 497, ligne 34, *au lieu de* : Georges VI, *lire* : Georges III.

TABLE ALPHABÉTIQUE

DES NOMS CONTENUS DANS CET OUVRAGE

A

Abel (le baron), 84.
Acadie, 152, 482.
Acunha (don Luis d'), 275.
Adolphe-Frédéric (roi de Suède), 359, 379.
Afrique, 393, 400.
Aiguillon (le duc d'), 447.
Aix-la-Chapelle (traité d'), 9, 21, 22, 280, 281, 282, 286, 287, 289, 294, 298, 302, 310, 313, 315, 317, 323, 325, 333, 357, 358, 366, 383, 385, 425, 469, 482, 492.
Akakia, 87, 88.
Albanie, 521.
Alberoni, 195.
Albert le Magnanime (duc de Bavière), 279.
Albert l'Achille (margrave de Brandebourg), 431.
Albert de Brandebourg (grand-maître de l'ordre teutonique), 435.
Albert-Frédéric (duc de Prusse), 435.
Alexandrie, 177.
Alger, 111.
Aline (l'archiduchesse), 279.
Allemagne (empire d'), 1, 3, 4, 5, 9, 11, 12, 13, 14, 15, 17, 18, 19, 23, 24, 28, 29, 30, 37, 38, 39, 42, 44, 48, 53, 54, 57, 60, 62, 65, 74, 80, 81, 95, 105, 111, 125, 137, 152, 156, 160, 162, 166, 178, 180, 188, 194, 196, 206, 209, 221, 227, 243, 244, 246, 271, 275, 277, 288, 297, 304, 310, 321, 331, 341, 357, 359, 360, 361, 365, 367, 369, 370, 371, 372, 373, 374, 385, 386, 390, 402, 404, 405, 410, 421, 430, 434, 459, 462, 463, 466, 468, 470, 474, 480, 484, 487, 490, 497, 504, 514, 532, 533.
Alliance (la triple), 199, 201, 205, 213, 234.
Alliance (la quadruple), 199, 214, 237.
Alsace, 1, 2, 4, 5, 35, 69, 75, 79, 85, 94, 126, 224, 225, 228, 275, 291, 358, 499.
Althan (le comte d'), 193.
Altheim (le comte d'), 100, 161.
Amélie (de Brunswick, femme de Joseph I), voir Wilhelmine-Amélie.
Amelot, 244.
Amérique, 351, 381, 410, 478.
Angleterre, 1, 14, 22, 23, 24, 25, 26, 28, 39, 49, 56, 62, 80, 82, 126, 127, 133, 134, 143, 151, 153, 155, 157, 163, 166, 168, 171, 177, 178, 179, 186, 187, 189, 196, 199, 201, 202, 208, 210, 211, 214, 219, 222, 234, 237, 238, 243, 244, 254, 267, 271, 283, 286, 287, 293, 295, 298, 310, 315, 316, 321, 331, 337, 339, 346, 349, 353, 357, 360, 361, 363, 370, 376, 378, 381, 383, 386, 387, 390, 401, 402, 409, 410, 418, 419, 427, 446, 451, 463, 478, 482, 483, 484, 485, 493, 496, 510, 522, 528, 531; voir Jacques II, Anne, Guillaume III, George I, George II, George III.

Anjou (duc d'), 13; voir Philippe V.
Anna Ivanovna (impératrice de Russie), 247, 271.
Anne d'Autriche (reine de France), 127.
Anne (reine d'Angleterre), 151, 153, 155, 166.
Anne (duchesse de Holstein-Gottorp), 223.
Anne (duchesse de Prusse, femme de l'électeur de Brandebourg Jean-Sigismond), 435.
Anne-Marie-Louise de Toscane (électrice palatine), 259.
Antilles, 393, 400, 410.
Anspach (le margraviat d'), 374, 385, 430 et suiv.
Anvers (conférences d'), 153, 173.
Appenzell, 476.
Aquilée, 319.
Aragon, 214.
Archipel (la mer), 451, 521.
Argenson (le comte d'), 301.
Arneth, 523.
Aubeterre (marquis d'), 22. — Ses instructions, 329 et suiv., 337.
Augsbourg (ligue d'), 125.
Augsbourg (le congrès d'), 393, 402, 404, 417.
Auguste-Guillaume (prince de Prusse), 438.
Auguste II (roi de Pologne), 158, 200, 212, 240, 243; voir Frédéric-Auguste I, électeur de Saxe.
Auguste III (roi de Pologne), 220, 243, 244, 247, 270, 279, 343, 404, 439; voir Frédéric-Auguste II, électeur de Saxe.
Aurich, 331.
Autriche (la maison d'), ses origines, suite de ses rapports avec la France; voir l'*Introduction*, 1-31.
Autriche (la maison d'), 2, 3, 6, 9, 13, 14, 15, 20, 23, 26, 28, 29, 30, 33, 34, 38, 42, 43, 53, 65, 69, 70, 71, 72, 73, 77, 80, 82, 88, 101, 115, 119, 126, 127, 133, 143, 144, 146, 148, 151, 153, 157, 158, 159, 163, 166, 173, 199, 200, 207, 209, 214, 216, 217, 219, 239, 244, 251, 258, 279, 280, 287, 288, 290, 321, 322, 331, 332, 337, 345, 347, 357, 361, 363, 373, 375, 376, 381, 382, 384, 389, 410, 419, 420, 422, 426, 439, 440, 445, 447, 459, 463, 472, 473, 501, 502, 507, 523, 525, 527, 529, 533; voir Rodolphe I, Maximilien I, Charles V, Ferdinand I, Ferdinand II, Ferdinand III, Léopold I, Joseph I, Léopold I, François I, Marie-Thérèse, Joseph II.
Autriche (succession d'), 246, 279; voir Pragmatique sanction.
Avarey (le marquis d'), 194.
Avaux (le comte d'), 87, 97.
Azles, 326.
Azof, 272, 453.

B

Bayle (Pierre), 2.
Bayle de Venise (le), 297.
Bade (le prince Hermann de), 107, 119.
Bade (le prince Louis de), 108, 147.
Bade (la marquise de), 225.
Bade (traité de), 14, 16, 152, 157, 160, 163, 169, 173, 175, 178, 187, 209, 226, 227.
Badiani (la comtesse de), 230.
Baireuth (le margraviat de), 374, 385, 430 et suiv.
Baireuth (les margraves de), 432 et suiv.
Bamberg, 165.
Banat; voir Temesvar.
Bar (le duché de), 244, 257, 358.
Bar (la confédération de), 439, 443, 451.
Barbarie, 111.
Barck (le comte de), 406.
Barrière (traité de la), 152, 153, 171, 189, 211, 222, 317, 374, 465, 532.
Bartenstein (le baron de), 251, 252, 253, 259, 261, 262, 265, 268, 270, 272, 285.
Barthélemy, 501, 524.
Bartholomei (le marquis), 259.
Bavière (cercle de), 436.
Bavière (maison de), 17, 28, 29, 38, 114, 121, 125, 126, 128, 131, 152, 157, 158, 159, 168, 169, 170, 171, 172, 174, 219, 220, 225, 261, 262, 263, 264, 273, 277, 279, 293, 294, 342, 360, 373, 383, 385, 426, 472, 473, 475, 476, 501, 504; voir Maximilien-Emmanuel, Charles-Albert, Charles VII, Maximilien-

Joseph, Charles-Théodore, Marie-Amélie, Marie-Joséphine.
Bavière (succession de), 473, 504, 515, 523.
Beaumont, 291, 355.
Becker (le baron), 505, 515, 516, 517.
Belgique; voir Pays-Bas.
Belgrade, 14, 64.
Belgrade (traité de), 20, 459, 460.
Benoît XIV, 325, 326, 356.
Bentheim (le comte de), 326.
Bentinck (le comte), 317.
Bérenger, 410, 425.
Berg (le duché de), 240, 261, 262, 266, 374, 435, 473, 504, 515.
Berchiny (le comte de), 326.
Berkentin (le baron de), 270.
Bernis (le cardinal de), 26, 337, 338, 355, 360, 361, 362, 363, 381.
Bestouchef (le comte de), 296, 306, 372.
Béthune (le marquis de), 75, 76.
Bierneklou (le président), 43, 52, 53, 56.
Blamont, 275.
Blondel, 22, 279. — Ses instructions, 281, 309, 324.
Bochnia, 430.
Bohême, 3, 4, 140, 158, 207, 246, 265, 279, 334, 338, 360, 361, 365, 367, 368, 437, 454, 472.
Boinebourg (le baron de), 40, 59, 60.
Bompard (de), 410.
Bonneval (le comte de), 229.
Bonrepos (de), 148.
Borgomanero (marquis), 120.
Borysthène, 463, 510.
Bourbon (le duc de), 200.
Bourg (le maréchal du), 276.
Bourg (le sieur du), 191. Ses instructions, 192.

Bourgogne (duché de), 2.
Bourgogne (maison de), 1, 2.
Bourgogne (le duc de), dauphin de France, 72, 72, 91, 93.
Boutaric, 358, 459, 460.
Boyer, 391.
Bozzolo, 172.
Brandebourg; voir Prusse.
Brandebourg (le pacte de famille de la maison de), 430 et suiv.
Brandt (de), 266.
Braubach, 300, 324.
Brême, 178, 210.
Breteuil (le baron de), 27, 28, 29, 393, 402, 439, 440, 447, 455. — Ses instructions, 404 et suiv., 501 et suiv., 517, 519, 524.
Brisach, 37, 79, 85, 86, 126, 170.
Brisgau, 85, 86.
Broglie (le comte de), 373.
Broglie (le duc Albert de), 279, 373.
Bromberg, 462.
Brühl (le comte de), 404.
Brunswick (la maison de), 38, 139, 158, 159, 166, 172, 221, 224, 270, 310, 331, 401, 471; voir Ernest-Auguste, Élisabeth-Caroline, Charlotte, Wilhelmine, Amélie.
Brunswick-Lunebourg (Ernest-Auguste, duc de), 139.
Bruxelles (convention de), 288.
Bruyninx, 269.
Bude (le bacha de), 101, 108, 121.
Bulle d'Or, 322.
Burgau, 472.
Bussy (le sieur de, chargé d'affaires à Vienne, 1728), 237; ses instructions, 238 et suiv., 241, 417.

C

Cabarta, 510.
Cadogan (le général), 153, 186, 187, 189.
Calzen Ellenbogen, 300, 324.
Cambis (le comte de), 238.
Cambrai (le congrès de), 199, 203, 213, 215, 217, 218, 233, 237.
Campofredo, 374.
Canada, 25, 393, 400, 410.
Canale (le comte), 249, 250, 295, 345.
Canale (Mlle de Palfi, comtesse), 295.

Candie, 521.
Capello, 320.
Caraccioli, 319.
Caraffa (le comte), 136.
Carinthie, 2, 4.
Carlos (don), infant d'Espagne; voir Charles III, roi d'Espagne.
Carlowitz (le traité de), 189, 196.
Carniole, 2.
Caroline (reine de Danemark), 497.

Carpegna (la), 325, 333.
Casal, 75, 91.
Castagnère, marquis de Châteauneuf, 149.
Castiglione (le prince de), 173.
Castille, 214.
Catalogne, 214.
Catherine I (impératrice de Russie), 223, 224.
Catherine II (impératrice de Russie), 304, 379, 410, 419, 439, 457, 479, 496, 501, 504, 509, 511, 512, 521, 522, 523, 525, 527, 528, 534.
Catinat, 229.
Ceresola, 300.
Chambres de réunion, 10, 79, 85, 91, 92, 105.
Chamois (de), 138, 228.
Champagne, 69.
Charles X (roi de France), 343.
Charles IV, empereur, 322.
Charles-Quint, empereur, 3, 6, 14, 217, 357.
Charles VI, empereur, 14, 15, 20, 127, 133, 151, 153, 159, 199, 200, 207, 214, 239, 279, 290, 332, 357, 373, 382, 459, 472.
Charles VII, empereur, 171, 262, 279, 294.
Charles-Albert (électeur de Bavière), 171, 220, 262; voir Charles VII.
Charles-Théodore (électeur palatin, puis électeur de Bavière); 261, 293, 360, 373, 473, 523.
Charles II, roi d'Espagne, 9, 13, 70, 79, 82, 126, 127, 151, 174, 214.
Charles III, roi d'Espagne, 20, 199, 205, 206, 213, 216, 244, 251, 255, 263, 273, 409.
Charles IV, roi d'Espagne, 409.
Charles-Frédéric de Holstein Gottorp 223, 230.
Charles IV, duc de Lorraine, 6, 34, 73.
Charles V, duc de Lorraine, 69, 72, 87, 92, 100, 108, 109, 110, 121, 126.
Charles-Joseph (de Lorraine, évêque d'Osnabrück), 144.
Charles II (duc de Mantoue), 37, 173, 174.
Charles IV, roi de Naples; voir Charles III, roi d'Espagne.
Charles-Emmanuel I (roi de Sardaigne), 248, 345.

Charles XII, roi de Suède, 157, 212.
Charles X Gustave, roi de Suède, 39, 42, 43, 47, 51, 56, 58, 59, 62, 68.
Charlotte de Brunswick (femme de Charles VI), 224.
Châteauneuf (de), 149, 237.
Châtelet (le comte du), 24, 25, 393. — Ses instructions, 394 et suiv., 410, 427.
Chayla (le marquis du), 291, 300.
Chéruel, 33.
Cheverny (le comte de), 10, 11, 91. — Ses instructions, 93, 105.
Choiseul (le duc de), 21, 24, 26, 301, 355, 381, 382, 393, 400, 404, 404, 410, 439, 443, 447.
Choiseul-Praslin (le comte, puis duc de), 20, 23, 24, 25, 381. — Ses instructions, 382, 393, 402.
Chiavenna, 466.
Chimay, 291, 355.
Chrétien-Henri (margrave de Baireuth), 132.
Christian V (roi de Danemark), 157.
Christian VI (roi de Danemark), 497.
Christiani (le comte), 375.
Christine de Suède, 39.
Cinq-Églises, 121.
Clément XIII, 274.
Clément XIV, 468.
Clèves, 261, 373, 435.
Colberg, 418.
Colbert (Jean-Baptiste), 40, 63.
Colbert (le président), 6, 8, 27, 33. — Ses instructions, 41 et suiv.
Coligny (le comte de), 65, 66, 67.
Colloredo (Rodolphe-Joseph, comte, puis prince de), 265, 284, 344, 376.
Colmar, 69.
Cologne (l'électeur de), 38, 40, 59, 96, 158, 170, 225, 264, 341.
Cologne (le congrès de), 69.
Colsing (de), 319.
Come I (duc de Toscane), 217.
Come III (duc de Toscane), 195, 259.
Conflans (le maréchal de), 400.
Constance (évêché de), 476.
Constantinople (traité de), 456, 461.
Contarini, 37.
Conti (le prince de), 108, 148.
Copenhague (le traité de), 65.
Corse, 351, 443, 469.
Crehange, 423.

DES NOMS CONTENUS DANS CET OUVRAGE.

Crimée, 272, 453, 458, 501, 510, 524, 526, 528.
Croatie, 507.

Croissy (Charles-Colbert, marquis de), 40, 79, 91, 105, 114, 117.
Cujavie, 462.

D

Dalmatie, 521.
Danemark, 6, 17, 39, 47, 56, 65, 157, 178, 196, 210, 212, 223, 238, 241, 270, 287, 296, 345, 370, 378, 385, 388, 464, 497, 582; voir Christian V, Frédéric IV, Christian VI, Caroline.
Dantzig, 462, 464.
Danubiennes (les principautés), 450.
Darda, 121.
Darmstadt (le landgrave de), 299.
Dauphiné, 351.
Denain, 152.
Desalleurs (le comte), 297, 327.
Dévolution (guerre de), 68.
Deux-Ponts (le duc de), 385, 523.

Deux-Siciles; voir Naples.
Dietrichstein (le prince de), 83, 84, 98, 107, 119, 145.
Dietrichstein (le comte de), 84, 99, 107, 119, 164.
Dresde, 367, 401.
Dumas, 444.
Dumouriez, 443, 447.
Du Parc, 302, 324.
Duquesne, 111.
Durand de Distroff, 25, 298, 439. — Ses instructions, 440 et suiv., 447, 497.
Durfort (le marquis de), 24, 25, 409, 410. — Ses instructions, 411 et suiv. 439.
Dunkerque, 152, 187, 388.

E

Egra, 472.
Elbeuf (la duchesse d'), 174.
Éléonore de Gonzague (femme de l'empereur Ferdinand III), 37, 73, 77, 87, 109, 113, 114, 121.
Éléonore de Neubourg (femme de l'empereur Léopold I), 77, 120, 127, 144, 165.
Éléonore-Marie (l'archiduchesse, reine de Pologne et duchesse de Lorraine), 73, 121.
Élisabeth (impératrice de Russie), 287, 352, 379, 410, 419.
Élisabeth-Caroline de Brunswick (femme de l'empereur Charles VI), 159, 166, 224.
Élisabeth Farnèse (femme de Philippe V, reine d'Espagne), 195, 199, 234, 247, 251, 256, 280.
Emden, 331, 374.
Émeric (le Père), 77, 84, 98, 106, 120.
Empire; voir Allemagne.
Engadine, 466.
Équilibre européen, 22.
Espagne, 1, 3, 4, 6, 7, 9, 13, 14, 20, 28, 33, 34, 38, 40, 43, 47, 48, 55, 62, 70, 71, 79, 82, 92, 97, 98, 100, 105, 106, 119, 125, 126, 127, 131, 132, 134, 151, 152, 155, 161, 169, 174, 175, 176, 187, 193, 195, 199, 200, 205, 206, 213, 214, 215, 216, 217, 232, 233, 234, 235, 237, 243, 244, 247, 250, 251, 254, 255, 256, 263, 268, 273, 274, 279, 280, 293, 326, 334, 335, 345, 348, 362, 373, 378, 409, 419, 425, 428, 451, 468, 477, 485, 489, 492, 493, 509, 582; voir Philippe II, Philippe III, Philippe IV, Charles II, Philippe V, Ferdinand VI, Charles III, Charles IV, don Juan d'Autriche, Élisabeth Farnèse.
Espagne (succession d'), 9, 13, 19, 68, 126 et suiv., 128 et suiv., 151, 159, 175.
Essarts (le marquis des), 306.
Essek, 121.
Este (la maison d'), 73, 289, 332, 375, 433, 466; voir Renaud, François, Marie-Béatrix.
Esthonie, 224.
Estrées (le comte d'), 337. — Ses instructions, 338 et suiv., 355.
Eugène de Savoie (le prince), 17, 152, 160, 161, 163, 175, 177, 178, 182, 193, 196, 204, 226, 227, 228, 239.

F

Falkland (île de), 464.
Farnèse (la maison de), 388, 468.
Faugère, 12.
Ferdinand I, empereur, 3, 158, 279.
Ferdinand II, empereur, 279.
Ferdinand III, empereur, 33, 38, 42, 73, 127.
Ferdinand VI, roi d'Espagne, 409.
Ferdinand IV, roi des Deux-Siciles, 409, 468.
Ferdinand, duc de Parme, 425, 466, 492.
Ferdinand (l'archiduc), fils de Ferdinand III, 6, 34.
Ferdinand (l'archiduc), fils de Marie-Thérèse, 332.
Ferdinand, prince électoral de Bavière, 126, 131.
Finck, 205.
Finlande, 224, 317.
Flandres, 1, 9, 224, 226, 227, 358, 365.
Flassan, 75, 87, 139, 148, 393, 402.
Fléchier, 19.
Flemming (le comte de), 240, 379.
Fleury (le cardinal), 237.
Floride, 410.
Foktchany (le congrès de), 461.
Folard (le chevalier), 428.
Fonseca (le baron de), 226.
Fontainebleau (préliminaires de), 419.
Fox, 528.
France. — Origines de sa rivalité et suite de ses relations avec l'Autriche ; voir l'Introduction.
Francfort, 7, 472.
Francfort (diète de), 39, 42, 472.
Francfort (conférences de), 92, 95.
Franche-Comté, 1, 2, 3, 4, 9, 69, 70, 275.
François I (François-Étienne de Lorraine, empereur), 207, 219, 230, 244, 257, 259, 260, 261, 280, 345, 376, 389, 410.

François (duc de Lorraine), 34, 37.
François-Étienne de Lorraine ; voir François I, empereur.
François d'Este (duc de Modène), 332.
François (duc de Parme), 195.
Franconie, 125, 431, 432, 435, 436, 495.
Frédéric III, empereur, 431.
Frédéric IV, roi de Danemark, 157, 223.
Frédéric de Holstein-Gottorp, 223.
Frédéric I, électeur de Brandebourg, 431.
Frédéric III, électeur de Brandebourg, roi de Prusse sous le nom de Frédéric I, 157, 331.
Frédéric II, roi de Prusse, 21, 26, 157, 279, 287, 294, 316, 331, 337, 338, 340, 349, 359, 362, 383, 384, 387, 403, 410, 419, 430, 431, 432, 439, 442, 447, 457, 460, 462, 471, 480, 481, 487, 494, 495, 496, 503, 513, 515.
Frédéric, margrave de Baireuth, 434.
Frédéric I, roi de Suède, 212, 305, 324.
Frédéric-Auguste I, électeur de Saxe, 158, 172.
Frédéric-Auguste II, électeur de Saxe, 172.
Frédéric-Guillaume, électeur de Brandebourg, 261.
Frédéric-Guillaume I, roi de Prusse, 157.
Frédéric-Henri, prince de Prusse, 438.
Freidenfels, 334.
Fribourg, 85, 86, 91, 95, 97, 126, 152, 170, 358.
Friedrichshall, 212.
Frioul, 2, 320.
Fuenclara (le comte de), 251, 252, 256.
Furnes, 355.
Furstenberg (le comte, puis prince Guillaume de), 40, 59, 60, 69, 71.

G

Gallicie, 453, 458, 462.
Garelli (le chevalier), 272.
George I (roi d'Angleterre), 153, 155, 157, 166, 168, 174, 177, 178, 189, 202, 210, 267.

George II (roi d'Angleterre), 331, 361.
George III (roi d'Angleterre), 401.
Georgel (l'abbé), 453.
Gênes, 289, 300, 374, 385, 425, 467, 469, 477, 481, 490, 491.

DES NOMS CONTENUS DANS CET OUVRAGE. 543

Gibraltar, 151, 237.
Giessen, 325.
Glatz, 295, 355, 373, 400, 401, 515.
Gœttingue, 401.
Gois (le comte de), 152.
Goritz, 2.
Gradiska, 2.
Gramont (le maréchal de), 38.
Gran, 108.
Grande-Bretagne; voir Angleterre.
Gravel (le sieur de), 38, 44, 59, 60.
Graz, 241.
Grémonville (le chevalier de), 9, 65.
— Ses instructions, 66 et suiv., 77.
Grimani, 192.
Grisons, 466, 498.
Gross, 298.
Grune (le comte de), 291, 300.
Guadeloupe, 400.
Guastalla, 20, 173, 174, 244, 280, 357, 365, 425, 469, 492.
Gueldre, 373, 374.
Guillaume III, d'Orange (roi d'Angleterre), 126, 127, 151.
Gustave III (roi de Suède), 270, 305, 479.

H

Habsbourg (maison de); voir l'Introduction.
Haguenau, 4, 69, 78.
Hainaut, 9, 289, 291, 323.
Halberstadt, 355.
Hambourg, 241.
Hamel Bruyninx, 269.
Hanovre (alliance de), 237, 238, 286, 298, 318.
Hanovre (maison de), 17, 139, 155, 156, 157, 158, 166, 168, 177, 196, 209, 212, 267, 286, 293, 321, 331, 351, 353, 368, 401, 416, 464, 471; voir Sophie-Charlotte, Sophie Dorothée.
Harcourt (le marquis d'), 148.
Harlay (le sieur de), 95.
Haro (don Louis de), 40, 47, 58, 62.
Harrach (le comte Ferdinand d'), 107, 120, 127, 133.
Harrach (le comte d'), fils du précédent, 127, 261.
Hauke (l'amiral), 347, 400.
Haussonville (le comte d'), 108, 121, 260.
Hautefort (le marquis d'), 22, 23, 309.— Ses instructions, 309 et suiv., 329.
Heidelberg, 94, 96.
Henri IV, roi de France, 4, 357.
Henri II (duc de Lorraine), 73.
Herberstein, 164.
Héricourt, 275.
Hesse-Cassel (le landgrave de), 38, 142, 299, 324, 360, 368, 401.
Hesse-Rotembourg, 324.
Himly (Auguste), 1, 39, 87, 139, 140, 144, 275, 279, 331, 431, 465.
Holstein (le duché de), 57, 223, 299, 279.
Holstein-Gottorp (maison de), 223, 230; voir Charles-Frédéric, Anne.
Hocher (le chancelier), 77, 84, 92.
Hohenzollern, 264, 431; voir Prusse.
Hollande; voir Provinces-Unies.
Honduras (baie de), 409.
Hongrie, 3, 4, 6, 64, 66, 74, 75, 87, 92, 93, 96, 101, 107, 119, 119, 125, 143, 179, 189, 207, 208, 246, 279, 442, 453, 459, 475.
Hubertsbourg (le traité d'), 410, 419, 431, 433, 435, 515, 517.
Hudson (la baie d'), 152.
Huxelles (le maréchal d'), 191, 194.

I

Illyrie, 319.
Indes, 3, 4, 25, 151, 202, 211, 351, 357, 393, 400, 410.
Ingrie, 224.
Insen, 232.
Isabelle (infante de Parme, femme de Joseph II), 375, 470.
Istrie, 2.
Italie, 2, 3, 4, 14, 15, 20, 30, 75, 134, 136, 145, 159, 161, 162, 173, 177, 182, 194, 199, 202, 206, 215, 239, 243, 275, 280, 289, 319, 335, 358, 362, 365, 366, 371, 373, 375, 386, 388, 425, 448, 466, 469, 478, 483, 484, 490, 532.

J

Jacquemin (le baron), 260.
Jacques II (roi d'Angleterre), 126, 151.
Jacques Édouard Stuart (le prétendant), 179.
Jean-George (électeur de Brandebourg), 432.
Jean-Sigismond (électeur de Brandebourg), 435.
Jean V (roi de Portugal), 274.
Jean-Gaston (duc de Toscane), 195, 204, 244, 259.
Jeanne-la-Folle, reine d'Espagne, 3.
Joachim-Frédéric (électeur de Brandebourg), 432.
Joseph I, empereur, 13, 115, 119, 144, 146, 151, 159, 163, 166, 173, 219.
Joseph II, empereur, 26, 28, 29, 30, 288, 321, 332, 375, 410, 420, 422, 426, 439, 447, 463, 473, 501, 507, 523, 525, 527, 529.
Juan d'Autriche (don), 70, 71, 79, 82.
Juliers (le duché de), 240, 261, 266, 373, 374, 435, 473, 504, 515.
Juliers (la duchesse de), 121.

K

Kabarda, 453.
Kaïnardji (le traité de), 453, 457, 458, 461, 501, 510, 523.
Kaposwar, 121.
Karig, 265.
Kaunitz (le comte de), 145.
Kaunitz-Rietberg (le comte, puis prince de), 281, 290, 312, 326, 344, 346, 349, 371, 374, 376, 377, 402, 444, 445, 427, 486, 502, 503, 504, 505, 507, 509, 511, 512, 514, 517, 519.
Kayserberg, 69.
Kehl, 170.
Keith (sir Robert), 295.
Keith (milord maréchal), 295.
Keith (le général), 295.
Kinburn, 453.
Kinsky (le comte de), 145, 245.
Knyphausen (le baron de), 360, 361, 434.
Kœnigseck (le comte de), ministre de la Conférence, 77, 84, 107, 120.
Kœnigseck (le comte de), ambassadeur, 227, 245, 261, 276, 284.
Korff, 304, 306.
Kouban, 526, 528.
Kupruli Mohammed, 40, 64.

L

La Baume (de), 105.
La Baune (de), 243, 277.
La Chétardie (le marquis de), 296.
La Clue (de), 400.
La Fuente (le marquis de), 6, 8, 40, 42, 47, 50, 56, 58, 59, 60, 61, 63.
La Galaizière (de), 277, 293.
Lagos, 400.
La Haye (le sieur de), 76.
La Haye (le traité de), 211, 222.
Lambert (le comte de), 83, 84.
La Mirandole (le duc de), 173.
Landau, 69, 152.
Landzinsky (le baron), 270, 271, 227.
Langhes (les fiefs de), 248.
Lanmary (de), 304.
Languedoc, 351.
La Pérouse (le marquis de), 264.
La Roche-sur-Yon (le prince de), 108.
Lauter, 225.
La Vauguyon (le comte de), 10, 11, 105. — Ses instructions, 105, 117, 125.
Ledran, 152.
Leer, 331.
Lemaire, 306.
Lemberg, 453.
Leopold I, empereur, 6, 7, 9, 38, 43, 53, 65, 69, 70, 71, 72, 73, 77, 80, 82, 88, 101, 126, 127, 143, 151, 157, 159, 209, 216, 331.
Léopold (duc de Lorraine), 148, 207.

Léopold (grand-duc de Toscane), 332, 410, 433.
L'Espérance (les barons de), 275.
L'Estang (de), 243, 253, 261.
Lichtenstein (le prince Antoine de), 164.
Lichtenstein (le prince Charles de), 245, 284.
Liège, 290.
Liège (le prince évêque de), 385.
Ligue d'Augsbourg, 125.
Ligue du Rhin, 19, 38, 49, 65.
Lille (conférences de), 227.
Limbourg, 174.
Lionne (Hugues de), 58, 65.
Lithuanie, 180.
Livonie, 224.
Livourne, 216, 469.
Louise-Élisabeth de France (fille de Louis XV, femme de don Philippe de Parme), 280, 362, 420.
Louise-Ulrique de Prusse (reine de Suède), 305, 359.
Lobkowitz (le prince de), 105, 114.
Lobkowitz (le comte de), 118.
Lodomérie, 458, 462.
Loffrano (le marquis), 162.
Loménie de Brienne, 41, 63.
Londres (préliminaires de, 1711), 152.
Londres (traité de, 1717), 199, 204, 215, 217, 234.
Londres (traité de, 1756), 337, 363, 364, 384.
Longwy, 69, 126.
Lorenzi (le comte), 302.

Lorraine (la maison de), 1, 3, 6, 12, 20, 34, 37, 69, 72, 73, 87, 92, 100, 108, 109, 110, 121, 126, 144, 148, 207, 219, 230, 244, 257, 259, 260, 261, 280, 345, 389, 410; voir Henri II, Charles IV, Charles V, François-Étienne, Léopold, Charles-Joseph.
Lorraine (Stanislas Leczinsky, duc de); voir Stanislas Leczinsky.
Loss (le comte de), 298.
Louis XIII, roi de France, 4, 357.
Louis XIV, roi de France, 9, 10, 11, 12, 13, 17, 18, 31, 33, 38, 40, 65, 69, 79, 91, 126, 128, 151, 157, 174, 179, 191, 275, 357.
Louis XV, roi de France, 25, 28, 31, 200, 244, 280, 443.
Louis XVI, roi de France, 26, 28, 29, 343, 440, 453, 501.
Louis XVIII, roi de France, 343.
Louisiane, 25, 410.
Louvois, 75.
Lowositz, 367.
Luc (le comte du), 14, 16, 17, 22, 151. — Ses instructions, 154, 185, 191, 192 et suiv., 225, 226, 228.
Lumbre (le chevalier de), 59.
Lusace, 373.
Lusignan (le comte de), 10, 117. — Ses instructions, 117 et suiv., 126.
Lützberg, 401.
Luxembourg (le grand-duché de), 92, 105, 174, 201, 355.

M

Madame (Charlotte-Élisabeth, princesse palatine, duchesse d'Orléans), 111.
Madrid (le traité de), 215.
Magdebourg, 255, 369, 372.
Magueda (le duc de), 34.
Mahmoud, 459.
Mahony (le comte), 429, 451.
Mandat (conseiller au Parlement), 185. — Ses instructions, 185 et suiv., 195.
Mansfeld (le comte de), 79, 81, 83, 85.
Mantoue (les ducs de), 37, 75, 91, 173, 174, 246, 492; voir Charles II.
Mardick, 187.
Marguerite-Thérèse (d'Espagne, femme de l'empereur Léopold), 126.

Marguerite de Gonzague (femme de Henri II de Lorraine), 73.
Marian (la comtesse de), 334.
Marie Leczinska (reine de France), 200.
Marie de Bourgogne, femme de Maximilien I, 2, 3.
Marie d'Este, 466.
Marie-Amélie (archiduchesse, fille de Joseph I, femme de Charles-Albert de Bavière), 159, 171, 220, 262, 294.
Marie-Anne (d'Espagne, femme de l'empereur Ferdinand III), 127.
Marie-Anne (archiduchesse, femme de Philippe IV, reine d'Espagne), 70, 71, 79, 132.

Marie-Anne de Neubourg (reine d'Espagne, femme de Charles II), 126, 132.
Marie-Anne (archiduchesse, fille de Charles VI), 251.
Marie-Antoinette (reine de France), 440
Marie-Antoinette (archiduchesse, femme de Max-Emmanuel de Bavière), 126, 131.
Marie-Antoinette (archiduchesse, femme de Jean V, roi de Portugal), 274.
Marie-Béatrix d'Este (femme de l'archiduc Ferdinand), 332.
Marie-Caroline d'Autriche (reine des Deux-Siciles), 409, 468.
Marie-Éléonore de Clèves, 435.
Marie-Joséphine (archiduchesse, fille de Joseph I, femme de Frédéric-Auguste II de Saxe), 159, 171, 172, 219, 243.
Marie-Joséphine de Bavière (femme de Joseph II), 426.
Marie-Josèphe de Saxe (dauphine de France), 343.
Marie-Léopoldine d'Autriche (femme de Ferdinand III), 34.
Marie-Louise d'Orléans (femme de Charles II, reine d'Espagne), 70, 71, 79, 126.
Marie-Louise de Savoie (femme de Philippe V, reine d'Espagne), 195.
Marie-Thérèse d'Autriche (reine de France), 34, 38, 40, 127, 131.
Marie-Thérèse, impératrice, 20, 23, 26, 207, 244, 251, 258, 279, 280, 287, 337, 347, 361, 363, 376, 381, 384, 410, 419 445, 455, 502, 523, 533.
Marie-Victoire (infante d'Espagne, fiancée à Louis XV), 200, 233, 234, 237.
Mark (comté de la), 261.
Marlborough, 151.
Martens, professeur à l'Université de Pétersbourg, 223, 247, 287, 299, 340, 388.
Martinitz (le comte), 136.
Masson (Frédéric), 280, 337, 338, 355, 360, 363, 365, 375, 381.
Maurepas (le comte de), 301.
Mattioli, 75.
Max-Emmanuel (électeur de Bavière), 157, 169, 172.

Maximilien I, empereur, 2, 3.
Maximilien-Joseph (électeur de Bavière), 294, 360, 473.
Mayence, 472.
Mayence (l'électeur de), 38, 40, 49, 55, 59, 94, 96, 158, 164, 264, 282, 284.
Mazarin (le cardinal), 4, 24, 27, 28, 34, 38, 40, 61, 131.
Médicis (la maison de), 244, 388.
Mecklembourg, 374, 495.
Mercy (le comte de), 502, 503, 505, 512, 516, 520, 527.
Mestch (le comte de), 265.
Metz, 4, 79, 85, 94.
Michel Koributh (roi de Pologne), 73.
Mignet, 9, 75, 77, 87, 126, 127, 131, 151.
Milan (capitulat de), 466.
Milanais, 14, 134, 152, 161, 162, 208, 244, 246, 248, 251, 279, 290, 357, 375, 466, 492.
Minden, 401.
Minorque, 152.
Mirabel (le comte de), 490.
Mirepoix (le marquis de), 20, 22, 243. — Ses instructions, 245, 279.
Modène (les ducs de), 73, 289, 332, 375, 433, 466; voir Este.
Mohacz, 121.
Mokranowski, 443.
Mons, 355.
Montagnini, 491.
Montaigu (lord), 196.
Montbazon (le prince de), 326.
Montbéliard, 225, 275.
Montecuculli (le comte de), 77, 84.
Monte-Filippo, 244.
Montenegro, 189.
Monte-Santo (le comte de), 240.
Montferrat, 75, 121, 173, 177, 250.
Montpensier (Mademoiselle de), 34.
Moravie, 350, 352, 437.
Morée, 139, 189, 521.
Morosini, 320, 326.
Mortagne, 228.
Morville (de), 200.
Munster, 60, 69.
Munster (traité de); voir Westphalie (traités de).
Mustapha III, 359.

N

Nancy, 69.
Nantes (l'édit de), 11, 12, 112.
Naples, 3, 12, 14, 20, 152, 161, 162, 175, 199, 208, 244, 251, 254, 255, 256, 263, 327, 333, 357, 386, 388, 409, 451, 467, 468, 490; voir Ferdinand, Marie-Caroline.
Nassau-Saarbrück (le prince de), 423.
Navailles (le maréchal de), 174.
Neisse, 439, 495.
Népluef (de), 319.
Neubourg (la maison de), 77, 106, 111, 120, 126, 127, 132, 144, 165, 169, 180, 261, 293, 334; voir Charles-Théodore, Éléonore, Marie-Anne.
Neubourg (Jean-Guillaume de, électeur palatin), 169, 180.
Neubourg (Philippe-Guillaume de, électeur palatin), 99, 106, 111, 144.
Neubourg (le prince Charles de, fils du précédent), 144.

Neubourg (la princesse palatine de), 334.
Neubourg-Sulzbach (Charles-Théodore de), électeur de Bavière, 261, 293.
Neuhausel, 108.
Neustadt, 447, 495.
Nice (convention de), 280, 289.
Nieuport, 351, 355.
Nimègue (traité de), 9, 69, 70, 73, 79, 81, 83, 85, 86, 92, 94, 99, 100, 130.
Niustadt (le traité de), 224.
Nivernois (le duc de), 320, 363, 364.
Noailles (le marquis de), 30, 523. — Ses instructions, 524.
Noire (la mer), 453, 510, 521.
Nord (grande guerre du), 39.
Norden, 331.
Norwège, 157.
Nothaft (le baron de), 334.
Novare, 244, 249.
Nuremberg, 472.

O

Obernai, 69.
Obrecht, 228.
Oetting (le comte d'), 145.
O'Dunn, 518.
Oldenbourg, 379.
Olinazzi, 162.
Oliva (le traité d'), 65, 210, 221.
Orbitello, 244.
Orléans (Gaston, duc d'), 36.
Orléans (Philippe, duc d'), régent de France, 18, 191, 200.

Orléans (Louis-Philippe, duc d'), petit-fils du régent), 376.
Orléans (Louis-Philippe, duc d'), fils du précédent, 376.
Orsova, 459.
Osnabrück (l'évêque d'), 144.
Osnabrück (traité de); voir Westphalie (traités de).
Osman III, 359.
Ostende, 211, 212, 222, 301, 351, 355.
Ost-Frise, 331.
Otchakof, 272.

P

Pacte de famille, 28, 409, 428, 469, 477.
Pader, 85.
Palatin (l'électeur), 81, 94, 96, 111, 158, 168, 169, 225, 259, 261, 262, 267, 282, 293, 324, 327, 335, 341, 360, 373, 374, 385, 472, 473, 504, 515, 523.
Palatine (la succession), 111, 287, 515.

Palatine (la maison); voir Palatin, l'électeur.
Palatinat (guerre du), 18.
Pallavicini, 300.
Panin (le comte de), 304.
Paris (préliminaires de) [1727], 237.
Paris (traité de) [1763], 25, 410, 419.

Parme, 20, 195, 199, 215, 216, 233, 244, 246, 255, 280, 355, 357, 362, 365, 373, 375, 386, 388, 420, 425, 468, 469, 492; voir François, Philippe, Louise-Élisabeth, Isabelle.

Passarowitz (traité de), 14, 20, 459.

Passionei, 272.

Pavie, 315.

Pays-Bas, 2, 3, 4, 9, 14, 15, 25, 29, 70, 92, 126, 132, 152, 153, 155, 161, 162, 169, 170, 173, 174, 179, 189, 199, 208, 229, 246, 280, 289, 291, 300, 316, 323, 337, 351, 355, 360, 362, 365, 373, 374, 386, 437, 464, 482, 483, 484, 498.

Pérékop, 501, 502.

Perlas (le marquis de), 193, 204, 228, 230, 231.

Pesth, 108.

Pétersbourg (le traité de) [1746], 298, 310.

Pétersbourg (traité de) [1755], 360.

Pétersbourg (traité de) [1760], 400.

Pétersbourg (traité de) [1772], 453, 461.

Pfischner (le baron), 260.

Philippe le Beau, 3.

Philippe II, roi d'Espagne, 4, 217.

Philippe III, roi d'Espagne, 4, 279.

Philippe IV, roi d'Espagne, 4, 34, 62, 70, 131.

Philippe V, roi d'Espagne, 151, 169, 174, 175, 176, 195, 199, 200, 215, 233, 247, 280.

Philippe (don), infant d'Espagne, duc de Parme, 280, 355, 362, 373, 375, 386, 388, 420, 425.

Philippsbourg, 91, 95, 129.

Pie VI, 468, 533.

Pierre I (empereur de Russie), 157, 212, 223.

Pierre II (empereur de Russie), 224.

Pierre III (empereur de Russie), 379, 410, 419, 457.

Pignerol (traités de), 136.

Piombino, 244.

Pirna, 367.

Plaisance, 20, 195, 199, 216, 244, 246, 255, 280, 315, 357, 365, 373, 425, 468, 469, 492.

ettemberg (le comte de), 265.

Pleysheim, 472.

Podolie, 492.

Pologne, 6, 9, 20, 25, 26, 28, 30, 39, 46, 49, 52, 54, 56, 59, 61, 65, 73, 76, 79, 88, 100, 148, 157, 158, 172, 179, 196, 200, 210, 212, 220, 240, 243, 244, 247, 255, 270, 271, 279, 298, 343, 348, 360, 365, 385, 393, 404, 435, 439, 440, 444, 447, 449, 451, 453, 456, 458, 460, 461, 462, 463, 470, 478, 479, 485, 495, 504, 506; voir Michel Koributh, Jean Sobieski, Stanislas Leczinski, Auguste II, Auguste III, Stanislas-Auguste.

Pologne (succession de), 19, 240, 241, 243.

Poméranie, 39, 43, 45, 48, 54, 332, 355, 367, 373, 465.

Pompadour (la marquise de), 384.

Pomponne (de), 70.

Pondichéry, 393.

Poppenveid, 334.

Portland (lord), 528.

Portocarrero (le cardinal), 127.

Porto-Ercole, 244.

Porto-Ferraio, 216.

Porto-Longone, 244.

Portugal, 49, 62, 274, 275, 419, 478; voir Jean V.

Pragmatique Sanction, 16, 20, 207, 219, 220, 237, 244, 246, 279, 311.

Prague, 229, 280, 369.

Présides (les), 244, 468.

Prié (le marquis de), 228, 229.

Protestants d'Allemagne (les princes), 3, 12, 13, 17, 18; voir Allemagne.

Provence, 351.

Provinces-Unis, 9, 22, 39, 43, 56, 60, 68, 80, 82, 97, 127, 133, 134, 152, 153, 155, 166, 171, 173, 174, 177, 179, 189, 196, 199, 201, 208, 211, 222, 223, 239, 243, 244, 254, 267, 271, 310, 316, 331, 341, 345, 354, 357, 369, 370, 374, 378, 464, 465, 485, 532.

Prusse, 6, 8, 9, 17, 21, 23, 24, 25, 26, 28, 29, 39, 45, 52, 54, 56, 59, 96, 112, 157, 158, 178, 196, 206, 209, 210, 212, 213, 221, 237, 240, 241, 244, 261, 266, 279, 283, 287, 294, 298, 316, 318, 327, 331, 335, 337, 338, 340, 349, 355, 358, 359, 361, 362, 363, 364, 366, 378, 381, 383, 384, 387, 390, 400, 403, 404, 410, 418, 419, 430, 431, 432, 435, 438, 439, 442, 447, 451, 453, 456, 457, 462, 465, 471, 480, 482, 483, 484, 487, 489, 494, 495, 496, 503, 506, 508, 511, 513, 515, 516, 524, 525, 531; voir Frédéric I, Albert l'Achille, Albert de Brandebourg, Al-

bert-Frédéric, Jean-Georges, Joachim-Frédéric, Jean-Sigismond, Frédéric III, Frédéric-Guillaume I, Frédéric II.
Pultava, 157.

Puon de Leze, 301.
Puysieux (le marquis de), 280, 302, 309.
Pyrénées (traité des), 6, 29, 30, 39, 40, 43, 50, 131.

Q

Québec, 400.
Queich, 225.

Quiberon, 400.

R

Rakoczy II (Georges), prince de Transylvanie, 41, 64, 87.
Rakoczy (François), 179.
Ranke, 431.
Rastadt (traité de), 14, 16, 152, 157, 163, 173, 174, 175, 187, 227.
Ratisbonne (diète de), 13, 38, 58, 79, 81, 86, 91, 93, 95, 101, 138, 140, 209, 241, 389, 404, 405, 490, 514.
Ratisbonne (trêve de), 11, 105, 109, 125.
Ratte, 338, 352, 355.
Ravensberg, 261.
Ravenstein, 261.
Rebenac (de), 102, 112, 122.
Remiremont (l'abbesse de), 304.
Renaud d'Este (duc de Modène), 332.
Reumont, 259, 260.
Rexin (de), 359.
Rheinfelden, 142.
Rhin, 1, 2, 499.
Rialp (le marquis de), 239.
Richecourt (le comte de), 260, 301, 303, 346.
Richelieu (le cardinal de), 4, 24, 357, 358.
Richelieu (le duc de), 15, 18, 19, 199. — Ses instructions, 200, 237, 269, 313.
Riperda, 233.
Robinson, 268.

Rodolphe I, de Habsbourg, 2.
Rœskilde (le traité de), 39, 47.
Rohan (le prince de), 326, 334.
Rohan (le prince Louis de), cardinal, 447. — Ses instructions, 449, 453.
Rome, 111, 181, 195, 257, 258, 272, 274, 296, 320, 325, 326, 333, 356, 375, 428, 468, 533; voir Benoît XIV, Clément XIII, Clément XIV, Pie VI.
Roméo (le marquis), 162.
Rosemberg (le comte de), 99.
Rosbach, 401.
Rosheim, 69.
Rouillé, 337, 355, 362.
Rousset (Camille), 111, 136.
Rousset (Jean), 210, 214, 215, 248.
Russie, 2, 25, 26, 29, 30, 157, 196, 212, 223, 224, 243, 244, 247, 270, 271, 272, 286, 287, 296, 298, 304, 310, 316, 317, 340, 345, 348, 360, 362, 367, 370, 372, 378, 379, 393, 400, 410, 417, 419, 439, 441, 444, 447, 449, 451, 453, 456, 457, 460, 461, 465, 479, 480, 482, 485, 493, 496, 497, 501, 502, 503, 504, 506, 507, 509, 511, 512, 513, 520, 521, 522, 523, 525, 527, 528, 534; voir Pierre I, Catherine I, Pierre II, Anna, Élisabeth, Pierre III, Catherine II.
Ryswick (traité de), 12, 13, 126, 140, 141, 142, 225.

S

Saal (cercle de la), 37.
Sabionette, 173, 174.
Saint-Christophe, 152.
Saint-Contest (de), 152, 329.
Saint-George (le chevalier de), 179.

Saint-Gothard (la bataille de), 67.
Saint-Hubert (l'abbaye de), 289, 290, 301, 323.
Saint-Pierre (le duc de), 174.
Saint-Priest (le comte de), 443, 530.

Saint-Romain (de), 95.
Saint-Saphorin (de), 213, 230.
Saint-Séverin (le comte de), 305.
Saint-Siège; voir Rome.
Saint-Simon (le duc de), 12.
Sainte-Beuve, 128.
Sainte-Foy (de), 393.
Salern, 196.
Salm (le prince de), 145, 146.
Sandwich (comté de), 295.
San-Remo, 374, 425, 467, 491.
Sardaigne, 15, 17, 136, 148, 152, 167, 172, 173, 187, 195, 199, 202, 243, 244, 246, 247, 248, 250, 254, 279, 283, 295, 315, 326, 334, 345, 353, 358, 370, 373, 388, 466, 483, 490; voir Victor-Amédée I, Charles-Emmanuel I.
Sarrelouis, 126.
Saujon (le baron de), 6, 33. — Ses instructions, 34, 37.
Sauvage (Charles), 301.
Savaglia (le comte), 228.
Save, 459.
Savoie (maison de); voir Sardaigne.
Saxe (maison de), 125, 158, 159, 171, 172, 196, 200, 219, 241, 243, 270, 271, 279, 298, 316, 338, 339, 343, 348, 355, 360, 365, 367, 368, 372, 373, 374, 379, 383, 385, 403, 419, 438, 443, 473, 474, 504; voir Frédéric-Auguste I, Frédéric-Auguste II, Marie-Joséphine.
Schaffouse, 476.
Scheffer (le baron de), 404.
Schlestadt, 69, 75.
Schœnborn (le comte de), 164, 165, 193, 209, 220, 231.
Schomberg (le maréchal de), 112.
Schwartzenberg (le comte de), 77.
Sebeville (le marquis de), 10, 79. — Ses instructions, 89, 91, 92, 93.
Séchelles (de), 291, 292, 300.
Seilern (le comte de), 152, 164, 165.
Sénégal, 393, 400.
Sept Ans (guerre de), 25.
Serbie, 14.
Serravalle, 249.
Settier, 194.
Sicile, 3, 14, 20, 167, 172, 195, 199, 202, 208, 244, 248, 255.
Sickingen (le comte de), 516.
Sienne, 217.
Sigismond II (roi de Pologne), 435.
Silésie, 21, 25, 158, 207, 279, 280, 295,
311, 315, 333, 355, 357, 358, 373, 379, 383, 400, 417, 418, 462, 482, 483, 485, 515.
Simmeren (le duché de), 111.
Slesvig, 223, 238, 379.
Sobieski (Jean, roi de Pologne), 92, 100, 148.
Soissons (le congrès de), 226, 237.
Solari, 248.
Soleure (le traité de), 186, 191.
Sophie-Charlotte de Hanovre (femme de Frédéric I, roi de Prusse), 157.
Sophie-Dorothée de Hanovre (femme de Frédéric-Guillaume I, roi de Prusse), 157.
Souabe, 125, 225, 436, 466, 472, 476.
Soubise (le maréchal de), 401.
Sous-le-Vent (les îles), 400.
Spire (l'évêque de), 91, 95, 225.
Sponheim, 111.
Stainville (le marquis de), ministre de Toscane, 301, 302, 304, 324.
Stainville (le comte de), 355. — Ses instructions, 356 et suiv.; voir Choiseul (le duc de).
Stanhope, 153, 163, 166, 167, 168, 171, 186.
Stanislas Leczinski, roi de Pologne, 20, 200, 243, 255. — Duc de Lorraine, 20, 243, 244, 255, 258, 259, 260, 266, 276, 292, 293, 358.
Stanislas-Auguste Poniatowski (roi de Pologne), 439, 456.
Stanley, 417.
Starhemberg (le comte Guido-Balde de), ministre de la Conférence, 164, 230, 239, 261, 265.
Starhemberg (le comte Georges de), neveu du précédent, ambassadeur, 361, 365, 371, 382, 404.
Starhemberg (la comtesse de), née de Lœwenstein, 251.
Stella (le comte), 161, 162, 193.
Sternok, 193, 196.
Stettin, 157.
Stockholm (l'alliance de), 287, 318.
Stockholm (le traité de), [1719], 210, 223.
Stockholm (le traité de), [1757], 465.
Stormond (lord), 427, 528.
Stralsund, 157.
Strasbourg, 10, 40, 91, 92, 95, 105, 499.
Stratmann, 99, 106, 120.
Struensée, 497.

DES NOMS CONTENUS DANS CET OUVRAGE.

Styrie, 2, 4.
Suède, 6, 8, 9, 17, 38, 39, 42, 43, 46, 47, 50, 51, 56, 57, 58, 59, 62, 65, 68, 125, 157, 177, 196, 210, 212, 222, 224, 234, 241, 270, 287, 295, 296, 300, 304, 305, 317, 324, 331, 335, 345, 355, 357, 358, 359, 363, 367, 370, 373, 374, 379, 385, 393, 403, 404, 464, 465, 477, 478, 479, 492, 493, 496, 497, 519, 532; voir Christine, Charles X Gustave, Charles XII, Ulrique-Éléonore, Frédéric I, Adolphe-Frédéric, Gustave III, Louise-Ulrique.
Suisse, 153, 185, 186, 191, 216, 473, 479.
Sulzbach (le prince de), 261, 267, 293.
Szegedin, 121.

T

Tallard (le comte de), 148.
Tartares, 453, 458, 501.
Tékély (Émeric), 87.
Temesvar, 14.
Tencin (le cardinal de), 326.
Terre-Neuve, 152, 361.
Terring (le comte de), 263, 278.
Tessin (le comte de), 271.
Theil (le comte du), 243, 490.
Thorn, 210, 221, 462.
Thugut (le baron de), 444.
Toison-d'Or, 214.
Tonty (le Père), 196.
Topin (Marius), 148.
Torcy (le comte de), 17, 128, 153, 174, 185, 280.
Torgau, 473.
Tortone, 244, 249.
Toscane, 152, 195, 199, 204, 215, 217, 244, 255, 257, 259, 260, 280, 301, 302, 324, 332, 346, 373, 376, 410, 433, 469; voir Côme I, Come II, Jean-Gaston, Léopold.
Toul, 4, 69, 94.

Transylvanie, 41, 64, 87, 88, 121, 179, 189, 207, 442, 458.
Trautson (le prince de), 164.
Travendal (traité de), 223.
Trelon (le chevalier de), 59.
Trèves (l'électeur de), 94, 96, 158, 264, 265.
Tripoli, 111.
Tunis, 111.
Turckheim, 111.
Turenne, 108, 334.
Turin (le traité de), 247.
Turquie, 3, 10, 14, 18, 20, 25, 26, 28, 29, 30, 41, 64, 65, 66, 75, 87, 88, 92, 93, 94, 98, 100, 107, 110, 119, 139, 143, 149, 157, 163, 188, 195, 196, 212, 224, 272, 273, 297, 299, 319, 341, 348, 359, 367, 370, 439, 441, 444, 445, 447, 449, 453, 456, 459, 470, 478, 482, 484, 485, 493, 495, 496, 501, 503, 504, 506, 507, 508, 511, 512, 520, 522, 523, 526, 527, 528, 530, 534; voir Mahmoud I, Osman III, Mustapha III.
Tyrol, 2, 466, 473.

U

Uceda (le duc d'), 162.
Uhlfeld (le comte d'), 284.
Ulrique-Éléonore, reine de Suède, 212, 324.

Unna, 459.
Ursins (la princesse des), 174, 175.
Utrecht (traité d'), 14, 16, 20, 152, 155, 167, 202, 204, 237, 388.

V

Valence (l'archevêque de), 162, 193.
Valfrey, 38, 40.
Valori (le marquis de), 366.
Vaudemont (le prince de), 334.
Vaulgrenant (le comte de), 273.

Vautorte (de), 38.
Venise, 64, 188, 189, 195, 196, 273, 297, 319, 326, 375, 467, 491, 520.
Vérac (le marquis de), 526.
Verden, 178, 210.

Verdun, 4, 94.
Vergennes (le comte de), 26, 27, 28, 29, 30, 443, 153, 501, 505, 524.
Verjus (le sieur de), 79, 83, 85, 86, 96, 101, 102, 109, 112, 122.
Versailles (traité de) [1756], 23, 337, 338, 349, 364, 365, 366, 367, 381, 384, 396, 412, 413, 454, 459, 460, 477, 481, 482, 484, 581.
Versailles (traité de) [1757], 356, 365, 367, 369, 378, 381, 385, 386, 387, 388, 397, 398, 413, 414.
Versailles (traités de) [1758], 382, 388, 399, 400, 415, 416.
Vicegrad, 108.
Victor-Amédée I, duc de Savoie, roi de Sicile et roi de Sardaigne, 167, 172, 199.
Victor-Amédée, prince de Piémont, fils du précédent, 172.

Vienne, 3, 10, 92.
Vienne (traité de) [1725], 237.
Vienne (négociations et traité de) [1735-1738], 20, 243, 291, 292, 357.
Vigénavasque, 177, 249, 315.
Vignacourt (le comte de), 38.
Villars (le maréchal de), 12, 13, 113. — Ses instructions, 114 et suiv., 125. — Ses instructions, 128 et suiv., 152, 160, 178.
Villeneuve (le marquis de), 273.
Vincent, 279.
Vioménil (le baron de), 451.
Vitry (le marquis de), 10, 69. — Ses instructions, 70, 79 80, 88.
Volhynie, 453.
Volmar, 45.
Voltaire, 39.
Voronzof (le comte de), 372.

W

Waast, 108.
Wachtendonck (le baron de), 262.
Wadgassen (l'abbaye de), 424.
Waldgrave (lord), 238, 268.
Wallenstein (le comte de), 145.
Welicka, 453.
Werdenfels, 473.
Wesel, 368.
Westphalie, 60, 144, 331, 341, 351, 369.
Westphalie (traités de), 4, 5, 6, 18, 21, 24, 29, 33, 40, 42, 47, 53, 57, 58, 69, 74, 75, 79, 81, 83, 85, 86, 92, 94, 139, 157, 179, 208, 209, 211, 220, 225, 300, 323,

337, 340, 343, 357, 367, 384, 390, 405, 421, 465, 470, 477, 480, 497, 514, 533.
Wetzlar, 209, 471.
Wilhelmine-Amélie de Brunswick, femme de Joseph I, 166, 172, 270.
Windischgraetz (le comte de), 165, 193. 230, 231.
Wissembourg, 69.
Wittemberg, 474.
Worden (le baron de), 227.
Worms (alliance de), 315.
Wurtemberg, (le duc de), 275, 277, 360, 374, 385.

Y

Yéni-kalé, 453.

Ypres, 355.

Z

Zech (le baron), 270, 271.
Zell (le duc de), 155, 156.
Zeno, 272.
Zinzendorf (le comte de), président de la Chambre, 84.
Zinzendorf (Philippe-Louis, comte de),

fils du précédent, chancelier, 164, 193, 204, 228, 230, 231, 239, 243, 260, 261, 268, 270, 271, 284.
Zips, 453.
Zuckmantel (le comte de), 443.
Zurich, 476.

FIN DE LA TABLE ALPHABÉTIQUE DES NOMS

Paris. — Typ. G. Chamerot, 19, rue des Saints Pères. — 13649.

ANCIENNE LIBRAIRIE GERMER BAILLIÈRE ET Cⁱᵉ
FÉLIX ALCAN, ÉDITEUR

RECUEIL DES INSTRUCTIONS

DONNÉES

AUX AMBASSADEURS ET MINISTRES DE FRANCE

DEPUIS LE TRAITÉ DE WESTPHALIE JUSQU'A LA RÉVOLUTION FRANÇAISE

Publié sous les Auspices de la Commission des Archives diplomatiques, du Ministère des Affaires Étrangères

LA PUBLICATION SE CONTINUERA PAR LES VOLUMES SUIVANTS :

Angleterre, par M. A. Baschet.
Prusse, par M. E. Lavisse.
Russie, par M. A. Rambaud.
Turquie, par M. Girard de Rialle.

Rome, par M. Hanotaux.
Hollande, par M. Mazé.
Espagne, par M. Morel Fatio.
États Scandinaves, par M. Geffroy.

BIBLIOTHÈQUE D'HISTOIRE CONTEMPORAINE

EUROPE

Histoire de l'Europe pendant la Révolution française, par *H. de Sybel*. Traduit de l'allemand par Mlle. Dosquet. 3 vol. in-8 . . . . 21 "
Chaque volume séparément . . . 7 "
Histoire diplomatique de l'Europe, depuis 1815 jusqu'à nos jours, par *A. Debidour*, 1 vol. in-8 (sous presse).
Le Socialisme contemporain, par *E. de Laveleye*, 1 vol. in-18, 2ᵉ édition . 3 50

FRANCE

Histoire de la Révolution française, par *Carlyle*, traduite de l'anglais. 3 vol. in-18; chaque volume 3 50
Napoléon 1ᵉʳ et son historien M. Thiers, par *Barni*, 1 vol. in-18 . . . . . 3 50
Le Traité de Paris du 20 novembre 1815, par *Albert Sorel*, 1 vol. in-8 . . . . 4 50
Histoire de la Restauration, par *de Rochau*, 1 vol. in-18, traduit de l'allemand . 3 50
Histoire de dix ans, par *Louis Blanc*, 5 vol. in-8 . . . . 25 "
Histoire de huit ans (1840-1848), par *Élias Regnault*, 3 vol. in-8 . . . . . . 15 "
Histoire du Second Empire (1848-1870), par *Taxile Delord*, 6 vol. in-8 . . . 42 "
La Guerre de 1870-1871, par *Borel*, d'après le colonel fédéral suisse Rustow, 1 vol. in-18 . . . . 3 50
La France politique et sociale, par *Aug. Laugel*, 1 vol. in-8 . . . . 7 "
Les Colonies françaises, par *Paul Gaffarel*, 1 vol. in-8, 2ᵉ édition . . . . . 5 "
L'Algérie, par *Maurice Wahl*, 1 v. in-8 . 5 "

ANGLETERRE

Histoire gouvernementale de l'Angleterre, depuis 1770 jusqu'à 1830, par sir *G. Cornewall Lewis*, 1 vol. in-8, traduit de l'anglais . . . . 7 "
L'Angleterre, son gouvernement, ses institutions, par *A. de Foublanque*, 1 v. in-8, 5 fr.
Histoire de l'Angleterre, depuis la reine Anne jusqu'à nos jours, par *H. Reynald*, 1 vol. in-18, 2ᵉ édition 3 50
Les Quatre Georges, par *Tackeray*, traduit de l'anglais par Lefoyer, 1 vol. in-18 . 3 50
La Constitution anglaise, par *W. Bagehot*, traduit de l'anglais, 1 vol. in-18 . . 3 50

ANGLETERRE (Suite)

Lombart-Street, le marché financier en Angleterre, par *W. Bagehot*, 1 v. in-18 . 3 50
Lord Palmerston et Lord Russel, par *Aug. Laugel*, 1 vol. in-18 . . . . . . 3 50
Questions constitutionnelles, par *Gladstone*, traduit et précédé d'une introduction, par *A. Gigot*, 1 vol. in-8 . . . 5 "

ALLEMAGNE

Histoire de la Prusse, depuis la mort de Frédéric II jusqu'à la bataille de Sadowa, par *Eug. Véron*, 1 vol. in-18 . . . 3 50
Histoire de l'Allemagne, depuis la bataille de Sadowa jusqu'à nos jours, par *Eug. Véron*, 1 vol. in-18 . . . . 3 50

AUTRICHE-HONGRIE

Histoire de l'Autriche, depuis la mort de Marie-Thérèse jusqu'à nos jours, par *L. Asseline*, 1 vol. in-18 . . . . . . 3 50
Histoire des Hongrois et de leur littérature politique de 1790 à 1815, par *Ed. Sayous*, 1 vol. in-18 . . . . 3 50

BELGIQUE

La Belgique, depuis 1830 jusqu'à nos jours, par *Louis Hymans*, 1 vol. in-18 (sous presse).

ESPAGNE

Histoire de l'Espagne, depuis la mort de Charles III jusqu'à nos jours, par *H. Reynald*, 1 vol. in-18 . . . . 3 50

RUSSIE

La Russie contemporaine, par *Herbert Barry*, trad. de l'anglais, 1 vol. in-18 . 3 50
Histoire contemporaine de la Russie, par *Crétineau*, 1 vol. in-18 . . . . . . 3 50

SUISSE

La Suisse contemporaine, par *H. Dixon*, 1 vol. in-18, traduit de l'anglais . . 3 50
Histoire du peuple suisse, par *Daendliker*, avec préface de *Jules Favre*, 1 v. in-8 . 7 50

AMÉRIQUE

Histoire de l'Amérique du Sud, depuis sa conquête jusqu'à nos jours, par *Alfred Deberle*, 1 vol. in-18 . . . . 3 50
Les États-Unis pendant la guerre 1861-1865, Souvenirs personnels, par *Aug. Laugel*, 1 vol. in-18 . . . . 3 50

Paris. — Typographie Georges Chamerot, 19, rue des Saints-Pères. — 7944.

www.ingramcontent.com/pod-product-compliance
Lightning Source LLC
Chambersburg PA
CBHW060511230426
43665CB00013B/1471